Vermögensvorteil und Geldwert beim Vermächtnis

Schriften zur Entwicklung des Privatrechtssystems

Herausgegeben von Christian Baldus und Christian Pohl

Band 2

PETER LANG

Frankfurt am Main · Berlin · Bern · Bruxelles · New York · Oxford · Wien

Magnus Dorweiler

Vermögensvorteil und Geldwert beim Vermächtnis

PETER LANG
Europäischer Verlag der Wissenschaften

Bibliografische Information Der Deutschen Bibliothek
Die Deutsche Bibliothek verzeichnet diese Publikation in der Deutschen Nationalbibliografie; detaillierte bibliografische Daten sind im Internet über <http://dnb.ddb.de> abrufbar.

Zugl.: Heidelberg, Univ., Diss., 2005

D 16
ISSN 1613-771X
ISBN 3-631-54064-7

www.peterlang.de

Meinen Eltern

To
Anne Michelle

Vorwort

Die vorliegende Arbeit wurde von April 2003 bis November 2004 unter der Aufsicht von Prof. Dr. Christian Baldus während meiner Tätigkeit als Wissenschaftlicher Mitarbeiter am Institut für geschichtliche Rechtswissenschaft zu Heidelberg verfaßt und im Dezember 2004 von der Juristischen Fakultät der Universität Heidelberg als Dissertation angenommen. Rechtsprechung und Sekundärliteratur wurden bis Ende 2004 berücksichtigt.

Vor allen anderen, die diese Arbeit förderten, danke ich meinen Eltern dafür, daß sie mir durch ihre ständige Unterstützung Studium und Promotion ermöglichten. Ihnen ist die Arbeit gewidmet.

Besonderes danke ich meinem Doktorvater Herrn Prof. Dr. Christian Baldus, der das Thema angeregt und die Arbeit während ihrer Entstehungszeit stets mit weiterführendem kritischem und konstruktivem Rat betreut hat. Auch danke ich ihm und Herrn Notarassessor Dr. Christian Pohl für die Aufnahme in die Schriftenreihe „Schriften zur Entwicklung des Privatrechtssystems". Besonders danke ich auch Herrn Prof. Dr. Christian Hattenhauer für die schnelle Zweitkorrektur der Arbeit. Meinem Kollegen Herrn Dr. Andreas Staffhorst danke ich für manche anregende Diskussion. Ebenfalls danke ich Herrn Dr. Salvatore Marino, Neapel, für sein hilfsbereites Erstellen einer italienischen Zusammenfassung der Arbeit.

Frau Dr. Helke Drenckhan, Zürich, gebührt zuletzt mein aufrichtiger, steter Dank für wertvolle Betreuung im Studium und einen Hinweis, ohne den *diese* Arbeit nicht entstanden wäre.

Schifferstadt, den 02.05.2005 Magnus Dorweiler

Inhaltsübersicht

Inhaltsverzeichnis

Abkürzungsverzeichnis*

a. F.	alte Fassung
AA, aA	andere Ansicht
aaO	am angegebenen Ort
Abschn.	Abschnitt
abw.	abweichend
AcP	Archiv für die civilistische Praxis
Acta Juridica	Acta Juridica (seit 1958 Nachfolger von: Butteworths South Africa Law Review)
AktG	Aktiengesetz
allgM	allgemeine Meinung
ALR	Allgemeines Landrecht für die Preußischen Staaten von 1794
Alt.	Alternative
Archiv f. BüR	Archiv für bürgerliches Recht
Art	Artikel
AT	Allgemeiner Teil
Aufl.	Auflage
BayObLG	Bayerisches Oberstes Landesgericht
BayObLGE	Bayerisches Oberstes Landesgericht, Entscheidungssammlung in Zivilsachen
BB	Der Betriebs-Berater
Bd.	Band
Begr., begr. v.	Begründer, begründet von
bestr.	bestritten
Betrieb	Siehe DB
BFH	Bundesfinanzhof
BFH/NV	Sammlung amtlich nicht veröffentlichter Entscheidungen des BFH
BFHE	Sammlung der Entscheidungen und Gutachten des BFH
BGB	Bürgerliches Gesetzbuch vom 18.08.1896
BGBl I, II III	Bundesgesetzblatt, mit I oder ohne Ziffer = Teil I, mit II = Teil II, mit III = Teil III
BGH	Bundesgerichtshof
BGHSt	Entscheidungen des Bundesgerichtshofs in Strafsachen
BGHZ	Entscheidungen des Bundesgerichtshofs in Zivilsachen
BIDR	Bulletino dell'Istituto di diritto romano
BR-Drs	Drucksache des Bundesrats
BReg	Bundesregierung
BT	Besonderer Teil
Cambridge Journal of Economics	Cambridge Journal of Economics
CC	Code civil
Celex, EurLex	Celex-Datenbank, Das Recht der Europäischen Union

* Ergänzend sei auf das Verzeichnis der Abkürzungen bei *Kaser*, RP I, IXX sowie auf *Kirchner*, Hildebert; *Butz*, Cornelie: Abkürzungsverzeichnis der Rechtssprache, 5. Aufl., Berlin, 2003 verwiesen.

Celex, EurLex	Celex-Datenbank, Das Recht der Europäischen Union http://europa.eu.int/celex/htm/celex_en.htm; ab 2005 verfügbar in EurLex-Datenbank, Der Zugang zum EU-Recht, http://europa.eu.int/eur-lex/lex/en/index.htm.
DB	Der Betrieb
ders., dies.	Derselbe, dieselbe
Diss. iur.	Juristische Dissertation
DJ	Deutsche Justiz (Zeitschrift)
DJT	Deutscher Juristentag
DJZ	Deutsche Juristen-Zeitung
DNotV	Zeitschrift des Deutschen Notarvereins
DNotZ	Deutsche Notar-Zeitschrift
DStR	Deutsches Steuerrecht
DStZ	Deutsche Steuer-Zeitung
DtZ	Deutsch-Deutsche Rechts-Zeitschrift
DZWiR	Deutsche Zeitschrift für Wirtschaftsrecht
E	Entscheidungssammlung
E I	Erster Entwurf
E II	Zweiter Entwurf
EG	Vertrag zur Gründung der Europäischen Gemeinschaft vom 25.03.1957; Europäische Gemeinschaft
EGBGB (EG)	Einführungsgesetz zum Bürgerlichen Gesetzbuch
Einl.	Einleitung
Erl.	Erlaß
EU	Europäische Union
EuG	Gericht erster Instanz der Europäischen Gemeinschaften
EuGH	Gerichtshof der Europäischen Gemeinschaften
f.	folgende
FamRZ	Ehe und Familie im privaten und öffentlichen Recht. Zeitschrift für das gesamte Familienrecht
ff.	fortfolgende
FGG	Reichsgesetz über die freiwillige Gerichtsbarkeit vom 17.05.1898
FGPrax	Praxis der Freiwilligen Gerichtsbarkeit
FS	Festschrift
GbR	Gesellschaft bürgerlichen Rechts
Ges	Gesetz
GG	Grundgesetz für die Bundesrepublik Deutschland vom 23.05.1949
ggf.	gegebenenfalls
GmbH	Gesellschaft mit beschränkter Haftung
GrS	Großer Senat
Gruchot	Beiträge zur Erläuterung des Deutschen Rechts. Begründet von: Gruchot, Julius Albert.
GrünhutsZ	Zeitschrift für das Privat- und öffentliche Recht der Gegenwart. Herausgegeben von Grünhut.
GRUR	Gewerblicher Rechtsschutz und Urheberrecht
GrZS	Großer Senat in Zivilsachen
GS	Gedächtnisschrift
GS	Großer Senat, auch Preußische Gesetzsammlung
HFR	Höchstrichterliche Finanzrechtsprechung

Hirths Annalen	Annalen des Deutschen Reichs für Gesetzgebung, Verwaltung und Statistik. Herausgegeben von: Hirth, Georg.
hL	herrschende Lehre
hM	herrschende Meinung
HRR	Höchstrichterliche Rechtsprechung
hRspr	herrschende Rechtsprechung
Hs	Halbsatz
idF	in der Fassung
idR	in der Regel
ie	im einzelnen
iErg	im Ergebnis
ieS	im engeren Sinne, im eigentlichen Sinne
Index	Index, Quaderni camerti di studi romanistici; International survey of Roman Law
InsO	Insolvenzordnung
IPRax	Praxis des Internationalen Privat- und Verfahrensrechts
IRO	International Refugee Organization
iS	im Sinne
iSv	im Sinne von
Iura	IURA – Rivista internazionale di diritto romano e antico
Ius Commune	Ius Commune, Veröffentlichungen des Max-Planck-Instituts für Europäische Rechtsgeschichte, Frankfurt/Main; Max-Planck-Gesellschaft zur Förderung der Wissenschaften.
iVm	in Verbindung mit
iwS	im weiteren Sinne
JA	Juristische Arbeitsblätter
Jenaer Literaturzeitung	Jenaer Literaturzeitung. Herausgegeben von Klette, Anton
JheringsJB	Jherings Jahrbücher der Dogmatik des Bürgerlichen Rechts
JöR	Jahrbuch des öffentlichen Rechts der Gegenwart
JR	Juristische Rundschau
Jura	Jura/Juristische Ausbildung
JuS	Juristische Schulung
JW	Juristische Wochenschrift
JZ	Juristen-Zeitung
K. E.	Kommissionsentwurf
KG	Kammergericht
KGaA	Kommanditgesellschaft auf Aktien
KGJ	Jahrbuch für Entscheidungen des Kammergerichts
KJ	Kritische Justiz
KO	Konkursordnung
Kritische Vierteljahresschrift	Kritische Vierteljahresschrift für Gesetzgebung und Rechtswissenschaft
KTS	Zeitschrift für Konkurs-, Treuhand- und Schiedsgerichtswesen
Labeo	Labeo, Rassegna di diritto romano
LAG	Landesarbeitsgericht
LG	Landgericht
lit.	Buchstabe
Lit.	Literatur

LM	Nachschlagewerk des Bundesgerichtshofs in Zivilsachen, herausgegeben von Lindenmaier und Möhring
lt.	Laut
MDR	Monatsschrift für Deutsches Recht
MittBayNot	Mitteilungen des Bayerischen Notarvereins
Motive	Motive zum BGB
mwN	mit weiteren Nachweisen
nF	neue Fassung
NJ	Neue Justiz
NJW	Neue Juristische Wochenschrift
NJWE-FER	NJW Entscheidungsdienst Familien- und Erbrecht
NJW-RR	Neue Juristische Wochenschrift Rechtssprechungs-Report
NVwZ	Neue Zeitschrift für Verwaltungsrecht
NZA	Neue Zeitschrift für Arbeitsrecht
oä	oder ähnliche/s
OGH	Oberster Gerichtshof für die Britische Zone, auch Sammlung der Entscheidungen
OHG	Offene Handelsgesellschaft
OIR	Orbis Iuris Romani
OLG	Oberlandesgericht, auch Die Rechtsprechung der Oberlandesgerichte ab 1995 vereinigt mit FG Prax
OLG-NL	OLG-Rechtsprechung Neue Länder
OLGR	OLG-Report, getrennt für jedes OLG
OLGZ	Entscheidungen der Oberlandesgerichte in Zivilsachen, ab 1995 vereinigt mit FGPrax
RdL	Recht der Landwirtschaft
Recht	Zeitschrift "Das Recht" (Jahr und Nr. der Entscheidung [bei Aufsätzen Jahr und Seite], 1908 bis 1924 in Beilage hierzu), seit 1935 als Beilage zur Deutschen Justiz
RegBl	Regierungsblatt
RFHE	amtliche Sammlung der Entscheidungen des Reichsfinanzhofs
RG	Reichsgericht
RGBl	Reichsgesetzblatt ohne Ziffer Teil 1; mit II = Teil II
RGSt	Reichsgericht-Rechtsprechung in Strafsachen
RGZ	Sammlung der Reichsgerichtsrechtsprechung in Zivilsachen
RhNK	Mitteilungen der Rheinischen Notarkammer
RhNZ	Rheinische Notarzeitschrift
RIDA	Revue internationale des droits de l' antiquité
RJA	Reichsjustizamt, Entscheidungen in Angelegenheiten der freiwilligen Gerichtsbarkeit und des Grundbuchrechts
RT	Reichstag
Sächsisches Archiv f. BüR und Prozeß	Sächsisches Archiv für Bürgerliches Recht und Prozeß
Sächsisches Archiv f. Rechtspflege	Sächsisches Archiv für Rechtspflege, vereinigt mit den Annalen des Sächsischen Oberlandesgerichtes. Herausgegeben von Degen, Walter und Warneyer, Otto
SDHI	Studia et Documenta Historiae et Iuris
Seminarios Complutenses	Seminarios Complutenses de Derecho Romano

SeuffA	Seufferts Archiv für Entscheidungen der obersten Gerichte in den deutschen Staaten (Band und Nr.)
SeuffBl	Seufferts Blätter für Rechtsanwendung in Bayern (Band und Seiten)
Slg.	Sammlung der Rechtsprechung des Gerichtshofes der Europäischen Gemeinschaft (EuGH)
str.	streitig
SZ	Zeitschrift der Savigny-Stiftung für Rechtsgeschichte, Romanistische Abteilung
u.a.	unter anderem
uU	unter Umständen
VersR	Versicherungsrecht
Vgl., vgl.	Vergleiche mit
VIZ	Zeitschrift für Vermögens- und Investitionsrecht
Warn	Warneyer, Die Rechtsprechung des Reichsgerichts
WiB	Wirtschaftsrechtliche Beratung
WM	Zeitschrift für Wirtschafts- und Bankrecht, Wertpapiermitteilungen Teil IV
WoM	siehe WuM
WPM	= WM
ZAP	Zeitschrift für die Anwaltspraxis
ZBB	Zeitschrift für Bankrecht und Bankwirtschaft
Zeitschrift f. Civilrecht und Prozeß	Zeitschrift für Civilrecht und Prozeß
Zeitschrift für das ges HandelsR	Zeitschrift für das gesamte Handelsrecht. Herausgegeben von Levin Goldschmidt. 1858-1907. Fortgesetzt als: Zeitschrift für das gesamte Handelsrecht und Konkursrecht.
ZEuP	Zeitschrift für Europäisches Privatrecht
ZEV	Zeitschrift für Erbrecht und Vermögensnachfolge
ZfS	Zeitschrift für Schadensrecht
ZHR	Zeitschrift für das gesamte Handels- und Wirtschaftsrecht; bis 1933: Zentralblatt für Handelsrecht
ZIP	Zeitschrift für Wirtschaftsrecht, bis 1982 Zeitschrift für Wirtschaftsrecht und Insolvenzpraxis
ZMR	Zeitschrift für Miet- und Raumrecht
ZPO	Zivilprozeßordnung
ZS	Zivilsenat
ZZP	Zeitschrift für Zivilprozeß

TEIL I DER VERMÖGENSVORTEIL ALS VERMÄCHTNISGEGENSTAND IM GELTENDEN RECHT

§ 1 EINLEITUNG

Sobald der Tod des Erblassers dessen Rechtspersönlichkeit beendet, bedarf sein Vermögen der Zuordnung auf einen neuen Rechtsträger. Die als erbrechtliche Ausprägung der Privatautonomie gewährleistete Testierfreiheit erlaubt dem Erblasser, selbst durch Verfügung von Todes wegen seine vermögensrechtlichen Nachfolger[1] zu bestimmen. Unter den Verfügungen von Todes wegen nimmt das Vermächtnis, §§ 1939, 2147ff. BGB, in der Praxis bedeutsamen Rang ein. Als Einzelzuwendung ohne Rechtsübergang *ipso iure* steht es zur Erbeinsetzung als Mittel zur Gestaltung der Gesamtrechtsnachfolge (Universalsukzession) in scharfem dogmatischem Gegensatz. Es flankiert die Universalsukzession in notwendiger Weise, indem es eine nach Person *und* Gegenstand differenzierbare Zuwendung von Todes wegen ermöglicht[2].

Wenn Freiheit zu inhaltlicher Gestaltung der Vermögensnachfolge nur in den Grenzen der gesetzlichen Anordnungstypen besteht und die Möglichkeit zur Verfügung von Todes wegen durch einen erbrechtlichen Typenzwang[3] nach Form und Inhalt beschränkt wird, so sind abweichende Anordnungen des Erblassers ungültig[4]. Neben der Form[5] kommt dann den materiellen Voraussetzungen der jeweiligen letztwilligen Verfügung fundamentale, weil konstitutive Bedeutung zu.

---

[1] Zu den Aufgaben und Perspektiven des Erbrechts im Rahmen der Gestaltung der Vermögensnachfolge von Todes wegen *Leipold*, AcP 180 (1980), 160 (204).

[2] Vgl. Teil II § 5 A. IV. 2. a).

[3] Dazu Teil II § 5 B. II. 1.

[4] Näher Teil II § 5 B. II. 1. Bamberger-Roth-*Müller-Christmann*, § 1937, Rn. 5; *Michalski*, ErbR[2], Rn. 1; Staudinger-*Otte* (2000), Vorbem zu §§ 1937-1941, Rn. 14; MüKo-*Leipold*[4], § 1937, Rn. 10; Kipp-*Coing*, ErbR[14], § 20 (134ff.); Planck-*Flad*[4], Vorbem 2 a zu § 1937; *Bartz*, 133; *Strothmann*, Jura 1982, 349 (352f.). Die Möglichkeit der Kombination letztwilliger Verfügungen sichert der Testierfreiheit aber unabhängig davon weiten Gestaltungsspielraum; vgl. Staudinger-*Otte* (2000), Vorbem zu §§ 1937-1941, Rn. 16; Kipp-*Coing*, ErbR[14], § 20 (136).

[5] §§ 2231ff., 2266f., 2276 BGB.

§ 2 PROBLEMSTELLUNG

Die Legaldefinition des Vermächtnisses lautet: „Der Erblasser kann durch Testament einem anderen, ohne ihn als Erben einzusetzen, einen Vermögensvorteil zuwenden", § 1939 BGB. Die Norm kennzeichnet das Tatbestandsmerkmal „Vermögensvorteil" materiell als den Gegenstand der Zuwendung, auf dessen Verschaffung der Vermächtnisanspruch gemäß § 2174 BGB gerichtet ist.

Der Wortlaut des Gesetzes fordert die Frage nach Beschaffenheit und Eigenschaften dieses „Vermögensvorteils" unmittelbar heraus. Was macht einen Vorteil vermögenswert? Bedeutet Vermögenswert Geldwert? Schließt das Gesetz umgekehrt Einzelzuwendungen ohne Vermögensvorteil von der Rechtsform des Vermächtnisses aus, mit der Konsequenz, daß die betreffenden Verfügungen nur als rechtsschutzschwächere Auflage (§ 1940 BGB) aufrecht erhalten werden können[6]? Oder räumt das Gesetz dem Erblasser volle Privatautonomie ein und stellt den Gegenstand der Vermächtniszuwendung dessen freier Bestimmung anheim? Ist das Vermächtnis also eine „freie Schöpfung des Erblassers, die ihre Existenz ausschließlich seiner Testierfähigkeit verdankt"[7]?

Diese Fragen werden in Rechtsprechung und Lehre nur ansatzweise diskutiert, wobei der Eindruck besteht, daß man trotz bestehender Kontroversen einer grundsätzlichen Diskussion um erwünschter Ergebnisse willen ausweicht.

§ 3 EINGRENZUNG DES UNTERSUCHUNGSBEREICHS

Das Vermächtnis gehört dem institutionellen Kernbereich der Verfügungen von Todes wegen an. Die Arbeit unternimmt eine methodengerechte Diskussion und Auslegung der Legaldefinition des Vermächtnisses im geltenden Recht. Dabei konzentriert sich die Untersuchung auf die Frage, wie sich der Vermögensvorteil als Gegenstand des Vermächtnisses zum Merkmal des Geldwertes verhält. Die Farblosigkeit des Gesetzeswortlauts wird dabei eine nähere Untersuchung der Entstehungsgeschichte des § 1939 BGB und der rechtsgeschichtlichen Grundlagen des Vermächtnisses notwen-

---

[6] Lange-*Kuchinke*, ErbR[5], 585. Vgl. für die gleichgelagerte Problematik im Schweizer Recht *Burckhardt*, 11.

[7] *Dernburg*, BüR, Bd. V, 185, der jedoch einen Vermögensvorteil fordert, vgl. aaO, 186, 188. Vgl. auch *Crome*, System, Bd. V, 379: das Vermächtnis sei schlechthin jede willkürliche Begünstigung des Erblassers an den Bedachten.

dig machen. Diese sind ausschließlich im römischen Recht und im gemeinen Recht zu suchen[8]. Germanische Rechtseinflüsse auf das Vermächtnis des BGB sind nicht feststellbar, soweit das Vermächtnis als Verfügungstyp betroffen ist[9].

Ein vergleichendes Eingehen auf einzelne germanische Rechte[10] brächte für die hier gestellte Frage nach Inhalt und Herkunft von §1939 BGB auch keinen Erkenntnisgewinn. Insoweit anhand der Textüberlieferungen Sachaussagen überhaupt möglich sind[11], waren den germanischen Rechten einseitige testamentarische Verfügungen von Todes wegen im heutigen Sinn unbekannt[12], wenn auch einige germanische Stämme wie die Westgoten und Burgunder vermehrt Einflüsse römischer Kultur und auch römischen Rechts aufgenommen und in ihren Rechten verarbeitet haben mögen[13].

Die Ursache dürfte in der ursprünglichen Struktur der germanischen Rechte als Personenverbandsrechte begründet liegen. Schwerpunktmäßig ordnen diese den Einzel-

---

[8] Kipp-*Coing*, ErbR[14], §§ 1, 53 (9, 323).

[9] Die Vorentwurfsbegründung *v. Schmitts* gibt eine abschließende Aufzählung der im Vorentwurf ausgewerteten Partikularrechte neben dem gemeinen Recht und Nachweise der bei der jeweiligen Sachfrage herangezogenen Quellen. Das in bezug auf den Vermächtnisgegenstand verarbeitete Schrifttum läßt keinen Hinweis auf maßgebliche Einflüsse germanischen oder mittelalterlichen Rechts erkennen. Die zitierten Autoren und Partikularrechte sind sämtlich romanistisch geprägt. Der juristische Sprachgebrauch des Vorentwurfs („Vermächtnis", „Legat", und nicht „Vergabung" oder „Testament" o.ä.) sowie die zahlreiche Zitierung römischer Quellen belegt die klare Orientierung *v. Schmitts* am römischen und gemeinen Recht. Dies gilt insbesondere für die vergleichende Betrachtung der Vermächtnisdefinitionen; vgl. *Schmitt*, Begründung, 2-11, 224f. und besonders 67ff. = *Schubert*, Vorlagen Erbrecht, Bd. I, 118-127, 340f., 183ff. Im übrigen bezeugen die dogmatischen Ausführungen *v. Schmitts*, daß sich die Konstruktion des Vermächtnisses auf dem Boden des gemeinen Rechts bewegte; Schmitt, aaO, 224; Teil V § 2.

[10] Verstanden als Rechte germanischer Volksgruppen; vgl. *Kroeschell*, Deutsche Rechtsgeschichte, 25.

[11] Zur Vorsicht mahnend *Ebel-Thielmann*, Rechtsgeschichte, 103.

[12] *Brüske*, 21; *Lübtow*, ErbR, Bd. I, 13; *Stobbe*, Handbuch des Deutschen Privatrechts, Bd. V, 170; *Gengler*, Das Deutsche Privatrecht, 710; *Thudichum*, Geschichte des Deutschen Privatrechts, 376 nimmt an, daß, soweit das „Testament" als einseitige letztwillige Verfügung von Todes wegen bekannt und in Gebrauch war, wie im Westgotenreich, Burgund und bei einigen fränkischen Stämmen, es sich um Überbleibsel römischen Rechts in der Hand dort ansässiger Römer handelte; so auch *Stobbe*, Handbuch des Deutschen Privatrechts, Bd. V, 178.

[13] Dazu *Ebel-Thielmann*, Rechtsgeschichte, 106ff.; *Kroeschell*, Deutsche Rechtsgeschichte, Bd. I, 25, 28. Eine Möglichkeit der Begegnung beider Rechtskulturen bestand schon vor der Völkerwanderung in Form grenzüberschreitenden Handels etwa am *Limes*.

nen den Interessen des ihn beherbergenden Kollektivs unter: des Stammes und der Sippe, welche als Bluts-, Lebens-, Ernährungs-, Waffen- und Überlebensgemeinschaft fungiert. Der Erblasser kann entsprechend weder unter Lebenden noch von Todes wegen über das Hausgut allein und frei verfügen. Erbanwartschaften seiner Hausgenossen (sog. Wartrechte) beschränken ihn in der Verfügung über seine Habe[14]. Letztwillige Verfügungen über das eigene Vermögen auf der Basis individueller Testierfreiheit mußten, solange dieses als unverzichtbare Lebensgrundlage der Sippe war, notwendig unbekannt bleiben[15].

Die Testierfreiheit, die das Fundament der römischen Erbrechtskultur bildet, erfuhr erst nach und nach im Laufe des Mittelalters unter maßgeblichem Einfluß der Kirche eine Wiederbelebung[16]. Letztwillige Einzelzuwendungen im Wege einseitiger Verfügung unter dem Namen „Testament", welche anders als Testamente römischen Rechts keine Erbeinsetzung enthielten und funktionell dem Vermächtnis am ehesten entsprechen[17], waren offenbar bereits möglich. Zu einer eindeutigen dogmatischen Ausgestaltung kam es, soweit ersichtlich, jedoch nicht[18]. Die alsbald einsetzende

---

[14] Vgl. die ausführliche Darstellung bei *Sedatis* in: HRG, Bd. V, Vermögen, Sp. 769-779.

[15] Angedeutet bei *Tacitus*, Germania, 20: *Heredes tamen successoresque sui cuique liberi et nullum testamentum, si liberi non sunt; proximus gradus in possessione fratres patrui, avunculi*; „die Erben und Nachfolger sind aber jegliche eigene Kinder und es gibt kein Testament; wenn der Erblasser keine Kinder hat, kommen die nächsten Verwandten in Besitz, die Brüder, die Onkel väterlicher- und mütterlicherseits"; vgl. *Mittermaier*, Grundsätze[7], Bd. II, 505; *Lanwer*, 18ff.; *Brüske*, 16f.; *Bartz*, 32.

[16] Die Kirche beanspruchte für die Klerikertestamente römisches Erbrecht, namentlich das Legat, um die im Kirchenamt erworbenen Güter vor dem Abgang in Laienhand zu bewahren und deren Erwerb durch die Kirche sicherzustellen; zum ganzen *Brüske*, 18; *Lanwer*, 28f.; *Heusler*, Institutionen, Bd. II, 646; *Thudichum*, Geschichte des Deutschen Privatrechts, 376. Letztwillige Zuwendungen an die Kirche und Arme um des Seelenheils willen (*pro animae remedio, sog*enannte *Seelgeräte*) wurden zudem gefördert und durch die geistliche Gerichtsbarkeit durchgesetzt; dazu *Gengler*, aaO; *Beseler*, System des gemeinen Deutschen Privatrechts, 665; *Bartz*, 36; *Coing*, Europäisches Privatrecht, Bd. I, 560f.

[17] Hier nicht von Interesse sind Vermächtnisverträge, die das ältere deutsche Recht im späten Mittelalter als Formen des Erbvertrages entwickelt hat; dazu *Werkmüller* in: HRG, Bd. V, Vermächtnis, Sp.768f.

[18] *Ogris* in: HRG, Bd. V, Testament, Sp. 152. Vgl. auch die Darstellungen bei *Mittermaier*, Grundsätze des gemeinen Deutschen Privatrechts, Bd. II, 588. Vgl. *Stobbe*, Handbuch des Deutschen Privatrechts, Bd. V, 195f.; *Thudichum*, aaO; *Grimm*, Wörterbuch, Bd. 12, Sp. 833f. Im ganzen ist hier weniges klar. Für die Einzelheiten muß auf *Ogris*, aaO verwiesen werden.

„Renaissance“ der Testamente und die neuere Rechtsentwicklung steht dementsprechend ganz im Zeichen der Rezeption römischen Erbrechts[19].
Die sog. „Vergabungen von Todes wegen[20]“, welche der Anordnung von Einzel- und Gesamtrechtsnachfolgen dienten und bei oberflächlicher Betrachtung funktionell als Vermächtnis angesehen werden könnten, stellen keine letztwilligen Verfügungen dar, sondern sind zweiseitige Rechtsgeschäfte des Erblassers unter Lebenden auf den Todesfall, entweder in Gestalt der Übertragung des Zuwendungsgegenstandes auf den Bedachten bei Vorbehalt lebzeitigen Nießbrauchs oder in Gestalt der lebzeitigen Übertragung auf eine treuhänderisch agierende Mittelsperson (sog. *Salmann*), welcher der Auftrag erteilt wird, das „aus warmer Hand“ erworbene Vermögen des Erblassers nach dessen Tod an die Bedachten weiterzuübertragen. Auch die sog. *Heergewäte* als Sondererbfolge des ritterbürtigen Sohnes in die Waffen des Vaters[21] oder die sog. *Gerade* als Sondererbfolge der Töchter oder der nächsten weiblichen Verwandten in die Gebrauchsgegenstände der Mutter[22] sind keine letztwilligen Zuwendungen auf der Basis freier Wahl von Gegenstand und Bedachtem, sondern inhaltlich fixierte Güterzuordnungen an streng nach der sozialen Rollen- und Funktionsverteilung festgelegte Adressaten[23].

[19] Kipp-*Coing*, ErbR[14], § 53 (323); *Beseler*, aaO; *Gengler*, aaO; *Gerber-Cosack*, System des Deutschen Privatrechts, 545; vgl. *Mittermaier*, Grundsätze des gemeinen Deutschen Privatrechts, Bd. II, 593: „Gemeinrechtlich sind jetzt in Deutschland die Testamente nach römischem Recht zu beurteilen. Wenn auch an einzelnen Orten, an welchen keine vollständigen neuen Gesetzbücher gelten, besondere Statute über einzelne Teile der Lehre von den Testamenten bestehen, so muß bei ihnen doch die Absicht der Gesetzgeber, vom römischen Recht nicht weiter abzuweichen zu wollen, angenommen werden, als das Partikularrecht in einem wesentlichen Bestandteile der römischen Testamente eine abweichende Vorschrift enthält, in welchem Fall auch die damit zusammenhängenden römischen Bestimmungen, die der partikularrechtlichen Vorschrift widersprechen, keine Anwendung leiden. Nur als partikularrechtliche, oft noch als Überbleibsel alter deutscher Ansichten erscheinende Abweichungen sind zu beobachten. “

[20] Vgl. *Stobbe*, Handbuch des Deutschen Privatrechts, Bd. V, 171ff.

[21] Waffen, Schild, besatteltes Pferd, Feldlagerausrüstung.

[22] Kleider, Töpfe und Schmuck, Psalmbücher.

[23] Näher *Mittermaier*, Grundsätze des gemeinen Deutschen Privatrechts, Bd. II, 550; *Thudichum*, Geschichte des Deutschen Privatrechts, 348; *Stobbe*, Handbuch des Deutschen Privatrechts, Bd. V, 130-139.

§ 4 DER AUSGANGSBEFUND

A. Rechtsprechung

Die Rechtsprechung hat bis jetzt keine den Gesetzeswortlaut konkretisierende Inhaltsbestimmung des Begriffs „Vermögensvorteil“ entwickelt. Es findet sich auch keine Entscheidung, die ein Vermächtnis explizit „mangels Vermögensvorteils“ verneint hat und so im Umkehrschluß über den Vermächtnisgegenstand näheren Aufschluß geben könnte. In einer älteren Entscheidung[24] zur Abgrenzung von Vorausvermächtnis und Teilungsanordnung äußert der BGH, daß das Vermächtnis begrifflich nur die Zuwendung „irgend eines Vermögensvorteils in Gestalt eines Forderungsrechts“ verlange. Auf das Erfordernis eines Vermögensvorteils selbst verzichtete der BGH dabei aber nicht[25].

Nach neuer Rechtsprechung des BGH kann Gegenstand des Vermächtnisses alles sein, was als Inhalt der Leistungspflicht des Schuldners nach § 241 Abs.1 S.1 BGB vereinbart werden kann[26]. Indem der BGH den Gegenstand der Vermächtnisforderung mit dem allgemeinen Leistungsbegriff gleichsetzt, geht er von einem vollen „Gleichlauf“ des Vermächtnisses mit dem allgemeinen Schuldrecht aus, ohne dem Merkmal „Vermögensvorteil“ noch Relevanz zuzumessen oder es zu erwähnen. Die Obergerichte[27] und der BFH[28] stellen demgegenüber „Vermögensvorteil“ als Bestandteil der Legaldefinition des § 1939 BGB zumindest formal nicht in Frage: Gegenstand des Vermächtnisses sei die Zuwendung eines Vermögensvorteils. Das Reichsgericht[29] versteht den Vermögensvorteil „im weitesten Sinne“ und betont, daß eine Bereicherung nicht erforderlich sei: auch fiduziarisch gebundenes Eigentum, das zwar rechtlich, nicht jedoch wirtschaftlich zum Vermögen des Erblassers gehöre,

---

24 BGH, Urteil vom 08.11.1961 – V ZR 31/60 = BGHZ 35, 115 (117) = NJW 1962, 343 = LM § 2048 BGB Nr. 4.

25 BGHZ 35, 115 (119); näher unten Teil VII § 2 B.

26 BGH, Urteil vom 27.6.2001 – IV ZR 120/00 = JR 2002, 195 (196), im Anschluß an MüKo-*Leipold*[4], § 1939, Rn. 6 und Staudinger-*Otte* (2000), § 1939, Rn. 6.

27 Exemplarisch: OLG Naumburg, Urteil vom. 28.03.2002 – 11 U 229/01 = FamRZ 2003, 407 (408); OLG Frankfurt, Urteil vom 13.06.2001 – 23 U 51/00 = OLGR Frankfurt 2002, 74 (75); OLG Braunschweig, Urteil vom 11.11.1994 – 5 U 13/94 = ZEV 1996, 69 (69); OLG Hamm, Urteil vom 02.08.1993 – 15 W 115/93 = FamRZ 1994, 1210 (1212).

28 BFH, Urteil vom 06.06.2001 – II R 5/00 = HFR 2001, 1164; Urteil vom 06.06.2001 – II R 76/99 = iuris; Urteil vom 01.08.2001 – II R 47/00 = iuris.

29 RG, Urteil vom 07.06.1928 – 614/27 = HRR 1928 Nr. 1698; vgl. auch RG, Urteil vom. 06.07.1922 – IV 715/21 = RGZ 129, 246 (248).

könne Vermächtnisgegenstand sein[30], ebenso wie ein Vermächtnis, das zur vollen Höhe mit einem Untervermächtnis oder einer Auflage belastet sei[31].

B. Literatur

I. Jüngere Kommentarliteratur

Nach *Leipold*[32] kann Gegenstand des Vermächtnisses alles sein, was auch Gegenstand eines Anspruchs sein kann, da das Vermächtnis in der Begründung eines Anspruchs bestehe. Man gelange so zur allgemeinen Definition des Anspruchs in § 194 Abs.1 BGB und der Leistung in § 241 Abs.1 BGB. Das Merkmal „Vermögensvorteil" sei weder als Einengung gegenüber dem allgemeinen Leistungsbegriff (§ 241 Abs.1 BGB) noch überhaupt als Eingrenzung zu verstehen[33]. Dies ergebe sich aus dem Zusammenspiel mit § 1940 BGB, der ganz allgemein vom Recht auf die Leistung spreche. Aus der Entstehungsgeschichte folge hiergegen kein Argument[34], da die für den Wortlaut von § 1939 BGB verantwortliche zweite Kommission keine restriktive Ansicht geäußert habe[35]. Auf einen Vermögensvorteil im Sinne einer *geldwerten*[36] Leistung komme es nicht an. Auch reine Affektionswerte wie Erinnerungsstücke oder Gebrauchsrechte ohne jeden Geldwert seien daher vermachbar, da kein Anlaß bestehe, die Rechtsform des Vermächtnisses zu verweigern und eine Auflage, § 1940 BGB, anzunehmen.

---

30 RG, HRR 1928 Nr. 1698.

31 RG, JW 1910, 6 Nr. 6.

32 MüKo-*Leipold*[4], § 1939 BGB, Rn. 6; anders, wohl aber noch veraltet *ders.*, ErbR[15], 286.

33 Zustimmend Bamberger-Roth-*Müller-Christmann*, § 1939, Rn. 4; Palandt-*Edenhofer*[63], § 1939 BGB, Rn. 3; vgl. auch Soergel-*Stein*[13], § 1939, Rn. 3. Einschränkend Jauernig-*Stürner*[11], § 2147, Vorbem, Rn. 1, der eine vermögenswerte Leistung verlangt, die er aber wohl stets in der Zuwendung eines Nachlaßgegenstandes gegeben sieht.

34 MüKo-*Leipold*[4], aaO, unter Berufung auf Motive, Bd. V, 5 und Protokolle II, Bd. V, 402f.: Im Bemühen um eine positive Formulierung habe man das Wort „Vermögensvorteil" verwendet, um auch das Liberationslegat mitzuumfassen, ohne aber eine inhaltliche Beschränkung treffen zu wollen. Ähnlich *Tuhr*, AT, Bd. II/2, 58 Fn. 64, der den einzigen Unterschied zwischen § 1939 BGB und § 1940 im Anspruch des Vermächtnisnehmers sieht.

35 MüKo-*Leipold*[4], aaO.

36 MüKo-*Leipold*[4], aaO. Nach *Burckhardt*, 7f. ist ein Gut dann geldwert, wenn an ihm ein wirtschaftliches Interesse als Folge seiner Verwertungsmöglichkeiten besteht, das sich in Geld ausdrücken läßt. Vermögensvorteil sei der im Verhältnis zur Bereicherung weitere Begriff und umfasse zusätzlich auch die Tatbestände, die zwar einer Aufwertung der Vermögensposition mit sich bringen, ohne aber das in Geld ausgedrückte Summentotal zu erhöhen.

Soweit daneben dem Merkmal Vermögensvorteil noch eine tatbestandliche Abgrenzungsfunktion zuerkannt wird, ist eine extensive Deutung des Begriffs anzutreffen, die ihn grundsätzlich „im weitesten Sinn“ verstehen will[37]. Jedenfalls sei keine „Bereicherung“ oder „Vermögensvermehrung im Sinne wirtschaftlicher Besserstellung“ erforderlich, womit ein effektiver Zugewinn an Geld gemeint sein dürfte. Es genüge ein rechtlicher Vorteil, der weder unentgeltlich noch dauerhaft sein müsse[38]. Hielte man eine wirtschaftliche Besserstellung oder Vermögensmehrung für erforderlich, würde man Leistungen von ideellem Wert unmöglich machen und die Testierfreiheit unnötig beschränken[39]. Kein Vermögensvorteil und damit nicht vermächtnistauglich seien jedoch bloße „Reflexe“[40] einer einen anderen treffenden Verpflichtung, die auch bei wirtschaftlichem Vorteil nicht genügten[41].

II. Ältere Kommentarliteratur

Die ältere Kommentarliteratur neigt ebenfalls zu einer extensiven Deutung[42]. Vermögensvorteil sei im weitesten Sinne zu verstehen. Eine Bereicherung im Sinne einer Vermögensmehrung des Bedachten sei nicht notwendig, auch keine Unentgeltlichkeit oder Dauerhaftigkeit. Andererseits könne angesichts des bestimmten Wortlauts von der Beziehung zur Vermögenslage des Bedachten nicht ganz abgesehen

---

[37] Staudinger-*Otte* (2000), § 1939, Rn. 8; AnwK-BGB-*Mayer*, § 1939, Rn. 6; HK-BGB[2]-*Hoeren*, § 2147, Rn. 2; vgl. auch Erman-*Schlüter*[10], § 1939, Rn. 4: „jede auch nur mittelbare Begünstigung des Vermögens des Bedachten im weitesten Sinne“; mit Kasuistik. Habe die Verfügung für den Bedachten aber keinen Vermögenswert, so handele es sich nicht um ein Vermächtnis, sondern allenfalls um die Anordnung einer Auflage oder Testamentsvollstreckung; Erman-*Schlüter*[10], aaO.

[38] Exemplarisch Staudinger-*Otte* (2000), § 1939, Rn. 9, 10.

[39] Staudinger-*Otte* (2000), § 1939, Rn. 8.

[40] Staudinger-*Otte* (2000), § 1939, Rn. 12, allerdings ohne Definition von „Reflexen“. Im vorliegenden Zusammenhang können „Reflexe“ sinnvoll nur als Vorteile verstanden werden, die dem faktisch Begünstigten nicht durch letztwillige Verfügung zugewiesen wurden. Ein Mangel an Finalität dürfte insoweit kennzeichnend sein. Eine nur „reflexartige“ Begünstigung kommt etwa in Betracht, wenn einem Bedachten unter der Bedingung eine testamentarische Zuwendung gemacht wird, daß er dem Dritten etwas leistet (*condicionis implendae causa*). Die Begünstigung des Dritten ist kein Vermächtnis.

[41] Staudinger-*Otte* (2000), § 1939, aaO.

[42] Planck-*Flad*[4], § 1939 BGB, Anm. 2; BGB-RGRK-*Kregel*[11], § 1939, Anm. 4; Staudinger-*Herzfelder*[9], § 1939, Rn. 1; Staudinger-*Lebmann*[11], § 1939, Rn. 11. Die genannten Kommentarstellen stimmen bis auf kleinere Unterschiede im Wortlaut in ihrem sachlichen Gehalt überein.

werden: diese müsse durch die Zuwendung eine irgendwie geartete Verbesserung erfahren[43]. Hinreichend, aber auch notwendig sei ein wenigstens mittelbarer Vermögensvorteil[44]. Fehle der Zuwendung jeder Vermögenswert für den Bedachten, so könne sie nur als Auflage (§ 1940 BGB) aufrechterhalten werden[45].

III. Jüngere Lehrbücher

Kuchinke bemerkt einerseits, daß das vorherrschende weite Verständnis des Vermögensvorteils dem Wortlaut des Gesetzes nicht mehr entspreche[46], und geht selbst offenbar nicht von einer Entbehrlichkeit des Merkmals Vermögensvorteil aus[47]. Andererseits äußert er, daß der Beschwerte zu jeder Leistung verpflichtet werden könne[48]. *Michalski* setzt den Vermächtnisgegenstand mit dem allgemeinen Leistungsbegriff gleich[49], da es vorzugswürdig erscheine, dem Begriff des Vermögensvorteils keine einschränkende Bedeutung beizumessen. *Brox* orientiert sich nicht am allgemeinen Leistungsbegriff, sondern definiert Vermögensvorteil als Besserstellung im Vermögen[50] und stellt damit eine Verbindung zum Vermögensbegriff her, den er jedoch nicht näher erläutert.

IV. Ältere Lehrbücher

Nach *Dernburg* kann jede Leistung, die einen Vermögensvorteil gewährt, Gegenstand des Vermächtnisses sein. Es genüge hierzu, daß die Leistung einen solchen mittelbar bewirke, indem es sich um Dinge handele, die für Geld verschaffbar oder

[43] Planck-*Flad*[4], aaO, der insbesondere bei Rechten zur literarischen Bewertung von Aufzeichnungen oder zur Einsichtnahme von hinterlassenen Briefschaften oder Manuskripten des Erblassers einen wenigstens mittelbaren Vermögensvorteil fordert. Vgl. auch Staudinger-*Herzfelder*[9], § 1939, Rn. 1: „Bloße Annehmlichkeiten genügen nicht, wenn sie nicht mindestens mittelbar einen Vermögensvorteil bieten."

[44] Planck-*Flad*[4], aaO; BGB-RGRK-*Kregel*[11], aaO; Staudinger-*Herzfelder*[9], aaO; Staudinger-*Lebmann*[11], aaO.

[45] Planck-*Flad*[4], aaO.

[46] Lange-*Kuchinke*, ErbR[5], 623.

[47] Vgl. Lange-*Kuchinke*, ErbR[5], 625 Fn. 49.

[48] Lange-*Kuchinke*, ErbR[5], 625.

[49] *Michalski*, ErbR[2], Rn. 705, im Anschluß an Müko-*Leipold*[4], § 1939, Rn. 6. Im Ergebnis wohl ebenso *Frank*, ErbR[2], 133, der jede „Begünstigung" des Bedachten ausreichen läßt.

[50] *Brox*, ErbR[20], Rn. 439.

nur unter Kosten zu haben seien[51]. Überwiegend wird aber unter Wiederholung des Gesetzeswortlauts am Erfordernis eines Vermögensvorteils festgehalten, ohne dessen Inhalt näher zu beschreiben[52]. Soweit Ausführungen erfolgen, beschränken diese sich darauf, daß der Vermögensvorteil im weitesten Sinne zu verstehen sei, d. h. grundsätzlich jede Begünstigung des Bedachten umfasse, und daß Unmittelbarkeit, Dauerhaftigkeit oder effektive Bereicherung nicht erforderlich seien[53]. Vereinzelt wird vertreten, daß möglicher Gegenstand des Vermächtnisses alles sei, was auch Gegenstand eines schuldrechtlichen Anspruchs sein könne[54]. Restriktive Auslegungen des Vermögensvorteils fordern lediglich, daß ein gewisser Vermögensbezug vorliegen müsse[55]. Zum Teil wird betont, daß die Vermächtnisforderung nicht *per se* einen Vermögensvorteil bedeute, sondern der Vermögensvorteil in einem Vermögenswert bestehen müsse, der über das schutzwürdige Interesse an der schuldrechtlichen Verpflichtung des Beschwerten hinausgehe[56].

V. Dissertationen

Wenn nicht lediglich der Gesetzeswortlaut oder die zeitgenössische Kommentarliteratur wiederholt werden[57], finden sich vereinzelte Stellungnahmen, die als Vermächtnisgegenstand ohne Rücksicht auf den Vermögenswert alles anerkennen, was

---

[51] *Dernburg*, BüR, Bd. V, 211.

[52] Kipp-*Coing*, ErbR[14], § 53 II 1 (331), gleichlautend Kipp-*Coing*, ErbR[11], 240; *Binder*, ErbR, 73; *Schreuer*, BüR, 506; *Meyer*, ErbR, 6; *Otte*, ErbR, 7, 74; *De Boor*, 333; *Schmidt*, BüR, 563; *Endemann*, ErbR, 705 und *Strohal*, ErbR, Bd. I, 199ff gehen in ihren Ausführungen zum Vermächtnis nicht auf den Vermögensvorteil ein.

[53] *Bartholomeyczik*, ErbR[6], § 43 IV 1 (283); Bartholomeyczik-*Schlüter*, ErbR[11], § 43 IV 1 (351f.); *Siméon*, BüR, 1191; *Binder*, ErbR, 75; *Matthiaß*, 713.

[54] *Janikowski*, Bd. VI, 174; *Landsberg*, 1226.

[55] *Siméon*, BüR, aaO.

[56] *Lange*, ErbR[1], § 27 II 2b (260), der jedoch zweifelhafterweise auch im Zutrittsrecht zum Grabe des Erblassers einen vermögenswerten Vorteil erblicken will. Auch *Dietz*, ErbR, 231 fordert Vermögenswert des vermachten Gegenstandes. Vgl. auch *Lübtow*, ErbR, Bd. I, 366, der aus § 1939 BGB folgert, daß es sich um „eine vermögenswerte Leistung“ handeln müsse. Den Vermögensvorteil erblickt *ders.*,ErbR, Bd. I, 367 in einer wirtschaftlichen Besserstellung.

[57] So *Kuetgens*, 6; *Rosenbauer*, 24; *Winter*, 17; *Nardi*, Erblasserwillen, 18f.; *Rudolf*, 53, 85; *Schmidt*, Freigebigkeit, 24f.; aA *Haymann*, Schenkung unter Auflage, 165, der äußert, es sei ein zu enges Verständnis des Vermögensvorteils von § 1939 BGB, wenn man die Zuwendung von Sachen, die keinen Geldwert, sondern nur Affektionswert besitzen, nicht als Vermächtnis auffassen könnte.

als Leistungsgegenstand im Rahmen eines Schuldverhältnisses geschuldet werden kann[58]. Andere betonen demgegenüber ausdrücklich, daß das Vermächtnis insoweit höheren Anforderungen unterliege[59].

VI. Aufsatzliteratur

Ein extensives, nicht auf „Vermögenswerte" beschränktes Verständnis des Vermögensvorteils[60] wird in der Aufsatzliteratur gelegentlich kritisiert: ein Vermögensvorteil solle nur bei „wirtschaftlicher Besserstellung" des Bedachten angenommen werden[61]. Hierfür spreche der klare Wortlaut und der gegenüberstellende Vergleich zu § 1940 BGB. Potentieller Vermächtnisgegenstand sei nur ein Vermögensvorteil und nicht jede Leistung[62]. Einen Vermögensvorteil habe insbesondere derjenige nicht, der lediglich einen Gegenstand für einen objektiv gleichwertigen Gegenstand erhalte[63].

Gerade im Bereich der Abgrenzungsproblematik zwischen Vorausvermächtnis (§ 2150 BGB) und Teilungsanordnung (§ 2048 BGB) werde in bezug auf die Zuwendung von Übernahmerechten die Bedeutung des Merkmals Vermögensvorteil unklar, wenn der Bedachte für den von ihm zu übernehmenden Gegenstand dessen

---

58 *Munder*, 41. Ähnlich *Erdmann*, Einzelzuwendungen, 124, der durch Gleichsetzung von Zuwendungsgegenstand und Erfüllungshandlung im Ergebnis ebenfalls zum allgemeinen Leistungsbegriff gelangt.

59 *Müller*, Übernahmerecht, 43 Fn. 10, S. 44: „Verbesserung der Vermögenslage". Zurückhaltender *Mandorpf*, 6, der eine „Begünstigung" des Vermögens ausreichen läßt. *Lanwer*, 3, 62f. verlangt in widersprüchlich anmutender Weise einen über den allgemein zulässigen Leistungsgegenstand hinausgehenden Vermögensvorteil, jedoch keinen in Geld schätzbaren Vermögenswert des vermachten Gegenstandes.

60 *Johannsen*, WM 1972, 866 (866); *Emmerich*, JuS 1962, 269 (271); *Schubert*, JR 2002, 197 (197).

61 *Eidenmüller*, JA 1991, 150 (152); *Grunsky*, JZ 1963, 250 (251); *Bürger*, MDR 1986, 445 (447); vgl. auch *Mattern*, DNotZ 1963, 450 (460). *Grunsky*, aaO, 250 wirft die Frage nach dem in § 1939 BGB verwendeten Vermögensbegriff auf und erkennt einen wirtschaftlichen Vermögensbegriff als der herrschenden Meinung zugrunde liegend. Darauf aufbauend versteht er den Vermögensvorteil als wirtschaftliche Besserstellung im Sinne eines Zugewinns an Geldwert, aaO, 251, und die dortige Kritik an BGHZ 36, 115; auch *Coing*, JZ 1962, 529 (533); besonders scharf *Strothmann*, Jura 1982, 349 (356): „Nicht vereinbar mit dem Gesetzeswortlaut und daher abzulehnen ist allerdings eine Auffassung, die bereits einen rechtlichen Vorteil genügen läßt. "

62 *Grunsky*, aaO, 252; Lanwer, 15, 62; *Eidenmüller*, aaO.

63 *Eidenmüller*, aaO.

Marktpreis oder sogar mehr erstatten solle[64]. Allerdings wird auch eingeräumt, daß eine restriktive Auslegung von § 1939 BGB zum Erblasserwillen in Widerspruch stehen könne, so daß teleologische Erwägungen die Annahme eines Vermächtnisses trotz Abwesenheit eines Vermögensvorteils rechtfertigen könnten[65].

VII. Zusammenfassung

In der neueren Literatur gewinnt die Meinung Gefolgschaft, daß Gegenstand des Vermächtnisses alles sein könne, was Gegenstand eines Schuldverhältnisses, § 241 Abs.1 S.1 BGB sein könne. Der BGH ist dem in letzter Rechtsprechung gefolgt. Der Vermögensvorteil wird nicht mehr als begriffsprägendes Merkmal und damit als materielle Wirksamkeitsvoraussetzung des Vermächtnisses anerkannt. Die Legaldefinition des § 1939 BGB wird ignoriert zugunsten von § 2174 BGB, der für die Vertreter dieser Meinung Tatbestand und Rechtsfolge des Vermächtnisses in sich vereinigt.

Andere halten am Begriff „Vermögensvorteil" zwar fest, dringen aber nicht zu einer positiven abgrenzungstauglichen Definition vor. Unsicherheit oder Widersprüchlichkeit kennzeichnen die Angabe konkretisierender Merkmale. Man scheint einerseits bemüht, die Legaldefinition des § 1939 BGB zu beachten, scheut andererseits aber jede Restriktion des Tatbestandes[66], um den Geltungsbereich der Auflage zugunsten des rechtsschutzstärkeren, weil mit einer persönlichen Forderung bewehrten Vermächtnisses zurückzudrängen[67].

Unter denjenigen, die das Merkmal „Vermögensvorteil" beachten, besteht demnach keine Einigkeit über dessen Inhalt. Verschiedene Deutungen konkurrieren, ohne daß eine die anderen an Klarheit und Folgerichtigkeit übertrifft. Das Abstellen auf einen „rechtlichen Vorteil" bleibt zirkulär, wenn ein solcher im Vermächtnisanspruch selbst erblickt wird, denn fraglich ist gerade, *wann* ein Anspruch *aus Vermächtnis* besteht. Unerörtert bleibt auch, bei welcher Art rechtlicher Begünstigung ein „rechtlicher Vorteil" gegeben ist. Aus § 2169 Abs. 2 BGB geht hervor, daß der Gesetzge-

---

[64] Dazu eingehend Teil VII. Ausführlich *Erdmann*, Einzelzuwendungen.

[65] *Eidenmüller*, aaO; auch *Loritz*, NJW 1988, 2697 (2703); *Bürger*, MDR 1986, 445 (447). AA neuerdings *Meincke*, FS Jagenburg (65), 579 (580), der betont, daß das Vermächtnis (§ 1939 BGB) *begriffsnotwendig* einen Vermögensvorteil verlange.

[66] Häufig sind unsichere Formulierungen wie „irgendwie geartete Vermögensbezug".

[67] *Burckhardt*, 9.

ber Besitzschutzrechte offenbar nicht stets als rechtlich vorteilhaft ansieht[68]. Unklar ist ebenfalls, warum ein Vermögensvorteil eine „wirtschaftliche Besserstellung“ erfordern und worin diese bestehen soll[69]. Gleichfalls ist fraglich, wann ein Vorteil als geldwert zu betrachten ist. Die im Vordringen begriffene Meinung entzieht sich diesen Problemen, indem sie das Tatbestandsmerkmal des Vermögensvorteils schlicht nicht mehr beachtet. So wünschenswert es sein mag, der Testierfreiheit weitestmöglichen Raum zu geben, so zweifelhaft ist jedoch, ob der Wortlaut einer erbrechtlichen Legaldefinition so einfach übergangen werden darf.

§ 5 METHODIK

Ein Gleichlauf des Vermächtnisgegenstandes zum allgemeinen Leistungsbegriff eröffnet der Praxis den größtmöglichen Gestaltungsspielraum. Obgleich einem solchen Ergebnis allseitige Zustimmung gewiß ist, kann es allein die Auslegung methodisch nicht tragen. Es kann nicht argumentiert werden, daß möglicher Gegenstand des Vermächtnisses alles sei, was allgemein Inhalt eines Leistungsanspruchs sein könne, weil das Vermächtnis einen Leistungsanspruch gegen den Beschwerten begründe[70].

Es ist gerade zu zeigen, was Inhalt *dieses* Leistungsanspruchs sein kann. Die Nichtberücksichtigung gesetzlicher Tatbestandsmerkmale oder einer Norm insgesamt scheidet ebenso aus dem Kreis zulässiger Auslegungsmethoden aus[71]. Nur der Gesetzestext ist Gegenstand der Auslegung, nicht aber die Wunschvorstellung des Interpreten[72]. Die Jurisprudenz ist zur Einhaltung ihrer Methoden verpflichtet. Diese bieten zwar weder eine Richtigkeitsgewähr, noch sind sie übergeordneter Selbstzweck[73]. Sie sind aber Mittel zur Aufrechterhaltung des möglichen Standards an Rationalität, dessen Preisgabe die Norminterpretation zur Willkür werden läßt. Die Dogmatik ist deshalb gegebenenfalls nicht nur berechtigt, sondern auch verpflichtet,

---

[68] Dazu Teil VI § 2 D. II. 3. a).

[69] Zur „Wirtschaftlichkeit“ und „Wirtschaften“ näher Teil VI § 2 C. V.

[70] Dabei handelt es sich um einen juristisch unzulässigen Schluß von der Rechtsfolge auf den Tatbestand. Der Tatbestand einer Norm ergibt sich nicht aus deren Rechtsfolge, da dieselbe Rechtsfolge auch anderen Tatbeständen zugeordnet sein kann. Dadurch liegt im Ergebnis eine schlichte *petitio principii* vor; zu dieser *Schneider*, Logik, 240; *Klug*, Logik, 153.

[71] Dazu scheint HK-BGB[2]-*Hoeren*, § 1939, Rn. 1 zu tendieren, der ohne nähere Ausführung äußert, „die Vorschrift habe nahezu keine eigenständige Bedeutung“.

[72] Larenz-*Canaris*, Methodenlehre[3], 134.

[73] Larenz-*Canaris*, Methodenlehre[3], 55, 67.

beim Scheitern ihrer Methoden festzustellen, wo das geltende Recht keine befriedigende Lösung bietet und nur eine Änderung der gesetzlichen Regelung den Mangel beheben kann[74]. Die vordringende, von *Leipold* ausführlich begründeten Meinung, daß „Vermögensvorteil" in § 1939 BGB sei, ist nun auf ihre methodische Richtigkeit zu prüfen.

A. Kritik der Auslegung von § 1939 BGB nach neuerer Ansicht

I. Grammatikalische Auslegung

Jede Auslegung hat mit der Feststellung des möglichen Wortsinns zu beginnen[75]. Die Grenze des möglichen Wortsinns der Norm ist dabei auch die Grenze der Auslegung[76]. Jenseits dieser Grenze geht Auslegung in gesetzesüberschreitende Rechtsfortbildung über, welche eigenen Zulässigkeitsvoraussetzungen unterliegt[77]. Vom möglichen Wortsinn wird alles erfaßt, was nach dem allgemeinen oder dem als maßgeblich zu erachtenden Sprachgebrauch des Gesetzgebers noch als mit diesem Ausdruck gemeint verstanden werden kann[78]. Die Ausgangsbasis ergibt sich dabei maßgeblich aus dem syntaktischen Zusammenhang der Wörter der *Rechtsnorm*[79].

---

[74] Larenz-*Canaris*, aaO.

[75] *Zippelius*, Methodenlehre, 45; *Schmalz*, Rn. 231.

[76] *Engisch*, Einführung[9], 192; *Zippelius*, Methodenlehre, 47; *ders.*, FS Larenz (1983), 739 (743f.); Larenz-*Canaris*, Methodenlehre[3], 143; *Bydlinski*, Methodenlehre[2], 441; *Canaris*, Feststellung von Lücken[2],19ff., 21; *Hassold*, FS Larenz (80), 211 (218); *Larenz*, Methodenlehre[6], 322f.; *Müller*, Methodik, 153f., 184; AA *Esser*, Vorverständnis, 32; differenzierend *Wank*, Begriffsbildung, 31f., 23, Fn. 45f.

[77] So die hM. Instruktiv neuerdings *Klatt*, Wortlautgrenze, 24; Larenz-*Canaris*, Methodenlehre[3], aaO; *Schmalz*, Rn. 235; *Bydlinski*, Methodenlehre[2], 441, 467f. Die gesetzesüberschreitende Rechtsfortbildung muß aus Gründen der Legitimation besonderen Voraussetzungen unterworfen werden, damit das Gesetz funktionell die Eigenschaft der primären Regelung bewahrt. Die Wortlautgrenze fungiert dabei im Hinblick auf Rechtssicherheit und Normklarheit als einzig praktikable Abgrenzung zwischen Auslegung und Rechtsfortbildung; Larenz-*Canaris*, Methodenlehre[3], 144; *Bydlinski*, Methodenlehre[2], 468, 471.

[78] Larenz-*Canaris*, Methodenlehre[3], 143.

[79] *Zippelius*, Methodenlehre, 45. *Zippelius* versteht unter der Rechtsnorm als Basis der Wortlautauslegung die „komplette" im Einzelfall anzuwendende Norm, bestehend aus Grundtatbestand und zusätzlichen (definierenden oder ergänzenden) Bestimmungen. Dies würde bedeuten, daß der Auslegung § 2174 BGB iVm § 1939 BGB zugrundezulegen wäre. § 2174 BGB, der nach der amtlichen Überschrift die Rechtsfolge des Vermächtnisses begründet, unterscheidet zwischen dem Leistungsanspruch und dem vermachten Gegenstand als dem Gegenstand der Vermächtnisverfügung. Durch die Worte „Vermächtnis" und „vermachter Gegen-

Der Vermögensvorteil ist materieller Gegenstand der Vermächtniszuwendung[80]. Er ist Gegenstand *der* Leistung, die *aus dem Vermächtnis* und *als Vermächtnis* geschuldet wird. *Leipold* versteht „Vermögensvorteil" grammatikalisch als „geldwerten Vorteil"[81], wobei die Kürze dieser Gleichsetzung eine gewisse Selbstverständlichkeit dieses Begriffsverständnisses widerspiegelt. Er betont jedoch, daß dies „überhaupt nicht als Eingrenzung gegenüber dem allgemeinen Leistungsbegriff" zu verstehen sei[82]. Jedes Tun oder Unterlassen, das nach § 241 Abs. 1 S. 1 BGB als Leistung im Rahmen eines Schuldverhältnisses geschuldet werden kann, soll also auch Vermögensvorteil im Sinne des § 1939 BGB sein.

Wenn man das Merkmal des Geldwertes[83] dem Wortverständnis des Vermögensvorteils zugrunde legt, kann diese Aussage nicht richtig sein. Wenn der Vermögensvorteil grammatikalisch als geldwerter Vorteil definiert wird, so können nichtgeldwerte Vorteile keine Vermögensvorteile sein, *tertium non datur*. Nichtgeldwerte Vorteile sind dann entsprechend keine Leistungen, die *als Vermächtnisse* geschuldet werden können. Entsprechendes gilt für jedes andere Prädikat, das dem „Vermögensvorteil" zugeordnet wird, wie etwa „wirtschaftlicher Vorteil" oder „wirtschaftliche Besserstellung".

Eine andere Sicht verstößt gegen den Satz vom Widerspruch[84]. Insoweit hilft auch die im Rahmen der grammatikalischen Auslegung zu treffende Unterscheidung zwischen dem „Begriffskern" als dem Bereich des eindeutigen Wortverständnisses und dem „Begriffshof" als dem Bereich eines möglichen, mehrdeutigen Wortverständ-

---

stand" nimmt § 2174 BGB Bezug auf die Legaldefinition des § 1939 BGB, der für die Frage nach dem möglichen Vermächtnisgegenstand grammatikalisch somit allein maßgeblich ist. Daher erscheint es durchaus möglich und angemessen, die grammmatikalische Auslegung auf § 1939 BGB zu konzentrieren, soweit es um den Vermächtnisgegenstand geht.

[80] Nach vorangehend Gesagtem kann als Gegenstand der Vermächtnisverfügung nicht die Begründung des Vermächtnisanspruchs angesehen werden, da dies erst die in § 2174 BGB geregelte Rechtsfolge des Vermächtnisses darstellt („Durch das Vermächtnis"); vgl. *Müller*, Übernahmerecht, 61. Gegen die getrennte Betrachtung von Tatbestand und Rechtfolge beim Vermächtnis *Erdmann*, Einzelzuwendungen, 121 („integrale Einheit vertypter Rechtswirkungen"), jedoch ohne sachlich andere Konsequenz.

[81] Müko-*Leipold*[4], § 1939, Rn. 6.

[82] Müko-*Leipold*[4], aaO.

[83] Zur Frage der Geldwertermittlung neuerdings *Scholz*, Objektiver Wert.

[84] Der Satz vom Widerspruch besagt, daß zwei logisch unvereinbare Urteile nicht gleichzeitig wahr sein können; *Schneider*, Logik, 83; *Klug*, Logik, 4. Wird einem Begriff ein Prädikat *p* zugeschrieben, schließt es alle Elemente mit *non-p* von diesem Begriff aus.

nisses nicht weiter[85]. Das Prädikat „Geldwert" schließt „Nichtgeldwertes" eindeutig vom Begriff des Vermögensvorteils aus. Dadurch werden der Begriffskern und zugleich die äußerste Grenze des möglichen Wortsinns festgelegt. Mangels Mehrdeutigkeit des Wortsinns in bezug auf den Geldwert besteht dann kein Begriffshof, der den Einbezug nichtgeldwerter Vorteile ermöglicht.

Aus dem Satz vom Widerspruch folgt, daß von zwei sich widersprechenden Aussagen eine notwendig falsch ist. Entweder ist somit der Vermögensvorteil kein „geldwerter Vorteil" oder Vermögensvorteil ist als Eingrenzung gegenüber dem allgemeinen Leistungsbegriff zu verstehen. *Unter der Prämisse*, daß der Vermögensvorteil ein *geldwerter Vorteil* ist, ist daher der Einbezug nichtgeldwerter Vorteile nicht im Wege grammatikalischer Auslegung oder der Auslegung überhaupt erzielbar. Der vermachte Gegenstand *muß* dann geldwert sein. Wird der Vermögensvorteil nicht als geldwerter Vorteil verstanden, so bleibt wiederum die Frage unbeantwortet, was positiv unter ihm zu verstehen ist.

II. Systematische Auslegung

Die systematische Auslegung hat das Ziel, die spezifische Bedeutung eines Ausdrucks im Hinblick auf das durch den Textzusammenhang des Gesetzes vermittelte Sinngefüge, den Kontext, zu ermitteln. Sie geht davon aus, daß zwischen den verschiedenen Normen desselben Regelungskomplexes eine sachliche Übereinstimmung und regelmäßig ein funktioneller Wechselbezug besteht[86]. Unter systematischen Gesichtspunkten erheben sich deshalb gegen eine Gesetzesauslegung Bedenken, wenn diese die Unanwendbarkeit oder den Zweck- oder Funktionsverlust einer anderen Norm zeitigt[87].

Problematisch ist insbesondere eine systematische Auslegung, die dazu führt, daß sich die Rechtsfolge einer Norm bereits abschließend aus einer anderen ergibt, da es grundsätzlich nicht im Willen des Gesetzgebers liegt, überflüssige Bestimmungen zu erlassen[88]. Solange nicht jede andere Möglichkeit der Auslegung ausscheidet, spricht

---

[85] Dazu *Bydlinski*, Methodenlehre², 438.

[86] Larenz-*Canaris*, Methodenlehre³, 145, 164.

[87] Vgl. *Bydlinski*, Methodenlehre², 444.

[88] *Bydlinski*, Methodenlehre², 445, der jedoch zutreffend betont, daß auch Fälle denkbar seien, in denen mangels begründbarer Auslegungsalternative feststehe, daß das Gesetz in einem besonderen Zusammenhang eine Regel wiederhole, die auch schon allgemein angeordnet sei.

gegen ein solches Verständnis zumindest die Vermutung rationeller Gesetzgebungstechnik.

1. § 1939 BGB und § 2174 BGB

Würde das Merkmal Vermögensvorteil in § 1939 BGB als Bedeutungsträger neutralisiert, hätte die Norm keinen Aussagegehalt mehr, der § 2174 BGB in bezug auf den „vermachten Gegenstand" konkretisiert. Die Aussage des § 1939 BGB würde sich in einer Beschreibung der Rechtsfolge des § 2174 BGB erschöpfen. Als *Legaldefinition* liefe § 1939 BGB ins Leere. Eine Interpretation, die § 1939 BGB zur redaktorischen Präliminarie reduziert[89], ist aber mit dessen Nachbarschaft zu anderen zentralen Definitionsnormen des Erbrechts[90] schwer vereinbar. Der *favor legis* gebietet eine Auslegung, bei der die auszulegende Norm funktionstragend bleibt[91].

Daß § 1939 BGB eine tragende systematische Rolle zukommt, ergibt sich aus dem auf § 1939 BGB verweisenden Wortlaut des § 2150 BGB, zu dessen Konkretisierung im Hinblick auf den Gegenstand des Vorausvermächtnisses § 2174 BGB gerade nicht herangezogen werden kann, soweit ein Alleinerbe bedacht ist. § 2174 BGB sagt nämlich nur, daß der Vermächtnisnehmer einen Anspruch auf Leistung des vermachten Gegenstandes hat. Der Erbe kann aber, soweit er selbst beschwert ist, keinen Anspruch gegen sich selbst haben[92]. Insoweit ist § 2174 BGB unanwendbar. Es kommen damit eher Zweifel an der systematischen Notwendigkeit von § 2174 BGB auf[93]. Dies bedeutet nicht zwingend, daß Vermächtnisse unmöglich sein sollen, die eine nichtgeldwerte Leistung zum Gegenstand haben und eine „schul-

---

[89] So in der Tat HKBGB-*Hoeren*, § 1939, Rn. 1 und § 1940, Rn. 1.

[90] §§ 1937, 1940, 1941 BGB. Zu der Definitionstechnik des BGB-Gesetzgebers und zur konstitutiven, nicht bloß deklaratorischen Rolle der Legaldefinitionen im BGB *Mertens*, Gesetzgebungskunst, 470ff. (vgl. insb. 470 Fn. 786).

[91] *Zippelius*, FS Larenz (1983), 739 (748).

[92] Wird ein Miterbe mit einem Vorausvermächtnis bedacht, ist § 2174 BGB anwendbar. Der Anspruch richtet sich dann gegen die Miterbengemeinschaft. Zur Haftung vgl. Teil VII § 1 B.

[93] Aus „Zuwenden" in § 1939 BGB ergibt sich bereits, daß das Vermächtnis einen Anspruch auf Leistung des Zugewendeten begründet. Vgl. Prot. I 8898 = *Jakobs-Schubert*, §§ 1922-2104, § 1939, 163; Planck-*Flad*[4], § 1939, Rn. 2: „Im Worte Zuwenden liegt, daß derjenige, welchem zugewendet wird, um seinetwillen in seinem Interesse einen Anspruch auf das Zugewendete erhält"; vgl. auch *Dietz*, ErbR, 245. Dem folgt auch die Gesetzesfassung in § 2192 BGB, der eine „entsprechende" Anwendung der für letztwillige Zuwendungen geltenden Vorschriften auf die Auflage anordnet.

drechtsakzessorische" Lösung *a limine* ausscheidet. Nur muß sich diese Aussage aus dem *vollständig genommenen* Tatbestand der Legaldefinition des § 1939 BGB, mithin aus dem Merkmal „Vermögensvorteil" selbst ergeben, wenn § 1939 BGB seiner definitorischen Funktion nicht verlustig gehen soll.

2. § 1939 BGB und § 1940 BGB

Ebenfalls systematisch zweifelhaft ist ein auf die Auflage (§ 1940 BGB) zurückgreifendes Verständnis des Vermächtnisses[94]. Weil § 1940 BGB allgemein *vom Recht auf die Leistung* spreche, sei „Vermögensvorteil" in § 1939 BGB „überhaupt nicht als Einschränkung zu verstehen"[95]. Aus dem Wortlaut des § 1940 BGB wird offenbar auf eine Parallelität zwischen § 1939 BGB und § 1940 BGB geschlossen, die darin bestehen soll, daß *wegen § 1940 BGB* die Gegenstände von Vermächtnis und Auflage identisch seien, mit anderen Worten, daß der Begriff des „Vermögensvorteils" in § 1939 BGB mit dem der „Leistung" in § 1940 BGB[96] inhaltlich übereinstimme und *deshalb* alles Inhalt des Vermächtnisses sein könne, was nach § 241 Abs.1 S.1 BGB Gegenstand eines Anspruchs sein könne.

Abgesehen davon, daß man sich, um zu der angedeuteten Parallelität zwischen Vermächtnis und Auflage zu gelangen, zuerst über den unterschiedlichen Wortlaut der Vorschriften hinwegsetzen müßte[97], verdeckt diese Argumentation gewichtige strukturelle Unterschiede zwischen beiden Verfügungstypen. Die dargestellte Argumentation zielt darauf, daß der Begriff der Leistung den Gegenstand der durch Vermächt-

---

[94] Nach § 1940 BGB kann jede Leistung (§ 241 Abs. 1 S. 1 BGB) des Beschwerten Gegenstand der Auflage sein. Lange-*Kuchinke*, ErbR[5], 655 Fn. 28 erwähnt unter Bezugnahme auf *Kipp* in *Windscheid-Kipp*, Pandekten[9], Bd. II, 12 daß auch für die Auflage streitig gewesen sei, ob sie eine vermögenswerte Leistung erfordere, weil die Reichweite der Auflageverpflichtung ihre Grenze in der Höhe des Zugewandten finde, § 2187 Abs. 1 BGB. Bei Inkommensurabilität der Auflageverpflichtung entziehe sich eine Überschwerung mit der Auflage aber der Feststellung, so daß der Belastete deren Erfüllung immer verweigern könne. Vertreten wurde die Auffassung von *Coing* in Kipp-*Coing*, ErbR, § 59 VI bis zur 9. Aufl.; aA dann *Coing* in Kipp-*Coing*, ErbR[10], § 58 I, Fn. 2a; Staudinger-*Lehmann*[11], § 1940, Rn. 3. Die inhaltliche Verschiedenheit der Auflage vom Vermächtnis betonen auch zB Lange-*Kuchinke*, ErbR[5], § 30 II 3a (655); Erman-*Schlüter*[10], § 1940, Rn. 1; Soergel-*Stein*[13], § 1940, Rn. 2.

[95] MüKo-*Leipold*[4], § 1939, Rn. 6 spricht von einem „Zusammenspiel" von § 1940 BGB und § 1939 BGB. Worin dieses „Zusammenspiel" genau bestehen soll, bleibt aber unbeantwortet.

[96] Zum Begriff der Leistung in § 1940 BGB und dessen Übereinstimmung mit dem Begriff der Leistung in § 241 Abs.1 S.1 BGB *Lemke*, 28, 31; Motive, Bd. V, 213.

[97] Zutreffend *Eidenmüller* JA[19]91, 150 (152).

nis und Auflage erzeugten Schuldverhältnisse *abschließend* beschreibt. Eine Strukturparallele zwischen beiden Verfügungstypen setzt dann aber voraus, daß sie sich auf vergleichbare Schuldverhältnisse bezieht.

Das Vermächtnis ist *Zuwendung an den Begünstigten*. Der Vermächtnisnehmer erwirbt durch das Vermächtnis einen Anspruch gegen den Beschwerten auf Leistung des vermachten Gegenstandes, § 2174 BGB. Das Vermächtnis erzeugt damit ein Schuldverhältnis im Sinne des § 241 Abs. 1 S. 1 BGB *zwischen dem Beschwerten und dem Begünstigten*. Gegenstand *dieses* Schuldverhältnisses ist der „Vermögensvorteil". Bei der Auflage steht die Verpflichtung des Beschwerten im Vordergrund[98]. Der potentielle[99] Begünstigte erhält keinen Anspruch auf die Leistung. Nur der gemäß § 2194 BGB Vollzugsberechtigte hat einen Anspruch gegen den Beschwerten auf Leistung[100]. Allein zwischen ihnen besteht ein Schuldverhältnis im Sinne § 241 Abs.1 BGB[101], dessen Gegenstand die in § 1940 BGB genannte „Leistung" ist. Die bei Auflage und Vermächtnis bestehenden Schuldverhältnisse sind somit grundsätzlich anders gelagert, denn sie betreffen unterschiedliche Personen. Wenn sich die Begriffe „Vermögensvorteil" in § 1939 BGB und „Leistung" in § 1940 BGB aber

[98] Prägnant HK-BGB²-*Hoeren*, § 2194,Rn. 1. Vgl. auch Protokolle I, 9604 = Jakobs-Schubert, §§ 2105-2385, § 2194, 1367: „Ob der Testator mit der Auflage etwas Weiteres (...) als die Verbindlichmachung des Beschwerten gewollt habe, sei im Wege der Auslegung des letzten Willens festzustellen. "

[99] Der Wortlaut des § 1940 BGB verdeckt, daß der Auflage im Gegensatz zum Vermächtnis die Existenz eines Begünstigten gerade nicht wesensimmanent ist. Vgl. § 1940 BGB: „ohne einem anderen ein Recht auf die Leistung zuzuwenden". Einen solchen „Anderen" als begünstigte Person muß es aber nicht geben; vgl. *Michalski*, ErbR², Rn. 726; Soergel-*Stein*¹³, § 1939, Rn. 2; *Lübtow*, ErbR, Bd. I, 390; *Otte*, ErbR, 83; *Gottbehüt*, Auflage, 11; *Lanwer*, 15. Vielmehr ermöglicht die Auflage dem Erblasser auch die Verwirklichung von Zwecken ohne Personenbezug, zB die Grabpflege, die wohl den in der Praxis häufigsten Fall der Auflage darstellt; dazu Lange-*Kuchinke*, ErbR⁵, 653; Erman-*Schlüter*¹⁰, § 1940, Rn. 2 und Soergel-*Stein*¹³, § 1940, Rn. 2; *Dernburg*, BüR, Bd. V, 243: Bestattung, Leichenbegängnis, Grabstätte, Ausschmückung und Pflege, Feuerbestattung, Seelenmessen.

[100] Vgl. BGH, Urteil vom 24.02.1993 - IV ZR 239/91, BGHZ 121, 357 = NJW 1993, 2168 (2168); Anwk-BGB-*Mayer*, § 2194, Rn. 1, 12; MüKo-*Schlichting*⁴, § 2194, Rn. 9; Palandt-*Edenhofer*⁶³, § 2194, Rn. 3; Erman-*Schmidt*¹⁰, § 2194, Rn. 1; Staudinger-*Otte* (2003), § 2194, Rn. 12; *Michalski*, ErbR², Rn. 732.

[101] Nur von einem „formellen Klagerecht" ohne Annahme eine Schuldverhältnisses; *Strohal*, ErbR, Bd. I, 21 Anm. 4; *Haymann*, Schenkung unter Auflage, 165. Dagegen jedoch *Schultze*, JheringsJB 43 (1901), 1 (91f.); *Gottbehüt*, Auflage, 35; *Meischeider*, 440, 442f. Die bei *Saukke*, 53 getroffene Unterscheidung zwischen „Schuldverhältnis" und „absoluter Schuldverpflichtung", welche die Auflage sein soll, ist terminologisch und dogmatisch überholt.

auf unterschiedliche Schuldverhältnisse beziehen, ist nicht ohne weiteres erkennbar, wieso sich aus dem einen Begriff der Inhalt des andern ergeben soll.

Insbesondere erscheint ein solcher Zusammenhang deshalb zweifelhaft, weil bei der Auflage der Vollziehungsberechtigte nicht im eigenen Interesse[102] oder im Interesse eines potentiellen Auflagebegünstigten berechtigt ist, sondern in treuhänderischer Funktion[103] im Interesse des Erblassers[104], um dessen Rechtsstellung nach dessen Tod zu wahren[105]. Ihm ist ein Amt ähnlich dem eines Testamentsvollstreckers[106] zugewiesen, das ihn nicht legitimiert, *Leistung für sich* zu fordern[107], sondern nur Leistung für den vom Erblasser bestimmten Zweck[108]. Wegen seiner Uneigennützigkeit hat der Anspruch des Vollzugsberechtigten für diesen nach hM keinen Vermögenswert[109]: als Recht „formalen Charakters" gehört er nicht zu dessen Vermögen[110]. Im

---

[102] Der Vermächtnisnehmer ist im Gegensatz dazu allein im eigenen Interesse berechtigt. Insofern ist es unzutreffend, wenn *Haymann*, aaO äußert, daß zwischen Vollziehungsberechtigtem und Beschwertem kein Schuldverhältnis bestehen könne, weil sonst zwischen der Rechtsstellung des Vollziehungsberechtigten und der eines Vermächtnisnehmers kein Unterschied mehr bestünde.

[103] Kipp-*Coing*, ErbR[14], § 64 III 4 (362); *Lübtow*, ErbR, Bd. I, 394; *Binder*, ErbR, 76; *Gottbehüt*, Auflage, 32f., 35; *Dernburg*, BüR, Bd. V, 241, 246; AnwK-BGB-*Mayer*, § 2194, Rn. 12. Zu treuhänderischen Rechtsstellungen im BGB grundlegend *Schultze*, JheringsJB 43 (1901), 1 (91): „Die erbrechtliche Auflage schafft danach eine Verpflichtung: nicht etwa ohne eine entsprechende Berechtigung überhaupt (was sollte das auch sein!), sondern ohne eine Berechtigung eines wirtschaftlich Selbstinteressierten. Träger der Berechtigung sind vielmehr die in § 2194 BGB Genannten als Treuhänder. (...) Sie sind Subjekte einer schuldrechtlichen Berechtigung, Gläubiger eines Forderungsrechts"; vgl. auch *Siebert*, Das treuhänderische Rechtsverhältnis, 104ff.

[104] Dies schließt nicht aus, daß der Erblasser selbst die Auflage im Interesse des Beschwerten angeordnet hat.

[105] Lange-*Kuchinke*, ErbR[5], § 30 III 4 (661).

[106] *Lübtow*, aaO. Vgl. Lange-*Kuchinke*, ErbR[5], aaO: die Rechtsstellung ähnele der einer Partei kraft Amtes. Weitergehend *Binder*, ErbR, 76, der die Rechtsstellung des Vollzugsberechtigten als „amtliche Berechtigung" und nicht als private Berechtigung ansieht. Ähnlich *Dernburg*, BüR, Bd. V, 246: „Testamentsvollstreckung beschränkten Inhalts".

[107] Darin unterscheidet sich die Rechststellung des Vollziehungsberechtigten wesentlich vom Vermächtnisnehmer, der ausschließlich im eigenen Interesse berechtigt ist. Vgl. *Haymann*, Schenkung unter Auflage, 166.

[108] Prägnant *Dernburg*, BüR, Bd. V, 240: „Bei der Auflage dominiert der Zweck, welchen der Wille des Erblassers setzt"; vgl. auch *Saucke*, 24; *Kohler*, Archiv f. BüR 21 (1902), 258 (260).

[109] Staudinger-*Otte* (2003), § 2194, Rn. 12; Soergel-*Dieckmann*[13], § 2194, Rn. 10. Vgl. Prot. I 9608 = *Jakobs-Schubert*, §§ 2105-2385, § 2194, 1369: „nur eine mehr formale Berechtigung und nicht ein Forderungsrecht von materiellem Vermögenswerthe", „Leistung aus der Aufla-

Gegensatz dazu erlangt der Vermächtnisnehmer eine materiell-eigennützige Berechtigung[111]. Es ist deshalb durchaus konsequent, wenn das Gesetz in § 1940 BGB nicht von „Vermögensvorteil“[112], sondern von „Leistung“ spricht. Daraus kann aber nicht der umgekehrte Schluß gezogen werden, daß der Begriff des Vermögensvorteils für § 1939 BGB keine Rolle spielte. Auch § 2192 BGB, der auf Vorschriften des Vermächtnisrechts verweist oder §§ 2186-2189 BGB, die die Auflage miterfassen, rechtfertigen es insoweit nicht, von einer „Ähnlichkeit[113]“ zwischen Auflage und Vermächtnis oder einem „Zusammenspiel“ der Vorschriften zu sprechen, da in den genannten Normen nur technische *accidentalia* vereinheitlicht werden. Richtig ist daher, daß die Auflage, § 1940 BGB, jede Leistung im Sinne § 241 Abs.1 S.1 BGB zum Gegenstand haben kann. Es kann aber *nicht aus § 1940 BGB* geschlossen werden, daß für das Vermächtnis ein gleiches gilt.

III. Historische Auslegung

Soweit Wortsinn und systematischer Kontext zu keinem eindeutigen Ergebnis führen, kann die Entstehungsgeschichte der Norm Aufschluß über die dem Gesetz zugrunde liegenden Wertentscheidungen, Begriffsverständnisse und Regelungsabsichten des historischen Gesetzgebers geben und so zur Ermittlung des normativ maßgeblichen Gesetzessinns beitragen[114]. Die Enstehungsgeschichte von

---

ge ohne vermögensrechtliches Interesse“ für den Durchsetzungsberechtigten. Ebenso *Mandorpf*, 13; Staudinger-*Herzfelder*[9], § 2194, Anm. 1; *Hellwig*, Verträge auf Leistung an Dritte, 59; AnwK-BGB-*Mayer*, aaO, m. w. N; vgl. auch Schultze, *aaO*: kein *wirtschaftliches* Eigeninteresse.

110 Lange-*Kuchinke*, aaO; *Lübtow*, aaO; Kipp-*Coing*, aaO; Erman-*Schmidt*[10], § 2194, Rn. 3; bereits *Kohler*, Archiv f. BüR 21 (1902), 258 (261).

111 Vgl. Protokolle I, 9598 = Jakobs-*Schubert*, aaO: „Im wesentlichen werde der Unterschied [zwischen Vermächtnis und Auflage] darin zu suchen sein, daß durch das Vermächtnis ein *das Vermögen des Bedachten vermehrendes Forderungsrecht* erzeugt werde (...)“; Klammereinschub und Hervorhebung durch Verfasser.

112 Würde das Gesetz in § 1940 BGB von Vermögensvorteil sprechen, könnte die Leistung nur für das Vermögen des Begünstigten ein Vorteil sein. Damit wäre die Auflage aber an die Existenz eines Begünstigten geknüpft.

113 *Michalski*, ErbR[2], Rn. 729.

114 Larenz-*Canaris*, Methodenlehre[3], 149; *Zippelius*, Methodenlehre, 51. AA *Esser*, Vorverständnis, 129 mit grundsätzlicher Ablehnung der historischen Auslegung, weil sie „unfähig zum Regelungsneuvollzug“ sei und in verfahrensökonomisch fragwürdiger Weise und mit erkenntnistheoretisch zweifelhaftem Nutzen nicht zu Ende geführte Kontroversen wieder aufnehme. Die Kritik *Essers* ist abzulehnen. Die historische Auslegung ist zu Recht fester Be-

§ 1939 BGB ergebe zumindest kein Argument dagegen, den „Vermögensvorteil" nicht als Einschränkung gegenüber dem allgemeinen Leistungsbegriff aufzufassen. Statt der vorgeschlagenen Formulierung „einzelne Gegenstände" sei das Wort „Vermögensvorteil" verwendet worden, um auch das Liberationslegat (Schuldbefreiungsvermächtnis) mitzuerfassen[115]. Eine Absicht, dadurch das Vermächtnis auf Gegenstände zu beschränken, die einen Vermögensvorteil, d. h. einen geldwerten Vorteil, darstellen, sei dabei nicht geäußert worden[116].

Die Entstehungsgeschichte von § 1939 BGB ergibt sehr wohl gewichtige Argumente gegen den Ausschluß des Merkmals „Vermögensvorteil"[117]. Und selbst wenn die Entstehungsgeschichte kein Argument gegen diese Auslegung ergäbe, taugte sie grundsätzlich nicht als Argument für diese. Die historische Auslegung ist aus Gründen der Rechtssicherheit an urkundlich überlieferte Quellen gebunden[118].

Sie kann nur auf einen solchen gesetzgeberischen Willen schließen, der in den Gesetzesmaterialien Ausdruck gefunden hat. Schlichtes Schweigen erlaubt keinen Rückschluß auf einen bestimmten gesetzgeberischen Willen. Ein solcher könnte aus dem Nichtbekunden einer gegenteiligen Regelungsabsicht allenfalls dann gefolgert werden, wenn er sich schon aus anderen Indizien positiv ergäbe[119]. Es wird anhand der Gesetzesmaterialien aber nicht belegt oder bewiesen, daß alles, was Gegenstand eines Schuldverhältnisses sein kann, als Vermächtnis zugelassen werden sollte. Aus der angeblichen Erkenntnis, daß kein Verlangen nach einem geldwerten Vorteil dokumentiert sei, kann somit nicht folgen, daß der Vermögensvorteil vernachlässigbar sein sollte.

Die Tatsache, daß der Gesetzgeber den Begriff „Vermögensvorteil" erst nachträglich korrigierend eingefügt hat, spricht dagegen, daß er ihm keinerlei Bedeutung beigemessen haben soll. Und selbst wenn zweifelsfrei feststünde, daß es dem Willen des

---

standteil der Rechtskultur und des juristischen Methodenarsenals; instruktiv *Rüthers*, NJW 1996, 1249 (1253).

115 Dazu siehe eingehend Teil V § 7 B.

116 MüKo-*Leipold*[4], § 1939, Rn. 6.

117 Teil V § 7 B.

118 *Bydlinski*, Methodenlehre[2], 449; Larenz-*Canaris*, Methodenlehre[3], 151.

119 Dann liegt ein „beredtes Schweigen" des Gesetzgebers vor. Andernfalls entfaltet die Feststellung keine Beweiskraft, denn sie könnte ebenso gut als Beleg für das Gegenteil dienen, etwa: „Der Gesetzgeber hat nicht die Absicht geäußert, alle Leistungen zuzulassen. " Vgl. *Schneider*, Logik, 189f, 153.

Gesetzgebers entspräche, jede Leistung als Vermächtnisgegenstand zuzulassen, so könnte ein solcher Wille nur berücksichtigt werden, wenn er *aus dem Gesetzeswortlaut* erkennbar würde. Ein anderes würde die rechtstaatlichen Formen des Gesetzgebungsverfahrens untergraben[120]. Daß es auf einen Vermögensvorteil nicht ankommen soll, geht so aus dem Gesetzeswortlaut positiv jedoch ebenfalls nicht hervor.

IV. Teleologische Auslegung

Die teleologische Auslegung ist Auslegung des Gesetzes nach dessen Zwecken und erkennbaren Grundgedanken[121]. Der Normzweck kann subjektiv nach den Zwecken und Normvorstellungen des historischen Gesetzgebers („subjektiv-teleologische" Auslegung[122]) oder objektiv aus der die Norm umgebenden Rechtsordnung und den anerkannten gesellschaftlichen Wertungen bestimmt werden (objektiv-teleologische Auslegung)[123].

1. Subjektiv-teleologische Auslegung

Die Zwecksetzung und der Wille des historischen Gesetzgebers werden erkennbar anhand ausdrücklicher Erklärungen im Gesetz, den Zwecken anderer Normen, mit denen ein Anwendungszusammenhang besteht, den Gesetzgebungsmaterialien, dem Wortsinn des Gesetzes und dem „äußeren System"[124]. Aus der Entstehungsgeschichte des § 1939 BGB wird hervorgehoben, daß der eingefügte Begriff „Vermögensvorteil" die Einbeziehung des Liberationslegats ermöglichen sollte[125]. Der Begriff sollte

---

[120] *Hassold*, FS Larenz (80), 211 (218 Fn. 54) mwN. Hiergegen kann nicht auf die Vorkonstitutionalität des BGB verwiesen werden, da es sich der Bundesgesetzgeber letztmalig mit der Bekanntmachung vom 02.01.2002 (Bundesgesetzblatt I, 42, ber. 2909) vollständig zu eigen gemacht hat.

[121] Larenz-*Canaris*, Methodenlehre[3], 153; *Engisch*, Einführung[9], 96ff.

[122] Die „subjektiv-teleologische" Auslegung ist Bestandteil der historischen Auslegung. Die manchenorts gebrauchte Bezeichnung „subjektiv-teleologisch" soll zum Ausdruck bringen, daß sich die Auslegung hier auf die Absichten des historischen Gesetzgebers als spezifischen Punkt innerhalb der Entstehungsgeschichte der Norm konzentriert.

[123] Dazu eingehend *Hassold*, FS Larenz (80), 211 (228f.). Auf das umstrittene Verhältnis von subjektiver und objektiver Auslegungstheorie kann hier nicht näher eingegangen werden; dazu eingehend *Larenz*, Methodenlehre[6], 316ff.; *Zippelius*, Methodenlehre, 50f. Näher auch Fn. 897.

[124] *Hassold*, aaO, 229.

[125] MüKo-*Leipold*[4], § 1939, Rn. 6.

danach Zweifelsfälle erfassen, deren Einordnung bei anderer Formulierung möglicherweise streitig gewesen wäre. Träfe dies zu, so wäre zuzugeben, daß der Gesetzgeber *expressis verbis* keinen restriktiven Zweck verfolgte, sondern um Tatbestandserweiterung bemüht war. Dies ist jedoch bislang nicht näher untersucht worden.

Es ist zu berücksichtigen, daß der Gesetzgeber sich im Bemühen um eine positive Definition offenbar bewußt für den vorliegenden Wortlaut entschieden hat. Fallen Wortlaut und definitorischer Zweck in § 1939 BGB zusammen, so muß der Wortlaut auch bei einer objektiven, den historischen Normzweck reinterpretierenden Auslegung des Gesetzes Beachtung finden, wenn die Kontinuität des Rechts und der Respekt vor der Legitimation des Gesetzgebers Bedeutung haben soll[126]. Und selbst ein noch so weitgreifender gesetzgeberischer Zweck kann nicht über eine eindeutige begriffliche Fixierung hinweghelfen: das teleologische Kriterium genießt *im Rahmen der Auslegung* keinen Vorrang gegenüber der Wortlautgrenze. Diese bleibt vielmehr auch für die Normkonkretisierung anhand der Normzwecke verbindlich, soweit sie nicht rechtsfortbildend überwunden wird[127].

2. *Objektiv-teleologische Auslegung*

Dem Gesetzgeber kann allgemein die Absicht unterstellt werden, Regelungen zu schaffen, die den Rechtsfrieden bestmöglich sichern, Rechtsstreitigkeiten möglichst gerecht entscheiden helfen und den beteiligten Interessen und den Strukturen des geregelten Lebensbereichs angemessen Rechnung zu tragen[128]. Die sog. objektiv-teleologischen Kriterien kommen im Rahmen der Auslegung zum Zuge, wo die bisher erörterten Gesichtspunkte keine eindeutige Auslegung ermöglichen[129]. Leitziel ist dabei die Gewähr von Rechtssicherheit, Gleichbehandlung sowie Widerspruchsfreiheit der Rechtsordnung[130]. Ließe man nur geldwerte Vorteile als Vermächtnis zu, so sei die Zuweisung nichtgeldwerter Gegenstände nur in Form einer Auflage möglich.

---

126 *Zippelius*, Methodenlehre, 51f.; *ders.*, FS Larenz (80), 739 (745).

127 Larenz-*Canaris*, Methodenlehre^3, 37; vgl. *Hassold*, FS Larenz (80), 211 (232); so wohl auch *Canaris*, FS Medicus (1999), 25 (51).

128 Larenz-*Canaris*, Methodenlehre^3, 153: „objektive Zwecke des Rechts"; ähnlich *Hassold*, FS Larenz (80), 211 (228). *Bydlinski*, Methodenlehre^2, 454 nennt als Kriterien der Rechtsidee materielle Gerechtigkeit, Rechtssicherheit und Zweckmäßigkeit. Zur Rechtsidee als oberstem Inbegriff der Rechtswerte skeptisch *Prokisch*, FS Vogel (70), 294 (296).

129 Larenz-*Canaris*, Methodenlehre^3, 155.

130 *Bydlinski*, Methodenlehre^2, 454f.

Es besteht nach *Leipold* aber kein sachlicher Grund, hier den Vermächtnisanspruch als rechtsschutzstärkere Form der Zuwendung, zu verweigern[131]. Mit diesem Argument ist eine ungerechtfertigte Ungleichbehandlung gleich zu behandelnder erblasserischer Verfügungen angedeutet. Hierin liegt grundsätzlich ein beachtlicher Einwand gegen die Beschränkung des Vermächtnisses auf geldwerte bzw. vermögenswerte Vorteile.

a) *Ungleichbehandlung erblasserischer Verfügungen*

Für den Erblasser würde eine Fixierung des Vermögensvorteils auf Geldwertigkeit in bezug auf nichtgeldwerte Zuwendungsgegenstände[132] eine Sperrwirkung entfalten, die die Verwirklichung des Erblasserwillens ohne unmittelbar ersichtlichen Legitimitätsgewinn behindern würde. Der klagbare Vermächtnisanspruch bietet die höchste Gewähr, daß die zugewandten Nachlaßgegenstände nicht dauerhaft beim Erben verbleiben. Das Interesse und die persönliche Berechtigung des Vermächtnisnehmers garantieren die Verwirklichung der vom Erblasser gewollten endgültigen Güterzuordnung[133]. Die Zuwendung „um des Bedachten willen" instrumentalisiert dabei maßgeblich auch dessen Eigennutz. Der sein Recht durchsetzende Vermächtnisnehmer fungiert gewissermaßen als Werkzeug des Erblasserwillens.

Bei Auflage und Teilungsanordnung, welche dem Erblasser ansonsten verbleiben, fehlen im allgemeinen die Grundlagen für einen solchen Mechanismus: bei einer Auflage ist der Erblasser gezwungen, sich auf deren Vollzug durch den in der Regel nicht persönlich interessierten Vollzugsberechtigten zu verlassen. Der auf Vollzug der Teilungsanordnung gerichtete Auseinandersetzungsanspruch ist wiederum kein auf den zugewandten Gegenstand bezogener Leistungsanspruch, sondern ist allgemein auf Herstellung der angeordneten Nachlaßteilung gerichtet[134]. Der als Miterbe Eingesetzte kann deshalb nicht von einer Teilungsanordnung profitieren, wenn seine Erbenstellung entfällt, etwa durch Ausschlagung oder Übertragung des Erbteils. Nur

---

[131] Vgl. Müko-*Leipold*[4], § 1939, Rn. 6.

[132] Etwa Familienbriefe, Erinnerungsstücke wie die berühmte Haarlocke der Geliebten, Fotographien.

[133] Dazu vgl. *Dernburg*, BüR, Bd. V, 184, 187. Von der Funktionsfähigkeit dieses Mechanismus scheint auch der Gesetzgeber auszugehen, vgl. § 2149 BGB.

[134] Vgl. *Sommer-Kerschbaumer*, ZEV 2004, 13 (15). Eingehend unten Teil VII § 1.

wenn die Zuwendung als (Voraus-)Vermächtnis ansehbar ist, macht sie das Recht des Begünstigten von der Erbenstellung unabhängig[135].

Das Erfolgsrisiko, das auf der letztwilligen Regelung des Erblassers lastet, wenn sie nicht als gültiges Vermächtnis angesehen werden kann, scheint nicht durch einen sachlichen Grund gerechtfertigt zu sein, der im Zusammenhang mit dem Merkmal des Geldwertes bzw. Vermögenswertes des Zuwendungsgegenstandes steht. Es erscheint demnach unklar, warum der Erblasser keine *nichtvermögenswerten Einzelzuwendungen* tätigen können soll.

b) Ungleichbehandlung des Bedachten

Im Falle der Abhängigkeit des Vermächtnisses vom Geldwert wird auch der mit einem Gegenstand rein ideellen Wertes Bedachte im Verhältnis zu einem geldwert bedachten Vermächtnisnehmer ungleich behandelt. Nicht selten weist der Erblasser einem Dritten Nachlaßgegenstände rein ideellen Wertes zu[136]. Er bringt häufig dadurch wertschätzend zum Ausdruck, daß er den Bedachten dem oder den Erben vorzieht, etwa weil er sich um den Gegenstand in besonderer Weise verdient gemacht oder verantwortlich oder interessiert gezeigt hat. Wäre eine solche Zuwendung im Gegensatz zum „profanen" Geldvermächtnis nur als Auflage aufrechtzuerhalten, müßte der Bedachte ohne persönlichen Anspruch „mit gebundenen Händen" zurückstehen, oder, soweit er schon im Besitz des Gegenstandes ist, diesen an den Erben herausgeben[137], obwohl ihm eine besondere Vorrangstellung zugedacht war und er möglicherweise aus ideellen Gründen eine besondere Motivation hat, die Verfügung als Vermächtnis gegen den Erben durchzusetzen und so den Erblasserwillen zu verwirklichen.

---

[135] Vgl. *Sommer-Kerschbaumer*, aaO.

[136] Beispielsweise der vom Bedachten gepflegte altersschwache Haushund des Erblassers.

[137] Der Auflagebegünstigte kann dem Herausgabeverlangen des Erben mangels persönlichen Gegenanspruchs die Auflage nicht im Wege des § 273 Abs. 1 BGB entgegenhalten. Auch für § 242 BGB („*dolo agit qui petit quod statim redditurus est*") fehlt es an Raum (*statim*), da der Vollzug der Auflage dem Vollziehungsberechtigten obliegt und dieser regelmäßig noch andere Interessen als die des Auflagebegünstigten zu berücksichtigen hat. Die heute allgemein gebrauchte Form des Lehrsatzes („*dolo agit qui petit quod statim redditurus est*") ist allerdings nicht klassisch. Vgl. Paulus (6 lib. ad Plautium) D. 44, 4, 8 pr. = D. 50, 17, 173, 3: *dolo facit qui petit quod redditurus est.* Zur Stelle *Domingo-Ortega-Rodríguez-Antolín*, Principios, 80 Nr. 169.

c) Folgerung

Das Gebot der Gleichbehandlung des Gleichwertigen spricht dagegen, für das Vermächtnis zwischen geldwerten und nichtgeldwerten Vorteilen zu unterscheiden und nur erstere als „Vermögensvorteile“ zuzulassen. Im Rahmen der Auslegung haben die teleologischen Auslegungskriterien nach einhelliger Meinung auch Vorrang[138]. Aber das Gesetz ist nur innerhalb der Grenzen seines Wortsinns der Auslegung fähig. Die Auslegung erhellt den Wortlaut, kann ihn als äußerste Grenze vertretbarer Sinnvarianten jedoch nicht überwinden. Dies gilt selbst dann, wenn der Rechtsanwender die gesetzliche Regel *aus Gründen gerechter Gleichbehandlung* auf Fälle anwenden will, die nicht unter den möglichen Wortsinn der Norm fallen[139]. Selbst teleologische Kriterien können hier demnach nicht zum Einbezug nichtgeldwerter Vorteile führen. Ein Gleichlauf zum allgemeinen Schuldrecht ist allenfalls durch gesetzesübersteigende Rechtsfortbildung herstellbar. Die Subsumption nichtgeldwerter Vorteile unter das Tatbestandsmerkmal Vermögensvorteil ist dann in der Sache eine verdeckte Analogie. In diesem Rahmen können teleologische Kriterien von der Wortlautgrenze ungehindert zum Zuge kommen[140]. Sie unterliegt jedoch besonderen Zulässigkeitsvoraussetzungen.

B. Analogie zum Vermächtnis

Die Analogie dient dem Ausfüllen planwidriger Gesetzeslücken[141] durch Übertragung der Rechtsfolgen eines Tatbestandes auf einen rechtsähnlichen, aber ungeregelten Tatbestand[142].

---

[138] *Hassold*, FS Larenz (80), 211 (231); *Larenz*, Methodenlehre[6], 317.

[139] *Müller*, Methodik, 184f.; vgl. auch *Engisch*, Einführung[9], 192; *Zippelius*, FS Larenz (80), 739 (748). *Hassold*, aaO: „Dem Richter ist nicht schlechthin die Verwirklichung des Gesetzeszwecks und die Auswahl der geeigneten Mittel aufgegeben. Er hat kein Zweckprogramm zu erfüllen“; *Canaris* FS Medicus (1999), 25 (51); Larenz-*Canaris*, Methodenlehre[3], 171.

[140] *Hassold*, FS Larenz (80), 211 (233).

[141] Vgl. *Engisch*, Einführung[9], 175, der zwischen Lückenausfüllung (Rechtsergänzung *supplendi causa, praeter legem*) und Fehlerkorrektur (Gesetzesberichtigung *corrigendi causa, contra legem*) unterscheidet.

[142] Larenz-*Canaris*, Methodenlehre[3], 202.

I. Analogie und teleologische Reduktion

Eine analoge Anwendung von § 1939 BGB selbst erscheint problematisch. Als zu § 2174 BGB gehörige Legaldefinition enthält § 1939 BGB nicht die eigentliche Rechtsfolgenanordung in Gestalt des Vermächtnisanspruchs, um dessen Erstreckung es geht, sondern regelt nur die Vorfrage, wann ein Vermächtnis vorliegt. In der Sache wird somit nicht § 1939 BGB selbst, sondern § 2174 BGB analog angewandt. Zwischen § 1939 BGB und § 2174 BGB besteht aber eine systematische Verbindung dergestalt, daß § 1939 BGB den Tatbestand des § 2174 BGB konkretisiert[143].

Wegen dieser funktionellen Verschränkung beider Normen wird zusätzlich zu den allgemeinen Voraussetzungen einer Analogie zu § 2174 BGB zu erwägen sein, ob diese mittelbar auf § 1939 BGB zurückwirkt und ob sich hieraus Einschränkungen für deren Zulässigkeit ergeben.

1. Voraussetzungen der analogen Anwendung von § 2174 BGB

Die Befugnis zur Rechtsfortbildung steht dem Richter nur insoweit zu, als die aus Gesetz, Gewohnheitsrecht und Richterrecht fließenden Rechtssätze lückenhaft sind[144].

a) Gesetzeslücke

Die Gesetzeslücke ist nach überwiegender Meinung Voraussetzung legitimer *gesetzesergänzender* Rechtsfortbildung[145]. Der Begriff der Lücke beschreibt eine planwidrige Unvollständigkeit des Gesetzes[146]. Unvollständigkeit setzt begrifflich zunächst voraus, daß das Gesetz für den betreffenden Teilbereich Vollständigkeit bezweckt[147].

---

[143] Siehe Teil II § 5 A. II. 1.

[144] Larenz-*Canaris*, Methodenlehre[3], 191. Zur neuerdings häufigeren Erscheinung der in Gesetzesmaterialien empfohlenen Analogie zu Recht kritisch *Olshausen*, FS Tsatsos (70), 448 (463f). Als selbsterteilter Freibrief für „undurchdachte oder sonstwie mißlungene" Gesetzgebung kann eine gesetzgeberische Analogieempfehlung jedenfalls keinen Einfluß auf die juristische Dogmatik haben.

[145] *Bydlinski*, Methodenlehre[2], 472f., 472 Fn. 144 mwN.

[146] *Bydlinski*, Methodenlehre[2], 473; *Canaris*, Feststellung von Lücken im Gesetz, 198; Larenz-*Canaris*, Methodenlehre[3], 192f.; *Larenz*, Methodenlehre[6], 371f.; *Engisch*, Einführung[9], 180.

[147] Larenz-*Canaris*, Methodenlehre[3], 192.

Eine Unvollständigkeit liegt nicht bereits dann vor, wenn das Gesetz für eine bestimmte Fallgestaltung keine ausdrückliche Regel enthält[148] oder wenn es ohne Ergänzung nur eine negative Antwort auf die Fallfrage ermöglicht[149]. Eine Lücke des Gesetzes besteht vielmehr nur, wenn eine *bestimmte* Regelung fehlt, die nach dem „Regelungsplan" des Gesetzes, nach der gesetzesimmanenten Teleologie, erwartet werden muß[150]. Diese wird sowohl durch die Absichten und bewußt getroffenen Entscheidungen des Gesetzgebers als auch durch die objektiven Rechtszwecke und allgemeinen Rechtsprinzipien, insbesondere den Gleichbehandlungsgrundsatz, bestimmt[151]. Entbehrt das Gesetz einer Regelung, die es enthalten sollte, ist die Unvollständigkeit zugleich planwidrig.

aa) Bezweckte Vollständigkeit

Das Erbrecht strebt einerseits nach Verwirklichung des letzten Willens des Erblassers, setzt der Testierfreiheit jedoch auch Grenzen in Form von strengem, nichtdispositivem Recht[152]. Freiheit und Bindung charakterisieren das geltende Erbrecht nicht als einander widerstreitende Gegensätze, sondern als einander bedingende, sich ausgleichende Gestaltungsprinzipien. Die Arten und Wirkungen des Erwerbs von Todes wegen sowie die Arten und Formen der erbrechtlichen Rechtsgeschäfte sind im fünften Buch des BGB nicht fragmentarisch, sondern in sich abgeschlossen konzipiert. Das Erbrecht ist auf Vollständigkeit seiner Regelungen angelegt.

---

148 Zur Möglichkeit eines sog. beredten Schweigens des Gesetzes Larenz-*Canaris*, Methodenlehre³, 191.

149 Larenz-*Canaris*, Methodenlehre³, 193. Daß das Gesetz eine Antwort ermöglicht, schließt eine Lücke jedoch auch nicht aus. Ein „allgemeiner negativer Satz" dergestalt, daß „rechtliche Ansprüche sowie Pflichten nicht bestehen, wenn sie in keiner Rechtsnorm begründet sind", wird zu Recht abgelehnt, da die Abwesenheit einer positiven Regelung nicht gleichbedeutend mit einer bewußt negativen Entscheidung des Gesetzgebers sein muß; *Canaris*, Feststellung von Lücken im Gesetz, 50; *Bydlinski*, Methodenlehre², 472; *Engisch*, Einführung⁹, 181.

150 Statt aller Larenz-*Canaris*, Methodenlehre³, 194f.; Bydlinski, Methodenlehre², 473; vgl. auch *Börsch*, JA 2000, 117 (118); aA wohl *Esser*, Vorverständnis, 176, 178: „Planverständnis des Rechtsanwenders", „wertendes Zwecksetzen des Rechtsanwenders". Keine Gesetzeslücke, sondern ein rechtspolitischer Fehler liegt vor, wenn soziale und wirtschaftliche Gegebenheiten durch das Gesetz keine angemessene Berücksichtigung finden.

151 Vgl. oben Teil II § 5 A. IV.; Larenz-*Canaris*, Methodenlehre³, 195.

152 Näher Lange-*Kuchinke*, ErbR⁵,4f.

bb) *Unvollständigkeit*

Die Regelung des § 2174 i.V.m. § 1939 BGB weist bei objektiv-teleologischer Sicht[153] eine Unvollständigkeit auf, wenn nichtgeldwerte Gegenstände nicht vermachbar sind.

b) *Planwidrigkeit*

Die Nichtvermachbarkeit nichtgeldwerter Gegenstände sei auch – weil im Widerspruch zum Gleichbehandlungsgrundsatz stehend – als planwidrig[154] angesehen.

II. Analogieverbot

Der Gleichbehandlungsgrundsatz kann jedoch seinerseits Einschränkungen durch das ihm rangebenbürtige Gebot der Rechtssicherheit[155] erfahren, das ebenso fundamentaler Wert des Rechts ist wie die Gleichbehandlung des Gleichwertigen. Im Einzelfall kann das Gebot der Rechtssicherheit dem Gleichheitssatz entgegenwirken und zu einem Rechtsfortbildungshindernis in Form eines Analogieverbots führen[156]. Ein Analogieverbot entzieht dem Rechtsanwender die Rechtsfortbildungsbefugnis und festigt dadurch den Wortlaut zur unübersteigbaren Grenze der Rechtsfindung *de lege lata*. Die festgestellte Gesetzeslücke wird so für den Rechtsanwender unausfüllbar.

Ein Analogieverbot setzt voraus, daß ein *erhebliches* Bedürfnis nach Rechtssicherheit für eine abschließende, nicht ergänzungsfähige Regelung spricht[157]. Nach *Cana-*

---

[153] Soeben Teil II § 5 A. IV. 2.

[154] Die Planwidrigkeit der Lücke ließe sich aus subjektiver Sicht im Hinblick auf die Absichten und Zwecke des Gesetzgebers nach Maßgabe der Ausführungen unter Teil II § 5 B. II. und Teil V verneinen. Sie soll jedoch an dieser Stelle zugestanden werden, um unübersichtliche Vorwegnahmen noch zu entwickelnder Erkenntnisse zu vermeiden.

[155] *Radbruch*, Rechtsphilosophie[8], 164; *Dahm*, Deutsches Recht, 16 versteht Rechtssicherheit als „Stetigkeit, Regelmäßigkeit, Berechenbarkeit der Rechtsanwendung". Vgl. *Radbruch*, Rechtsphilosophie[8], 345: „ Daß das Recht sicher sei, daß es nicht heute so und hier so, morgen und dort anders ausgelegt und angewandt werde, ist zugleich eine Forderung der Gerechtigkeit."

[156] *Canaris*, Feststellung von Lücken im Gesetz, 183f.; *Zippelius*, Methodenlehre, 67; *Hassold*, FS Larenz (80), 211 (233). Eingehend *Bydlinski*, Methodenlehre[2], 566 zum Gebot der Rechtssicherheit als Schranke der Rechtsfortbildung.

[157] *Canaris*, Feststellung von Lücken im Gesetz, 184.

ris liegt ein Analogieverbot vor, wenn der Gesetzgeber eine „formale Ordnungsentscheidung" getroffen hat, um ein besonderes Bedürfnis nach Rechtssicherheit zu befriedigen[158]. Im Falle einer solchen Ordnungsentscheidung träten Aspekte materieller Gerechtigkeit typischerweise hinter den Wert der Rechtssicherheit zurück[159]. Die formale Ordnungsentscheidung ist damit die gesetzgeberische Lösung eines Ziel- oder Wertkonfliktes zwischen der materiellen Gerechtigkeit und der Rechtssicherheit. Es handelt sich um eine Kollision zwischen Teilkriterien der Rechtsidee, die zugunsten der Rechtssicherheit unter Vernachlässigung der Einzelfallgerechtigkeit aufgelöst wird[160]. Die Bezeichnung als „formale" Ordnungsentscheidung darf dabei nicht darüber hinwegtäuschen, daß sich „Ordnungsentscheidungen" nicht nur im Bereich „technischer" Regelungen (Fristen, Termine, Formfragen) finden, sondern ebenfalls im materiellen Recht begegnen können, wo dem Bedürfnis nach Orientierungsgewißheit gegebenenfalls auch Vorzug vor uneingeschränkter Einzelfallgerechtigkeit eingeräumt werden muß[161]. Inbesondere Tatbestände, die einen Rechtsverlust zeitigen, rufen ein besonderes Bedürfnis nach Rechtssicherheit hevor und müssen deshalb umso bestimmter und in ihrer Anwendung vorhersehbarer sein, je intensiver der Rechtsnachteil ist[162].

Rechtfertigungsgrund für das Zurücktreten der materiellen Gerechtigkeit ist die Gleichrangigkeit des konkurrierenden Rechtszwecks der Rechtssicherheit, verstanden als „Orientierungsgewißheit[163]" und „Stabilität des gesetzten Regelrechts[164]".

---

[158] *Canaris*, Feststellung von Lücken im Gesetz, 188, wohl anlehnend an *Boehmer*, Grundlagen, Bd. II/2, 73f. („formale Ordnungsvorschriften"). Die Rechtssicherheit ist als Bestandteil des Rechtsstaatsprinzips durch Art. 20 Abs. 3 GG garantiert. Sie steht mit den beiden anderen Elementen der Rechtsidee, der materiellen Gerechtigkeit und der Zweckmäßigkeit, in Konkurrenz. Grundlegend *Radbruch*, Rechtsphilosophie[8], 164ff. („Antinomien der Rechtsidee"). Eingehend *Wiedemann*, FS Larenz (70), 199 (201f.); *Bydlinski*, Methodenlehre[2], 81; *Mayer-Maly*, JZ 1986, 556 (561). Zur wiederkehrenden Bedeutung der Rechtssicherheit vgl. *Münch*, NJW 1996, 3320ff. mwN; *Huber*, JZ 2003, 1 (17).

[159] *Canaris*, aaO.

[160] Vgl. *Wank*, Begriffsbildung, 97; *Straßburg*, 112; *Bydlinski*, Methodenlehre[2], 471: „Verschiebung der Elemente der Rechtsidee unter dem Gesichtspunkt der Orientierungssicherheit der Normadressaten in besonders sensiblen Rechtsgebieten".

[161] Insbesondere die gesetzlichen Fiktionen und die unwiderleglichen gesetzlichen Vermutungen; vgl. nur §§ 177 Abs. 2 S. 2, 2. Hs.; 108 Abs. 2 S. 2, 2. Hs. BGB.

[162] *Wiedemann*, FS Larenz (70), 199 (211f.).

[163] *Zippelius*, Methodenlehre, 67.

[164] *Boehmer*, Grundlagen, Bd. II/2, 73; *Breitschmid*, FS Druey, 61 (63): „dauerhafte, stabile Konstruktionen".

Dabei bleibt die Verwirklichung von Rechtssicherheit nicht übergeordneter Rechtszweck, sondern fungiert als immanenter Normzweck der „Ordnungsentscheidung" selbst[165]. Ist das „Dasein" einer Norm so lange unproblematisch, als ihr „Sosein" nicht in Konflikt mit der materiellen Gerechtigkeit gerät, so verdankt die „Ordnungsentscheidung" ihre Geltung im Konfliktfall einer generellen Zweckvorstellung des Gesetzgebers. Diese liegt in der Befriedigung eines mindestens gleichrangigen[166] Bedürfnisses nach Rechtssicherheit durch Setzung eines „Regelungsstandards" auf der Grundlage typisch erscheinender Lebenssachverhalte[167]. Die erzielte Verallgemeinerung ist dabei legitimer Ausdruck des Gestaltungsspielraums und der Einschätzungsprärogative des Gesetzgebers[168], welche ihm kraft demokratischer Legitimation zukommen. Wegen des Legitimationsvorsprungs des Gesetzgebers vor der Justiz ist die Inhaltsänderung des Standards, insbesondere die Optimierung, grundsätzlich dessen Aufgabe[169].

Es fragt sich allerdings, ob eine gesetzgeberisch getroffene „Ordnungsentscheidung" wenigstens bei „Überalterung" der Norm auch durch den Richter im Wege der Rechtsfortbildung neu konkretisiert werden kann. Die grundsätzliche Befugnis des Richters zur Rechtsfortbildung ist allgemein anerkannt[170]. Jedoch unterliegt diese Befugnis bei einer eindeutig getroffenen Entscheidung[171] des Gesetzgebers der besonderen Voraussetzung, daß sich *aufgrund veränderter tatsächlicher oder rechtlicher Verhältnisse* eine Regelungslücke und damit ein Bedürfnis zur Korrektur des

---

[165] Vgl. *Boehmer*, aaO: „Es gibt Normen, deren einziger Sinn der Ordnungswert, die Ordnung um der Ordnung willen, ist und die daher durch ihr bloßes Dasein, *unabhängig von ihrem Sosein*, ihren Zweck erfüllen"; *Radbruch*, Rechtsphilosophie[8], 168: „Und allein durch die Forderung der Rechtssicherheit geboten sind die sogenannten „Richtungsnormen", welche durch ihr bloßes Dasein ihren Zweck bereits voll erfüllen, ohne ihrem Sosein, ihrem Inhalte nach unter der Herrschaft eines Zwecks zu stehen, Rechtssätze, deren Gegenteil genau so richtig wäre, die nur eine einheitliche gleichviel welche Regelung bezwecken."

[166] *Bydlinski*, Methodenlehre[2], 603.

[167] *Boehmer*, Grundlagen, Bd. II/2, 76.

[168] *Zippelius*, Methodenlehre, 67.

[169] *Zippelius*, Methodenlehre, aaO.

[170] BVerfG, Beschluß vom 12.11.1997 – 1 BvR 479/92 und 307/94, BVerfG E 96, 375 (394); BVerfG, Beschluß vom 10.07.1990 – 1 BvR 984, 985/87, BVerfG E 82, 286 (304); BVerfG, Beschluß vom 14.05.1985 – 1 BvR 233, 341/81, BVerfG E 69, 316 (371f.); BVerfG, Beschluß vom 10.10.1961 – 2 BvL 1/59, BVerfG E 13, 153 (164).

[171] Um eine solche geht es bei einer gesetzgeberischen „Ordnungsentscheidung", jedenfalls in bezug auf diejenigen Tatbestände, die als nicht unmittelbar unter die Norm subsumierbar angesehen werden.

insoweit veralteten, gleichsam überlebten Gesetzes entwickelt hat[172]. Solche Fälle scheint das Bundesverfassungsgericht nach eigener Aussage aufgrund des „zunehmenden zeitlichen Abstandes zwischen Gesetzesbefehl und richterlicher Einzelfallentscheidung" insbesondere im Hinblick auf das Bürgerliche Gesetzbuch in Betracht zu ziehen[173].
Dann muß aber im Umkehrschluß folgen, daß nicht automatisch aus dem Alter einer Vorschrift des BGB auch auf die „Veralterung" der zugrundeliegenden gesetzgeberischen Entscheidung geschlossen werden kann, sondern erst und gerade aus der Überlebtheit der ursprünglich geregelten tatsächlich-sozialen Situation. Für einen grundlegenden Wandel *der Testiersituation* seit Inkrafttreten des BGB wurden bislang aber keine Hinweise vorgebracht. Solange also nicht dargetan ist, daß die damals geregelten Lebenssachverhalte wesentlich von den heutigen differieren, kann deshalb das Alter der Regelungen über die Verfügungen von Todes wegen allein deren Aktualität nicht in Frage stellen. Wenn also in Gestalt des § 1939 BGB eine gesetzgeberische „Ordnungsentscheidung" vorliegt, so kann diese nicht allein deshalb als zeitlich überholt angesehen werden, weil sie seit 1900 in Kraft ist. Im übrigen bedingt gerade die Eigengesetzlichkeit der erbrechtlichen Materie weiterreichende zeitliche Kontinuitäten, als sie in den Gebieten des „schnellerlebigen" Verkehrsrechts gewohnterweise anzutreffen sind.

Bevor der Gesetzgeber also eine noch aktuelle Ordnungsentscheidung neu beantwortet, darf sich der Rechtsanwender daher weder bewußt gegen das Gesetz auflehnen, noch darf er durch Auslegung oder Analogie, die dem klaren Wortlaut und Sinngehalt der Norm zuwiderlaufen, unter Berufung auf einen höheren, überpositiven Gesetzeswillen die Norm außer Kraft setzen, mag sie auch noch so unerwünscht sein.

Von der Bindung an eine Ordnungsentscheidung des Gesetzgebers kann der Rechtsanwender nur dann befreit sein, wenn die gesetzgeberische Abwägung zwischen materieller Gerechtigkeit und Rechtssicherheit offensichtlich fehlsam getroffen ist, weil das Bedürfnis nach materieller Gerechtigkeit das vorhandene Bedürfnis nach Rechtssicherheit klar überwiegt[174]. Mehr als eine Evidenzkontrolle steht dem Rechtsanwen-

---

[172] BVerfG, Beschluß vom 03.04.1990 – 1 BvR 1186/89, BVerfG E 82, 6 (12f.).

[173] Vgl. BVerfG, Beschluß vom 12.11.1997 – 1 BvR 479/92 und 307/94, BVerfG E 96, 375 (394). Spätestens mit der letzten Bekanntmachung des BGB und der damit verbundenen „Aktualisierung" des Normbefehls durch den modernen Gesetzgeber dürfte diese Aussage jedoch so nicht mehr zutreffen (vgl. Fn. 120).

[174] *Boehmer*, Grundlagen, Bd. II/2, 77f. nennt die Fälle „übergesetzlichen Notstandes". Ein Anwendungsfall der Radbruchschen Formel dürfte für § 1939 BGB wohl kaum gegeben sein;

der insoweit nicht zu. Solange sich materielle Gerechtigkeit und Rechtssicherheit gleichrangig gegenüberstehen, folgt daraus, daß eine rechtsergänzende Korrektur der gesetzgeberischen Ordnungsentscheidung auf dem Wege der Analogie nicht zulässig ist, mithin ein Analogieverbot besteht.

1. Erbrechtlicher Typenzwang als analogieverbietende Ordnungsentscheidung

Es fragt sich, ob in Gestalt der Legaldefinition des Vermächtnisses in § 1939 BGB eine „formale Ordnungsentscheidung" vorliegt. Es stellt sich damit die Frage nach Existenz und Reichweite eines erbrechtlichen Typenzwangs.

a) Ordnungsentscheidung durch Enumeration

Dies führt zunächst zu der Frage, ob enumerativ angelegte Regelungen *per se* analogiefeindlich sind[175]. Es ließe sich behaupten, daß eine analogieverbietende Ordnungsentscheidung schon deshalb gegeben sei, weil durch die Enumeration der Tatbestände letztwilliger Verfügungen (§§ 1937-1940, 2100, 2048 BGB) ein Ausnahmecharakter dieser Normen zum Ausdruck komme. Anerkannt ist aber, daß der Ausnahmecharakter einer Norm ihrer analogen Anwendung nicht kategorisch im Wege steht, sondern lediglich verbietet, daß das in der Ausnahmevorschrift zum Ausdruck kommende engere Prinzip durch die Analogie zur Regel verkehrt wird[176].

Zulässig ist es aber beispielsweise, wenn aus gerechtfertigtem Bedürfnis enumerierte Sondertatbestände um einen weiteren rechtsähnlichen Sondertatbestand ergänzt wer-

---

vgl. *Radbruch*, Rechtsphilosophie[8], 345: „Der Konflikt zwischen der Gerechtigkeit und der Rechtssicherheit dürfte dahin zu lösen sein, daß das positive, durch Satzung und Macht gesicherte Recht auch dann den Vorrang hat, wenn es inhaltlich ungerecht und unzweckmäßig ist, es sei denn, daß der Widerspruch des positiven Rechts zur Gerechtigkeit ein so unerträgliches Maß erreicht hat, daß das Gesetz als „unrichtiges Recht" der Gerechtigkeit zu weichen hat."

175 „*Enumeratio, ergo limitatio*"; vgl. MüKo-*Säcker*[4], Bd. I, Einleitung, Rn. 102. So wohl *Tuhr*, AT, Bd. I, 43 Fn. 160.

176 Larenz-*Canaris*, Methodenlehre[3], 176. Der Satz *singularia non sunt extenda* gilt als überholt; statt aller MüKo-*Säcker*[4], aaO; *Canaris*, Feststellung von Lücken im Gesetz, 181, Fn. 34 mwN; *Kramer*, Methodenlehre, 185ff. Zum rechtsgeschichtlichen Hintergrund des Satzes *Schröder*, Recht als Wissenschaft, 159. Der Wortlaut „*singularia non sunt extenda*" ist in dieser Form nicht klassisch; näher *Baldus*, Regelhafte Vertragsauslegung, Bd. I, 120 Fn. 29 mwN; *Kramer*, Methodenlehre, 185 Fn. 568.

den[177]. Wird das Recht der letztwilligen Verfügungen als ein System gesonderter Verfügungstatbestände angesehen und angenommen, daß letztwillige Gestaltungsfreiheit nur innerhalb der gesetzlichen Formen und Grenzen besteht, so würde es erst eine Umkehr dieses Systems unter Verstoß gegen das Induktionsverbot[178] bedeuten, wenn aus den gewährleisteten Verfügungstypen verallgemeinernd ein Grundsatz uneingeschränkter Gestaltungsfreiheit auf dem Gebiet der letztwilligen Verfügungen abgeleitet wird. Hier steht ohnehin lediglich die Erstreckung von Rechtsfolgen *eines* Verfügungstyps auf rechtsähnliche Fälle in Frage und nicht die rechtspraktische Beseitigung des Verfügungskatalogs durch Ableitung einer eine freie Rechtsfolgenwahl gewährenden erbrechtlichen „Generalklausel". Daher ist eine Analogie zu § 2174 BGB nicht aus Gründen der Enumeration der erbrechtlichen Verfügungstatbestände als solcher versperrt.

b) Ordnungsentscheidung durch Typenzwang und numerus clausus

aa) Begriffserläuterung

Typenzwang[179] kann als Inversion des Prinzips der Privatautonomie im Bereich der *Rechtsgestaltungsfreiheit*[180] betrachtet werden. Er erscheint dann als fixierter Geschäftstypenkatalog, der keine vorgefundene inhaltliche Gestaltungsfreiheit auf einem Teilgebiet „beschränkt", sondern eine solche in seinen Grenzen erst eröffnet[181].

---

[177] Vgl. die Erweiterung des Katalogs der Sachenrechte durch das Anwartschaftsrecht, das Sicherungseigentum und die Sicherungsgrundschuld; vgl. MüKo-*Rinne*[4], Bd. 6, Einl, Rn. 11ff.; *Westermann*, SaR[6], § 1 I (3); § 5 III 4 (43). Zu neueren Tendenzen der Erweiterung der Zahl übertragbarer Rechtspositionen im Gebiet des gewerblichen Rechtsschutzes *Westermann*, SaR[6], § 3 III (27).

[178] Hierzu *Canaris*, Feststellung von Lücken im Gesetz, 184f.

[179] Zum rechtsgeschichtlichen Hintergrund des Typenzwangs *Betti*, FS Wenger, Bd. I, 249 (250ff.); *Radke*, 55ff.

[180] Die Vertragsabschlußfreiheit bleibt vom Typenzwang unberührt; MüKo-*Rinne*[4], Bd. 6, Einl., Rn. 11.

[181] Die einzelnen Geschäftstypen können strukturell als Rückausnahmen zu einem inhaltlichen Gestaltungsverbot begriffen werden, welches den Grundsatz der Privatautonomie in einem Teilbereich der Privatrechtsordnung einschränkt. Dies kommt einer „beschränkten" Gestaltungsfreiheit gleich, paßt aber besser zu den dogmatischen Strukturen des hier einschlägigen Verfassungsrechts; dazu sogleich.

Der Typenzwang beherrscht als Strukturprinzip nach allgemeiner Ansicht das Sachenrecht[182]. Er wird mehrheitlich so verstanden, daß die gesetzlich zur Verfügung gestellten Typen von sachenrechtlichen Rechtsgeschäften und Rechtsinstituten ihrem Inhalt nach abschließend und weitgehend zwingend[183] ausgestaltet sind (sog. Typenfixierung) *und* ihrer Anzahl nach beschränkt sind[184] (*numerus clausus*). Angemessener dürfte es jedoch sein, zwischen „Typenzwang“ oder „Typenfixierung“ als inhaltlicher Festlegung und dem *numerus clausus* als zahlenmäßiger Begrenzung der Verfügungstypen zu unterscheiden[185], da zwar eine Typenfixierung ohne *numerus clausus* nicht vorstellbar ist, wohl aber ein *numerus clausus* ohne vollumfängliche Typenfixierung[186].

Nach ganz herrschender Ansicht gelten Typenzwang und *numerus clausus* auch für das Erbrecht. Der Erblasser kann nur solche Arten von Anordnungen treffen, die das Gesetz ausdrücklich zuläßt oder deren Zulässigkeit sich jedenfalls aus dem Inhalt der gesetzlichen Vorschriften ergibt[187]. Der verfassungsrechtliche Befund stützt dies. Die Testierfreiheit wird als spezielle Ausprägung der Privatautonomie durch Art. 14 Abs. 1 S. 1 GG[188] als Individualrecht grundrechtlich gewährleistet und in §§ 1937ff. BGB

---

182 Soergel-*Mühl*[13], Einl v § 854, Rn. 21; Staudinger-*Seiler* (2000), Einl zu §§ 854ff., Rn. 39.; Erman-*Schlüter*[10], Einl § 854, Rn. 10; Baur-*Stürner*, SaR[17], § 1 II, Rn. 7 (3f.); *Westermann*, SaR[6], § 1 I (3), § 3 III (27); MüKo-*Rinne*[4], Bd. 6, Einl, Rn. 11; *Eichler*, Institutionen, Bd. I, 54.

183 Einzelne Regelungen, die nicht zum Kernbereich der Vertypung gehören, können abbedungen werden; vgl. MüKo-*Rinne*[4], aaO.

184 Larenz-*Wolf*, AT[9], § 34 II 2 a (639); Soergel-*Mühl*[13], aaO.

185 Vgl. *Strothmann*, Jura 1982, 349 (350); ebenso Baur-*Stürner*, SaR[17], § 1 II, Rn. 7 (3f.). Zutreffend bemerkt *Radke*, 53, daß es sich dabei nicht um verschiedene Phänomene, sondern um verschiedene Teilaspekte des Typenzwangs im übergeordneten Sinn handelt, die sich gegenseitig bedingen.

186 So zB im Recht der Personengesellschaften; vgl. *Strothmann*, aaO.

187 Kipp-*Coing*, ErbR[14] § 20 I (134); *Leipold*, ErbR[15], § 12 I 1 (119); Staudinger-*Otte* (2000), Vorbem. §§ 1937-1941, Rn. 12; Staudinger-*Otte* (2000), Vorbem §§ 1937-1941, Rn. 14; *Lübtow*, ErbR, Bd. I, 111; Planck-*Flad*[4], Vorbem 2a zu § 1937; MüKo-*Leipold*[4], § 1937, Rn. 10; *Michalski*, ErbR[2], Rn. 1 (2); *Strothmann*, aaO; *Deeg*, 14; *Radke*, 48. AA Soergel-*Mühl*[13], Einl v BGB, Rn. 30; Larenz-*Wolf*, AT[9], § 34 III 2 d (653).

188 *Brox*, ErbR[20], Rn. 27 (16); *Michalski*, ErbR[2], Rn. 199; BVerfG, Beschluß vom 22.03.2004 – 1 BvR 2248/01, http://*www.bverfg.de*, Absatz-Nr. 38; BVerfG, Beschluß vom 21.02.2000 – 1 BvR 1937/97, http://*www.bverfg.de*, Absatz-Nr. 9; weitere Nachweise zur bundesverfassungsgerichtlichen Rechtssprechung bei Lange-*Kuchinke*, ErbR[5], § 2 IV 2 b (26 Fn. 72). AA Lange-*Kuchinke*, ErbR[5], § 2 IV 2b (26): Art. 2 Abs.1 GG; dagegen Bonner Kommentar-*Kimminich* (1992), Art. 14, Rn. 129; Schmidt-Bleibtreu-Klein-*Hofmann*[10], Art. 14, Rn. 93: Art. 14 Abs. 1 S. 1 *lex specialis* zu Art. 2 Abs. 1 GG.

vorausgesetzt. Dem geltenden Erbrecht geht die verfassungsrechtliche Grundentscheidung voraus, daß der Erblasser die Befugnis zur Verteilung seines Vermögens nach seiner freien Wahl hat[189]. Der Gesetzgeber ist jedoch durch Art. 14 Abs. 1 S. 2 GG zur inhaltlichen Konkretisierung des Erbrechts berufen. Als Grundrecht mit normgeprägtem Schutzbereich setzt die Testierfreiheit anders als die Vertragsfreiheit im Schuldrecht eine gesetzliche Regelung voraus, die ihren konkreten Inhalt bestimmt[190]. Das geltende Erbrecht steht in seinen Grundgedanken wie in seiner Einzelausgestaltung mit dem GG in Einklang[191]. Der Erblasser kann somit nicht „im luftleeren Raum" testieren, sondern seine Testierfreiheit nur in Gestalt derjenigen Formen und Anordnungen ausüben, die der Gesetzgeber zur Verfügung stellt[192].

Dies ist der Preis, den der Erblasser bezahlen muß, wenn sein Wille seinen Tod überdauern und für die Nachwelt als verbindliche Regelung gelten soll. Dementsprechend spricht das Gesetz von letztwilligen Verfügungen, die der Erblasser treffen „kann"[193]. Dadurch erlangen die erbrechtlichen Anordnungstypen den Charakter von Einzelermächtigungen[194]. Die in den jeweiligen Legaldefinitionen der erbrechtlichen

---

[189] Lange-*Kuchinke*, ErbR[5], § 2 IV 2b (25).

[190] Vgl. *Papier* in Maunz-Dürig (2002), Grundgesetz, Art. 14, Rn. 303. Insofern unterscheidet sich die Testierfreiheit von der in Art. 2 Abs. 1 GG verorteten allgemeinen Privatautonomie, welche ausweislich des Verfassungstextes keiner Inhaltsbestimmung durch den Gesetzgeber bedarf; vgl. *Müller*, Übernahmerecht, 10. Testierfreiheit und Eigentumsfreiheit werden vom BVerfG als parallelliegend angesehen; vgl. BVerfG, Beschluß vom 17.07.2002 – 1 BvF 1/01, 1 BvF 2/01, *http://www.bverfg.de*, Absatz-Nr. 118; Beschluß vom 08.12.1976 – 1 BvR 810/70 = E 44, 1 (17); näher Bonner Kommentar-*Kimminich* (1992), Art. 14, Rn. 133; *Michalski*, ErbR[2], Rn. 199 (79). Zur Privatautonomie auch *Busche*, Privatautonomie, 30, 57.

[191] Lange-*Kuchinke*, ErbR[5], § 2 IV 1 (25).

[192] Vgl. die Zusammenstellung bei *Brox*, ErbR[20], Rn. 87f. AA *Schlüter*, ErbR[13], § 13 III, Rn. 130.

[193] So in §§ 1937-1941, 2044, 2048, 2100, 2147, 2151 Abs. 1, 2153 Abs. 1, 2154 Abs. 1, 2156, 2193 Abs. 1, 2197-2199, 2207, 2209, 2220, 2222, 2247, 2265, 2274, 2324, 2333-2335 BGB etc.

[194] *Strothmann*, Jura 1982, 349 (351); ähnlich MüKo-*Leipold*[4], § 1937, Rn. 10. Zutreffend betont *Strothmann*, aaO, 352, daß der Gesetzgeber für das Erbrecht Wertentscheidungen getroffen hat, die nur verwirklicht werden können, wenn deren Geltung der Willkür des Erblassers entrückt wird, etwa die Abschaffung des Vindikationslegats aus Gründen des Schutzes der Nachlaßgläubiger; näher Lange-*Kuchinke*[5], ErbR, § 29 II 1(622f.). Vgl. bereits die Vorentwurfsbegründung v. Schmitts, *Schmitt*, Begründung, 66 = *Schubert*, Vorlagen Erbrecht, Bd. I, 182, der die Verfügungen von Todes wegen als „Befugnisse des Erblassers zu sachlichen Anordnungen" bezeichnet. Anders insoweit *Deeg*, 3, 12, der die Bezeichnung „Ermächtigung" ablehnt, da der Erblasser eigene und nicht delegierte Rechtsmacht ausübe, und stattdessen auf eine „Rechtsfolgenkanalisierung" abstellt (15). Die von *Deeg* eingeführten Begriff-

Verfügungen gesetzten Merkmale werden dadurch zu materiellen Geltungsvoraussetzungen[195]. Wird ein Typenzwang und *numerus clausus* im Erbrecht angenommen, so setzt er der Privatautonomie engere Grenzen als das Vertragsrecht. Die Testierfreiheit wird dadurch zur Gewährleistung der Privatautonomie in kleinerem Umfang. Es stellt sich die Frage nach der rechtspolitischen Rechtfertigung des Typenzwangs und nach der Maßgeblichkeit seiner Gründe für das Erbrecht, insbesondere für das Vermächtnisrecht.

bb) Rechtspolitische Rechtfertigung des Typenzwangs im Sachenrecht

Eine rechtspolitische Rechtfertigung des Typenzwangs wird im erbrechtlichen Schrifttum selten gegeben[196], vermehrt jedoch im Sachenrecht[197]. Die Typisierung und Typenbeschränkung gewährleiste die Leichtigkeit und Sicherheit des Verkehrs, soweit dingliche Rechte selbst Verkehrsgegenstand seien. Die absolute Wirkung der dinglichen Rechte, d. h. die *inter omnes*-Wirkung der durch die Verfügungen getroffenen Güterzuordnung gegen am Rechtsgeschäft Unbeteiligte[198], erfordere, daß der Inhalt der dinglichen Rechte für jeden anderen Rechtsgenossen erkennbar sei; er müsse daher typisiert sein. Zusätzlich solle der Typenzwang das Eigentum vor unübersehbaren und vielleicht untragbaren Belastungen schützen[199].

---

lichkeiten führen jedoch nicht zu sachlich abweichenden Ergebnissen. Zu kurz greift die Aussage *Deegs*, der Gesetzgeber habe keine „Ermächtigungsnormen“ im Auge gehabt, sondern betone durchgängig das Prinzip der Testierfreiheit (10f.). Der historische Gesetzgeber geht vom Prinzip der Testierfreiheit aus (§ 1753 E I). Er bezieht diese aber nicht auf die rechtsgeschäftliche Form oder stellt den abstrakten Inhalt und die Rechtsfolgen letztwilliger Verfügungen zur Disposition, sondern erörtert die Testierfreiheit vornehmlich in bezug auf ihr Spannungsverhältnis zur Familienerbfolge unter dem Gesichtspunkt, inwieweit eine Beteiligung Familienangehöriger am Nachlaß notwendig ist; vgl. Motive, Bd. V, 7; *Mertens*, Gesetzliche Erbfolge, 40. Daß es nur eine begrenzte Anzahl zulässiger Verfügungstypen geben könne, hat man hingegen als selbstverständlich vorausgesetzt; vgl. *Schmitt*, aaO. Insofern ist die Bezeichnung „Ermächtigung“ oder „Befugnis“ durchaus treffend.

[195] Auch *Strothmann*, Jura 1982, 349 (356).

[196] Nur *Strothmann*, Jura 1982, 349 (351); *Deeg*, 12-25, 26ff.

[197] Statt aller Baur-*Stürner*, SaR[17], § 1 II, Rn. 9f (4).

[198] *Lübtow*, ErbR, Bd. I, 111; Kipp-*Coing*, ErbR[14], § 20 I (134).

[199] Baur-*Stürner*, SaR[17], § 1 II, Rn. 10 (4).

Zusammenfassend werden als rechtspolitische Rechtfertigungsgründe auf dem Gebiet des Sachenrechts angeführt: der Verkehrs- und Vertrauensschutz, die unmittelbare Drittwirkung dinglicher Rechtspositionen und die Vermeidung inhaltsentleerter dinglicher Rechte (*nudum ius*). Hinter diesen Gründen steht erkennbar ein gesteigertes Bedürfnis nach Rechtsklarheit und Rechtssicherheit[200]. Wenn im Sachenrecht Rechtsklarheit und Rechtssicherheit die den Typenzwang fundamental tragenden Gesichtspunkte sind, so stellen dieser wie auch die vertypten Rechtsgeschäfte, soweit die jeweiligen Regelungen zwingend sind, „formale Ordnungsentscheidungen" im oben erläuterten Sinn dar.

cc) Rechtspolitische Rechtfertigung des Typenzwangs im Erbrecht

Fraglich ist, inwiefern dieselben rechtspolitischen Gründe Typenzwang und *numerus clausus* auf dem Gebiet des Erbrechts rechtfertigen und ob auch hier in Gestalt des Typenzwangs eine „formale Ordnungsentscheidung" vorliegt.

aaa) Unmittelbare Drittwirkung

Auch die Bestimmungen des Erbrechts regeln nach *Strothmann* weitgehend die Güterzuordnung[201]. Die Neuzuordnung des Erblasservermögens von Todes wegen betreffe ebenfalls nicht nur die Bedachten, sondern erzeuge unmittelbare Wirkung gegenüber Dritten[202]. Während auf dem Gebiet der gesetzlichen Erbfolge Rechtsklarheit und Orientierungssicherheit durch die Regelung der gesetzlichen Erbfolge gewährleistet seien[203], müßten diese im Bereich der gewillkürten Erbfolge durch eine Beschränkung der Verfügungstypen *nach Zahl und Inhalt* vermittelt werden[204].

Diese Argumentation bedarf genauerer Betrachtung. Zutreffenderweise stellt sich im Bereich der gesetzlichen Erbfolge die Problematik des Typenzwangs nicht, da sie nur zum Zuge kommt, soweit keine konkurrierende letztwillige Verfügung vorliegt. Wird für letztwillige Verfügungen Typenzwang und *numerus clausus* durch die un-

---

[200] *Strothmann*, Jura 1982, 349 (352); vgl. auch *Lübtow*, ErbR, Bd. I, 110; Kipp-*Coing*, aaO.

[201] *Strothmann*, aaO.

[202] Die Drittwirkung der erbrechtlichen Vermögensnachfolge und das Bedürfnis nach Rechtssicherheit werden sinnfällig im Erbschaftsanspruch, § 2018 BGB.

[203] *Strothmann*, aaO.

[204] So auch *Lübtow*, ErbR, Bd. I, 111; Kipp-*Coing*, ErbR[14], § 20 I. (134).

mittelbare Drittwirkung gerechtfertigt, so muß sich das Maß der inhaltlichen Beschränkung der Gestaltungsfreiheit proportional zum Maß der Drittbetroffenheit verhalten.
Wegen § 1922 BGB werden Dritte durch die letztwillige Erbeinsetzung dinglich unmittelbar betroffen, da sie zu einem direkten Rechtserwerb von Todes wegen führt. Das Vermächtnis als schuldrechtlicher Anspruch kann mangels absoluter Wirkung grundsätzlich keine von Dritten zu beachtende unmittelbare Änderung der dinglichen Rechtszuständigkeit zeitigen[205]. Dies indiziert zunächst einen größeren Gestaltungsspielraum als im Bereich der Erbfolge, da es sich bei der Anordnung von Vermächtnissen um die Begründung und inhaltliche Ausgestaltung eines schuldrechtlichen Anspruchs handelt[206]. Man könnte daraus folgern, daß für das Vermächtnis überhaupt kein Typenzwang bestehen kann.

Das Vermächtnis führt zwar nicht zu einer dinglichen Wirkung *inter omnes*. Der Beschwerte wird aber durch die Vermächtnisverfügung bei Anfall des Vermächtnisses unmittelbar schuldrechtlich verpflichtet. Die §§ 1939, 2174 BGB vermitteln dem Erblasser dadurch eine einseitige Verpflichtungsbefugnis zu Lasten des Beschwerten. Indem dieser bei Vermächtnisanfall ohne rechtsgeschäftliche Willensbeteiligung einem Leistungsanspruch unterworfen wird, für dessen Erfüllung er als Erbe zwar auf den Nachlaß und als Vermächtnisnehmer auf das Hauptvermächtnis beschränkbar, bis dahin aber mit seinem gesamten Eigenvermögen unmittelbar und unbeschränkt haftet[207], ist seine Betroffenheit ungleich größer als die eines beliebigen Dritten, der mit dinglichen Rechtsänderungen konfrontiert wird.

---

205 Das Vindikationslegat als solches existiert im Erbrecht des BGB nicht mehr. Vgl. aber § 2110 Abs. 2 BGB, wo für den Fall des vorausvermächtnisbedachten Vorerben im Ergebnis ein „verkapptes" Vindikationslegat entsteht; vgl. OLG Frankfurt, Beschluß vom 30.11.2004 – 20 W 223/04, iuris; Lange-*Kuchinke*, ErbR[5], § 28 II 6 (580); *Sonntag*, ZEV 1996, 450 (452). Art. 139 EGBGB iVm Art. 102 BayAGBGB vom 09.06.1899 regeln, soweit die Landesnorm noch trägt, daß öffentliche Anstalten von Todes wegen Eigentum an eingebrachten Gegenständen von Personen erwerben, die die Anstalt unentgeltlich verpflegt hat. Dort findet Eigentumserwerb von Todes wegen aufgrund Gesetzes und nicht kraft letztwilliger Verfügung statt, so daß kein Vindikationslegat im hier interessierenden Sinn vorliegt.

206 Zu Gestaltungsmöglichkeiten bei Vermächtnis und Auflage *Strothmann*, Jura 1982, 349 (356).

207 Vgl. §§ 1975-1992 BGB und §§ 2187 Abs. 1, 3; 1992, 1990 Abs. 1 S. 1; §§ 2182, 2183 BGB Vgl. auch *Gätzner*, Vorweggenommene Erbfolge, 55.

Die Betroffenheit wird manifest, wenn der Erblasser Ansprüche auf persönliche Dienstleistungen des Erben vermacht[208]. Wenn dem Erblasser durch das Vermächtnis die Möglichkeit zu einem unter Umständen massiven Eingriff in die negative Privatautonomie des Beschwerten gegeben ist, muß sowohl objektiv als auch aus Sicht des Beschwerten Orientierungsgewißheit und Sicherheit über die Reichweite dieser Eingriffs- und Verpflichtungsbefugnis bestehen.

Dem Gesetzeswortlaut von § 1939 BGB kommt für den Beschwerten somit eine wichtige Begrenzungs- und Garantiefunktion zu. Das hieraus resultierende Bedürfnis nach Rechtssicherheit[209] besteht unabhängig von der konkreten Ausgestaltung der Vermächtnisdefinition. Nur durch eine gesetzlich *zwingende* Definition des Verfügungstyps „Vermächtnis" kann es befriedigt werden[210]. Insgesamt folgt daraus, daß der Gesichtspunkt der unmittelbaren Drittwirkung auch im Vermächtnisrecht durchgreifend ist.

bbb) Verkehrs- und Vertrauensschutz

Verkehrs- und Vertrauensschutzgesichtspunkte sind demgegenüber für das Erbrecht nicht einschlägig, da es keine Verkehrstatbestände formuliert und erbrechtliche Rechtspositionen erst mit dem Erbfall zur Entstehung gelangen. Aus Bedachtensicht

---

[208] Auch Dienstleistungen können Vermächtnisgegenstand sein; zB die Auferlegung der Verpflichtung zur Sorge und Pflege einer Person; vgl. OLG Hamm, Beschluß vom 02.08.1993 – 15 W 115/93, FamRZ 1994, 1210 (1212).

[209] So auch HKBGB-*Hoeren*, Vor §§ 1922-2385, Rn. 22: „Auch hinsichtlich der Rahmenbedingungen der Errichtung des letzten Willens ist der Erblasser *im Interesse der Rechtssicherheit* nicht gänzlich frei. So unterliegt er dem Typenzwang letztwilliger Verfügungen (...)"; Hervorhebung durch Verfasser.

[210] AA *Radke*, 54, 62 der die erbrechtliche Typenordnung nur dann als Beschränkung der Privatautonomie gelten läßt, wenn konkret-materielle Schutzzwecke einen Eingriff in die Privatautonomie gemäß Art. 2 Abs. 1 GG unter Wahrung der Verhältnismäßigkeit rechtfertigen. Jedoch übersieht *Radke*, daß die Testierfreiheit als hier einschlägige spezielle Ausprägung der Privatautonomie gemäß Art. 14 Abs. 1 S. 1 GG auf eine gesetzgeberische Inhaltsgestaltung angewiesen ist, also Form und Möglichkeit der Freiheitsausübung durch den Gesetzgeber erst geschaffen werden müssen. Ebenso verkennt *Radke*, 63 den gesetzgeberischen Gestaltungsspielraum und die Legitimität einer „Ordnungsentscheidung" und der Rechtssicherheit als sachlichen Gesetzeszwecks. Dazu bereits eingehend oben Teil II § 5 B. II. Für das Vermächtnis liegen jedenfalls einen Typenzwang hinreichend rechtfertigende Momente vor.

besteht vor dem Erbfall wegen §§ 2253, 2271 BGB kein geschütztes Vertrauen auf eine konkrete letztwillige Bedenkung. Selbst der erbvertraglich Bedachte erwirbt keine rechtlich gesicherte Aussicht auf letztwilligen Erwerb des zugewiesenen Gegenstandes, da der erbvertragsgebundene Erblasser unter Lebenden weiterhin frei verfügen kann, § 2286 BGB[213].

ccc) Vermeidung inhaltsentleerter dinglicher Rechte

Soweit für das Sachenrecht der Typenzwang damit gerechtfertigt wird, daß für den Rechtsverkehr sicherzustellen sei, „was erworben werde", d. h. welchen möglichen Inhalts die dinglichen Rechte und welchen möglichen Inhalts die dinglichen Belastungen sind, um unübersehbare Belastungen zu vermeiden[214], so ist dieser Gesichtspunkt im erbrechtlichen Kontext unerheblich, da dieses Problem durch das Sachenrecht vorab gelöst wird. Das Erbrecht knüpft an die Festlegungen der Sachenrechtsordnung nur an, kann aber außerhalb der Sachenrechtsordnung keine neuartigen dinglichen Rechte schaffen.

dd) Ordnungsentscheidung im Erbrecht – Analogieverbot

Die erbrechtlichen Anordnungstypen stellen sich damit als Recht dar, das maßgeblich der Rechtssicherheit dient. Der Gesetzgeber hat sich für eine konkrete Ausgestaltung des Rechts der letztwilligen Verfügungen entschieden und dabei in Kauf genommen, daß abweichende Gestaltungen der Ungültigkeit verfallen, unabhängig davon, ob sie zu mehr Einzelfallgerechtigkeit führen. Der erbrechtliche Verfügungstypenkatalog trägt somit den Charakter einer „formalen Ordnungsentscheidung".

Daß der Gesetzgeber dabei die Bedürfnisse nach Rechtssicherheit und nach materieller Gerechtigkeit offensichtlich fehlsam gewichtet habe, ist nicht ersichtlich. Mindestens kann davon ausgegangen werden, daß sich Rechtssicherheit und materielle Ge-

---

213 Vgl. *Michalski*, ErbR², Rn. 290. § 2287 BGB greift nur bei mit Beeinträchtigungsabsicht getroffenen beeinträchtigenden Schenkungen ein. BGH, Urteil vom 10.03.2004 – IV ZR 123/03, JuS 2004, 724-726 läßt zu Lebzeiten des Erblassers eine negative Feststellungsklage eines Pflichtteilsberechtigten auf Feststellung der Unwirksamkeit eines Pflichtteilsentzugs zu. Insoweit geht es aber nicht um den Schutz des Vertrauens in eine erblasserische Verfügung, sondern um den Schutz des Vertrauens auf die Fortdauer der *gesetzlichen* Pflichtteilsberechtigung.

214 Baur-*Stürner*, SaR¹⁷, § 1 II, Rn. 10 (4).

rechtigkeit für das Recht der letztwilligen Verfügungen gleichrangig begegnen, wenn nicht sogar für das Vermächtnis die Rechtssicherheit aus den oben genannten Gründen überwiegt. Daß der Gesetzgeber die Anordnungstypen inhaltlich hätte anders ausgestalten können, stellt die Gültigkeit der bestehenden Ausgestaltung nicht in Frage, da ihm Gestaltungsspielraum zukommt. Der Rechtsanwender darf darum nicht seine materiellen Gerechtigkeitsvorstellungen an die Stelle derjenigen des Gesetzgebers setzen[215]. Typenzwang und *numerus clausus* ziehen daher als „formale Ordnungsentscheidung" ein Analogieverbot nach sich.

Für die Richtigkeit dieses Ergebnisses spricht eine Äußerung des historischen Gesetzgebers gegen eine „entsprechende Anwendung" bestimmter Normen über letztwillige Verfügungen aus Erwägungen, die Typenzwang und *numerus clausus* als tragende Gesichtspunkte erkennen lassen:

> (...) „Ebensowenig erscheint es zulässig, auf diejenigen einseitigen Verfügungen, welche nicht das Vermögen zum Gegenstand haben, die Vorschriften für entsprechend anwendbar zu erklären, welche in Ansehung der das Vermögen betreffenden Verfügung gelten. Damit würde nicht allein gegen die in der Wissenschaft übliche Begriffsbestimmung der letztwilligen Verfügung verstoßen, sondern es würde auch erforderlich, die nicht das Vermögen betreffenden einseitigen Verfügungen aufzuzählen. Eine solche Aufzählung ist in Ansehung der Vollständigkeit nicht zu übersehen"[216].

Hieran wird deutlich, daß der historische Gesetzgeber im Interesse der Begriffsklarheit offenbar keine inhaltliche Vermischung von Verfügungen wünschte, die sich seiner Ansicht nach fundamental – nämlich im Vermögensbezug – unterscheiden. Das bedeutet formal begründeten Typenzwang. Zum anderen läßt die Stelle erkennen, daß der historische Gesetzgeber grundsätzlich eine Aufzählung für erforderlich hielt, die auf Vollständigkeit, also zahlenmäßige Abgeschlossenheit angelegt ist.

c) Reichweite des Analogieverbots

Soll das Analogieverbot den Typenzwang schützen, so kann es nur insoweit bestehen, als Typenfixierung und *numerus clausus* durch einen Analogieschluß gefährdet würden. Für das Sachenrecht wird eine Schaffung *neuer* Typen durch Rechtsfortbildung oder Gewohnheitsrecht für möglich erachtet[217].

---

[215] Vgl. Schmidt-Bleibtreu-Klein[10]- *Hofmann*, Art. 20, Rn. 96; *Rennert*, NJW 1991, 12 (17).

[216] Motive, Bd. V, 7.

[217] Vgl. Teil II § 5 B. II. 1. b) aa); Fn. 177.

Für das Erbrecht hält zumindest *Strothmann* die Schaffung neuer Typen durch Rechtsfortbildung für möglich, für die im Bereich der Unternehmensnachfolge und der Nachfolge in Gesellschaften ein praktisches Bedürfnis denkbar sein könne[218]. Dem stehen, soweit es die Schaffung *neuartiger* Typen, d. h. solche mit neuen Rechtsfolgen im abstrakt-funktionellen Sinn, anbelangt, Typenfixierung und *numerus clausus* nicht entgegen, wenn der neue Typ ebenfalls fixiert ist, so daß auch der erweiterte Typenkatalog in seiner Konzeption abschließend und zwingend bleibt. Die Erweiterung des Inhalts eines bereits fixierten Typs widerspricht der gegebenen Typenfixierung aber, denn sie bildet keine neue Rechtsfolge heraus, sondern läuft auf eine Korrektur der vom Gesetzgeber verbindlich getroffenen rechtspolitischen Entscheidung hinaus[219]. Insbesondere dann, wenn die normierten Rechtsfolgen eines Typs im Wege der Analogie *auf alle* Sachverhalte erstreckt werden sollen, die die vertypten Tatbestandsvoraussetzungen nicht erfüllen, wird kein neuer Typ, sondern in rechtspraktischer Sicht ein Gesamttatbestand gebildet, der den vertypten Tatbe-

---

[218] *Strothmann*, Jura 1982, 349 (355). Allerdings ist zu bedenken, daß ohne Antastung bereits bestehender Typen Typenneuschöpfungen nur denkbar sein dürften, wenn eine Typennorm formuliert wird, die abstrakt-funktionell betrachtet eine neuartige Rechtsfolge ergibt. Das Anerkenntnis einer aus gesellschaftsrechtlicher Sicht sicherlich zweckmäßigen Singularsukzession in den Gesellschaftsanteil, welche als Rechtsfolge erbrechtlich neuartig wäre, dürfte hingegen kaum mit der gesetzgeberischen Entscheidung gegen das Vindikationslegat oder einer Erbeinsetzung auf einzelne Gegenstände zu vereinbaren sein, so daß hier letztlich gesellschaftsrechtliche Gestaltungen zu bevorzugen sind. Zu den Vertretern der Sondererbfolge Lange-*Kuchinke*[5], § 5 VI A 6c (136).

[219] Denkbar wäre zwar grundsätzlich, daß ein gesetzlich fixierter Typ durch abweichendes Gewohnheitsrecht, welches gesetzesgleichen Rang genießt, neu konkretisiert wird. Allerdings setzt die Entstehung von Gewohnheitsrecht voraus, daß eine lange andauernde tatsächliche Übung (*longa consuetudo*) von der Überzeugung getragen wird, *bestehendes Recht* zu befolgen, daß die Regelung also *bereits gelte* (*opinio iuris et necessitatis*); *Bydlinski*, Methodenlehre[2], 217. Näher auch Palandt-*Heinrichs*[63], Einl, Rn. 24; BGH, Beschluß vom 19.06.1962 – I ZB 10/61, BGHZ 37, 219 (223). Eine Rechtspraxis, die vom bestehenden Umfang eines gesetzlichen Typs abweichen wollte, müßte sich zum Gesetz *bewußt* in Widerspruch setzen. Insoweit kann stark bezweifelt werden, ob in solchen Fällen, abgesehen von krassen Ausnahmen, eine *opinio iuris* überhaupt denkbar ist. Zum anderen setzt die Bildung von Gewohnheitsrecht voraus, daß die Rechtspraxis von einer *allgemeinen* Rechtsüberzeugung getragen wird. Eine solche kann nicht bestehen, so lange eine Rechtsfrage umstritten ist; BGH, Urteil vom 12.04.1951 – III ZR 87/50, BGHZ 1, 369 (379). Zur Problematik vgl. auch BGHZ 37, 219 (223); BGH, Urteil vom 25.11.1965 – Ia ZB 28/64, BGHZ 44, 346 (354). So lange daher keine einheitliche Auslegung des § 1939 BGB herrscht, ist für Gewohnheitsrecht kein Raum. Abgesehen davon spricht ein vorhandenes Bedürfnis nach Rechtssicherheit stark gegen die Zulassung derogatorischen Gewohnheitsrechts; so *Bydlinski*, Methodenlehre[2], 375; *Zippelius*, Methodenlehre, 67f.

stand und dessen Komplementärmenge vereinigt, so daß der bestehende gesetzliche Typ entgrenzt und im Ergebnis neutralisiert wird.

Dies wäre für das Vermächtnis die Folge einer analogen Anwendung des Vermächtnisrechts *auf alle* Zuwendungen, die nicht Vermächtnis im Sinne § 1939 BGB, d. h. Zuwendung eines „Vermögensvorteils" sind. § 2174 i.V.m. § 1939 BGB können deshalb nicht im Wege der Analogie *auf alle* Zuwendungen von „Nichtvermögensvorteilen" erstreckt werden. Der Übergehung des Tatbestandsmerkmals „Vermögensvorteil" in § 1939 BGB steht deshalb ein Analogieverbot entgegen. Damit soll insgesamt nicht behauptet werden, daß die Rechtssicherheit einer Analogie in Einzelfällen stets im Wege stünde. Diese darf nur keine abstrakt-generell angelegte Verneinung des Gesetzes bezwecken.

III. Rechtsfortbildungshindernis – Teleologische Reduktion auf Null

Das soeben gefundene Ergebnis ist auch vom Blickwinkel der teleologischen Reduktion[220] aus begründbar.

1. Derogationsverbot als Schranke der teleologischen Reduktion

Die teleologische Reduktion wird in bestimmten Fällen für unzulässig erachtet. Teleologische Reduktion bedeutet die Einschränkung des „überschießenden" Anwendungsbereichs einer Norm auf den durch ihren Zweck[221] geforderten und gerechtfertigten Umfang[222]. Rechtstechnisch wird die einzuschränkende Norm um eine „Gegennorm" ergänzt, die besagt, daß für bestimmte Sachverhalte, die dem Tatbestand der Norm unterfallen, die indizierte Rechtsfolge nicht eintritt oder die besagt, daß die

[220] Zum rechtshistorischen Urspung der teleologischen Reduktion *Brandenburg*, 4-34; vgl. auch *Honsell*, FS Mayer-Maly (65), 369 (380).

[221] Nach *Brandenburg*, 65 ist zuerst auf die Zwecke des historischen Gesetzgebers abzustellen, in Ermangelung derselben auf objektiv-teleologische Kriterien.

[222] Larenz-*Wolf*, AT[9], § 4V 1b (94). Es handelt sich um seine sog. „verdeckte Lücke" der Norm. Vgl. Larenz-*Canaris*, Methodenlehre[3], 210. Gegen den Gebrauch des Begriffs der „Lücke" im Zusammenhang mit der teleologischen Reduktion *Brandenburg*, 64. Zur Rechtfertigung der teleologischen Reduktion durch den negativen Gleichheitssatz *Larenz*, Methodenlehre[6], 392.

indizierte Rechtsfolge für den gesamten Anwendungsbereich der Norm nur in eingeschränkter Form zum Tragen kommt[223].

Eine teleologische Reduktion darf jedoch nicht den Tatbestand einer Vorschrift so „zusammenschrumpfen" oder die Rechtsfolge so „amputieren", daß die Norm funktions- und wirkungslos, mithin derogiert wird[224]. Denn versteht man die Derogation als „teleologische Reduktion auf Null", so würde diese voraussetzen, daß der Gesetzgeber mit der Norm überhaupt keinen Zweck verfolgt hat oder dieser nicht mehr erreichbar ist. Dies ist im allgemeinen kaum denkbar und trifft für das Vermächtnis im besonderen erst recht nicht zu, denn der Gesetzgeber hat jedenfalls den Zweck verfolgt, das Vermächtnis positiv zu definieren[225].
Das Außerkraftsetzen einer Vorschrift ist, solange deren ursprünglicher Zweck wenigstens teilweise oder ein anderer vernünftiger Zweck durch sie erreichbar ist, dem Gesetzgeber vorbehalten[226]. Es liegt nicht in der Kompetenz des Rechtsanwenders. Dieser bleibt bis dahin vielmehr an den Wortlaut des Gesetzes und die Zwecke des Gesetzgebers gebunden, und mag ihm der Gehorsam noch so unangenehm sein[227]. Im Bereich der teleologischen Reduktion ist somit aus Gründen der Achtung der Legitimation des Gesetzgebers das Verbot der Gesetzesderogation als „Rechtsfortbildungsexzeß" bestimmend.

---

[223] *Brandenburg*, 4, 75: „Unterschreitung des Wortlauts der Norm".

[224] *Brandenburg*, 71, 77; *Canaris*, Feststellung von Lücken im Gesetz, 189.

[225] Im einzelnen Teil V § 7. Diesen Gesetzeszweck erfüllt § 1939 BGB nach wie vor. Insoweit ist der nicht allgemein anerkannte Satz *cessante ratione legis cessat lex ipsa*, der wegen „Wandels der Normsituation" die Von-selbst-Erledigung der Rechtsnorm postuliert, wenn der Gesetzeszweck dauerhaft nicht mehr zu verwirklichen ist, schon nicht einschlägig. Ein „Wandel der Normsituation", d. h. eine nachhaltige Veränderung der Lebensverhältnisse seit Inkrafttreten des BGB, die ein Abgehen von § 1939 BGB rechtfertigen würde, ist auch nicht ersichtlich; vgl. bereits oben unter Teil II § 5 B. II. Zum Satz *cessante ratione legis cessat lex ipsa* MüKo-*Säcker*[4], Einl., Rn. 129; *Canaris*, Feststellung von Lücken im Gesetz, 189; *Hassold*, FS Larenz (1983), 232; *Brandenburg*, 6; *Domingo-Ortega-Rodríguez-Antolín*, Principios, 57 Nr. 87; *Schröder*, Recht als Wissenschaft, 239; *Löwer*, Cessante ratione legis cessat ipsa lex.

[226] Vgl. *Larenz*, Methodenlehre[6], 351; *Canaris*, FS Medicus (1999), 57; *Zippelius*, Methodenlehre, 67; *Kramer*, Methodenlehre, 203; *Rennert*, NJW 1991, 12 (17). Zum „Untragbarkeitsargument" *Diederichsen*, FS Larenz (70), 155 (177).

[227] Zum ganzen vgl. *Rennert*, aaO. Auch der kuriose und längst vor seiner Aufhebung durch Art. 1 Nr. 1 EheschlRG vom 01.07.1998 rechtspolitisch zweifelhaft gewordene Kranzgeldanspruch (§ 1300 BGB a. F.) wurde, soweit man seine Verfassungsmäßigkeit bejahte, von der Mehrheit der Gerichte angewandt; vgl. AG St. Ingbert, Urteil vom 22.01.1987 - 3 C 393/86, FamRZ 1987, 941f.; näher MüKo-*Wacke*[3], § 1300, Rn. 1, 7; *Ebert*, Pönale Elemente, 470ff.

2. *Derogation von § 1939 BGB*

Für eine analoge Anwendung von § 2174 BGB auf „Nichtvermögensvorteile" entfaltet der Gesichtspunkt des Derogationsverbots auch im Hinblick auf § 1939 BGB Geltung. § 2174 BGB und § 1939 BGB sind systematisch verschränkt. Als Legaldefinition des Vermächtnisses ist § 1939 BGB in § 2174 BGB hineinzulesen. Durch die analoge Anwendung von § 2174 BGB auf einen § 1939 BGB nicht unterfallenden Tatbestand wird die Fallnorm im Ergebnis in gleicher Weise gebildet, wie wenn § 1939 BGB die Bestimmung hinzugefügt wird, daß seine typenzwangbedingte Ausschlußwirkung in einem bestimmten nicht tatbestandsmäßigen Fall nicht eingreifen soll, so daß sein Nichtvorliegen die Rechtsfolge des § 2174 BGB nicht negativ präjudiziert. § 1939 BGB erfährt bezüglich seiner Restriktionswirkung dadurch eine Rückeinschränkung. Wird § 1939 BGB für sich betrachtet, so liegt eine Konstellation vor, die der einer teleologischen Reduktion ähnlich ist[228]. Mit jedem Fall, der analog einbezogen wird, sinkt die Restriktionswirkung und damit die Relevanz der Legaldefinition, da es insoweit nicht mehr auf eine Unterscheidung von Tatbestandsmäßigkeit und Nichttatbestandsmäßigkeit ankommt. Der vollständige Verlust der praktischen Relevanz wird erreicht, wenn die Rechtsfolge analog *auf alle* Fälle erstreckt wird, die nicht tatbestandsmäßig sind, wenn § 2174 BGB auch auf alle „Nichtvermögensvorteile" angewandt wird. Möglicher Zuwendungsgegenstand wäre dann „alles". Dasselbe Ergebnis würde man erreichen, wenn man § 1939 BGB streichen würde, so daß das Gesetz nur § 2174 BGB enthielte, denn der Wortlaut von § 1939 BGB würde schlechthin nichts mehr besagen. Damit kommt die analoge Anwendung von § 2174 BGB einer Derogation von § 1939 BGB gleich. Obwohl kein Fall einer wirklichen teleologischen Reduktion vorliegt, verbietet der Respekt vor der Autorität des Gesetzgebers und dessen demokratischer Legitimation auch hier eine Handhabung von Gesetzesnormen, die diese „auf kaltem Weg" außer Kraft setzt.

IV. Ergebnisse

Das Vermächtnis setzt gemäß § 1939 BGB die Zuwendung eines Vermögensvorteils voraus. Das Merkmal „Vermögensvorteil" ist zwingender Bestandteil der Legaldefi-

---

[228] Eine solche liegt im strengen Sinn nicht vor, da bei der teleologischen Reduktion ein Tatbestand mit einer einschränkenden Norm versehen wird, die besagt, daß die Rechtsfolge nicht eintreten soll, *obwohl* der Tatbestand vorliegt. Dies ist hier jedoch nicht der Fall, da der Tatbestand nicht erfüllt ist.

nition des § 1939 BGB und darf nicht vernachlässigt werden. Es bleibt bei dem Wort *Grunskys*[229]:

> „Man mag der hier vertretenen Ansicht entgegenhalten, sie sei lebensfremd; (...). Dagegen läßt sich jedoch erwidern, daß der Fehler nicht bei der Auslegung, sondern im Gesetz selber liegt: § 1939 BGB fordert einen Vermögensvorteil und über dieses Erfordernis können wir uns nicht so einfach hinwegsetzen."

Die Zuwendung von „Nichtvermögensvorteilen" ist kein Vermächtnis. Wegen des erbrechtlichen Typenzwangs können Nichtvermögensvorteile auch nicht analog § 2174 BGB vermacht werden. Dies gilt aus Gründen des Typenzwangs logisch unabhängig davon, *wie* der Vermögensvorteil ausgelegt wird, sei es als „geldwerter", „rechtlicher" oder „wirtschaftlicher" Vorteil. Was unter „Vermögensvorteil" zu verstehen ist, beantwortet § 1939 BGB nicht. Unklar ist ebenfalls, auf welchen historischen Grundlagen § 1939 BGB aufbaut. Ob der behauptete Gleichlauf zum Schuldrecht möglich ist, hängt davon ab, ob er dem Begriff „Vermögensvorteil" entnommen werden kann oder wenigstens mit ihm vereinbar ist.

C. Gang der weiteren Untersuchung

Nun ist zu fragen, wie „Vermögensvorteil" positiv zu verstehen ist. Die Deutungen der Literatur wie „wirtschaftlicher Vorteil", „wirtschaftliche Besserstellung", „irgendwie gearteter Vorteil" oder „rechtlicher Vorteil" bleiben inhaltlich unergiebig. „Vermögensvorteil" kann demnach ohne nähere Kenntnis der Regelungsabsicht des Gesetzgebers aus dem Wort allein nicht sinnvoll erklärt werden. Aus ihm selbst heraus wird beispielsweise nicht klar, ob ein „Zugewinn an Geldwert", d. h. eine „effektive Bereicherung" verlangt ist oder eine „in Geld schätzbare Leistung" (ohne effektive Bereicherung) ausreicht und wenn ja, wann eine solche vorliegt.

Um Klarheit zu gewinnen, muß untersucht werden, welche Vorstellung der historische Gesetzgeber vom Gegenstand des Vermächtnisses hatte, d. h. an welche Rechtslage er anknüpfte, welchen Bedeutungsinhalt er mit dem Begriff „Vermögensvorteil" verband und welche Regelungsabsicht der Legaldefinition des § 1939 BGB zugrundelag. Speziell im Erbrecht wollte der historische Gesetzgeber

[229] *Grunsky*, JZ 1963, 250 (252).

bereits geltendes Recht kodifizieren[230]. Anknüpfungspunkt war das römische Recht in der ihm durch die Pandektistik des 19. Jahrhunderts gegebenen Form[231]. Um das gemeine römische Recht zu verstehen, muß jedoch zuvor das römische Recht selbst betrachtet werden. Die Darstellung muß dabei aus Gründen des Umfanges auf das klassische römische Recht beschränkt bleiben.

---

[230] Vgl. Motive, Bd. V, 1ff.

[231] Lange-*Kuchinke*, ErbR[5], § 1 VIII 1d (13); Kipp-*Coing*, ErbR[14], § 1 IV 1 (9).

TEIL II DER VERMÄCHTNISGEGENSTAND IM KLASSISCHEN RÖMISCHEN RECHT

Den Untersuchungsschwerpunkt bildet das Vermächtnis im klassischen römischen Recht im Hinblick auf dessen Gegenstand und in bezug auf einen erforderlichen Geldwert desselben. Eine darüber hinausgehende Darstellung des römischen Rechts der Vermächtnisse und seiner Einzelfragen ist im Rahmen dieser Arbeit nicht möglich[232]. Die Darstellung muß deshalb auf eine zusammenfassende Wiedergabe des herrschenden Meinungsstandes begrenzt bleiben. Der momentane Forschungsstand wird an ausgewählten aussagekräftigen Quellen illustriert. Eine vollständige Aufarbeitung des Quellenmaterials ist weder möglich noch zur Veranschaulichung der einschlägigen Grundprinzipien erforderlich.

§ 1 ALLGEMEINES

Das Vermächtnis des römischen Rechts (*legatum*) hat seinen Ursprung im alten *ius civile* der vorklassischen Zeit[233]. Es hat die letztwillige Zuwendung einzelner Gegenstände oder Rechtsvorteile durch Testament zum Gegenstand und steht als Einzelzuwendung von Todes wegen in funktionellem Gegensatz zur letztwilligen Ernennung eines Erben als Gesamtnachfolger. Zweck des Vermächtnisses ist seit alters her die Belohnung oder Freundschaftsgabe, nach der Einführung des Erbeinsetzungstestaments auch die Versorgung der zur Ermöglichung der Alleinerbeinsetzung notwendigerweise enterbten Angehörigen, namentlich der gewaltunterworfenen Ehefrau (*uxor in manu*). Neben das *legatum* tritt im Laufe der klassischen Zeit das *fideicommissum* als Rechtsentwicklung des Kaiserrechts.

---

[232] Hierzu sei auf die zweibändige Monographie von *Astolfi*, Studi sull'oggetto dei legati in diritto romano, Padua, 1964 (Bd. I) und 1969 (Bd. II) verwiesen.

[233] Zwölftafelsatz V 3, wiedergegeben bei *Pomponius* (5 lib. ad Quint. Muc.) D. 50, 16, 120: (...) *Uti legassit suae rei, ita ius esto* (...) und dieselbe Fassung bei *Gaius*, Inst, 2, 224. *Legare* geht auf *lex* zurück und bedeutet, „eine Verfügung treffen", „durch Testament verfügen"; *Walde-Hofmann*, Lat.-Etym. Wörterbuch, 779f. (1. *lego*). Der exakte Wortlaut von V 3 ist wegen unterschiedlicher Textüberlieferungen streitig; dazu eingehend *Schanbacher*, 16 und dort Fn. 3 mwN; vorzugswürdig die pomponisch-gaianische Fassung; so *Schanbacher*, aaO; zustimmend *Staffhorst*, Teilnichtigkeit, V § 2 d bb) (310 Fn. 492). Älter *Düll*, Zwölftafelgesetz, 36.

Das Legat kann nur in einem formgültigen Libraltestament bestellt werden und nur den testamentarischen Erben beschweren[234], der nach Erbschaftsantritt mit seinem gesamten Vermögen haftet[235]. Die Anordnung eines Legats setzt mithin die wirksame Einsetzung eines testamentarischen Erben voraus.

Die vier Typen des Legats sind das dinglich wirkende Vindikationslegat (*legatum per vindicationem*), das obligatorisch wirkende Damnationslegat (*legatum per damnationem*) sowie daneben das *legatum sinendi modo* und das *legatum per praeceptionem*[236]. In klassischer Zeit erfährt das formstrenge *legatum* eine genaue und vielseitige Ausbildung[237]. Neben dem *legatum per vindicationem* und dem *legatum per damnationem*, welche fortan die Haupttypen des Legats bilden, bleiben das *legatum sinendi modo* und *legatum per praeceptionem* zunächst erhalten, entwickeln sich

---

[234] *Kaser*, RP I, 746; *Kaser-Knütel*, RömPrivR[17], 444; *Gaius*, Inst., 2, 271: *Item a legatario legari non potest, sed fideicommissum relinqui potest;* zu Lasten eines Legatars kann man kein Legat anordnen, aber man kann ihn mit einem Fideikommiß beschweren. Im Sonderfall, wenn der Testamentserbe zugleich Intestaterbe ist und absichtlich ausschlägt, um die Erbschaft unbeschwert von Legaten annehmen zu können, erteilt der Prätor dem geprellten Legatar eine besondere Klage (*actio utilis*) mit einer Formel, die die Testamentserbenstellung fingiert (sog. *formula ficticia*). Das Testament selbst bleibt trotzdem hinfällig; zum ganzen *Biondi*, Successione, 193; *Kaser*, RP I, 747; *Kaser-Hackl*, RömZP, 329f. Vgl. die Klagformel *Lenel*, EP, 364: *Si quis omissa causa testamenti ab intestato hereditatem partemve eius possidebit dolove malo fecerit, quo minus possideret, causa cognita de legatis perinde actionem dabo atque si hereditatem ex testamento adisset;* wenn jemand die Testamentserbenstellung ausgeschlagen hat und als Intestaterbe die Erbschaft oder einen Teil derselben besitzt und er es böswillig bewerkstelligte, daß er geringer besitzt, so werde ich im Prozeß über die Legate ebenso eine Klage [gegen ihn] geben, wie wenn er die Erbschaft als Testamentserbe angetreten hätte.

[235] *Kaser-Knütel*, RömPrivR[17], 437.

[236] Vgl. *Gaius*, Inst. 2, 193. Zu Alter und Entwicklungsgeschichte von Vindikations- und Damnationslegat vgl. die Nachweise bei *Honsell-Mayer-Maly-Selb*, RömPrivR, 484 Fn. 2; näher zum *legatum sinendi modo* und *legatum per praeceptionem Kaser*, RP I, 111; Honsell-Mayer-Maly, RömPrivR, 488f. Das *legatum sinendi modo* (*heres meus damnas esto sinere L. Titium hominem Stichum sumere sibique habere*; *Gaius*, Inst, 2, 209) und das *legatum per praeceptionem* (*L. Titium hominem Stichum praecipito*; Gaius, Inst, 2, 216) können hier nicht vertieft behandelt werden. Das *legatum sinendi modo* ist eine dingliche und obligatorische Elemente vereinigende Mischform zwischen Vindikationslegat und Damnationslegat. Inhaltlich ist es auf eine Verpflichtung des Beschwerten zur Duldung der Aneignung des vermachten Gegenstandes durch den Bedachten gerichtet. Das *legatum per praeceptionem* gibt dem Bedachten dieselben Rechte wie ein Vindikationslegat und entspricht funktionell dem heutigen Vorausvermächtnis. Der dem Miterben vermachte Gegenstand wird weder in die Erbteilung einbezogen noch bei der Berechung der Erbteile berücksichtigt.

[237] *Kaser*, RP I, 742; vgl. D. 30-34.

jedoch in ihrer Bedeutung rasch zurück[238]. Eine Annäherung der Legatstypen erfolgt durch das *SC Neronianum*, welches ein im gewählten Typus ungültiges Legat als Damnationslegat aufrechterhält.

§ 2 DEFINITIONEN DES LEGATS

Allgemeine Definitionen des Legats ohne dogmatische Präzision finden sich bei *Florentinus*, *Modestinus* und in den Institutionen.

A. *Florentinus* (11 lib. inst.) D. 30, 116, 1

Legatum est delibatio hereditatis, qua testator ex eo, quod universum heredis foret, alicui quid collatum velit.	„Ein Vermächtnis ist ein Abzug von der Erbschaft, wodurch der Testator von dem Ganzen, das dem Erben gehören würde, jemandem etwas zuwenden will"[239].

Das Fragment stammt aus dem 11. Buch der Institutionen des *Florentinus* über die Legate[240]. *Florentinus'* Augenmerk liegt mit dem Merkmal *delibatio* auf einer Belastung des Nachlasses. Im wörtlichen Sinn kann die Aussage aber nur auf das Vindikationslegat bezogen werden[241]. Für das Damnationslegat, das auch nachlaßfremde

[238] Das *legatum sinendi modo* geht in klassischer Zeit funktionell im Damnationslegat auf; näher *Kaser*, RP I, 743.

[239] Übersetzt v. *Treitschke* in *Otto-Schilling-Sintenis*, Bd.III, 279.

[240] *Lenel*, Palingenesia, Bd. I, Sp. 176. Die Institutionen des *Florentinus*, die einzige von ihm bekannte Schrift, umfassen 12 Bücher und datieren nach *Schulz* aus der zweiten Hälfte des 2. Jahrhunderts; *Schulz*, Rechtswissenschaft, 189; nach *Liebs* in HLL 4 (1997), § 428. 3 (206) eher aus dem 3. Jahrhundert. Frühestens schrieb *Florentinus* unter Kaiser *Marc Aurel* (07.03.161-17.03.180 n. Chr.); *Kienast*, Tabelle, 137; *Kunkel*, Herkunft, 217; *Brassloff* in Pauly, RE, Bd. 6, *Florentinus*, Sp. 2755. Buch 10 und 11 seiner Institutionen behandeln das Erbrecht. *Schulz*, aaO, geht von einer wohlgeordneten Arbeit im klassischen Format aus; jedoch sind die Institutionen nur aus 41 in die Digesten aufgenommene Fragmenten bekannt; *Brassloff*, aaO, Sp. 2756. Teilweise ungelenker Stil, einzigartige Wortschöpfungen und zahlreiche Definitionen sind anzutreffen. Eine nachklassische Bearbeitung ist aber unwahrscheinlich; *Liebs*, aaO. Die Kompilatoren nutzten das Werk für die Digesten und die Institutionen ausgiebig. Über Herkunft und Werdegang des *Florentinus* liegen keine näheren Erkenntnisse vor. Zu Herkunft und Verbreitung des *cognomen Florentinus Querzoli*, Il sapere di Fiorentino, 16-23.

[241] *Biondi*, Successione, 304f. AA für Allgemeingültigkeit *Voci*, DER, Bd. II, 228.

Sachen zum Gegenstand haben kann, kann die Aussage nur im übertragenen Sinn einer Belastung oder Vorteilsminderung auf Seiten des Erben verstanden werden[242]. Hingegen sagt die Stelle nichts über den spezifischen Gegenstand des Legats oder dessen Eigenschaften aus[243].

B. *Modestinus* (3 lib. pand.) D. 31, 36 und Inst. 2, 20, 1

Modestinus (3 lib. pand.) D. 31, 36

Legatum est donatio testamento relicta.	Ein Vermächtnis ist eine durch Testament hinterlassene Schenkung.

Inst. 2, 20, 1

Legatum itaque est donatio quaedam a defuncto relicta.	„Ein Vermächtnis ist nun eine Art von Schenkung, die von einem Verstorbenen hinterlassen wird“[244].

Das Fragment D. 31, 36 aus dem 3. Buch der Pandekten des *Modestinus* über die Legate und Fideikommisse[245] und die Institutionen[246] beschreiben das *legatum* als *donatio* und rücken es dadurch in die Nähe der Schenkung.

[242] *Biondi*, aaO; *Grosso*, Legati, 40.

[243] *Biondi*, Successione, 305.

[244] Übersetzt von *Behrends-Knütel-Kupisch-Seiler*, Inst, 107.

[245] *Lenel*, Palingenesia, Bd. I, Sp. 722. Die aus 12 Büchern bestehenden Pandekten (*pandectarum libri XII*) des *Herennius Modestinus* sind ein breit angelegtes Elementarlehrbuch und wurden nach dem Tod *Caracallas* (217 n. Chr.) verfaßt; sind jedoch nicht genau datierbar; *Brassloff* in Pauly, RE, Bd. 8/1, *Herennius Modestinus*, Sp. 673. *Modestinus* wurde um 185 n. Chr. geboren und gehörte vermutlich dem Ritterstand an. Von 223 bis 225 n. Chr. verfertigte er die kaiserlichen Privatreskripte unter Kaiser *Severus Alexander* (13.3.222-März 235 n. Chr.). Um 228 n. Chr. bekleidete er das Amt des *praefectus vigilum*. Er war Schüler *Ulpians* und genoß vermutlich bereits zu Lebzeiten hohe fachliche Autorität. Er gilt als der letzte klassische Jurist; *Honoré*, Ulpian, 17; *Liebs* in HLL 4 (1997), § 427 A (196, 199); *Brassloff* in Pauly, RE, Bd. 8/1, *Herennius Modestinus*, Sp. 674f.; *Kienast*, Tabelle, 177.

[246] Die Institutionen *Justinians* sind ein amtliches Lehrbuch, das im November 533 n. Chr. mit Gesetzesrang veröffentlicht wurde. Das Lehrbuch ist eine reine Kompilation aus klassischen Juristenschriften, den Institutionen des *Gaius* und kaiserlichen Konstitutionen. Der Aufbau

Dies ist im technischen Sinn jedoch weder für das klassische Recht noch für das nachklassische Recht richtig[247], weil das *legatum* als einseitiges Rechtsgeschäft von Todes den Regeln der Schenkung nie gefolgt ist. Die Echtheit von D. 31, 36 wird von manchen entsprechend angezweifelt[248]. Allerdings ergibt sich insofern eine Ähnlichkeit zwischen *donatio* und *legatum*, als jedenfalls eine Bereicherung des Begünstigten auf Kosten des Zuwendenden, d. h. eine Vermögensverminderung beim Zuwendenden und eine entsprechende Vermögensvermehrung beim Begünstigten, keine notwendige Voraussetzungen der Gültigkeit der beiden Rechtsgeschäfte sind[249].

Ein durch Legat zugewandter Vermögensvorteil kann vollständig durch Fideikommisse, Auflagen oder Bedingungen aufgezehrt werden[250]. Ein effektiver Zugewinn an Vermögenswert im Sinne einer Bereicherung geht regelmäßig mit dem Legat einher, ist aber keine Wirksamkeitsvoraussetzung[251]. Anderes ergibt sich auch nicht aus der nachklassischen Charakterisierung der *donatio* als „Freigebigkeit" (*liberalitas*)[252].

Unter den Begriff der *liberalitas* werden in nachklassischer Zeit Legat und *donatio* untergeordnet[253]. *Liberalitas* bezeichnet einerseits den Schenkungswillen (*animus donandi*) des Gebers, der als Wille zur Gabe ohne Empfang einer Gegengabe verstanden wird, andererseits auch in mehr genereller Art die unentgeltliche Zuwendung als solche[254]. Der Begriff charakterisiert aber nicht den materiellen Gegenstand der Zuwendung. Aus diesen Definitionen folgt, daß das Legat einen Erwerb auf Kosten

---

folgt eng den Institutionen des *Gaius*; näher *Schulz*, Geschichte, 384ff.; *Wenger*, Geschichte, 600ff.

247 *Biondi*, Successione, 305; *Biondi*, Scritti Ferrini, Bd. I, 102 (130); *Voci*, DER, Bd. II, 229.

248 *Bonfante*, Istituzioni, 646 Anm. 3; *Messina*, 35; *Schulz*, Classical Roman Law, 311, wegen des einzigartigen Gebrauchs von *delibatio*. Für Echtheit *Grosso*, Legati, 42 und wohl auch *Kaser*, RP I, 742 Fn. 2; *Voci*, DER, Bd. II, 228f. Offen gelassen bei *Biondi*, Successione, 305.

249 *Kaser*, RP I, 742 Fn. 2; *Grosso*, Legati, 41f.; *Voci*, DER, Bd. II, 229. Zur „ökonomischen" Ähnlichkeit von *donatio* und *legatum* *Schulz*, Classical Roman Law, 332. Das Erfordernis einer solchen Vermögensverschiebung ist für die *donatio* nur für Schenkungen unter Ehegatten belegt, *Honsell-Mayer-Maly-Selb*, RömPrivR, 344; *Archi*, Donazione, 76; *Kaser*, RP I, 602; vgl. auch *Misera*, 7ff. 83 Fn[17]. Erst seit *Savigny*, SysRömR, Bd. IV, 18ff, 23ff, 60ff. wird für die Schenkung eine Bereicherung des Beschenkten verlangt.

250 *Kaser*, RP I, 742 Fn. 2; *Grosso*, Legati, 41; *Biondi*, Successione, 313ff; vgl auch *Voci*, DER, Bd. II, 231.

251 *Voci*, aaO. Vgl. auch Fn. 252.

252 Dazu *Biondi*, Scritti Ferrini, Bd. I, 102 (128); *Pringsheim*, Studi Albertario, Bd. I, 662ff.

253 Vgl. *Pringsheim*, Studi Albertario, Bd. I, 661 (667); *Pringsheim*, SZ 78 (1961), 474 (480).

254 *Honsell-Mayer-Maly-Selb*, RömPrivR, 345; *Pringsheim*, Studi Albertario, Bd. I, 667.

des Nachlasses zum Gegenstand hat. Der Begriff *donatio* beschreibt das Institut des Legats insofern, als es dem Bedachten beabsichtigtermaßen einen Vorteil bringen muß[255]. Dem steht nicht entgegen, daß andere Verfügungen und Bestimmungen über Gegenleistungen das Legat belasten können, die diesen Vorteil im Ergebnis neutralisieren, weil es sich hierbei um vom Primärzuwendungsgegenstand getrennt zu beurteilende Beschwerungen handelt[256]. Jedenfalls aber darf das Legat seinem Wesen nach *dem Bedachten* keinen effektiven vermögensmäßigen Nachteil bringen[257].

---

[255] Vgl. *Johnston*, Trusts, 15f: „Initial benefit. “

[256] *Iulianus* (33 lib. dig.) D. 30, 84, pr.: Si *Titius heredi meo caverit, centum Maevio se daturum, et heres meus Titio centum dato, utile est legatum, quemadmodum quod alicui legatum ex causa fideicommissi restituatur*; „folgendes Vermächtnis „Wenn Titius meinem Erben dafür Sicherheit leistet, daß er dem Mävius Hundert geben werde, so soll auch mein Erbe dem Titius Hundert geben, ist gültig, gleichwie wenn jemand etwas vermacht ist, um als Fideikommiß einem anderen erstattet zu werden“, übersetzt von *Treitschke* in Otto-Schilling-Sintenis, Bd. III, 259; vgl. auch *Iulianus* D. 30, 84, 1; *Marcianus* (3 lib. inst.) D. 7, 4, 4; *Ulpianus* (51 lib. ad ed.) D. 7, 9, 9 pr.; *Gaius* (3 lib. fideic.) D. 33, 2, 29; *Gaius* (18 lib. ad ed. prov.) D. 30, 66; *Paulus* (3 lib. reg.) D. 30, 122, 2. Der beschwerte Legatar fungiert, wenn er den legierten Gegenstand an einen anderen herausgeben muß, als *minister*, d. h. als Mittelsperson einer Unterzuwendung; *Voci*, DER, Bd. II, 231; *Biondi*, Successione, 316; *Grosso*, Legati, 60. Besonders liegt es bei *Paulus* (6 lib. ad leg. Iul. et Pap.) D. 35, 2, 65. Nach dem Wortlaut der Quelle beruht dort die Ungültigkeit des Vermächtnisses einer Geldsumme, die dem Bedachten unter der Bedingung legiert wurde, daß er dieselbe an den Beschwerten unmittelbar vorauszahle, wohl auf der Verneinung der Ernsthaftigkeit der Verfügung (*...dicendum inutile esse legatum et magis ridiculum esse*); *Baldus*, Regelhafte Vertragsauslegung, Bd. II, 532 Fn. 104: „schikanös“. Die gegenständliche Identität zwischen dem einzuzahlenden und dem legierten Geld läßt das Legat als Posse erscheinen. Vgl. demgegenüber den von *Paulus* gleichenorts anerkannten Fall eines gegen Werterstattung legierten Grundstücks. Ein Grund dafür, den Legatar als bloßen *minister* einzuschalten, liegt darin, daß der Erblasser einem Dritten zwar eine Zuwendung machen, aber diesem kein Klagerecht direkt gegen den Erben verschaffen will.

[257] Insgesamt *Biondi*, Successione, 313ff. Vgl. dagegen §§ 2187Abs. 1 und 3, 1992 BGB. Im geltenden Recht schließt Überschwerung die Wirksamkeit des Vermächtnisses nicht aus. Der Vermächtnisnehmer muß sich die Beschränkung seiner Haftung im Urteil vorbehalten lassen und selbst gegen die Zwangvollstreckung geltend machen, §§ 786, 780 Abs. 1, 781 ZPO.

§ 3 DIE GEGENSTÄNDE VON VINDIKATIONSLEGAT, DAMNATIONSLEGAT UND FIDEIKOMMIß IM ÜBERBLICK

A. Vindikationslegat – legatum per vindicationem

Das Vindikationslegat ermöglicht die Zuwendung einer körperlichen Sache im quiritischen Eigentum des Erblassers durch unmittelbaren Eigentumserwerb des Bedachten mit dem Tode des Erblassers. Gegenstand dieses Legatstyps können alle, aber wegen des dinglichen Rechtsübergangs *ipso iure* auch nur Sachen im quiritischen Eigentum des Erblassers sein[258]. Die Formel der testamentarischen Anordnung ist regelmäßig: *Titio hominem Stichum do lego*[259].

B. Damnationslegat – legatum per damnationem

Das Damnationslegat begründet eine persönliche Haftung des Legatars – anfangs nur für eine bestimmte Geldsumme (*certa pecunia*)[260]. Die Anordung erfolgt durch die Formel: *heres meus Titio centum dare damnas esto*[261]. Der Anwendungsbereich des Damnationslegats wird mit der Zeit jedoch stark erweitert, so daß außer Geld auch andere Leistungen *per damnationem* vermacht werden können, etwa durch die Umstände noch näher zu bestimmende Leistungen (*incerta*). Das Damnationslegat kann nun generell jeden Inhalt haben, der Gegenstand einer *obligatio* sein kann[262], insonderheit auch nachlaßfremde Gegenstände. Es kann insgesamt auf alle Arten *klagbarer* Leistungen, aber auch nur auf solche gerichtet werden. Wegen der prozessualen Einkleidung des Damnationslegats im Formularprozeß muß die Leistung in Geld schätzbar (*res aestimabilis*) sein[263].

In besonders enger Weise berühren sich *obligatio* und *legatum* bei Vermächtnissen, die eine bereits bestehende Forderung (*nomen*) zum Gegenstand haben. Sie treten

---

[258] *Kaser-Knütel*, RömPrivR[17], 445; *Kaser*, RP I, 743; *Grosso*, Legati, 79 für Provinzialeigentum.

[259] Weitere Formeln bei *Watson*, Law of Successions, 122f.

[260] *Kaser*, SZ 100 (1983), 80 (112) vermutet als Entstehungsgrund des *legatum per damnationem* das Bedürfnis, Geldzuwendungen zu verteilen, da das auf Speziessachen zugeschnittene Vindikationslegat insoweit nicht paßte.

[261] *Gaius*, Inst. 2, 201; zur Formel *Watson*, Law of Successions, 123f; *Grosso*, Legati, 80f.

[262] Dazu unten. Teil III § 4 A.; *Honsell-Mayer-Maly-Selb*, RömPrivR, 486.

[263] Eingehend Teil III § 4 B. I. 2.; *Kaser*, RP I, 749.

auf als *legatum nominis, legatum liberationis* und *legatum debiti*[264]. Das Liberationslegat (*legatum liberationis*)[265] bedarf besonderer Erwähnung. Es hat die letztwillige Befreiung von einer Schuld durch Legat zugunsten des Schuldners zum Gegenstand. Neben der Verpflichtung des Erben, die Schuld nicht einzuklagen (*damnas esto non petere*), oder den Schuldner von der Schuld zu befreien (*damnas esto liberare*), kann das Liberationslegat nach dem Wortlaut der Quellen auch so angeordnet werden, daß dem Schuldner mit obligatorischer Wirkung[266] der Gegenstand der Schuld vermacht wird[267], auch wenn er in dessen Eigentum steht. Dann ist jedoch fraglich, ob es sich bei dieser Form des Liberationslegats um eine Zuwendung eines klagbaren Gegenstandes handelt und worin der „Vorteil" liegt, wenn dem Bedachten sein Eigentum vermacht wird.

Ulpianus (21 lib. ad Sab.) D. 34, 3, 1 pr.

Omnibus debitoribus ea quae debent recte legantur, licet domini eorum sint.	Allen Schuldnern kann dasjenige, das sie schulden, rechtlichermaßen vermacht werden, und sei es, daß sie Eigentümer des Geschuldeten sind.

Das Fragment entstammt dem 21. Buch des *Ulpian* zu *Sabinus* aus der Rubrik *De legatis inutiliter relictis.* Nach dem Wortlaut der Quelle handelt es sich bei dieser Form des Liberationslegats nicht um eine Zuwendung aus und auf Kosten der Erbschaft, weil dem Legatar etwas zugewandt wird, was ihm selbst gehört. Allerdings ist der Wortlaut der Quelle insoweit mißverständlich. Er kann weder auf das Vindikationslegat noch auf das Damnationslegat bezogen werden. Denn wenn der Gegenstand des Legats nicht im quiritischen Eigentums des Erblassers steht, scheidet eine Vermachung *per vindicationem* aus. Eine Sache, die dem Bedachten zum Zeitpunkt der Errichtung der Verfügung gehört, kann diesem auch nicht *per damnationem* legiert werden[268].

---

264 Vgl. *Roßhirt*, Vermächtnisse, Bd. II, 227ff.

265 Zu ihnen *Kaser*, RP I, 751.

266 *Biondi*, Successione, 455; *Voci*, DER, Bd. II, 321.

267 *Kaser*, RP I, 751; auch *Roßhirt*, Vermächtnisse, Bd. II, 288. Vgl. auch *Paulus* (10 lib. quaest.) D. 34, 3, 25.

268 *Kaser*, RP I, 749; *Astolfi*, Sull ogg., Bd. I, 35; *Grosso*, Legati, 260ff.; *Voci*, DER, Bd. II, 255ff.; *Bianco*, SDHI 64 (1998), 327 (333); *Ulpianus* (21 lib. ad Sab.) D. 30, 41, 2; *Diocletian-Maximian* C. 6, 37, 13; Inst. 2, 20, 10.

Wenn dem Schuldner daher eine eigene Sache, die er dem Erblasser schuldet, vermacht werden soll, so kommt nur das *legatum sinendi modo* in Betracht[269]. Das *legatum sinendi modo* hat aber keine unmittelbare Befreiung von der Forderung zum Gegenstand, denn über diese verfügt der Erblasser nicht, sondern nur *sinere sumere sibique habere*[270]. Der Erbe muß dulden, daß der ihm geschuldete Gegenstand beim Schuldner verbleibt[271]. Soll dem Schuldner Befreiung von der Forderung zugewandt werden, kann dies nur durch Damnationslegat geschehen, welches nicht auf den geschuldeten Gegenstand selbst, sondern auf den Erlaß der Schuld als solcher gerichtet werden muß[272]. Das *nomen*, das Klagerecht des Gläubigers, und nicht die geschuldete Sache ist somit richtigerweise Gegenstand dieser Form des Liberationslegats[273]. Auf Erlaß der Schuld kann der Legatar die *actio ex testamento* gegen den Erben erheben[274]. Klagt der beschwerte Erbe seinerseits gegen den Legatar auf Erfüllung der Forderung, wird man diesem die *exceptio doli* gegeben haben[275].

Wie jedes Vermächtnis ist also auch das Liberationslegat Zuwendung zu Lasten des Nachlasses und Verfügung zum Vorteil des Bedachten. Die Besonderheit dieses Legats besteht darin, daß der Legatar aus dem Nachlaß nichts Gegenständliches *erwirbt*, jedoch setzt das römische Recht dies auch nicht zwingend voraus. Diese Form des Liberationslegats bildet entgegen dem ersten Anschein deshalb keinen dogmatischen Spezialfall.

---

[269] Vgl. *Kaser*, RP I, 744 und dort Fn. 21; *Astolfi*, Sull ogg., Bd. I, 35ff.; *Paulus* (9 lib ad Plaut.) D. 34, 3, 16; *Paulus*, Sent. 3, 6, 11.

[270] *Gaius*, Inst. 2, 209. Zur Formel *Kaser*, aaO; *Honsell-Mayer-Maly-Selb*, RömPrivR, 488.

[271] Vgl. *Honsell-Mayer-Maly-Selb*, RömPrivR, 488.

[272] Vgl. *Honsell-Mayer-Maly-Selb*, RömPrivR, 264; *Kaser*, RP I, 640f. *Windscheid-Kipp*, Pandekten[9], Bd. III, 689; *Roßhirt*, Vermächtnisse, Bd. II, 288f., nehmen an, daß das Liberationslegat auch auf Übertragung der Forderung auf den Schuldner gerichtet werden könne. Dann würde dieser durch Konfusion frei. Gegen diese Möglichkeit spricht das Fehlen eines echten Zessionsgeschäfts im römischen Recht; vgl. *Kaser*, RP I, 652f.

[273] *Bianco*, SDHI 64 (1998), 327 (333f.).

[274] *Bianco*, SDHI 64 (1998), 327 (333ff., 344ff.).

[275] *Bianco*, SDHI 64 (1998), 327 (342).

Neben das Legat tritt am Anfang der Prinzipatszeit das *fideicommissum*[276], welches die strengen Grundsätze für Form und Inhalt der Legate aufgibt. Im Gegensatz zum Legat ist es nicht von einer gültigen Erbeinsetzung abhängig[277]. Das *fideicommissum* ist ursprünglich formlose, rechtlich unverbindliche Bitte des Erblassers an den Beschwerten, deren Erfüllung er „der Treue anheim gibt". Die zunächst nur sittliche Erfüllungspflicht gegenüber dem Verstorbenen erwächst durch allgemeine Anerkennung der Klagbarkeit unter Kaiser *Augustus* (27 v. Chr.-14 n. Chr.) zur Rechtspflicht gegenüber dem Bedachten, die allerdings nicht im ordentlichen Verfahren, dem Formularprozeß, sondern in einem außerordentlichen Verfahren (*cognitio extra ordinem*), erst vor dem Konsul, dann vor dem *praetor fideicommissarius*, durchsetzbar wird[278]. Das *fideicommissum* ist schon in klassischer Zeit formfrei[279] und wirkt nur verpflichtend, so daß es im Gegensatz zum Vindikationslegat einen direkten Rechtserwerb von Todes wegen nicht vermitteln kann. Es gibt dem Bedachten eine Forderung auf ein *incertum*, über die nach ähnlich freien Grundsätzen wie bei *bonae fidei iudicia* entschieden wird[280]. Gegenstand des *fideicommissum* können wie beim Damnationslegat alle Gegenstände sein, die auch Inhalt einer *obligatio* sein können[281]. Beschwert werden kann durch Fideikommiß nur, wer etwas aus dem Nachlaß erhält: Testamentserben, Intestaterben, Legatare und Fideikommissare. Beschwerungen

---

[276] Zum Fideikommiß *Schulz*, Classical Roman Law, 312ff; *Johnston*, Trusts, 9ff.; *Ders.* in: *Hemholz-Zimmermann*, Itinerae Fiduciae, 45-56; *Kaser*, RP I, 757ff.; *Honsell-Mayer-Maly-Selb*, RömPrivR, 496ff.; *Kaser-Knütel*, RömPrivR, 450ff.; *Voci*, DER, Bd. II, 223ff.; *Biondi*, Successione, 286ff.; *Grosso*, Legati, 30ff.

[277] *Schulz*, Classical Roman Law, 313.

[278] *Kaser*, RP I, 758; *Kaser-Hackl*, RömZP, 452; *Schulz*, Classical Roman Law, 312;

[279] *Kaser*, RP I, 758; *Grosso*, Legati, 112ff. Die Anordnung erfolgt durch Worte des Bittens (sog. *verba precativa*), wie üblicherweise etwa *fidei tuae committo*, *rogo*, *peto* oder *volo*. Das Fideikommiß kann mündlich und schriftlich in jeder Sprache errichtet werden; vgl. *Gaius*, Inst. 2, 249.

[280] Näher Teil III § 4 B. Zur Formelklausel *ex fide bona Dajczak*, RIDA 46 (1999), 219ff.; zu den *bonae fidei iudicia Kaser-Hackl*, RömZP, 326.

[281] Vgl. *Gaius*, Inst. 2, 260-262; *Ulpianus* (23 lib. ad Sab.) D. 30, 49, 4.; *Ulpianus* (67 lib. ad ed.) D. 30, 1, 1; *Mayer*, Legate, 3. Näher Teil III § 5 A.

durch Fideikommisse können nicht größer sein als das aus dem Nachlaß Erhaltene[282]. Geht das Fideikommiß wertmäßig darüber hinaus, ist es insoweit ungültig[283].

§ 4 DIE PROZESSUALE DURCHSETZUNG DER RECHTE AUS LEGATUM UND FIDEICOMISSUM

Gegenstand des Damnationslegats und des Fideikommisses kann nach dem oben Gesagten alles sein, was Gegenstand einer *obligatio* sein kann. Der Begriff der *obligatio* steht in Abhängigkeit zum Begriff der *actio* und kann nur bedingt als „Schuldverhältnis" im heutigen Sinn verstanden werden, weil er sowohl materielle als auch prozessuale Aspekte in sich vereinigt. Eine systematische Trennung der materiellen und prozessualen Seite der *actio* gelingt dem institutionell und prozessual geprägten römischen Rechtsdenken trotz allmählicher Erkenntnis der Doppelnatur der *actio* nicht[284].

---

[282] *Gaius*, Inst., 2, 261; *Marcianus* D. 30, 114, 3; *Kaser*, RP I, 759 Fn. 18; *Grosso*, Legati, 156ff.; enger *Biondi*, Successione, 315, der einen Restvorteil des unterfideikommißbeschwerten Fideikommissars verlangt, wodurch sich das Fideikommiß vom Legat unterscheide; dagegen *Johnston*, Trusts, 16.

[283] Dazu *Kaser*, RP I, 758, 759 Fn. 18. Allerdings ist das Fideikommiß nicht auf die Gegenstände aus dem Nachlaß beschränkt. Der Erblasser kann einem Dritten auch Sachen des beschwerten Legatars per Fideikommiß zuwenden. Jedoch kann der Fideikommißbeschwerte auch hier nur insoweit verpflichtet werden, als der Wert dessen reicht, was er aus dem Nachlaß erlangt; vgl. *Gaius*, Inst, 2, 261. Zur Teilnichtigkeit im römischen Recht näher *Staffhorst*, Teilnichtigkeit.

[284] *Kaser-Knütel*, RömPrivR, 48, 456f. Für die Trennung von materiellem und prozessualem Anspruch im geltende Recht war wegbereitend *Windscheid*, „Die actio des römischen Civilrechts, vom Standpunkt des heutigen Rechts" (1856), wobei auch ihm noch keine vollständig klare Trennung gelang. Zur Entwicklung des aktionenrechtlichen Denkens und zu *Windscheid* instruktiv *Kaufmann*, JZ 1964, 482ff. (483).*Windscheid* wendet sich in dieser Schrift gegen die wesentlich durch *Savigny* geprägte einheitliche Betrachtung von materiellem Recht und Aktionenrecht. *Savigny* versteht die actio als in Gestalt einer Klage anerkannte Befugnis zur klageweisen Verwirklichung eines verletzten subjektiven Privatrechts, welches den materiellen Kern der Klage bildet. Das Klagerecht ist dadurch eine Funktion des subjektiven privaten Rechts; vgl. *Savigny*, SysRömR, Bd. V, 4ff. Zu den Einzelheiten vgl. *Simshäuser*, Entwicklung, 46ff., 71ff. *Windscheid* hingegen will in seiner Anspruchslehre alle prozessualen Elemente aus der *actio* aussondern und die *actio* begrifflich als „Anspruch" im materiellrechtlichen Sinn verselbständigen. Das Element der gerichtlichen Verfolgbarkeit, welches der römischen *actio* immanent ist, ordnet *Windscheid* dem Gebiet des Prozeßrechts zu. Im Ergebnis führte das Werk Windscheids einerseits zur „Entprozessualisierung" des materiellen Rechts, mithin zu einem aus den überkommenen Aktionen herausgelösten System materieller Rechte, umgekehrt aber auch zur Bildung der dogmatischen Grundlage einer eigenständigen Zivilpro-

Die dem geltenden Recht zugrunde liegende strikte Trennung zwischen materiellem Anspruch und Klage ist dem klassischen römischen Recht fremd: Prozeßrecht und materielles Recht bilden dort eine funktionale Einheit[285]. Die *actio*[286] des römischen Rechts ist weder nur Anspruch im materiellen Sinn noch ausschließlich Klage im prozessualen Sinn, sondern eine untrennbare Kombination beider: sie ist die Manifestation des subjektiven privaten Rechts in Gestalt der für dessen prozessuale Durchsetzung speziell vorgesehenen Klage[287]. Die *actio* hat dadurch den Charakter einer Prozeßhandlung[288], umfaßt in ihrer Formel – modern gesprochen – aber nicht nur die prozessualen, sondern auch die materiellen Voraussetzungen der erfolgreichen Rechtsdurchsetzung[289]. Infolgedessen setzt sie das „materielle Recht" nicht voraus, sondern bedingt es ihrerseits[290]. Eine *actio* zu haben bedeutet demzufolge, in bezug auf einen bestimmten Gegenstand, ein bestimmtes Rechtsverhältnis, erfolgreich klagen können[291]. Jeder *actio* liegt eine *obligatio*[292] zugrunde. Sie bezeichnet das spezi-

---

zeßtheorie. Zweck der Untersuchung Windscheids sei der Beginn einer „schärferen und skeptischeren" Prüfung der überkommenen römischen Rechtssätze, welche nur ihre lebendigen Gedanken für das zeitgenössische Recht übernehmen, das Abgestorbene aber ausscheiden solle; vgl. *Windscheid*, Actio, 230; *Simshäuser*, Entwicklung, 75. Zur Methodik der „Reinigung des römischen Rechts" bei *Windscheid* eingehend *Ober*, 40ff.

285 *Kaser-Knütel*, RömPrivR, 48.

286 Der Begriff der *actio* ist zunächst der technische Name für die Klage nach *ius civile* im ordentlichen Prozeß, später umfaßt er auch die Klage nach *ius honorarium*; *Kaser-Hackl*, RömZP, 236. Zu *ius civile* und *ius honorarium Kaser-Knütel*, RömPrivR[17], 26ff.

287 *Kaser*, RP I, 483f. Die anerkannten *actiones* werden mit typisierten Musterformeln im Edikt der Prätoren und Ädilen kundgetan. Zur Entwicklung des prätorischen Edikts *Kaser-Hackl*, RömZP, 234 mwN; *Bretone*, Geschichte des römischem Rechts, 102ff.; *Wieacker*, RömRG, 462ff. Der Kreis der Musterformeln ist abschließend. Soweit keine ediktale Klage Platz greift, kann der Prätor eine *actio in factum* für den Einzelfall gewähren; näher *Honsell-Mayer-Maly-Selb*, 484; *Kaser-Knütel*, RömPrivR, 29f.; *Bürge*, RömPrivR, 74 Fn. 31; umfassend *Gröschler*, Actiones in factum.

288 *Kaser-Hackl*, RömZP, 236.

289 *Kaser*, RP I, 483.

290 *Binder*, Prozeß und Recht, 47.

291 *Kaser-Knütel*, RömPrivR[17], 48; *Binder*, Prozeß und Recht, 55.

292 Der Begriff *obligatio* wird zunächst nur für die aus *ius civile* klagbaren Rechtsverhältnisse verwendet; *Binder*, Prozeß und Recht, 57 mit Verweis auf *Ulpianus* (27 ad ed.) D. 13, 5, 1, 8; (lib. sing. reg.) D. 44, 7, 25 pr.; (47 lib. ad. Sab.) 46, 1, 8, 1, 2; gegen D. 44, 7, 25 pr. *Kaser-Hackl*, RömZP, 233 Fn. 13. Es können daher nur solche *obligationes* zwischen den Parteien entstehen, für die eine *actio* gewährt wird. Das römische „Obligationenrecht" wird dadurch vom Grundsatz der Typengebundenheit beherrscht; *Kaser*, RP I, 484. Jedoch werden unter

elle Rechtsverhältnis, vermöge dessen der Gläubiger den Schuldner mit einer *actio* auf eine bestimmte Leistung verklagen kann[293].

Der Inhalt der *obligatio* ist spiegelbildlich davon abhängig, für welchen Streitgegenstand das Edikt des Gerichtsmagistrats eine *actio* gewährt und welche Voraussetzungen es in der speziellen Klagformel fordert. Die *actio* selbst knüpft an diesen Tatbestand an und nicht etwa an ein ihr in Gestalt der *obligatio* vorausgehendes Recht[294]. Das Gegebensein der *actio* erzeugt also umgekehrt die *obligatio* als *actione teneri*, gewissermaßen als Zustand des Unterworfenseins unter das „schneidige" Klagerecht des Gläubigers[295]. Wesentliche Konsequenz dieser Verknüpfung ist, daß eine *obligatio* nur besteht, wenn alle Voraussetzungen einer erfolgreichen Klage aus dem Rechtsverhältnis vorliegen. Diese müssen in die *obligatio* stets mit „hineingedacht" werden. Neben den besonderen Voraussetzungen einer speziellen *actio* gehören hierzu ebenfalls die allgemein-prozessualen Voraussetzungen, die in der Natur des Prozesses, namentlich des Formularprozesses, wurzeln.

B. Überblick über das Prozeßrecht der klassischen Zeit

I. Formularprozeß

Die Geltendmachung der Klagen – *actiones in personam* und *actiones in rem* gleichermaßen – erfolgt seit der Zeit der älteren Republik im sog. Formularprozeß (*ordo*)[296] als dem ordentlichen Gerichtsverfahren. Der Formularprozeß zeichnet sich durch einen zweigeteilten Ablauf aus[297]. Der erste Abschnitt des Verfahrens (*in iure*) findet vor dem Gerichtsmagistrat statt und dient der Erstellung des Prozeßprogramms[298] in Form einer spezifischen Prozeßformel, die die Einsetzung des *iudex* sowie die Gesamtheit der Rechts- und Tatfragen enthält, nach der die richterliche

obligatio auch kaiserrechtliche Verpflichtungen, wie solche aus dem Fideikommiß, verstanden worden sein; vgl. *Gaius*, Inst. 2, 184; *Kaser*, RP I, 480.

293 *Kaser*, RP I, 479.

294 *Binder*, Prozeß und Recht, 50.

295 *Binder*, Prozeß und Recht, 49. Zu *actione teneri Binder*, aaO, Fn. 1 mit umfassenden Stellennachweisen.

296 Zu Wurzeln, Entwicklung und Gestaltung des Formularverfahrens *Kaser-Hackl*, RömZP, 153ff.; *Kaser-Knütel*, RömPrivR[17], 460; *Honsell-Mayer-Maly-Selb*, RömPrivR, 524ff.

297 Zu den Ursprüngen dieser Zweiteilung vgl. *Selb*, GS Kunkel, 391 (391f.).

298 *Bürge*, RömPrivR, 74.

Entscheidung im konkreten Fall zu treffen ist. Grundlage der Prozeßformel sind im Edikt des Gerichtsmagistrats verkündete Musterformeln (*formulae*) für die jeweiligen *actiones*. Sie bestehen aus mehreren Bausteinen, welche den Gegebenheiten des Falles angepaßt werden und den weiteren Verfahrensgang so programmieren[299]. Die entscheidungserheblichen Rechts- und Tatfragen des Rechtsstreits werden so in Gestalt der Prozeßformel auf ein Konditionalschema in einem Satz verdichtet, das dem *iudex* als Handlungs- und Entscheidungsanweisung dient.

Im zweiten Abschnitt vor dem zur Streitentscheidung ermächtigten *iudex* (*apud iudicem*) erfolgt die Beweiserhebung über die tatsächlichen Voraussetzungen des Prozeßprogramms sowie die Entscheidung des *iudex* auf dieser Grundlage[300].

1. Verfahren

Der Kläger leitet das Verfahren mit der Ladung des zu Verklagenden ein (*in ius vocatio*). Es folgt der klägerische Vortrag des Sachverhalts und des Klagebegehrens. Auf dieser Grundlage wird darüber unter Aufsicht des Prätors verhandelt[301] und vom ihm entschieden, welche *actio* das Klagebegehren trifft. Wenn nicht im voraus feststeht, welche *actio* der Kläger zu beantragen hat, erfolgt nun die Feststellung der einschlägigen *actio*. Das Vorbringen des Beklagten wird im Hinblick auf eventuell zu gewährende *exceptiones* geprüft. Dem Vortrag des Klägers folgt dessen Antrag auf Erteilung der einschlägigen *actio*. Trägt der Klägervortrag nach Auffassung des Prätors keine im Edikt vorgesehene *actio*, so wird der Antrag des Klägers auf Erteilung einer *actio* entfallen, es sei denn der Magistrat stellt eine *actio in factum* in Aussicht, wenn er das Begehren des Klägers für schutzwürdig hält. Hält der Magistrat das Be-

---

299 Im günstigsten Fall ein einfaches „Ja-Nein"-Schema; vgl. *Bürge*, RömPrivR, 78. Eingehend nach jeweiliger Klageart *Honsell-Mayer-Maly-Selb*, RömPrivR, 531f. Zu erwähnen sind als typische Formelbestandteile der Klagen des *ius civile*: *demonstratio* (Bezeichnung des Streitgegenstandes), *intentio* (Klagebegehren) und *condemnatio* (Ermächtigung des *iudex* zum Urteilsspruch).

300 Die Formel bildet die für den *iudex* „maßgeschneiderte" fallentscheidende Norm; vgl. *Honsell-Mayer-Maly-Selb*, RömPrivR, 547. Der *iudex* hat grundsätzlich die entscheidungserheblichen Tatfragen zu prüfen. Allerdings kann auch der Gerichtsmagistrat, insbesondere bei einer Verquickung von Rechts- und Sachfragen, den Sachverhalt vorab untersuchen (*causae cognitio*).

301 Zur Konkretisierung des Prozeßprogramms durch Interaktion von Prätor und Parteien sowie zu den Beeinflussungsmöglichkeiten des Prätors *Bürge*, RömPrivR, 24f; eingehend *ders.*, SZ 112 (1995), 1ff.

gehren des Klägers nicht für prozeßwürdig, denegiert er die Erteilung einer Klage (*denegatio actionis*). Sobald die Verhandlung vor dem Magistrat zur vollständigen Konkretisierung einer *actio* nach Art und Inhalt geführt hat, setzt dieser im Einverständnis mit den Parteien den Rechtsstreit ein (*iudicium dare*), indem er dem Kläger per Dekret das Urteilsgericht einberuft, welches den Rechtsstreit anhand der Formel zu entscheiden hat[302]. Das *iudicium* ist gegenüber dem entscheidenden *iudex* Ermächtigung und Befehl zugleich [303]. Zeitgleich und damit verbunden erkennen die Parteien selbst die Spruchgewalt des Urteilsgerichts an (*litis contestatio*) und begründen so ein Prozeßrechtsverhältnis mit fixiertem Streitgegenstand[304].

2. *Urteil – Grundsatz der Geldkondemnation*

Das Urteil (*iudicatum*) schließt den Prozeß ab. Dessen Inhalt richtet sich nach der in der Prozeßformel enthaltenen *condemnatio*. Die Verurteilung erfolgt dabei niemals in die Primärleistung, sondern ist stets auf die Verurteilung auf eine bestimmte Geldsumme gerichtet (*condemnatio pecuniaria*)[305]. Der Grundsatz der Geldkondemnation[306], welcher dem Formularprozeß dessen charakteristische Prägung gibt, gilt ausnahmslos für alle Leistungsklagen[307], insbesondere auch für *die actio in rem* auf Her-

---

[302] *Kaser-Hackl*, RömZP, 290.

[303] *Kaser-Knütel*, RömPrivR[17], 475.

[304] Zu den Rechtswirkungen der *litis contestatio*, insbesondere zur Konsumption der im *iudicium legitimum* geltend gemachten *actiones in personam Kaser-Hackl*, RömZP, 295ff., 301.

[305] *Honsell-Mayer-Maly-Selb*, RömPrivR, 548; *Kaser-Hackl*, RömZP, 372; *Bethmann-Hollweg*, Civilprozeß, Bd. II, 623. Vgl. *Gaius*, Inst. 4, 48: *Omnia autem formularum, quae condemnationem habent, ad pecuniarum aestimationem condemnatio concepta est. Itaque et si corpus aliquod petamus, veluti fundum hominem vestem aurum argentum, iudex non ipsam rem condemnat eum, cum quo actus est, sicut olim fieri solebat, sed aestimata re pecuniam eum condemnat*; in allen Formeln aber, welche eine Kondemnation haben, ist dieselbe auf eine Schätzung in Geld ausgerichtet. Wenn wir deshalb auf irgend eine Sache klagen, ganz gleich ob Grundstück, Mensch, Kleidung, Gold, Silber, so verurteilt der Richter den, gegen den geklagt wird, nicht auf die Sache selbst, wie es einst zu geschehen pflegte, sondern auf eine Geldsumme, nachdem die Sache geschätzt wurde. Zur Stelle *Honsell-Mayer-Maly-Selb*, RömPrivR, 224 Fn. 3 mwN; *Lübtow*, SZ 68 (1951), 320 (358); *Pfaff*, Condemnatio pecuniaria, 3ff.; *Kelly*, Roman litigation, 69ff.; *Romano*, Economia, 11ff., *dies.*, Labeo 28 (1983), 131 (133); *Venturini*, Labeo 34 (1988), 73 (79); *Broggini*, Iudex arbiterve, 145f. Zum etymologischen Hintergrund von *condemnatio* und *damnare* vgl. *Liebs*, SZ 85 (1968), 173ff.

[306] Zu Ursprung und Hintergrund der Geldkondemnation *Pennitz*, Enteignungsfall, 263; *Bürge*, SZ 99 (1982), 128ff.; *Romano*, Economia, 130-135. Zum etymologischen Hintergrund von *pecunia Gnoli*, SDHI 44 (1978), 204ff.

[307] Näher *Kaser-Hackl*, RömZP, 372.

ausgabe einer eigenen Sache des Klägers. Auch hier wird der Beklagte nicht auf Herausgabe der Sache, sondern auf Erstattung ihres Wertes verurteilt[308]. Soweit die *condemnatio* nicht von vorneherein auf einen Geldbetrag (*certa pecunia*) geht, ist eine Ermittlung und Festsetzung des Geldbetrages, in den verurteilt werden soll, erforderlich.

a) Ästimabilität der eingeklagten Leistung

Die Leistung, auf die geklagt werden soll, muß dazu in Geld schätzbar (*res aestimabilis*) sein[309]. Der *iudex* führt die Schätzung des Wertes des Streitgegenstandes im Wege der *litis aestimatio* nach Maßgabe der *formula*[310] durch. Nur ausnahmsweise

---

[308] Eingehend *Blank*, SZ 99 (1982), 303, (305ff).

[309] *Kaser*, RP I, 491. *Ulpianus* (28 lib. ad Sab.) D. 40, 7, 9, 2: (...) *ea enim in obligatione consistere, quae pecunia lui praestarique possunt* (...).

[310] *Honsell-Mayer-Maly-Selb*, RömPrivR, 548. Die *condemnatio incertae pecuniae* geht regelmäßig auf *quanti ea res est*; *Kaser*, Quanti ea res est, 2, 5. *Ea res* bezeichnet den Gegenstand der Schätzung unter Verweis auf die vorangehenden Formelteile, vor allem auf die *intentio*. Die in ihr zumeist genannten Sachgüter und Rechte bilden zunächst den alleinigen Gegenstand einer insoweit reinen Sachwertschätzung; vgl. *Ulpianus* (51 lib. ad Sab.) D. 50, 16, 179. Hat die Klage die Verpflichtung zur Leistung einer bestimmten Sache zum Gegenstand, ist *quanti ea res est* der objektive Marktwert des geschuldeten Gegenstandes zum Zeitpunkt der *litis contestatio*. Dies gilt namentlich für die *actio certae rei ex testamento*; *Kaser*, Quanti ea res est, 87; *Kaser-Hackl*, RömZP, 317. Weiter geht *Honsell-Mayer-Maly-Selb*, RömPrivR, 548: Geldinteresse an der Erfüllung der Primärleistungspflicht. Die Entwicklung nähert sich aber für einige Klagen durch ein erweitertes Verständnis von *res* als „Streitgegenstand, Angelegenheit" einer Interesseberechnung an; vgl. *Medicus*, SZ 115 (1998), 66 (74f.); *Kaser*, Quanti ea res est, 5; *Kaser*, RP I, 499f.; vgl. auch *Pastori*, Concetto, 211-228. So ist dies dort der Fall, wo der Gegenstand der Schätzung nicht als *certum* erfaßbar ist, *Kaser*, RP I, 499. Zu den auf ein *incertum* gerichteten *formula* auf *quidquid...dare facere oportet Kaser-Hackl*, RömZP, 318 Fn. 49; *Kaser*, RP I, 493f., 500f., 514. Hier ist der schon der genaue Gegenstand des Begehrens der Ermittlung des *iudex* überlassen. Auch ist das Schätzungsermessen nicht an den objektiven Marktwert gebunden, sondern geht auf das weitere *id quod interest*, welches bereits wie eine Interesseberechnung Vor- und Nachteile für das Vermögen des Klägers weitgehend erfaßt, jedoch keine feste Berechnungsmethode bezeichnet, sondern je nach Fall und Klage variiert; vgl. *Medicus*, SZ 115 (1998), 66 (75); *ders.*, Id quod interest, 229f., 294ff.; *Kaser*, aaO; *Zimmermann*, Law of Obligations, 826f. Auch bei der Verurteilung auf *id quod interest* bestimmen allerdings objektive Kriterien die Schätzung des Streitgegenstandes. Das „Interesse" des Gläubigers findet grundsätzlich nur insoweit Berücksichtigung, als es mit dem in Geld ausgedrückten Wert der Leistung, den sie für jedermann hätte, übereinstimmt; eingehend *Pastori*, Concetto, 214ff. Die Berücksichtigung von „Affektionsinteressen" in der Geldschätzung ist im klassischen römischen Recht nicht sicher erwiesen; vgl. *Kaser*, RP I, 491 und im Vergleich dazu Teil IV § 1 D. I. 2. c). Mit *Pastori*, Concetto, 229ff., 231 Fn. 3 ist insofern zu unterscheiden zwischen dem Gegenstand der Leistung und dem „Interesse" des Gläubigers

findet bei Arbiträrklagen eine eidliche Schätzung des Streitgegenstandes durch den Kläger selbst statt (*iusiurandum in litem*)[311]. Maßstab des zu schätzenden Wertes ist, wenn eine Sache Klaggegenstand ist, der im Verkehr durch Veräußerung erzielbare Preis (*pretium rei*)[312], mithin der in Geld verkörperte Tauschwert der Sache[313].

---

an der Leistung. Die Leistung *als solche* ist grundsätzlich Gegenstand der Schätzung und muß in Geld schätzbar sein. Das „Interesse" des Gläubigers an der Leistung im Sinne seines „ihm daran gelegen Seins", kann auch anderer als vermögenswerter Art sein. Zu *quanti ea res est* bei Ulpian *Tafaro*, Quanti ea res est; *Voci*, Iura 32 (1981), 182ff.; *Tafaro*, Labeo 33 (1987), 104ff.

[311] Dazu *Kaser-Hackl*, RömZP, 339 Fn. 35 mwN; zum Maßstab und Schranken der eidlichen Schätzung *Pennitz*, Enteignungsfall, 302f. Findet *iusiurandum in litem* statt, kann der Kläger bis zur vom Prätor gesetzten Grenze (*taxatio*) über den Sachwert schätzen. Zur *taxatio* bei *iusiurare in litem Grzimek*, Taxatio, 142ff. Die Differenz hat dann den Charakter einer Strafsumme, und wohl nicht den eines Ersatzes für einen ideellen Wert der Leistung; vorsichtig bejahend *Grzimek*, Taxatio, 150. Freilich bietet *iusiurandum in litem* die Möglichkeit der Festsetzung der *aestimatio* dann, wenn eine Schätzung sonst nicht möglich wäre, so etwa bei einer vor dem Entscheidungszeitpunkt untergegangenen Sache; vgl. *Marcianus* (4 lib. reg.) D. 12, 3, 5, 4: (...) *quia iudex aestimare sine relatione iusiurandi non potest rem quae non existat.* Die Eidesschätzung ist aber nur bei Arbiträrklagen (sog. *actiones arbitrariae*) statthaft, insbesondere nicht bei der Klage aus *legatum per damnationem* (*actio ex testamento*) sowie den strengen Klagen mit Übereignungsverpflichtung (*dare oportere*); vgl. *Kaser-Hackl*, RömZP, 335ff., 340 Fn. 45 mwN; vgl. *Paulus* (26 lib. ad ed.) D. 12, 3, 6: *alias, si ex stipulatu vel ex testamento agatur, non solet in litem iurari*; im übrigen pflegt nicht eidlich geschätzt zu werden, wenn aus Stipulation oder Testament geklagt wird. Näher zum Arbiträrverfahren Teil IV § 1 D. I. 2. c) aa) aaa).

[312] *Pretium* ist der gemeine Handelswert. Aus der an zahlreichen Stellen begegnenden Begriffsvertauschung von *aestimatio* und *pretium* kann gefolgert werden, daß der *aestimatio* bei den strengen Klagen grundsätzlich die Berechnung des Sachwertes und keine Interesseberechnung zugrundeliegt; näher *Kaser*, RP I, 499 Fn. 7; *Kaser*, Quanti ea res est, 90 und dort Fn. 22f. mit Verweis auf *Marcianus* (8 lib. inst.) D. 30, 114, 5; *Paulus* (14 lib. resp.) D. 34, 2, 35 pr; *Ulpianus* (25 lib. ad Sab.) D. 30, 53, 5; *Ulpianus* (22 lib. ad Sab.) D. 30, 47, 2/3; *Ulpianus* (22 lib. ad Sab.) D. 30, 47, 6; *Papinianus* (17 lib. quaest.) D. 31, 66, 4; *Iulianus* (39 lib. dig.) D. 36, 1, 26, 2/3; *Papinianus* (4 lib. quaest.) D. 30, 51; *Gaius* (18 lib. ad ed. prov.) D. 30, 70, 3; *Iulianus* (33 lib. dig.) D. 30, 82, 2; *Iulianus* (33 lib. dig.) D. 30, 84, 2; *Celsus* (21 lib. dig.) D. 31, 22; *Ulpianus* (24 ad Sab.) D. 33, 9, 1; *Pomponius* (6 lib. ad Sab.) D. 34, 2, 1, 1; *Marcellus* (lib. sing. resp.) D. 34, 2, 1, 6pr.; zum Vindikationslegat *Paulus* (11 lib. ad Plaut.) D. 30, 85; und zum Fideikommiß *Ulpianus* (5 lib. disp.) D. 33, 4, 2 pr.; *Valens* (1 lib. fideicom.) D. 34, 1, 22, 1; *Ulpianus* (3 lib. fideicom.) D. 36, 1, 1, 16. Vgl. auch *Pennitz*, Enteignungsfall, 302. Zu *pretium* vgl. auch *Modestinus* (8 lib. diff.) D. 21, 1, 62; *Labeo* (2 lib. sec. post. a Iavoleno) D. 32, 30, 3.

[313] Das Münzgeld Roms fungierte dabei nicht als abstraktes Wertzeichen, sondern verkörperte seinerseits den Tauschwert des Metalls; näher *Bürge*, SZ 99 (1982), 128 (132).

b) Unschätzbarkeit – res inaestimabilis

Das Verfahren der Geldkondemnation findet seine natürliche Grenze in der Schätzbarkeit des Streitgegenstandes. Unschätzbarkeit in Geld muß die Rechtsschutzgewähr im Formularverfahren unmöglich machen[314]. Es fragt sich aber, ob es auch nicht in Geld schätzbare Leistungen gab oder ob insofern allen Gegenständen ein Geldwert zugemessen wurde. Die Digesten geben mit dem Wort *inaestimabilis* nur an zwei Stellen einen Hinweis auf kategorische Unschätzbarkeit. In beiden Stellen bezieht sich *inaestimabilis* nicht auf Sachen, sondern auf die väterliche Gewalt über die Hauskinder (*patria potestas*)[315] und die Freiheit (*libertas*)[316].

aa) Patria potestas

Die *patria potestas* ist zentraler Bestandteil des römischen Familienrechts und bezeichnet die Vollgewalt des Hausvaters (*pater familias*) über die Hauskinder[317]. Die *patria potestas* über Hauskinder wird begründet durch eheliche Geburt, Annahme eines gewaltfreien Mannes an Sohnes statt (*adrogatio*) oder Adoption eines Gewaltunterworfenen (*adoptio*). Grundlegende Voraussetzung für die Zumessung eines Tauschwertes ist die Veräußerlichkeit und Übertragbarkeit des Gegenstandes im Rechtsverkehr.

Die *patria potestas* kann rechtsgeschäftlich nicht übertragen werden[318]. Sie ist ein der Person des *paterfamilias* anhaftendes nichtfungibles Recht. Auch bei der Adoption eines fremden Hauskindes entsteht die *patria potestas* in der Person des adoptierenden *paterfamilias* originär und wird nicht derivativ vom vorigen Gewalthaber erwor-

---

[314] Nichtgeldwerte Leistungen von reinem Affektionswert können jedenfalls mittelbar klagbar gemacht werden durch Stipulation einer Konventionalstrafe; *Kaser*, RP I, 491 und dort Fn. 27 mwN.

[315] *Marcianus* (8 lib. inst.) D. 30, 114, 8: (...) *potestas enim patria inaestimabilis est*. Zu dieser Stelle eingehend unter Teil III § 5 A.

[316] *Paulus* (2 lib. ad ed.) D. 50, 17, 106: *Libertas inaestimabilis res est*. Daneben noch Inst. 1, 6, 7. Zum ganzen *Ehrhardt*, Litis aestimatio, 53; *Daube*, SZ 96 (1979), 1 (14).

[317] Näher *Kaser*, RP I, 342, 60ff.

[318] Die Manzipation eines Hauskindes führt nicht zum Direkterwerb der *patria potestas* vom Veräußerer, sondern begründet eine dem Sklaven angenäherte Rechtsstellung des Kindes (*in mancipio esse*); *Kaser*, RP I, 69, 70 Fn. 16.

ben[319]. Da die *patria potestas* eines anderen nicht erworben und die eigene nicht veräußert werden kann, kann ihr somit auch kein Tauschwert (*pretium rei*) zugemessen werden[320]. Entsprechend hat auch die Aufgabe der *patria potestas* über ein Hauskind grundsätzlich keinen in Geld schätzbaren Wert[321].

bb) Libertas

Ebenso verhält es sich mit der Freiheit. Der *status* der Freiheit (*libertas*) ist Abwesenheit von Versklavung[322]. Für den Römer ist *libertas* Bestandteil seines Bürgerrechts (*civitas*) und dadurch Ausfluß seiner Zugehörigkeit zum Gemeinwesen[323]. Als solche ist die *libertas* seiner rechtsgeschäftlichen Disposition entzogen. Weder kann er sich seiner Freiheit durch Rechtsgeschäft entäußern[324] noch kann er Verträge über die Freiheit eines anderen abschließen[325]. Eine Verpflichtung zur Entäußerung der

---

319 Zum umständlichen Verfahren der *adoptio* und deren Wurzeln eingehend *Kaser*, RP I, 65ff. Der Erwerb der *patria potestas* des annehmenden *paterfamilias* kann nur durch Scheinprozeß (*in iure cessio*) erfolgen, nachdem die *potestas* des früheren Gewalthabers durch dreimaligen Manzipationsakt zum Erlöschen gebracht wurde. Im Scheinprozeß behauptet der Adoptierende, er sei bereits Gewalthaber, und ewirbt die *patria potestas* durch magistratischen Zuspruch.

320 *Biondi*, Successione, 296. Der Adoptierende kann wegen der Möglichkeit, das adoptierte Kind zu Dienstleistungen zu verdingen, im Einzelfall ein pekuniäres Interesse am Erwerb der *patria potestas* haben; vgl. *Kaser*, RP I, 342. Jedoch begründet dies kein *pretium rei* derselben im Sinne eines gemeinen Verkehrswertes.

321 Zu den Besonderheiten beim Emanzipationsfideikommiß unten Teil III § 5.

322 *Buckland*, Slavery, 1; *Wirszubski*, 1; vgl. *Honsell-Mayer-Maly-Selb*, RömPrivR, 61.

323 Vgl. *Balestri Fumagalli*, Labeo 33 (1987), 63ff. Das Bürgerrecht kann nur durch Geburt oder Verleihung erworben werden; *Kaser-Knütel*, RömPrivR[17], 100, 109f.

324 Dem steht auch *Marcianus* (1 lib. inst.) D. 1, 5, 5, 1 und *Ulpianus* (54 ad. ed.) D. 40, 12, 7 pr. nicht entgegen. Der Verlust der Freiheit eines Bürgers, der sich als Sklave verkaufen läßt, um den Erlös mit dem Veräußerer zu teilen, hat den Zweck einer Strafe für betrügerischen Verkauf und beruht nicht auf dem Anerkenntnis privater Disponibilität der Freiheit; vgl. *Buckland*, Slavery, 427, 420; *Honsell-Mayer-Maly-Selb*, RömProvR, 69.

325 *Modestinus* (5 lib. pand.) D. 45,1,103: *Liber homo in stipulatum deduci non potest, quia nec dari oportere intendi nec aestimatio eius praestari potest, non magis quam si quis dari stipulatus fuerit mortuum hominem aut fundum hostium*; ein freier Mensch kann nicht zum Gegenstand einer Stipulation gemacht werden, weil sie weder auf die Verbindlichkeit, ihn zu geben, gerichtet, noch der Wert desselben geschätzt werden kann; ebenso wenig als wenn sich jemand die Gewährung eines Verstorbenen oder eines den Feinden gehörigen Grundstückes stipuliert hätte. *Aestimationem praestari* meint hier abweichend von der normalen Bedeutung als Leistung des Schätzwertes schon die Durchführung der Schätzung als solche; vgl. *Medi-*

libertas scheitert sozusagen an „rechtlicher Unmöglichkeit" der Leistung[326]. Der freie Mensch ist kein Objekt des Rechtsverkehrs[327]. Mangels Verkehrsfähigkeit kann der Freiheit und dem freien Menschen infolgedessen ebenfalls kein *pretium rei* zugeordnet werden[328]. Beide Fälle haben die Gemeinsamkeit, daß es sich um Attribute des Personenstandes (*status*) handelt, die schon ihrem Wesen nach nicht auf andere Personen übertragbar sind. Die Unschätzbarkeit in Geld ist in beiden Fällen zwingende Konsequenz der Verkehrsunfähigkeit der genannten „Personenrechte"[329].

---

cus, SZ 86 (1969), 60 (80); *Heumann-Seckel*, Handlexikon, *aestimatio*, sub 2. Zu den Fällen des Verlustes der Freiheit *Kaser*, RP I, 291ff.; *Kaser-Knütel*, RömPrivR[17], 109f.

[326] Vgl. *Ulpianus* (28 lib. ad Sab.) D. 40, 7, 9, 2. *Harke*, Jahrbuch Junger Zivilrechtswissenschaftler 2001, 29 (38). Eine kohärente allgemeine Unmöglichkeitslehre im römischen Recht ist nicht nachgewiesen; zu verschiedenen Fällen *Kaser*, RP I, 489 Fn. 11 mwN.

[327] Vgl. *Modestinus* (5 lib. pand.) D. 45, 1, 103 in obiger Fußnote; *Paulus* (33 lib. ad. ed.) D. 18, 1, 34, 2: *Liberum hominem scientes emere non possumus, sed nec talis emptio aut stipulatio admittenda est: ‚cum servus erit', quamvis dixerimus futuras res emi posse: nec enim fas est eiusmodi casus exspectare*; „einen freien Menschen können wir wissentlich nicht kaufen. Aber auch ein Kauf oder eine Stipulation der Art: ‚Wenn er Sklave wird' ist unzulässig, obgleich wir gesagt haben, daß man zukünftige Sachen kaufen kann; denn es ist auch frevelhaft, einen solchen Fall ins Auge zu fassen"; übersetzt von *Behrends-Knütel-Kupisch-Seiler*, Bd. II, 449f. Dem steht nicht entgegen, daß der Kauf eines *liber homo* als gültig anerkannt wird, wenn der Käufer *nesciens* ist; vgl. *Licinnius Rufinus* (8 lib. reg.) D. 18, 1, 70. Die *actio empti* ist in diesem Fall nicht auf Leistung des Freien oder auf Prästation des „Wertes", den er als Sklave hätte, gerichtet, sondern auf Erstattung des gezahlten Kaufpreises nebst sonstiger Vermögensausfälle; entsprechendes gilt für die in den Fällen des Verkaufs von *res extra commmercium* gegebenen Klagen (*actio empti* bzw. *actio in factum*); ausführlich dazu sowie zu den Hintergründen *Evan-Jones-MacCormack*, SZ 112 (1995), 330ff., 335ff.

[328] *Gaius* (6 lib. ad ed. provinc.) D. 9, 3, 7: (...) *quia liberorum corpus nullam recipit aestimationem. Harke*, Jahrbuch Junger Zivilrechtswissenschaftler 2001, 29 (38f.). Vom nicht existenten „Wert" eines Freien ist der Wert der *Freilassung* eines *Sklaven* strikt zu unterscheiden. Diese ist grundsätzlich ästimabel, denn ihr Wert entspricht dem Wert des Sklaven und dies ist dessen Marktpreis, vgl. *Gaius*, Inst., 2, 265. Allerdings kann dem Sklaven nicht durch Legat die Freilassung vermacht werden, weil er im Formularverfahren nicht parteifähig ist; vgl. *Biondi*, Successione, 295. Jedoch kann dem Herrn des Sklaven dessen Freilassung fideikommissarisch aufgegeben werden, welche der Sklave auch selbst *extra ordinem* einklagen kann; näher dazu unten. Zur Freilassung durch *manumissio testamento Kaser*, RP I, 294.

[329] Vgl. auch *Humbert*, Remariage, 228.

cc) *Res divini iuris*

Unschätzbarkeit tritt auch bei bestimmten Sachen auf, die nicht am Rechtsverkehr teilnehmen (*res extra commercium*). Zu den *res extra commercium* gehören neben den herrenlosen Sachen, wie wilden Tieren, den Naturerscheinungen (*res communes omnium*) und den Sachen im Eigentum des Staates (*res publicae*) die dem göttlichem Recht unterworfenen Sachen – *res divini iuris*. Solange sie *res divini iuris* sind, sind sie dem Privatrechtsverkehr entrückt. Niemand kann sie deshalb im Vermögen haben[330]. Zu ihnen zählen die *res sacrae* (den Göttern durch staatliches Zeremoniell geweihte Objekte), die *res religiosae* (belegte Begräbnisstätten) und *res sanctae* (dem Schutz der Götter unterstehende, ungeweihte Objekte).

Die Frage nach der Ästimabilität stellt sich in erster Linie im Prozeß. An *res sacrae*, die dem Rechtsverkehr mit dem sakralen Widmungsakt der Konsekration[331] entzogen werden, und an Grabstätten (*res religiosae*) ab der Bestattung können keine privaten Rechte bestehen. Dadurch kann zwischen Privaten auch nicht *in iure* um diese Sachen gestritten werden. Ohne Prozeß kann keine *litis aestimatio* stattfinden. *Res divini iuris* sind deshalb in Geld unschätzbar[332], selbst wenn ihnen vor ihrer Unterwerfung unter göttliches Recht ein Geldwert zugeordnet werden konnte[333].

c) *Konkrete Unschätzbarkeit bei Sachen im Rechtsverkehr*

Auch die Schätzung von Sachen im Verkehr (*res in commercio*) war bisweilen problematisch, wie die folgende Stelle zeigt.

---

[330] *Gaius*, Inst., 2, 9; *Gaius* (2 lib inst.) D. 1, 8, 1; *Marcianus* (3 lib. inst.) D. 1, 8, 6, 2-5; näher *Kaser*, RP I, 377 Fn. 15 mwN.

[331] Zu geheiligten Sachen im geltenden Zivilrecht *Enneccerus-Nipperdey*, AT[15], 838f.

[332] Vgl. *Ulpianus D.* 1, 8, 9, 5: *Res sacra non recipit aestimationem.*

[333] Zum ganzen *Becker*, Res, 38; *Hausmaninger-Selb*, RömPR, 180; *Honsell-Mayer-Maly-Selb*, RömPR, 83, 487; *Kaser-Knütel*, RömPrivR[17], 119f.; *Kaser*, RP I, 377ff. Siehe auch unten Teil IV § 1 C.

aa) Ulpianus D. 50, 16, 178 pr.[334] *(libro quadragensimo nono ad Sabinum)*

Pecuniae verbum non solum numeratam pecuniam complectitur, verum omnem omnino pecuniam, hoc est omnia corpora: nam corpora quoque pecuniae appellatione contineri nemo est qui ambiget.	"Das Wort Geld (pecunia) umfaßt nicht bloß bares Geld, sondern alles Geld überhaupt, das heißt alle körperlichen Sachen, denn niemand wird zweifeln, daß auch körperliche Sachen unter der Benennung Geld begriffen werden"[335].

Das Fragment stammt aus dem 49. Buch zu *Sabinus*, welches nach *Lenels* Palingenesie über den Erbschaftskauf handelt[336]. *Ulpian* bezeichnet alle Sachgüter als „Geld" und erweckt dadurch den Eindruck, als hätten körperliche Gegenstände stets schätzbaren Geldwert. Der Quelle darf allerdings trotz ihres Wortlauts eine derartige Verallgemeinerung nicht entnommen werden. Soweit sich der Begriff *pecunia*[337] nicht auf Geld bezieht, umfaßt er nicht alle Sachen, sondern grundsätzlich nur solche, die sich im Vermögen einer Person (*patrimonium*) befinden *und* bei dessen Zusammenrechnung (*computatio patrimonii*) als Geldwerte (*pretia*) in Erscheinung treten[338]. Eine *res* ist also nicht selbstverständlich auch *pecunia*, sondern nur, wenn

[334] Ähnlich *Hermogenianus* (2 lib. iur. epit.) D. 50, 16, 222: *Pecuniae nomine non solum numerata pecunia, sed omnes res tam soli quam mobiles et tam corpora quam iura continentur.*

[335] Übersetzt von *Schneider* in *Otto-Schilling-Sintenis*, Bd. IV, 1247.

[336] *Lenel*, Palingenesia, Bd. II, Sp. 1189. Zu *Ulpian* siehe unten Teil III § 5 B. I. Die 51 Bücher zu *Sabinus* (*Ad Masurium Sabinum libri LI*) sind ein Kommentarwerk *Ulpians* zu dem Lehrbuch des *Masurius Sabinus*. Es handelt sich um die umfangreichste Darstellung des *ius civile* nach dessen System. *Ulpian* vollendete das Werk nicht. Die Darstellung bricht mit dem Abschnitt über die *rei vindicatio* ab. Die erste Hälfte der Bücher enstand bis 214, die zweite Hälfte bis 216 n. Chr.; *Liebs* in HLL 4 (1997), § 424 B. a. 3 (178); *Krüger*, Geschichte, 243, 245. Aus dem Werk sind über 500 Fragmente in den Digesten erhalten. Die Bücher 45-50 zu *Sabinus* handeln von den Stipulationsgeschäften (*de obligatione verborum*).

[337] Zum Begriff *Kaser*, RP I, 97, 148 Fn. 12, 30 Fn. 6.

[338] Eine deutlichere Definition gibt *Paulus* (2 ad. ed.) D. 50, 16, 5: *Rei appellatio latior est quam ‚pecuniae', quia etiam ea, quae extra computationem patrimonii nostri sunt, continet, cum pecuniae significatio ad ea referatur, quae in patrimonio sunt*; „die Benennung Sache (*rei*) ist weiter als die Geld (*pecuniae*), weil sie auch das, was nicht in der Berechnung unseres Vermögens enthalten ist, begreift, während der Name Geld sich (nur) auf das bezieht, was im Vermögen ist", übersetzt von *Schneider* in Otto-Schilling-Sintenis, Bd. IV, 1214; vgl. *Birkmeyer*, Vermögen, 299f., 302. *In patrimonio habere* ist dementsprechend gleichbedeutend mit *in numero rerum suarum habere*; vgl. *Birkmeyer*, Vermögen, 126 Fn. 392 mwN. Vgl. *Justi-*

und weil sie einen Geldwert hat[339]. Der atypische Quellenwortlaut dürfte darauf beruhen, daß *Ulpian pecunia* hier offenbar als untechnische Kollektivbezeichnung für die zur verkaufenden Erbschaft gehörigen Gegenstände versteht[340]. Nicht alle Gegenstände, die verkehrsfähig und damit grundsätzlich schätzbar sind, haben daher auch tatsächlich einen Geldwert. Die Schätzung des Veräußerungswertes vollzieht sich nach Erfahrungsmaßstäben über die nach den Umständen erzielbare Gegenleistung. Sachen, an denen nach den allgemeinen Umständen kein Erwerbsinteresse besteht, kann auch kein *pretium rei* in Form eines Tauschwertes zugeordnet werden. Einen solchen Fall beschreibt *Celsus*.

---

nianus C. 4, 18, 2, 1 mit Hervorhebung des Erfordernisses der Meß- und Bezifferbarkeit der *pecunia*-Güter nach ursprünglichem Verständnis. Eine Erweiterung des Begriffs *pecunia* auf alle Sachen erfolgt erst unter *Justinian* (ebendort). Zur *computatio* als Vermögenssummenberechnung *Birkmeyer*, Vermögen, 302 Fn. 677 mwN.

339 Zu weitgehend *Robbe*, SDHI 7 (1941), 35 (66); dagegen *Kaser*, RP I, 377. Fraglich ist, ob die Bezeichnung *pecunia* für geldwerte Vermögensbestandteile auf eine Insuffizienz der damaligen Geldwirtschaft hindeutet. Es erscheint nicht ausgeschlossen, daß bestimmte Schichten der Bevölkerung auch nach Verbreitung des Münzgeldes (*pecunia numerata*) wegen mangelnder Liquidität und Prosperität in gewissem Umfang auf naturale Tauschmittel angewiesen blieben, um das Münzgeld bei Knappheit oder Wertverfall substituieren zu können; vgl. *Bürge*, SZ 99 (1982), 128 (155f.); *Duncan-Jones*, Money, 20f. *Duncan-Jones*, Economy, 7, 12. Jedoch ist wenigstens für den urbanen Wirtschaftsraum Roms trotz zeitweiliger Engpässe von einer vollständigen Monetarisierung schon in vorklassischer Zeit auszugehen. Anzeichen einer allgemeinen und strukturellen Geldknappheit fehlen; *Blank*, SZ 99 (1982), 303 (311); *Dulckeit-Schwarz-Waldstein*, RömRG, 114; vgl. auch *De Martino*, Wirtschaftsgeschichte, 208ff.,529ff, 550; *Crawford*, Geld und Austausch, 258; *Drexhage-Konen-Ruffing*, 37ff.; anders *Duncan-Jones*, jeweils aaO. Dies schließt jedoch nicht aus, daß der Warenverkehr im Einzelfall durch Tausch unter Umwertung der Güter auf den gemeinsamen Wertmesser des Münzgeldes rationalisiert wurde; hierzu *Bürge*, aaO.

340 Dazu *Birkmeyer*, Vermögen, 49-71. Für einen hier untechnischen, mehr praktisch gedachten Ausdruck spricht, daß „pecunia“ zur Bezeichnung der Erbschaft daneben offenbar nur bei *Cicero*, Top. VI, 29 auftaucht: *Hereditas est pecunia quae morte alicuius ad quempiam pervenit iure* (...); eingehend zum ganzen *Robbe*, Hereditas, 373ff (378f.). Typischerweise wird die Erbschaft als rechtliche Einheit des Nachlasses technisch als *hereditas* oder *universitas* oder *universum* bezeichnet; vgl. *Iulianus* (6 lib. dig.) D. 50, 17, 62: *Hereditas nihil aliud est, quam successio in universum ius quod defunctus habuerit;* fast wortgleich *Gaius* (6 lib. dig. ad ed.) D. 50, 16, 24; *Florentinus* (11 lib. inst.) D. 30, 116, 1: *universum heredis*; vgl. auch *Ulpianus* (16 lib ad ed.) D. 6, 1, 1 pr.: *universitas* (mit Bezug auf *hereditatis petitio*). Vgl. auch die Quellenzusammenstellung bei *Birkmeyer*, Vermögen, 63ff., 69 Fn. 231; daneben vgl. *Baldus*, Seminarios Complutenses, Bd. XV (2003), 133 (137). Auch die Bezeichnung der Erbmasse als *res* ist anzutreffen; *Ulpianus* (4 lib. disp.) D. 37, 11, 5, 1; *Papinianus* (6 lib. resp.) D. 38, 6, 8; *Ulpianus* (13 lib. ad Sab.) D. 38, 17, 2, 8; auch *Becker*, Res, 32; *Fiorini* in: *Wacke-Baldus*, Juristische Vorlesungen, 91.

bb) Celsus D. 17, 1, 50, 1 (libro trigesimo octavo digestorum)

Sive frumentum deberetur, fideiussor Africum dedit, sive quid ex necessitate solvendi plus impendit quam est pretium solutae rei, sive Stichum solvit isque decessit aut debilitate flagitiove ad nullum pretium sui redactus est, id mandati iudicio consequeretur.	Wenn gewöhnliches Getreide geschuldet wird und der Bürge afrikanisches Getreide liefert oder unter der Notwendigkeit, zu erfüllen, mehr aufwendet, als der Wert der geleisteten Sache beträgt, oder wenn er den Sklaven Stichus geleistet hat und dieser verstorben ist oder wegen eines Gebrechens oder einer entehrenden Handlung auf Nichts an Wert zurückgeführt ist, so kann der Bürge dies alles mit der Auftragsklage ersetzt bekommen.

Das Fragment stammt nach Lenels Palingenesie aus dem 38. Buch der Digesten des *Celsus Ad legem Publiliam de sponsu*[341]. Die *Lex Publilia* gibt dem eine befreiende Zahlung leistenden Sponsionsbürgen[342] – und nur diesem – eine Rückgriffsklage (*actio depensi*) gegen den Hauptschuldner, wenn dieser dem *sponsor* das Geleistete nach sechs Monaten nicht erstattet hat[343]. Eine allgemeine Rückgriffsklage des Nichtsponsionsbürgen gegen den Hauptschuldner besteht jedoch nicht, so daß es dann auf die konkrete Rechtsbeziehung zwischen beiden ankommt[344]. Hier hat sich der Bürge als *fideiussor*[345] verbürgt, so daß die *Lex Publilia* für ihn nicht einschlägig ist. Er hat aber aus einem Auftragsverhältnis (*mandatum*) zum Hauptschuldner eine Klage auf Erstattung dessen, was er geleistet hat, wenn er sich in dessen Auftrag ver-

---

[341] *Lenel*, Palingenesia, Bd. I, Sp. 167. Der Verfasser des Werkes ist *Celsus filius* (*P. Iuventius Celsus T. Aufidius Hoenius Severianus*), der Sohn des *Iuventius Celsus* (*pater*). Wie dieser war er Haupt der Prokulianischen Schule. *Celsus* beteiligte sich an einer Veschwörung gegen *Domitian* (14.09.81-18.09.96 n. Chr.), entging aber der Verfolgung. Er bekleidete um 106 n. Chr. das Amt des Prätors, war Legat in Thracien und zweimal Konsul, zuletzt 129 n. Chr., sowie Mitglied im Konsilium *Hadrians* (11.08.117-10.07.138 n.Chr.); *Kienast*, Tabelle, 115, 128; *Krüger*, Geschichte, 180ff.; *Kunkel*, Herkunft, 148. *Celsus* gilt als einer der bedeutendsten römischen Juristen. Seine Digesten haben 39 Bücher, von denen sich der erste Teil (Buch 1-27) auf das prätorische Edikt und der Rest (Buch 28-39) auf die Senatskonsulte bezieht; *Lenel*, aaO; *Krüger*, Geschichte, 181. Zur Methode der Entscheidungsbegründung bei *Celsus Harke*, Argumenta.

[342] Zur Sponsionsbürgschaft *Kaser*, RP I, 661 mwN.

[343] *Kaser*, RP I, 665.

[344] *Kaser*, aaO.

[345] Zur Fideiussionsbürgschaft *Kaser*, RP I, 663.

bürgt hat[346]. Dementsprechend hat die Stelle die sog. *actio mandati contraria*, die Klage des Auftragnehmers gegen den Auftraggeber auf Ersatz seiner Aufwendungen, die er in Erfüllung des Auftrags getätigt hat, zum Gegenstand[347].

Ohne auf die Einzelheiten näher eingehen zu müssen, kann der Stelle entnommen werden, daß Sachen[348] im Rechtsverkehr auch als wertlos eingestuft werden können. Der zum Zwecke der Erfüllung des Auftrags geleistete Sklave hatte als handelbares Sachgut einen Geldwert. Jetzt ist er aber *„nichts mehr"* wert (*ad nullum pretium sui redactus est*), weil ihm mittlerweile Eigenschaften anhaften, die ihn zum Zeitpunkt der Schätzung als Tauschgut uninteressant machen, hier Siechtum oder Infamie[349]. Geschätzt wurde demnach mit Bezug zum konkreten Fall. *Celsus* gibt an anderer Stelle einen Fall, in dem die Auswirkung der Wertlosigkeit des zu schätzenden Gegenstandes auf das Verfahren der *aestimatio* deutlich wird.

cc) Celsus D. 42, 1, 13 pr. (libro sexto digestorum)

Si quis ab alio decem, ab alio satisdari stipulatus est, aestimandum erit, quantum stipulatoris intersit satisdari, idque aut tantundem erit minus aut interdum etiam nihil: neque enim vani timoris[350] *ulla aestimatio est. Ve-*

„Wenn jemand von einem zehntausend Sesterzen[351], und von einem anderen, daß ihm [dafür] eine Bürgschaft geleistet werden solle, sich hat ausgeloben lassen, so ist [vom Richter] zu schätzen, wieviel er von

[346] *Gaius*, Inst. 3, 127; *Kaser*, RP I, 666.

[347] Vgl. *Giménez-Candela* in *Nörr-Nishimura*, Mandatum, 169 (176); näher *Watson*, Contract of Mandate, 155,163.

[348] Der Sklave ist sowohl *persona* als auch *res*. Im Hinblick auf die privatrechtliche Gewalt an ihm und deren Übertragung im Rechtsverkehr ist er *res corporalis* und *res mancipi*. Er steht diesbezüglich als Sache im Eigentum seines Herrn. Soweit es um das rechtliche Auftreten des Sklaven selbst geht oder rechtliche Folgen an sein Menschsein geknüpft werden, ist er *persona alieni iuris* und untersteht der *potestas*; Kaser, RP I, 285 und dort Fn. 18.

[349] Vgl. zum Problem auch Paulus (2 lib. ad leg. Iul. et Pap.) D. 35, 2, 63, pr., Satz 3: *eadem causa est eius servi, qui noxam nocuit: nec enim delinquendo quisque pretiosor fit*; „ganz in derselben Lage befindet sich derjenige Sklave, der eine noxa begangen hat: denn durch das Begehen eines Verbrechens wird kein Sklave wertvoller"; übersetzt von *Sintenis* in *Otto-Schiling-Sintenis*, Bd. III, 680.

[350] Der Gebrauch von *vanus timor* findet sich noch bei *Celsus* (7 lib. dig.) D. 50,17,184: *Vani timoris iusta excusatio non est*; "Leere Furcht ist keine rechtmäßige Entschuldigung", jedoch ohne Hinweis auf den ursprünglichen Kontext.

[351] Korrektur des Verfassers.

rum sorte soluta nullum iam pretium aestimationis est, aut quantum ex sorte fuerit solutum, tantundem ex aestimatione decedet.

der Stellung des Bürgen Nutzen gehabt hätte, und dies wird entweder ebensoviel sein, oder weniger, oder bisweilen auch nichts. Denn[352] leere Furcht kann nicht geschätzt werden. Wenn das Kapital bezahlt ist, so ist kein Gegenstand der Schätzung mehr vorhanden; oder soviel von dem Kapital bezahlt ist, geht an der Schätzung ab“[353].

Das Fragment stammt aus dem sechsten Buch der Digesten des *Celsus*, welches nach Lenels Palingenesie und Ediktsrekonstruktion über dessen 95. Titel *Si certum petetur* – über Klagen auf ein *certum* – handelt[354]. Die Stelle behandelt den Fall der Klage aus einer Stipulation (*stipulatio*)[355]. Die Stipulation ermöglicht die Begründung einer klagbaren Obligation jedes allgemein zulässigen Inhalts durch mündliches Leistungsversprechen mittels formalisierter Frage und Antwort[356]. Eine Person (*stipulator*) nimmt von zwei verschiedenen anderen Personen (*promissores*) Stipulationen entgegen. Die erste Person verpflichtet sich gegenüber dem Gläubiger auf Leistung

---

[352] Vgl. *Georges*, Handlexikon, Bd. II, *nec* u. *neque*, Anm. B. 2.

[353] Übersetzt von *Treitschke* in *Otto-Schilling-Sintenis*, Bd. IV, 349f.

[354] *Lenel*, Palingenesia, Bd. I, Sp. 137, 134; zum Inhalt der Rubrik *Lenel*, Edictum, 232ff.

[355] Vgl. Glosse, Casus (*Accursius*) zu D. 42, 1, 13 pr.: *Sempronius promisit mihi X. Titius promisit quod faciet me securum de his X per fideiussorem. Contra hunc ago, ut faciat quod promisit: et quia non vult facere, quaeritur qualiter in interesse mihi debeat condemnari. Et dicitur quod in tantum in quantum apparet nunc principalem scilicet Sempronium non esse solvendo: non inspecto futuro tempore scilicet quod possit effici non solvendo: Si ergo tota X sunt soluta, in nihilum tenebitur: vel si pars tunc in residuum tenebitur*. Sempronius hat mir 10.000 versprochen. Titius hat mir versprochen, daß er mich für diese 10.000 durch einen Bürgen sichern werde. Gegen diesen klage ich, auf daß er tue, was er versprochen hat: und weil er es nicht tun will, fragt es sich, auf welche Weise er mir auf das Interesse verurteilt werden müsse. Und es wird gesagt, daß in soviel (zu verurteilen ist), wie erscheint, daß der Hauptschuldner Sempronius zu zahlen nicht fähig ist: Im Hinblick auf die Zukunft versteht es sich nicht von selbst, daß Erfüllung nicht bewirkt werden könne. Wenn also die gesamten 10.000 geleistet sind, wird er auf nichts haften. Oder wenn ein Teil (geleistet ist), wird er auf den Rest haften.

[356] Vgl. *Gaius*, Inst. 3,15 pr.; *Kaser*, RP I, 538ff.; *Schulz*, Classical Roman Law, 473ff.; *Riccobono*, Stipulation, 26ff.

von 10.000 Sesterzen. Die andere Person verpflichtet sich, dem Gläubiger zur Sicherung dieser Verbindlichkeit einen Bürgen zu beschaffen[357]. Das Versprechen bleibt unerfüllt, es wird kein Bürge bestellt. Der Gläubiger klagt nun gegen den, der die Stellung des Bürgen versprochen hat, auf Erfüllung. Die eingeklagte Leistung ist ein *incertum*, weil sie nicht unmittelbar auf Zahlung einer Geldsumme oder Übereignung einer bestimmten Sache gerichtet ist[358]. Gegeben ist die sog. *actio incerti ex stipulatu*[359]. Diese hat die Klagformel[360]:

> *C. Aquilius iudex esto. Quod A A de N^o N^o*[361] *incertum stipulatus*[362] *est, cuius rei dies fuit, quidquid ob eam rem N^m N^m A^o A^o dare facere oportet, eius C. Aquilius N^m N^m A^o A^o (dumtaxat sestertium X milia*[363]*) condemnato; si non paret absolvito.*

---

[357] Die Übersetzung von *Treitschke* ist exakt und wörtlich zu nehmen. Nicht etwa verbürgt sich der Stipulierende selbst; mißverständlich *Geib*, Bürgschaft, 52 Fn. 4, 64 Fn. 5, 66 Fn. 2.; dagegen schon Glosse *satisdari*, zu *Celsus* D. 42, 1, 13 pr.: *satisdari id est fideiussorem dari*; sinngemäß: „Sicherheit leisten heißt, einen Bürgen geben. " Vgl. auch *Heumann-Seckel*, Handlexikon, *satis*, sub 3 (*satisdare*). Umstritten ist, ob das Verhalten eines Dritten wirksam versprochen werden kann; dazu *Kaser*, RP I, 490 Fn. 18 mwN. Inst. 3, 21 nimmt die Nichtigkeit des Versprechens der Handlung eines Dritten an, wenn nicht dazu eine Konventionalstrafe stipuliert wird. Hintergrund ist *Ulpianus* (49 lib. ad Sab.) D. 45, 1, 38, 17 = Inst. 3, 19, wonach man nur für sich selbst und keine fremde Handlung stipulieren könne; jedoch *Ulpian-Celsus* (77 lib. ad ed.) D. 45, 1, 81 pr., 1: beide nehmen selbst ohne Strafversprechen eine wirksame Stipulation an, weil die Stipulation der Handlung eines Dritten (dort seine Gestellung als Haftbürge) dahin ausgelegt werden könne, daß der Stipulant dem Gläubiger das Interesse an der Handlung des Dritten verspreche (ebenso *Ulpianus* (49 lib. ad Sab.) D. 45, 1, 38, 2; *Ulpianus* (42 ad Sab.) D. 21, 2, 31), denn wer die Handlung eines anderen verspreche, verspreche zugleich, daß er diese seinerseits bewirken wolle. Die Stipulation über die fremde Handlung enthält in diesen Fällen zugleich die Stipulation einer eigenen Handlung; vgl. *Glück*, Pandekten, Bd. 4, 207; *Kaser*, RP I, 556.

[358] Zum *certum* vgl. *Kaser-Knütel*, RömPrivR^{17}, 211.

[359] *Kaser*, RP I, 542. Vgl. Glosse *aestimandum*, zu *Celsus* (6 lib. digest.) D. 42, 1, 13 pr.: *in actione ex stipulatu qua agitur ut satisdetur*. Daß das Fragment eine Klage auf ein *incertum* zum Gegenstand hat, steht seiner Einordnung unter die Rubrik *Si certum petetur* nicht entgegen, spricht sogar vielmehr für die Richtigkeit der Lenelschen Rekonstruktion, denn die mögliche Funktion als Abgrenzungs- oder Negativbeispiel macht die Einordnung in den Ediktstitel über Klagen auf ein *certum* glaubhaft.

[360] Vgl. *Lenel*, Edictum, 154; *Mantovani*, Formule, 51.

[361] *C. Aquilius*, *Aulus Agerius* und *Numerius Negidius* sind Blankettbegriffe für den eingesetzten Richter, den Kläger und den Beklagten; als Blankettsumme dient die auch sonst beliebte Zahl 10. 000 Sesterzen; vgl. *Gaius*, Inst., 4, 41, 43, 64.

[362] So bei *Gaius*, Inst., 4, 136. Die konkrete Klagformel wird anstelle *quod... incertum stipulatus est* den genauen Stipulationsinhalt bezeichnet haben; *Kaser*, RP I, 542 Fn. 42; *Kaser-Hackl*, RömZP, 315 Fn. 28; jeweils mwN.

C. Aquilius soll Richter sein. Was das betrifft, daß der Kläger sich vom Beklagten eine unbestimmte Leistung hat versprechen lassen, und die Sache fällig war, so verurteile, Richter C. Aquilius, den Beklagten dem Kläger in alles das (höchstens 10.000 Sesterzen), was der Beklagte dem Kläger zu leisten verpflichtet ist; wenn es sich nicht erweist, so sprich frei[364].

Der Beklagte erbringt die Leistung nicht freiwillig und ist auf *quidquid dare facere oportet* zu verurteilen. Diese unbestimmte Klausel gibt dem *iudex* trotz Abwesenheit einer ausdrücklichen Ermächtigung zur Geldschätzung in Form von *quanti ea res est*[365] ein weitergehendes Ästimationsermessen zur Verurteilung in Geld auf *id quod (actoris) interest*[366], d. h. auf das mit Rücksicht auf die konkrete Klageart in Geld zu schätzende spezifische klägerische „Interesse“, welches hier *quantum stipulatoris intersit satisdari* ist. Die Höhe des Interesses des Gläubigers an der Bürgensicherung richtet sich gemäß deren Zweck nach der Höhe des potentiellen Ausfalls des Gläubigers beim Vorgehen gegen den Hauptschuldner. Die Quelle nennt entsprechend drei verschiedene „Werte“ dieses Gläubigerinteresses. Es könne genauso hoch oder auch geringer als die Hauptverbindlichkeit sein. Es könne aber auch „nichts“ sein (*nihil*).

Die Fälle, in denen das Interesse genauso hoch oder geringer ist, sind Ausdruck desselben Prinzips. Der Gläubiger hat normativ betrachtet nur insoweit ein Interesse an der Bürgensicherung, als auf die Hauptschuld noch nicht geleistet ist, denn die Höhe der noch offenen Schuld ist der maximale Ausfallbetrag. Hat der Schuldner bereits teilweise geleistet, ist der Gläubiger befriedigt, so daß sein Sicherungsinteresse insoweit entfällt und in der *aestimatio* folglich nicht berücksichtigt werden kann. Deshalb „gehen Teilleistungen aus der *aestimatio* ab“.

---

363 Ob eine sog. *taxatio* (vgl. *Gaius*, Inst., 4, 43 und 51), d. h. eine verordnete Obergrenze des zu schätzenden Streitgegenstandes stets Bestandteil der Formel ist, ist zweifelhaft; dazu *Lenel*, Edictum, 154; *Mantovani*, Formule, 51 Fn. 111; *Nörr*, SZ 112 (1995), 51 (62); *Kaser-Hackl*, RömZP, 316 Fn. 33 mwN; skeptisch auch *Grzimek*, Taxatio, 66ff. (67, 76) mit eingehender Besprechung der Formel. Im vorliegenden Zusammenhang kommt es jedoch hierauf nicht an.

364 Übersetzung angelehnt an *Kaser-Knütel*, RömPrivR[17], 480.

365 Nach *Medicus*, Id quod interest, 212 kann die Klagformel hier nicht auf *quanti ea res est* gehen, da Schuldgegenstand keine Sache ist, sondern eine Handlung.

366 *Medicus*, aaO; *Kaser-Hackl*, RömZP, 318.

Hat der Schuldner ganz erfüllt, entfällt das schätzbare Interesse des Gläubigers an der Stellung von Bürgen konsequenterweise vollständig. Der Sicherungszweck hat sich dann zur Gänze erledigt. Die Quelle erwähnt nun auch den Fall, daß der Wert des Sicherungsinteresses ebenfalls „nichts" ist, obwohl noch nichts geleistet ist: bei „leerer Furcht" des Gläubigers. Den Gegenstand der Furcht des Gläubigers nennt die Quelle nicht. Jedoch ist der Fall gemeint, daß dem Gläubiger von vorne herein das Sicherungsbedürfnis fehlt, weil der Hauptschuldner risikolos leistungsbereit ist[367]. In einem solchen Fall ist die Stellung eines Bürgen für den Gläubiger aus tatsächlichen Gründen überflüssig, weil die „Bonität des Hauptschuldners die Erfüllung zur Gewißheit macht"[368].

Die Stelle gewährt wertvollen Aufschluß über die Methode der Ästimation im Grenzbereich der Schätzbarkeit. Entgegen dem durch den ersten Halbsatz des ersten Satzes vermittelten Eindruck ist die auf das zu schätzende Interesse bezogene Bezeichnung *nihil* nicht gültiges Ergebnis der Litisästimation, sondern Erkenntnis von deren Undurchführbarkeit schon im Verfahren. Daß die Wertlosigkeit des Interesses kein taugliches Ergebnis der *aestimatio* sein kann, ergibt der zweite Halbsatz des ersten Satzes durch *neque ...ulla aestimatio sit*, daß es also „überhaupt keine" Ästimation gebe[369]. Diese wäre nicht erklärlich, wenn in Form von *nihil* ein Ergebnis der Schätzung vorläge[370]. Der Satz kann daher nur meinen, daß keine reguläre Ästimati-

[367] Glosse *etiam nihil*, zu *Celsus* D. 42, 1, 13 pr.: *Si locuples sit promissor*; wenn der Schuldner zahlungsfähig ist. Vgl. auch *Celsus* (26 lib. dig.) D. 45, 1, 97, 1; dazu *Medicus*, Id quod interest, 217 Fn. 16.

[368] *Medicus*, Id quod interest, 217; vgl. Glosse *neque enim*, zu D. 42, 1, 13 pr.: *resp. tacitae obiectioni, quasi possit labi facultatibus debitor*, „Antwort auf den stillen Einwand, daß der Schuldner in Vermögensverfall geraten könnte."

[369] Eine ähnliche Wendung findet sich in *Gaius* (6 lib. ad ed. provinc.) D. 9, 3, 7 in bezug auf die bei Verletzung des Körpers eines Freien vom *iudex* zu bestimmende Höhe der Geldbuße bei der *actio iniuriarum*: (...) *cicatricium autem aut deformitatis nulla fit aestimatio, quia liberorum corpus nullam recipit aestimationem*. Auch hier dokumentiert *nulla fit aestimatio* die Nichtvornahme einer verfahrensmäßigen Schätzung. Zur *actio iniuriarum Kaser*, RP I, 625.

[370] Für diese Deutung von *nihil* spricht auch die rhetorische Frage nach dem Gläubigerinteresse im gleichgelagerten Fragment *Celsus* (26 lib. dig.) D. 45, 1, 97, 1: (...) *sed ex ea stipulatione, dum interest mea, agere possum, et ideo, si locuples sit Titius, nihil ex hac stipulatione consequi possim: quid enim mea interest id a te fieri, quod si non feceris, aeque salvam pecuniam habiturus sum?*; „jedoch werde ich aus dieser Stipulation, (nur) wenn ich ein Interesse habe, klagen können. Und wenn daher der Titius zahlungsfähig ist, so werde ich aus dieser Stipulation nichts erlangen können; denn was habe ich für ein Interesse dabei, daß du tätig seist, da ich, auch wenn du nichts tätest, doch auf gleiche Weise wegen der Summe gesichert bin?"; übersetzt von *Jungmeister* in Otto-Schilling-Sintenis, Bd. IV, 637. Die *litis aestimatio* ist zwar kein rein mathematisches Rechenverfahren, allerdings ist ihr Ergebnis immer die An-

on stattfindet, weil es nach Auffassung des *iudex* am Gegenstand fehlt. Der zweite Satz, nach dem so viel, wie dem Gläubiger geleistet werde, aus der Schätzung ausscheide, sowie, wenn vollständig geleistet sei, es wörtlich „keinen Wert mehr zu schätzen" gebe, verdeutlicht, daß der Wegfall des zu schätzenden Interesses der Litisästimation das Substrat entzieht: *nullum...pretium aestimationis est*. In letzter Konsequenz kann dies nur zur Einstellung der Ästimation durch den *iudex* wegen Unerfüllbarkeit des Schätzungsauftrags führen. Unter diesem Gesichtspunkt spielt es keine Rolle, ob die Schätzung des *iudex* nach *quanti ea res est* oder nach der freieren Formel *quidquid dare facere oportet* geht[371]. Der *iudex* muß im Ergebnis freisprechen, weil nicht erweislich ist, was der Beklagte schuldet[372]. Die Erkenntnisse aus *Celsus* (6 lib. dig.) D. 42, 1, 13 pr. werden bestätigt durch die folgende Ulpianstelle.

dd) Ulpianus D. 7, 7, 6 (libro quinquagensimo quinto ad edictum)

Cum de servi operis artificis agitur, pro modo restituendae sunt, sed mediastini secundum ministerium: et ita Mela scribit.	„Wird die Arbeitsleistung eines ausgebildeten Sklaven eingeklagt, so ist entsprechend (der Art seiner Ausbildung) Ersatz zu leisten, bei einem nicht ausgebildeten Sklaven dagegen entsprechend den erbrachten Diensten; so schreibt Mela.
1 Si minor annis quinque vel debilis servus sit vel quis alius, cuius nulla	1 Wenn ein Sklave jünger als fünf Jahre ist oder behindert oder sonstwie unbrauchbar zur Arbeit

gabe des Betrags einer Größe (Wert des Streitgegenstandes) in Form einer Zahl gerichtet. Ein Wertbetrag von „nichts" war in der römischen Zahlenlehre nicht darstellbar, weil ihr die Zahl 0 oder eine Entsprechung unbekannt war. *Nihil* oder *nullum* beziffert nicht den Betrag einer Größe, sondern ist Verneinung deren Existenz; vgl. *Heumann-Seckel*, Handlexikon, zu *nullus*. Was nicht existiert, kann der *iudex* formal nicht in Geld bemessen. Der *iudex* kann daher – abgesehen von auf der Hand liegenden rechtspraktischen Erwägungen – auch aus diesem Grund nicht auf die Leistung von „nichts" kondemnieren, sondern muß freisprechen. Treffend *Medicus*, SZ 86 (1969), 60 (92): „Die Litisästimation scheitert an Vorstellungsschwierigkeiten. " Vgl. *Africanus* (5 lib. quaest.) D. 42, 2, 7 und dazu Glück-*Salkowski*, Bd. 49, 611ff. sowie Teil III § 6. Zur Herkunft der Zahl 0 *Dilke*, Mathematik, 118; *Alten*, 4000 Jahre Algebra, 135-137, 145.

[371] Zur erweiterten Ermessensfreiheit des *iudex* bei Klagen auf *id quod interest*, *Medicus*, Id quod interest, 330ff.; *Honsell*, Quod interest, 175.

[372] War die Wertlosigkeit des Streitgegenstandes oder dessen prinzipielle Unschätzbarkeit schon in der Verhandlung vor dem Prätor evident, so dürfte dieser die Klage mangels Prozeßwürdigkeit ohne weiteres denegiert haben, wenn der Kläger sich nicht freiwillig zurückgezogen hat; vgl. zur *denegatio actionis Kaser-Hackl*, RömZP, 239f.

opera esse apud dominum potuit, nulla aestimatio fiet.	für seinen Herrn, so findet keine Schätzung statt.
2 Item voluptatis vel affectionis aestimatio non habebitur, veluti si dilexerit eum dominus aut in deliciis habuerit.	2 Ebensowenig wird Vergnügen an Sklaven oder besondere Vorliebe bewertet, etwa wenn der Herr den Sklaven besonders gern gehabt hat oder er sein Lieblingssklave war.
3 Ceterum deductis necessariis impensis fiet aestimatio."	3 Im übrigen erfolgt die Schätzung unter Abzug der notwendigen Aufwendungen"[373].

Das Fragment aus dem 55. Buch *Ulpians* zum Edikt bezieht sich nach *Lenels* Palingenesie und Rekonstruktion des *edictum perpetuum* auf den 31. Titel des prätorischen Edikts über den Freiheitsprozeß *De liberali causa* und dort auf die Klage *Si ex libertate in servitutem petatur*[374]. Der Freiheitsprozeß ist der Rechtsstreit über die Frage, ob ein Mensch frei oder Sklave ist[375]. Er kann entweder als *vindicatio in libertatem* oder als *vindicatio in servitutem* geführt werden[376]. Die umstrittene Person ist

---

[373] Übersetzt von *Behrends-Knütel-Kupisch-Seiler*, Bd. I, 649.

[374] *Lenel*, Palingenesia, Bd. II, Sp. 758; *ders.*, Edictum, 382ff.; *Liebs*, in HLL 4 (1997), § 424 B. a. 1 (177). Das Buch entstammt dem 81 bändigen Kommentarwerk des Ulpian zum prätorischen Edikt (*Ad edictum praetoris libri LXXXI*), welches hauptsächlich zur Zeit der Alleinherrschaft *Caracallas* (04.02.211-08.04.217 n. Chr.) entstand; *Kienast*, Tabelle, 162.

[375] Dazu *Kaser-Hackl*, RömZP, 218; *Kaser*, RP I, 288, 114f. Zu den Ursprüngen des Freiheitsprozesses im Legisaktionenverfahren *Kaser-Hackl*, RömZP, 102.

[376] Zuständig für die Freiheitsprozesse waren zur Zeit Ulpians die Konsuln und der *praetor de liberalibus causis*. Mittels der *vindicatio in libertatem* wird die Freiheit einer Person prozessual geltend gemacht, die zuvor als Sklave ergriffen wurde. Im Wege der *vindicatio in servitutem* beansprucht der Kläger umgekehrt eine frei lebende Person als Sklave. Als Prozeßparteien stehen sich der *adsertor* als Freiheitsprätendent und der Eigentumsprätendent gegenüber. Die einschlägige Klage richtet sich nach der Parteirolle des *adsertor in libertatem*. Diese wird in einem Vorverfahren ermittelt, welches vermutlich ein Feststellungsprozeß war; *Kaser*, RP I, 115, 288; *Lenel*, Edictum, 385f.; anders *Kaser-Hackl*, RömZP, 190; *ders.*, SZ 79 (1962), 391, (395): magistratische *cognitio*. Die Parteirolle des *adsertor* richtet sich danach, ob die umstrittene Person vor dem Prozeß tatsächlich in Freiheit gelebt hat. In einem solchen Fall kommt dem *adsertor* die Rolle des Beklagten zu: statthaft ist die *vindicatio in servitutem*. Lebte die umstrittene Person vor dem Prozeß faktisch unfrei oder wurde sie vor dem Prozeß als Sklave ergriffen, kommt dem *adsertor* die Rolle des Klägers zu: statthaft ist dann die *vindicatio in libertatem*. Zweifelhaft ist, ob das Hauptverfahren wie das Vorverfahren als Feststellungsprozeß (*praeiudicium*) geführt werden kann oder als *actio in rem* oder *per sponsionem* zu führen ist. Jedenfalls die *vindicatio in servitutem* wird entweder als *rei vindicatio* (*per formulam petitoriam*) oder *per sponsionem* geführt. Es kann wie bei der *rei vindicatio* ein *iussum de restituendo* erfolgen und bei Nichtfolgeleistung in Geld auf *quanti ea res erit* kon-

dabei Objekt des Rechtsstreits und nicht Partei[377]. Ihre Freiheit wird in formaler Hinsicht vom *adsertor in libertatem* geltend gemacht, der selbst als Prozeßpartei gegen denjenigen auftritt, der die Unfreiheit der betreffenden Person behauptet[378]. Das Fragment bezieht sich auf die *vindicatio in servitutem* und die Frage, auf wieviel Geld der unterlegene *adsertor*, der dem *iussum de restituendo* nicht nachgekommen ist, zu kondemnieren ist[379]. Die *formula petitoria* der *vindicatio ex libertate in servitutem* entspricht der *rei vindicatio*:

> *C. A...L. O. recuperatores sunto. Si paret hominem quo de agitur ex iure Quiritium A^i A^i esse neque ea res arbitrio recuperatorum A^o A^o restituetur, quanti ea res erit, tantam pecuniam recuperatores N^m N^m A^o A^o condemnanto; si non paret absolvunto.*[380]

> C. A. ...und L. O. sollen Richter sein. Wenn es sich erweist, daß der Mensch, über den gestritten wird, nach dem Recht der Quiriten dem Kläger gehört und er nicht aufgrund der Ermessensentscheidung der Rekuperatoren dem Kläger herausgegeben wird, so verurteilt, Rekuperatoren, den Beklagten dem Kläger in soviel Geld, wie der Streitgegenstand wert sein wird. Wenn es sich nicht erweist, so sprecht frei[381].

---

demniert werden; zum ganzen *Kaser*, RP I, 288; *Kaser-Hackl*, RömZP, 288, 335 Fn. 5; *Mantovani*, Formule, 39; *Lenel*, Edictum, 384; *Marrone*, Scritti Guarino, Bd. VI (1984), 2947ff.

[377] *Kaser*, RP I, 115; *ders.*, SZ 79 (1962), 391 (397). Die streitbefangene Person kann als möglicher Sklave nicht Partei sein, da sie nicht zugleich Subjekt und potentielles Objekt der Vindikation sein kann. Wäre sie Partei und erwiese sie sich als Sklave, war sie rückwirkend nicht parteifähig und der Prozeß samt Urteil nichtig.

[378] Die Prozeßführungslast trägt der Streitbefangene aber selbst, so daß ihm vor dem urteilenden Gericht die an sich maßgebliche Rolle zukommt; näher *Kaser-Hackl*, RömZP, 218; *Kaser*, RP I, 288; *ders.*, SZ 79 (1962), 391 (397f.).

[379] Vgl. *Lenel*, Palingenesia, Bd. II, Sp. 758 Fn. 3.

[380] *Mantovani*, Formule, 39. Zur *vindicatio in servitutem Kaser*, SZ 79 (1962), 391 (396). Die Restitutionsklausel weist die Formel als Arbiträrklage (*actio arbitraria*) aus; dazu *Kaser-Hackl*, RömZP, 335 Fn. 4 mwN, 335ff.; *Kaser*, Quanti ea res est, 9ff.; *Kaser-Knütel*, RömPrivR[17], 170. Das Arbiträrverfahren findet bei allen Leistungsklagen *in rem* statt und bezweckt vorrangig eine Befriedigung des Klägers durch die Naturalleistung, indem dem Beklagten im Prozeß die Gelegenheit gegeben wird, durch Naturalleistung einer Verurteilung in Geld zu entgehen. Das *iussum de restituendo* ist dabei Ermächtigung und Befehl zur Leistung *in natura* zugleich.

[381] Übersetzung angelehnt an *Kaser-Knütel*, RömPrivR[17], 480.

Das *iussum de restituendo* gebietet dem unterlegenen Beklagten ein *restituere*, welches ab der *litis contestatio* Inhalt der Haftung des Beklagten und Gegenstand des Rechtsstreits ist[382]. Der Kläger soll bekommen, was er erhalten hätte, wäre ihm der Streitbefangene zum Zeitpunkt der *litis contestatio* herausgegeben worden[383]. *Restituere* erstreckt sich auf die Herausgabe der Streitsache – hier der Person – sowie auf Früchte und Nebenleistungen und ist Gegenstand von Ästimation und Verurteilung auf *quanti ea res erit*[384]. Die Stelle behandelt die sog. *condemnatio fructuum nomine*[385], die Verurteilung auf Zahlung der Früchte aus der Prozeßzeit[386]. Diese sind die Arbeitsleistungen, die die streitbefangene Person dem Kläger als Sklave ab dem Zeitpunkt der *litis contestatio* erbracht hätte oder hätte erbringen können[387]. Die Höhe der durch *litis aestimatio* zu schätzenden Nutzungen bemißt sich nach der Arbeitstauglichkeit der Person. Bei ausgebildeten Sklaven wird gewissermaßen vermutet, daß er seiner Ausbildung entsprechende Leistungen erbracht hätte. Bei ungelernten Sklaven dient das in der Vergangenheit tatsächlich geleistete Pensum als Schätzungsgrundlage. Kleinkinder, Kranke oder sonstige Arbeitsuntaugliche können generell keine Arbeit verrichten und insoweit auch keine Nutzungen erbringen, so daß dem Kläger keine solchen entgehen können. Die in der Quelle ausgesprochene Konsequenz dessen ist, daß keine Schätzung stattfindet: *nulla aestimatio fiet.* Ebenso verhält es sich mit Gefühlen hinsichtlich des Sklaven, für die kein allgemeiner Schätzungsmaßstab existiert. Die Stelle bestätigt, daß Nichtvorhandensein eines geeigneten Schätzungssubstrats schon zum Wegfall der *litis aestimatio* als Verfahrensschritt führt. Die Folge ist Freispruch des Beklagten. Kann der Streitgegenstand vom *iudex* in Geld geschätzt werden, was nach dem Gesagten nur der Fall ist, wenn ein Wert größer 0 in Betracht kommt, und verurteilt er den Beklagten in die entsprechende Summe, so schließt sich, wenn der Verurteilte nicht zahlt, das Vollstreckungsverfahren an, welches vom Kläger mit der Beantragung der *actio iudicati* gegen den Verurteilten eingeleitet wird[388].

---

382 *Kaser*, RP I, 518; *Kaser*, Restituere, 6ff, 45.

383 *Kaser-Hackl*, RömZP, 297; *Kaser*, Restituere, 9.

384 *Kaser-Knütel*, RömPrivR[17], 170. Die Ästimationsklausel im Futur erlaubt die Berücksichtigung der Prozeßfrüchte bis zum Zeitpunkt des Urteils; *Kaser*, Restituere, 45.

385 Dazu *Lenel*, Edictum, 383; *Gaius* (lib. 2 de lib. causa ed. urb) D. 7, 7, 4.

386 Dazu *Kaser*, Restituere, 8ff.

387 Die streitbefangene Person lebt während des Prozesses als Freier; *Kaser*, RP I, 288. Daher handelt es sich nicht um reale, sondern um entgangene Nutzungen; vgl. *Kaser*, SZ 79 (1962), 391 (396 Fn. 20).

388 Dazu *Kaser-Knütel*, RömPrivR, 488.

3. *Klage aus Damnationslegat – actio ex testamento*

Das Damnationslegat wird im Formularprozeß im Wege der *actio ex testamento* geltend gemacht, einer der *actio ex stipulatu* ähnlichen *actio in personam*. Wird *per damnationem* ein *certum* vermacht, lautet die Klagformel:

> *C. Aquilius iudex esto. Si paret N^m N^m A^o A^o sestertium X milia ex testamento dare oportere, qua de re agitur, tantam pecuniam et alteram tantam C. Aquilius iudex $N^m N^m$ $A^o A^o$ condemnato; si non paret absolvito.*

> C. Aquilius soll Richter sein. Wenn es sich erweist, daß der Beklagte dem Kläger 10.000 Sesterzen aus dem Testament geben muß, um das gestritten wird, so verurteile, Richter C. Aquilius den Beklagten dem Kläger in soviel Geld oder andersviel Geld. Wenn es sich nicht erweist, so sprich frei.

Die Verurteilung geht auf quanti ea res est. Für ein incertum nimmt man die actio incerti ex testamento an, welche der actio incerti ex stipulatu ähnlich gewesen sein dürfte[389]. Nach Gaius geht die intentio dieser Klage auf quidquid heredem ex testamento dare facere oportet[390]. In beiden Fällen ist das Damnationslegat nur gerichtlich durchsetzbar, wenn dessen Gegenstand in Geld schätzbar ist.

4. *Klage aus Vindikationslegat – rei vindicatio*

Das Vindikationslegat nimmt eine Sonderstellung ein, für die das oben Gesagte nicht gilt. Der Bedachte erwirbt mit Anfall des Legats unmittelbar quiritisches Eigentum am vermachten Gegenstand, ohne daß es einer Klage bedarf. Es kommt nicht auf die Voraussetzungen erfolgreicher Klagbarkeit an. Deshalb ist durch Vindikationslegat jeder Gegenstand im quiritischen Eigentum des Erblassers vermachbar, so daß der Bedachte auch dann unmittelbar quiritischer Eigentümer wird, wenn der Gegenstand keinen schätzbaren Geldwert hat, wie etwa der kranke Sklave. Ob der Legatar den vermachten Gegenstand erfolgreich beim Erben oder Dritten herausklagen kann, steht nicht mit der Gültigkeit des Vindikationslegats in Zusammenhang, sondern be-

---

389 *Mantovani*, Formule, 51 Fn. 112; *Lenel*, Edictum, 366. Vgl. Teil III § 4 B. I. 2. c) cc).

390 *Gaius*, Inst., 2, 213. Zur *formula incerta Kaser-Knütel*, RömPrivR[17], 212. Das richterliche Ermessen umfaßt hier den Gegenstand der Leistung und dessen Schätzung. Der Gegenstand des klägerischen Begehrens ist hier einer richterlichen Schätzung überlassen.

trifft die Durchsetzbarkeit des Eigentumsschutzes, denn der Vindikationslegatar klagt mit der *rei vindicatio*[391] aus Eigentum und nicht aus Vermächtnis. Der Eigentumsschutz berührt hingegen nicht den vorliegenden erbrechtlichen Untersuchungszusammenhang.

II. Kognitionsprozeß

Neben den Formularprozeß als ordentliches Gerichtsverfahren der klassischen Zeit treten seit Kaiser *Augustus* (16.01.27 v. Chr.-19.08.14 n. Chr.[392]) die auf dem Kaiserrecht beruhenden Kognitionsverfahren (*cognitio extra ordinem*)[393], die vor dem Konsul, besonderen Prätoren oder kaiserlich ermächtigten Beamten stattfinden[394]. Im Prinzipat haben diese Verfahren außerordentlichen Charakter und stehen ergänzend neben dem Formularprozeß, verdrängen diesen aber zusehends[395]. Die Tendenz zur Rückbildung und Verdrängung des Formularprozesses ging von den Provinzen aus und ergriff alsbald Italien und zuletzt Rom[396]. Spätestens bis zur Mitte des 3. Jahrhunderts n. Chr. war der Formularprozeß in Rom an die Formen der Kognition angeglichen[397]. Mit dem Absterben des Formularprozesses dominiert das Kognitionsverfahren die römische Rechtspflege[398].

1. Verfahren und Urteil

Die *cognitio extra ordinem* wurde für ursprünglich nicht klagbare Ansprüche geschaffen[399], namentlich für Fideikommisse[400]. Das neue, formlose und freiere Er-

---

[391] Zur *rei vindicatio Kaser-Knütel*, RömPrivR, 166ff.

[392] *Kienast*, Tabelle, 61.

[393] *Kaser-Knütel*, RömPrivR[17], 493; *Kaser-Hackl*, RömZP, 435 Fn. 1 mwN, 435ff.; *Honsell-Mayer-Maly-Selb*, RömPrivR, 555; *Hausmaninger-Selb*, RömPrivR, 505; *Lenel*, Edictum, 514ff; *Dulckeit-Schwarz-Waldstein*, RömRG, 243f; *Samter*, 95ff.

[394] *Kaser-Hackl*, RömZP, 438.

[395] Zur Gerichtspraxis in Rom und in den Provinzen *Kaser-Hackl*, RömZP, 439-441; *Honsell-Mayer-Maly-Selb*, RömPrivR, 555.

[396] *Kaser-Hackl*, RömZP, 168.

[397] *Kaser-Hackl*, RömZP, 517.

[398] *Kaser-Hackl*, RömZP, 436.

[399] *Honsell-Mayer-Maly-Selb*, RömPrivR, 555.

[400] *Kaser-Hackl*, RömZP, 438; näher *Pernice*, FS Beseler, 49 (63).

kentnisverfahrens außerhalb des *ordo* schafft die den Formularprozeß prägende Zweiteilung des Verfahrens in die Abschnitte *in iure* und *apud iudicem*[401] ab. Der beamtete Gerichtsmagistrat beherrscht nun das gesamte Verfahren. Sachverhaltsermittlung und Entscheidung sind im Kognitionsverfahren in der Hand des staatlichen Amtsträgers konzentriert[402], der einzelne Verfahrensabschnitte an einen *iudex oder arbiter* weiterdelegieren kann, jedoch nicht muß.

Das Kognitionsverfahren ist im ganzen straffer und zielstrebiger ausgestaltet als das ordentliche Gerichtsverfahren und zeichnet sich durch den weiteren Ermessensspielraum des Kognitionsrichters aus, der ihm gestattet, das Verfahren den jeweiligen Erfordernissen anzupassen. Die freiere Handhabung des Verfahrens wird allerdings durch die vollständige Unterwerfung der Parteien unter die Rechtssetzungs- und Gerichtsgewalt des *princeps* erkauft. Das Verfahren trägt dadurch ausschließlich amtlichen Charakter und die Parteien haben im Gegensatz zum Formularprozeß keinerlei Einfluß mehr auf die Verfahrensgestaltung[403]. Nicht mehr die Unabhängigkeit des Richters, sondern die Appellationsmöglichkeit bis zum Kaiser bietet Gewähr für die Unparteilichkeit der Rechtspflege.

Das Prozeßprogramm wird nicht mehr durch eine Formel ausgedrückt. Der Kognitionsrichter ist deshalb nicht auf die im Edikt niedergelegten Klagen und Exzeptionen mit typisiertem Inhalt beschränkt, sondern genießt ein weites Auslegungsermessen[404]. Aktionen und Exzeptionen werden nicht mehr formelhaft erteilt. Das Klagebegehren, welches jetzt untechnisch *actio, petitio, persecutio* heißt, richtet sich nun allein nach den Regeln „objektiven Rechts“ in Gestalt der überkommenen, jetzt aber als materielle Rechtssätze gedeuteteten Aktionen[405]. Das aktionenrechtliche System wird durch die Einheit der neuen Verfahrensordnung beendet[406]. Die wichtigste

---

401 *Honsell-Mayer-Maly-Selb*, RömPrivR, 555; *Kaser-Knütel*, RömPrivR[17], 493.

402 Vgl. *Gaius* (1 lib. ad ed. aed. cur.) D. 21, 1, 28.

403 Dazu *Kaser-Hackl*, RömZP, 442.

404 *Kaser-Hackl*, RömZP, 442.

405 So *Kaser-Knütel*, RömPrivR[17], 494: „Das Klagebegehren, für das man die Ausdrücke actio, petitio, persecutio gebraucht, richtet sich nur nach den Regeln materiellen Rechts. Die kognitionale actio deckt sich mithin im wesentlichen mit dem privatrechtlichen ‚Anspruch', der hier stärker nach freiem Ermessen des Richters beurteilt wird." Vgl. auch *Zimmermann*, Law of Obligations, 28.; *Hausmaninger-Selb*, RömPrivR, 506; *Kaufmann*, JZ 1964, 482 (484). Hier ist insgesamt noch vieles unklar. Wiedergegeben ist der gegenwärtige Forschungsstand.

406 *Hausmaninger-Selb*, aaO. Zur geschichtlichenn Entwicklung des aktionenrechtlichen Systems eingehend *Kaufmann*, JZ 1964, 482ff.

Neuerung des Kognitionsverfahrens gegenüber dem Formularprozeß ist die Abkehr vom Prinzip der obligatorischen Geldkondemnation[407]. Das Leistungsurteil muß nicht mehr notwendig auf eine Geldsumme lauten, sondern es wird anscheinend bevorzugt in die Naturalleistung kondemniert[408]. Allerdings folgt aus der Abkehr vom Prinzip der obligatorischen Geldkondemnation nicht, daß die im klassischen Kognitionsprozeß eingeklagte obligatorische Leistung der Notwendigkeit einer Schätzbarkeit in Geld mangels prozessualer Notwendigkeit enthoben wäre.

Obschon die aus dem Formularprozeß überkommenen Klagen, welche nach und nach im Kognitionsprozeß eingeklagt werden, allmählich eine gewisse inhaltliche Weitung erfahren, geben die Quellen insoweit kein Zeugnis, daß das Erfordernis der Schätzbarkeit des Obligationsgegenstandes in Geld entfallen wäre. Dieses wird offenbar auch im Kognitionsprozeß als nunmehr „materiellrechtliches" Kriterium beibehalten[409]. Für eine „Rechtsbereinigung" im Gefolge der geänderten Verfahrensordnung dergestalt, daß das Erfordernis der Geldwertigkeit der eingeklagten Leistung nach Einführung des Kognitionsprozesses nicht mehr beachtet worden ist, liegen keine Anzeichen vor[410].

Die Vollstreckung eines Urteils konnte wie im ordentlichen Verfahren durch die *actio iudicati* erfolgen, wenn es auf eine Geldsumme lautete. Das Kognitionsverfahren ließ daneben andere Vollstreckungsarten zu, namentlich Vermögensvollstreckung durch *bonorum distractio*, die im Formularverfahren nur ausnahmsweise stattfand, im Kognitionsverfahren aber regelmäßige Art der Vollstreckung war, wo ein auf Geld lautendes Urteil vorlag. Ging das Urteil auf Leistung einer Sache, konnte der Schuldner zur Sachherausgabe von einem *exsecutor* gezwungen werden[411].

§ 5 FIDEIKOMMIß UND SCHÄTZBARKEIT IN GELD

Im Gefolge der Verrechtlichung und Klagbarmachung der Fideikommisse werden Fideikommisse und Legate wechselseitig aneinander angeglichen, bis schließlich

---

[407] *Kaser-Knütel*, RömPrivR[17], 495; *Kaser-Hackl*, RömZP, 443, 610ff.

[408] *Kaser, RömZP, 443*; *Honsell-Mayer-Maly-Selb*, RömPrivR, 558.

[409] Vgl. *Kaser*, RP II, 339.

[410] Vgl. *Kaser*, aaO; *Pastori*, Concetto, 231; *Zimmermann*, Law of Obligations, 28.

[411] Kaser-Knütel, RömPrivR, 495f. Zur Vollstreckung im Kognititonsverfahren *Kaser-Hackl*, RömZP, 443. Vgl. in bezug auf Fideikommisse *Johnston*, Trusts, 227, 248f.

Justinian beide Vermächtnisarten einander völlig gleichstellt[412]. Inhaltlich wird das Fideikommiß dem Damnationslegat angenähert und im ganzen nach dessen Vorbild behandelt: das Fideikommiß stimmt mit den Damnationslegat hinsichtlich des Gegenstandes insofern überein, als es nur Leistungen umfassen kann, die auch Gegenstand einer *obligatio* sein können[413]. Daraus folgt, daß grundsätzlich auch das Fideikommiß einen in Geld schätzbaren Gegenstand erfordert[414].

A. Marcianus D. 30, 114, 8 (libro octavo institutionum)

Sed si liberos suos emancipare rogatus fuerit, non cogitur hoc facere: potestas enim patria inaestimabilis est.	"Wenn aber der Erbe ersucht wird, seine Kinder aus der väterlichen Gewalt zu entlassen, so ist er nicht gezwungen, dies zu tun, weil die väterliche Gewalt unschätzbar ist"[415].

Das Fragment aus dem achten Buch der Institutionen des *Marcian* über die Fideikommisse[416] behandelt den Fall eines sog. Emanzipationsfideikommisses. Der Erblasser verfügt im Wege eines Fideikommisses[417] zu Lasten eines *paterfamilias* und

[412] *Ulpianus* (67 lib. ad ed.) D. 30, 1, 1; Inst. 2, 20, 3.

[413] *Kaser*, RP I, 760; *Pernice*, Labeo, E III 1, 40 Fn. 3.; *Voci*, DER, Bd. II, 223ff., 251ff. (253, 625); *Kaser-Knütel*, RömPrivR[17], 451; *Honsell-Mayer-Maly-Selb*, RömPrivR, 498; vgl. *Gaius*, Inst. 2, 260.

[414] Vgl. *Voci*, DER, Bd. II, 253, 625; *Roßhirt*, Vermächtnisse, Bd. I, 102; *ders.*, Vermächtnisse, Bd. II, 127f.

[415] Übersetzt von *Treitschke* in *Otto-Schilling-Sintenis*, Bd.III, 277.

[416] *Lenel*, Palingenesia, Bd. I, Sp. 664. Über die Person und den Werdegang des *Aelius Marcianus* existieren keine genauen Überlieferungen. Möglicherweise wurde *Marcian* um 180 n. Chr. geboren. *Marcian* war Schüler *Ulpians*, so *Honoré*, Ulpian, 17, und möglicherweise auch dessen Assessor; vgl. *Honoré*, SDHI 28 (1962), 162 (212). Die Fülle bei *Marcian* erwähnter Reskripte *Severus* und *Caracallas* nährt die Vermutung, daß er ein Amt in der Reichskanzlei bekleidete; *Jörs* in Pauly, RE, Bd. I, *Aelius Marcianus*, Sp. 523; skeptisch *Liebs* in HLL 4 (1997), § 428. 1 A (201); *Kunkel*, Herkunft, 258. Die Schriften *Marcians* entstanden nach *Caracallas* Tod (8.4.217 n. Chr.) unter *Elagabal* (16.5.218-11.3.222 n. Chr.) und *Severus Alexander* (13.3.222-Febr./März 235 n. Chr.); vgl. *Kunkel*, aaO; *Kienast*, Tabelle 172, 176. Die Institutionen, welche mit 16 Bücher das umfangreichste bekannte Werk dieser Art bilden, wurden nach 217 n. Chr. verfaßt und weisen von Buch 1-9 die aus *Gaius*, Inst. I und II bekannte Gliederung auf. Buch 6 und 7 handeln von den Legaten, gefolgt von Buch 8 und 9 über die Fideikommisse und die *donatio mortis causa*; vgl. *Jörs* in Pauly, RE, Bd. I, *Aelius Marcianus*, Sp. 524; *Liebs* in HLL 4 (1997), § 428. 1 B. c (204); *Schulz*, Geschichte, 208f; *Kunkel*, aaO.

[417] Hierauf weist der Gebrauch des *verbum precativum rogare* hin.

zugunsten dessen Hauskinder, daß dieser seine Kinder aus der väterlichen Gewalt entlassen solle (durch *emancipatio*). Fallfrage ist, ob die begünstigten Hauskinder ihre Emanzipation im Kognitionsverfahren durch Fideikommißklage gegen ihren *paterfamilias* durchsetzen können. Nach *Marcian* kann der *paterfamilias* nicht gegen seinen Willen *extra ordinem* zur Emanzipation seiner Hauskinder gezwungen werden, weil der Gegenstand der Leistung, die Aufhebung der *patria potestas* über das begünstigte Hauskind, nicht in Geld schätzbar (*inaestimabilis*) ist[418]. Daraus folgt, daß die Emanzipation eines Hauskindes aus diesem Grund nicht Gegenstand eines Fideikommisses sein kann.

Die Begründung ist bemerkenswert: das Damnationslegat ist wegen des Prinzips der Geldkondemnation im Formularprozeß auf Gegenstände beschränkt, die in Geld schätzbar sind. Der Zwang zur Geldkondemnation besteht im Kognitionsverfahren, welches der Durchsetzung der Fideikommisse dient, gerade nicht mehr. Aus prozessualen Gründen kann die Schätzbarkeit des Zuwendungsgegenstandes in Geld hier also nicht erforderlich sein. Das bedeutet, daß sie notwendig sein muß, weil man sie als materielles Merkmal des Fideikommisses selbst auffaßt. Erklärbar ist die Übernahme des Schätzbarkeitserfordernisses für das Fideikommiß trotz der ungleichen prozessualen Rahmenbedingungen nur durch die inhaltliche Angleichung an das Damnationslegat auf materiellrechtlicher Ebene.

Prozessuale Gründe für die Verwehrung der Klage aus Emanzipationsfideikommiß, etwa fehlende Parteifähigkeit des Haussohnes, sind fernliegend. Dies ergibt sich aus dem Vergleich zum klagbaren Freilassungsfideikommiß zugunsten eines Sklaven. Grundsätzlich scheitern Klagen von Hauskindern oder Sklaven gegen den eigenen *paterfamilias* bzw. *dominus* im Kognitionsverfahren wie im Formularprozeß bereits wegen fehlender Parteifähigkeit. Auf Ästimabilität kommt es dann nicht an, so daß *Marcian* sie auch nicht hätte bemühen müssen. Andererseits erfahren die Regeln der Parteifähigkeit im Kognitionsprozeß fallweise Lockerungen.
So wird auch dem Sklaven ausnahmsweise die Fähigkeit zugestanden, die ihm fideikommissarisch zugewandte Freilassung gegen seinen *dominus extra ordinem* einzuklagen[419]. Auch die Haussöhne können ihren *paterfamilias* trotz grundsätzlicher

---

[418] Siehe Teil III § 4 B. I. 2. b) aa). Dies ist unstreitig. Vgl. *Voci*, DER, Bd. II, 625; *Dalla*, Praemium emancipationis, 48; *Biondi*, Successione, 296; für den gleichgelagerten Fall eines Adoptionsfideikommisses *Scaevola* (22 lib. dig.) D. 32, 41, 8.

[419] *Pomponius* (7 lib. ad Sab.) D. 40, 5, 44; *Hermogenianus* (1 lib. epit.) D. 5, 1, 53; *Voci*, DER, Bd. II, 411.

Rechtsunfähigkeit diesem gegenüber im Kognitionsverfahren auf Unterhalt verklagen, nach *Marcian* aber eben nicht auf Emanzipation. Die unterschiedliche Entscheidung über Zulassung oder Nichtzulassung der Klagen der Sklaven und Haussöhne *extra ordinem* kann deshalb nicht auf fehlender Parteifähigkeit beruhen, denn diese stünde der Zulassung in grundsätzlicher Weise entgegen[420].
Gründe der Sitte dürften ebenfalls nicht der maßgebliche Grund sein[421], denn eine gewisse Verrechtlichung des Innenverhältnisses der Familie und die damit einhergehende Beschränkung der Allmacht des *paterfamilias* wird für die Klage des Haussohnes auf Unterhalt ebenfalls hingenommen. Auch wäre im gegenteiligen Fall das Abstellen auf die Ästimabilität umständlich, gäbe die Sittenwidrigkeit doch ein viel schärferes Argument gegen die Wirksamkeit[422], wenn die Sittenwidrigkeit hier vorläge. Die Stelle kann daher als Beleg dafür angesehen werden, daß das Fideikommiß wie das Damnationslegat auf Gegenstände beschränkt war, die einer Schätzung in Geld zugänglich waren[423].

B. Abkehr vom Erfordernis eines in Geld schätzbaren Leistungsgegenstandes?

Allerdings gibt das folgende Fragment Anlaß zur Untersuchung, ob man von obiger Rechtslage schon in klassischer Zeit abwich[424].

---

[420] Zum ganzen *Voci*, DER, Bd. II, 624; *Kaser-Hackl*, RömZP, 205, 452f., 455, 483.

[421] Andeutungsweise *Kaser*, Labeo 22 (1976), 381 (381 Fn. 48, 392).

[422] Dazu *Kaser*, RP I, 490, 250f.; *Honsell-Mayer-Maly-Selb*, RömPrivR, 119. Ein Indiz gegen die Maßgeblichkeit von Gründen der Sitte liefert auch der Vergleich zu *Marcianus* (6 lib. inst.) D. 30, 112, 3. Dort begründet *Marcian* die Unwirksamkeit einer letztwilligen Verfügung explizit mit Sittenwidrigkeit. Wäre diese der Grund für die Unwirksamkeit des Emanzipationsfideikommisses, würde *Marcian* sie wohl auch hier angeführt haben.

[423] Nur in diesem Sinn ist auch die Note *Windscheids* in *Windscheid-Kipp*, Pandekten[9], Bd. III, 606 Fn. 1 aufzufassen: „Die Schwierigkeit, welche bei den Römern der Anerkennung eines Vermächtnisses ohne Geldwert die Unmöglichkeit einer Verurteilung im ordentlichen Prozeß entgegensetzte, ist betont in l. 114 § 8 D. 30 (Marcianus)“. Es ist ausgeschlossen, daß *Windscheid* übersehen hat, daß die Stelle einen Fideikommiß behandelt.

[424] So vor allem *Windscheid-Kipp*, Pandekten[9], Bd. III, 606 Fn. 1 an; auch *Voci*, DER, Bd. II, 253.

I. Ulpianus D. 35, 1, 92 (libro quinto fideicommissorum)

Si cui legatum fuerit relictum isque rogatus sit liberos suos emancipare, an cogi debeat manumittere?

„Wenn jemandem ein Vermächtnis hinterlassen, und derselbe gebeten worden ist, seine Kinder aus der Gewalt zu entlassen, kann derselbe zur Entlassung genötigt werden?

Et retineo me dixisse defici eos a petitione fideicommissi: neque enim praetor fideicommissarius eos ad libertatem tuetur ut servos.

Ich erinnere mich, daß ich mich früher dahin ausgesprochen habe, daß dieselben mit der Forderung des Fideikommisses durchfallen, denn der Fideikommiß-Prätor schützt dieselben in Ansehung der Freiheit nicht wie die Sklaven;

Papinianum quoque libro nono responsorum scribere referebam non esse cogendum emancipare filios suos.

auch führte ich dabei an, Papinianus lehre im neunten Buch seiner Gutachten, daß er nicht zur Entlassung seiner Söhne aus der Gewalt genötigt werden könne.

Arbitror tamen extra ordinem debere constitui eum qui agnovit id, quod sibi relictum est hac contemplatione, ut liberos suos emanciparet, cogendum emancipare:

Doch bin ich der Ansicht, daß die Amtspflicht des Richters mittelst eines außerordentlichen Rechtsbehelfs denjenigen, der angenommen hat, was ihm, in Betracht dessen, daß er seine Kinder aus der Gewalt entlasse, hinterlassen worden ist, zur Entlassung gezwungen werden könne;

neque enim debet circumveniri testantium voluntas: sic deinde hoc accipiendum, quemadmodum si sub condicione liberorum emancipandorum ei fuisset legatum vel ita relictum, ut eos emanciparet.

denn es darf der Wille der Testatoren nicht umgangen werden; es ist mithin dieser Umstand so zu verstehen, wie wenn ihm das Vermächtnis unter der Bedingung ausgesetzt worden wäre, wenn er seine Kinder freilasse, oder dergestalt hinterlassen worden sei, damit er sie freilasse.

Cui rei consequens est, quod divus Severus rescripsit. Nam cum quaedam mulier nepotes suos heredes instituisset et ipsum filium coheredem filiis suis dedisset eosque invicem substituisset rogassetque filium, ut filios emanciparet, non autem rogasset, ut hereditatem eis restitueret: ex auctoritate divi Severi emancipare eos compulsus est hisque restituere hereditatem.

Diesem ist das konsequent, was der Kaiser Severus verordnet hat; denn als eine Frau ihre Enkel zu Erben eingesetzt, und ihren Sohn seinen Kindern zum Miterben gegeben, auch dieselben einander substituiert und ihren Sohn gebeten hatte, er möge seine Kinder aus der Gewalt entlassen, dabei ihn aber nicht gebeten hatte, denselben die Erbschaft herauszugeben, so ward er durch die Autorität des Kaisers Severus genötigt, sie aus der Gewalt zu entlassen und ihnen die Erbschaft herauszugeben.

Et adiectum est, ut, si tardius id faceret, quasi ex mora usuras praestaturum: videri enim eum, qui moram faceret emancipationi, moram restitutioni fideicommissi eam facere."

Es ward auch dabei hinzugefügt, dass, wenn er damit zögere, er gleichsam wie wegen Verzugs Zinsen zahlen müsse; denn derjenige, der die Entlassung aus der Gewalt verzögere, verzögere auch die Herausgabe des Fideicommisses"[425].

II. Papinianus D. 35, 1, 93 (libro octavo responsorum)

Mater filio suo coheredes sine ulla condicione filias ipsius dedit ac petit, ut filias suas emanciparet, ita ut curatores a praetore acciperent. Filii videri fidei commississe placuit, ut eas sui iuris constitutas ad hereditatem aviae pervenire pateretur, nec ad rem pertinere, si portionem filiarum iure substitutionis quaesisset.

„Eine Mutter gab ihrem Sohn seine eigenen Töchter ohne weitere Bedingung zu Miterben, und bat ihn, dieselben aus der Gewalt zu entlassen, dergestalt, daß ihnen der Prätor Curatoren bestellen solle; hier nahm man an, daß sie es der Treue des Sohnes anheimgegeben habe, dieselben, sowie sie eigenen Rechtes geworden, an der großmütterlichen Erbschaft Teil nehmen zu lassen, und es tue

[425] Übersetzt von *Sintenis* in *Otto-Schilling-Sintenis*, Bd. III, 637.

nichts zur Sache, wenn er den Anteil der Töchter in Folge der Substitution erworben habe"[426].

Beide Stellen handeln von Emanzipationsfideikommissen. Das Fragment D. 35, 1, 92 stammt aus dem fünften Buch des *Ulpian* über die Fideikommisse[427]. Das nachfolgende Fragment D. 35, 1, 93 entstammt dem achten Buch der Responsen des *Papinian* über die Fideikommisse[428].

---

[426] Übersetzt von *Sintenis* in *Otto-Schilling-Sintenis*, Bd. III, 637f.

[427] *Domitius Ulpianus* wurde um 170 n. Chr. geboren. Er löste um 202 n. Chr. *Papinian* im Amt des *procurator a libellis* ab und verfertigte Reskripte. Unter Kaiser *Septimius Severus* (09.04.193-04.02.211 n. Chr.) und *Caracalla* (197-08.04.217 n. Chr.) war er zusammen mit *Paulus* Assessor im Konsilium des nunmehrigen *praefectus praetorio Papinian*. Möglicherweise beriet *Ulpian* auch den *praetor fideicommissarius*; so *Honoré*, Ulpian, 16 aufgrund D. 35, 1, 92. Im Jahr 208 n. Chr. begleitete er zusammen mit *Papinian Severus* und *Caracalla* auf den Britannischen Feldzug. Nach *Severus'* Tod (04.02.211 n. Chr. in York) kehrte er aus Britannien zurück und ordnete sich der Alleinherrschaft *Caracallas* (Dezember 211-8.4.217 n. Chr.) unter. Er verfaßte nun nahezu die Gesamtheit seiner Werke; *Liebs* in HLL 4 (1997), § 424 A (176). Ein politisches Amt *Ulpians* unter *Elagabal* (16.05.218-11.03.222 n. Chr.) ist nicht dokumentiert. Alsbald nach Regierungsantritt *Severus Alexanders* (13.03.222 n. Chr.) bekleidete er selbst das einflußreiche Amt des *praefectus praetorio*, bis er bei einer nächtlichen Meuterei der Prätorianergarde im Jahr 223 n. Chr. ermordet wurde; *Dulckeit-Schwarz-Waldstein*, RömRG, 267; *Honoré*, Ulpian, 32; *Kienast*, Tabelle, 156, 162, 172, 177. Die sechs Bücher umfassende Monographie *De fideicommissis* entstand zwischen 212-217 n. Chr., möglicherweise im Jahr 214 n. Chr; so *Honoré*, Ulpian, 193f. Das fünfte Buch hat die fideikommissarischen Freilassungen zum Gegenstand. *Ulpian* hat bei der Verfassung seiner Werke die Quästionen und Responsen *Papinians* stark und aus erster Hand benutzt; *Jörs* in Pauly, RE, Bd. V, *Domitius Ulpianus*, Sp. 1435ff., insb. 1495, 1506); *Kunkel*, Herkunft, 246.

[428] *Lenel*, Palingenesia, Bd. I, Sp. 921. *Aemilius Papinianus* war wohl ein Verwandter und Altersgenosse von Kaiser *Septimius Severus* (geb. 11.04.146 n. Chr.) und dessen enger Freund; *Honoré*, Ulpian, 22. Mit ihm war er Schüler *Cervidius Scaevolas*. Er war Vormund der beiden Söhne des *Severus*, *Geta* und *Caracalla*. Nachdem er ab 193 n. Chr. das Amt des *procurator a libellis* ausübte, welches er um 202 n. Chr. an *Ulpian* abgab, bekleidete *Papinian* ab 205 n. Chr. (so *Honoré*, Ulpian, 4) das Amt des Prätorianerpräfekten. Nach *Severus* Tod wurde er entlassen und 212 n. Chr. von Kaiser *Caracalla* hingerichtet, weil er die Ermordung *Getas* (Dezember 211 n. Chr.), der Mitregent seines Bruders war, nicht rechtfertigte; *Dulkkeit-Schwarz-Waldstein*, RömRG, 266; *Kienast*, Tabelle, 156, 166. *Papinian* war der Lehrer *Ulpians* und *Paulus*; *Honoré*, Ulpian, 16f. Die Hauptschriften *Papinians*, bestehend aus 37 Büchern der Quästionen (*Quaestionum libri XXXVII*) und 19 Büchern der Responsen (*Responsorum libri XIX*), setzen die Überlieferung der hochklassischen Kasuistik fort. Die Responsen *Papinians* entstanden hauptsächlich (Buch 1-12) unter der Gesamtherrschaft *Severus* und *Caracallas'* (Herbst 197-04.02.211 n. Chr.). Das achte und neunte Buch fallen in die Zeit zwischen 206 und 211 n. Chr. *Papinians* Responsen nennen abweichend von den sonstigen Werken dieser Art die Konsultation und das ergangene Reskript nicht als solches, sondern

Die Ulpianstelle[429] behandelt den Fall, daß jemandem ein Legat hinterlassen wird und er gleichzeitig mit einem Fideikommiß zugunsten seiner Hauskinder beschwert wird, daß er diese emanzipiere. Den Kindern selbst wird außer dem Emanzipationsfideikommiß letztwillig nichts zugewandt. Die Papinianstelle hat einen anderen Sachverhalt zum Gegenstand. Hier werden ein Sohn, der selbst *paterfamilias* ist, und dessen Hauskinder zusammen als Miterben eingesetzt. Dem *paterfamilias* wird gleichzeitig durch Fideikommiß aufgegeben, seine Kinder zu emanzipieren.

Das Verständnis speziell des Fragments D. 35, 1, 92 setzt eine Unterscheidung zwischen zwei verschiedenen Arten des Emanzipationsfideikommisses voraus[430]. Das die Emanzipation der Hauskinder anordnende Fideikommiß kann für sich allein stehen, ohne daß den Kindern durch eine andere Verfügung etwas aus dem Nachlaß zugewandt wird. Es kann jedoch auch neben der Anordnung einer Nachlaßzuwendung an die Kinder stehen: der Beschwerte kann zusätzlich durch Fideikommiß aufgefordert sein, den als (Mit-)Erben eingesetzten Kindern ihren „Erbschaftsanteil" zu herauszugeben (*hereditatem eis restituere*)[431], nachdem er sie emanzipiert hat.

Im ersten Fall läßt sich von einem „einfachen" Emanzipationsfideikommiß sprechen, dessen Zweck sich in der Herbeiführung der Gewaltfreiheit der Hauskinder er-

---

beschränken sich auf eine Kurzwiedergabe von Fall und Begründung. Die Gliederung des Stoffes in den ersten zwölf Büchern folgt dem Edikt. Zu den Responsen ihres Lehrers verfaßten *Ulpian*, *Paulus* und auch *Marcian* Anmerkungen (*Notae*). Wahrscheinlich ist, daß die Responsen *Papinians* posthum jeweils von *Ulpian* und *Paulus* zusammen mit ihren Anmerkungen herausgegeben wurden; zum ganzen *Jörs* in Pauly, RE, Bd. V, *Domitius Ulpianus*, Sp. 572-574; *Kunkel*, Herkunft, 224ff.; *Wieacker*, Textstufen, 340f.

429 Die Echtheit der Stelle wird ganz überwiegend nicht bezweifelt; dazu *Beseler*, SZ 56 (1936), 26 (48); *Bonfante*, Corso, Bd. I, 87; *Kaser*, Labeo 22 (1976), 381 (387, 391 Fn. 48); *Kübler*, SZ 59 (1939), 569 (572); aA nur *Di Salvo*, 290f.; dagegen vgl. jedoch *Kaser*, aaO.

430 Schon *Solazzi*, Arch. Giur. 86 (1921), 168 (180f.).

431 Eine Erbeinsetzung der Kinder führt als solche nicht zum Erfolg, weil diese zum Zeitpunkt des Todes noch gewaltunterworfen und damit nicht vermögensfähig sind; *Kaser*, SZ 58 (1938), 62 (85); *Bonfante*, Corso, Bd. I, 90f. Eingesetzte Gewaltunterworfene werden nur dann Erben, wenn sie spätestens im Augenblick des Erbschaftserwerbs gewaltfrei werden. Ansonsten erwirbt deren Gewalthaber durch sie die Erbschaft; *Kaser*, RP I, 684; *Kaser-Knütel*, RömPrivR[17], 419. Um diejenige Vermögenslage herzustellen, die bei Miterbenberechtigung der eingesetzten Kinder bestünde, muß sich der Erblasser zweier Fideikommisse bedienen. Zuerst muß er dem *paterfamilias* durch ein Emanzipationsfideikommiß aufgeben, seine Kinder zu emanzipieren und so deren Vermögensfähigkeit herzustellen. Das Restitutionsfideikommiß verpflichtet den *paterfamilias* dann zu *hereditatem eis restituere*, zur Herausgabe der „Erbanteile" seiner Kinder, die er durch sie erworben hat.

schöpft[432]. Ein Fall dieses Typs wird von *Marcian* in D. 30, 114, 8 behandelt. Hier ist der Mangel an Vermögensbezug wegen der Unschätzbarkeit der *patria potestas* unzweifelhaft (*inaestimabilis est*)[433]. Nach *Marcian* ist das Emanzipationsfideikommiß nicht durchsetzbar und daher unwirksam[434]. Dies entspricht offenbar auch der in D. 35, 1, 92 wiedergegebenen Auffassung *Papinians* aus dem 9. Buch seiner Gutachten.

Im zweiten Fall dient das Emanzipationsfideikommiß dazu, den Hauskindern erst den Erwerb des daneben fideikommissarisch zugewandten Nachlaßvermögens zu ermöglichen. Das Emanzipationsfideikommiß ist in einem solchen Fall Mittel zur Verwirklichung der anderen, primär bezweckten Zuwendung pekuniärer Art in Form des Restitutionsfideikommisses. Mit dieser Zuwendung steht die Emanzipation in enger funktionaler Verbindung[435]. Sie ist in diesem Fall deshalb nicht *inaestimabilis*, sondern hat, weil sie ihrer Funktion nach den Vermögenserwerb der Kinder erst ermöglicht, einen diesem konnexen Wert[436]. Das Emanzipationsfideikommiß wird jedenfalls als gültig angesehen, wenn es mit einem Restitutionsfideikommiß einhergeht[437].

Das Fragment D. 35, 1, 92 Satz 1 behandelt den Fall eines „einfachen" Emanzipationsfideikommisses, denn es fehlt das Restitutionsfideikommiß[438]. *Ulpian* äußert im zweiten Satz, daß er der Ansicht *Papinians* hinsichtlich der Unwirksamkeit ursprünglich beigepflichtet habe, ändert nun aber offenbar seine Meinung: er hält jetzt auch das „einfache" Emanzipationsfideikommiß *extra ordinem* für erzwingbar. *Ulpian* beruft sich auf ein Reskript des Kaisers *Septimius Severus*[439]. Dieses hat folgen-

---

[432] *Solazzi*, Arch. Giur. 86 (1921), 168 (180).

[433] *Dalla*, *Praemium emancipationis*, 48; *Humbert*, Remariage, 228.

[434] *Solazzi*, Arch. Giur. 86 (1921), 168 (180); *Biondi*, Successione, 295.

[435] *Humbert*, Remariage, 227 Fn. 12; *Solazzi*, Arch. Giur. 86 (1921), 168 (181).

[436] Ähnlich *Solazzi*, Arch. Giur. 86 (1921), 168 (181).

[437] *Solazzi*, Arch. Giur. 86 (1921), 168 (182); vgl. auch *Sachers* in Pauly, RE, Bd. 22, *potestas patria*, Sp. 1174. Das von *Ulpianus D.* 35, 1, 92 referierte Severerusreskript, welches einen Problemfall behandelt, erlaubt insoweit einen Erst-recht-Schluß.

[438] Insbesondere liegt kein Fall einer sog. *condicio emancipationis* vor, die die Zuwendung an den Gewalthaber unter die Bedingung stellt, daß er die Emanziation seiner Kinder vornehme; *Solazzi*, Arch. Giur. 86 (1921), 168 (180).

[439] Zu „*consequens*" eingehend *Waldstein*, SZ 92 (1975), 26 (44): „Das Konsequenzargument dient dabei durchwegs der Begründung der Richtigkeit der Entscheidung"; jedoch ohne Bemerkung zu D. 35, 1, 92. Für die Datierung des Reskripts liegen keine genauen Anhaltspunkte vor. *Coriat*, Le prince législateur behandelt D. 35, 1, 92 nicht. Die Zitierung bei *Ulpian* als Reskript des *divus Severus* läßt den Schluß zu, daß es aus der Zeit stammen muß, als *Septimi-*

den Fall zum Gegenstand[440]: eine Erblasserin hat ihren Sohn neben ihren Enkeln, die unter dessen *patria potestas* stehen, als Miterben eingesetzt und dem Sohn fideikommissarisch die Emanzipation seiner Kinder aufgegeben, damit diese ihren Teil der Erbschaft antreten können. Allerdings hat die Erblasserin dem Erben nicht ausdrücklich auch fideikommissarisch aufgegeben, die Erbschaft an die Kinder zu restituieren, nachdem er diese emanzipiert hat. Der Erbe ist nach der Wiedergabe des Reskripts bei *Ulpian* sowohl zu Emanzipation als auch Restitution verpflichtet, wobei das Reskript dem Wortlaut nach nicht danach unterscheidet, ob ein „einfaches" Emanzipationsfideikommiß ohne ausdrückliche Anordnung der Restitution der Erbschaft an die Kinder vorliegt oder diese ebenfalls fideikommissarisch aufgegeben wurde.

Es stellt sich die Frage, welchen Fall des Emanzipationsfideikommisses das Reskript zum Gegenstand hatte. Nach dem Wortlaut handelt es sich um ein „einfaches" Emanzipationsfideikommiß, dem die Wirkungen eines Emanzipations- *und* Restitutionsfideikommisses zugesprochen werden. Der Beschwerte kann offenbar aus dem Emanzipationsfideikommiß sowohl zur Emanzipation als auch zur Restitution vom Hauskind *extra ordinem* gezwungen, d. h. verklagt werden[441].

Ulpian nennt die dem Reskript zugrunde liegende Begründung nicht. Der Vergleich zu D. 35, 1, 93 läßt aber vermuten, daß der Grund, weshalb der Erbe trotz fehlendes Restitutionsfideikommisses dennoch zu Emanzipation und Restitution gezwungen werden kann, in der Befürwortung der Annahme liegt, daß dem Erben auch beides aufgegeben war bzw. aufgegeben werden sollte (*filii v i d e r i fidei commississe p l a c u i t*).

---

us Severus Alleinregent war (09.04.193-Herbst 197 n. Chr.), denn sonst hätte *Ulpian* der Gepflogenheit entsprechend auch den Mitregenten zitiert. Insbesondere hätte es für *Ulpian* während der Alleinherrschaft *Caracallas* (ab Dezember 211 n. Chr.) möglicherweise gefährlich werden können, ihn als damaligen Mitregenten (ab Herbst 197 n. Chr.) nicht zu zitieren, wenn das Reskript aus der Zeit dessen Mitherrschaft gestammt hätte. Zur Kaiserzitierung im Ediktskommentar *Ulpians Honoré*, Ulpian, 158ff., 169ff.; *Kienast*, Tabelle, 162.

[440] Dem bei *Ulpian* in bezug auf das severische Reskript referierten Sachverhalt ist derjenige in *Papinian* D. 35, 1, 93 äußerst ähnlich. Es liegt die Vermutung nahe, daß auch der von *Papinian* wiedergegebene Fall auf der Basis des Reskripts entschieden wurde, sich somit auch D. 35, 1, 93 auf das zitierte Severusreskript bezieht; vgl. *Voci*, DER, Bd. II, 625 Fn. 26. Hierauf könnte auch der Gebrauch von *placuit* hindeuten, der im Zusammenhang von ehemals streitigen, dann aber einhellig entschiedenen Fragen verwendet wird; vgl. *Heumann-Seckel*, Handlexikon, *placere, placuit*. Zu den Reskripten der Severer *Coriat*, Le prince législateur.

[441] *Kaser*, RP I, 350 und dort Fn. 64 mwN.

Der Schwerpunkt des Reskripts scheint daher eher auf der Auslegung des letzten Willens zu liegen als darauf, ob auch das „einfache“ Emanzipationsfideikommiß wirksam ist[442]. Die Grundlage der Entscheidung bildet dann das Bemühen, auf der Basis einer „ergänzenden“ Auslegung der lückenhaften erblasserischen Anordnung (*non autem rogasset, ut hereditatem eis restitueret*) dem typischen Willen des Erblassers zu entsprechen, der vernünftigerweise gewollt haben wird, daß die emanzipierten Kinder auch in den Genuß der Erbschaft kommen sollen[443], *wenn er diese schon als Erben eingesetzt hat*[444].

Diese Besonderheit liegt bei *Ulpianus* D. 35, 1, 92 Satz 1 und *Marcianus* D. 30, 114, 8 aber gerade nicht vor. Es erscheint deshalb zweifelhaft, daß das Reskript auch bisher ungültige „einfache“ Emanzipationsfideikommisse explizit als gültig anerkennen wollte. Eher scheint im Reskript entschieden worden zu sein, daß im konkreten Fall zu vermuten sei, daß die Erblasserin neben der Emanzipation auch die Restitution des Nachlasses an ihre Enkel anordnen wollte, weil nur so die Kinder faktisch die vom Erblasser gewollte und angeordnete Miterbenstellung erhalten können. Gegenstand des Reskripts war dann aber kein „einfaches“ Emanzipationsfideikommiß wie in den Fällen D. 35, 1, 92 Satz 1 und D. 30, 114, 8.

Es geht vielmehr um eine Art ergänzende Testamentsauslegung, d. h. einen Auslegungsgrundsatz, der aussagt, daß in Fällen, in denen der Erblasser eine Miterbeneinsetzung von Hauskindern und Emanzipation angeordnet, aber das Restitutionsfideikommiß vergessen hat, ein „qualifiziertes“ Emanzipationsfideikommiß anzunehmen ist. Ihre Rechtfertigung erfährt die ergänzende Testamentsauslegung daraus, daß Erbeinsetzung und Emanzipationsfideikommiß ohne Restitutionsfideikommiß offenkundig sinnlos sind. Man könnte insofern von einem Erscheinungsbild des *favor*

---

442 *Dalla*, *Praemium emancipationis*, 49.

443 *Dalla*, aaO. Das Bemühen um eine dem Erblasserwillen entsprechende Auslegung wird um so mehr verständlich, wenn berücksichtigt wird, daß die Nichtanerkennung des Emanzipationsfideikommisses in dieser Fallkonstellation die Unwirksamkeit des Restitutionsfideikommisses un damit eines wesentlichen Teils des letzten Willens nach sich zöge.

444 Die Tatsache, daß in D. 35, 1, 93 die nun mündigen Minderjährigen nach dem Willen der Erblasserin Pfleger (*curatores*) annehmen sollen, belegt, daß diese die Sorge über das Vermögen der Minderjährigen jedenfalls nicht in die Hände des Testamentserben legen wollte, woraus sich ebenfalls ein Indiz dafür ergibt, daß ein Restitutionsfideikommiß dem Willen der Erblasserin entspricht; zur *cura minorum* und den diesbezüglichen Aufgaben des *curator Kaser-Knütel*, RömPrivR[17], 395f.; streitig ist insoweit die Reichweite der Kompetenzen des *curator* im Bereich der Vermögenssorge; dazu ausführlich *Kaser*, RP I, 370 und dort Fn. 9 sowie 371.

testamenti[445], d. h. einer Testamentsauslegung sprechen, die auf weitestmögliche Aufrechterhaltung des letzten Willens und „Defektbegrenzung" gerichtet ist.

Insbesondere die wiedergegebenen Stellungnahmen *Papinians* sprechen dagegen, daß das Reskript des Kaisers *Severus* den Fall eines „einfachen" Emanzipationsfideikommisses behandelte. Denn *Papinian* referiert im 8. Buch seiner Gutachten einen dem severischen Reskript analogen Fall und entscheidet in gleicher Weise. Im 9. Buch lehrt er nach Aussage *Ulpians* die Unwirksamkeit des Emanzipationsfideikommisses[446]. Beide Aussagen wären unvereinbar, wenn sie sich auf „das einfache" Emanzipationsfideikommiß bezögen. Wäre dies so, hätte *Ulpian* auch sofort *Papinian* aus dessen 8. Buch zitieren können.

Insofern ist davon auszugehen, daß *Papinian* im 9. Buch das „einfache" Fideikommiß vor Augen hatte, während im 8. Buch wie auch im Reskript nur das Emanzipationsfideikommmiß mit Restitutionsfideikommiß Gegenstand der Erörterung war[447]. Hierauf weist auch die Kürze der Aussage *Marcians* in D. 30, 114, 8 hin, der das Reskript sicherlich gekannt hat[448]. Gegen die These, daß sich in klassischer Zeit die Erzwingbarkeit des einfachen Emanzipationsfideikommisses durchgesetzt hat, spricht schließlich die zeitliche Einordnung der Fragmente. Das Fragment *Marcianus* D. 30, 114, 8 ist zeitlich nach 217 n. Chr. zu datieren, als *Ulpian* die Monographie *De fideicommissis* bereits verfaßt hatte. *Ulpian* hat sich also nur auf *Papinian* beziehen können. Wenn *Marcian* daher eine Rechtsansicht vertritt, die derjenigen *Papinians* im 9. Buch entspricht, so kann dieselbe nicht schon zur Schaffenszeit *Ulpians* überwunden worden sein[449].

---

[445] Vgl. *Wieling*, Testamentsauslegung, 82, 96, 115ff.

[446] *Papinianus* (6 lib. resp.) D. 38, 6, 8 steht mit der vorliegenden Problematik nicht in direktem Zusammenhang, jedoch findet sich auch hier eine skeptische Bemerkung *Papinians* über die Erzwingbarkeit der Emanzipation: (...) *nec facile pater emancipare cogi poterit.*

[447] Vgl. *Voci*, DER, Bd. II, 625.

[448] So *Humbert*, Remariage, 229 Fn. 16. Die Begründung *Marcians* wäre wahrscheinlich nicht so kurz ausgefallen, wenn er sich in einem dem Reskript entsprechenden Fall in Widerspruch zur kaiserlichen Rechtsmeinung hätte setzen wollen. Er muß demnach einen anderen Fall gemeint haben; vgl. auch *Solazzi*, Arch. Giur. 86 (1921), 168, (180). Zur Autorität und Bindungswirkung der Reskripte *Kaser*, RP I, 208f.; *Dulckeit-Schwarz-Waldstein*, RömRG, 242. Eigenartig bleibt allerdings, daß sich Marcian mit der abweichenden Meinung seines Lehrers *Ulpian* nicht auseinandersetzt. Die Gründe liegen im Dunkeln.

[449] So aber *Windscheid-Kipp*[9], Pandekten, Bd. III, 606 Fn. 1.

Vielmehr folgt daraus, daß die rechtliche Anerkennung eines „einfachen“ Emanzipationsfideikommisses umstritten war. Der Ansicht *Ulpians* stehen die Meinungen *Papinians* und *Marcians* gegenüber. Für das klassische Recht dürfte jedenfalls die Ungültigkeit des einfachen Emanzipationsfideikommisses vorzugswürdig sein[450]. Abschließend ist noch auf den Argumentationsteil *Ulpians* einzugehen, mit dem er selbst die Erzwingbarkeit begründet:

> *neque enim debet circumveniri testantium voluntas: sic deinde hoc accipiendum, quemadmodum si sub condicione liberorum emancipandorum ei fuisset legatum vel ita relictum, ut eos emanciparet*[451].

Ulpian begründet die Erzwingbarkeit des einfachen Emanzipationsfideikommisses mit der Überlegung, daß der Erblasserwille nicht umgangen werden dürfe und daß der Fall deshalb so zu betrachten sei, als stünde die an den Beschwerten erfolgte Zuwendung *sub condicione*, daß er die Emanzipation der Kinder vornehme oder daß das Legat hinterlassen sei, „damit“ er die Kinder emanzipiere.

Der Satz bestätigt zunächst indirekt, daß aus dem einfachen Emanzipationsfideikommiß nicht geklagt werden kann. Denn *Ulpian* begründet nicht dessen Wirksamkeit aus sich selbst heraus, sondern zieht eine Parallele zu anderen Verfügungen, die die Emanzipation wirksam zum Gegenstand haben können, wobei er zwei Möglichkeiten[452] gibt: die Anordnung *rogatus est liberos suos emancipare* solle verstanden werden wie entweder *si sub condicione legatum* oder *ita relictum, ut emanciparet.*
Die Erklärung der ersten Variante wird durch den mehrdeutigen Begriff *condicio* erschwert. *Condicio* kann im technischen Sinn die aufschiebende Bedingung, aber auch die Auflage sein[453]. Die Anführung zweier Varianten spricht dafür, daß *Ulpian* auf Bedingung und Auflage Bezug nimmt und mit *si sub condicione* zunächst die

---

[450] Die Rechtsansicht *Ulpians* zum einfachen Emanzipationsfideikommiß wird erst in nachklassischer Zeit herrschend; vgl. *Paulus* Sent. 4,13,1: *Ea condicione heres institutus si liberos suos emancipaverit omnimodo eos emancipare cogendus est: pro condicione enim hoc loco emancipatio videtur adscripta*; *Dalla*, *Praemium emancipationis*, 50; *Voci* DER, Bd. II, 625, 629ff.; *Humbert*, Remariage, 229 Fn. 16.

[451] Zur Echtheit *Kaser*, Labeo 22 (1976), 381 (392).

[452] Liegt eine Bedingung vor, ist keine Auflage statthaft, weil mit einer solchen nur der Empfänger einer Zuwendung beschwert werden kann. Aus dem selben Grund scheidet umgekehrt eine Bedingung beim Vorliegen einer Auflage aus.

[453] Vgl. *Kaser*, RP I, 253, 259 Fn. 74; *Mitteis*, RömPrivR, 195; *Biondi*,Successione, 566. Vgl. die folgende Fn.

aufschiebende Bedingung anspricht. Das dem Sohn zugewandte Legat soll als durch die Emanzipation seiner Kinder bedingt angesehen werden (*condicio emancipationis*). Die aufschiebende Bedingung eröffnet allerdings keinen Rechtszwang auf ihre Verwirklichung. Sie kann im konkreten Fall nur die Wirkung des Legats zugunsten des *paterfamilias* bis zur Emanzipation seiner Kinder suspendieren.

Insofern hinkt die Umdeutung des Emanzipationsfideikommisses in eine *condicio emancipationis* zum Zwecke der Erzwingbarmachung, vor allem deshalb, weil es sich im konkreten Fall um eine Potestativbedingung handelt, deren Verwirklichung in der Hand des bedachten Sohnes liegt. Mit dieser Variante will *Ulpian* wohl auch nur verdeutlichen, daß jedenfalls sichergestellt werden müsse, daß der Bedachte das Legat nicht erwerben solle, ohne vorher dem Erblasserwillen entsprochen und seine Kinder emanzipiert zu haben.

Mit *ita relictum, ut emanciparet* dürfte *Ulpian* die Auflage gemeint haben[454]. Die Auflage dient zur Einschränkung von Schenkungen, Freilassungen oder testamentarischen Zuwendungen und schreibt dem belasteten Zuwendungsempfänger ein bestimmtes Verhalten vor[455]. Ihr Zweck ist es, im Rahmen des Erlaubten beliebige Ziele des Erblassers zu verwirklichen, gerade auch solche, die durch andere Verfügungen nicht erreicht werden können[456]. Die Auflage schiebt die Rechtswirkungen der Zuwendung nicht wie die Bedingung auf. Zur ihrer Erzwingung kommen mehrere Möglichkeiten in Betracht[457]. Soweit sich die Auflage auf testamentarische Zuwendungen bezieht, wird sie durch das Kaiserrecht wie ein Fideikommiß behandelt und durchgesetzt, wo dies ihrem Inhalt nach möglich ist[458]. Dies setzt jedoch voraus, daß

---

[454] Die klassische Terminologie für die Auflage ist noch ungefestigt. Der technische Begriff *modus* wird erst unter *Justinian* erreicht. Umschreibungen als *lex*, *iussum* oder *iussio* sind neben *condicio* anzutreffen. *Ita-ut* ist in gewisser Weise typisch für Auflagen, wenn auch nicht immer ganz verlässlich; *Voci*, DER, Bd. II, 620; *Kaser*, Labeo 22 (1976), 381 (384); *Kaser*, RP I, 259 Fn. 74; *Mitteis*, RömPrivR, 194; vgl. auch *Astolfi*, SDHI 41 (1975), 463 (467).

[455] *Kaser*, RP I, 259.

[456] *Biondi*, Successione, 567.

[457] Dazu im Einzelnen *Biondi*, Successione, 568ff.; *Voci*, DER, Bd. II, 620ff.; *Grosso*, Legati, 464ff.; *Kaser*, RP I, 259f.

[458] *Kaser*, aaO mwN; *ders.*, Labeo 22 (1976), 381 (387); *Grosso*, Legati, 466f.; *Biondi*, Successione 569. In diesem Fall kann der Auflagenbegünstigte gegen den Beschwerten die Fideikommißklage auf Erfüllung erheben. Der Behandlung als Fideikommiß steht allerdings zunächst der Nichtgebrauch der für das Fideikommiß erforderlichen *verba precativa* (*rogo*, *peto*) entgegen. Für die *ita-ut*-Auflage auf Freilassung eines eigenen Sklaven gibt man gegen

durch die Auflage eine bestimmte Person begünstigt werden soll und Gegenstand der Auflage eine fideikommißtaugliche Leistung ist[459].

In anderen Fällen denegiert der Prätor dem Auflagenbeschwerten die Klage auf seine Zuwendung oder zwingt ihn durch Gewährung einer *exceptio doli* an den Beklagten zur Kautionsleistung[460], wodurch die Auflage im Ergebnis wie eine Bedingung behandelt wird[461]. Ebenso wie bei der Bedingung kann die Erfüllung der Auflage bei dieser Konstruktion aber nicht direkt erzwungen werden. Nur wenn der auflagenbeschwerte Zuwendungsempfänger eine Klage anstrengt, kann auf ihn Druck ausgeübt werden.

Ein auflagenbeschwerter Alleinerbe wird jedoch nur dann klagen, wenn er die Erbschaft von einem Dritten herausverlangen muß. Zu einer Klage kommt es auch nicht, wenn dem auflagenbeschwerten Legatar nichts am Legat oder wenn dem Erben nichts an der Erfüllung der Auflage liegt und er das Legat ohne Rücksicht auf deren

den Vermächtnisnehmer seit *Septimius Severus* die Fideikommißklage, für einzelne andere *ita-ut*-Auflagen schon seit *Marc Aurel*; vgl. *Kaser*, Labeo 22 (1976), 381 (391 Fn. 45); *Mitteis*, RömPrivR, 196 Fn. 5. Seit *Gordian* (238 n. Chr.) wird dem durch eine *ita-ut*-Auflage Begünstigten allgemein die *Fideikommißklage* gegeben; vgl. *Gordianus* C. 6, 45, 2 pr., 1 (trotz Überarbeitung); *Kaser*, RP II, 583 (zu § 61); *Voci*, DER, Bd. II, 627ff.; *Di Salvo*, Legato modale 225ff.

459 Beispielsweise kann die Grabpflege mangels „vermögenswerter" Natur kein Gegenstand eines Fideikommisses sein. Die Grabpflege ist möglicher Gegenstand einer Auflage, jedoch kann diese dann nicht wie ein Fideikommiß behandelt werden. Vgl. *Voci*, DER, Bd. II, 624.

460 Vgl. *Kaser*, RP I, 254. Im Recht der Bedingung ermöglicht die sog. *cautio Muciana*, daß der unter einer negativen Potestativbedingung Bedachte, deren Erfüllung oder Nichterfüllung erst bei dessen Tod feststeht, schon zu Lebzeiten in den Genuß der Zuwendung kommen kann, indem er das bedingt Zugewandte sofort erwirbt, aber durch *cautio* die Wiederherausgabe des Erlangten stipuliert, wenn er der Bedingung zuwiderhandelt. Die *cautio* spielt daher eine Rolle für Bedingungen und Auflagen, die nicht sofort erfüllbar sind. Ihre Grundsätze werden auch auf Fideikommisse und Erbeinsetzungen ausgedehnt. Insgesamt *Voci*, DER, Bd. II, 604ff; anders *Pernice*, Labeo, E III 1, 37 Fn. 1, 42.

461 *Kaser*, RP I, 259 Fn. 82; *Voci*, DER, Bd. II, 621f. Die Zuwendung an den Auflagenbeschwerten wird nur im Ergebnis als unter der Bedingung stehend angesehen, daß er die Auflage erfülle. Die Zuwendung ist nach *ius civile* aber schon vor Auflagenerfüllung wirksam. Ihre Undurchsetzbarkeit beruht auf prätorischem Recht (*denegatio actionis und exceptio doli*); vgl. *Ulpianus D.* 40, 5, 48. Die Ähnlichkeit in der Behandlung von Bedingung und Auflage erklärt den gewissermaßen auch Gebrauch von *condicio* für die Auflage.

Erfüllung leistet. *Denegatio actionis*, *cautio* und *exceptio doli* können dann mangels Prozeß nicht als Beugemittel gegen den Auflagebeschwerten zum Zuge kommen[462]. Sind die obigen Mittel der Durchsetzung nicht statthaft oder nicht genügend und sind öffentliche Interessen betroffen, erzwingt bisweilen die Magistratur selbst die Erfüllung der Auflage durch sog. *coercitio*[463].

Das Einschreiten der magistratischen Autorität ist darauf gerichtet, Zwecke der Allgemeinheit zu fördern oder Respekt und Gehorsam gegenüber unerläßlichen Regeln, insbesondere Pietätspflichten, sicherzustellen[464]. En passant ergibt sich daraus ein privatrechtlicher Schutz des *modus*. Der obrigkeitliche Zwang zum Vollzug der Auflage beschränkt sich zunächst auf besonders geartete Fälle[465], breitet sich aber immer weiter aus und wird schließlich im Justinianischen Recht allgemein üblich[466]. Möglicherweise meint *Ulpian* in D. 35, 1, 92 diese Art der Durchsetzung der Auflage[467].

---

[462] Näher *Mitteis*, RömPrivR, 197 Fn. 10. Allerdings kann ein Teilerbe vom Miterben durch die Erbteilungsklage zur Erfüllung der Auflage angehalten werden, sofern dieser an der Erfüllung ein Interesse hat; vgl. *Pomponius* (lib. 8 ad Quint. Muc.) D. 33, 1, 7.

[463] *Kaser*, RP I, 260; *Biondi*, Successione, 570. Zum Zwang zur Emanzipation *Kaser*, RP I, 350 Fn. 64; *Papinianus* (11 lib. quaest.) D. 37, 12, 5 (kaiserlich erzwungene Emanzipation wegen Mißhandlung des Hauskindes).

[464] Für die Pietätspflicht: *Papinianus* (6 lib. quaest.) D. 5, 3, 50 (Durchsetzung einer Auflage zur Errichtung eines Grabmals für den Erblasser *principali vel pontificali auctoritate*); für das öffentliche Interesse: *Scaevola* (3 lib. resp.) D. 34, 2, 38, 2 (Auflage zur Errichtung eines Sakralbildes).

[465] Ein allgemeiner staatlicher Erfüllungszwang besteht in klassischer Zeit nicht; *Kaser*, RP I, 260; *Mitteis*, RömPrivR, 198; *Pernice*, Labeo, E III 1, 40, 175; *Pomponius* (8 lib. Quint. Muc.) D. 33, 1, 7 ist insoweit verallgemeinernd interpoliert; *Kaser*, aaO; *Mitteis*, RömPrivR, 198 Fn. 14.

[466] *Kaser*, RP II, 98 Fn. 28; zum Emanzipationszwang *Kaser*, RP II, 212 und dort Fn. 11 mwN.

[467] So *Biondi*, Successione, 570 und dort Fn. 5.; vgl. auch *Pernice*, Labeo, E III 1, 40. Allerdings auch Glosse *extra ordinem*, zu D. 35, 1, 92: *officio iudicis* und die zugehörige Randglosse: *extra ordinem fieri dicitur quod sit officio iudicis. Officio iudicis* wird von *Ulpianus* (51 lib. ad ed.) D. 6, 1, 68 zur Bezeichnung von Handlungen der durch den Gerichtsmagistrat ermächtigten Vollstreckungsbeamten verwendet; vgl. auch *Boak* in Pauly, RE, Bd. 33, *officium*, Sp. 2045; *Heumann-Seckel*, Handlexikon, *officium*, sub 1b.: Amtspflicht, oder Amtsstellung. Diesbezüglich ist nicht eindeutig, ob die Auflage administrativ-polizeilich unmittelbar oder erst nach einem kontradiktorischem Anhörungsverfahren durch den Gerichtsmagistrat durchgesetzt wird; näher dazu *Kaser-Hackl*, RömZP, 459. *Kaser*, RP I, 350 scheint davon auszugehen, daß die Hauskinder ihre Emanzipation selbst erzwingen können. Eine Behandlung als Fideikommiß ist aus den oben genannten Gründen aber nicht möglich und von den prätorischen Rechtsbehelfen der *denegatio actionis*, *exceptio doli* und *cautio* scheint D. 35, 1, 92 ebenfalls nicht zu handeln, da davon die Rede ist, den Legatar zur Emanzipation zu „zwin-

Dies würde dann aber bedeuten, daß *Ulpian* gerade nicht so weit gehen und dem Hauskind beim „einfachen" Emanzipationsfideikommiß ein eigenes Klagerecht zusprechen will. Wenn *Ulpian* also eine Parallele zum den Fall der Erzwingung der Auflage „von Amts wegen" zieht, so kann aus der Stelle umgekehrt nicht geschlossen werden, daß sich die materiellen Voraussetzungen des Fideikommisses zu dieser Zeit verändert hätten. Denn sonst hätte es dieser Hilfskonstruktion nicht bedurft.

Und selbst wenn *Ulpian* dem Hauskind die Fideikommißklage geben wollte und dadurch Auflage und Fideikommiß mit gleichen Wirkungen nebeneinander stellen würde, könnte man schon wegen des exzeptionellen Charakters des Emanzipationsfideikommisses keine Eingliederung der Auflage in das Fideikommiß folgern, oder gar eine Gleichstellung von Fideikommiß, Bedingung und Auflage. Zwar besteht eine Tendenz zur Angleichung von Fideikommiß und Auflage, jedoch gelangt selbst das Justinianische Recht nicht zu einer Vereinheitlichung[468]. Deshalb ist insgesamt davon auszugehen, daß sich in klassischer Zeit das Erfordernis eines in Geld schätzbaren Zuwendungsgegenstandes für das Fideikommiß wie für das Damnationslegat gehalten hat.

§ 6 ZUSAMMENFASSUNG

Das Vermächtnis (*legatum*) des klassischen römischen Rechts ist letztwillige Zuwendung einzelner Vermögensgegenstände. Kennzeichnend für das Vermächtnis sind einerseits eine Belastung des Nachlasses und andererseits der Erwerb eines Vorteils zugunsten des Bedachten. Vermächtnisse dürfen dem Bedachten nicht zum Nachteil gereichen. Ein gegenständlicher Erwerb des Bedachten ist nicht erforderlich, ebensowenig eine effektive Bereicherung. Das Vermächtnis kann bis zur vollen Höhe durch anderweitige Verfügungen erschöpft werden, namentlich durch Auflagen und Fideikommisse. Zwischen den zwei Haupttypen des Legats, dem Vindikationslegat und dem Damnationslegat, besteht hinsichtlich deren Gegenstand ein wesentlicher Unterschied. Gegenstand des Vindikationslegats kann jede, aber auch nur eine Sache im quiritischen Eigentum des Erblassers sein. Dieser Typ ist auf Sacheigentumsvermächtnisse beschränkt. Bei ihm spielt es keine Rolle, ob der Gegenstand

---

gen", die Initiative also beim Magistrat liegen muß. Die Formulierung *agnovit id* deutet darauf hin, daß der Legatar das Legat bereits entgegengenommen hat und daher auch nicht auf dessen Leistung klagen wird. Dann bleibt aber nur die Durchsetzung der Auflage von Amts wegen übrig.

[468] Insgesamt *Kaser*, Labeo 22 (1976), 381 (387).

Geldwert, d. h. einen Marktwert hat. Das Vindikationslegat bedarf als solches zur Durchsetzung keiner Klage. Der Bedachte wird mit Erbantritt des testamentarischen Erben quiritischer Eigentümer des zugewandten Gegenstandes[469].

Die Wirksamkeit des Vindikationslegats hängt im Gegensatz zum Damnationslegat nicht von den Bedingungen prozessualer Durchsetzbarkeit ab. Das Damnationslegat kann nur auf jede klagbare Leistung gerichtet werden. Infolge seiner prozessualen Einbettung in das Formularverfahren erfordert das Damnationslegat wegen des Prinzips der Geldkondemnation eine Leistung, die einen in Geld schätzbaren Wert hat, da nur auf der Basis einer solchen das zwingend auf Geld lautende stattgebende Sachurteil ergehen kann.

Die Geldsumme, in die verurteilt wird, wird im Formularprozeß durch Schätzung ermittelt. Gegenstand der Schätzung ist der Geldwert des Streitgegenstandes. Dieser bestimmt sich stets nach den konkreten Umständen, namentlich nach dem Markt- oder Handelswert (*pretium*) der streitbefangenen Sache. Er kann hier nicht eidlich durch den Kläger geschätzt werden. Kann kein Geldwert ermittelt werden, so scheitert das Schätzungsverfahren (*litis aestimatio*), was zum Freispruch des Beklagten führt. Dieser Fall liegt auch dann vor, wenn der *iudex* zu der Auffassung gelangt, daß der Streitgegenstand wertlos ist. Schätzbarkeit erfordert demnach einen positiven Geldwert.

Dies bedeutet, daß per Damnationslegat nur Leistungen vermachbar sind, die einen Geldwert größer als Null haben. Das Fideikommiß, ursprünglich eine formlose, nur moralisch bindende Bitte des Erblassers tritt in der Kaiserzeit als klagbare letztwillige Verfügung neben das Legat. Obgleich in dem seiner Durchsetzung dienenden Verfahren der *cognitio extra ordinem* keine Kondemnation in Geld notwendig ist, sind die Fideikommisse ebenfalls auf Gegenstände klagbarer Leistungen beschränkt. Ursache ist eine an das Damnationslegat angelehnte inhaltliche Ausgestaltung dieses neuen Rechtsinstituts.

Eine Ausnahme besteht auch nicht für den Fall des sog. Emanzipationsfideikommisses, der die Entlassung eines Hauskindes aus der väterlichen Gewalt zum Gegenstand hat. Diese ist nicht in Geld schätzbar. Das Emanzipationsfideikommiß wird in klassischer Zeit entsprechend nur dann als gültig angesehen, wenn es mit einem Fideikommiß auf eine geldwerte Leistung verbunden wird.

---

[469] Näher Kaser, RP I, 753 sowie zum Schulenstreit diesbezüglich.

Erst in nachklassischer Zeit wird es allgemein als erzwingbar und damit wirksam behandelt. Das Emanzipationsfideikommiß erlaubt keine Schlußfolgerung des Inhalts, daß man für die Fideikommisse auf das Erfordernis der Geldwertigkeit des vermachten Gegenstandes verzichtet hätte. Es bestätigt dieses Erfordernis vielmehr.

Dem entspricht es, daß auch in nachklassischer Zeit, als der Formularprozeß und mit ihm der Zwang zur Geldkondemnation bereits abgestorben war[470], die aus demselben überkommenen allgemeinen Erfordernisse klagbarer Leistungen beibehalten werden. Im geänderten prozessualen Systemkontext haben diese nunmehr allein materiellrechtliche Bedeutung. Auch im klassischen Kognitionsprozeß müssen die eingeklagten Leistungen Geldwert haben, um Gegenstand einer Obligation sein zu können[471], wenn auch in die Sache selbst vollstreckt werden kann.

§ 7 EXKURS: FREISPRUCH DES „NICHTS" SCHULDENDEN FIDEIKOMMIẞBESCHWERTEN

Africanus D. 42, 2, 7 (libro quinto quaestionum)

Cum fideicommissum peteretur, heres confessus est debere: arbiter ad restituendum datus comperit nihil deberi: quaesitus est, an possit absolvere. Respondendi posse interesse, qua ex causa nihil debeatur. Nam si ob id, quod nullum fideicomissum fuerit, non debere eum absolvere: si vero quia testator forte solvendo non erat aut quod heres omne solutum esse apud praetorem dixerat et, cum controversia et conputatio difficilior esset, arbiter datus fuerit, salvo officio eum absoluturum: has enim partes eius esse, ut, si in computatione nihil inve-

Als aus einem Fideikommiß geklagt wurde, gestand der Erbe seine Verbindlichkeit ein; der Schätzungsrichter (arbiter), der zur Ermittlung der Restitutionssumme ernannt wurde, stellte fest, daß der Erbe nichts schuldig war. Es wurde gefragt, ob er ihn freisprechen könne. Die Antwort lautet, daß er kann, es aber einen Unterschied macht, aus welchem Grund der Erbe nichts schuldig ist. Denn ist dies deswegen der Fall, weil kein wirksames Fideikommiß vorliegt, so darf er den Erben nicht freisprechen; sei es aber deswegen, weil etwa der Erblasser zahlungsunfähig war, oder weil der

---

470 Dazu *Kaser-Hackl*, RömZP, 517ff.

471 *Kaser*, RP II, 339 und dort Fn. 28 mwN; *Voci*, Obbligazioni, Bd. I, 277ff.

niatur, possit absolvere. Sed et ex superiore casu ad praetorem remittere debet, ut absolvatur.

Erbe vor dem Prätor behauptet hatte, es sei alles bezahlt, und der Schiedsrichter deshalb ernannt worden ist, weil der Streit darüber und die Berechnung verwickelt war: so kann er ihn unbeschadet seiner Amtspflicht freisprechen. Denn das ist Teil seines Amtes, daß er, wenn sich bei der Berechnung nichts ergibt, freisprechen kann. Im ersten Fall aber muß er den Beklagten an den Prätor zurückverweisen, damit er dort freigesprochen werde.

Das Fragment aus dem Abschnitt *De legatis et fideicommissis* des 5. Buches der Quästionen des *Africanus*[472] gibt Einblick in das prozessuale Vorgehen im Kognitionsprozeß betreffend den Freispruch, wenn sich herausstellt, daß der Fideikommißbeschwerte „nichts" schuldet. Die Quelle bestätigt mittelbar, daß die Wirksamkeit des Fideikommisses von einem positiven Geldwert abhängt und daß die Folge der Wertlosigkeit des Fideikommisses Freispruch des Beklagten ist.

Der Prätor hat eine Fideikommißklage zugelassen. Wegen des Eingeständnisses der Schuld durch den Beklagten (*confessio in iure*) hat er einen *arbiter*[473] zur exakten

[472] *Lenel*, Palingenesie, Bd. I, Sp. 15. Wahrscheinlich wurde *Sex. Caecilius Africanus* um 115 n. Chr. geboren und stammte vermutlich aus *Thuburbo minus* in Afrika. Er dürfte vor Veröffentlichung der *Noctes Atticae* des *Gellius* gestorben sein (169 oder 175 n. Chr.). Er war Schüler *Julians*. Seit 140 n. Chr. wirkte er öffentlich als Rechtsgelehrter, wahrscheinlich auch als Respondent. Die 60 Bücher der Quästionen (*Quaestionum libri LX*) entstanden um 150 n. Chr. Sie enthalten mehrheitlich Problemfälle aus der Praxis *Julians*, wobei *Africanus* den mit *respondit*, *aiebat*, *existimavit* gekennzeichneten Bescheiden *Julians* eigene, häufig umständliche Begründungen und Varianten hinzufügt. Buch 1-4 handeln vom Erbrecht und Legat; Buch 5 von der *bonorum possessio*, sowie Legat und Fideikommiß. Klassische Gedankenführung und Sprache werden *Africanus* aberkannt; *Liebs* in HLL 4 (1997), § 415. 2 (106ff.); *Kunkel*, Herkunft, 172; *Schulz*, Geschichte, 124; *Wieacker*, Textstufen, 170; *Krüger*, Geschichte, 194ff.

[473] Zu den Aufgaben des *arbiter* im Formularverfahren *Kaser-Hackl*, RömZP, 192ff. Hier wird der *arbiter* als vom Prätor amtlich beauftragter (delegierter) Richter tätig; *Kaser-Hackl*, RömZP, 494. Zum *iudex* und *arbiter* im altrömischen Prozeß und Legisaktionenverfahren *Broggini*, Iudex arbiterve.

Feststellung (*comperire*) der Urteilssumme bestellt[474] und das Verfahren zur Endentscheidung an diesen abgegeben. Der *arbiter* stellt nun fest, daß keine Verbindlichkeit aus einem Fideikommiß besteht. Der Beklagte muß freigesprochen werden. Fallfrage ist, wer nach der prozessualen Kompetenzverteilung zum Freispruch befugt ist.

Dies sei abhängig vom Grund, aus dem der Beklagte im Ergebnis nichts schulde. Wenn sich herausstelle, daß zum Zeitpunkt der Streitentscheidung keine wirksame Fideikommißverfügung vorliege[475], so soll die Entscheidung über den Freispruch beim Prätor liegen. Betroffen ist hier vorrangig die Rechtsfrage nach der Wirksamkeit des Geltungsgrundes der Verfügung. Diese ist im allgemeinen nicht allein durch Vermögensberechnung (*computatio*) zu entscheiden. Daß der *arbiter* nicht selbst freisprechen darf, dürfte darauf beruhen, daß eine Entscheidung über die Gültigkeit der Fideikommißverfügung *als Geltungsgrund* eben nicht an ihn delegiert wurde. Im Fall besteht die Besonderheit, daß der Prätor auf das Schuldeingeständnis (*confessio in iure*) des Beklagten hin, welches dem Urteil gleich steht, ohne Sachprüfung der Klage praktisch schon dem Grunde nach stattgegeben hat[476].

Der Schätzungsrichter wurde bestellt, weil nur noch Unklarheit über die exakte Höhe der Urteilssumme vorlag. Liegt jedoch im Zeitpunkt der Streitentscheidung ein Nichtigkeitsgrund vor, so hat der Beklagte das unberechtigte Klagebegehren möglicherweise irrtümlich anerkannt. Dann ist das Anerkenntnis unwirksam[477], und der Prätor muß eine Entscheidung aus Sachgründen nachholen, so daß der *arbiter* zum Freispruch rückzuverweisen hat[478]. Schuldet der Beklagte aber nichts, weil der Nachlaß

---

[474] Es handelt sich hier nicht um die im Formularverfahren notwendige *litis aestimatio*. Im Verfahren der *cognitio extra ordinem* findet keine obligatorische Geldkondemnation statt. Siehe Teil III § 4 B. II. 1.

[475] Vgl. *Treitschke*, in Otto-Schilling-Sintenis, Bd. IV, 366 Fn. 82.

[476] *Ulpianus* (51 lib. ad Sab.) D. 42, 1, 56: *Post rem iudicatam vel iureiurando decisam vel confessionem in iure factam nihil quaeritur post orationem divi Marci, quia in iure confessi pro iudicatis habentur*; nach einem rechtskräftigen Urteil oder der Entscheidung der Streitsache durch Eid oder nach einem Eingeständnis vor dem Prätor hat zufolge einer Rede des Kaisers *Marc Aurel* alle Sachverhaltserforschung ein Ende, weil die, die vor dem Prätor eingestehen, für verurteilt erachtet werden. *Kaser-Hackl*, RömZP, 270 und dort Fn. 8, 9 mwN.

[477] *Ulpianus* (58 lib. ad ed.) D. 42, 2, 2: *Non fatetur qui errat, nisi ius ignoravit.* Dazu *Kaser-Hackl*, aaO.

[478] Möglicherweise kommt es daneben zur Rückverweisung an den Prätor auch, wenn dieser andere Unwirksamkeitsgründe übersah, die aber der arbiter entdeckte. Hierfür würde die Ermessensfreiheit des Prätors hinsichtlich der Verfahrensgestaltung im Kognitionsverfahren sprechen, sowie, daß die Entscheidung über Fideikommißklage stets durch Billigkeit geprägt ist.

insolvent ist, hat dieser also keinen Wert erlangt, aus dem das Fideikommiß erfüllt werden kann, so ist das *fideicommissum* auch unwirksam, weil der Beschwerte nur bis zur Höhe des ihm Zugewandten mit dem Fideikommiß belastet werden kann[479].

Hier verknüpft sich mit der Wirksamkeit der Verfügung die interessierende Wertfrage: das wirksame Fideikommiß ist seinem Betrag nach durch die Höhe der aus dem Nachlaßvermögen erhaltenen Haftungsmasse beschränkt[480]. Mit Verringerung deren Wertes verkürzt sich auch der wirksam bleibende Teil des Fideikommisses[481]. Er schrumpft entsprechend, bis das Fideikommiß im Grenzfall („nichts an Wert") zur Gänze unwirksam ist. Die durch die Insolvenz des Nachlasses bedingte Unwirksamkeit ergibt sich nicht vorrangig aus rechtlichen Erwägungen, sondern aus Sachumständen, in deren Ermittlung der *arbiter* spezialisiert ist: Vermögensschätzungen und -zusammenrechnungen.

Entsprechendes gilt, wenn der Beklagte vollständige Erfüllung eingewandt hat: der Prätor wird hier abgegeben haben, damit der *arbiter* Beweis darüber erhebt, in welcher Höhe Teilleistungen erfolgt sind und durch Rechnung feststellt, ob der Beschwerte *alles* geleistet hat. In beiden Fällen kann ein Freispruch, weil effektiv „im Ergebnis nichts" geschuldet wird, in prozeßökonomisch sinnvoller und konsequenter Weise durch den sachlich befaßten *arbiter* selbst erfolgen. Die Quelle sagt jedenfalls

---

479 Nach *Gaius*, Inst, 2, 261; *Marcianus* (8 lib. inst.) D. 30, 114, 3 ist das Fideikommiß unwirksam, wenn und soweit eine fideikommissarische Überschwerung des Verpflichteten im maßgeblichen prozessualen Entscheidungszeitpunkt feststeht, nicht zum Zeitpunkt der Verfügung; die Anwendung der *regula Catoniana* wird jedenfalls von *Kaser-Knütel*, RömPrivR, 452 bezweifelt. Der Fideikommißbeschwerte ist nur insoweit zur Leistung auf das Fideikommiß verpflichtet, wie das, was er aus dem Nachlaß erhalten hat, reicht; instruktiv *Johnston*, Trusts, 15f.; näher auch *Kaser*, RP I, 759 Fn. 18; *Honsell-Mayer-Maly-Selb*, RömPrivR, 499; *Kaser-Knütel*, RömPrivR[17], aaO.

480 Vgl. *Marcianus* (8 lib. inst.) D. 30, 114, 3: (...) *quia placet non plus posse rogari quem restituere, quam quantum ei relictus est; Gaius*, Inst., 2, 261, Satz 2, 2. Hs. : *sed hoc solum observandum est, ne plus quisquam rogetur aliis restituere quam ipse testamento ceperit; nam quod amplius est, inutiliter relinquitur*; nur das eine ist zu beachten, daß einer (Legatar) nicht mit einem Fideikommiß beschwert wird, anderen mehr zu leisten, als er selbst aus dem Testament erhielt. Was darüber hinausgeht, ist unwirksam hinterlassen.

481 Dies dürfte schließlich der Grund sein, warum überhaupt ein *arbiter* bestellt wurde. Wahrscheinlich konnte im Fall von vorne herein das Fideikommiß wegen unzureichender Bedenkung des Beschwerten bzw. Überschuldung des Nachlasses nicht zur Gänze wirksam sein, so daß es auf die genaue Ermittlung der Höhe des noch wirksamen Teiles ankam, so etwa dann, wenn der zugewandte Gegenstand mehr wert war als der effektive Nachlaßwert und wegen Unteilbarkeit nicht in gekürzter Form *in natura* geleistet werden konnte, so daß in den Wert des wirksamen Teils des Fideikommisses verurteilt werden mußte.

ausdrücklich, daß es Teil der Amtsbefugnis des *arbiter* sei, freizusprechen, wenn sich aus der *computatio* ergebe, daß nichts geschuldet werde. Ist kein *arbiter* im Hinblick auf Schätzungsfragen bestellt worden, so wird der Prätor entsprechend selbst freisprechen.

TEIL III DER VERMÄCHTNISGEGENSTAND IN DER DEUTSCHEN PANDEKTENWISSENSCHAFT IM 19. JAHRHUNDERT

Die Darstellung konzentriert sich nun auf die Frage, wie die deutsche pandektistische Literatur des 19. Jahrhunderts den Gegenstand des Vermächtnisses speziell im Hinblick auf Geld - bzw. Vermögenswert definiert.

§ 1 DER VERMÄCHTNISGEGENSTAND

Aufbauend auf der justinianischen Verschmelzung des altzivilen Legats mit dem Fideikommiß zu einem uniformen Legatstyp geht auch die deutsche Pandektenwissenschaft von einem einheitlichen Verfügungstyp aus[482], der dem deutschen Sprachgebrauch folgend als „Vermächtnis" bezeichnet wird[483]. Trotz insoweit gleicher Grundlage finden sich verschiedene Erklärungsansätze über den möglichen Inhalt der Vermä35htnisse[484].

A. Das Vermächtnis als donatio testamento relicta

Anlehnend an die Definition von *Modestinus*[485] wird das Vermächtnis beschrieben als eine der Schenkung entsprechende testamentarische Zuwendung „irgend eines Vermögensvorteils"[486] an den Begünstigten. Inhalt des Vermächtnisses sei eine sog. Liberalität gegen den Bedachten, worunter eine „Freigebigkeit", „eine Gabe auf sei-

---

[482] Vgl. *Wächter*, Pandekten, Bd. II, 797; Glück-*Arndts*, Pandekten, Bd. 46, 80.

[483] Glück-*Arndts*, Pandekten, Bd. 46, 80, 87.

[484] Interessant, jedoch völlig vereinzelt geblieben *Koeppen*, ErbR, 11, 89f. mit familienrechtlicher Einordnung des Vermächtnisses. Dagegen *Hartmann*, Vermächtnisse, 3f.

[485] *Modestinus* (3 lib. pand.) D. 31, 36; dazu siehe oben Teil III § 2 B.

[486] Glück-*Arndts*, Bd. 46, 81; *Arndts*, Pandekten[10], 888, 896; auch *Dernburg*, PreußPrivR, Bd. III, 400f. Der Begriff „Vermögensvorteil" wird bei *Arndts* bereits in der ersten Auflage seines Pandektenlehrbuchs verwendet; vgl. *Arndts*, Pandekten[1], 810, 817. In älteren Schriften taucht er nicht auf. Es spricht daher viel dafür, daß der Begriff von *Arndts* geprägt wurde. Er versteht unter Vermögensvorteil jede mögliche und rechtlich zulässige obligationsrechtliche Leistung. Für eine solche fordert er im Obligationenrecht ein vermögensrechtliches, d. h. geldwertes Interesse, das Gegenstand gerichtlicher Verfolgung und Verurteilung des Verpflichteten abgeben könne; dazu eingehend Teil IV § 1 D. I. 1.

nen Todesfall von Seiten des Gebers als künftigen Erblassers aus seinem Nachlasse" verstanden wird[487]. So lautet die bündige Definition des Vermächtnisses bei *Arndts*:

> „Eine letztwillige Verfügung, wodurch der Erblasser einer Person unmittelbar oder mittelbar aus seinem Nachlaß, auf Kosten der Erbschaft, einen Vermögensvortheil zuwendet"[488].

Zum Teil wird für das Vermächtnis aus der Nähe zur Schenkung das Erfordernis einer unentgeltlichen Bereicherung abgeleitet[489]. Dagegen wird überwiegend betont, daß das Vermächtnis – obwohl Liberaliät – nicht immer zu einer Vermögensvermehrung zu führen brauche, also nicht stets *causa lucrativa* sei[490], denn beispielsweise auch die bloße Veränderung in den Bestandteilen des Vermögens des Legatars könne Inhalt des Vermächtnisses sein, indem zu dessen Gunsten dem Erben aufgegeben werde, etwas für den wahren Wert dem Legatar abzukaufen oder ihm zu verkaufen[491].

Der Begriff des Vermächtnisses gehe über den der Schenkung hinaus[492], daher habe man in der Begriffsbestimmung an die Stelle der Schenkung die Zuwendung eines Vermögensvorteils aus dem Nachlaß (*delibatio hereditatis*[493]) gesetzt[494]. Das Ver-

---

[487] Glück-*Arndts*, Pandekten, aaO; *Dernburg*, Pandekten, Bd. III, 188, Fn. 7; vgl. auch *Keller*, Pandekten[2], Bd. II, 511.

[488] Glück-*Arndts*, Pandekten, Bd. 46, 83; wortgleich *Vering*, RömErbR, 668; aA *Windscheid-Kipp*, Pandekten[9], Bd. III, 573f., der eine genaue Definition nur in negativer Weise für möglich hält: „das Vermächtnis ist eine Zuwendung von Todes wegen, die weder Erbeinsetzung noch Schenkung von Todes wegen ist."

[489] So *Wendt*, Pandekten, 866, der das Vermächtnis wie die Schenkung als sogenannte *causa lucrativa* ansieht. Den Inhalt der *causa lucrativa* versteht er als effektiven Zugewinn an Vermögen im Sinne einer Bereicherung; dagegen *Hartmann*, Vermächtnisse, 26.

[490] *Dernburg*, Pandekten[7], Bd. III, 188; auch *ders.*, Preuß PrivR, Bd. III, 401; *Hartmann*, AcP 70 (1886), 169 (172). Nach *Hartmann*, Vermächtnisse, 28 erfordert das Vermächtnis begrifflich weder eine Bereicherung noch eine Liberalität, jedoch geht er augenscheinlich von einer Gesamtbetrachtung aus, da er das Vermächtnis jedenfalls Vermögenszuwendung charakterisiert (54).

[491] *Dernburg*, Preuß PrivR, Bd. III, 401, Fn. 6 mit Verweis auf *Ulpianus* (24 lib. ad Sab.) D. 30, 49, 8.

[492] *Meischeider*, 306.

[493] Zu *Florentinus* (11 lib. inst.) D. 30, 116, 1 oben Teil III § 2 A. Zustimmend *Dernburg*, PreußPrivR, Bd. III, 400, Fn. 3; *Arndts*, Pandekten[10], 888; aA *Hartmann*, Vermächtnisse, 10.

[494] *Meischeider*, 307.

mächtnis ist nach diesem Ansatz eine bezweckte Privilegierung des Bedachten, die Vermögensqualität aufweisen muß, auch wenn sie im Ergebnis nicht zu einer Vermögensmehrung in Form einer Bereicherung zu führen braucht. Zugleich impliziert der Grundgedanke der *donatio*, daß es kein Vermächtnis zum vermögensmäßigen Nachteil des Legatars geben kann[495]. In der Sache bestehen also, abgesehen vom Sprachgebrauch, keine Abweichungen zum klassischen römischen Recht.

Der Vermächtnisgegenstand wird auch hier isoliert betrachtet: er wird auf Kosten des Nachlaßvermögens verschafft und vermehrt das Vermögen des Vermächtnisnehmers entsprechend[496]. Gedanklich davon getrennt wird ein eventuell mit dem Vermächtnis einhergehender Vermögensabgang beim Legatar infolge einer Gegenleistung, Auflage oder eines Untervermächtnisses[497]. Dieser kann zwar im Rahmen einer saldierenden Gesamtbetrachtung den Vermögenszugewinn mindern oder neutralisieren; er ändert jedoch nichts daran, daß der Vermächtnisnehmer zugleich auch einen Vermögenswert erwirbt.

Nur so läßt sich die Möglichkeit einer „vermögensrechtlichen Begünstigung" ohne „Vermögensmehrung" schlüssig erklären. Dabei ist zu berücksichtigen, daß die vermächtnisweise Zuwendung des Vermögensvorteils nicht als Verschiebungstatbestand in dem Sinn aufgefaßt wird, daß der aus dem Nachlaß ausscheidende und der vom Bedachten erworbene Vermögenswert gegenständlich identisch sein müssen.

Eine „Stoffgleichheit" oder eine Unmittelbarkeitsbeziehung ist nicht erforderlich[498]. Sieht man von „kompensierenden" Nebeneffekten ab, so ist eigentlicher Kern der vermächtnisweisen *donatio* also zunächst eine Zuwendung von positivem Vermö-

---

495 Vgl. *Dernburg*, Pandekten[7], Bd. III, 187; *Meischeider*, 310; *Hartmann*, Vermächtnisse, 32ff.; *Koeppen*, ErbR, 75.

496 Dies trifft auch für das Vermächtnis, dessen, was der Erblasser dem Bedachten bereits schuldet, zu (*legatum debiti*). Der bedachte Gläubiger erwirbt mit der Vermächtnisforderung ein Pfandrecht und damit in jedem Fall einem unmittelbaren Vorteil; dazu *Arndts*, Pandekten[10], 933; *Arndts*, Civilistische Schriften, 479; *Thibaut*, System[8], Bd. II, 421; *Dernburg*, Pandekten[7], Bd. III, 219; *Hartmann*, AcP 70 (1886), 169 (172ff.); *ders.*, Vermächtnisse, 13ff.

497 Diese Trennung der Perspektiven vgl. auch bei Glück-*Arndts*, Pandekten, Bd. 46, 82; *Dernburg*, Pandekten[7] Bd. III, 188; *Hartmann*, Vermächtnisse, 28, 54. Die Beschwerung des Vermächtnisnehmers in voller Höhe durch anderweitige Belastungen ändert nichts am Vorliegen eines wirksamen Vermächtnisses, sondern setzt ein solches vielmehr voraus. Gleiches gilt für das Kaufrechtsvermächtnis zum vollen Wert. *Dernburg*, Pandekten[7], Bd. III, 401 Fn. 7.

498 Vgl. *Dernburg*, aaO.

genswert, die dem Legatar auf Kosten des Nachlasses zufließen muß. Hierdurch offenbart sich eine inhaltliche Verbindung zu Definitionen, die beim Zuwendungsgegenstand direkt ansetzen und von der Zuwendung „vermögenswerter Rechte" handeln.

B. Das Vermächtnis als Zuwendung vermögenswerter Rechte

Roßhirt definiert, daß alles Gegenstand des Vermächtnisses sein könne, was in den Kreis der Privatvermögensrechte falle[499]: alle „Vermögensobjekte" oder alle „Vermögensrechte" oder „Vermögensstoff[500]". Der Vermächtnisgegenstand wird nach dieser Betrachtungsweise durch seine Quelle definiert, er ist demnach ein herausgelöster Bestandteil des „Vermögens" und muß folglich auch dessen Merkmale aufweisen. *Roßhirt* verlangt, daß es eine Sache sei, die für das Privatvermögen „Wert" habe und daher geschätzt werden könne, daß der Vermächtnisgegenstand eine *res aestimabilis* sei – also Gegenstand mit positivem Geldwert[501]. Grundlage des Vermächtnisses sei ein vermögensrechtliches Interesse, dessen Wert zwar noch so gering sein könne, aber jedenfalls vorhanden sein müsse[502]. Das Erfordernis des Geldwertes sieht Roßhirt zugleich als Bedingung der Vollziehbarkeit des Vermächtnisses[503].

I. Geldwert als Vermögenseigenschaft

Die Aussage *Roßhirts* gibt der in der pandektistischen Literatur gemeinhin vorherrschenden Anschauung Ausdruck, die Vermögenswert bzw. Vermögenszugehörigkeit durch das Merkmal des Geldwertes definiert[504]. „Geldwert hat, was im Verkehr der

---

499 *Roßhirt*, Vermächtnisse, Bd. I, 224; *Wächter*, Pandekten, Bd. II, 804.

500 *Böcking*, Pandekten[5], 378. *Bluhme*, System, 403; *Crailsheim*, AcP 47 (1864), 368 (399); *Wächter*, Pandekten, Bd. II, 804; *Hartmann*, Vermächtnisse, 10, 11, 13; *ders.*, AcP 70 (1886), 169 (173f.); ähnlich *Meischeider*, 309.

501 Roßhirt, Vermächtnisse, Bd. I, 225; *ders.*, Vermächtnisse, Bd. II, 127. Zur Ästimabilität Teil III § 4 B. I. 2. a).

502 *Roßhirt*, Vermächtnisse, Bd. II, 122, 304.

503 *Roßhirt*, Vermächtnisse, Bd. II, 127.

504 Exemplarisch *Brinz*, Pandekten[2], 445: „Die Werthe, welche das Vermögen bilden, bestehen in Geld oder Geldeswert"; vgl. auch *Arndts*, Pandekten[10], 24; *Bekker*, Sys PandR, Bd. I, 137; *Birkmeyer*, Vermögen, 295ff., 309; *Cohnfeldt*, Interesse, 60; *Dernburg*, Pandekten[7], Bd. I, 154 und 47f.; *Hellwig*, AcP 86 (1896), 223 (234); *Keller*, Pandekten[2], Bd. I, 113f.; *ders.*,

Menschen nach Geld geschätzt wird und für Geld anschaffbar ist"[505]. Der Sprachgebrauch belegt mannigfach, daß Vermögenswert und Geldwert synonym verstanden werden. Die regelmäßige Abwesenheit jeder näheren Begründung offenbart dabei die Selbstverständlichkeit des Begriffsverständnisses.

1. Der Vermögensbegriff Savignys

Eine eingehende Begründung findet sich bei *Savigny*. Er versteht das Vermögen als Inbegriff rechtlicher Beherrschungsmacht. Es sei die Gesamtheit der Rechtsverhältnisse, die die Macht des Einzelnen nach außen erweitere[506]. Vermittelt werde diese Macht durch das Eigentumsrecht als Herrschaftsrecht über Sachen und durch die Obligation als Recht zur partiellen Herrschaft über eine einzelne Handlung des Schuldners[507].

Diese habe mit dem Eigentum nicht bloß darin eine ähnliche Natur, daß in beiden eine erweiterte Herrschaft des Willens über ein Stück der äußeren Welt enthalten sei[508], sondern sie habe zum Eigentum auch eine spezielle Beziehung: „erstlich durch die mögliche Schätzung der Obligationen in Geld, welche nichts anderes ist, als Verwandlung in Geldeigentum; zweitens dadurch, daß die meisten und wichtigsten Obligationen keinen anderen Zweck haben, als zum Erwerb von Eigentum, oder zum vorübergehenden Genuß desselben zu führen"[509].

Dies bedinge zugleich, daß sich nicht alle Handlungen zum Gegenstand einer Obligation eigneten und diejenigen ausschieden, für welche eine Verwandlung in eine Geldsumme nicht denkbar sei[510]. Savigny begründet die Notwendigkeit des

---

Pandektenvorlesungen[2], Bd. I, 113f.; *Mommsen*, Interesse, 11-13; *Savigny*, Sys RömR, Bd. I, 376; *ders.*, Obligationenrecht, Bd. I, 9; *Puchta*, Pandekten[12], 51, 63; *ders.*, System[8], Bd. II, 11, 299; *ders.*, Cursus Inst[5], Bd. III, 1; *Regelsberger*, Pandekten, Bd. I, 361; *Windscheid*, Pandekten[3], Bd. II, § 21 (3 Fn. 3); *Windscheid-Kipp*, Pandekten[9], Bd. I, 178, Fn. 1; *Sintenis*, PractGemCivR[3], Bd. II, 23; *Wendt*, Pandekten, 457f.; aA *Kohler*, Archiv f. BüR 10 (1895), 241 (258), der die Gleichsetzung von Vermögenswert und Tauschwert, also Geldwert, für falsch hält, jedoch die Dominanz dieser Sichtweise mittelbar bestätigt.

[505] *Dernburg*, Pandekten[7], Bd. I, 46 Fn. 2.

[506] *Savigny*, SysRömR, Bd. I, 339.

[507] *Savigny*, SysRömR, Bd. I, 369.

[508] *Savigny*, Obligationenrecht, Bd. I, 16.

[509] *Savigny*, Obligationenrecht, Bd. I, 16; *ders.*, SysRömR, Bd. I, 339.

[510] *Savigny*, Obligationenrecht, Bd. I, 9, 16; *ders.*, SysRömR, Bd. I, 377.

Geldwertes mit der Quantifizierung der rechtlichen Macht durch Auflösung der einzelnen Vermögensbestandteile in das Eigentum an einzelnen Geldsummen. Eine abstrakte, rein quantitative Betrachtung des Vermögens werde „vermittelt durch den Begriff des Wertes, oder der Gleichstellung verschiedenartiger Vermögensrechte auf ein gemeinschaftliches Drittes, welches das Geld als allgemeiner Wertmesser sei“[511]. Diese Eigenschaft komme dem Gelde im Rechtsverkehr deshalb zu, weil es mit einheitlichem Wert von jedem Rechtsgenossen akzeptiert werde[512].

Das Geld fungiere dadurch zunächst als bloßes Werkzeug der Messung des Wertes der einzelnen Vermögensbestandteile. Daneben habe das Geld aber noch die zweite Funktion, den gemessenen Vermögenswert in sich selbst zu vertreten[513]. Es wird selbständiger Träger eines äquivalenten Maßes an Vermögensmacht. Die Fungibilität des Geldes macht die Wertaussage über den gemessenen Vermögensgegenstand allgemeingültig. Daraus muß für *Savigny* im Rückschluß folgen, daß alles, was nicht in Geld bezifferbar ist, keine Vermögensmacht vermitteln und daher keinen allgemeinen Vermögenswert haben kann.

2. Die Vermögensrechte nach Neuner

Auch *Neuner* sieht die Vermögensrechte als Machterweiterung der Person nach außen[514]. In den zentralen Punkten decken sich die Ausführungen *Neuners* und *Savignys*, so in der Unterteilung der Vermögensrechte in Sachenrechte und Forderungsrechte. *Neuner* liefert im Vergleich zu *Savigny* aber eine etwas anders gelagerte Ableitung vom Geldwerterfordernis der Vermögensrechte. Nach *Neuner* ist das Vermögensrecht Mittel zur „äußeren Wohlfahrt“. Darunter versteht er grundsätzlich auch die Möglichkeit zur rechtlichen Beherrschung der Außenwelt, die der zentrale Gedanke bei *Savigny* ist, einschränkend dazu aber die rechtliche Möglichkeit zur Begründung von Vermögensverhältnissen *in bezug auf Güter*.

Bei Vermögensverhältnissen handele es sich um Beziehungen der Person zu äußeren „Gütern von ökonomischem Wert, von wirtschaftlichem Wert, also – nachdem das Geld als allgemeiner Wertrepräsentant der wirtschaftlichen Güter unter den Men-

---

511 *Savigny*, SysRömR, Bd. I, 376f.

512 *Savigny*, Obligationenrecht, Bd. I, 407.

513 *Savigny*, Obligationenrecht, Bd. I, 405.

514 *Neuner*, Privatrechtsverhältnisse, 43.

schen eingeführt sei – von pekuniärem Interesse" – mithin Geldwert[515]. Die Vermögensrechte selbst bilden nach Neuner damit das rechtliche Potential zum Erwerb (Forderungsrecht) und zur Behauptung (Sachenrecht) wirtschaftlicher Güter im Rechtsverkehr[516].

3. *Konsequenz für den Vermächtnisgegenstand*

Für das Vermächtnis müssen auch diese Auffassungen konsequenterweise dazu führen, daß dessen Gegenstand einen in Geld schätzbaren Wert haben muß, wenn er als vermögenswert gelten soll.

C. Das Vermächtnis als Zuwendung eines Verkehrsgegenstandes

Probleme bereiten manche Stellungnahmen in der zeitgenössischen Literatur, die das Vermächtnis in ähnlicher Weise vom Zuwendungsgegenstand her definieren, allerdings konkret und phänomenologisch, ohne einen Zusammenhang zu einem übergeordneten Vermögensbegriff herzustellen. Gegenstand des Vermächtnis könne alles sein, was nicht dem Verkehr entzogen sei, sowohl Sachen[517], d. h. „körperliche Dinge", als auch „unkörperliche Dinge"[518], Eigentum, sonstige dingliche Rechte, Sachen Dritter, Forderungen[519]. Damit weicht diese Ansicht insofern von den obigen ab, als sie einen Vermögensvorteil, Vermögenswert oder Geldwert nicht ausdrücklich fordert.

Fraglich ist, ob möglicherweise mittelbar über die Sachqualität ein Vermögenswert verlangt wird. So schreibt *Baron*, daß eine Sache dasjenige sei, was in sich einheitlich sei und einen bestimmten Vermögenswert habe[520]. Die Aussage *Barons* muß

---

515 *Neuner*, Privatrechtsverhältnisse, 42 und 49. Zur nationalökonomischen Herkunft des Begriffes des wirtschaftlichen Wertes vgl. Teil VI § 2 C. V. 3.

516 *Neuner*, Privatrechtsverhältnisse, 49 und 50f.

517 Zur Entwicklung des Sachbegriffs vgl. auch *Becker*, Res.

518 *Mühlenbruch*, Pandecten[4], Bd. III, 422.

519 *Pagenstecher*, Pandekten-Praktikum, 757; *Keller*, Pandekten[2], Bd. II, 524; *Seuffert*, Pandektenrecht, Bd. III, 277; *Thibaut*, System[8], Bd. II, 416.

520 *Baron*, Pandekten[9], 71 unter Berufung auf *Ulpianus* (14 lib. ad ed.) D. 50, 16, 23; *Pomponius* (30 ad Sab.) D. 41, 3, 30; *Ulpianus* (59 ad. ed.) D. 50, 16, 49; *Gaius* (2 lib. Inst.) D. 1, 8, 1, 1; vgl. auch *Roßhirt*, Vermächtnisse, Bd. I, 121.

jedoch vor dem Hintergrund gesehen werden, daß er einerseits den herrschenden Vermögensbegriff aus seinem Sachbegriff und nicht aus den subjektiven Rechten entwickelt[521] und andererseits jeder Sache Vermögenswert zuschreibt[522]. Auch kann sein Gedankengang sinngemäß nicht auf die Sache als solche bezogen werden, sondern höchstens auf das Eigentum an im Verkehr stehenden Sachen (*res in commercio*). Ansonsten erleidet die Argumentation in bezug auf *res divini iuris* Widerspruch. Denn das Ausscheiden der *res divini iuris* aus dem Privatrechtsverkehr zeitigt mangels fortdauernder Rechtsobjektsfähigkeit nur einen Verlust der Vermögensqualität, mithin des Vermögenswertes, nicht aber der Sachqualität[523].

Dem entspricht, daß *res divini iuris* Sachen im Rechtssinn bleiben und auch als solche nach Profanisierung wieder in den Verkehr eingebracht werden können[524]. Da der Verlust des Vermögenswertes keine Auswirkungen auf die Sacheigenschaft hat, kann dieser auch nicht Teil der Sachqualität sein, so daß sich insoweit kein Erfordernis eines Vermögenswertes des Zuwendungsgegenstandes aus dem Sachbegriff ergibt[525].

Ob sich andererseits aus dem begrifflichen Inhalt des Eigentums das Erfordernis eines Vermögenswertes im Sinne eines konkreten Geldwertes ergibt[526] und auf diesem Weg für den Vermächtnisgegenstand maßgebend wäre, wird in der pandektistischen Literatur nicht diskutiert. Wenn das Eigentumsrecht als Vermögensrecht angesehen wird, dessen Charakteristikum der Geldwert und die Schätzbarkeit in Geld ist, müßte konsequenterweise folgen, daß es kein Eigentumsrecht an wertlosen Sachen geben

---

521 „Was eine Person an Sachen in diesem Sinn hat, bildet ihr Aktivvermögen"; *Baron*, aaO.

522 *Baron*, Pandekten[9], 75, 82f. leitet dies folgendermaßen ab: Alle Sachen gewähren, indem sie die Fähigkeit haben, menschliche Bedürfnisse zu befriedigen, einen Nutzen. Um ihres Nutzens halber haben die Sachen einen Wert, der in Geld bezifferbar ist und objektiv ist (*verum rei pretium*). Die Frage, wie Gegenstände zu behandeln sind, die keinen Nutzen haben und somit auch für *Baron* mangels Vermögenswerts keine Sache sein dürften, bleibt jedoch unbeantwortet.

523 Dazu näher Teil III § 4 B. I. 2. b) cc); *Göschen*, Vorlesungen, Bd. I, 218-223. *Böcking*, Pandekten[5], 249; *Mackeldey*, RömR[2], 138f.

524 *Göschen*, Vorlesungen, Bd. I, 220 nennt die Fälle des Verkaufs von *res sacrae* zur Auslösung von Gefangenen oder zur Abtragung von Kirchenschulden.

525 Statt aller *Arndts*, Pandekten[10], 55: „Sache (*res*) ist im weitesten Sinn alles, was blos gegenständliche Bedeutung im Rechte hat, im engeren Sinn ein körperlicher für sich bestehender Gegenstand (...). "

526 So müßte *Baron*, aaO, sinnvollerweise gedeutet werden.

kann[527]. Daraus würde wiederum folgen, daß ein Vermächnis des Eigentums an geldwertlosen Gegenständen mangels dessen Existenz rechtlich unmöglich wäre[528]. Dieser Schluß wird so jedoch nicht gezogen. Es ergibt sich vielmehr der Befund, daß man selbstredend Eigentum auch an wertlosen Sachen annimmt[529]. Eigentum wird als Vermögensrecht angesehen, ohne auf den konkreten Vermögens - bzw. Geldwert der jeweiligen Sache einzugehen[530]. Daraus folgt für die Autoren dieser Richtung, daß gerade Eigentum an Nachlaßsachen unproblematisch vermächtnistauglich ist[531], so daß sich das Abstellen auf einen konkreten Vermögenswert beim Eigentumsvermächtnis erübrigt.

Hier offenbart sich ein Widerspruch zu den eigenen Prämissen und ein erstes Indiz dafür, daß die Gleichsetzung von Vermögenswert und Geldwert im Randbereich des Systems der Vermögensrechte zu Friktionen führt. Es werden zwei unterschiedliche Tendenzen erkennbar, von denen die eine die Vermögensrechte abstrakt-klassifikatorisch, die andere dagegen konkret betrachtet. Eine mögliche Erklärung könnte in der Zweiteilung der Vermögensrechte in Sachen- und Forderungsrechte

---

[527] So wohl *Brinz*, Pandekten², Bd. I, 447: „ (...) während das Eigentum als solches oder an sich Geldwert hat, den Wert der Sache nämlich, mit dem es gleich gilt. "

[528] Zur ähnlichen Problematik um den „Wert" beim Begriffs des *bien* (Gut) im französischen Recht *Fiorini* in: *Wacke-Baldus*, Juristische Vorlesungen, 91f., 94f. Vgl. damit Teil VI § 2 C. V. 2. b) und Teil VI § 2 C. V. 3.

[529] *Windscheid-Kipp*, Pandekten, Bd. I, 178 Fn. 1; *Göschen*, Vorlesungen, Bd. II, 19; *Regelsberger*, Pandekten, Bd. I, 201, 362; *Neuner*, Privatrechtsverhältnisse, 55; *Arndts*, Pandekten¹⁰, 195; insbesondere auch *Kohler*, Archiv f. BüR 5 (1891), 161 (251f.): „Das Vermögensrecht, und insbesondere das Eigentum, die wahre Burg des Vermögensrechts, würde völlig verkannt, wenn man hierbei nur die nichtideelle, die sozusagen rein vermögensrechtliche Seite ins Auge fassen würde".

[530] *Endemann*, Einf BGB, Bd. I, 471; *Neuner*, Privatrechtsverhältnisse, 55; *Kohler*, Archiv f. BüR 12 (1897), 1 (12f.); *Stammler*, Schuldverhältnisse, 4: „ In der Tat hat man bei den dinglichen Rechten jenes beschränkende Erfordernis einer nachzuweisenden Verwertungsmöglichkeit in Geld wohl niemals gestellt". AA *Crome*, System, Bd. I, § 31 (170); *Brinz*, Pandekten², Bd. I, § 124 (445): „So kann denn auch nichts, das nicht in Geld taxierbar ist, den Gegenstand der Habe bilden, die das Vermögen rechtlich betrachtet ausmacht." Die letztere Ansicht macht das Verlangen nach einer Schätzbarkeit in Geld generell zweifelhaft, denn in Geld geschätzt werden kann nicht das Eigentumsrecht als solches, sondern nur die Sache selbst. Kommt es aber nicht auf die Schätzbarkeit und den Wert der konkreten Sache an, so verliert die Schätzbarkeit ihren Sinn; *Thießen*, 67.

[531] *Marezoll*, Zeitschrift f. Civilrecht u. Prozeß 9, 61 (68); Glück-*Arndts*, Pandekten, Bd. 46, 120: „Ein Vermächtnis dieser Art kann in einem vorzüglichen Sinn eine *delibatio hereditatis* genannt werden. Dagegen aber *Roßhirt*, Vermächtnisse, Bd. II, 127, der auf den Wert der konkreten Sache abstellt.

liegen, welche die nach außen wirksame Rechtsmacht des Vermögensinhabers vermitteln und eine gewisse Gegensätzlichkeit aufweisen[532].

Das Eigentum als Sachenrecht verschafft Beherrschungsmacht unmittelbar. Der Inhaber der Sache verwirklicht sie durch sich selbst[533]. Vermögenswert der beherrschten Sache ist hierzu nicht erforderlich, weil der Inhaber über jede Sache wegen deren gegenständlicher Existenz Herrschaft ausüben kann. Hier scheint die abstrakte Betrachtung ihre Wurzeln zu haben, indem sie gedanklich vom Eigentum ausgeht. Bei Forderungen spielt der konkrete Vermögenswert der Leistung jedoch nach wie vor eine wichtige Rolle[534]. Dies scheint der Ursprung der konkreten Betrachtung des Vermögens zu sein.

Der obige Befund, daß es für den Vermächtnisgegenstand nicht auf Geldwert ankommt, kann deshalb nur insoweit als abschließend gelten, als der Vermächtnisgegenstand vom Bedachten direkt erworben werden kann, d. h. *der Erwerb sachenrechtlichen Grundsätzen unterliegt.* Dies ist nur für Eigentum oder andere dingliche Rechte im Wege des Vindikationslegats[535] möglich. Wenn daher als möglicher Gegenstand des Vermächtnisses jede körperliche Sache im Eigentum des Erblassers angesehen wird, ohne daß man auf Vermögenswert abstellt, so gilt dies uneingeschränkt nur für das Eigentumsvermächtnis in Form eines Vindikationslegats.

Für das Damnationslegat, das keinen Direkterwerb des Begünstigten zeitigt, sondern den Beschwerten zur Leistung des Vermächtnisgegenstandes schuldrechtlich verpflichtet, ist die Frage aufzuwerfen, ob das Vermächtnis deshalb einen konkret vermögenswerten Leistungsgegenstand erfordert, weil es eine obligatorische Forderung zur Entstehung bringen muß. Damit ist die Brücke geschlagen zu einer Deutung des Vermächtnisses, die prägend für die weitere Rechtsentwicklung war.

D. Das Vermächtnis als Obligation

Einige Autoren bestimmen den Gegenstand des Vermächtnisses, indem sie dieses als Obligation definieren. Bemerkenswert ist dieser Ansatz deshalb, weil er nicht wie die

---

[532] Dazu *Neuner*, Privatrechtsverhältnisse, 51.

[533] *Neuner*, Privatrechtsverhältnisse, 53; *Sohm*, GrünhutsZ 4 (1877), 457 (472).

[534] Teil IV § 1 D. I.

[535] Dazu *Arndts*, Pandekten^{10}, 912. Der Direkterwerb einer Forderung durch Vindikationslegat ist nicht möglich. Das sog. *legatum nominis* verpflichtet den Erben nur, die Forderung abzutreteten, insofern liegt ein Damnationslegat vor.

anderen am Zuwendungsgegenstand auf erbrechtlicher Ebene, sondern an der Rechtsfolge des Vermächtnisses ansetzt und systematisch betrachtet unabhängig von der Frage ist, ob das Vermächtnis *als solches* Vermögenswert haben muß. Da das Vermächtnis eine Obligation erzeuge, gälten die Grundsätze des Obligationenrechts auch für dieses. Infolgedessen könne im allgemeinen alles, was Gegenstand einer Obligation sein könne, auch Gegenstand derjenigen sein, die durch das Vermächtnis dem Onerierten auferlegt werde[536]. Man steht insoweit im Ergebnis auf dem Boden des klassischen römischen Rechts. *Arndts* schreibt:

> „Gegenstand des Vermächtnisses (...) kann alles sein, was einer Person als Vermögensvorteil aus der Erbschaft oder auf Kosten derselben zugewendet werden kann, Alles, was Gegenstand einer obligatio sein kann, die durch letztwillige Verfügung der Erblasser dem Erben, oder wer sonst mit einem Vermächtnis gültig beschwert werden kann, auferlegt werden, jede Leistung von vermögensrechtlichem Werthe, die den Inhalt einer Schuldverbindlichkeit abgeben kann“[537].

Der zweite Teil der Definition ergänzt die bereits bekannte Aussage von *Arndts*[538] in wesentlicher Weise. Der Vermögensvorteil wird mit den möglichen Inhalt einer Obligation gleichgesetzt. Der Ansatz erzeugt eine Strukturparallelität zwischen Vermächtnisrecht und Obligationenrecht, die die Notwendigkeit eines Vermögenswertes des Vermächtnisgegenstandes nicht erbrechtlich begründet, sondern primär davon abhängig macht, ob für den Gegenstand einer Obligation ein Vermögenswert gefordert wird[539]. „Übersetzt“ man die prozessuale Rechtslage des klassischen römischen Rechts[540] in eine materiellrechtlich verstandene Aussage, so entspricht ihr exakt dieser Ansatz. Die Frage, ob der Gegenstand einer Obligation vermögenswert sein muß, war jedoch im Bereich des Obligationenrechts eines der größten und prägendsten dogmatischen Probleme dieser Zeit.

---

536 *Puchta*, Pandekten[12], 750; *Brinz*, Pandekten[2], Bd. III, 308; *Marezoll*, Zeitschrift f. Civilrecht u. Prozeß 9, 61(68); *Baron*, Pandekten[9], 769; *Koeppen*, ErbR, 79; *Arndts*, Civilistische Schriften, Bd. II, 419.

537 Glück-*Arndts*, Pandekten Bd. 46, 91.

538 Glück-*Arndts*, Pandekten Bd. 46, 83.

539 So auch *Windscheid-Kipp*, Pandekten[9], Bd. III, 606 Fn. 1.

540 Vgl. Teil III § 4 B. I. 2. a); Teil III § 4 A.

I. Das Obligationsinteresse

Eine Obligation, d. h. die schuldrechtliche Verpflichtung zu einer Handlung verlangt nach allseits übereinstimmender Meinung ein Interesse des Gläubigers[541]. Jedoch war die Qualifikation dieses Interesses höchst umstritten.

1. Das Obligationsinteresse als vermögenswertes Interesse[542]

Nach weit vertretener Ansicht erfordert die Obligation, daß der Schuldner zu einer vermögenswerten Leistung verpflichtet werde[543]. Der Gläubiger müsse ein vermögenswertes Interesse an der Leistung des Schuldners haben. In der Literatur finden sich mehrere ausführliche Begründungen dieser Ansicht.

a) Dernburg[544]

Ursprünglich habe die römische Jurisprudenz ein *eigenes* Vermögensinteresse des Gläubigers gefordert. Das römische Recht habe auch in seiner jüngsten Gestalt am Erfordernis eines Vermögensinteresses festgehalten. Die römische Theorie der Obligation sei rezipiert und mit ihr das Erfordernis des Vermögensinteresses. Unabhängig vom Wandel der prozessualen Rahmenbedingungen, die nun auch nichtpekuniäre Versprechen vollstreckbar machten[545], habe der Obligationsbegriff sich nicht verändert[546].

---

541 Statt aller *Baron*, Pandekten[8], 364.

542 Hierzu neuerdings mit knapper Zusammenfassung *Reischl*, FS Musielak (70), 410 (423f.).

543 *Puchta*, Pandekten[12], 336; *Dernburg*, Pandekten[8], Bd. II, 535f.; *Göschen*, Vorlesungen, Bd. I, 42; *Brinz*, Pandekten[2], Bd. II, § 239; *Hartmann*, Begriff des Geldes, 49 Fn. 1; *ders.*, Obligation, 54 Fn. 3; *Neuner*, Privatrechtsverhältnisse, 65 Fn. 2; *Wendt*, Pandekten, 457; *Laband*, AcP 73, 161 (173); *Hellwig*, AcP 86 (1896), 223 (224, 229); *Sohm*, GrünhutsZ 4 (1877), 457 (457); *Marezoll*, Zeitschrift f. Civilrecht u Prozeß 10 (1837), 219 (221); *Sintenis*, PractGemCivR[3], Bd. II, 23; *Savigny*, Obligationenrecht, Bd. I, 9; *Arndts*, Pandekten[10], 341f.; *Keller*, Pandekten[2], Bd. I, 489f.; *Mommsen*, Interesse, 122ff; *Bluhme*, System, 197f.; *Bekker*, Kritische Zeitschrift f. d. ges. Rechtswissenschaft 3 (1856), 444 (460ff.).

544 *Dernburg*, Pandekten[8], Bd. II, 575f.

545 Vgl. *Linde*, Civilprozeß[6], § 373 (467); exemplarisch *Wetzell*, Civilproceß[3], 554: „Während nach dem Formularprozeß die Condemnation stets auf Geld gerichtet werden mußte, und nur die arbiträren Klagen einen auf Herausgabe des Streitobjekts mit seinen Akzessionen gerichteten Befehl vorausgehen ließen, (...), konnte die extraordinaria causae cognitio von jeher zur Zuerkennung des ursprünglichen Klageobjektes führen, und da gerade sie seit Diocletian und Maximian zur Regel wurde, so fiel die Notwendigkeit der condemnatio pecuniaria von selbst

Es würden durchaus einklagbare nichtobligatorische Ansprüche bejaht, jedoch gebe es *keine Obligation ohne Vermögensinteresse*[547]. Bei der geschuldeten Leistung müsse es sich jedenfalls um Dinge handeln, die im Verkehr für Geld beschaffbar seien, mithin geldwert seien[548]. Dies wiederum richte sich nach den gegenwärtigen wirtschaftlichen Verhältnissen[549]. Die Leistung müsse somit der Vermögenssphäre angehören, denn hierin liege das wahre Kriterium der Obligation, deren Grundsätze sich nicht auf Versprechen, die dem geselligen Verkehr angehören, beziehen ließen. Dies gebe den Obligationen eine feste Abgrenzung[550], denn es sei ein Kriterium dafür nötig, was im Rahmen einer klagbaren Verbindlichkeit liege[551].

b) Wendt

Eine ähnliche Begründung liefert *Wendt*. Die Obligation diene seit je her ausschließlich dem Vermögensverkehr, dem Transfer von Vermögenswerten[552]. Diese Sätze seien auch im zeitgenössischen Recht nicht außer Anwendung geraten, obgleich anzuerkennen sei, daß das Prozeßrecht einer Klage aus einer Verbindlichkeit ohne Vermögenswert keine *prozessualen* Hindernisse in den Weg lege[553]. Mit der prozes-

---

hinweg. Das justinianische Recht erklärt daher zwar die Verurteilung zu einer absolut unbestimmten Leistung für ungültig, (...), beschränkt sich aber im übrigen darauf, auszusprechen, der Richter solle so viel wie möglich auf eine bestimmte Summe oder Sache erkennen, (...). Dieser Gesichtspunkt hat sich dann in der Praxis weiter dahin fortgebildet, daß Klagbitte und Verurteilung überall auf das zunächst geschuldete Objekt gehen sollen, auch wenn dies ein facere ist, und mit anderen als Deliktsklagen kann darum eine Schätzungssumme nur ausnahmsweise gefordert werden. "

[546] Ebenso *Hartmann*, Begriff des Geldes, 49 Fn. 1; *Neuner*, Privatrechtsverhältnisse, 65 Fn. 2.

[547] *Wendt*, Pandekten, 458. „Vermögensinteresse" meint hier nicht den durch *Mommsen*, Interesse, 3ff.., 11ff. geprägten schadensrechtlichen Interessebegriff der Differenztheorie, sondern schlicht den Geldwert der Leistung.

[548] *Dernburg*, Pandekten[8], Bd. II, 576; *Bekker*, Pandekten (1886), Bd. I, 140.

[549] *Hellwig*, AcP 86 (1896), 223 (229).

[550] Eine Gefahr für die Rechtssicherheit beim Verzicht auf ein vermögenswertes Obligationsinteresse erkennen *Endemann*, Einf BGB, Bd. I, 471; *Kuntze*, 123; *Hellwig*, AcP 86 (1896), 223 (224, 246); *Hartmann*, AcP 73 (1888), 309 (372).

[551] *Dernburg*, Pandekten[8], Bd. II, 576, Fn. 6.

[552] *Wendt*, Pandekten, 457f.; vgl. auch *Hellwig*, AcP 86 (1896), 223 (235).

[553] Vgl. dazu die in diesem Zusammenhang gelegentlich zitierten Urteile:

1. Appellationsgericht Celle (2. Senat), Urteil vom 16.6.1869, Seuffert's Archiv 25 (1872), Nr. 239 (357): „Wenn gleichwohl das geschriebene Recht in dem hervorgehobenen Falle eine

sualen Möglichkeit sei die privatrechtliche Anerkennung jedoch noch keineswegs gegeben[554]. Vielmehr sei anzunehmen, daß die römischen Quellen noch immer in dieser Beziehung maßgeblich seien und eine Abänderung weder durch Gesetz noch durch Gewohnheitsrecht erfahren hätten.

c) Neuner

Nach *Neuner* liegt es zwar nicht schon im Begriff der Obligation, daß sie einen Vermögenswert zum Gegenstand haben müsse, weil einzig die Verpflichtung als solche maßgebend sei. Es sei daher durchaus vorstellbar, daß die Leistung auf etwas nicht in Geld Schätzbares geht, sofern sie für den Gläubiger nur überhaupt ein ehrba-

---

Klage nur zuläßt auf die bedungene Conventionalstrafe, nicht aber auf Erfüllung des Vertrages, so beruht das auf der spezifisch römischen Anschauung, daß die Condemnation stets auf eine certa pecunia zu richten sei. Diese Auffassung ist mit den jetzt geltenden Grundsätzen über die Zwangsvollstreckung nicht vereinbar. Die Möglichkeit der Reduktion des klagbar gemachten Interesses auf Geld ist nicht mehr notwendige Voraussetzung der Exekution oder der Kondemnation. “ Anders für die ZPO wiederum Hellwig, AcP 86 (1886), 223 (245 Fn. 31); dagegen jedoch Treskow, 35 („jedes Forderungsrecht formell klagbar“).

2. Die Entscheidung Oberappellationsgericht Lübeck, Urteil vom 27.02.1869 in Seuffert's Archiv 25 (1871), Nr. 293 (451f.) ist nicht aussagekräftig, da das Urteil auf altes Reichsrecht und nicht auf gemeines römisches Recht gestützt wurde.

3. Obertribunal Stuttgart, Urteil vom 12.09.1876 in Seuffert's Archiv 32 (1877), Nr. 214 (272) äußert sich ebenfalls nicht zur Frage des Obligationsinteresses, da es von einem familienrechtlichen (Wahlbeteiligung im Familienrat) und nicht um einen schuldrechtlichen Streitgegenstand ausging.

4. Oberappellationsgericht Kassel, Bescheid vom 05.10.1844 in Seuffert's Archiv 2 (1849), Nr. 272 (342): „Wenn auch anzunehmen wäre, daß nach römischem Rechte bei den auf ein Thun oder Unterlassen gerichteten Verträgen eine Verurteilung nur auf Leistung des Interesses stattfinde, so ist doch diese Bestimmung bei der Aufnahme des römischen Rechtes in Deutschland nicht allgemein anerkannt worden, vielmehr darf nach gemeinem deutschem Gerichtsgebrauche die Klagbitte, beziehungsweise die Verurteilung auch bei Verträgen der obengedachten Art auf den Vertragsgegenstand selbst gerichtet werden. “ Ebenso Neuner, Privatrechtsverhältnisse, 68.

5. Oberstes Landgericht Bayern, Urteil vom 15.03.1881 in Seuffert's Archiv 38 (1883), Nr. 14 (22). Der Revisionskläger wurde hier zur Erfüllung eines Vertrages verurteilt, in dem er sich gegen Erhalt einer Rente zur Heirat der Tochter des Klägers verpflichtet hatte. Die Verpflichtung zur Heirat wurde ausdrücklich als wirksam anerkannt, allerdings auch ein Vermögensinteresse des Vaters bejaht. Eine Streitentscheidung unterblieb daher.

[554] *Wendt*, Pandekten, 458.

res Interesse habe[555]. Die Obligation ist für ihn jedoch Mittel zur Erreichung eines „ökonomischen Resultats“[556].

Bei Nichterfüllung einer Forderung auf ein nichtgeldwertes Interesse würde dem Gläubiger aber auf Sekundärebene ein entsprechendes Mittel, dieses Interesse zu erhalten, schon aus der Natur der Verpflichtung heraus fehlen. Wenn der Gläubiger sein eigentliches Interesse nicht erwirken könne, so stehe der Verpflichtung kein eigentliches Forderungsrecht des Gläubigers gegenüber[557]. Die Obligation bleibe „ohne Schneide“[558]. Diese den „ökonomischen“ Ansatz *Neuners* ergänzende rechtsfunktionale Begründung fußt in der effektiven Durchsetzbarkeit[559] der geschuldeten Leistung und steht eng in Verbindung mit Lehrsätzen *Savignys* und *Puchtas*.

Nach *Savigny*[560] vermittelt die Obligation Rechtsmacht nach außen in Gestalt von Herrschaft über eine spezifische Handlung einer Person, indem sie diese aus deren allgemeiner Freiheit ausscheide. Die Handlung könne aber nur in diesem Sinne von der Person „veräußerlicht“ werden, wenn sie vermögenswert, mithin geldwert sei[561]. Dahinter steht wiederum der Gedanke der *rechtlichen* Erzwingbarkeit der Handlung. Nur geldwerte Handlungen werden als in letzter Konsequenz durchsetzbar gedacht, weil und wenn das Interesse an ihnen auf Sekundärebene in Geld kompensiert werden kann[562].

Ein Recht auf eine nichtgeldwerte Handlung kann wegen ihrer „Unvertretbarkeit“ demgegenüber keine rechtliche Macht vermitteln und demnach nicht Gegenstand

---

555 *Neuner*, Privatrechtsverhältnisse, 65.

556 *Neuner*, Privatrechtsverhältnisse, 64. *Neuner* versteht unter „ökonomischem Gut“ im juristischen Sprachgebrauch das Vermögensrecht. Das „ökonomische Resultat“ ist ein Ergebnis des Güter*verkehrs* in Gestalt der „Begründung, Übertragung oder Aufhebung von Vermögensrechten“, also Sachen- und Forderungsrechten; *Neuner*, Privatrechtsverhältnisse, 50f.

557 *Neuner*, Privatrechtsverhältnisse, 64ff.

558 *Seuffert*, Beiträge, 5.

559 Zum Verhältnis von Obligation und Haftung *Brinz*, Pandekten[2], Bd. II, 12-38.

560 Zum folgenden sie auch Teil IV § 1 B. I. 1.

561 *Savigny*, Obligationenrecht, Bd. I, 4, 8f.

562 *Neuner*, Privatrechtsverhältnisse, 65, 66; *Ziebarth*, Realexekution, 40; ähnlich *Savigny*, Obligationenrecht, Bd. I, 9. Zum Rechtszwang auch *Jhering*, Zweck im Recht, Bd. I, 265ff. Der Wert ist allerdings nicht primärer Obligationsgegenstand. Klarstellend insoweit *Ziebarth*, Realexekution, 28.

einer Obligation sein, weil die Nichterbringung der geschuldeten Handlung ohne Sanktion bliebe. Dieser Gedanke findet sich am klarsten bei *Puchta*[563]:

> „Eine Handlung im vollen Sinn läßt sich nicht erzwingen, da sie ein Wollen voraussetzt, zu dem niemand genötigt werden kann. Wohl aber läßt sich dem Schuldner die Sache abnehmen, in welcher die Handlung ihr volles Äquivalent findet. Dadurch wird die Handlung erzwingbar. Der Gläubiger hat eine Herrschaft nur über die sachliche Seite der Handlung; es ist ihm vollkommen genug geschehen, wenn ihm der Vermögenswert, den die Handlung für ihn gewährt, also sein Vermögen in dieselbe Lage gebracht wird, in der es sich befände, wenn die Handlung geschehen wäre. “

d) Zusammenfassung

Die Erforderlichkeit eines Vermögenswertes der Leistung wird hauptsächlich rechtshistorisch durch die Fortgeltung römisch-rechtlicher Prozeßrechtsgrundsätze auf materiell-rechtlicher Ebene als „Theorie der Obligation" gerechtfertigt. Im Abstellen auf die rechtliche Erzwingbarkeit wird deutlich, daß die Folgerungen des Prinzips der *condemnatio pecuniaria* auch hier materiellrechtlich konsequent fortgeschrieben werden, nur mit leicht anderer Bedeutungsnuance.

Das Prinzip der *condemnatio pecuniaria* prägte im klassischen römischen Recht, bedingt durch das aktionenrechtliche System, den materiellen Inhalt der Rechtsgeschäftstypen entscheidend vor und wirkte deshalb auch nach Absterben des Formularprozesses mittelbar fort[564]. Nun fungiert der Vermögenswert als Kriterium der Rechtsverbindlichkeit, als materiellrechtliche Bedingung des *Vorhandenseins* eines *Rechts*geschäfts[565]. Notwendig ist dies, weil wegen der Abkehr von den prozessualen Rahmenbedingungen des römischen Formularprozesses klagbare Rechtsverhältnisse nun auf materiellrechtlicher Ebene identifiziert werden müssen[566] und ein anderes eindeutiges Kriterium nicht zur Verfügung steht.

---

[563] *Puchta*, Cursus Inst., Bd. I, 89.

[564] Teil III § 4 B. II. 1.

[565] Nach *Sintenis*, PractGemCivR^3, Bd. II, 23 bestimmt der Vermögenswert die „privatrechtliche Natur der Handlung".

[566] Vgl. *Regelsberger*, Pandekten, Bd. I, 678: „Die Klagbarkeit ist Eigenschaft der Privatrechte, mit der sie die Rechtsordnung ausstattet; nur das Wie der Geltendmachung wird durch das Prozeßrecht geregelt.

Deutlich wird hierin einerseits eine gewisse Traditionsverhaftetheit, die ignoriert, daß sich die prozessuale Praxis insoweit längst von den Gegebenheiten des römischen Rechts befreit hat und vorzugsweise in die Naturalleistung kondemniert, und anderseits auch dogmatische Unsicherheit im Bereich der Rechtsgeschäftslehre[567].

Man glaubt noch, man könne und müsse die Rechtsverbindlichkeit eines Geschäftes objektiv beurteilen. Hierzu fehlen neben dem Geldwert des Leistungsgegenstandes aber die Kriterien, die die gewünschte Eindeutigkeit versprechen können. Erst *Kohler* bringt neue Gesichtspunkte vor, die das isolierte Abstellen auf den Geldwert der Leistung in der weiteren Entwicklung erübrigen[568].

Zum anderen wird der Geldwert des Gegenstandes der Obligation als notwendiges Merkmal eines durchsetzbaren und damit erst vollwertigen subjektiven Rechts gesehen. Auch diese Ansicht wird der längst üblichen Verurteilung in die Naturalleistung und den spätestens seit Inkrafttreten der ZPO vorhandenen prozessualen Zwangsmitteln nicht gerecht. Schließlich wird das Erfordernis eines vermögenswerten Obligationsinteresses aus der Funktion der Obligation als Rechtsinstrument „ökonomischer Bedarfsdeckung“ abgeleitet. Auf die Tragfähigkeit der schon hier auffälligen Vereinnahmung von Begriffen der Nationalökonomie wird noch besonders einzugehen sein[569].

2. *Das Obligationsinteresse als berechtigtes Interesse*

Die obige, noch um 1888 herrschende Rechtsauffassung[570] erregte auch Widerspruch. Als „Führer der Opposition[571]“ treten *Windscheid* und *Jhering* hervor.

---

[567] Markant *Regelsberger*, Pandekten, 201 Fn. 15: „Endlich fürchtet man mit dem Preisgeben des Geldwerterfordernisses ins Blaue zu fallen und selbst dem Versprechen des ersten Walzers die Thüre zu öffnen“; zu Befürchtungen der Rechtsunsicherheit *Laband*, AcP 73 (1888), 161 (172, 175); *Hellwig*, AcP 86 (1896), 223 (246).

[568] Eingehend dazu Teil IV § 1 D. I. 2. c) cc) bbb); Teil IV § 1 D. I. 2. c) cc) ccc).

[569] Teil VI § 2 C. V. 3.

[570] Vgl. *Kübel*, Recht der Schuldverhältnisse, 11 = *Schubert*, Vorlagen Schuldrecht, Bd. I, 13. Vgl. auch Seuffert, Beiträge, 4 von 1889 im Bezug auf § 206 E I (dazu Teil V § 3): „Die Autorität der Motive wird nicht im Stande sein, die Meinung, daß die obligatorische Leistung einen Geldwert haben müsse, zu verdrängen; man wird mit Recht darauf verweisen, daß die Motive nicht Gesetz sind.“

[571] So *Wendt*, Pandekten, 458.

a) *Windscheid*

Windscheid lehrt, daß die Handlung, die kraft des Forderungsrechts verlangt werden könne, zwar regelmäßig, jedoch nicht notwendigerweise Geldwert habe[572]. Die herrschende Meinung stütze sich hauptsächlich auf den Quellenausspruch *Ulpianus* (28 lib. ad Sab.) D. 40, 7, 9, 2[573], der jedoch gelegentlich und nicht repräsentativ sei. Andere Stellen gleichen Inhalts erklärten sich ausschließlich aus der Notwendigkeit der Geldkondemnation[574] im klassischen Prozeß. Trotz dieser Notwendigkeit seien an anderer Stelle[575] Forderungsrechte ohne Vermögensinteresse des Gläubigers anerkannt. Des weiteren fänden sich Stellen[576], in welchen ein Zwang zu einer Leistung, die keinen Vermögenswert habe, anerkannt sei, und ohne daß auf dieselbe ein Forderungsrecht erwachsen sei. Im heutigen Recht dürfe daher weder die Exekutionsfrage noch die Kondemnationsfrage Schwierigkeiten machen; die Kondemnationsfrage nicht, weil man sie nicht mehr habe; die Exekutionsfrage nicht, weil dem Richter die Befugnis, sein Urteil auch durch Strafen zu erzwingen, nicht bestritten werden dür-

---

[572] *Windscheid, Pandekten*[3], Bd. II, 2 Fn. 3, gleichbleibend bis zur 9. Auflage; jeweils auch im folgenden für die nachfolgend zitierten Stellen.

[573] *Ulpianus* (28 lib. ad Sab.) D. 40, 7, 9, 2: (...) *ea enim in obligatione consistere, quae pecunia lui praestarique possunt*; (...)„denn der Gegenstand einer Verbindlichkeit sei bloß das, was mit Geld gelöst und geleistet werden könne"; übersetzt von *Feust*, C. in *Otto-Schilling-Sintenis*, Bd. IV, 193.

[574] Vgl. *Papinianus* (2 lib quaest.) D. 19, 5, 7; *Ulpianus* (49 lib. ad Sab.) D. 45, 1, 38, 17; *Marcellus* (5 lib. dig.) D. 45, 1, 95.

[575] *Ulpianus* (71 lib. ad ed.) D. 43, 24, 11, 1; *Ulpianus* (71 lib. ad. ed.) D. 43, 29, 3, 13; *Papinianus* (27 lib. quaest.) D. 17, 1, 54; zu diesen eingehend Teil IV § 1 D. I. 2. c) aa) bbb); Teil IV § 1 D. I. 2. c) aa) aaa); Teil IV § 1 D. I. 2. c) aa) fff). Für das Vermächtnis bezieht sich Windscheid speziell auf *Ulpianus* (5 lib. fid.) D. 35, 1, 92; *Windscheid-Kipp*, Pandekten[9], Bd. III, 606 Fn. 1. Entsprechend seiner Auffassung zum Obligationsinteresse verneint Windscheid auch für das Vermächtnis das Erfordernis eines vermögenswerten Vermächtnisgegenstandes, da es sich insofern um dieselbe Frage handele. Es fände zwar in *Marcianus* (8 lib. inst.) D. 30, 114, 8 die „Schwierigkeit der Anerkennung eines Vermächtnisses ohne Geldwert wegen der Unmöglichkeit der Verurteilung im ordentlichen Prozeß" ihren Ausdruck, jedoch habe sich die „spätere Entwicklung" über diese Schwierigkeit hinweggesetzt, was aus *Ulpianus* (5 lib. fid.) D. 35, 1, 92 folge. Diese Interpretation ist bereits wegen der Datierung der zitierten Fragmente kaum vertretbar; eingehend dazu oben Teil III § 5 B. Die Glaubwürdigkeit von *Marcian* wurde bis jetzt auch nicht in Zweifel gezogen.

[576] *Pomponius* (8 lib. ad Quint. Muc.) D. 33, 1, 7; *Modestinus* (10 lib. resp.) D. 40, 4, 44 sowie *Hermogenianus* (1 lib. iur. epitom.) D. 4, 4, 35; *Ulpianus* (8 lib. epistul.) D. 38, 2, 36; *Paulus* (16 lib. quaest.) D. 21, 2, 71. Dagegen vgl. *Pernice*, Labeo, E III 1, 172-193 und *Mommsen*, Interesse, 124-133.

fe[577]. Für das zeitgenössische Recht sei daher der Grundsatz aufzustellen, daß einem im übrigen rechtsbeständigen Forderungsrecht nicht deswegen die Anerkennung versagt werden dürfe, weil die Leistung für den Gläubiger keinen Geldwert habe[578]. Der Richter solle keinen bloßen Launen Rechtsschutz gewähren, aber stets dort, wo die Forderung Ausdruck eines „berechtigten Interesses" sei[579].

Die Ausführungen Windscheids scheinen zunächst eine gewisse Verbindung zu seinem Werk „Die Actio des römischen Civilrechts vom Standpunkte des heutigen Rechts" (1856) zu haben[580]. Der Gedanke einer „Präparierung" des materiellrechtlichen *nucleus* des römischen Rechts unter Sonderung prozessualer Elemente trifft für die Verneinung des Erfordernisses der Geldwertigkeit der eingeklagten Leistung aber nicht zu, denn dieses ist bereits Bestandteil des „materiellen Rechts" geworden und wird nicht mehr als Ausdruck eines prozessualen Prinzips verstanden[581].

Insofern liegt der Ablehnung des vermögenswerten Obligationsinteresses keine „Rechtsbereinigung" im Windscheidschen Sinn zugrunde, sondern eine allgemeine teleologische Erwägung. Dem entspricht, daß der Streitstand um das Obligationsinteresse oder die Geldkondemnation von Windscheid in der sonst sehr ausführlichen „Actio" auch nicht thematisiert wird.

---

577 Vgl. *Linde*, Civilproceß[6], § 374; *Wetzell*, Civilproceß[3], § 50 (500); *Renaud*, Civilproceß[2], 436.

578 Zustimmend *Regelsberger*, Pandekten, Bd. I, 201; *Laband*, AcP 73 (1888), 161 (173); *Kuntze*, 122f.; *Thon*, Rechtsnorm, 189, 203; *Ziebarth*, Realexekution, 39, 171-172; *Pernice*, Labeo, E III 1, 195; *Kohler*, Archiv f. BüR 12 (1897), 1 (17); *Hasenöhrl*, Obligationenrecht, Bd. I, 22; *Jhering*, Gäubahn-Gutachten, 47ff.; *Sintenis*, PractGemCivR[3], Bd. II, § 102. Ablehnend *Neuner*, Privatrechtsverhältnisse, 64f.; *Foerster-Eccius*, PreußPrivR[7], Bd. I, 411.; *Hartmann*, Begriff des Geldes, 49; *ders.*, Obligation, 54f.; *Brinz*, Pandekten[2], Bd. II, 94; *Dernburg*, PreußPrivR, Bd. II, § 21; *ders.*, Pandekten[8], Bd. II, 535ff.; *Dernburg*, Bürgerliches Recht, Bd. II, § 84; *Wendt*, Pandekten, § 186; *Hellwig*, AcP 86 (1896), 223ff.

579 *Windscheid*, aaO.

580 Dazu bereits oben Teil III § 4 A.

581 Vgl. zur Rechtsprechung bereits Fn. 553.

b) Jhering

Auch *Jhering* vertritt die Auffassung Windscheids in einem umfangreichen Gutachten[582]. *Jhering* bezeichnet die Ansicht, daß eine Forderung einen Vermögenswert voraussetzte, als Irrlehre, die auf den Fund des „echten Gaius" zurückzuführen sei[583]. Dieser habe dazu geführt, daß gelehrte antiquarische Forschung Rechtssätze, die seit Jahrhunderten in Anwendung seien, beiseite schiebe. In der zeitgenössischen Praxis sei bis dahin das Erfordernis eines Vermögenswertes der eingeklagten Leistung nicht bekannt gewesen. Jetzt gebe die Notiz des Gaius den Anstoß, das Dogma vom Geldwert der Leistung in die praktische Jurisprudenz einzuführen[584].

Jhering kommt anhand einer umfangreichen Quellenzusammenstellung[585] zu dem Ergebnis, daß es ein Irrtum sei, wenn aus dem Prinzip der Geldkondemnation gefolgert werde, daß der Richter nur Interessen und Güter habe schätzen können, welche einen „ökonomischen Wert" hätten. Die Geldkondemnation habe vielmehr alle Interessen umfaßt, die das Recht für schutzbedürftig und schutzwürdig anerkannt hätte.

Dem Kläger sollte nicht bloß für pekuniäre Verluste, sondern auch für die erfahrene Minderung seines Wohlseins oder Behagens, für verursachte Unanehmlichkeiten, etc. ein Ersatz geleistet werden. Der Ausdruck *id quod interest* oder *quanti ea res est* bezeichneten nicht bloß das Geldinteresse, sondern jedes vom Recht geschützte Interesse[586].

---

582 *Jhering*, Gäubahn-Gutachten, 47ff.

583 Speziell *Gaius*, Inst., 4, 48. *Jhering* spielt auf das Palimpsest der Veroneser Gaiushandschrift (ca. 5. Jhd. n. Chr.) an, die 1816 von *Barthold Georg Niebuhr* (preußischer Staatsbeamter, außerordentlicher Gesandter beim Heiligen Stuhl, Historiker, insbesondere Altertumsforscher, * 27.08.1776 Kopenhagen, + 02.01.1831 Bonn) in Verona unter einem Hieronymuskodex entdeckt wurde; näher *Wenger*, Quellen, 94f.; *Manthe*, Gaius Institutiones, 15ff.

584 *Jhering*, Gäubahn-Gutachten, 48.

585 Vgl. *Jhering*, Gäubahn-Gutachten, 52-82. Es können nur einige Stellen exemplarisch besprochen werden.

586 *Jhering*, Gäubahn-Gutachten, 83.

c) Windscheids und Jherings Argumentation

Die Argumentation Windscheids und Jherings weist eine Zweiteilung auf. Zum einen suchen beide die Legitimation ihrer Anschauung auf der Basis des römischen Rechts. Sowohl bei *Windscheid* als auch bei *Jhering* werden zahlreiche Quellen dafür angeboten, daß kein geldwertes Obligationsinteresse erforderlich gewesen sei. Gleichrangig daneben werden moderne, nicht am römischen Recht haftende Argumente angeführt[587].

aa) Römischrechtliche Argumentation

Die römischrechtliche Argumentation Windscheids und Jherings basiert auf dem Versuch, die Berücksichtigung immaterieller Werte oder Interessen im Rahmen der Geldverurteilung zu beweisen. Die folgenden prominenten Stellen werden neben anderen sowohl von *Windscheid*, als auch von *Jhering* zur Stütze ihrer Auffassung herangezogen. Eine ausführliche Behandlung aller Quellen kann im Rahmen dieser Arbeit nicht erfolgen[588].

aaa) Ulpianus D. 43, 29, 3, 13 (libro septuagensimo primo ad edictum)[589]

(...) Si tamen reus condemnatus malit litis aestimationem sufferre quam hominem exhibere, non est iniquum saepius in eum interdicto experiri vel eidem sine exceptione vel alii.

„Wenn aber der Beklagte, nachdem er verurteilt worden, vorzieht, die litis aestimatio[590] zu erlegen, als den Menschen auszuliefern, so ist es nicht unbillig, daß das Interdikt nochmals gegen ihn erhoben werde, und zwar von demselben Kläger, ohne

[587] Besonders deutlich bei *Jhering*, Gäubahn-Gutachten, 97 mit eigenem Abschnitt „Positive Grenzbestimmung des Interesseschutzes für unser heutiges Recht".

[588] Insofern muß auf den Quellenüberblick bei *Jhering*, Gäubahngutachten, 47ff. verwiesen werden.

[589] Bedenken gegen die Echtheit bei *Beseler*, Kritik, 8; *Ehrhardt*, Litis aestimatio, 130; dagegen jedoch *Kaser*, Quanti ea res est, 53; *Marrone*, Scritti Guarino, Bd. VI, 2947 (2953); vgl. auch *Martini*, Problema, 133. Auf das gesamte Fragment braucht hier nicht eingegangen zu werden. Eingehend dazu und zu den verfahrensrechtlichen Einzelheiten der vorangehenden Sätze *Biscardi*, Protezione interdittale, 48ff.; *Botta*, Legittimazione; *Mantovani*, Accusa popolare, 197f.

[590] *Litis aestimatio* bezeichnet hier die geschätzte Urteilssumme.

daß ihm eine Einrede entgegenstände, oder von einem anderen"[591].

Das Fragment stammt aus dem 71. Buch des Ediktskommentars Ulpians über die Interdikte und dort aus dem Abschnitt *De homine libero exhibendo*[592]. Die Stelle bezieht sich auf das sog. *interdictum de homine libero exhibendo*[593], ein exhibitorisches Interdikt in Gestalt eines auf Antrag erteilten Befehls des Magistrats zur Herausgabe eines arglistig festgehaltenen freien Menschen[594].

Das Interdiktenverfahren bildet ein besonderes Verfahren des Rechtsschutzes[595] neben den *actiones* und ist zweigeteilt[596]. Im ersten Stadium erläßt der Magistrat kraft seines *imperium*[597] auf Antrag der betreibenden Partei[598] nach summarischer Prüfung des Sachverhalts gegenüber dem Gegner eine gebietende Anordnung in Form eines Dekrets. Leistet der Adressat dem Interdiktendekret Folge, so erschöpft sich hierin die rechtliche Regelung des Sachverhalts. Erst wenn der Betroffene dem Dekret zuwiderhandelt, wechselt das Verfahren auf Betreiben des Klägers in ein nachgeschaltetes Streitverfahren (*agere ex interdicto*). Dieses unterliegt den Grundsätzen des

---

591 Übersetzt von *Sintenis*, *Otto - Schilling - Sintenis*, Band IV, 521.

592 *Lenel*, Palingenesia, Bd. II, Sp. 846. Der Kommentar *Ulpians* zum prätorischen Edikt (*Ad edictum praetoris libri LXXXI*) umfaßt 81 Bücher. Die letzten 20, darunter auch das 71. Buch entstanden unter *Macrinus* (11.4.217-8.6.218 n. Chr.); vgl. *Liebs* in HLL 4 (1997), § 424 B. a. 1 (177); *Kienast*, Tabelle, 169.

593 *Kaser-Hackl*, RömZP, 420, Fn. 36 mwN.

594 *Lenel*, Edictum, 487; *Mantovani*, Formule, 89: *Quem liberum dolo malo retineas, exhibeas*; vgl. *Ulpianus* (71 lib. ad ed.) D. 43, 29, 1 pr.

595 Zum Interdiktenverfahren *Kaser-Hackl*, RömZP, 408ff.; *Gandolfi*, Processo interdittale, 31ff.; *Biscardi*, Protezione interdittale, 11ff. Seiner Funktion nach weist es gewisse Ähnlichkeiten zum heutigen Verfahren des einstweiligen Rechtsschutzes auf, etwa in bezug auf die summarische Sachverhaltsprüfung vor Erlaß des Interdikts; vgl. *Lenel*, Edictum, 42: „schleunige Rechtshilfe"; *Metzger-Metzger*, Companion, 210.

596 Dazu eingehend *Kaser-Hackl*, RömZP, 414; *Schmidt*, Interdiktenverfahren, 248ff.

597 *Gandolfi*, Processo interdittale, 53, 126ff.

598 Die Quellen nennen die betreibende Partei zwar Kläger (*actor*); vgl. *Gaius*, Inst., 4, 157, 160; *Ulpianus* (69 lib. ad ed.) D. 43, 17, 3, 1. In diesem Verfahrensstadium ist diese aber lediglich Antragsteller gegenüber dem Magistrat. Zwischen „Kläger" und Betroffenem besteht im ersten Stadium kein durch *litis contestatio* begründetes Prozeßrechtsverhältnis; *Jörs-Kunkel*, RömPrivR^3, 381; näher *Kaser-Hackl*, RömZP, 408.

Formularprozesses[599]. Das Streitverfahren bei *interdicta exhibitoria* kann nach Wahl des Beklagten[600] *per sponsionem* oder *per formulam arbitrariam* erfolgen[601].

Beim Verfahren *per sponsionem* verspricht der Beklagte dem Kläger für den Fall seines Unterliegens die Zahlung einer Sponsionssumme[602]. Diese Sponsion klagt der Kläger im Wege der *condictio* ein. Ob der Beklagte sich dem Interdikt unrechtmäßig widersetzt hat, ist dann Vorfrage für den Verfall der spondierten Strafsumme. Es wird ein Urteilsgericht (*iudicium*) eingesetzt, das den Beklagten im Falle unrechtmäßiger Zuwiderhandlung gegen das Interdikt auf Zahlung verurteilt[603].

Daneben wird ein arbiträres Verfahren (*iudicium de re restituenda vel exhibenda*) eingesetzt[604], das den Beklagten zur Restitution bzw. Exhibition auffordert und ihm so Gelegenheit gibt, sich durch Naturalleistung einer zusätzlichen Verurteilung im arbiträren Verfahren zu entziehen[605]. Unterliegt der Beklagte im Sponsionsprozeß und leistet er nicht *in natura*, d. h. führt der den Festgehaltenen nicht vor Gericht vor, so wird er neben der Verurteilung im Sponsionsprozeß auch aus dem Arbiträrverfahren in Geld verurteilt auf *quanti ea res erit*[606]. Der Beklagte kann der mißlichen Konsequenz einer doppelten Verurteilung nur entgehen, indem er *per formulam arbitrariam* prozessiert und sogleich bei Erlaß des Interdikts die Einsetzung eines *arbiter* erbittet[607]. In diesem Fall werden keine Sponsionen versprochen und dementspre-

[599] *Kaser-Hackl*, RömZP, 409.

[600] *Honsell-Mayer-Maly-Selb-Selb*, RömR, 553.

[601] *Kaser-Hackl*, RömZP, 420; *Honsell-Mayer-Maly-Selb-Selb*, RömR, 551; Näher *Berger* in *Pauly*, RE, Bd. 9, *interdictum*, Sp. 1698 unter β).

[602] Zur *Sponsion* näher *Kaser-Hackl*, RömZP, 417.

[603] *Schmidt*, Interdiktenverfahren, 252. Die Sponsionen sind hier nicht nur präjudiziell, sondern pönal, sie werden wirklich eingetrieben und bilden eine Strafe für den Verurteilten.

[604] *Schmidt*, Interdiktenverfahren, 253. Da die Sponsionen lediglich Strafen sind, erschöpfen sie das Vermögensinteresse des Klägers nicht. Für die Einforderung desselben wird daher eine eigene (arbiträre) Klage gewährt.

[605] Dazu *Kaser-Hackl*, RömZP, 338, Fn. 23 mwN.

[606] *Kaser-Hackl*, RömZP, 420 Fn. 39; *Kaser-Knütel*, RömPrivR[17], 170; *Schmidt*, Interdiktenverfahren, 258; *Schulz*, Classical Roman Law, 61; weitergehend *Honsell-Mayer-Maly-Selb-Selb*, RömR, 553; *Marrone*, Scritti Guarino, Bd. VI (1984), 2947 (2954): *id quod interest*; vgl. dagegen die Rekonstruktion der Formel *Lenel*, Edictum, 450 Fn. 4. Zu *quanti ea res est* und *id quod interest* siehe oben Teil III § 4 B. I. 2.; *Medicus*, SZ 115 (1998), 66 (73ff.).

[607] Das dem *iudex* eingeräumte *arbitrium* erweitert dessen Ermessen des im Hinblick auf die herbeizuführende Naturalrestitution und macht diesen zum *arbiter*. Näher *Kaser-Hackl*, RömZP, 337; *Schmidt*, Interdiktenverfahren, 262; vgl. auch Teil III § 6.

chend keine Sponsionsprozesse eingesetzt, sondern das Arbiträrverfahren findet isoliert statt. Unterbleibt die Leistung, so kommt es nach allgemeinen Grundsätzen zur Verurteilung in Geld.

Die Stelle bezieht sich auf den zweiten Verfahrensabschnitt. Die *actio ex interdicto* hat zur Verurteilung des Beklagten auf Zahlung der *litis aestimatio* nach nichterfolgter Vorführung des Festgehaltenen geführt. Trotz der Verurteilung des Beklagten kann nun eine neue Interdiktenklage, sei es durch denselben Kläger, sei es durch Dritte[608], geführt werden. Die *exceptio rei iudicatae* wird dem verurteilten Beklagten gegen die neue Interdiktenklage durch den gleichen Kläger, die dieser auf Basis desselben Interdikts anstrengen kann, nicht gewährt[609].

Dies findet seine Rechtfertigung darin, daß der im Interdiktendekret enthaltene Befehl an den Beklagten so lange fortbesteht, wie er nicht vollzogen wird, und deshalb die Grundlage einer neuen Klage desselben Klägers bilden kann[610]. Hinzu kommt, daß fortgesetztes Festhalten das Rechtsgut der persönlichen Freiheit stets von neuem verletzt und die Zahlung der *litis aestimatio* dieses Rechtsgut nicht aufhebt[611]. Sukzessive Klagen desselben Klägers werden deshalb entgegen dem Prinzip *bis de eadem re ne sit actio* nicht prozessual präkludiert, um die untragbare Konsequenz zu verhindern, daß sich der Beklagte den Festgehaltenen durch einmalige Zahlung der *aestimatio* gleichsam wie einen Sklaven erkaufen kann[612].
Windscheid leitet aus der Stelle ab, daß auch Forderungsrechte ohne Vermögensinteresse im römischen Recht anerkannt seien. *Jhering* rubriziert die Stelle als einen

608 Ein Dritter kann auf Basis des gleichen Interdikts die *actio ex interdicto* nicht erheben, da er dieses nicht beantragt hat. Es ergeht in diesem Fall ein neues Interdikt gleichen Inhalts, das dem Dritten die gegebenenfallls nachfolgende Klage ermöglicht; näher *Biscardi*, Protezione interdittale, 52.

609 Eingehend *Biscardi*, Protezione interdittale, 52. Klagt ein anderer, greift die *exceptio rei iudicatae* ohnehin nicht ein; *Marrone*, Scritti Guarino, Bd. VI (1984), 2947 (2953 Fn. 26); *Ulpianus* (15 ad ed.) D. 44, 2, 3; *Ulpianus* (75 ad ed.) D. 44, 2, 7, 4.

610 Vgl. *Schmidt*, Interdiktenverfahren, 250; ähnlich *Biscardi*, Protezione interdittale, 52.

611 *Ehrhardt*, aaO.

612 Näher *Marrone*, aaO, 2953f. Zur beschriebenen Konsequenz kommt es im Vindikationsprozeß, wenn der Beklagte die Sachherausgabe verweigert und die Verurteilung gemäß dem Schätzungseid über sich ergehen läßt, um die Sache behalten zu können; vgl. *Kaser-Hackl*, RömZP, 373. Zu berücksichtigen bleibt hier, daß der Festgehaltene während des Interdiktenprozesses nicht wie während des Freiheitsprozesses (*vindicatio in libertatem*) als Freier lebt, so daß das Risiko der Fortgesetztung des Freiheitsentzugs weiterbesteht.

Fall „klagbarer nichtgeldwerter Interessen", hier Mitleid und Wohlwollen[613] gegenüber fremden Menschen. Gegen diese Interpretation der Stelle *Ulpianus* D. 43, 29, 3, 13 wird zum einem angeführt, daß sie zwar die *litis aestimatio* erwähne. Diese beziehe sich aber hier auf kein „Interesse", sondern sei als Strafe gemeint. Deshalb könne aus der Stelle nichts gegen das Erfordernis eines „vermögenswerten Interesses" gefolgert werden[614]. *Pernice* betont den stark öffentlich-rechtlichen Einschlag des *interdictum de homine libero exhibendo*[615].

Aus moderner Sicht sind gegen die Argumentation Windscheids und Jherings Bedenken zu erheben. Der 29. Titel *De homine libero exhibendo* spricht nicht von Mitleid oder Wohlwollen als den das Interdikt tragenden Momenten. Zweck des Interdikts ist kollektiver, wechselseitiger Freiheitsschutz der Bürgerschaft[616], der durch allgemeine Antragsbefugnis gewährleistet wird[617]. Der Interdiktenkläger stellt sich in den Dienst eines fremden Rechtsguts und eines öffentlichen Interesses[618]. Insoweit ist der Einwand von *Pernice* durchaus berechtigt. Im übrigen erzeugt das Interdikt selbst keine *obligatio*[619]. Eine *obligatio* setzt voraus, daß dem Berechtigten aus einem Rechtsverhältnis eine *actio* gegen den Verpflichteten zusteht[620]. Das Interdikt verpflichtet zwar den Betroffenen gegenüber dem Kläger[621], ist aber selbst keine actio

---

[613] *Jhering*, Gäubahn-Gutachten, 69.

[614] *Mommsen*, Interesse, 124f.

[615] *Pernice*, aaO; auch *Berger* in *Pauly*, RE, Bd. 9, *interdictum*, Sp. 1611.

[616] Vgl. *Ulpianus* (71 lib. ad ed.) D. 43, 29, 1, 1: *Hoc interdictum proponitur tuendae libertatis causa, videlicet ne homines liberi retineantur a quoquam*; dieses Interdikt wird zum Schutze der Freiheit gewährt, und zwar damit freie Menschen von niemandem festgehalten werden.

[617] Vgl. *Ulpianus* (71 lib. ad ed.) D. 43, 29, 3, 9: *Hoc interdictum omnibus competit: nemo enim prohibendus est libertati favere*; „dieses Interdikt steht allen offen, denn niemandem darf verboten werden, zugunsten der Freiheit zu handeln"; zum popularklagenähnlichen Charakter des Interdikts *Botta*, Legittimazione, 89, 157 Fn. 284;

[618] Vgl. *Kaser-Hackl*, RömZp, 409 Fn. 9 410.

[619] Vgl. *Bekker*, Aktionen, 68.

[620] Kaser, RP I, 479.

[621] *Pfersche*, 3; *Schmidt*, Interdiktenverfahren, 235 und 189, 314, 8; *Bekker*, aaO.

des Klägers[622], denn es führt zu keinem Prozeßrechtsverhältnis zwischen Kläger und Betroffenem, sondern bleibt allein hoheitlicher Befehl des Magistrats[623].

Nur bei Nichtbefolgung des Interdikts kann von einer *obligatio* gesprochen werden, da dann – und erst dann – der Kläger den Betroffenen im nachgeschalteten Streitverfahren mit der *actio ex interdicto* direkt *in iure* ansprechen kann[624]. Im Streitverfahren wird aber keine Naturalleistung erzwungen – der Beklagte erhält zu dieser lediglich Gelegenheit – und es erfolgt gemäß den allgemeinen Grundsätzen der Geldkondemnation[625] auch keine Verurteilung in die Naturalleistung. Die Sponsionsklage (*condictio*) geht ohnehin auf eine Verurteilung in Geld. Sie erfolgt aus dem anläßlich des Streitverfahrens gegebenen Strafversprechens und hat zu einem ideellen „Interesse" keinen Bezug.

Aus dem Arbiträrverfahren, welches auf Freilassung des Festgehaltenen geht, wird verurteilt auf Zahlung der *litis aestimatio*. Diese wird zwar grundsätzlich richterlich geschätzt, bei doloser Widersetzlichkeit des Beklagten erfolgt die Schätzung aber gemäß einem vom Kläger mit Ermächtigung des Richters geleisteten Schätzungseids (*iusiurandum in litem*)[626]. *Ehrhardt* bestreitet, daß ein Arbiträrverfahren beim *interdictum de libero homine exhibendo* überhaupt stattfinden könne, wenn man von der Unschätzbarkeit der *libertas* ausgehe[627]. Er meint, daß im Streitverfahren beim *inter-*

---

622 Vgl. *Kaser*, RP I, 223-225; *Kaser-Hackl*, RömZP, 326-334; *Schulz*, Classical Roman Law, 61, Rn. 109; *Metzger-Metzger*, Companion, 210; *Berger* in *Pauly*, aaO. Gelegentliche Unschärfen in der Terminologie, vgl. Inst. 4, 15 pr., ändern an dem grundsätzlichen Unterschied zwischen *actio* und *interdictum* nichts.

623 Näher *Kaser-Hackl*, RömZP, 409 und dort Fn. 7: die Erteilung des Interdikts ist Akt der magistratischen *cognitio*, nicht jedoch der *cognitio extra ordinem*. Vgl. auch *Berger* in *Pauly*, RE, Bd. 9, *interdictum*, Sp. 1610f.

624 Nach *Bekker*, Aktionen, 68 sei der Beklagte vorher zwar verpflichtet, aber nicht „obligiert".

625 Diese gelten auch für Arbiträrklagen; *Kaser-Hackl*, RömZP, 372.

626 Vgl. *Kaser-Hackl*, RömZP, 339, 340 Fn. 40. *Das iusiurandum in litem* wird bei der *actio ex interdicto de homine libero exhibendo* den Regelfall bilden, denn die Zahlung des *aestimatio* anstelle der möglichen Freilassung kann denkgesetzlich nur bei fortbestehendem *dolus* erfolgen. Liegt kein *dolus* vor, schätzt der Richter ohne *iusiurandum in litem* des Klägers selbst. Das Ergebnis der eidlichen bzw. richterlichen Schätzung wird teilweise übereinstimmend mit *id quod interest* bezeichnet, *Kaser-Hackl*, RömZP, 339 Fn. 37; *Medicus*, Id quod interest, 206f., 249; vgl. D. 12, 3, 2-4. Zu weiteren Anwendungsfällen des *iusiurandum in litem* außerhalb arbiträrer Verfahren *Kaser-Hackl*, RömZP, 340 Fn. 45.

627 *Ehrhardt*, Litis aestimatio, 130 Fn. 2, mit entsprechendem Zweifel an der Echtheit von *litis aestimatio*; offen gelassen bei *Kaser*, Quanti ea res est, 54 Fn. 17; für Echtheit *Biscardi*, Pro-

dictum de libero homine exhibendo nur das Verfahren *per sponsionem* statthaft sei. Wenn man dem folgt, so geht die Berufung Windscheids auf *Ulpianus* D. 43, 29, 3, 13 fehl, weil die Klage im Sponsionsprozeß gar nicht auf Freilassung des Festgehaltenen geht, noch diese als solche erheblich ist. Vielmehr spielt für den Verfall der Sponsion nur die Frage eine Rolle, ob der Beklagte sich dem Interdikt unrechtmäßig widersetzt hat[628].

Wenn man annimmt, daß das Arbiträrverfahren beim *interdictum de libero homine exhibendo* stattfindet[629], so wird die eidlich geschätzte Summe in der Regel in voller Höhe als Strafe für die Widersetzlichkeit des Beklagten (*contumacia*)[630] fungieren. Es erscheint möglich und naheliegend, daß die Summe gemäß dem Zweck des Interdiktenverfahrens in erster Linie mit Rücksicht auf den angestrebten Beugeeffekt vom Kläger geschätzt wird und nur sekundär im Hinblick auf sein persönliches Interesse: die Eidesschätzung würde so die notwendige Flexibilität gewährleisten, um dem Beklagten nach dessen persönlichen Verhältnissen einen „fühlbaren" Vermögensanreiz zur Freilassung zu geben.

Vielleicht wird der Kläger diese auch besser kennen als der Gerichtsmagistrat. Daß der Interdiktenkläger ein eigenes Interesse an der Fortbewegungsfreiheit des Festgehaltenen hat, ist aber durchaus denkbar. *Iusiurandum in litem* im Arbiträrverfahren eröffnet zusätzlich auch die Möglichkeit der „fiktiven" Zuordnung eines Geldwertes zu einem Streitgegenstand, der aus tatsächlichen Gründen nicht konkret schätzbar ist[631]. Dagegen, daß das Urteil stets und ausschließlich auf den vom Kläger nach freiem Belieben bezifferten[632] Wert der Fortbewegungsfreiheit des Festgehaltenen für

---

tezione interdittle, 48. *Ehrhardt* berücksichtigt nicht, daß es hier nicht um die *libertas*, die Freiheit im statusrechtlichen Sinn, geht. Der Festgehaltene ist *de iure* frei. Die Frage nach einem schätzbaren Geldwert der faktischen Fortbewegungsfreiheit des Festgehaltenen für den Interdiktenkläger ist demgegenüber offen. Die Tatsache, daß der gesamte 29. Titel die *aestimatio* nicht näher erörtert, spricht stark dafür, daß die Ästimabilität beim *interdictum de homine libero exhibendo* nicht als problematisch empfunden wurde. Dies wäre anders, wenn sich die Stelle auf die Freiheit im statusrechtlichen Sinn bezöge.

628 Vgl. *Kaser-Hackl*, RömZP, 418 Fn. 15.

629 So *Kaser-Hackl*, RömZP, 335 Fn. 7, 420.

630 Grundsätzlich ist die Differenz zwischen geschätzter Summe und *rei pretium* Strafe für *contumacia*; *Ulpianus* (30 lib. ad ed.) D. 12, 3, 1; *Venuleius* (4 lib. interdict.) D. 43, 29, 4, 2; *Kaser*, Quanti ea res est, 53; *Wieling*, SZ 89 (1972), 464 (468).

631 Vgl. Fn. 297.

632 Dies darf der Kläger freilich; *Ulpianus* (36 lib. ad ed.) D. 12, 3, 4, 2.

ihn gerichtet ist[633], spricht aber, daß der Richter den Eid besonders anordnen muß, eine Höchstgrenze verordnen kann, sowie trotz erfolgter Schätzung aus wichtigem Grund auch auf einen geringeren als den geschworenen Betrag verurteilen oder sogar freisprechen darf[634]. Die Annahme, daß *Ulpianus* D. 43, 29, 3, 13 ein Forderungsrecht auf eine nichtgeldwerte Leistung zum Gegenstand habe, würde jedenfalls den Hintergrund der Quelle stark verkürzen.

bbb) Ulpianus D. 43, 24, 11, 1. (libro septuagensimo primo ad edictum)

Quaesitum est, si statuam in municipio ex loco publico quis sustulerit vel vi vel clam, an hoc interdicto teneatur. Et exstat Cassii sententia eum, cuius statua in loco publico in municipio posita sit, quod vi aut clam agere posse, quia interfuerit eius eam non tolli: municipes autem etiam furti acturos, quia res eorum sit quasi publicata: si tamen deciderit, ipsi eam detrahunt: et haec sententia vera est.

„Es ist die Frage erhoben worden, ob derjenige, wer gewaltsam oder heimlich von einem öffentlichen Platze in einer Municipalstadt eine Statue hinweggenommen habe, durch dieses Interdikt haftbar gemacht werden könne. Es ist hierüber eine Ansicht des Cassius vorhanden, daß derjenige, dessen Statue auf einem öffentlichen Platz im Municipium aufgestellt wurde, quod vi aut clam klagen könne, weil ihm daran gelegen, daß sie nicht hinweggenommen werde, die Municipalstadt[635] kann aber auch wegen

---

633 Skeptisch auch *Reichard*, Drittschadensersatz, 190, der das *iusiurandum in litem* grundsätzlich nur als andere Methode zur Bestimmung von *id quod interest* ansieht, so daß seiner Ansicht nach das *rei pretium* im Fall der Streitwertfestsetzung durch Schätzungseid nicht völlig fehlen dürfe.

634 Vgl. *Ulpianus* (36 lib. ad ed.) D. 12, 3, 4; *Marcianus* (4 lib. reg.) D. 12, 3, 5.

635 Die Munizipien (*municipia*) sind italische Stadtgemeinden außerhalb Roms; *Kaser*, RP I, 34 306f.; näher *Schönbauer*, Iura 1 (1950), 124 (149ff.); *Humbert*, Municipium, 12ff. Nach *Heumann-Seckel*, Handlexikon als Bezeichnung nur *municipium*. Allerdings nennt das Edikt die Munizipalgemeinden auch wie die ihr zugehörigen Bürger *municipes*; *Ulpianus* (10 lib. ad ed.) D. 3, 4, 7 pr.; vgl. *Kaser*, RP I, 306 Fn. 30; dazu auch *Lenel*, Edictum, 98. *Municipes* meint hier die zum *municipium* gehörigen Bürger in ihrer körperschaftlichen Verbundenheit, mithin die Gemeinde, nicht die Bürger selbst; vgl. auch *Ulpianus* (8 lib. ad ed.) D. 3, 4, 2: *Si municipes vel aliqua universitas ad agendum det actorem, non erit dicendum quasi a pluribus datum sic haberi: hic enim pro re publica vel universitate intervenit, non pro singulis*; wenn die Bürger einer Stadtgemeinde oder irgend eine andere Gesamtheit zur Klageerhebung einen Prozeßvertreter bestellt, darf man nicht sagen, er sei damit als von mehreren bestellt anzusehen. Denn dieser tritt für das Gemeinwesen oder die Gesamtheit auf, nicht aber für die einzelnen.

> Diebstahls klagen, weil dieselbe gleichsam öffentliches Gut geworden ist; ist sie aber umgefallen, so können sie diese selbst hinwegschaffen; und diese Meinung ist richtig."

Das Fragment kommt ebenfalls aus dem 71. Buch *De Interdictis* des Ediktskommentars Ulpians und dort aus der Rubrik *Quod vi aut clam*[636]. Die Stelle behandelt einen Anwendungsfall des sog. *interdictum quod vi aut clam.* Es ist seiner Natur nach ein restitutorisches Interdikt, welches auf die Beseitigung der Folgen „verbotener Eigenmacht" durch offene oder heimliche Übertretung eines bestehenden oder zu erwartenden Verbots[637] im Wege der Wiederherstellung des früheren Zustandes gerichtet ist[638]. Die Handlung, gegen die vorgegangen wird, muß eine solche sein, durch die auf ein Grundstück oder den Bestandteil eines Grundstücks eingewirkt wird (*in solo factum*)[639].

Hier wird das Interdikt demjenigen zuerkannt, dessen (cuius) Statue von einem öffentlichen Platz entfernt wurde. Das *interdictum quod vi aut clam* dient grundsätzlich dem Schutz eines Privatinteresses. Dieses begründet die Aktivlegitimation des Interdiktenklägers[640]. Welcher Art das Interesse des Interdiktenklägers sein muß, insbesondere, ob es in Geld schätzbar sein muß oder auch rein affektiver Art sein kann, ist streitig[641].

---

636 *Lenel*, Palingenesia, Bd. II, Sp. 837. Zur Formel des Dekrets vgl. *Ulpianus* eod. D. 43, 24, 1 pr.; *Lenel*, Edictum, 482f.: *Quod vi aut clam factum est, qua de re agitur, id si non plus quam annus est cum experiendi potestas est, restituas.*

637 *Kaser*, RP I, 409 und dort Fn. 59 mwN; *Fargnoli*, 2ff.; *David*, Études, 11 Fn. 4 mit umfangreichen Hinweisen zu älterer Literatur; *Watson*, Law of property, 222ff; *Zimmermann*, AcP 41 (1858), 182 (183f); *Zimmermann*, AcP 37 (1854), 218 (232ff.).

638 *Stölzel*, 342ff.; *Zimmermann*, AcP 52 (1869), 464 (465).

639 *Ulpianus* (71 lib. ad ed.) D. 43, 24, 1, 4: *Hoc interdictum ad ea sola opera pertinet, quaecumque in solo vi aut clam fiunt.* "Dieses Interdikt bezieht sich blos auf diejenigen Unternehmungen, die an Grund und Boden heimlich geschehen"; übersetzt von *Sintenis*, *Otto-Schiling-Sintenis*, Bd. IV, 491. Vgl. auch *Windscheid-Kipp*, Pandekten[9], Bd. II, 1028 Fn. 2.

640 Hiermit befaßt sich ausführlich *Fargnoli*, Studi sulla legittimazione attiva all'interdetto quod vi aut clam.

641 Eingehend *Fargnoli*, 47ff., 68 Fn. 5 mwN. Nach *Fargnoli*, 86f. werden auch immaterielle Interessen berücksichtigt; nicht näher spezifiziert bei *Rainer*, 234; *Sokolowski*, Philosophie, Bd. II, 92: irgend eine faktische oder rechtliche Beziehung zum Grundstück. Nach *Stölzel*, 343, 390ff.; *Dernburg*, Pandekten[7], Bd. I, 556 ist ein „rechtliches" Interesse des Interdiktenklägers erforderlich, d. h. ein solches, das seine Grundlage in einem Rechtsverhältnis zum

Windscheid und *Jhering* führen diese Stelle als Beispiel eines Forderungsrechtes auf eine Leistung ohne „Vermögensinteresse" für den Gläubiger an[642]. In der Person des Klägers sei kein anderes Interesse verletzt sei als der Ehrgeiz, weil derjenige, zu dessen Ehren die Statue aufgestellt sei, nicht Eigentümer sein müsse.

Nach der Stelle wird demjenigen, „um dessen Statue" es sich handelt, das Interdikt gewährt, weil er ein Interesse daran habe, daß sie nicht entfernt werde[643]. Die Stelle ordnet dieses Interesse nicht näher ein. Ebenso ist nicht eindeutig, wem das Interdikt gewährt wird. *Cuius* kann auf den Eigentümer der Statue verweisen[644], kann aber auch denjenigen meinen, den die Statue abbildet[645]. Die Frage, welches Interesse der Interdiktenklage zugrunde liegt, kann aber nur beantwortet werden, wenn die Rechtsverhältnisse in bezug auf die Statue ermittelt werden, namentlich, in wessen Eigentum sie steht. Bildwerke, die in der Öffentlichkeit aufgestellt[646] werden, können

Grundstück finde; ähnlich *Bonfante*, Corso, Bd. II/1, 473: „interesse legittimo". *Schmidt*, Interdiktenverfahren, 139 fordert zur Erhebung des Interdikts ein vermögensrechtliches Interesse, weil auch die Verurteilung auf ein solches gerichtet sei; ihm folgend *Zimmermann*, AcP 37 (1854), 218 (235); jedoch relativiert in *ders.*, AcP 52 (1869), 464 (465f.): „kein absolut vermögensrechtliches Interesse erforderlich", wohl aber ein rechtliches Interesse (466).

642 *Windscheid-Kipp*, Pandekten[9], Bd. II, 4 Fn. 3 und 1032 Fn. 12; *Jhering*, Gäubahn-Gutachten, 80.

643 Dazu *Zimmermann*, AcP 52 (1869), 464 (472); *Stölzel*, 343.

644 *Düll*, Studi Emilio Betti, Bd. III, 131 (139).

645 So *Fargnoli*, 79.

646 Der Satz *superficies solo cedit* bzw. *quod solo inaedificatur solo cedit* dürfte hier keine Rolle spielen. Er besagt, daß der Grundstückseigentümer auch Eigentümer der auf dem Grund erbauten Anlagen wird. Vom *Bauen* auf öffentlichem Grund ist hier nicht die Rede. Die Gemeinde wäre dann stets Eigentümer, was die einschlägigen Quellen ihrer Grundlage berauben würde. Der Satz *superficies solo cedit* setzt eine sog. *inaedificatio*, d. h. die Herstellung einer festen Verbindung der Anlage mit dem Grundstück voraus; näher *Kaser*, RP I, 428. Die Stellen ergeben keinen Hinweis, daß zwischen Statue und Grund eine feste Verbindung hergestellt, d. h. diese „eingebaut" worden ist. Wäre dies so, hätte sich das Problem des Wegtragens der Statue wohl kaum gestellt. Zu *superficies solo cedit Guarino*, DirPrivR, 642; *Meincke*, SZ 88 (1971), 136ff. (171ff.), der in seiner Darstellung keine Statua-Fälle nennt. Zur *inaedificatio Musumeci*, Inaedificatio; vgl. auch *Guarino*, aaO: „La inaedificazione era la construzione di un edificio in un fondo agricolo o non agricolo con materiale altrui"; zur *inaedificatio* im Rahmen der Ersitzungsproblematik *Apathy*, FS Wesener (60), 35ff.

res privatae oder *res publicae* sein[647]. Ein privates Bildwerk kann im Einvernehmen mit der Verwaltung in der Öffentlichkeit aufgestellt werden, aber im Privateigentum verbleiben, welches wegen des konkurrierenden öffentlichen Interesses an der Zugänglichkeit privater Kunst in seinem Befugnisgehalt entsprechend beschränkt wird[648].

---

[647] Zu den Rechtsverhältnissen an Kunstgegenständen *Düll*, Studi Emilio Betti, Bd. III, 131 (131); *Watson*, Law of Property, 13 Fn. 6.; *Musumeci*, SDHI 44 (1978), 191ff.; *Lucrezi*, Index 13 (1985), 561ff.; *ders.*, Labeo 32 (1986), 131ff.; *Bürge*, SZ 103 (1986), 561ff.; *Brasloff*, Studi Riccobono, Bd. I, 315ff.; weitere Nachweise bei *Fargnoli*, 79 Fn. 235.

[648] Eingehend *Düll*, Studi Emilio Betti, Bd. III, 131 (136f., 138). mit Verweis auf *Ulpianus* (9 lib. ad ed.) D. 41, 1, 41: *Statuas in civitate positas civium non esse. Idque Trebatius et Pegasus: dare tamen operam praetorem oportere, ut, quod ea mente in publico positum est, ne liceret privato auferre, nec ei qui posuerit. Tuendi ergo cives erunt et adversus petentem exceptione et actione adversus possidentem iuvandi*; die in der Stadt aufgestellten Statuen gehören den Bürgern nicht; und es sagen *Trebatius* und *Pegasus*: dennoch muß der Prätor dafür sorgen, daß dasjenige, was in der Absicht an öffentlichen Orten aufgestellt wurde, daß es ein Privatmann nicht hinwegnehmen dürfe, auch derjenige nicht fortnehme, der es aufgestellt hat. Daher werden die Bürger auch gegen jeden, der darauf Klage darauf erhebt, durch eine Einrede zu schützen, und ihnen mit einer Klage wider den Besitzer zu helfen sein. Vgl. die Übersetzung von *Sintenis* ins *Otto-Schilling-Sintenis*, Bd. IV, 267. Zu beachten ist, daß *civium non esse* hier nicht technisch in bezug auf das Eigentum an den Statuen gemeint sein kann. Wäre dies anders, gäbe es generell keine privaten Statuen in der Öffentlichkeit. Dann wäre aber der gesamte zweite Satz überflüssig, denn es ist selbstverständlich, daß Private kein öffentliches Eigentum wegtragen dürfen. Ebenso macht der letzte Satz nur Sinn, wenn klagbare Individualrechtspositionen an aufgestellten Statuen existieren können. Insofern ist deshalb davon auszugehen, daß sich Satz 1 mit *civium non esse* auf alle öffentlich aufgestellten Statuen, also auch auf solche im Privateigentum bezieht. Hierfür spricht auch entscheidend der *nec*-Satz, denn Statuen im öffentlichen Eigentum werden nicht von Privaten aufgestellt. *Civium non esse* kann demnach nur die Bedeutung haben, daß es den Bürgern – insonderheit dem Eigentümer – wegen der öffentlichen Widmung der Statue verboten ist, „Hand an diese zu legen", d. h. faktisch über sie zu verfügen. Vgl. *Düll*, Studi Emilio Betti, Bd. III, 131 (138); *Bürge* SZ 103 (1986), 561 (567 Fn.16). Zum gleichen Ergebnis kommt *Brassloff*, Studi Riccobono, Bd. I, 315 (324) durch Zusammenschau mit Labeo (6 lib. pithanon a Paulo epit.) D. 44, 1, 23: *Si quis statuam in municipio ea mente posuit, ut ea municipii esset, et eam petere vult, excludi eum oportet praescriptione in factum data.* Auch hier kann *municipii esset* kein (durch Aufstellung beabsichtigtes) Eigentum der Gemeinde bedeuten, denn wäre die beklagte Gemeinde Eigentümerin, bedürfte sie keines Schutzes durch eine *praescriptio*; dazu *Kaser-Hackl*, RömZP, 321. *Fargnoli*, 80 folgert im Hinblick auf D. 43, 24, 11, 1 aus dem Gebrauch des Passivs in D. 41, 1, 41 (*positas*, *positum*) im Gegenstatz zu *posuerit*, daß sich das Passiv nur auf öffentlich gestiftete Statuen beziehe und nicht auf Bildwerke im Privateigentum. Deshalb spreche der Wortlaut von D. 43, 24, 11, 1 (*posita*) gegen Privateigentum an der Statue. Der Wortlaut von Ulpianus D. 41, 1, 41 trägt dies jedoch eher nicht, da Satz 2 mit *positum* auch die privat aufgestellten Statuen in Bezug nimmt.

Der Eigentümer, der die Aufstellung veranlaßt, ist in der Regel gehalten, für die erforderliche Inanspruchnahme des öffentlichen Bodens eine Miete an den Staat oder die Gemeinde im Gegenzug für deren Einvernehmen zu entrichten[649]. Materielle Vorteile gewährt das Gemeinwesen dem Eigentümer des Bildwerkes für dessen Aufstellung hingegen nicht, die Zurschaustellung erfolgt grundsätzlich auf eigene Kosten[650]. Dies dürfte sich einerseits daraus erklären, daß das Aufstellen privater Statuen einem starken öffentlichen Interesse an zugänglicher Kunst begegnet, dessen Befriedigung alsbald als moralische Verpflichtung gegenüber der Allgemeinheit empfunden wird[651].

Zusätzlich bezweckt der „Leihgeber" mit der Aufstellung sicherlich auch eine eigene Prestigeerhöhung[652], insbesondere, wenn es sich um private Kriegsbeutestücke (sog. *manubiae*[653]) handelt. Durch die öffentliche Ausstellung ändern sich die Eigentumsverhältnisse nicht. Die Bildwerke werden keine *res publicae*, sondern verbleiben grundsätzlich im Privateigentum, erlangen aber durch öffentliche Widmung eine rechtliche Sonderstellung, für die der Ausdruck *res quasi publicata* verwendet wird[654].

Anders verhält es sich für öffentlich gestiftete Ehrenbildwerke. Sie werden vom Gemeinwesen selbst und auf eigene Kosten zu Ehren des Abgebildeten hergestellt

---

[649] Vgl. *Ulpianus* (68 lib. ad ed.) D. 43, 9, 1 über die Pacht (*locatio conductio*) öffentlichen Grundes (*de loco publico fruendo*) und *Paulus* (5 lib. sent.) D. 43, 9, 2: *Concedi solet ut imagines et statuae, quae ornamenta rei publicae sunt futurae, in publicum ponantur*; „in der Regel wird die Erlaubnis erteilt, Bilder und Statuen, die dem Gemeinwesen zur Zierde gereichen, auf öffentlichen Plätzen aufzustellen. "

[650] *Düll*, Studi Emilio Betti, Bd. III, 131 (136).

[651] Vgl. *Düll*, Studi Emilio Betti, Bd. III, 131 (137).

[652] Durch enstprechende Sockelinschrift, sog. *titulus*; vgl. *Düll*, Studi Emilio Betti, Bd. III, 131 (132).

[653] *Heumann-Seckel*, Handlexikon, *manubiae* übersetzt mit „Beute". Problematisch ist das begriffliche Verhältnis zu *praeda*; eingehend *Orlin*, Temples, 116-140, 159-161; *Davies*, Bryn Mawr Classical Review 1999.01.11; *Bradford*, Bryn Mawr Classical Review 1999.07.02.

[654] *Lucrezi*, Labeo 32 (1986), 131 (145): „Opere in proprietà di privati, ma di fruizione publica"; *Düll*, Studi Emilio Betti, Bd. III, 131 (137). Dieser Sachverhalt liegt beispielsweise *Paulus* (5 lib. sent.) D. 43, 9, 2 zugrunde. Zu *quasi* vgl. unten Fn. 654. Zu den Beschränkungen privaten Eigentums im öffentlichen Interesse *Scapini*, Limiti della proprietà, 11f.

und aufgestellt (sog. *statuae decretae*)[655]. Solche Bildwerke stehen als *res publicae* in öffentlichem Eigentum[656]. Direkten Aufschluß über das Eigentum an der entwendeten Statue ergäbe sich demnach daraus, ob es sich um ein Ehrenbildwerk handelt oder nicht. Dies ist dem Sachverhalt jedoch nicht zu entnehmen.

Allerdings gibt die Stelle einen anderen versteckten Hinweis. Die Munizipalgemeinde (*municipes*[657]) kann wegen Diebstahls aus der *actio furti* klagen. Die *actio furti* ist Klage wegen *furtum*, des heimlichen Wegtragens oder Zueignens fremder beweglicher Sachen[658]. Sie steht ursprünglich dem Eigentümer der Sache zu[659]. Ab spätrepublikanischer Zeit wird sie statt dem Eigentümer demjenigen gewährt, der das sachliche Interesse daran hat, daß „die Sache unangetastet bleibt" (*cuius interest rem salvam fore*)[660]. Das die actio furti der Munizipalgemeinde rechtfertigende Interesse wird in der Quelle genannt: *quia res eorum sit quasi publicata*, weil die Sache „gleichsam[661]" öffentliches – wörtlich „vergemeinschaftetes" – Eigentum ist. Die besondere Erwähnung (*etiam*) der *actio furti* zugunsten der Munizipalgemeinde spricht dafür, der Stelle ein Sachverhalt zugrunde liegt, bei dem diese Klage nicht selbstverständlich ist.

Wäre die Gemeinde Eigentümerin der Statue, wäre es geradezu trivial, die *actio furti* zu nennen, denn nur, wenn außer dem Eigentümer noch ein anderer Berechtigter

---

[655] *Düll*, Studi Emilio Betti, Bd. III, 131 (141). Dies scheinen auch *Windscheid-Kipp*, Pandekten[9], 1032 Fn. 12; *Sokolowski*, Philosophie, Bd. II, 92 anzunehmen.

[656] *Kaser*, RP I, 381; *Honsell-Mayer-Maly-Selb*, RömR[4], 84; *Kaser-Knütel*, RömPrivR[17], 120 Rn. 7. Eingehend *Düll*, Studi Emilio Betti, Bd. III, 131 (146-149) mit Wiedergabe einer hellenistischen Gegenmeinung, die auch bei Ehrenbildwerken öffentlich gebundenes Privateigentum annimmt.

[657] Vgl. Fn. 635.

[658] Dazu *Kaser-Knütel*, RömPrivR[17], 317f.; *Kaser*, RP I, 614ff.; *Honsell-Mayer-Maly-Selb*, RömPrivR, 358ff.; *Honsell*, RömR, 167ff.

[659] *Kaser*, RP I, 616.

[660] *Kaser*, RP I, 617; *Gaius*, Inst., 3, 203-207: *cuius interest rem salvam esse, rem non perire*; *Ulpianus* (29 ad Sab.) D. 47, 2, 10: *cuius interfuit non subripi*.

[661] Zu *quasi* im Sprachgebrauch der römischen Juristen näher *Hackl* in: Rechtsgeschichte und Privatrechtsdogmatik, 117ff. *Quasi* wird nach *Hackl*, Rechtsgeschichte und Privatrechtsdogmatik, 117ff. (120) zur klarstellenden Wortinterpretation, aber auch für Analogieschlüsse, d. h. die Gleichbehandlung eines nichttatbestandsmäßigen Falles nach anerkannten Grundsätzen, oder für Fiktionen verwendet. Für den vorliegenden Zusammenhang stützt *quasi* die These, daß es sich nicht um eine wirklich vergemeinschaftete Statue, d. h. eine Statue in öffentlichem Eigentum handelt, sondern um eine Statue in privatem Eigentum.

bzw. sachlich Interessierter vom furtum betroffen ist, erhebt sich die Frage, welchem von beiden die *actio furti* zu geben ist[662]. Ebensowenig hätte es zur Begründung des Klaginteresses der eigentumsberechtigten Munizipalgemeinde des *quia*-Satzes bedurft.

Vor allem wäre in diesem Fall die Bezeichnung der Statue als *res quasi publicata* falsch, denn die Statue wäre dann *res publica* – Sache in öffentlichem Eigentum. Anzunehmen ist deshalb, daß hier die Gemeinde nicht Eigentümerin der Statue ist, sondern eine Privatperson[663]. Daraus folgt im Rückschluß, daß es sich nicht um ein Ehrenbildwerk handeln kann. *Cuius* bezieht sich also auf den privaten Eigentümer der Statue und nicht auf die abgebildete Person.

Dann ergibt sich das Interesse des Interdiktenklägers nicht aus einem Affektionsinteresse, etwa durchkreuztem Ehrgeiz, sondern handfest aus der Verletzung seines Eigentums und aus der Frustration seiner Aufwendungen[664]. Als Belegstelle für Forderungsrechte ohne Vermögensinteresse scheidet *Ulpianus* D. 43, 24, 11, 1 somit aus.

ccc) Paulus D. 43, 24, 16, 1 (libro sexagensimo septo ad edictum)

Competit hoc interdictum etiam his qui non possident, si modo eorum interest. Si quis vi aut clam arbores non frugiferas ceciderit, veluti cupressos, domino dumtaxat competit interdictum. Sed si amoenitas

Dieses Interdikt steht auch denen zu, die nicht besitzen, sobald sie nur ein Interesse haben. Wenn jemand nichtfruchttragende Bäume gewaltsam oder heimlich gefällt hat, zum Beipiel Zypressen, so steht das Inter-

[662] *Visky*, Studi Grosso, Bd. IV, 331 (347) geht von einer Art Prozeßstandschaft der Gemeinde aus. Er nimmt an, daß die Gemeinde die *actio furti* nur dann hat, wenn der Interdiktenkläger tot ist.

[663] *Düll*, Studi Emilio Betti, Bd. III, 131 (138); *Brassloff*, Studi Riccobono, Bd. I, 323 (324); *Bürge* SZ 103 (1986), 561 (567 Fn.16); *Lucrezi*, Index 13 (1985), 561 (569 Fn.14); *ders.*, Labeo 32 (1986), 131 (145); vgl. auch *Zoz*, 187 Fn. 569; aA *Musumeci*, SDHI 44 (1978), 191 (192); *Fargnoli*, 80, allerdings ohne Stellungnahme zur *actio furti*. Die Frage nach dem Eigentum an der Statue war schon unter den Glossatoren streitig; vgl. Glosse *eorum sit*, zu D. 43, 29, 3, 13: *vere. vel dic secundum quosdam, non vere, sed quasi ut dicta lex statuas* (Verweis auf *Ulpianus* (9 lib. ad ed.) D. 41, 1, 41).

[664] Vgl. *Visky*, aaO.: „Il regolamento giuridico voleva proteggere soltanto gl'interessi di colui che sosteneva le spese di erezione della statua." Insofern kann dahingestellt bleiben, ob das *interdictum quod vi aut clam* auch Affektionsinteressen schützt, da nach der hier vertretenen Ansicht dieser Stelle ein solches nicht zugrunde liegt.

quaedam ex huiusmodi arboribus praestetur, potest dici et fructuarii interesse propter voluptatem et gestationem et esse huic interdicto locum.

dikt nur dem Eigentümer zu. Wenn aber eine gewisse Annehmlichkeit durch derartige Bäume gewährt wird, so kann man behaupten, daß auch der Nießbraucher wegen des Vergnügens und Spazierwegs ein Interesse dabei habe, und dieses Interdikt stattfinde.

Das Fragment stammt aus dem 67. Buch des Paulus zum Edikt, das nach Lenels Palingenesie vom Interdikt *Quod vi aut clam* handelt[665]. Dem Fragment liegt folgender Sachverhalt zugrunde: auf einem Grundstück werden gewaltsam oder heimlich nichtfruchttragende Bäume abgehauen. Beteiligt sind folgende Personen: der Störer, der Grundstückseigentümer, der zugleich Besitzer (*possessor*) des Grundstücks ist, und ein „Nichtbesitzender", hier ein Nießbraucher.

Das römische Recht unterscheidet Besitz nach possessio civilis und Interdiktenbesitz (*possessio ad interdicta*). *Possessio civilis* gehört zum Tatbestand des Eigentumserwerbs durch Ersitzung und setzt einen Erwerbstitel voraus. Interdiktenbesitz ist Besitz, der gegen Entziehung und Störung durch prätorische Besitzinterdikte[666] ge-

---

[665] *Lenel*, Palingenesia, Bd. I, Sp. 1083. *Iulius Paulus* wurde um 160 n. Chr. geboren. Er war Schüler des *Cervidius Scaevola* und praktizierte als Anwalt, Rechtslehrer und Respondent. Er war mit *Papinian* im Konsilium des *Septimius Severus*. Zur Zeit des *Pescennius Niger* (193-194 n. Chr.) bekleidete er das Amt des *magister memoriae*. Von 205 bis 211 n. Chr. beriet er den *praefectus praetorio Papininan* und war neben *Ulpian* dessen Assessor. *Kienast*, Tabelle, 159, 173; *Wenger*, Quellen, 516; *Krüger*, Geschichte, 228. Unter *Elagabal* (16.05.218-11.03.222 n. Chr.) wurde er wohl 219 n. Chr. zum Prätorianerpräfekten ernannt, im folgenden Jahr jedoch verbannt. *Paulus* wurde von *Severus Alexander* (222-235 n. Chr.) rehabilitiert und diente ihm fortan als Ratgeber. Ob er unter *Severus Alexander* mit *Ulpian* als *praefectus praetorio* amtete, ist unsicher; *Liebs* in HLL 4 (1997), § 423 A (151); *Kunkel*, Herkunft, 244; *Wenger*, aaO; *Krüger*, Geschichte, 227; *Karlowa*, Rechtsgeschichte, 745. Der Ediktskommentar des *Paulus* (*Ad edictum praetoris libri LXXVIII* mit *Ad municipalem liber singularis* und *De iniuriis liber singularis*) enstand vermutlich zwischen 180 und 200 n. Chr.; *Liebs* in HLL 4 (1997), § 423 B. a. 13 (156f.); *Fitting*, Alter und Folge, 85: vor 195 n. Chr. Als Vorlage des Kommentars vermutet *Fitting*, Alter und Folge, 86 das Ediktswerk des *Pomponius*. Der Kommentar des *Paulus* war noch im 4. Jhd in Gebrauch. *Justinian* ließ ihm mehr als 700 Fragmente für die Digesten entnehmen.

[666] Zu diesen näher *Kaser-Knütel*, RömPrivR[17], 131ff.; vgl auch *Gaius*, Inst., 4, 143. Die Besitzintersdikte dienen der erstmaligen Einräumung von Besitz (*interdicta adipiscendae possessionis*), der Erhaltung des Besitzes und dessen Sicherung vor Störung (*interdicta retinendae possessionis*), sowie der Wiedererlangung verlorenen Besitzes (*interdicta recuperandae possessionis*).

schützt wird. Hierzu rechnen nur bestimmte Fälle, unter anderem der des besitzenden Eigentümers. Andere Inhaber der tatsächlichen Sachgewalt, namentlich Fremdbesitzer, die weder *possessio civilis* noch Interdiktenbesitz haben, sind keine Besitzer (possessores), sondern haben nur sog. *detentio*[667], so zB Entleiher, Mieter, Pächter, Beauftragte und auch Nießbraucher. Der Nießbraucher wird in der tatsächlichen Ausübung des Nießbrauchs durch besondere Interdikte geschützt, nämlich durch das *interdictum uti possidetis utile*[668] und das *interdictum si uti frui prohibitus esse dicetur*[669].

Das Fragment behandelt die Frage, ob und unter welchen Bedingungen auch denjenigen das *interdictum quod vi aut clam*[670] zu gewähren ist, die „nicht besitzen".

Satz 1 des Fragments grenzt das *interdictum quod vi aut clam* allgemein von den normalen Besitzinterdikten ab, indem er sagt, daß das Interdikt auch denen gewährt werde, die keine Besitzer sind. Für das *interdictum quod vi aut clam* ist im Gegensatz zu den Besitzinterdikten die Aktivlegitimation somit nicht an Besitz geknüpft[671]. Das Interdikt hat entsprechend nicht speziell Einräumung, Erhaltung oder Wiederherstellung von Besitz, sondern allgemein Beseitigung der tatsächlichen Folgen unerlaubter Zustandsveränderungen an Grundstücken zum Gegenstand[672].

Voraussetzung des *interdictum quod vi aut clam* zugunsten des Nichtbesitzers ist aber, daß dieser ein „Interesse" am Interdikt, an *opus in solo factum non esse*, hat. Welcher Art dieses „Interesse" sein muß, sagt der erste Satz nicht explizit.
Satz 2 gibt offenbar in bezug auf den ersten ein Anwendungsbeispiel. Wenn nichtfruchtragende Bäume gewaltsam oder heimlich gefällt werden, so steht nur dem Ei-

---

[667] Der technische Gebrauch dieses Ausdrucks ist nachrömisch und entstammt dem gemeinen Recht; näher *Kaser*, RP I, 386 Fn. 11 mwN. Zur Entwicklung der sog. *detentio Dedek*, ZEuP 1997, 342 (347ff.).

[668] Fragmenta Vaticana 90.

[669] Fragmenta Vaticana 91. Vgl. näher *Kaser*, RP I, 453; *Kaser-Knütel*, RömPrivR[17], 183; *Honsell-Mayer-Maly-Selb*, RömPrivR, 186; *Lenel*, EP, 473.

[670] Vgl. *Ulpianus* eod. D. 43, 24, 1 pr.; *Lenel*, Edictum, 482f.: *Quod vi aut clam factum est, qua de re agitur, id si non plus quam annus est cum experiendi potestas est, restituas.*

[671] Vgl. *Pernice*, Labeo, E III 1, 177. Zu den Formeln der Besitzinterdikte *Mantovani*, Formule, 92 Nr. 137, 95 Nr. 151, 95 Nr. 153, 87 Nr. 114, 89 Nr. 120.

[672] *Fargnoli*, 2: „Il pretore se decide di concedere l'interdetto la postulante, ordina all' autore dell' opera di restituere, cioè di ricostituire la situazione precendente alla violazione, ossia di ripristinare lo stato delle cose quale era anteriormente all' interferenza subita; è proprio il termine restituas del testo editale che esplicita la natura restitutoria del interdetto."

gentümer das Interdikt zu, ohne daß insoweit auf ein Interesse Bezug genommen wird. Daraus kann gefolgert werden, daß der Eigentümer keiner derjenigen ist, für die es nach Satz 1 auf interesse ankommt, also keiner der Nichtbesitzer. Der Eigentümer ist zugleich possessor. Aus *dumtaxat* („nur, lediglich") folgt, daß noch andere Personen beteiligt sind, für die das Interdikt nach Satz 1 einschlägig sein kann, denen es aber in diesem Fall nicht zustehen soll. Dies können nur die sog. Detentoren sein. Der Grund, warum nicht ihnen, sondern nur dem Eigentümer das Interdikt gegeben wird, muß darin liegen, daß für die Detentoren *si modo eorum interest* nicht erfüllt ist. Nach dem Kontext beruht der Mangel an *interesse* bei den Detentoren darauf, daß die Bäume nicht fruchttragend sind. Satz 2 unterscheidet insoweit nicht nach dem der *detentio* zugrunde liegenden Rechtsverhältnis (Miete, Pacht, Leihe, Verwahrung, Auftrag, Nießbrauch etc.) und erwähnt die einzelnen Arten der Detentoren nicht.

Satz 3 macht nun eine Einschränkung zu Satz 2. Der Interdiktenschutz, der dem Eigentümer zuteil wird, wird auch auf den Nießbraucher ausgedehnt[673]: auch bei Entfernung nichtfruchtragender Bäume kann er das *interdictum quod vi aut clam* erheben, wenn beispielsweise Zypressen umgeschlagen wurden. Satz 3 präzisiert das „Interesse", welches in diesem Fall das Interdikt zugunsten des Nießbrauchers rechtfertigt: „wenn das Grundstück aufgrund der Bäume eine gewisse Schönheit bietet, so daß auch ihm wegen der Zerstreuungs- und Flaniermöglichkeit[674] etwas daran liegt".

Für *Windscheid* und *Jhering* bietet die Stelle einen weiteren Fall eines Forderungsrechts ohne Vermögenswert. Abseits jedes Vermögensinteresses habe die Annehmlichkeit als solche ihren Wert habe und werde rechtlich geschützt[675].

Zuzugeben ist, daß der Wortlaut der Quelle dem Nießbraucher das Interdikt wegen eines Affektionsinteresses zuerkennt[676]. Daß die Wiederherrichtung des Grund-

[673] Der Nießbraucher wird üblicherweise nur in seinem Recht auf Fruchtziehung geschützt, so daß ihm ohne weiteres das Interdikt gegeben wird, wenn fruchttragende Bäume umgehauen werden; *Fargnoli*, 82; *Grosso*, Usufrutto, 132; *Bretone*, 134.

[674] Vgl. *Heumann-Seckel*, Handlexikon, *gestatio*: „Spazierweg".

[675] *Windscheid-Kipp*, Pandekten[9], 4 Fn. 3; *Jhering*, Gäubahn-Gutachten, 74. AA *Mommsen*, Interesse, 130; *Cohnfeldt*, Interesse, 79. *Mommsen* und *Cohnfeldt* kritisieren übereinstimmend, daß sich die Stelle gar nicht auf den obligationenrechtlichen Problemkontext beziehe. Das in der Stelle beschriebene „Affektionsinteresse" des Nießbrauchers an der Schönheit sei zudem nicht Gegenstand der Klage, sondern nur vorgelagerter „Beweggrund". Entsprechend sei die Interdiktenklage gar nicht auf Prästation dieses „Interesses", sondern auf Folgenbeseitigung bzw. Erstattung der Kosten gerichtet, so daß die Stelle keinen Beweis für den Schutz eines immateriellen „Interesses" liefere.

stücks[677], welche Gegenstand des Interdikts ist, selbst keinen Geldwert für den Nießbraucher hat, folgt daraus aber nicht unmittelbar. Denn die Verschandelung des Grundstücks wirkt sich nicht nur auf dessen Schönheit aus, sondern vor allem auch mindernd auf Wert und Nutzbarkeit. Die Beseitigung der Bäume und der damit einhergehende Verlust der Schönheit verringert zum einen den Marktwert[678].

Freilich berührt dies nur den Eigentümer und nicht den Nießbraucher, da dieser nicht berechtigt ist, jenen Wert durch Verkauf des Grundstücks zu schöpfen. Gleichzeitig aber verringert sich durch die Beeinträchtigung bestimmter Nutzungsmöglichkeiten der Gebrauchswert des Grundstücks. Dies betrifft den Nießbraucher in der Ausübung seines Rechts zu Gebrauch und Fruchtziehung in tatsächlicher Hinsicht direkt. Einerseits kann er selbst nicht mehr bestimmte Gebrauchsvorteile ziehen und zum anderen verringert sich der Ertrag des Nießbrauchs, wenn der Nießbraucher wegen der verschlechterten Gestalt des Grundstücks bestimmte Früchte nicht mehr ziehen kann, wie etwa Einnahmen aus Vermietung[679]. Die Restitution des Grundstücks stellt dann die Ertragsfähigkeit des Nießbrauchs wieder her.

Vielleicht spielt auch die Haftung aus der zu stipulierenden *cautio fructuaria*[680] für die ordnungsgemäße Restitution des Grundstücks nach Beendigung des Nießbrauchs eine gewisse Rolle. Der Nießbraucher haftet dem Eigentümer dafür, daß Gebrauch und Fruchtziehung nur in angemessener Weise erfolgen und daß das Grundstück nach Beendigung des Nießbrauchs restituiert wird und jedes dolose Verhalten unter-

---

676 *Sokolowski*, Philosophie, Bd. II, 92; *Wacke*, OIR 7 (2001), unter IV.3; leicht anders *Raber*, FS Herdlitczka (75), 207 (210): kollektives ästethisches Interesse. Entsprechende Zweifel an der Echtheit der Stelle bei *Beseler*, SZ 56 (1936), 26 (28); *Kaser*, Quanti ea res est, 153 Fn. 18; *Kaser*, FS Koschaker (1939), 469 Fn. 128. Für die Echtheit *Musumeci*, Studi Sanfilippo, Bd. VII, 487 (521 Fn. 67); *Fargnoli*, 83.

677 Die Wiederherstellung des Grundstücks muß nicht unmöglich sein; so aber *Honsell*, Quod interest, 156.

678 Vgl. auch *Fargnoli*, 84.

679 So *Wieling*, SZ 89 (1972), 464 (468). Der Nießbrauch selbst hat keinen Geldwert im Sinne eines *pretium rei*, denn er ist als höchstpersönliches Recht unübertragbar; *Kaser*, RP I, 448. Geldwert kommt nur den Früchten, wie etwa Mieteinnahmen, zu. Diese charakterisieren den Nießbrauch aber als Ertragsquelle. Im Hinblick auf diese Funktion läßt sich bei Beeinträchtigung der Fruchtziehungsmöglichkeiten von einer wertmäßigen „Verschlechterung" des Nießbrauchs reden; vgl. *Musumeci*, Studi Sanfilippo, Bd. VII, 487 (521).

680 Dazu *Kaser*, RP I, 451; Grosso, Usufrutto, 284ff.

bleibt[681]. Das Grundstück ist zwar grundsätzlich nur in dem Zustand zu restituieren, den es am Ende des Nießbrauchs hat[682]. Allerdings könnte der Nießbraucher infolge der Verunstaltung gegenüber dem Eigentümer leicht in den Verdacht eigenen dolosen Verhaltens geraten, insbesondere, weil es ihm obliegt, das Grundstück wie ein Eigentümer in Stand zu halten[683]. Er könnte also Gefahr laufen, vom Eigentümer selbst haftbar gemacht zu werden[684].

Dies würde aber bedeuten, daß der Nießbraucher kein reines Affektionsinteresse am Interdikt gegen den Schädiger hat. Möglicherweise wird dem Nießbraucher hier auch rein pragmatisch das *interdictum quod vi aut clam* gewährt, um eine Rechtsschutzlücke[685] zu schließen, denn der Nießbraucher kann sich zwecks Wiederherstellung des Grundstücks im Gegensatz zum Mieter und Pächter nicht an einen Vertragsschuldner halten[686]. Dagegen, daß das Interdikt allein wegen eines Affektionsinteres-

---

681 *Ulpianus* (79 lib. ad ed.) D. 7, 9, 1, 1 und 3; dazu *Honsell-Mayer-Maly-Selb*, RömPrivR, 186; *Kaser*, RP I, 451.

682 Näher *Reichard*, SZ 107 (1990), 46 (60f., 79): keine Garantiehaftung des Usufruktuars wegen Wertminderung. Vgl. auch *Ulpianus* D. 7, 9, 1 und *Ulpianus* (79 lib. ad ed.) D. 7, 9, 7; *Fargnoli*, 85; *Watson*, Law of Property, 218; *Grosso*, Usufrutto, 287.

683 Im einzelnen *Reichard*, aaO, 57;

684 Dies gilt umsomehr, wenn man annimmt, daß der Nießbraucher einer *custodia*-Haftung gegenüber dem Eigentümer unterliegt; dazu *Kaser*, RP I, 451; *ders.*, SZ 96 (1979), 89 (103, dort Fn. 55, 105 Fn. 63); *Doll*, 50-56. Wohl bejahend *Kaser*, RP I, 506 Fn. 23 mwN; *Biscardi*, Usufrutto, 24; *Paris*, 144; *Metro*, 192 Fn. 248; ablehnend *Reichard*, SZ 107 (1990), 46 (63). Die *custodia*-Haftung ist einer Garantiehaftung ähnlich, von der nur bestimmte Entlastungsgründe befreien. Im übrigen aber wird nach ihr gehaftet, auch wenn im Einzelfall kein Verschulden vorliegt. Zur Frage der Haftung für ein Verschulden Dritter aus *custodia*, *Knütel*, SZ 100 (1983), 340 (371, 411ff.); *Kaser*, RP I, 507 Fn. 30 mwN. Allerdings dürfte aus der *custodia*-Stipulation nicht ohne weiteres für Sachbeschädigungen Dritter gehaftet worden sein; eingehend *Knütel*, aaO, 411.

685 Die Interdikte *uti possidetis utile* und *uti frui prohibitus esse dicetur* sind bei Beschädigung der Nießbrauchsache tatbestandlich nicht einschlägig. Die Klage nach der *lex Aquilia* steht nur dem quiritischen Eigentümer des Grundstücks zu vgl. *Ulpianus* (18 lib. ad ed.) D. 9, 2, 11, 6. Zur *lex Aquilia* mit zahlreichen Literaturhinweisen *Kaser*, RP I, 619ff.; *Honsell-Mayer-Maly-Selb*, RömPrivR, 363ff. Die Bußsumme kann bei nichtfruchttragenden Bäumen jedenfalls nach dem Wert des Holzes berechnet werden. Ob dem Nießbraucher eine der *actio legis Aquiliae* nachgebildete *actio utilis* gegen den Schädiger zu gewähren ist, war in klassischer Zeit wohl umstritten: vgl. *Ulpianus* (18 lib. ad ed.) D. 9, 2, 11, 10; *Ulpianus* (18 lib. ad Sab.) D. 7, 1, 17, 3; *Paulus* (10 lib. ad Sab.) D. 9, 2, 12; *Ulpianus* (71 ad ed.) D. 43, 24, 13 pr. Zum ganzen *Kaser*, RP I, 622; *Honsell-Mayer-Maly-Selb*, RömPrivR, 367; *Iliffe*, RIDA 12 (1965), 325 (339, 345f.).

686 Der Vermieter bzw. Verpächter ist gegenüber Mieter bzw. Pächter zur Erhaltung der Miet- bzw. Pachtsache in gebrauchstauglichem Zustand sowie zur Instandsetzung verpflichtet. Ver-

ses an der Schönheit des Grundstücks gegeben wird, spricht schließlich, daß dieser Gesichtspunkt auch uneingeschränkt auf Mieter und Pächter zutreffen kann, die im vorliegenden Fall aber nicht in den Genuß des Interdikts kommen, sondern nur der Nießbraucher. Ebenso spricht gegen den Schutz eines reinen Affektionsinteresses, daß die Quelle keinen konkreten Bezug zur Person Nießbrauchers herstellt, sondern abstrakt und eher zurückhaltend spricht (*potest dici et fructuarii interesse*). Der Wortlaut mag nahelegen, daß das Interdikt auch wegen eines Nichtvermögensinteresses gewährt wird[687]. Die eingeklagte Leistung, die Restitution des Grundstücks, hat jedoch Geldwert für den Nießbraucher, denn sie verbessert das Grundstück und erhöht damit indirekt den Wert des Nießbrauchs. Demnach kann die Quelle nicht als Beispiel einer Leistung ohne Vermögenswert angesehen werden[688].

ddd) Paulus D. 21, 2, 71 (libro sexto decimo quaestionum)

Pater filiae nomine fundum in dotem dedit: evicto eo an ex empto vel duplae stipulatio committatur, quasi pater damnum patiatur, non immerito dubitatur: non enim sicut mulieris dos est, ita patris esse dici potest nec conferre fratribus cogitur dotem a se profectam manente matrimonio. Sed

„Ein Vater hat für seine Tochter ein Grundstück zur Mitgift gegeben; wenn dasselbe entwehrt[689] worden ist, so zweifelt man nicht mit Unrecht, ob [die Klage] aus dem Kaufe [zustehe,] oder die Stipulation des Doppelten verfalle, gleich als ob der Vater Schaden leide. Man kann nämlich nicht ebenso, wie

---

letzt der Vermieter bzw. Verpächter diese Pflicht, kann der Mieter bzw. Pächter aus der *actio conducti* klagen. Diese hat *quidquid dare facere oportere ex fide bona* zum Gegenstand und geht auf *id quod interest*. Das Urteil kann zwar nicht auf Mängelbeseitigung, d. h. Wiederherrichtung des Grundstücks, wohl aber auf die Erstattung zuviel gezahlten Mietzinses gehen; vgl. *Medicus*, Id quod interest, 154. Näher zu Miete und Pacht (*locatio conductio*), insbesondere zur Instandhaltungspflicht *Kaser*, RP I, 562ff., 566 und dort Fn. 33 mwN; *Honsell-Mayer-Maly-Selb*, RömPrivR, 322ff., 325; *Mayer-Maly*, Locatio conductio, 152ff.; *Ulpianus* (32 lib. ad ed.) D. 19, 2, 15, 1; *Gaius* (10 lib. ad ed.) D. 19, 2, 25, 2. Zu *locatio conductio* vgl. auch die allgemeinen Literaturhinweise bei *Kaser*, RP I, 562 Fn. 1; *Honsell-Mayer-Maly-Selb*, RömPrivR, 322 Fn. 1. Zum Inhalt von *id quod interest* bei der *actio conducti Medicus*, Id quod interest, 154ff.; *Honsell*, Quod interest, 119ff.

[687] *Honsell*, Quod interest, 156.

[688] Amüsant, freilich mit anderem Vermögensbegriff *Kohler*, Archiv f. BüR 12 (1897), 1 (2): „Das Interesse des Usufructuars an den Zierbäumen ist ein völlig vermögensrechtliches Interesse, und wenn Jemand die herrlichen Bäume der Villa d'Este in Tivoli abgehauen hätte, so wäre dem Kardinal Hohenlohe das interdictum quod vi aut clam zugestanden."

[689] „Entwehrung" = Eviktion.

videamus ne probabilius dicatur committi hoc quoque casu stipulationem: interest enim patris filiam dotatam haberet spem quandoque recipiendae dotis, utique si in potestate sit. quod si emancipata est, vix poterit defendi statim committi stipulationem, cum uno casu ad eum dos regredi possit. Numquid ergo tunc demum agere possit, cum mortua in matrimonio filia potuit dotem repetere, si evictus fundus non esset? An et hoc casu interest patris dotatam filiam habere, ut statim convenire promissorem possit? Quod magis paterna affectio inducit.

die Mitgift der Frau gehört, auch sagen, daß sie dem Vater gehöre; auch wird er nicht gezwungen, eine von ihm gekommene Mitgift, so lange die Ehe besteht, seinen Brüdern (bei der Beerbung ihres gemeinsamen Vaters in die Erbschaft) einzuwerfen. Doch möchte man wohl mit mehr Wahrscheinlichkeit sagen, daß auch in diesem Falle die Stipulation verfalle; denn es liegt dem Vater daran, eine ausgestattete Tochter und die Hoffnung zu haben, einst die Mitgift wieder zu erhalten, jedenfalls, wenn [die Tochter] sich in seiner Gewalt befindet. Wenn sie aber aus der väterlichen Gewalt entlassen ist, so wird man es kaum verteidigen können, daß die Stipulation sogleich verfalle, da die Mitgift [dann nur] in einem einzigen Fall an ihn zurückkehren kann. Kann er also erst dann klagen, wenn er nach dem während der Ehe erfolgten Tode der Tochter die Mitgift hätte zurückfordern können, wenn das Grundstück nicht entwehrt worden wäre? Oder liegt auch in diesem Fall dem Vater daran, eine ausgestattete Tochter zu haben, so daß er den Versprecher sogleich belangen kann? Und dies bringt die väterliche Neigung mehr mit sich“[690]

Das Fragment stammt nach Lenels Palingenesie aus dem 16. Buch der Quästionen des *Paulus* über die Stipulationen[691]. Die Quelle eröffnet mit der Schilderung des

[690] Übersetzt von *Schneider* in *Otto-Schilling-Sintenis*, Bd. II, S. 589f.

[691] *Lenel*, Palingenesia, Bd. I, Sp. 1216. Das 26 Bücher umfassende Werk der Quästionen des *Paulus* (*Quaestionum libri XXVI*) enstand nach *Septimius Severus'* Tod 211 n. Chr. Sie ent-

Sachverhalts: ein Vater hat von einem Dritten ein Grundstück gekauft und dieses als Mitgift (*dos*) an den Bräutigam seiner Tochter gegeben. Das Grundstück wird nun beim Bräutigam evinziert. Fallfrage ist, ob der Vater gegen seinen Verkäufer aus der *stipulatio duplae*[692] vorgehen kann.

Die *stipulatio duplae* ist eine Sonderform der Vertragsstrafe[693], in der der Verkäufer dem Käufer verspricht, den doppelten Kaufpreisbetrag (*duplum*) zu zahlen, wenn es zur Eviktion kommt, wenn also der Käufer oder bestimmte Rechtsnachfolger[694] des Käufers gegenüber der *actio in rem* eines Dritten unterliegen, so daß der Käufer das *habere* an der Sache verliert oder darin beeinträchtigt wird, obwohl der Käufer den Verkäufer (durch Streitverkündung) aufgefordert hat, ihm prozessual bei der Verteidigung der Kaufsache beizustehen[695]. Hier erfolgt die Eviktion nicht beim Käufer (Vater), sondern beim Ehemann.

Die Frage, ob der Vater die Klage auf die *stipulatio duplae* gegen den Verkäufer hat, sei problematisch, weil die Mitgift zwar in gewisser Weise der Frau zustehe, aber nicht mehr dem Vater. Zugrunde liegt, daß Paulus den Verfall der Stipulation von einem Schaden (*quasi pater damnum patiatur*) abhängig macht[696]. Dies kennzeichnet die Stelle als einen Sonderfall der *stipulatio*, denn ein Vermögensnachteil oder ein

halten nach dem Digestensystem geordnete und didaktisch aufbereitete Übungsfälle für den Rechtsunterricht (sog. *Problemata*); zu typischen Darstellungstechniken in den Quaestionen *Schmidt-Ott*, 234ff.; *Liebs* in HLL 4 (1997), § 423 B. d. 80 (172). Der klassische Text der Quaestionen gilt allgemein als in nachklassischer Zeit schwer überarbeitet; *Schulz*, Geschichte, 303; *Wenger*, Quellen, 516; *Schmidt-Ott*, 16; ähnlich *Wieacker*, Textstufen, 377. Die Stelle wird ausführlich behandelt bei *Reichard*, Drittschadensersatz, 195ff.; *Voci*, Obbligazioni, Bd. I, 244ff.; Textkritik bei *Koschaker*, SZ 49 (1929), 463 (465f.); *Kaser*, FS Lewald (1953), 69 (73 Fn. 26, 79); für Unbedenklichkeit der sachlichen Substanz jedenfalls *Reichard*, Drittschadensersatz, 196; *Kaser*, FS Lewald (1953); 69 (79) = Kaser, Ausgewählte Schriften, Bd.I, 342;*Voci*, Obbligazioni, Bd. I, 246.

692 Gegenstand der Erörterung ist nicht die *actio empti. ex empto vel* gilt insoweit seit *Pernice*, Labeo, E III 1, 185 Anm. 2 als interpoliert; dazu *Kaser*, FS Lewald (1953), 69 (72 Fn. 18).

693 Die *stipulatio duplae* ist der Auktoritätshaftung bei manzipierten Kaufsachen nachgestaltet; vgl. *Kaser*, RP I, 555. Als *certa pecunia* wird der stipulierte doppelte Kaufpreis im Wege der *condictio* eingeklagt; *Kaser-Knütel*, RömPrivR[17], 211; *Kaser*, RP I, 542.

694 Auch Einzelrechtsnachfolger; *Kaser*, RP I, 555 Fn. 14 mwN.

695 Ausführlich zur Eviktionshaftung *Kaser*, RP I, 553ff.; *Kaser-Knütel*, RömPrivR[17], 266f.

696 *Reichard*, Drittschadensersatz, 197. Zu *quasi* vgl. Fn. 661, 697.

vermögenswertes Interesse des Stipulanten ist nach Wesen und Funktion der Stipulation allgemein keine Voraussetzung ihrer Gültigkeit[697].

Das als Mitgift gegebene Grundstück gehört nicht mehr in das Vermögen des Vaters[698]. Entsprechend muß der Vater, während die Ehe seiner Tochter besteht, das Grundstück nicht beim Tod seines Vaters gegenüber seinen Brüdern in die Ausgleichung (*collatio*) miteinbeziehen, die notwendig wird, wenn er im Gegensatz zu seinen Brüdern vor dem Tod des Vaters emanzipiert worden war und somit eigenes Vermögen erwerben konnte[699].

Die *stipulatio duplae* verfällt somit nicht wegen einer Kollationspflicht. Allerdings habe der Vater ein Interesse daran hat, daß seine Tochter dotiert sei[700] und habe Aus-

---

697 Vgl. *Ulpianus* (49 lib. ad Sab.) D. 45, 1, 38, 17; *Kaser*, FS Lewald (1953), 69 (72); *Reichard*, Drittschadensersatz, 197f. mwN; *Knütel*, Stipulatio poenae, 54. Reichard, aaO erklärt diesen Sonderfall aus einer Schadenspauschalierungsfunktion der *stipulatio duplae* wegen deren Anlehnung an die Auctoritashaftung, die ihre Ursprünge in der deliktischen Haftung des Verkäufers wegen *furtum* am Kaufpreis durch Veräußerung einer fremden Sache habe; dazu *Kaser*, RP I, 555, 132f. Zur Schadenspauschalierungsfunktion der *stipulatio duplae* auch Knütel, Stipulatio poenae, 364; *Jakab*, 230. Die Stelle problematisiere in Gestalt des Schadens bzw. „Interesses" eine gewissermaßen konkludent bedungene Voraussetzung der *stipulatio duplae*, welches als sonst regelmäßig vorhandener Eviktionsschaden auf Seiten des Käufers hier nicht vorliege. „Quasi" stellt dann wohl die argumentative Verknüpfung zum Regelfall des vorhandenen Eviktionsschadens her; vgl. zur Funktion von *quasi Hackl* in: Rechtsgeschichte und Privatrechtsdogmatik, 117 (118). Insofern sei es Frage der Auslegung der Strafstipulation, inwieweit ein Schaden des Käufers Verfallsvoraussetzung der *stipulatio duplae* sei; vgl. dazu *Voci*, Obbligazioni, Bd. I, 246. Gegen die von *Reichard*, aaO, 198 Fn. 131 vertretene Berücksichtigung eines Affektionsinteresses beim Strafversprechen in *Papinianus* (10 lib. quaest.) D. 18, 7, 7 vgl. *Medicus*, Id quod interest, 177.

698 *Söllner*, Actio rei uxoriae, 57; *Bechmann*, Dotalrecht, Bd. I, 137. Die *dos* kommt ins Vermögen des Ehemannes; *Kaser*, RP I, 333; *Kaser-Knütel*, RömPrivR[17], 369. Fraglich ist allerdings, ob die *dos* beim Ehemann im technischen Sinn ein „Sondervermögen" bildet; so *Kaser*, aaO. Zur Frage *Santos*, Patrimonios especiales, 231.

699 Eingehend *Kaser*, FS Lewald (1953), 69 (73) mit Verweis auf *Africanus* (4 lib. quaest.) D. 37, 6, 4; *Reichard*, Drittschadensersatz, 195; *Bechmann*, Dotalrecht, Bd. I, 137. Zur Kollation *Kaser*, RP I, 732; Zur *collatio Caballé Martorell*, Collatio emancipati.

700 Nach *Bechmann*, Dotalrecht, Bd. I, 138 beruht das Interesse des *paterfamilias* an *filiam dotatam habere* darauf, daß die Ehe, in welcher seine Tochter lebe, erhalten bleibe, wie die Tochter selbst. Es liege daher auch in seinem Interesse, daß die *dos*, auf welcher der ganze Bestand der Ehe beruhe, nicht geschmälert werde und eben dieses Interesse reiche zur Begründung der Eviktionsklage hin. Zur Rolle der *dos* für den Bestand der Ehe *Söllner*, Actio rei uxoriae, 111, 114 im Anschluß an *Bechmann*, Dotalrecht, Bd. I, 107.

sicht (*spes*) darauf, daß er die *dos* irgendwann zurück bekomme[701]. Er kann die *dos* wiedererlangen, wenn die Tochter noch in seiner Gewalt ist, weil dann die *actio rei uxoriae* nach dem Tod des Ehemanns oder nach Scheidung grundsätzlich nicht der Tochter, sondern ihrem *paterfamilias* zusteht[702]. Wurde die Tochter emanzipiert, kann die *dos* nur bei Beendigung der Ehe durch ihren Tod an ihn zurückkehren[703]. Fraglich sei nun, *wann* der Vater die Klage aus der Stipulation erheben könne: sofort oder erst (*tunc demum*) bei der Beendigung der Ehe durch den Tod der Tochter, wie wenn das Grundstück nicht evinziert worden wäre. Die väterliche Zuneigung (*paterna affectio*) lege nahe, daß der Vater auch sonst ein Interesse an einer „dotierten" Tochter habe, so daß er den Verkäufer sofort verklagen könne.

Windscheid führt die Stelle als Beispiel an, daß auch Interessen, welche keine Geldinteressen seien, anerkannt seien[704]. Nach *Jhering* sei der entscheidende Grund, warum dem Vater sofortige Regreßklage gewährt werde, das väterliche Interesse an seiner Tochter, mithin ein aus verwandtschaftlicher Liebe erwachsendes Interesse[705]. *Mommsen* kritisiert eine Verwechslung von Klagegrund und Interesse[706]. Der Vater könne Eviktionsklage erheben, obwohl er persönlich durch die Eviktion keinen Schaden erleide.

Dies werde mit Rücksicht auf die *paterna affectio* angenommen, weil der Vater immer ein Interesse daran habe, daß seine Tochter dotiert sei. Es werde also das Affektionsinteresse als Grund der Klage anerkannt. Die Klage selbst gehe aber nicht auf das Affektionsinteresse, ja überhaupt nicht auf ein Interesse, sondern auf das Doppel-

---

701 In diesem Fall liegt auch ein Vermögens-und kein schlichtes Affektionsinteresse vor; vgl. *Reichard*, Drittschadensersatz, 196.

702 *Reichard*, Drittschadensersatz, 195; *Kaser*, RP I, 338 Fn. 13, 14; *Czyhlarz*, Dotalrecht, 297; *Tigerström*, Dotalrecht, Bd. II, 74. Die Klage kann vom *paterfamilias* jedoch nur unter Zuziehung der Frau, *adiuncta filiae persona*, erhoben werden, ausnahmsweise auch von ihr selbst; *Czyhlarz*, Dotalrecht, 301f.; *Reichard*, aaO; *Kaser*, RömZivP, 205 Fn. 10 mwN.

703 *Kaser*, FS Lewald (1953), 69 (73). Im allgemeinen verbleibt die *dos* beim Tod der Frau dem Mann. Nur, wenn die *dos* durch den *paterfamilias* der Frau bestellt wurde (*dos profectitia*), fällt sie bei deren Tod an ihn zurück; *Kaser*, RP I, 339, 334; *Bechmann*, Dotalrecht, Bd. I, 422, 427.

704 *Windscheid-Kipp*, Pandekten[9] II, 4 Fn. 3.

705 *Jhering*, Gäubahn-Gutachten, 67. Ähnlich *Bechmann*, Dotalrecht, Bd. I, 138, nach dem die sofortige Zulassung der Eviktionsklage nicht durch eine mehr oder weniger entfernte Aussicht auf Wiedererlangung der *dos* gerechtfertigt ist, sondern durch deren sittliche Bedeutung, welche die *dos* während der Ehe für denVater habe.

706 *Mommsen*, Interesse, 126f.

te des Preises. Es liege somit gerade kein pekuniär indifferenter Obligationsgegenstand vor. Die Stelle falle vielmehr in die Vermögenssphäre[707].

Der Einwand Mommsens greift durch. Die Stelle kann nichts gegen das Erfordernis eines Geldwertes des Leistungsgegenstandes – hier des duplum – aussagen, denn dieser ist unproblematisch gegeben. Die Stelle behandelt die durch Auslegung des Stipulationsversprechens zu klärende Frage, an welche Bedingung der Verfall des duplum geknüpft wird. Die inhaltliche Flexibilität der *stipulatio* erlaubt dabei grundsätzlich die Anknüpfung an beliebige Umstände[708], insofern auch an ein affektives oder sittliches Interesse des Vaters am Fortbestand der Dotation seiner Tochter. Die Stelle belegt, daß bestimmte Affektionsinteressen – hier die *paterna affectio* – als rechtlich maßgebliche Argumentationskriterien anerkannt sind, nicht aber, daß diese selbst prozessual unmittelbar verfolgt werden. Selbst das insoweit untechnisch zu verstehende „Interesse" des Vater an der sofortigen Klage führt nicht zu einem reinen Affektionsinteresse. Ist die Tochter in der *patria potestas* des Vaters verblieben, so hat er wegen der Aussicht, die dos beim Tod des Ehemanns oder Scheidung zurückzuerhalten, ein seine Vermögenssphäre berührendes und kein nur affektives Interesse. War die Tochter *sui iuris*, so liegt nur scheinbar stets ein Affektionsinteresse vor.

Denn ein „Vermögensinteresse" des Vaters läßt sich abgesehen von dem Fall der Beendigung der Ehe durch den Tod der emanzipierten Tochter auch aus einem nach der Eviktion drohenden Rückgriff des Ehemannes gegen den Vater der Tochter herleiten. Zwar hat der Mann aus der dos selbst keine Klage gegen den Vater als Besteller des evinzierten Dotalgegenstandes, da es diesem gegenüber insoweit keinen klagbaren Anspruch zur Bestellung einer *dos* gibt[709] und auch keine Eviktionshaftung des Vaters gegenüber seiner Tochter[710].

Allerdings kann der Mann gegenüber dem Vater in bestimmten Fällen wegen der Art und Weise der Bestellung der dos ein gesondertes Klagerecht aus Anlaß der Eviktion

---

707 *Ryck*, Schuldverhältnisse, 7 Fn. 10.

708 Namentlich die Stipulation einer unechten Vertragsstrafe (*stipulatio poenae*) kann als Mittel zur indirekten Zwangsbewehrung einer Leistung ohne schätzbaren Geldwert eingesetzt werden, *Knütel*, Stipulatio poenae, 50; *Kaser*, RP I, 491 Fn. 27; 520; vgl. *Ulpianus* (6 lib. opin.) D. 8, 4, 13 pr.; *Ulpianus* (49 lib. ad Sab.) D. 45, 1, 38, 4.

709 *Czyhlarz*, Dotalrecht, 208; Koschaker, SZ 46 (1929), 463, (465).

710 So *Czyhlarz*, Dotalrecht, 210; *Glück*, Pandekten, Bd. 25, 80f.; Bd. 20, 198.

haben[711]. In diesem Fall hat der Vater nicht nur ein Affektions-, sondern ein Vermögensinteresse an der sofortigen Eviktionsklage gegen seinen Verkäufer, weil er selbst durch den Mann seiner Tochter verklagt zu werden droht. Dies muß umso mehr dann gelten, wenn man wie *Windscheid* annimmt, daß der Besteller der *dos* stets wegen Eviktion haftet[712]. Zusätzlich ließe sich ein vermögenswertes Klaginteresse des paterfamilias mit der mit Verlust der dos wiederauflebenden Unterhaltspflicht zugunsten seiner Tochter begründen[713].

eee) Papinianus D. 18, 7, 6, 1 (libro vicesimo septimo quaestionum)

Nobis aliquando placebat non alias ex vendito propter poenam homini irrogatam agi posse, quam si pecuniae ratione venditoris interesset, veluti quod poenam promisisset: ceterum viro bono non convenire credere venditoris interesse, quod animo saevientis satisfactum non fuisset. Sed in contrarium me vocat Sabini sententia, qui	Wir vertraten einmal die Ansicht, es könnte nur dann aus Kauf wegen einer dem Käufer auferlegten Bestrafung des verkauften Menschen geklagt werden, wenn der Verkäufer ein vermögenswertes Interesse hätte, etwa weil er seinerseits [einem Dritten] eine Vertragsstrafe versprochen hätte. Im Übrigen stünde es einem redlichen

711 Eingehend *Czyhlarz*, Dotalrecht, 208-212; *Bechmann*, Dotalrecht, Bd. II, 229; *Arndts*, Pandekten[10], 700; *Arndts*, AcP 50 (1867), 149 (150f.); *Glück*, Pandekten, Bd. 25, 80; *Glück*, Pandekten, Bd. 20, 198; *Streicher*, Periculum dotis, 3ff., 8. *Czyhlarz* nennt die Fälle der *dos aestimata*, bei der der Vater bei Eviktion gegenüber dem Mann wie ein Verkäufer haftet (*stipulatio duplae*); näher zur Unterstellung der *dos aestimata* unter das Kaufrecht *Streicher*, Periculum dotis, 3. Desweiteren kämen die Fälle in Betracht, in denen die *dos* durch *promissio dotis* (Stipulation) oder *dotis dictio* (mündliches Versprechen) bestellt worden sei, kraft deren der Besteller auf Erfüllung dieses Versprechens in Anspruch genommen werden könne. Waren *promissio* und *dictio* auf bestimmte Sachen (*res certae*) gerichtet, sei das volle Interesse zu prästieren; bei nur der Gattung nach bestimmten Sachen (*res incertae*) bestehe Anspruch auf Leistung geeigneter Sachen. Sei eine *dos inaestimata* durch *datio dotis* (*mancipatio*, *in iure cessio*, *traditio*) bestellt worden, so hafte der Besteller grundsätzlich nicht für Eviktion, da er keine Verpflichtung übernehme, sondern nur erkläre, daß die Sache die *dos* bilden solle, so daß sich in der Erklärung nur die *causa* manifestiere, vgl. *Arndts*, AcP 50 (1867), 149 (153). Jedoch hafte er, wenn er vorsätzlich ein evinzierbare Sache übergebe aus *actio de dolo*; *Czyhlarz*, Dotalrecht, 209; *Baron*, Pandekten[9], 608. Vgl. auch *Tigerström*, Dotalrecht, Bd. I, 84f.; *Hasse*, Güterrecht, Bd. I, 259ff.

712 *Windscheid-Kipp*, Pandekten[9], Bd. III, 18 Fn. 5. Dagegen *Arndts*, Pandekten[10], 700; *Baron*, Pandekten[9], 608; *Arndts*, AcP 50 (1867), 149 (151); *Vangerow*, Pandekten-Vorlesungen, Bd. I, § 217 Anm. 2 (316).

713 So Koschaker, SZ 46 (1929), 463, (464). Zur Unterhaltspflicht *Kaser*, RP I, 351.

utiliter agi ideo arbitratus est, quoniam hoc minoris homo venisse videatur.

Mann nicht an, zu glauben, daß der Verkäufer ein Interesse hätte, weil seinem grausamen Willen nicht genüge getan wurde. Aber die Ansicht des Sabinus stimmt mich um, der deshalb meinte, daß erfolgreich[714] geklagt werden könne, weil man anzunehmen sei, daß der Sklave wegen der Abrede billiger verkauft worden sei.

Das Fragment stammt aus dem 27. Buch der Quästionen des Papinian aus der Rubrik über die Stipulationen (*De stipulationibus*)[715]. Die Stelle behandelt einen Fall aus dem Recht des Sklavenkaufs[716]. Der Sklave wird verkauft, wobei der Käufer dem Verkäufer durch Nebenabrede (sog. *pactum adiectum*[717]) verspricht, den Sklaven einer Bestrafung zu unterziehen. Für den Fall der Nichtbestrafung mag er eine Geldsumme als Vertragsstrafe (*poena*) versprochen haben[718]. Die Quelle setzt sinngemäß

---

[714] Vgl. *Heumann-Seckel*, Handlexikon, *utilis*, sub 3; *utiliter agi* meint hier keine *actio utilis*; *Medicus*, Id quod interest, 175 Fn. 14; *Bechmann*, Kaufrecht, Bd. I, 659; *Daube*, Iura 11 (1960), 69 (95, 102); *Wilinski*, Index 3 (1972), 443 (445 Fn. 15).

[715] *Lenel*, Palingenesia, Bd. I, Sp. 866. Das 37 Bücher umfassende Werk der Quästionen (*Quaestionum libri XXXVII*) des Papinian entstand zwischen 190 und 200 n. Chr und wohl unter Kaiser *Septimius Severus* (9.4.193-4.2.211 n. Chr.). Die Ordnung folgt den Digesten. Neben Kasuistik aus der Praxis finden sich auch theoretische Erörterungen. Die Problemata-Sammlung ist in Stil und Inhalt mit den Digesten *Julians* eng verbunden. Die Eigenheit *Papinians*, ethische Gesichtspunkte in Rechtssätzen und konkreten Entscheidungen unter Überschreitung der Fachsprache allgemeinverbindlich auszudrücken, charakterisiert seine Ausführungen; zum ganzen *Liebs* in HLL 4 (1997), § 416 B. 5 (120) insoweit gegen Interpolationsverdächtigungen wie etwa bei *Schulz*, Geschichte, 297; ähnlich zum Stil *Karlowa*, Rechtsgeschichte, 736; zum Werk auch *Krüger*, Geschichte, 221; *Fitting*, Alter und Folge, 74; Textkritik bei *Beseler*, SZ 50 (1930), 18 (22f.); *Börner*, SZ 71 (1954), 359 (365, 372); dagegen jedoch *Medicus*, Id quod interest, 174 Fn. 12; *Wilinski*, Index 3 (1972), 443 (448f.); eingehend auch *Sicari*, Leges venditionis, 324ff.

[716] Ausführliche Besprechung bei *Sicari*, Leges venditionis, 313ff.

[717] *Honsell-Mayer-Maly-Selb*, RömPrivR, 255 Fn. 39 mwN; *Kaser*, RP I, 527, 487 Fn. 28 mwN; *Bonfante*, Corso, Bd. IV, 73; *Bechmann*, Kaufrecht, Bd. III/2, 25 Fn. 1; anders *Medicus*, id quod interest, 176; *Mommsen*, Interesse, 127. Zur Klagbarkeit des *pactum adiectum* bei den *bonae fidei iudicia Knütel*, Contrarius consensus, 61, 64; *Voci*, Obbligazioni, Bd. I, 100ff, 102.

[718] So *Daube*, Iura 11 (1960), 69 (96) mit palingenetischer Begründung; auch *Holthöfer*, Ius Commune 1 (1967), 150 (161); aA *Medicus*, Id quod interest, 176; *Wilinski*, Index 3 (1972), 443 (447). Jedoch spielt dies hier keine Rolle. Wird die Strafe stipuliert, kommt es auf die

voraus, daß der Käufer die Bestrafung nicht vollzieht. Es stellt sich nun die Frage, ob der Verkäufer gegen den Käufer aus der *actio venditi* vorgehen kann. Die *actio venditi* ist die Klage des Verkäufers aus dem Rechtsverhältnis des Kaufs (*emptio venditio*):

> *C. A. iudex esto. Quod A A N^o N^o hominem Stichum vendidit, quidquid ob eam rem N^m N^m A^o A^o dare facere oportet ex fide bona, eius iudex N^m N^m A^o A^o condemnato, si non paret absolvito*[719].

> C. A. soll Richter sein. Was das angeht, daß der Kläger dem Beklagten den Sklaven Stichus verkauft hat, so verurteile, Richter, den Beklagten dem Kläger dieserhalb in all das, was der Beklagte dem Kläger nach Treu und Glauben zu geben verpflichtet ist. Wenn es sich nicht erweist [daß der Beklagte zu geben verpflichtet ist], so sprich frei.

Wegen der Weite der Bona fides-Klausel in der *intentio* (*quidquid dare facere oportet ex fide bona*) kann mit ihr der Kaufpreis, aber auch ein Schaden aus der Verletzung von Nebenpflichten geltend gemacht werden[720].

Papinian bestätigt mittelbar, daß die *actio venditi* ein pekuniäres Interesses des Verkäufers erfordert[721]. Im Hinblick auf die unterlassene Bestrafung ergibt ein solches Interesse sich aus dem Kauf grundsätzlich nicht, und zwar unabhängig davon, ob der

---

vorliegende Frage nach einem Interesse nicht an. Wurde die Strafe formlos im Wege eines sog. *pactum adiectum* versprochen, kann sie nur durch die *actio venditi* eingeklagt werden, wenn diese gegeben ist. Besteht kein pekuniäres Interesse an der Bestrafung, ist das *pactum* sanktionslos, da dann die *actio venditi* nicht gegeben ist. Ist das Interesse pekuniär, ist das *pactum* überflüssig, da der Käufer dann ohnehin aus der *actio venditi* haftet; das Pönalpaktum begründet daher in keinem Fall einen zusätzlich neben der *actio venditi* klagbaren Anspruch; vgl. *Holthöfer*, aaO.

[719] *Lenel*, Edictum, 299; *Mantovani*, Formule, 53f. Zur *actio venditi Kaser*, RP I, 551; *Honsell-Mayer-Maly-Selb*, RömPrivR, 309ff.; *Schulz*, Classical, Roman Law, 526; *Honsell*, Quod interest, 114ff. Nach *Börner*, SZ 71 (1954), 359 (366) liegt der *actio venditi* wegen der Natur des Kaufs als Umsatzgeschäft der Gedanke zugrunde, dem Verkäufer einen Ausgleich für den Vermögensnachteil zu verschaffen, den er infolge seiner Leistung an den Käufer erleidet. Der Zusammenhang der *actio venditi* mit einem pekuniären Nachteil mache das Wesen dieser Klage aus, wobei dieser nicht nur in der Leistung des Verkäufers liegen könne, sondern auch in einem sonstigen Nachteil, der mit dem Kauf in Zusammenhang stehe; ähnlich *Holthöfer*, Ius Commune I (1967), 150 (165): „Opfer und Gegenopfer".

[720] *Honsell-Mayer-Maly-Selb*, RömPrivR, 309; *Honsell*, Quod interest, 114.

[721] Vgl. *Holthöfer*, Ius Commune 1 (1967), 150 (165).

Käufer daneben eine Strafe versprochen hat[722]. Ein geldwertes Interesse des Verkäufers sei aber dann gegeben, wenn der Verkäufer seinerseits für das Ausbleiben der Bestrafung des Sklaven einem Dritten gegenüber eine Strafsumme stipuliert hat.

In diesem Fall wird ihm die *actio venditi* auf die Strafsumme gegeben, die er gegenüber dem Dritten verwirkt hat, weil diese dann seinen Verlust darstellt[723]. Die *actio venditi* ist dann unabhängig davon statthaft, ob der Käufer gegenüber dem Verkäufer eine Strafe versprochen hat, denn der Verkäufer hat wegen seiner Strafstipulation gegenüber dem Dritten in beiden Fällen dasselbe *Interesse*[724]. Ansonsten verbietet es nach Papinian der Anstand, dem „Rachegefühl“ des Verkäufers zum Durchbruch zu verhelfen.

Nach *Sabinus* kann der Verkäufer hingegen in jedem Fall klagen, weil der Sklave im Hinblick auf das Versprechen, ihn zu bestrafen, billiger an den Käufer verkauft worden sei. Sabinus stellt nicht darauf ab, ob der Verkäufer deshalb ein pekuniäres Interesse hat, weil er gegenüber einem anderen eine Strafe stipuliert hat. Er stellt auch nicht auf ein Interesse in der Person des Verkäufers ab, das mit der Vornahme der Bestrafung zusammenhängt, sondern auf den Kaufpreis, der aufgrund der Tatsache, daß der Käufer die Bestrafung des Sklaven zusichern muß, niedriger ausfalle[725].

---

[722] *Daube*, Iura 11 (1960), 69 (97). *Condictio* und *actio venditi* sind in Klageziel und Voraussetzungen verschieden und daher getrennt zu beurteilen.

[723] Vgl. *Holthöfer*, Ius Commune 1 (1967), 150 (159).

[724] *Daube*, Iura 11 (1960), 69 (98).

[725] *Sicari*, Leges venditionis, 317ff., geht nur von einer widerleglichen Vermutung aus. In dem unwahrscheinlichen Fall, daß die Strafklausel nicht zu einem Preisnachlaß geführt habe, dürfte die *actio venditi* nur bei Stipulation einer Strafe an einen Dritten statthaft sein. Allerdings findet diese Überlegung im Wortlaut der Quelle keine Stütze. *Papinian* stellt bezüglich der Kaufpreisminderung nicht nur eine Vermutung auf. In Anbetracht der Herkunft der Quelle dürfte ein Verkauf zu ungemindertem Preis nicht von praktischer Relevanz gewesen sein, denn sonst hätte *Papinian* dies wohl – etwa als Rückausnahme- problematisiert. Der Marktwert eines unter Strafklausel verkauften Sklaven ist wegen der Beschränkung der wirtschaftlichen Dispositionsfreiheit des Käufers (nicht der Verfügungsfreiheit!) gemindert; vgl. *McGinn*, SZ 107 (1990), 315 (322); *Daube*, Iura 11 (1960), 69 (98); *ders.*, Studies in the Roman Law of Sale, 9 (34 Fn. 2); *Holthöfer*, Ius Commune 1 (1967), 150 (162). Ebenso dürfte sich auf die Preisbildung ausgewirkt haben, daß das Verlangen des Verkäufers nach einer Bestrafung des Sklaven dessen Qualitäten aus Käufersicht fragwürdig macht.

Nach *Sabinus* erscheint damit das vom Käufer zu leistende Strafversprechen quasi als Bestandteil des Kaufpreises[726]. Die Nichterfüllung des Strafversprechens ist einer teilweisen Nichtleistung des Kaufpreises vergleichbar[727]. Die *actio venditi* geht nun auf denjenigen Betrag, um den der ursprüngliche Preis im Hinblick auf das Strafversprechen des Käufers ermäßigt wurde[728]. Allerdings wird dieser nicht konkret ermittelt. Vielmehr wird generell angenommen (*videatur*), daß der Sklave teurer verkauft worden wäre[729]. *Papinian* folgt dieser Meinung, nicht aber, weil entgegen seiner früheren Einschätzung der Verkäufer doch ein pekuniäres Interesse an der Bestrafung habe, sondern weil auch er nun das Strafversprechen als Teil des Kaufpreises ansieht. Der Verkäufer hat sich die Klausel gewissermaßen etwas kosten lassen[730].

Windscheid führt diese Quelle ebenfalls dafür an, daß es Forderungsrechte ohne Vermögensinteresse gebe[731]. Die Ausführungen lassen in ihrer Kürze nicht genau erkennen, ob Windscheid eine Klage auf Bestrafung für möglich hält oder ob die actio venditi auf Ersatz eines nicht pekuniären Interesse gehen soll. Für *Jhering* ist das Interesse des Verkäufers an der Nebenverpflichtung des Käufers durch Kaufpreisnachlaß quasi kommerzialisiert. Es sei „in Geld vergütet", und deshalb vermögenswert, und zwar nicht nur für den Verkäufer, sondern für jedermann[732].

---

[726] Vgl. *Daube*, Iura 11 (1960), 69 (98); *Daube*, Studies in the Roman Law of Sale, 9 (34); *Börner*, SZ 71 (1954), 359 (367); *Holthöfer*, Ius Commune 1 (1967), 150 (160, 162); *Wilinski*, Index 3 (1972), 443 (450); *Astolfi*, SDHI 52 (1986), 537 (541). Anders *Buckland*, Slavery, 69; dagegen jedoch *Daube*, Iura 11 (1960), 69 (99). Ob der Kaufpreis auch in anderer Leistung als in Geld bestehen dürfe, war zwischen den Schulen der Sabinianer und Proculianer hoch umstritten. Die Sabinianer hielten dies wegen der wirtschaftlichen Verwandtschaft des Kaufs zum Tausch uneingeschränkt für möglich, wohingegen die Proculianer nur Geld als Kaufpreis zuließen. Die proculianische Auffassung setzte sich durch, wobei man es aber genügen ließ, wenn wenigstens ein Teil der Gegenleistung des Käufers in Geld bestand; eine ausführliche Darstellung des Streits findet sich bei *Zimmermann*, Law of Obligations, 250f., 250 Fn. 98 mwN; vgl. auch *Paulus* (33 lib. ad ed.) D. 18, 1, 1, 1; *Gaius*, Inst. III, 141. Die Lösung des *Sabinus* ist daher nach beiden Schulmeinungen zulässig.

[727] *Daube*, Iura 11 (1960), 69 (98).

[728] *Daube*, Iura 11 (1960), 69 (100); *Beseler*, SZ 50 (1930), 18 (23); *Medicus*, Id quod interest, 175. Anders *Börner*, SZ 71 (1954), 359 (370); *Honsell*, Quod interest, 116f.

[729] Man wird insoweit annehmen müssen, daß der Sklave zum Marktpreis verkauft worden wäre; *Medicus*, Id quod interest, 176 Fn. 18. Dieser ist entgegen *Daube*, Iura 11 (1960), 69 (100) durchaus ermittelbar, vgl. *Medicus*, aaO.

[730] *Börner*, SZ 71 (1954), 359 (367); *Daube*, Iura 11 (1960), 69 (99); *Kohler*, Archiv f. Bürgerl. Recht 12 (1897), 1 (57); *Holthöfer*, Ius Commune 1 (1967), 150 (162); sogar *Jhering*, Gäubahn-Gutachten, 51f.

[731] *Windscheid-Kipp*, Pandekten[9], Bd. II, 2 Fn. 2 (4).

[732] *Jhering*, Gäubahn-Gutachten, aaO.

Die *actio venditi* geht aber weder auf die Bestrafung des Sklaven noch direkt auf Ersatz eines Affektionsinteresses an dieser Bestrafung, sondern auf Zahlung der fiktiven Kaufpreisminderung, die aus dem *pactum adiectum* als Schaden eingeklagt wird[733]. Der Verkäufer klagt nach Sabinus' und Papinians gewandelter Ansicht auf sein vertragliches Äquivalenzinteresse[734], welches vermögenswert ist. Das Affektionsinteresse selbst kann nur über eine Strafstipulation[735] bedient werden, die unabhängig von der *actio vendi*ti einklagbar ist[736]. Die Stelle bietet daher für die Folgerung Windscheids keine Grundlage, denn ihr liegt eine Klage auf eine vermögenswerte Leistung zugrunde[737].

fff) Papinianus D. 17, 1, 54 pr., Satz 1-3 (libro vicesimo septimo quaestionum)

Cum servus extero se mandat emendum, nullum mandatum est. sed si in hoc mandatum intercessit ut servus manumitteretur nec manumiserit, et pretium consequetur dominus ut venditor et affectus ratione mandati agetur: finge filium naturalem vel fratrem esse (placuit enim prudentioribus affectus rationem in bonae fidei iudiciis habendam).

„Wenn ein Sklave einen Dritten beauftragt, ihn zu kaufen, so ist der Auftrag nichtig. Ging der Auftrag aber zugleich dahin, daß der Sklave freigelassen wird, und läßt der Käufer ihn nicht frei, so kann der Eigentümer sowohl als Verkäufer den Kaufpreis verlangen als auch unter Rücksicht auf die Zuneigung aus dem Auftrag klagen.

Nimm an, daß der Sklave der leibliche

[733] Anders nur *Mommsen*, Interesse, 129, der entgegen dem Quellenwortlaut annimmt, es werde aus der Strafstipulation geklagt; jedoch *Pernice*, Labeo, E III 1, 183.

[734] *Medicus*, Id quod interest, 175, bemerkt jedoch zutreffend, daß das Interesse auch einen negativen Einschlag aufweist: „nicht im Vertrauen auf die Bestrafung zu billig verkauft zu haben".

[735] Zur Strafstipulation neuerdings *Sicari*, Pena convenzionale, 23-41.

[736] Und zwar unabhängig von einem Interesse. Die Stipulation einer Strafe dient gerade dazu, nicht klagbare Affektionsinteressen mittelbar klagbar zu machen, *Kaser*, RP I, 520; auch *Börner*, SZ 71 (1954), 359 (369, dort Fn. 66 mwN); *Bechmann*, Kauf, Bd. I, 681; vgl. *Papinianus* (2 lib. quaest.) D. 45, 1, 115, 1; *Modestinus* (6 lib. reg.) D. 4, 8, 38; Inst. 3, 19, 19.

[737] Zur insoweit ähnlich gelagerten Stelle *Papinianus* (10 lib. quaest.) D. 18, 7, 7 *Holthöfer*, Ius commune 1 (1967), 163ff. mit eingehend begründeten Zweifeln an der Klassizität (166f.); *Sicari*, leges venditionis, 312ff.; *Börner*, SZ 71 (1954), 359ff., (368); *Reichard*, Drittschadensersatz, 198 Fn. 131; *Medicus*, Id quod interest, 176f.; *Knütel*, Stipulatio poenae, 54 Fn. 45.

Sohn oder der Bruder [des Verkäufers] ist (es hat sich unter einsichtsvolleren Gelehrten nämlich die Auffassung durchgesetzt, daß bei bonae fidei iudicia auch die Zuneigung Berücksichtigung haben muß)“[738].

Diese Stelle bildet die Speerspitze der Argumentation Windscheids. „Namentlich“ sie enthalte ein Forderungsrecht ohne Vermögenswert. Das Fragment stammt aus der gleichen Rubrik des 27. Buchs der Quästionen des *Papinian.* Es werden zwei Fälle aus dem Recht des Auftrags (*mandatum*) behandelt. Ein Sklave hat einem Dritten den Auftrag erteilt, daß dieser den Sklaven von dessen Herrn abkaufe (sog. *mandatum ad emendum*)[739]. Dieser Auftrag ist nach *Papinian* unwirksam. Eine Begründung nennt *Papinian* nicht, jedoch kann wegen der Textnähe zum vorliegenden Fragment die in C. 4, 36, 1 pr. gegebene Erklärung der Unwirksamkeit des Mandats für einen identischen Fall als einschlägig vermutet werden[740]: der Sklave selbst kann mangels Rechtsfähigkeit keinen Auftrag im Hinblick auf seine Person erteilen, so daß ihm keine Klage zustehen könne.

Hintergrund ist, daß der Sklave selbst nicht rechts- und vermögensfähig ist. Er kann aber, wenn er rechtlich gegenüber Dritten handelt, Rechte zum Hausvermögen seines dominus erwerben. Er fungiert dabei notwendig als „Werkzeug“ seines dominus. Der Sklave kann sich also jemanden verpflichten, allerdings wird stets sein Eigentümer (*dominus*) Gläubiger. Rechtsgeschäftliche Verbindlichkeiten kann der Sklave nicht mit Wirkung für seinen Herrn eingehen[741].

---

[738] Übersetzt von *Behrends-Knütel-Kupisch-Seiler*, Bd. III, 394.

[739] Hierzu mit Begründung eingehend *Kohler*, Archiv f. BüR 12 (1897), 1 (61f.).

[740] Vgl. *Knütel* in *Nörr-Nishimura*, Mandatum, 353 (369); *Voci*, Obbligazioni, Bd. I, 263. C. 4, 36, 1pr. (Diocl. / Maxim.): *Si extero servus se mandaverit emendum, quamvis nec ex persona servi* (*quia hoc liber mandare non potest*) *nec ex domini* (*quoniam qui mandat, ut sua res comparetur, inutiliter mandat*) *consistere credebatur actio*, (...); wenn ein Sklave einen Dritten beauftragt hat, ihn zu kaufen, so wurde, obgleich weder für den Sklaven (weil dieser einen Freien nicht beauftragen kann) noch für den Herrn (weil wer in Auftrag gibt, daß seine Sache gekauft werde, unwirksam beauftragt) eine Klage als statthaft angenommen, (...).

[741] Zum ganzen *Kaser*, RP I, 64, 114, 285f.

Auch für die Person des *dominus* könne daher der Auftrag nicht wirksam sein, weil man nicht den Auftrag erteilen könne, sich eine eigene Sache abkaufen zu lassen. Dies beruht darauf, daß sich die Klagen aus Kauf und Mandat wirtschaftlich konterkarieren würden: die Pflicht des Auftragnehmers (Käufer) gegenüber dem Auftraggeber (Verkäufer) auf Herausgabe des aus der Ausführung des Auftrags (Kauf) Erlangten müßte dazu führen, daß der Auftragnehmer dem Auftraggeber die *actio empti* überläßt, so daß sich in der Person des Auftraggebers im Ergebnis die Rechte von Verkäufer und Käufer vereinigen würden[742]. Umgekehrt könnte der Auftragnehmer aus Mandat auf Rückerstattung des gezahlten Kaufpreises als Aufwendungsersatz klagen[743].

Hat der Auftragnehmer noch nicht gezahlt, kann er aus gleichem Grund auf Befreiung von der Kaufpreisverbindlichkeit klagen oder der *actio venditi* des Auftraggebers die *exceptio doli* entgegenhalten. Der Unwirksamkeit des *mandatum ad emendum* liegt gewissermaßen eine rechtliche Unvereinbarkeit beider Verträge zugrunde[744]. Der zweite Satz behandelt die Erweiterung des Falles, wenn der Sklave den Dritten nicht nur beauftragt hat, ihn zu kaufen, sondern danach auch durch manumissio freizulassen. (sog. *mandatum ad manumittendum*)[745]. Der Eigentümer verkauft nun den Sklaven, jedoch läßt der Käufer diesen nicht frei.

Für den Sklaven bleibt die Rechtslage offenbar unverändert, denn von einer ihm zustehenden Klage spricht Satz 2 nicht. Der Verkäufer kann aus der *actio venditi* auf den Kaufpreis (*pretium*) klagen. Er kann nach *Papinian* aber auch aus Mandat klagen. Gemeint ist die Klage des Auftraggebers (*actio mandati directa*). Papinian setzt dabei voraus, daß das vom Sklaven erteilte Mandat wirksam ist und insoweit nur zugunsten des Herrn wirkt[746]. Die *actio mandati directa* ist auf vertragsgemäße Ausfüh-

---

[742] *Voci*, Obbligazioni, Bd. I, 263.

[743] Allerdings kommt diese Klage nur in Betracht, wenn der Auftragnehmer den Kaufpreis aus eigenem Vermögen bezahlt. Stammt er aus dem *peculium* des Sklaven, so scheidet die *actio mandati contraria* aus; *Knütel* in *Nörr-Nishimura*, Mandatum, 353 (370).

[744] *Knütel* in *Nörr-Nishimura*, Mandatum, 353 (369): „Eine Art juristischer Unmöglichkeit".

[745] *Voci*, aaO.

[746] Das Mandat als normalerweise zweiseitig verpflichtendes Rechtsverhältnis muß dem Kauf im Hinblick auf dessen wirtschaftlichen Zweck angepaßt werden. Der Mandatar hat aus obigem Grund keine *actio mandati contraria*; *Voci*, Obbligazioni, Bd. I, 265f.; *Knütel* in *Nörr-Nishimura*, Mandatum, 353 (370, 367). Das *mandatum* wirkt somit nur einseitig berechtigend zugunsten des Verkäufers, sog. *negotium claudicans*; vgl. *Ulpianus* (43 lib. ad Sab) D. 17, 1,

rung des Auftrags – hier Freilassung – gerichtet, jedoch geht die Verurteilung nach allgemeinen Grundsätzen auf Geldersatz[747]. *Papininan* rechtfertigt die *actio mandati directa* des Verkäufers mit *affectus*[748], wenn der Sklave der Bruder oder leibliche Sohn des Verkäufers sei und damit, daß bei bonae fidei iudicia richtigerweise (nach Ansicht der *prudentiores*) *affectus* zu berücksichtigen sei.

Außer affectus gibt Papinian keine Begründung für die *actio mandati directa. Voci* vermutet Praktikabilitätserwägungen[749]. *Knütel* vermutet im Ergebnis folgende Überlegung als Begründung, die im Zusammenhang mit einer *epistula* der *divi fratres* an *Urbius Maximus*[750] steht. Nach ihr kann derjenige Sklave, der sich mit eigenem Geld (*suis nummis*) freikaufen läßt, vom Käufer die Freilassung verlangen und notfalls auf sie klagen. Er ist insoweit partei- und prozeßfähig[751].

Die Anerkennung des Freilassungsmandats könnte nach *Knütel* dann auf einem Erst-recht-Schluß beruhen. Wenn der Sklave durch Kauf mit eigenem Geld in eine Rechtslage eintreten kann, die ihm den Erwerb der Freiheit ermöglicht, dann müßte der Sklave *in favorem libertatis* auch fähig sein, eine wenigstens in der Person seines Herrn wirksame „Vorbereitungshandlung" in Form des Freilassungsauftrags zu tätigen, jedenfalls, soweit sie den *dominus* nur berechtigt und nicht verpflichtet[752]. *Knütel* und andere Autoren gehen zudem davon aus, daß im Rahmen dieser Klage das „Affektionsinteresse" berücksichtigt wurde[753]. Hier könnte eine begriffliche Klarstel-

---

19 und hierzu eingehend *Knütel*, aaO, 353 (363ff.). Die *actio mandati directa* steht damit allein.

[747] Näher *Kaser*, RP I, 579.

[748] *Affectus* steht hier weniger für ein Affektionsinteresse als für Wohlwollen oder familiäre Zuneigung.

[749] *Voci*, Obbligazioni, Bd. I, 264.

[750] Ausführlich kommentiert bei *Ulpianus* (6 lib. disput.) D. 40, 1, 4, 1.

[751] *Knütel* in *Nörr-Nishimura*, Mandatum, 353 (365) mit Verweis auf *Marcianus* (2 lib. inst.) D. 40, 1, 5 pr.; *Hermogenianus* (1 lib. epitom.) D. 5, 1, 53; *Ulpianus* (6 lib. disp.) D. 5, 1, 67.

[752] Im Ergebnis führt dies zu einer Angleichung an die Rechtsfolgen, die bei einem *pactum adiectum* Platz greifen, welches dem Verkäufer die *actio venditi* auf Erfüllung der Nebenabrede gibt. Hier ist kein *pactum adiectum* auf Freilassung zwischen Verkäufer und Käufer vereinbart. Daß der Käufer im Ergebnis dennoch so behandelt wird, indem er der *actio mandati directa* ausgesetzt wird, erfährt seine Rechtfertigung daraus, daß er die Freilassung wenigstens gegenüber dem Sklaven versprochen hat.

[753] *Knütel* in Nörr-Nishimura, Mandatum, 353 (369); *Knütel*, Stipunatio poenae, 360; *Raber*, FS Herdlitczka (75), 197 (205f.): Geltendmachung eines „immateriellen Interesses", „Entschädigung des affectus". Aber selbst *Raber* gesteht der Quelle wegen ihrer Vereinzelung nur geringe Aussagekraft zu; wie *Raber Honsell*, Quod interest, 153 („immaterielle Interesse");

lung hilfreich sein. Die genannten Autoren nehmen an, daß hier *affectus rationem habere* impliziert, daß der *affectus* in die Verurteilung bei *bonae fidei iudicia* eingeht und in die Urteilssumme eingerechnet[754] wird, wobei in ihren Erörterungen sogleich das Schlagwort des „Affektionsinteresses" fällt.

Von einem „Affektionsinteresse" im Sinne der Umwertung eines psychischen Befundes in eine Geldsumme handelt der Quellenwortlaut nicht notwendig. Die Quelle (*affectus ratione agere, affectus rationem habere*) kann so verstanden werden, daß die Klage aus *mandatum mit Rücksicht auf* die Zuneigung (*affectus*) gewährt wird[755]. *Affectus* steht dann nicht im Zusammenhang mit *aestimatio* oder *id quod interest*, mithin dem Gegenstand der Verurteilung, sondern ist eher zu verstehen im Sinne einer zur Klage befugenden Betroffenheit des Klägers. *Affectus* gäbe an, warum dem Verkäufer die *actio mandati directa* gegeben wird, nicht aber, auf welches Klagziel sie geht. Die *actio mandati directa*[756]

> *C. A. iudex esto. Quod A A N° N° mandavit (ut hominem ... manumitteret), qua de re agitur, quidquid ob eam rem N^m^ N^m^ A° A° dare facere oportet ex fide bona, eius C.A. iudex N^m^ N^m^ A° A° condemnato; si non paret, absolvito.*

> C. A. soll Richter sein. Was das angeht, daß der Kläger dem Beklagten einen Auftrag erteilte (daß er den Menschen freilasse), um den es hier geht, so verurteile, C. A., den Beklagten dem Kläger in alles das, was der Beklagte dem Kläger nach Treu und Glauben zu leisten verpflichtet ist. Wenn es sich nicht erweist, [daß er verpflichtet ist], so sprich frei[757].

wird nicht auf Prästation eines Interesses, sondern auf die Durchführung des Auftrags gerichtet[758]. Streitgegenstand dieser Klage ist die Freilassung, gegebenenfalls

---

Behrends, SZ 97 (1980), 451 (460); jedoch distanzierter *ders.*, Studi Sanfilippo, Bd. V, 1 (32); *Reichard*, Drittschadensersatz, 198 Fn. 131;

[754] Vgl. *Heumann-Seckel*, Handlexikon, *ratio*, sub 1.

[755] Ebenso *Heumann-Seckel*, Handlexikon, *ratio*, sub 3.

[756] Vgl. *Mantovani*, Formule, 55; *Lenel*, Edictum, 295ff.

[757] Übersetzt in Anlehnung an *Kaser-Knütel*, RömPrivR[17], 482.

[758] *Kaser*, RP I, 579; *Honsell-Mayer-Maly-Selb*, RömPrivR, 338; *Kaser-Knütel*, RömPrivR[17], 290. Dagegen, daß die *actio mandati* directa unmittelbar auf Prästation des Affektionsinteresses in Geld gerichtet wird, spricht die Affektion selbst: Wenn der Verkäufer ein gefühlsmäßi-

Rückgewähr des verkauften Sklaven[759]. Der Geldwert der Freilassung eines Sklaven ist durchaus ermittelbar, entsprechend auch der Wert seiner Rückgewähr. Für die Verurteilung auf *id quod interest* kann insoweit der objektive Wert des Sklaven in Anschlag gebracht werden. Hiergegen kann nicht eingewandt werden, daß der Erhalt des Kaufpreises den Verlust des Sklaven „kompensiert", so daß der Wert desselben aus *id quod interest* herausfällt und die *actio mandati* nur auf ein Affektionsinteresse gerichtet sein kann, denn der Preis des Sklaven wird mit Rücksicht auf das Freilassungsmandat unter dem Marktwert vereinbart worden sein. Es bleibt dann jedenfalls die Differenz zwischen Kaufpreis und Marktwert stehen.

Hat der Käufer den Sklaven sogar mit Geld aus dessen *peculium* bezahlt, so kommt eine Kompensation erst recht nicht in Betracht, da der Verkäufer dann mit eigenem Geld bezahlt wurde[760]. Eine Umwertung von Affektionsinteressen in Geld ist also nicht erforderlich[761]. Der *affectus* legitimiert den Kläger, ist aber nicht eigentlicher Gegenstand der Klage[762].

Geht man hingegen davon aus, daß *Papinian* mit *affectus ratione agere* tatsächlich die Berücksichtigung von Affektionsinteressen in der Schätzung der Urteilssumme ausdrücken wollte, gibt die Stelle zu mehreren Plausibilitätsfragen Anlaß, die nicht befriedigend beantwortet werden können. Zum einen ist dann die Erwähnung der „allgemeinen Berücksichtigung von Affektionen bei den *bonae fidei iudicia*" in ho-

---

ges Interesse an der Freilassung des Sklaven hat, so hat nur eine Klage auf Freilassung für ihn Sinn, denn anders ist *dem Sklaven* nicht geholfen.

759 *Knütel* in *Nörr-Nishimura*, Mandatum, 353 (370).

760 Vgl. C. 4, 36, 1, 1 (Diocl. / Maxim.): *Si itaque domino ignorante emi te mandasti ac te nummos subministrante peculiares soluti sunt, emptori minime liberatio per huiusmodi factum potuit pervenire*, „wenn du also ohne Wissen deines Herrn Auftrag gegeben hast, dich zu kaufen, und Geld aus deinem Sondervermögen (peculium) für dich bezahlt worden ist, so konnte der Käufer auf diese Weise keinesfalls Befreiung erlangen. " Das peculium bleibt trotz Bewirtschaftung durch den Sklaven Vermögen des *dominus*; näher *Kaser*, RP I, 64.

761 Das umgekehrte Argument von *Honsell*, Quod interest, 154, es hätte einer Rechtfertigung der *actio mandati directa* mit *affectus* gar nicht bedurft, wenn pekuniäre Interessen verletzt wären, ist in mehrerer Hinsicht nicht exakt: auf die Verletzung eines „Interesses" kommt es nicht an, denn darauf wird nicht geklagt. Die Freilassung des Sklaven als Streitgegenstand ist in Geld schätzbar. Und dennoch bedarf es einer Rechtfertigung der *actio mandati directa* für den Verkäufer, weil das Mandat nicht von ihm, sondern vom Sklaven erteilt wurde.

762 AA *Medicus*, Id quod interest, 193; *Honsell*, Quod interest, 154, jedoch ohne nähere Begründung.

hem Maße auffällig[763]. Wäre dies so selbstverständlich, so bedürfte es der Erwähnung nicht.

Es könnte allenfalls sein, daß die Frage streitig war und die von *Papinian* vertretene Meinung sich durchsetzte. Dazu würde *placuit* passen. Dann wäre aber eigenartig, daß gerade *Ulpian* und *Paulus*, die beiden juristischen Ziehsöhne Papinians, Affektionsinteressen bei der Ästimation des Sklavenwertes konsequent für unbeachtlich halten, ohne auf die abweichende Meinung ihres Lehrers hinzuweisen[764]. Stattdessen schließt sich *Paulus* der Meinung des Juristen *Sextus Pedius*[765] aus weit älterer Zeit an. Dies spricht dagegen, daß Papinian hier zur Berücksichtigung von Affektionsinteressen in der Litisästimation Stellung nehmen wollte, denn dann hätten sich *Ulpian* und *Paulus* wohl mit seiner Meinung auseinandergesetzt.

---

[763] Gegen die Echtheit gerade dieses Satzes *Holthöfer*, Ius Commune 1 (1967), 150 (160 Fn. 49); *Marchi*, BIDR 16 (1904), 206 (270); *Bonfante*, Corso, Bd. IV, 74; *Buckland*, Slavery, 69; *Grosso*, Obbligazioni, 157; *Börner*, SZ 71 (1954), 359 (366ff.); *Lange*, Schadensersatz und Privatstrafe, 46; *Lange*, SZ 72 (1955), 209 (233); *Daube*, Iura 11 (1960), 69 (97); *Medicus*, Id quod interest, 191; *Riccobono* Stipulation, 44 Fn. 52.

[764] In allen drei Stellen geht es um die Ästimation des Sachwertes von Sklaven. Auf die einzelnen Klagen kommt es nicht an.

1. *Ulpianus* (55 lib ad. ed.) D. 7, 7, 6, 2: *Item voluptatis vel affectionis aestimatio non habebitur, veluti si dilexerit eum dominus aut in deliciis habuerit*; ebensowenig wird Vergnügen [an Sklaven] oder besondere Vorliebe bewertet, etwa wenn der Herr den Sklaven besonders gern gehabt hat oder er sein Lieblingssklave war; *Behrends-Knütel-Kupisch-Seiler*, Bd. II, 649. Zur Stelle ausführlich siehe oben.

2. *Paulus-Sextus Pedius* (2 lib. ad. Plaut.) D. 9, 2, 33 pr., Satz 2: *Sed quoque Pedius ait pretia rerum non ex affectione nec utilitate singulorum, sed communiter fungi: itaque eum qui filium naturalem possidet, non eo locupletiorem esse, quod eum plurimo, si alius possideret, redemptus fuit, nec illum, qui filium alienum possideat, tantum habere, quanti eum in patri vendere posset*; „auch Sextus Pedius sagt, daß der Wert von Sachen nicht nach Gefühlswerten oder dem Nutzen, den sie gerade für einzelne Personen haben, zu berechnen sei, sondern in allgemeiner Weise. Wer daher seinen [von einer Skavin geborenen] leiblichen Sohn besitzt, ist nicht deshalb vermögender, weil er ihn für einen sehr hohen Preis zurückkaufen würde, falls ihn ein anderer besäße; und wer einen fremden Sklaven besitzt, hat nicht den Betrag im Vermögen, für den er ihn an dessen Vater verkaufen könnte"; übersetzt von *Behrends-Knütel-Kupisch-Seiler*, Bd. II, 758.

3. *Paulus* (2 leg. Iul. et Pap.) D. 35, 2, 63 pr. Satz 1: *Pretia rerum non ex affectu nec utilitate singulorum, sed communiter funguntur*; zum Fragment eingehend *Raber*, FS Herdlitczka (75), 197 (199ff.).

[765] Näher zu *Sextus Pedius Kunkel*, Herkunft, 168; *Liebs* in HLL 4 (1997), § 421. 2 A (141f.). Er war Jurist des ca. mittleren 2. Jhd. nach Chr. Möglicherweise handelt es sich um den 158 n. Chr. verstorbenen Konsul *Sextus Pedius Hirrutus Lucilius Pollio*.

Abgesehen davon ergeben sich hinsichtlich der Quelle folgende allgemeine Kritikpunkte. Zum einen ist die Frage nach der Echtheit der Quelle noch immer nicht genau beantwortet[766]. Neuere Autoren nehmen den Wortlaut der Quelle zwar hin, können die Einwände der Interpolationenkritik jedoch auch nicht widerlegen[767]. Selbst bei Echtheit der Quelle böte sie allein wegen der Exzeptionalität des Sachverhalts kaum eine Basis für eine Vermutung von Regelhaftigkeit[768].

Zum anderen ergeben sich Bedenken hinsichtlich der Glaubhaftigkeit des Sachverhalts[769]. Wenn der Verkäufer ein Interesse an der Freiheit namentlich seines Bruders oder leiblichen Sohnes hat, warum läßt er ihn dann nicht selbst frei? Der Grund könnte nur sein, daß er hierzu nicht selbst fähig ist. Es kommt in Betracht, daß der Verkäufer das nach der *Lex Aelia Sentia* zur Freilassung erforderliche Mindestalter von 20 Jahren noch nicht erreicht hat und die Freilassung deshalb einem Dritten anvertraut werden muß[770].

Die *Lex Aelia Sentia* erfordert auch, daß der freizulassende Sklave grundsätzlich mindestens 30 Jahre alt ist. Für jüngere freilassende oder freizulassende Personen kann das *consilium* des Magistrats bei Nachweis eines gerechten Grundes, etwa nahe Blutsverwandtschaft oder Absicht der Eheschließung mit dem Freizulassenden, von beiden Alterserfordernissen dispensieren (*causae probatio apud consilium*)[771].

---

[766] Zweifel an der Echtheit bei *Pernice*, Labeo, E III 1, 186; *Brinz*, Pandekten^2, § 239 Anm. 13; *Bonfante*, Corso, Bd. IV, 74. *Beseler*, Studi Riccobono, Bd. I (1936), 304; *Behrends*, Studi Sanfilippo, Bd. V, 1 (32); *Medicus*, Id quod interest, 191f.; *Pringsheim*, SDHI 1 (1935), 73 (75); *Ratti*, BIDR 40 (1932), 169 (188); *Marchi*, BIDR 16 (1904), 206 (261); *Kaser*, RP II, 88 Fn. 30; *ders.*, RP I, 491 Fn. 26; *Grosso*, Obbligazioni, 157; *Lange*, SZ 72 (1955), 209 (233). Für die Echtheit *Raber*, FS Herdlitczka (75), 197 (205 und dort Fn. 43 mwN); *Honsell*, Quod interest, 154; *Honsell-Mayer-Maly-Selb*, RömPrivR, 228. Indifferent *Wieling*, SZ 89 (1972), 464 (467); *Voci*, Obbligazioni, Bd. I, 262f. Zur Quelle auch *Daube*, Iura 11 (1960), 69 (88). *Mommsen*, Interesse, 130 und *Neuner*, Privatrechtsverhältnisse, 66 vermuten eine Unvollständigkeit der Quelle auf der Sachverhaltsebene.

[767] Die Frage kann hier nicht beantwortet werden. Insoweit muß auf die genannten Autoren verwiesen werden.

[768] *Mommsen*, Interesse, 133, *Pernice*, Labeo E III 1, 186.

[769] Ähnlich *Behrends*, Studi Sanfilippo, Bd. V, 1 (32).

[770] Zur *Lex Aelia Sentia* *Honsell-Mayer-Maly-Selb*, RömPrivR, 74; *Gaius*, Inst., 1, 17-19.

[771] Eingehend *Steinwenter* in: Pauly, RE, Bd. 12, *latini iuniani*, Sp. 916f.; näher auch *Honsell-Mayer-Maly-Selb*, RömPrivR, 74. Zum wichtigen Grund vgl. auch *Sherwin-White*, Roman Citizenship, 328.

Insofern ist der Verkauf des eigenen Bruders oder Sohnes an einen Dritten zur Bewirkung der Freilassung durch den Käufer zweifelhaft, denn diese Fälle sind dispensfähig. Umgekehrt hat der Käufer keine Aussicht auf Dispens, wenn der Sklave zu jung ist und kein „wichtiger Grund" auch in der Person des Käufers vorliegt. Der Käufer kann in diesem Fall zwar trotzdem freilassen, allerdings erwirbt der Sklave dann nicht das römische Bürgerrecht, sondern nur den *status* eines *Latinus iunianus*[772]. Wieso sollte sich der Sklave aber mit „halbem Erfolg" zufrieden geben, wenn er per Freilassung durch seinen Herrn bei Erreichen des passenden Alters ohne weiteres das römische Vollbürgerrecht werden könnte[773]?

Für den Sklaven könnte es auch deshalb klüger sein, die Freilassung durch den eigenen Herrn abzuwarten, anstatt sich dem guten Willen eines Dritten anzuvertrauen, weil er damit rechnen muß, daß er zunächst weder freigelassen noch zurückgegeben wird, wenn der verurteilte Käufer die *aestimatio* erlegt, anstatt den Freilassungsauftrag zu erfüllen. Freilich kann er den Käufer seinerseits auf Freilassung verklagen, wenn er den Kaufpreis, wie anzunehmen ist, aus seinem *peculium* finanziert hat. Jedoch muß er dies dann auch beweisen[774]. Wenn der Sklave also einen Dritten mit der Freilassung beauftragt, so wird er höchstwahrscheinlich seine Gründe haben. Er wird seinem *dominus* mißtrauen. Das ließe wiederum Zweifel aufkommen, wie gut es um den von *Papinian* bemühten *affectus* des Verkäufers wirklich bestellt ist. Ebenso ungereimt ist, warum der Verkäufer nach Absprache mit dem zu verkaufenden Sklaven kein *pactum adiectum* auf Freilassung mit dem Käufer vereinbart, wenn er diese wirklich selbst bewirkt sehen will. Dies alles läßt Zweifel daran aufkommen, ob die von *Papinian* angeführten Beispiele des Verkaufs des freizulassenden Sohnes oder Bruders seinerzeit überhaupt praktisch bedeutsam waren.

Abschließend ist zu D. 17, 1, 54 pr. festzustellen, daß der Wortlaut der Quelle entgegen der Auffassung Windscheids keineswegs klar auf einen Leistungsgegenstand

---

[772] Dazu *Kaser*, RP I, 282 mwN; *Honsell-Mayer-Maly-Selb*, RömPrivR, 74; *Kaser-Knütel*, RömPrivR[17], 113f.; *Balestri Fumagalli*, Labeo 33 (1987), 64f. mit reichhaltigen Nachweisen; *Schulz*, Classical Roman Law, 79 sowie zu den Patronatsrechten über den *libertus Kaser*, RP I, 298-301 mwN. Wehr- und bevölkerungspolitische Hintergründe der *Lex Iunia* vermuten *Atkinson*, The Irish Jurist 1(1966), 356 (361ff.); *Duff*, 82ff.: Anreizschaffung zur *Erdienung* des Vollbürgerrechts.

[773] Über die mit zusätzlichem Aufwand verbundenen Wege zum nachträglichen Erwerb des römischen Bürgerrechts für *latini iuniani* (*iteratio*, *anniculi causae probatio*, *beneficium principale*) *Steinwenter* in: Pauly, RE, Bd. 12, *latini iuniani*, Sp. 920ff., 916f.

[774] Näher *Knütel* in *Nörr-Nishimura*, Mandatum, 365.

ohne Vermögenswert hindeutet. Wird die Freilassung des Sklaven als Streitgegenstand der *actio mandati directa* angesehen, handelt es sich um eine in Geld schätzbare Leistung. Unabhängig davon wirft die Stelle zu viele ungelöste Fragen auf, als daß „namentlich sie" als Ausdruck eines allgemeinen Prinzips der Berücksichtigung von Affektionsinteressen bei der Geldkondemnation gesehen werden könnte.

bb) Ergebnis

Die Betrachtung läßt erkennen, daß die Existenz klagbarer „nichtvermögenswerter Forderungsrechte" im römischen Recht keineswegs mit der Prägnanz und Eindeutigkeit aus den zitierten Quellen folgt, die *Windscheid* und *Jhering* den Quellen beimessen. Insbesondere erbringen die genannten Quellen keinen klaren Nachweis, daß Klagen auf nichtgeldwerte Leistungen im Formularprozeß statthaft waren oder daß Affektionsinteressen in die Streitwertschätzung eingingen[775].

Nach heutigem Kenntnisstand muß im Formularverfahren die eingeklagte Leistung für den Gläubiger stets einen in Geld schätzbaren Wert haben[776]. Die untersuchten Quellen tragen eine gegenteilige Annahme nicht. Die herrschende Lehre des gemeinen römischen Rechts ist entgegen *Windscheid* und *Jhering* haltbar. Insoweit offenbart die vorangehende exemplarische Untersuchung markanter Stellen einen geradezu typischen Wesenszug der Pandektistik, nämlich das Bestreben, die Quellen intentional durch die Brille zeitgenössischer Systembildung und Systemnotwendigkeit zu lesen, um sie den eigenen Ordnungsvorstellungen so dienstbar machen zu können.

Windscheids und Jherings Quelleninterpretation wird deshalb zum Teil auch von jenen abgelehnt, die sich für das zeitgenössische Recht vom Erfordernis eines geldwerten Obligationsinteresses distanzieren[777]. Die Kritik richtet sich hauptsächlich

[775] Vgl. *Jhering*, Gäubahn-Gutachten, 65, 95.

[776] *Kaser*, RP I, 491; *Kaser-Knütel*, RömPrivR, 209; *Pernice*, Labeo, E III 1, 172ff. *Grosso*, Obbl., 148ff.; *Voci*, Obbligazioni, Bd. I, 229ff. Ob einzelne Klassiker in besonderen Ausnahmefällen hierzu wirklich Ausnahmen anerkannt haben, kann im Rahmen dieser Arbeit nicht abschließend untersucht werden, zumal dieses Ergebnis den gegenteiligen Regelbefund nicht in Frage stellen würde.

[777] Namentlich *Kuntze*, 123; *Ryck*, Schuldverhältnisse, 6, 12; *Pernice*, Labeo, E III 1, 173 Fn. 1; *Neuner*, Privatrechtsverhältnisse, 65 Fn. 2. Besonders drastisch *Kohler*, Archiv f. BüR 12 (1897), 1 (42 Fn. 45): „Die dort [in Jherings Gutachten] entwickelte Interpretationsmethode ist eine völlig irrige, verkehrte Methode, ohne jede historische Behandlung des Quellenmaterials, während man doch in erster Linie danach streben muß, die Aussprüche der Juristen in

gegen die Art der Verarbeitung der Quellen, welche sich dem Vorwurf der Pauschalisierung und Vermengung der Klagen ausgesetzt sieht. Das römische Recht schütze zwar unbestrittenermaßen vielfach auch nichtgeldwerte Interessen. Jedoch seien diese nicht Gegenstand von Obligationen und die zu ihrem Schutz eintretenden arbiträren Straf - und Satisfaktionsmittel seien wiederum Geldleistungen[778]. In den Quellen fände sich keine Stelle, in der pekuniär indifferente Handlungen als Obligationsgegenstände anerkannt wären[779].

Es verwundert vor diesem Hintergrund nicht, daß *Windscheid* und *Jhering* die Legitimation ihrer Auffassung nicht singulär auf eher schwer vertretbarer Grundlage im römischen Recht suchen, sondern auch und vor allem in Gestalt „moderner" Argumente.

cc) „Modern" ausgerichtete Argumentation

aaa) Windscheids Klavierfall – Rechtsbindungswille

Im Nachgang zu den Ausführungen über die römischen Quellen läßt *Windscheid* ein berühmt gewordenes und sehr suggestives Beispiel[780] folgen:

> „Aber wenn ich mir von meinem Nachbarn versprechen lasse, daß derselbe ein mich in meinen Arbeiten störendes Klavierspielen unterlasse, wird man dann meinem Nachbarn die Freiheit geben wollen, ungestraft den Vertrag zu brechen?"

Anhand dieses Beispiels spitzt sich die Diskussion auf die Frage zu, inwieweit es Privaten möglich ist, kraft ihres rechtsgeschäftlichen Willens eine Verbindlichkeit zu erzeugen und dadurch die materiellen Voraussetzungen für die Gewährung gerichtlichen Rechtsschutzes zu schaffen[781]. Zur Diskussion stehen damit die Grenzen privatautonomer Rechtssetzung.

---

ihrem ursprünglichen Zusammenhang zu erfassen und mit den ganzen damaligen Kulturverhältnissen in Verbindung zu setzen. In dieser Hinsicht zeigen die jheringschen Quellenbehandlungen einen deutlichen Rückschritt gegenüber Cujaz". Klammerzusatz durch Verfasser.

778 *Ryck*, Schuldverhältnisse, 6 Fn. 1.

779 *Neuner*, Privatrechtsverhältnisse, 65 Fn. 2; *Ryck*, Schuldverhältnisse, 7.

780 *Windscheid, Pandekten*[3], Bd. II, 4 Fn. 3. Eine Anspielung auf das Lehrbeispiel findet sich noch in Staudinger-*Werner*[9], §§ 241-432, Einl I. 8 (16).

781 *Hellwig*, AcP 86 (1896), 223 (226).

Für *Windscheid* ist der Rechtsbindungswille, d. h. der ernstliche Verpflichtungswille der Parteien für das Entstehen einer Verpflichtung, allein maßgebend[782], soweit die Parteien ein nach richterlichem Ermessen berechtigtes und damit rechtlich schutzwürdiges Interesse verfolgen[783]. *Jhering* lehnt die Betrachtung eines Interesses ab, da niemand beim Vertragschluß nach einem Interesse gefragt werde. Der bloße Abschluß des Vertrages gelte als hinreichender Beweis des Interesses: „Der Vertrag als solcher trägt seine Legitimation auf der Stirn“[784].

bbb) Die Gegenansicht – Vermögenswert als Grenze der lex contractus

Dies wird von anderen entschieden abgelehnt. Zum einen seien die Obligationen allein Mittel zur wirtschaftlichen Bedürfnisbefriedigung, indem sie den Austausch der wirtschaftlichen Güter, mithin den wirtschaftlichen Verkehr konstituierten[785]. Es sei nicht Aufgabe des Schuldvertrags, zum „Tummelplatz freiester Betätigung“ zu werden[786]. Die Vorstellung einer umfassend rechtserzeugenden Kraft des menschlichen Willens führe zu einer Übertreibung des Willensmomentes, die die notwendige Beschränkungen der Kraft des Verpflichtungswillens nach dem Verkehrsbedürfnis übersehe und den Begriff der Obligation grenzenlos ausdehne[787].

Man erkennt die Wirksamkeit des Klavierversprechens nicht wegen des Parteiwillens, sondern nur deshalb an, weil es entgegen *Windscheid* doch eine vermögenswerte Leistung in Form einer Verkehrswerterhöhung des Grundstücks enthalte[788]. Ohne Vermögensbezug könne aber keine Verpflichtung anerkannt werden, weil dies zu

---

782 Zustimmend *Thon*, Rechtsnorm, 23.

783 *Windscheid-Kipp*, *Pandekten*^{9}, Bd. II, 4 Fn.3 (5); dazu auch *Hartmann*, Obligation, 54 Fn.3.

784 *Jhering*, Gäubahn-Gutachten, 115f.

785 *Hellwig*, AcP 86 (1896), 223 (235); *Neuner*, aaO.

786 *Hellwig*, aaO. Dagegen jedoch *Thon*, Rechtsnorm, 205: „Das Zweckmoment gehört nicht in höherem Maße zum Obligationsbegriff wie in den eines jeden Rechtes. (...) So beabsichtigen die positiven Obligationen durch die Erfüllung dem Gläubiger nur die Möglichkeit eines Genusses zu verschaffen. (...) Auch der Blinde darf den bezahlten Zutritt zur Gemäldegalerie begehren. “

787 *Hellwig*, AcP 86 (1896), 223 (236).

788 *Hellwig*, AcP 86 (1896), 223 (232); *Foerster-Eccius*, PreußPrivR^7, Bd. I, 411 Fn. 1, mit der Begründung, daß der Wert des Anwesens infolge der Ruhe gemehrt werde. Zur Frage der Abwehrbarkeit „ästhetischer Immissionen“ iR §§ 1004, 906 BGB vgl. BGH, Urteil vom 12.07.1985 - V ZR 172/84, NJW^{19}85, 2823 (2824).

grotesken Ergebnissen führen würde[789]. Denn verzichtete man auf das Erfordernis des Vermögenswertes[790] der Leistung, müßten gegebenenfalls Leistungspflichten durchgesetzt werden, deren Erzwingung „lächerlich" wäre (z. B. Unterlassen des Rauchens). Es drohe dadurch eine unerwünschte Verrechtlichung gewollt rechtsfreier Sphären („geselliger Verkehr")[791], die nur im Wege fallweiser Entscheidung über die Schutzwürdigkeit des Interesses verhindert werden könne.

Die Frage sei jedoch so grundlegend, daß über sie nur allgemein und nicht im Einzelfall durch den Richter entschieden werden dürfe. Rechtlich sanktioniert solle daher nur sein, was nach objektiven Maßstäben, der gesellschaftlichen Ordnung und nach den Verkehrsmaßstäben, nicht dem subjektiven Maßstab des Parteiwillens rechtsverbindlich sei[792].

ccc) Die pragmatische Lösung Kohlers – Weg zum objektiven Empfängerhorizont

Kohler weist zutreffend darauf hin, daß eine „rationelle Unterscheidung des dem Obligationenrecht unterworfenen und des ihm nicht unterworfenen Kreises der Versprechungen", also eine brauchbare Abgrenzung der rechtlichen von der gesellschaftlichen Lebenssphäre („Gefälligkeitshandlungen"), nicht durch das Erfordernis des Vermögenswertes der Leistung sichergestellt werden könne[793].

---

789 *Hellwig*, AcP 86 (1896), 223 (234) mit dem Argument, man müßte in Windscheids Fall entgegen dem allgemeinen Rechtsempfinden auch das ernsthafte Versprechen als rechtsverbindlich behandeln, den Gläubiger außerhalb seines Grundstücks, beispielsweise während eines Spaziergangs, nicht mit Lärm zu belästigen, also in einem Fall ohne denkbaren Vermögensbezug. Dies zwänge zu Entscheidungen, die jedem gesunden Rechtsgefühl und den Grundprinzipien des gemeinen Rechts widersprächen.

790 Dieser beziehe auch „vermögenskonsumptive Interessen" ein. Damit sind alle marktgängigen, für Geld verschaffbaren Leistungen gemeint, die infolge ihrer „Kommerzialisierung" ein geldwertes Äquivalenzinteresse verkörpern. Was demnach Gegenstand rechtlicher Verpflichtungen sein kann, bestimme sich in letzter Konsequenz nach den gegenwärtigen wirtschaftlichen Verhältnissen; vgl. *Ryck*, Schuldverhältnisse, 8; *Kohler*, Archiv f. BüR 12 (1897), 1 (1, 9).

791 *Hellwig*, AcP 86 (1896), 223 (248).

792 *Hartmann*, AcP 73 (1888), 309 (372, 374); *Laband*, AcP 73 (1888), 161 (171, 173); *Kohler*, Archiv f. BüR 12 (1897), 1 (25).

793 *Kohler*, Archiv f. BüR 12 (1897), 1 (13, 20). Es sei als zufällig anzusehen, ob ein Vermögensbezug vorliege. Dieser schließe nicht sicher aus, daß nicht die gesellschaftliche Sphäre berührt sei.

Denn dieser erlaube nur eine scheinbare präzise Abgrenzung, weil er zwar oft koinzidiere, das Wesentliche aber nicht treffe. Kohler gibt zur Fixierung der „geschäftsmäßigen Lebenssphäre“, zur objektiven Bestimmung des Vorliegens einer Verbindlichkeit pragmatisch eine Reihe von Gesichtspunkten, deren Einfluß auf die weitere Rechtsentwicklung als maßgeblich bezeichnet werden kann[794].

Durch die Kriterien Kohlers, die nicht allein auf den Leistungsgegenstand, sondern umfassend auf die gesamte Erklärungssituation abstellen, rückt die Frage nach dem Vorliegen eines rechtlich verbindlichen Geschäfts spürbar in die Nähe zur heutigen Auslegung der Parteierklärungen im Hinblick auf einen Rechtsbindungswillen aus der Perspektive eines objektivierten Empfängerhorizonts[795].

Allerdings bleibt bis zum Erlaß des BGB das Erfordernis eines vermögenswerten Obligationsinteresses eine ungelöste Kontroverse[796]. Bis dahin setzt sich keine Seite eindeutig durch, und erst durch § 241 Abs. 1 BGB wird der Streit mehrheitlich als gesetzlich entschieden angesehen[797]. Nur vereinzelt bringt man entgegen dem klaren Wortlaut der Motive[798] vor, die Frage sei nicht entschieden, weil das Gesetz über das Obligationsinteresse schweige[799]. Es könne aber nicht in das freie Belieben des Rich-

---

[794] *Kohler*, Archiv f. BüR 12 (1897), 1 (23ff.): Bezahltheit der Leistung, berufsmäßige Übernahme der Leistung, Präzisison und geschäftsmäßige Form des Versprechens, kein persönliches Näheverhältnis der Parteien, geschäftlicher Anlaß oder Verbindung mit geschäftlichem Tun, ferner alle sonstigen Momente, aus denen auf einen mangelnden Rechtsbindungswille geschlossen werden könne. Planck-*Siber*[4], Vorbem zu I 3 zu §§ 241 ff. BGB: „Die Grenze des zulässigen und des unzulässigen Inhaltes von Schuldgeschäften wird daher in anderer Art zu bestimmen sein“, mit Verweis auf *Kohler*, aaO.

[795] Statt aller Larenz-*Wolf*, AT[9], § 22 III 3 b (400). Neuerdings zum objektiven Empfängerhorizont und dessen Funktion in § 661a BGB *Baldus*, ZGS 2004, 297 (297, 299).

[796] *Stammler*, Schuldverhältnisse, 2.

[797] Vgl. *Buchka*, BüR u GemR, 60; Planck-*Siber*[4], §§ 241-432, Vorbemerkungen I 3 (10f. mwN).

[798] Motive, Bd. II, 3: „In einer wichtigen Frage nimmt der Entwurf in Ansehung der Erfordernisse des Schuldverhältnisses entschieden Stellung. Ein vermögensrechtliches Interesse des Gläubigers gehört nach seiner Auffassung nicht zum Wesen der Obligation. Die Wirksamkeit des Schuldverhältnisses kann auch nicht damit bekämpft werden, daß der Gläubiger kein anderes schutzwürdiges Interesse an der Leistung habe, vorbehaltlich der Prüfung, ob in den betreffenden Fällen ein rechtlicher Verpflichtungswille anzunehmen ist, und unbeschadet der Vorschriften über die Hinfälligkeit eines Rechtsgeschäfts wegen Verstoßes gegen die guten Sitten oder die öffentliche Ordnung.“ Zur Behandlung der Frage im Ersten Entwurf auch Teil V § 4 A. Teil V § 7.

[799] Vgl. *Hellwig*,Verträge auf Leistung an Dritte, 58; *Laband*, AcP 73 (1888), 161 (170, 174); *Hellwig*, AcP 86 (1896), 223 (245).

ters gestellt sein, unter welchen Voraussetzungen ein „rechtlicher Verpflichtungswille" anzunehmen sei; die abstrakten Regeln über die Erfordernisse eines Tatbestandes habe der Gesetzgeber aufzustellen[800].

II. Auswirkungen des Streitstandes auf das Vermächtnisrecht

Wenn Vermächtnisgegenstand alles sein kann, was Gegenstand einer Obligation sein kann, so präjudiziert der Streitstand den zulässigen Vermächtnisgegenstand nach dem jeweiligen Standpunkt zum Erfordernis eines vermögenswerten Obligationsinteresses. Für *Puchta* folgt, daß das Vermächtnis wie die Obligation einen Vermögenswert für den Gläubiger haben muß[801]. Für *Windscheid* folgt umgekehrt, daß das Vermächtnis wie die Obligation jede beliebige Leistung, an der ein rechtlich schutzwürdiges Interesse besteht, enthalten kann[802]. Dabei pointieren die genannten Autoren, die das Vermächtnis Obligationsregeln unterwerfen, zwar die Relevanz der Streitfrage[803], überprüfen die streitigen Argumente aber nicht auf ihre Zugkraft im spezifischen Kontext des Vermächtnisrechts. Gerade diejenigen Autoren, die einen vermögenswerten Obligationsgegenstand fordern, hätten sich zu einer Überprüfung der Gültigkeit ihrer Prämissen im Rahmen des Vermächtnisrechts veranlaßt sehen müssen. Dies gilt insbesondere für die betonte Funktion der entgeltlichen wirtschaftlichen Güterbeschaffung, so wie sie die Vertreter des vermögenswerten Interesses der Obligation restringierend beilegen. Diese am Leitbild des Austauschvertrages orientierte Funktion ist inhaltlich auf den Erblasser und das Recht der Verfügungen von Todes wegen naturgemäß nicht übertragbar.

---

800 *Laband*, AcP 73 (1888), 161 (173). Dagegen jedoch *Stammler*, Schuldverhältnisse, 2 mit Verweis auf die eindeutige Aussage in Motive, Bd. II, 3 sowie *ders.*, Schuldverhältnisse, 7: „Wenn immer in manchen seitherigen Rechten die Schuldverhältnisse nur mit Beschränkung auf ein gegenständlich nachweisbares, zahlenmäßig anzuschlagendes Geldinteresse zugelassen waren, so ersieht man, daß alsdann unser Gesetzbuch von einer lästigen Einengung befreit. Daß es dieses bestimmt, sollte mit Fug nicht bezweifelt werden. Und es tut es mit gutem Grunde, weil die erörterte Beschränkung eine äußerliche Zufälligkeit war, welche mit der grundlegenden Auffassung, in der unser bürgerliches Recht die Funktion der privaten Schuldverältnisse aufnimmt, in nichts wesentlich zusammenhägt."

801 *Puchta*, Pandekten[12], 336, 750.

802 *Windscheid-Kipp*, Pandekten[9], Bd. III, 606 Fn. 1, Bd. II, 4. So wohl auch *Baron*, Pandekten[8], 365, 763, 769.

803 So *Windscheid-Kipp*, Pandekten[9], Bd. III, 606 Fn. 1.

§ 2 ZUSAMMENFASSUNG

Das Vermächtnis wird in der pandektistischen Literatur des 19. Jahrhunderts als letztwillige Zuwendung eines Vorteils verstanden. Ganz überwiegend wird unter Rekurs auf die Definitionen des römischen Rechts verlangt, daß es sich beim Vermächtnisgegenstand um einen „Vermögensvorteil“ handeln müsse. Das Vermächtnis müsse daher gemäß dem allgemeinen Verständnis von „Vermögenswert“ geldwert sein, d. h. einen in Geld schätzbaren Wert haben. Eine Minderheit stellt einen systematischen Zusammenhang zwischen Vermächtnisrecht und Schuldrecht her und definiert auf dieser Grundlage als zulässigen Vermächtnisgegenstand alles, was auch Gegenstand einer Obligation sein kann. Dies entspricht für das Damnationslegat dem klassischen römischen Recht. Die Frage nach dem zulässigen Vermächtnisgegenstand wird dadurch zur Frage nach dem zulässigen Obligationsgegenstand. Im gemeinen römischen Recht bleibt jedoch bis zur Einführung des BGB streitig, ob die Obligation ein vermögenswertes Interesse des Gläubigers erfordert oder ob ein sonstiges berechtigtes Interesse ausreicht. Dementsprechend kommen die Autoren, welche den Vermächtnisgegenstand mit dem Obligationsgegenstand gleichsetzen, zu entsprechend unterschiedlichen Ergebnissen. Diejenigen, welche einen Vermögenswert der Leistung für den Gläubiger fordern, gelangen zum Ergebnis der herrschenden Meinung, die einen in Geld schätzbaren Wert des Vermächtnisgegenstandes verlangt. Die Autoren, welche ein berechtigtes Interesse als Obligationsinteresse genügen lassen, verlangen konsequenterweise auch für das Vermächtnis keinen Vermögenswert[804].

[804] Anders nur *Kipp* bei *Windscheid-Kipp*, Pandekten[9], Bd. III, 607, der für das Vermächtnis des BGB wiederum einen Vermögensvorteil verlangt. Eingehend unten Teil V § 7 B.

TEIL IV DER VERMÄCHTNISGEGENSTAND IN DER ENTSTEHUNGSGESCHICHTE DES BGB

In der Entstehungsgeschichte[805] des § 1939 BGB verdient zunächst der Erbrechtsentwurf *Friedrich Mommsens* besondere Behandlung.

§ 1 DER ENTWURF FRIEDRICH MOMMSENS[806]

Aus Anlaß eines am 14.02.1874 durch die Juristische Gesellschaft zu Berlin veranstalteten Preisausschreibens[807], welches die Erstellung eines „Entwurfs eines Gesetzes über das deutsche Erbrecht nebst Motiven und einer vergleichenden Zusammenstellung der erbrechtlichen Bestimmungen aus den wesentlichen Teilen der in Deutschland gegenwärtig geltenden Gesetzgebungen" zur Aufgabe hatte, verfaßte und vollendete Friedrich Mommsen im gleichen Jahr[808] den „Entwurf eines Deutschen Reichsgesetzes über das Erbrecht nebst Motiven"[809]. Das preisgekrönte Werk *Mommsens* stellt eine in sich geschlossene Konzeption dar, deren Ziel eine zweckmäßige Kodifikation des damals geltenden Erbrechts war. Neben namhaften Stimmen in der Literatur[810] äußerte sich auch *Gottfried v. Schmitt*, Mitglied der ersten Kommission und Redaktor des Vorentwurfs für das Erbrecht, anerkennend über die Arbeit *Mommsens*[811], und es ist nicht ausgeschlossen, daß dessen Entwurf in bezug

---

805 Zur Entstehungsgeschichte des BGB im Überblick Staudinger-*Coing*[13], Einl zum BGB; *Jakobs-Schubert*, Materialien, 27-68; *Sturm*, 100 Jahre BGB, 13ff. Speziell für das Erbrecht *Mertens*, Gesetzliche Erbfolge, 3ff.

806 Zur Biographie *Andres*, Erbrechtsentwurf, 20-25; *Mertens*, Gesetzliche Erbfolge, 12 Fn. 62.

807 Dazu eingehend *Andres*, Erbrechtsentwurf, 34-38 mwN.

808 Die Ausschreibungsfrist endete im Dezember 1874. Gedruckt wurde der Entwurf allerdings erst 1876 veröffentlicht, vgl. *Mommsen*, Entwurf, Vorwort.

809 Eingehend *Andres*, Erbrechtsentwurf.

810 *Windscheid-Kipp*, Pandekten[9], Bd. III, 184; *Bähr*, Archiv f. BüR 3 (1890), 141 (141); *Dernburg*, Pandekten[7], Bd. III, 94 Fn. 1. Nach *Scheel*, Hirths Annalen 1877, 97 (98) stellt der Entwurf „die umfangreichste Vorarbeit in dieser Sache" dar. Teilweise Kritik erfährt der Entwurf bei *Roth*, Jenaer Literaturzeitung 3 (1876), 639 (641) für die Nichtberücksichtigung zahlreicher Landesrechte, jedoch auch auszeichnendes Lob für die systematische Durchbildung der Rechtssätze.

811 *Schmitt*, Begründung, 35 = *Schubert*, Vorlagen Erbrecht, Bd. I, 151 Allerdings sah *v. Schmitt* von einer vollumfänglichen Zugrundelegung Mommsens Entwurfs ausdrücklich ab,

auf das Vermächtnisrecht gewichtigen Einfluß auf die Arbeit *v. Schmitts* ausgeübt hat[812]. Die Verwendung des Entwurfs beim Verfassen des Vorentwurfs für das Erbrecht wird ausdrücklich erwähnt[813]. Die wesentliche Neuerung dieses Entwurfs gegenüber dem damaligen gemeinen Recht stellt die Abkehr vom Vindikationslegat[814] dar. Das Vermächtnis begründet nur noch eine obligatorische Forderung gegen den Beschwerten. Nur das, was als Gegenstand einer Obligation gelten kann, kann Gegenstand des Vermächtnisses sein. Für *Mommsens* Entwurf stellt sich die Frage nach dem Vermächtnisgegenstand deshalb dahingehend, ob auch *alles*, was Gegenstand einer Obligation sein kann, vermachbar ist, oder ob das Vermächtnis engeren Voraussetzungen unterliegt. *Mommsen* löst die Frage, indem er sich für eine volle Akzessorietät des Vermächtnisgegenstandes zum Obligationsgegenstand entscheidet, dessen Bestimmung jedoch mit Rücksicht auf die Grenzen der Ausschreibung offen läßt:

> § 352: „Die Leistung, welche dem Beschwerten durch das Vermächtnis auferlegt wird, muß eine solche sein, daß sie den Gegenstand eines gültigen Schuldverhältnisses zwischen dem Beschwerten und dem Bedachten bilden kann. Ist dies nicht der Fall, so ist das Vermächtnis ungültig, sofern nicht das Gesetz abweichende Bestimmungen enthält“[815].

> „Was Gegenstand eines Vermächtnisses sein kann, bestimmt sich im Allgemeinen nach den Vorschriften des Obligationenrechts. Insonderheit hängt die Entscheidung der Frage, ob auch andere, als vermögensrechtliche Vortheile durch das Vermächtnis zugewendet werden können, davon ab, wie für das Obligationenrecht im Allgemeinen die Frage, ob die den Gegenstand der Obligation bildende Leistung einen Vermögenswerth haben muß, entschieden wird“[816].

Damit stellt sich *Mommsen* auf die Seite der maßgeblich von *Windscheid, Baron* und *Puchta* vertretenen Lehre mit der Konsequenz, daß Obligationsgegenstand und Vermächtnisgegenstand inhaltlich identisch sein sollen. Das Vermächtnis ist danach kein autonomes erbrechtliches Rechtsinstitut, sondern es erscheint in vollständiger systematischer Abhängigkeit zum Obligationsbegriff. Unabhängig von der offen ge-

---

weil dieser zu eng am Sächsischen BGB anlehne und die partikularen Rechte nur zum Teil berücksichtige, vgl. *v. Schmitt*, aaO, 36.

812 *Andres*, Erbrechtsentwurf, 96; *Mertens*, Gesetzliche Erbfolge, 12.

813 Protokoll der 1. Sitzung von 1875 vom 04.10.1875, Schriftführer *Neubauer*, in: Jakobs-Schubert, Materialien, 223. Näher Andres, Erbrechtsentwurf, 95f.

814 *Mommsen*, Entwurf, § 383 Satz 2 (92).

815 *Mommsen*, Entwurf, § 352 (85).

816 *Mommsen*, Entwurf, Motive zu § 352 (369).

haltenen Frage um dem Vermögenswert des Obligationsgegenstandes bedeutet der Ansatz jedenfalls eine Abkehr vom Verständnis des Vermächtnisses als *delibatio hereditatis* und damit vom Merkmal des Vermögensvorteils als dessen *essentiale*. Wenn Vermögenswert für das Vermächtnis erforderlich sein soll, dann nach *Mommsen* nicht deshalb, weil eine materielle Freigebigkeit oder Gunstbezeugung begriffsprägend für den Vermächtnisgegenstand ist, sondern aus davon unabhängigen Gründen des Obligationenrechts.

§ 2 DER VORENTWURF *GOTTFRIED V. SCHMITTS*[817] ZUM ERBRECHT

Durch Bundesratsbeschluß vom 22.06.1874 wurde die erste Kommission mit 11 am 02.07.1874 gewählten Mitgliedern konstituiert und tagte erstmalig am 17.09.1874[818]. Nachdem *Gottfried v. Schmitt* am 29.09.1874 auf Vorschlag des Vorsitzenden *Pape* einstimmig mit der Redaktion des Teilentwurfs für das Erbrecht betraut wurde, welcher der Ersten Kommission als Beratungsgrundlage dienen sollte, stellte *v. Schmitt* den Teilentwurf für das Erbrecht bis zur Sitzung der Ersten Kommission am 30.10.1879 fertig[819]. *V. Schmitt* traf für den Gegenstand des Vermächtnisses folgende Definitionen[820]:

> § 4: „Der Erblasser kann, wenn er will, einzelne Gegenstände oder eine Mehrheit von solchen zuwenden. Vermächtniß. "

> § 96: „Durch Vermächtniß kann jede Leistung auferlegt und zugewendet werden, welche den Gegenstand einer gültigen Forderung des Bedachten an den Beschwerten zu bilden vermag.
> Vermächtnisse anderer Art sind ungültig, sofern das Gesetz nichts Besonderes bestimmt."

> (Begründung) „Hiernach bildet den Gegenstand der Vermächtnisauflage eine obligatorische Verpflichtung zum Leisten (Geben, Handeln, Dulden, Unterlassen). Die erforderliche Beschaffenheit dieser Verpflichtung unterliegt eben deshalb den Regeln des

---

[817] Zur Biographie *Schubert*, Vorentwürfe, Erbrecht, Bd. I, XVff.; *Mertens*, Gesetzliche Erbfolge, 7ff.

[818] Vgl. Protokolle der Bundesratssitzungen vom 22.06.1874 und 02.07.1874 im Auszug in *Jakobs-Schubert*, Materialien, 199, 203 sowie Protokoll der ersten und achten Sitzung vom 17.09.1874 und 29.09.1874, Schriftführer *Neubauer*, in: *Jakobs-Schubert*, Materialien, 206, 222.

[819] Protokoll der 1. Sitzung von 1879 vom 30.10.1879, Schriftführer *Neubauer*; *Jakobs-Schubert*, Materialien, 223; *Mertens*, Gesetzliche Erbfolge, 11.

[820] *Schmitt*, Entwurf, 1, 17 = *Schubert*, Vorlagen Erbrecht, Bd. I, 7, 23.

Obligationenrechts. Wird insbesondere dort bestimmt, daß nur vermögens- oder vermögenswerte Leistungen Gegenstand eines Schuldverhältnisses sein können (AGB § 653), oder auch Leistungen anderer Art (gemeines Recht, Windscheid § 634 Nr. 1), so ist dies für die Vermächtnisauflage maßgebend. § 96; vergl. § 352 bei Mommsen; Art. 2 des Dresdener Obligationenrechts-Entwurfs.

Seinem Zweck nach muß dagegen jedes Vermächtnis den Vorteil des Bedachten bezielen. Diese dem Erbrecht eigentümliche Vorschrift ist in der Bezeichnung des Vermächtnisses als Zuwendung (§ 4) ausgedrückt[821]."

Auch *v. Schmitt* bestimmt den Vermächtnisgegenstand allein in Abhängigkeit zum Obligationsgegenstand[822] und bezieht sich dabei ausdrücklich auf die Definition *Mommsens*. Hier und an vorangehender Stelle[823] charakterisiert *v. Schmitt* das Vermächtnis zwar als Zuwendung von Todes wegen zum Vorteil eines bestimmten Dritten. Allerdings ist auch hier ein Vermögensvorteil nicht Bestandteil der Legaldefinition. Den Begriff der „Zuwendung" versteht *v. Schmitt* in der „allgemeinsten Bedeutung"[824], wobei er in seinen Ausführungen voraussetzt, daß der Bedachte aus dem Nachlaß etwas empfängt[825].

Für das gemeine Recht erkennt *v. Schmitt* die Lehre *Windscheids* als „zutreffendste Begriffsbestimmung" des Vermächtnisses an[826]. Für die insoweit entscheidende Grundsatzfrage nach dem Vermögenswert der Obligation stützt sich *v. Schmitt* auf *Windscheids* Ausführungen zum Vermächtnis, die wiederum auf dessen Lehre zum Obligationsinteresse verweisen[827]. Insbesondere ist erstaunlich, daß *v. Schmitt* diese offenbar als Inbegriff des gemeinen Rechts ansieht, obgleich sie heftig kritisiert wurde und selbst zum Zeitpunkt der Erstellung des Vorentwurfs keineswegs herrschend war[828].

---

[821] *Schmitt*, Begründung, 224 = *Schubert*, Vorlagen Erbrecht, Bd. I, 340.

[822] *Schmitt*, Begründung, 69 = *Schubert*, Vorlagen Erbrecht, Bd. I, 185 betont vorangehend die Abhängigkeit des Inhalts des Vermächtnisgegenstandes von der Antwort auf die Frage nach einem vermögenswerten Obligationsinteresse.

[823] *Schmitt*, Begründung, 67, 69 = *Schubert*, Vorlagen Erbrecht, Bd. I, 183ff.

[824] *Schmitt*, Begründung, 68 = *Schubert*, Vorlagen Erbrecht, Bd. I, 184.

[825] Vgl. *Schmitt*, Begründung, 69 = *Schubert*, Vorlagen Erbrecht, Bd. I, 185.

[826] *Schmitt*, Begründung, 68 = *Schubert*, Vorlagen Erbrecht, Bd. I, 184.

[827] *Windscheid-Kipp*, Pandekten[9], Bd. III, § 634 Fn. 1.

[828] Vgl. *Kübel*, Recht der Schuldverhältnisse, 11.

Die Aussage *v. Schmitts* dürfte sich einerseits daraus erklären, daß er hauptsächlich die Lehrbücher *Windscheids* zur Bestimmung des gemeinrechtlichen *status quo* heranzog[829]. Andererseits wird auch das überragende fachliche Ansehen eine Rolle gespielt haben, das *Windscheid* in der Ersten Kommission genoß, der er als 11. Mitglied angehörte[830]. Ob das Vermächtnis einen Vermögenswert erfordert, überantwortet er der im Teilentwurf für das Schuldrecht zu treffenden Entscheidung über die Erforderlichkeit eines vermögenswerten Obligationsinteresses. Allgemein knüpft *v. Schmitt* im Gegensatz zu *Mommsen* auch insoweit an die überkommene Definition des Vermächtnisses als *donatio testamento relicta*[831] an, als er verlangt, daß das Vermächtnis seinem Zweck nach den Vorteil des Bedachten bezwecken muß, was in der Bezeichnung des Vermächtnisses als „Zuwendung" zum Ausdruck komme[832]. Hierin handelt es sich um eine zusätzliche Eigenschaft des Vermächtnisses, die von der reinen Anlehnung an den Obligationsgegenstand nicht umfaßt wird.

§ 3 EXKURS: DER VORENTWURF *FRANZ PHILIPP V. KÜBELS* ZUM SCHULDRECHT

Der von *Franz Philipp v. Kübel*[833] 1882 aus einem Verbund mehrerer Einzelvorlagen zusammengefaßte Entwurf „Allgemeiner Teil des Rechts der Schuldverhältnisse" trifft folgende Bestimmung über das Obligationsinteresse[834]:

> § 1[835]: „Zu einem Schuldverhältnis wird gefordert, daß vermöge desselben Jemand als Schuldner einem Anderen zu einer Leistung (einem Thun oder Unterlassen) verpflichtet und der Andere als Gläubiger diese Leistung zu fordern berechtigt ist. "

---

[829] *Mertens*, Gesetzliche Erbfolge, 12.

[830] Zur Stellung *Windscheids* in der Ersten Kommission *Frensdorff*, *Planck*, 318: „ (...) Windscheid stand damals auf der Höhe seines Ruhmes. Sein Lehrbuch der Pandekten beherrschte die Universitäten und die Gerichtshöfe"; vgl. auch *Falk*, Windscheid, 6, und dort Fn. 34 mwN.

[831] Vgl. Teil III § 2; Teil IV § 1 A.

[832] *Schmitt*, Begründung, 224, 65, 68 = *Schubert*, Vorlagen Erbrecht, Bd. I, 340, 181, 184

[833] V. *Kübel* verstarb am 05.01.1884, bevor er einen vollständigen Entwurf vorlegen konnte. An seine Stelle trat ab dem 26.03.1884 *v. Mandry*; näher *Vierhaus*, Entstehungsgeschichte, 60; *Schubert*, Vorlagen Schuldrecht, Bd. I, XIf.

[834] Verhandelt als „Vorlage Nr. 14 des Obligationenrechts"; *Jakobs-Schubert*, §§ 241-432, § 241, 40 und zur Biographie *v. Kübels* näher *Schubert*, Vorentwürfe, Schuldrecht, Bd. I, IX-XVIII.

[835] *Kübel*, Recht der Schuldverhältnisse, Bd. I, 1 = *Schubert*, Vorlagen Schuldrecht, Bd. I, 1.

„Die Leistung bzw. der durch dieselbe bezweckte Erfolg muß für den Gläubiger irgend ein Interesse haben; ohne ein solches besteht ein Schuldverhältnis nicht. Tatsächlich wird dieses Interesse in der Regel ein in Geld schätzbares Interesse sein; eine begriffswesentliche Voraussetzung für den Bestand des Schuldverhältnisses ist dies aber nicht, und es fehlt an einem inneren Grund, nur für das in Geld schätzbare Interesse einen rechtlichen Schutz zu gewähren und ihn anderen noch so schutzwürdigen Interessen zu versagen. Die, obwohl nicht einmal ausnahmslose Beschränkung des römischen Rechts erklärt sich aus der Notwendigkeit der Geldkondemnation und der Richtung der Exekution auf diese, während das Prinzip der Geldkondemnation im heutigen Recht weggefallen ist und nichts mehr im Wege steht, den Zwang auf die dem Schuldner durch das Recht des Gläubigers gebotene Handlung zu richten (vergl. auch CPO Art. 773-777). Es liegt daher vom gesetzgeberischen Standpunkt kein Grund vor, einem Schuldverhältnisse die rechtliche Anerkennung zu versagen, weil die Leistung, auf welche das Schuldverhältnis gerichtet ist, sich nicht auf einen Geldwert zurückführen läßt, und es muß vielmehr genügen, wenn nur überhaupt sonst ein Interesse auf Seiten des Gläubigers vorliegt, das des rechtlichen Schutzes nicht aus anderen Gründen unwürdig ist (...)“[836].

Insgesamt macht sich *v. Kübel* nach ausführlicher Darstellung des gemeinrechtlichen Streitstandes die in *Windscheids* Pandekten und in *Jherings* Gäubahngutachten vertretene Lehrmeinung vollständig, teilweise sogar unter wörtlicher Übernahme ihrer Ausführungen, zu eigen[837]. Er eilt damit bewußtermaßen und ausdrücklich seiner Zeit voraus, denn:

„Die herrschende Meinung (...) steht der vom Entwurf vertretenen Auffassung hinsichtlich des bei dem Schuldverhältnisse nötigen Interesse zur Zeit allerdings noch entgegen. Es wird als ein wesentliches aus dem Zweck der Obligation abgeleitetes und deshalb begriffliches Moment hingestellt, daß die Handlung (Leistung) für den Gläubiger einen Vermögenswert haben müsse und es wird demgemäß da und dort die römischrechtliche Notwendigkeit der Geldkondemnation und die Richtung der Exekution auf diese aus jenem angeblich der Obligation innewohnenden Prinzip, dessen Folge die Geldkondemnation gewesen, erklärt“[838].

„Demgemäß wird insbesondere der Satz aufgestellt, daß eine Handlung, welche lediglich ein Affektionsinteresse für den Berechtigten in sich schließe, nicht Gegenstand einer Obligation sein könne“[839].

---

[836] *Kübel*, Recht der Schuldverhältnisse, Bd. I, 11. = *Schubert*, Vorlagen Schuldrecht, Bd. I, 13.

[837] Vgl. *Kübel*, Recht der Schuldverhältnisse, Bd. I, 13ff. = *Schubert*, Vorlagen Schuldrecht, Bd. I, 15ff.

[838] *Kübel*, Recht der Schuldverhältnisse, Bd. I, 11 = *Schubert*, Vorlagen Schuldrecht, Bd. I, 13.

[839] *Kübel*, Recht der Schuldverhältnisse, Bd. I, 12 = *Schubert*, Vorlagen Schuldrecht, Bd. I, 14.

„Wenn der Entwurf, wie bemerkt, das Erfordernis eines Vermögenswertes[840] der Leistung verwirft und insbesondere bei vorliegendem ernstlichem Verpflichtungswillen das Versprechen auch anderer Leistungen, wofern sie nur ein schutzwürdiges Interesse für den Versprechensempfänger in sich begreifen, für rechtlich verbindlich, also gültig und wirksam erklärt, so befindet er sich demnach in Übereinstimmung mit einer kaum abzuweisenden Wandlung der Ansichten in der Doktrin, welche auch in der Praxis der Gerichte schon zum Ausdruck gekommen ist (Seuffert, Archiv XXV Nr. 239; XXXII Nr. 214). Damit, daß der Entwurf das Erfordernis eines Vermögensinteresses nicht erwähnt, ist die Ablehnung desselben zur Genüge ausgedrückt“[841].

V. Kübel beschränkt sich damit nicht auf eine Wiedergabe der im deutschen Raum vorgefundenen Rechtslage, sondern geht darüber wesentlich hinaus, indem er *de lege ferenda* einen tiefgreifenden Paradigmenwechsel befürwortet. Er hat damit seinem Auftrag, „den Gesamtbestand der innerhalb des Deutschen Reiches geltenden Privatrechtsnormen mit Rücksicht auf deren Zweckmäßigkeit, innere Wahrheit und folgerichtige Durchführung zu untersuchen“[842], dennoch entsprochen, weil er einen Wandel der gemeinrechtlichen Rechtsanschauung zu antizipieren glaubte und andererseits der fortgeschrittenen Gerichtspraxis Rechnung tragen durfte und mußte.

§ 4 DER VERLAUF DER BERATUNGEN DER ERSTEN KOMMISSION

Nachdem die Vorarbeiten der Redaktoren bis Oktober 1881 im wesentlichen zum Abschluß kamen, trat die Erste Kommission ab dem 01.10.1881 zu gemeinsamer Beratung der vorgelegten Entwürfe zusammen.

A. Schuldrecht

Am 24.02.1882 beriet die Erste Kommission in 62. Sitzung über § 1 des Entwurfs *v. Kübels* und bestätigte die in dessen Begründung dargelegte Rechtsauffassung in vollem Umfang[843]: ein vermögensrechtliches Interesse oder ein sonstiges schutzwürdiges Interesse des Gläubigers gehöre nicht zum Wesen der Obligation, es komme allein auf den ernstlichen Verpflichtungswillen an. Zwar wurde von einem klarstellen-

[840] Eigene Korrektur. Der Originaltext („Vermögensrechts“) dürfte auf einem redaktorischen Fehler beruhen.

[841] *Kübel*, Recht der Schuldverhältnisse, Bd. I, 15 = *Schubert*, Vorlagen Schuldrecht, Bd. I, 17.

[842] Gutachten der Vorkommission vom 15.04.1874 in *Jakobs-Schubert*, Materialien, 170.

[843] Protokolle I, 465f. = *Jakobs-Schubert*, §§ 241-432, § 241, 40.

den Zusatz bezüglich der Nichterforderlichkeit eines „Geldwertes“ abgesehen, jedoch allein, weil sich dessen Aussage aus einem Umkehrschluß aus § 1 ergebe. Die Motive betonen entsprechend die „entschiedene Stellungnahme“ des Entwurfs gegen das Erfordernis eines vermögenswerten Obligationsinteresses des Gläubigers[844]. Nach redaktionellen Änderungen ging § 1 im inhaltsgleichen § 206 des Ersten Entwurfs (E I) auf, der ebenfalls keinen Vermögenswert der Obligation verlangt[845].

B. Vermächtnisrecht

I. § 4 Teilentwurf Erbrecht

§ 4 des Teilentwurfs *v. Schmitts* wurde am 31.05.1886 in 556. Sitzung beraten[846]. Nach einem Antrags *v. Mandrys* wurde zunächst folgende Fassung gewählt:

> § 4: „Durch letztwillige Verfügung kann auch auf andere Weise als durch Erbeinsetzung eine Zuwendung an einen anderen erfolgen.“

Die Fassung des § 4 wurde geändert, weil man befürchtete, einer Entscheidung über die Zulassung des Vindikationslegats vorzugreifen sowie das Liberationslegat und die mittelbaren Zuwendungen nicht mit zu erfassen, so daß jede positive Begriffsbestimmung des Vermächtnisses bedenklich sei[847]. Da es sich aber nicht empfehle, über den Begriff des Vermächtnisses ganz zu schweigen, werde am geeignetsten „in mehr negativer Weise“ in der gebilligten Fassung vorgegangen[848]. Wie die ursprüngliche Fassung setzt auch diese keinen Vermögenswert des Vermächtnisgegenstandes voraus. Durch den Begriff der Zuwendung sollte nur ausgedrückt werden, daß der Bedachte einen Anspruch auf das Zugewendete erhält[849]. Nach minimaler Änderung

---

[844] Motive, Bd. II, 3.

[845] Protokolle I, 471= *Jakobs-Schubert*, §§ 241-432, § 241, 43. § 206 E I: „Gegenstand eines Schuldverhältnisses kann ein Thun oder Unterlassen des Schuldners sein.“

[846] Protokolle I, 8896 = *Jakobs-Schubert*, §§ 1922-2104, § 1939f., 163.

[847] Vgl. auch Motive, Bd. V, 9.

[848] Protokolle I, 8898 = *Jakobs-Schubert*, §§ 1922-2104, § 1939f., 163.

[849] Insofern liegt hier eine Abweichung zu *v. Schmitt* vor, der einen „Vorteil“ in den Begriff der Zuwendung hineinliest.

des Wortlauts[850] ging die Bestimmung als § 1756 Abs.1 E I in den Ersten Entwurf ein[851].

II. § 96 Teilentwurf Erbrecht

Bevor über § 96 des Teilentwurfs Erbrecht am 27.09.1886 in 579. Sitzung beraten wurde[852], legte *v. Schmitt* einen mit Bemerkungen versehenen Änderungsantrag vor[853], auf den hin die Textaussage des § 96 maßgeblich geändert wurde. *V. Schmitt* verzichtete darin auf eine allgemeine Definition des Vermächtnisgegenstandes und beschränkte sich auf die Regelung von Sonderfällen: Fällen von wegen Unmöglichkeit, Verbots- und Sittenwidrigkeit nichtigen Vermächtnissen. Die vorgeschlagene Fassung, die zugleich auch die endgültige Fassung des § 96 des Teilentwurfs Erbrecht darstellte[854], lautet:

> § 96. „Ist durch das Vermächtnis eine Leistung zugewendet, welche zur Zeit des Todes des Erblassers unmöglich oder durch Gesetz verboten ist, oder welche den guten Sitten widerspricht, so ist das Vermächtnis nichtig. Die Bestimmung des § 344 (K. E.) [855] findet auf das Vermächtnis unmöglicher oder verbotswidriger Leistungen entsprechende Anwendung."

Die beantragte Änderung erklärt sich aus der in den Bemerkungen dargelegten Auffassung *v. Schmitts*, daß ungeachtet der bezweckten systematischen Parallelisierung von Vermächtnis- und Schuldrecht die Norm des § 96 bezüglich der auf den Vermächtnisgegenstand anwendbaren schuldrechtlichen Vorschriften konkretisiert wer-

---

[850] Protokolle I, 9670 = *Jakobs-Schubert*, §§ 1922-2104, § 1939f., 165.

[851] § 1756 Abs. 1 E I: „Durch letztwillige Verfügung kann auch in anderer Art und Weise als im Wege der Erbeinsetzung eine Zuwendung an einen Anderen erfolgen (Vermächtnis)."

[852] *Jakobs-Schubert*, §§ 2105-2385, §§ 2171f., 1285.

[853] *Schmitt*, Entwurf, Änderungsvorschläge des Referenten zum Entwurf von 1879, Berlin (1886), 19 = *Schubert*, Vorlagen Erbrecht, Bd. II, 575.

[854] Vgl. *Jakobs-Schubert*, §§ 2105-2385, §§ 2171f., 1285.

[855] Der sog. Kommissionsentwurf (im folgenden K. E.) war ein fortwährend ergänzter und berichtigter Gesamtentwurf auf der Grundlage der bereits beratenen Teilentwürfe und der gefaßten Beschlüsse; dazu *Jakobs-Schubert*, Materialien, 305f.; *Vierhaus*, Entstehungsgeschichte, 72. Die Norm § 344 K. E. entspricht dem späteren § 346 des Ersten Entwurfs, dazu unten. Die Verweisung wurde entsprechend angepaßt; *Jakobs-Schubert*, §§ 2105-2385, §§ 2171f., 1290.

den müsse, weil manche der Bestimmungen „nur sehr teilweise übertragbar" seien[856]. Als in Betracht kommend wurden hauptsächlich die Normen der §§ 342, 344, 345 K. E.[857] angesehen, welche Fälle der anfänglichen Unmöglichkeit, Verbots- und Sittenwidrigkeit zum Gegenstand haben.

§ 96 wurde nun zu einer dem § 342 K. E. entsprechenden Parallelnorm für das Vermächtnisrecht umgewandelt, unter Aufnahme eines Verweises auf § 344 K. E. (später § 346 E I). Infolge der Aufnahme des direkten Verweises auf § 344 K. E. erledigte sich insoweit eine besondere Erwähnung von § 345 K. E. *V. Schmitt* hat dabei die ursprüngliche Konzeption der Kongruenz von Vermächtnis- und Obligationsgegenstand keineswegs verworfen[858].

---

[856] Vgl. Recht der Erbfolge, Bemerkungen zu den Änderungsvorschlägen des Referenten und zu der Begründung des Entwurfes, Berlin (1886), 55 = *Schubert*, Vorlagen Erbrecht, Bd. II, 709: „Der Erbrechtsentwurf bezweckt, die Vorschriften über den Vertragsgegenstand, vorbehaltlich von Modifikationen, auf den Vermächtnisgegenstand anzuwenden. Allein die bezüglichen Bestimmungen des K. E. § 3342-355 können nur sehr teilweise übertragen werden. So scheint es besser, den allgemeinen Satz des § 96 zu konkretisieren." Als nicht anwendbar wurden §§ 343, 358, 355, 350-354 K. E. angesehen. Ferner seien durch Sondervorschriften des Teilentwurfs Erbrecht die §§ 346, 347, 349 K. E. gedeckt. Es verblieben dann im wesentlichen nur noch §§ 342, 344, 345 K. E. und §§ 290 iVm 293 K. E. als Gegenstand von § 96 des Teilentwurfs Erbrecht. Notwendig sei § 96 in seiner neuen Fassung auch deshalb, weil er nicht durch § 128 des Teilentwurfs Erbrechts gedeckt sei, der sich nur auf den Inhalt des entstandenen Schuldverhältnisses beziehe, während hier die gegenständlichen Erfordernisse einer gültigen Entstehung der Vermächtnisanordnung in Frage seien (Inhalt des Rechtsgeschäfts). § 128 Teilentwurf Erbrecht lautet: „Das rechtliche Verhältnis der Beteiligten aus der Vermächtnisforderung bestimmt sich, soweit in diesem Buches Besonderes nicht angeordnet ist, nach den Vorschriften über die Schuldverhältnisse. "

[857] *Jakobs-Schubert*, §§ 241-432, § 241, 372 zu § 342 K. E., 383 zu § 344 K. E., 385 zu § 345 K. E.:

§ 342 K. E.: „Ist ein Vertrag auf eine Leistung gerichtet, welche unmöglich oder durch Gesetz verboten ist oder den guten Sitten widerspricht, so ist derselbe nichtig" (entspricht § 344 E I, dort statt „widerspricht" „verstößt");

§ 344 K. E.: „Ist die Unmöglichkeit einer Leistung von der Art, daß sie gehoben werden kann, so kann für den Fall, daß die Leistung später möglich wird, ein Vertrag über dieselbe gültig geschlossen werden" (entspricht § 346 E I);

§ 345 K. E.: „Im Falle des Abschlusses eines verbotswidrigen Vertrages finden die Vorschriften der §§ 33 und 34 entsprechende Anwendung" (entspricht § 347 E I: „ Auf einen Vertrag, dessen Schließung durch Gesetz verboten oder welcher auf eine durch Gesetz verbotene Leistung gerichtet ist, finden die Vorschriften der §§ 345, 346 entsprechende Anwendung. ").

[858] Die im Hinblick auf den Änderungsantrag ergangenen Bemerkungen *v. Schmitts* bestätigen, daß er den Gleichlauf des Vermächtnisses zum Schuldrecht nicht beseitigen wollte. Vgl. Recht der Erbfolge, Bemerkungen zu den Änderungsvorschlägen des Referenten und zu der Begründung des Entwurfes, Berlin (1886), 53 = *Schubert*, Vorlagen Erbrecht, Bd. II, 707:

Vielmehr hat er inhaltlich als selbstverständlich vorausgesetzt, daß Gegenstand des Vermächtnisses grundsätzlich jede Leistung sein könne, wenn sich die neue Bestimmung auf die Regelung lediglich „pathogener" Fälle konzentrieren sollte. Daß die „Akzessorietät" des Vermächtnisses zum Schuldrecht fortbestehen sollte, erhellt aus der Verweisung. Die beantragte Neufassung des § 96 war jedoch äußerst gewichtig. Die Norm wurde von einer Grundsatzaussage, d. h. der schriftlichen Niederlegung des fundamentalen Prinzips in Form einer Generalverweisung ins allgemeine Schuldrecht, abgeschwächt auf eine überflüssige Wiederholung des § 342 K. E., der von der ursprünglichen Fassung des § 96 ohne weiteres in Bezug genommen war.

Daß dies zu einem drastischen Verlust an Aussagekraft der Norm führte, war *v. Schmitt* so möglicherweise nicht bewußt. Die Textaussage des § 96 in seiner endgültigen Gestalt erlaubt von der Aufzählung der Gegenstände nichtiger Vermächtnisse her keinen Rückschluß auf den allgemeinen Gegenstand des wirksamen Vermächtnisses. Der Begriff der Leistung in S. 1, 1. Hs gibt den einzigen Hinweis auf den ursprünglichen Aussagegehalt, jedoch gestattet er nicht die Folgerung, daß grundsätzlich jede Leistung ein Vermächtnis sein kann, sondern nur, daß jedes Vermächtnis eine Leistung im schuldrechtlichen Sinn darstellt[859].

Die Erste Kommission beriet § 96 in der neuen, antragsgemäß geänderten Fassung. Sie wies § 96 dabei lediglich die Funktion einer Parallelnorm zu § 342 K. E. zu, weil wie im Vertragsrecht durch § 342 K. E. die Unmöglichkeit, Verbots- und Sittenwidrigkeit der Leistung auch bei den Vermächtnissen besonderer Regelung bedürfe[860]. Es wurden keine Erörterungen über den ursprünglichen Aussagegehalt mehr angestellt. Die Beratung konzentrierte sich auf die Frage nach dem maßgeblichen Beurteilungszeitpunkt für Unmöglichkeit, Verbots- und Sittenwidrigkeit. Nach geringen redaktorischen Änderungen ging § 96 als § 1853[861] und Vorläufer von § 2171 BGB in den Ersten Entwurf ein.

„Der Gegenstand und Inhalt der Vermächtnisobligation bestimmt sich im Besonderen nach dem in dem Testament erklärten Willen des Erblassers (...); im Allgemeinen aber finden darauf die generellen Vorschriften des Obligationenrechts (§§ 205-260; 318-339 K. E.) Anwendung, soweit der Erbrechtsentwurf nichts anderes bestimmt. "

[859] Diese Aussage ergibt sich bereits aus § 128 Teilentwurf Erbrecht.

[860] 579. Sitzung vom 27.09.1886, Schriftführer *Börner*, Protokolle I 9350 = *Jakobs-Schubert*, §§ 2105-2385, §§ 2171f., 1285.

[861] § 1853 E I: „Ist durch Vermächtnis einen Leistung zugewendet, welche zur Zeit des Erbfalls unmöglich oder durch Gesetz verboten ist, oder welche gegen die guten Sitten verstößt, so ist das Vermächtnis nichtig. Im Falle der Unmöglichkeit oder Verbotswidrigkeit der Lei-

Indem § 96 zur technischen Ergänzungsnorm eines nunmehr ungeschriebenen Prinzips umfunktioniert wurde, wurde im Ergebnis eine dogmatische „Landmarke" beseitigt, mit der Konsequenz, daß der Erste Entwurf keine explizite Aussage zum Vermächtnisgegenstand des Inhalts aufweist, daß alles, was Gegenstand eines Schuldverhältnisses sein kann, auch Gegenstand eines Vermächtnisses sein kann. Eine explizite Stellungnahme der Ersten Kommission findet sich in den Materialien nur noch an sehr versteckter Stelle in den Motiven zu § 1847 E I[862]:

> „Der Entwurf hat von besonderen Vorschriften darüber, was Gegenstand des Vermächtnisses sein kann, soweit solche nicht aus den §§ 1848-1864 zu entnehmen sind, abgesehen. Es bedarf solcher Vorschriften nicht mit Rücksicht auf die dargelegte Grundauffassung, daß das Vermächtnis nur eine obligatorische Verpflichtung begründet und demgemäß alles, was Gegenstand eines Schuldverhältnisses sein kann, zum Gegenstand eines Vermächtnisses gemacht werden kann. Deshalb besteht auch kein Anlaß, zu bestimmen, daß eine Handlung des Beschwerten, soweit eine solche Gegenstand eines Schuldverhältnisses sein kann, Gegenstand eines Vermächtnisses zu sein vermag (vergl. Preuß. A.L.R. I 12 § 387; Mommsen § 352, dessen Motive S. 369)".

Der Verweis auf *Mommsens* Entwurf und die Motive offenbart, daß man dessen Konzeption einer vollen Anlehnung des Vermächtnisses an das Obligationenrecht ungeschmälert umsetzen wollte.

§ 5 RECHTSLAGE IN BEZUG AUF DEN VERMÄCHTNISGEGENSTAND NACH DEM ERSTEN ENTWURF

Nach dem dem Ersten Entwurf zugrundeliegenden Willen der Ersten Kommission ist Gegenstand des Vermächtnisses all das, was auch Gegenstand einer Obligation sein kann. Aus dem Schuldrecht ergibt sich diesbezüglich die Entscheidung, daß die geschuldete Leistung für den Gläubiger keinen Vermögenswert, d. h. keinen in Geld schätzbaren Wert haben muß, sondern jedes andere rechtlich schutzwürdige Interes-

---

stung finden die orschriften des § 346 entsprechende Anwendung"; vgl. *Mugdan*, Materialien, Bd. V, XX.

862 Motive, Bd. V, 142. § 1847 E I regelt die Nichtigkeit von Vermächtnissen mit unbestimmtem oder unbestimmbarem Gegenstand. Die Norm wurde neben der parallelen Vorschrift für das Vertragsrecht § 352 E I als überflüssig kritisiert und in zweiter Lesung auf Antrag gestrichen, Protokolle II, Bd. V, 6886, wodurch die Stellungnahme in den Motiven zu § 1847 E I scheinbar der allgemeinen Aufmerksamkeit entzogen wurde. Zu § 1847 E I vgl. Zusammenstellung gutachterl. Äußerungen zum Entwurf BGB, Bd. V, 31 = *Kühnast*, Erbrecht des Entwurfs, 33; *Goldschmidt*, Kritische Erörterungen, 164;

se ausreicht[863]. Für das Vermächtnis folgt daraus, daß der vermachte Gegenstand ebenfalls keines Vermögenswertes bedarf, mithin nicht in Geld schätzbar sein muß.

§ 6 KRITIK AM ERSTEN ENTWURF

A. Stellungnahmen

Gegen den Ersten Entwurf erhob sich zahlreiche Kritik[864]. Auf die Äußerungen zum Ersten Entwurf braucht hierbei nur insoweit näher eingegangen werden, als sie vom Gegenstand des Vermächtnisses handeln[865]. Obgleich § 1756 E I durch seine negative Fassung, „von deren Notwendigkeit man sich nicht leicht überzeugen könne", „mit Recht aufgefallen" sei[866], äußert nur *Kühnast* direkte Kritik an der getroffenen Definition des Vermächtnisses[867].

Kühnast greift die Ausage der Motive auf, daß man sich mit einer „negativen Begriffsbestimmung begnüge"[868] und kritisiert, daß damit das Vermächtnis nicht – auch nicht negativ – „fixiert" sei, denn es solle nicht jede andere Zuwendung außerhalb der Erbeinsetzung Vermächtnis sein, sondern nur gewisse „Zuwendungen anderer Art".

---

863 Zustimmend *Gebhart* in: Gutachten aus dem Anwaltsstand, 252.

864 Eine umfassende Zusammenstellung kritischer Schriften zum ersten Entwurf bieten *Mertens*, Gesetzliche Erbfolge, 160-162; *Bähr*, Kritische Vierteljahresschrift 12 (1889), 351 (351); *Planck*, AcP 75 (1889), 327ff.

865 Vgl. *Bähr*, Gegenentwurf. Gegen § 206 E I *Seuffert*, Beiträge, 4-6, der ihn für streichungsfähig hält, da er nicht im Stande sei, den Streit um das Obligationsinteresse endgültig zu entscheiden. Die Kritik an der Entscheidung des Ersten Entwurfs zugunsten der Abschaffung des Vindikationslegats braucht hier nicht näher erörtert zu werden, da dies die Rechtsform und nicht den Vermächtnisgegenstand betrifft. Vgl. dazu ausführlich *Müller*, Übernahmerecht, 61-66; *Bähr*, Archiv f. BüR 3 (1890), 142 (171f.); *ders.*, Kritische Vierteljahresschrift 11 (1888), 481 (551ff.) sowie vgl. 2. Sitzung des 19. Deutschen Juristentages vom 11. 09. 1888, Verhandlungen, Bd. III, 76-105.

866 So *Leonhard*, Entwurf, 156. Mit „negativer Fassung" ist die Formulierung „Zuwendung auf andere Weise als durch Erbeinsetzung" gemeint. Kritik an diesem auf *Windscheid* (vgl. *Windscheid-Kipp*, Pandekten^{9}, Bd. III, § 633 Fn. 1) zurückgehenden Wortlaut auch bei *Baron*, AcP 75 (1889), 177 (217).

867 Zusammenstellung gutachterlicher Äußerungen zum Entwurf BGB, Bd. V, 31 = *Kühnast*, Erbrecht des Entwurfs, 30f.

868 Motive, Bd. V, 9.

Das Vermächtnis sei lediglich „neben“ anderen Zuwendungen eine Art der Zuwendung außerhalb der Erbeinsetzung. Die Begriffsbestimmung sei unvollständig. Sie lasse außer Acht, daß das Vermächtnis eine Zuwendung aus dem Nachlaß sei. Denn der Gegenstand des Vermächtnisses könne begriffsmäßig – mittelbar oder unmittelbar – nur das eigene Vermögen des Erblassers bilden. Das Wort Zuwendung sei daneben zu weit. Nicht jede Zuwendung, sondern nur die Zuwendung eines Vermögensvorteils sei nach der „über Kritik erhabenen“ Definition *Ungers*[869] ein Vermächtnis. *Kloeppel*[870] übt daneben generelle Kritik an der Orientierung des Vermächtnisses am Sachenrecht oder Obligationenrecht, geht dabei aber nicht auf den allgemeinen Gegenstand des Vermächtnisses ein. Das Recht des Vermächtnisnehmers gehöre weder dem Sachenrecht noch dem Obligationenrecht, sondern dem Erbrecht an und stehe unter dessen Bedingungen.

B. Würdigung

Die Kritik *Kühnasts* an der bloß negativen Definition des Vermächtnisses erregt den Verdacht, daß die Kernaussagen der Ersten Kommission über den Gegenstand des Vermächtnisses einfach übersehen wurden. *Kühnast* scheint nicht berücksichtigt zu haben, daß der Teilentwurf Erbrecht in der Vorläufernorm des § 1756 E I (§ 4 Teilentwurf) die Legaldefinition des Vermächtnisgegenstandes nicht enthielt, sondern in § 96 Teilentwurf.

Dieser gab allerdings eine positive Definition. Obgleich infolge der Änderungen an § 96 die Regelungsabsicht der Ersten Kommission nicht mehr aus dem Ersten Entwurf selbst, sondern nur noch aus den Motiven zu § 1847 E I erhellt[871], war in der Sache keine Änderung gewollt. Die dortigen Aussagen hätten also in § 1756 E I hineingelesen werden müssen, so daß sich aus dem Merkmal „Zuwendung“ ein ent-

---

[869] *Unger*, Österreichisches Erbrecht^2, § 54 (250): „Das Vermächtnis (Legat) ist eine letztwillige Verfügung (Verschaffung), wodurch der Erblasser einer dritten Person, dem Vermächtnisnehmer (Legatar), einen Vermögensvorteil aus seinem Nachlaß zuwendet. “ Ähnlich auch *Bähr*, Gegenentwurf, § 1589 Abs. 1 (§ 1756 Abs. 1 E I): „Der Erblasser kann durch letztwillige Verfügung über einzelne Gegenstände seines Vermögens durch Zuwendung an bestimmte Personen Verfügungen treffen (Vermächtnis). “ Es sei hier jedoch nochmals an die wohl älteste Definition mit „Vermögensvorteil“ von *Arndts* erinnert; dazu Teil IV § 1 A.

[870] *Kloeppel*, Gruchot 32 (1888), 852 (854). Die Ausführungen beziehen sich auf die Diskussion über die Abschaffung des Vindikationslegats.

[871] Motive, Bd. V, 142. Warum die Erwägungen dort verortet wurden, ist nicht mehr aufklärbar.

sprechender positiver Definitionsinhalt ohne weiteres ergeben hätte. Die Abwesenheit jeder Bemerkung zur Aufrechterhaltung der Parallelität des Vermächtnisrechts und des Schuldrechts sowie die sich auf den Zuwendungsbegriff versteifende Kritik deuten aber darauf hin, daß nicht bewußt zur Kenntnis genommen wurde, daß auch künftig alles, was Gegenstand eines Schuldverhältnisses sein könne, auch tauglicher Vermächtnisgegenstand sein soll.

Wenn *Kühnast* kritisiert, daß „Zuwendung" zu weit sei, um das Vermächtnis zu beschreiben, weil dieses nur die „Zuwendung eines Vermögensvorteils" sei, und dabei auf die Definition *Ungers* hinweist, so verkennt er, daß das Vermächtnis des Ersten Entwurf nur noch insoweit dem gemeinen Recht entsprechen soll, als es jeden möglichen Gegenstand eines Schuldverhältnisses enthalten können soll, im Unterschied zum gemeinen Recht aber nicht an einen Vermögenswert gebunden sein soll. Die Aussage *Kloeppels* trifft dagegen den Kern der beabsichtigten Konzeption, indem sie die Berechtigung des Gleichlaufs von Vermächtnisrecht und Schuldrecht in Frage stellt und sie die systematische Autonomie des Erbrechts betont und fordert. Jedoch führt *Kloeppel* keine näheren Gründe an, die eine Analyse seines Einwandes ermöglichen würden.

§ 7 FORTGANG DER BERATUNGEN UND ÄNDERUNGEN

A. Änderungen der Zweiten Kommission

Durch Beschlüsse des Bundesrates von 04.12.1890 wurde die aus 22 Mitgliedern bestehende Zweite Kommission eingesetzt, mit dem Auftrag, den Ersten Entwurf einer zweiten Lesung zu unterziehen. Der Beginn der sachlichen Beratungen wurde auf den 01.04.1891 festgesetzt.[872]

Im Schuldrecht entschied sich die Zweite Kommission gegen einige auf einem Vermögensinteresse beharrende Änderungsanträge *Sohms, v. Cunys* und *Wilkes*, so daß § 206 E I inhaltlich vollständig in §205 E II und schließlich in § 241 Abs.1 S.1 BGB

[872] Protokoll der Bundesratssitzung vom 04.12.1890, § 612 (305-307) = *Jakobs-Schubert*, Materialien, 350.

Eingang fand[873]. Zu § 1756 E I wurde von *Börner* der Antrag gestellt, dessen Abs.1 folgendermaßen zu fassen:

> „Der Erblasser kann durch letztwillige Verfügung einem anderen, ohne ihn zum Erben einzusetzen, einen Gegenstand zuwenden (Vermächtnis)“ [874];

eventuell:

> „Der Erblasser kann durch letztwillige Verfügung einzelne Gegenstände aus der Erbschaft oder auf Kosten der Erbschaft einem anderen zuwenden (Vermächtnis).“

Die Protokolle vermerken hierzu[875], daß der Antragsteller erklärt habe, er habe sich bei der Begriffsbestimmung des Vermächtnisses von dem Bestreben leiten lassen, die „rein negative“ Fassung des Entwurfs zu vermeiden. Die Begriffsbestimmung des Legats biete erhebliche Schwierigkeiten. Der Entwurf habe sich wie der französische *Code civil* auf eine negative Fassung beschränkt. Unter den vorgeschlagenen Formulierungen biete aber wenigstens die zweite den Vorteil einer positiven Ausdrucksweise.

Die Kommission habe sich gegen die Aufnahme der Worte „einzelne Gegenstände“ ausgesprochen, weil das Wesentliche des Vermächtnisses nicht hierin, sondern in den Worten „aus der Erbschaft oder auf Kosten derselben“ zum Ausdruck komme. Auch habe die Kommission an der Erfassung des Untervermächtnisses durch die beantragte Fassung gezweifelt, hielt die Bedenken schließlich aber für unbegründet. Gebilligt werde die Fassung *Börners* mit der Maßgabe, daß statt der Worte „einzelne Gegenstände“ „ein Vermögensvorteil“ gesagt werden solle, um auch das Liberationslegat mitzutreffen.

Die Fassung solle aber nicht bindend sein, vielmehr solle die Redaktionskommission nochmals erwägen, ob sich nicht doch eine andere – positive Definition des Legats finden lasse. Der Erste Entwurf wies daraufhin in der Fassung nach der „Vorläufigen Zusammenstellung der Beschlüsse der Zweiten Kommission“ den § 1756 Abs. 1 E I

---

[873] § 205 E II: „Kraft des Schuldverhältnisses ist der Gläubiger berechtigt, von dem Schuldner eine Leistung zu fordern. Die Leistung kann in einem Thun oder Unterlassen bestehen“; zum Verlauf der Beratungen *Jakobs-Schubert*, §§ 241-432, § 241, 44-46.

[874] *Börner*, Antrag Nr. 1, 8. Es handelt sich nicht um den *Antrag* Rüger, Nr. 3,2; so aber *Jakobs-Schubert*, §§ 1922-2104, §§ 1939f., 166.

[875] Protokolle II, 6582, jeweils auch im folgenden.

noch in seiner ursprünglichen Gestalt auf. Beigefügt war der Eventualantrag *Börners*, wobei „einzelne Gegenstände“ von der Kommission durch „Vermögensvorteil“ ersetzt wurde[876].

Die Redaktionskommission entschied sich im „Entwurf nach Zusammenstellung der Beschlüsse der Kommission“ für den geänderten Eventualantrag *Börners*[877]. Dadurch erlangte § 1756 Abs.1 E I als § 1816 Zweiter Entwurf (E II) die § 1939 BGB entsprechende Form. Außer mehrmaligen Änderungen der Zählung erfuhr § 1816 E II inhaltlich keine Änderung mehr[878]. § 1816 E II findet auch keine besondere Erwähnung mehr. Im Reichstag wurde die Legaldefinition des Vermächtnisses (§ 1915 Reichstagsvorlage) in der dritten Lesung ohne Debatte angenommen[879].

B. Würdigung

In den Beratungen der Zweiten Kommission fällt zunächst auf, daß die Änderungsanträge allein aus Abneigung gegen die fälschlicherweise als rein negative Definition angesehene Fassung des Ersten Entwurfs motiviert waren. Insbesondere fällt ins Auge, daß die Aufnahme von „einen Gegenstand“ bzw. „einzelne Gegenstände“ in den Definitionswortlaut beantragt wurde, um den Vermächtnisgegenstand adäquater zu beschreiben. Hier hätte es sich angeboten, den Begriff der Leistung zu wählen.

Dies hätte dazu geführt, daß die Vermächtnisdefinition durch das Tatbestandsmerkmal der Leistung wieder eine sichtbare Verknüpfung zum Obligationenrecht erhalten hätte, was auch am ehesten im Sinne der bisherigen Beratungen gewesen wäre. Seltsamerweise wurde dies, soweit ersichtlich, nicht diskutiert. Die Wahl zugunsten von „einen Gegenstand“ bzw. „einzelne Gegenstände“ als Objekt der Zuwendung deutet darauf hin, daß dem Antragsteller die betreffenden Vorüberlegungen der Ersten Kommission nicht präsent waren. Allerdings ergab sich zu diesem Zeitpunkt im Ergebnis noch kein Unterschied zu einer vergleichbaren, den Leistungsbegriff enthaltenden Fassung.

Die ausschlaggebende Erwägung für die Aufnahme des Merkmals des „Vermögensvorteils“ in die Definition des Vermächtnisses war, daß durch die Definition „Zu-

---

[876] *Jakobs-Schubert*, aaO.

[877] Vgl. *Jakobs-Schubert*, aaO.

[878] *Mugdan*, Bd. V, II.

[879] 118. Sitzung vom 01.07.1896, in: Stenographische Berichte, 899.

wendung einzelner Gegenstände" das sog. „Liberationslegat" nicht mitgetroffen werden könne[880]. Die Bedenken rühren daher, daß der Bedachte beim Befreiungsvermächtnis „gegenständlich" nichts erwirbt, sondern nur der beschwerte Erbe etwas verliert. Zudem ist die Formulierung „Zuwendung eines Gegenstandes" problematisch, weil sie – wenn als Verschiebungstatbestand genommen – die Notwendigkeit einer Stoffgleichheit[881] suggeriert, also Ausscheiden des Gegenstandes aus dem Nachlaß und Erwerb *desselben* beim Bedachten vorauszusetzen scheint. Die ursprüngliche negative Fassung des § 1756 E I hätte das Liberationslegat umfaßt, jedoch schied eine Rückkehr zu ihr aus, weil man nach einer positiven Charakterisierung des Zuwendungsgegenstandes strebte. Allerdings ermöglicht die Formulierung „Zuwendung eines Vermögensvorteils" auch nicht ohne weitere Überlegung den Einbezug des Liberationslegats.

Nach der überwiegenden pandektistischen Literatur setzt das Vermächtnis den *Erwerb* eines Vermögenswertes auf Seiten des Legatars voraus[882]. Das Befreiungsvermächtnis kann so gedacht werden, daß der Bedachte seine Schulden gegenüber dem Erblasser oder dem Erben zurückerwirbt. Diese Konstruktion ist nur möglich, wenn man annimmt, das das Geschuldete wertmäßig betrachtet nicht mehr zum Vermögen des Schuldners gehört, weil die Verbindlichkeit das Vermögen insoweit vermindert. Dies setzt eine die Aktiva und Passiva saldierende Betrachtung des Vermögens voraus[883]. Allerdings war diese Betrachtungsweise umstritten[884]. Nur wenn man die *Befreiung* von einer Schuld selbst als positiven Vermögenswert und damit als Gegenstand des Vermächtnisses auffaßt[885], kann man das Liberationslegat ohne weiteres als Zuwendung eines Vermögensvorteils ansehen.

---

880 Zum Liberationslegat im klassischen römischen Recht Teil III § 3 B. Für das gemeine Recht vgl. *Dernburg*, Pandekten[7], Bd. III, 218; *Dernburg*, PreußPrivR[4], Bd. III, 443f.; *Windscheid-Kipp*, Pandekten[9], Bd. III, 689f.; *Roßhirt*, Vermächtnisse, Bd. II, 276f. Das Liberationslegat (*legatum liberationis*) hat die Befreiung des Bedachten von Schulden gegenüber dem Erblasser oder einem Dritten zum Gegenstand. Sie erfolgt unmittelbar mit dem Erbschaftsantritt, wenn der Erblasser oder auch der Erbe Gläubiger war. War die Befreiung von Ansprüchen Dritter vermacht, so hat der Beschwerte das Erlöschen der Schuld durch Erfüllung oder Erwirkung eines Erlasses zum Erlöschen zu bringen.

881 Dazu siehe oben Teil IV § 1 A.

882 Soeben Teil IV § 2.

883 Prägnant *Savigny*, SysRömR, Bd. IV, 137: „Vermögen heißt überall nur diejenige Summe von Rechten, welche dem Inhaber nach Abzug der Schulden übrig bleibt"; auch *Affolter*, Inst, 377.

884 Grundsätzlich ablehnend *Birkmeyer*, Vermögen, 175f., 181-199.

885 Vgl. *Göschen*, Vorlesungen, Bd. III/2, 583.

Auch hier stellt sich die Frage, warum die Zweite Kommission nicht den Begriff der Leistung in die Definition einsetzte. Über die Gründe kann nur gemutmaßt werden[886]. Der Vorbehalt einer späteren Neufassung durch die Redaktionskommission[887] läßt immerhin erkennen, daß „Vermögensvorteil" nicht die Vorzugslösung war, sondern nur aus Verlegenheit in Betracht gezogen wurde. Dem entspricht, daß die von *Planck* gefertigte „Vorläufige Zusammenstellung der Beschlüsse" § 1756 E I in unveränderter Fassung aufweist, der der um „Vermögensvorteil" modifizierte Änderungsantrag *Börners* nur beigegeben ist.

Wenn erst die Redaktionskommission der Zweiten Kommission den Wortlaut des § 1756 E I änderte, so kann die Entscheidung für „Vermögensvorteil" aber nur bewußt erfolgt sein[888], nachdem die vorbehaltene abschließende Erwägung zu dem Ergebnis geführt hat, daß sich keine passendere Fassung finden ließ. Die Protokolle der Zweiten Kommission geben keinen Hinweis darauf, daß der Begriff des Vermögensvorteils in anderer als der hergebrachten Bedeutung verwendet worden wäre.

Hier spielt nun die Kritik *Kühnasts* eine Rolle. Sie wurde als Teil der amtlichen Zusammenstellung gutachterlicher Äußerungen[889] auch von der Zweiten Kommission zur Kenntnis genommen[890]. *Kühnast* stellt die Inhaltsgleichheit von Vermächtnis- und Obligationsgegenstand gerade in Abrede und erhebt den „Vermögensvorteil" unter Rückkehr zu der von *Arndts* überkommenen Definition[891] wieder zum notwendigen Merkmal des Vermächtnisses. In Anbetracht der Tatsache, daß sich die Zweite Kommission der Meinung der Ersten Kommission bezüglich der Nichterforderlichkeit eines Vermögensinteresses an der Leistung anschloß, kann die Aufnahme von „Vermögensvorteil" in § 1756 E I nicht darauf beruhen, daß man einen solchen für geschuldete Leistungen allgemein gefordert hat. Wenn man Vermächtnis- und Schuldrecht insofern auf getrennte Wege verwiesen hat, so ist zu vermuten, daß sich

---

886 Denkbar wären formalsprachliche Gründe, etwa die Abwendung einer Tautologie: eine Zuwendung hat *per definitionem* eine Leistung zum Gegenstand, weil sie einen Anspruch des Begünstigten auf das Zugewandte impliziert. Die dann noch in Betracht kommende Fassung „etwas zuwenden" mag wohl zu unbeholfen geklungen haben.

887 Protokolle II, 6582.

888 Die Existenz von Protokollen über die Beratungen der Redaktionskommission ist zweifelhaft; bisher wurden solche jedenfalls nicht aufgefunden; *Jakobs-Schubert*, Materialien, 2.

889 *Kühnast*, Erbrecht des Entwurfs, 30f. = Zusammenstellung gutachterl. Äußerungen zum Entwurf BGB, Bd. V, 31.

890 Vgl. *Sturm*, 100 Jahre BGB, 13 (25 Fn.41).

891 Teil IV § 1 A.

die Redaktionskommission die Auffassung *Kühnasts* zu eigen gemacht hat. Dafür, daß sich die Konzeption des Vorentwurfs und die Auffassung der Ersten Kommission in der Gesetzesgeschichte des § 1939 BGB schließlich nicht durchsetzte, spricht auch die Aufnahme des § 1939 BGB in der Literatur aus der Zeit kurz nach Inkrafttreten des BGB. Ein Gleichlauf zum Schuldrecht wird kaum noch vertreten[892]. Im Gegenteil dazu geht die Literatur überwiegend davon aus, daß sich in § 1939 BGB der herrschende gemeinrechtliche Vermächtnisbegriff durchgesetzt habe[893]. Sogar *Kipp*, der für das gemeine römische Recht *Windscheid* folgt, bemerkt ergänzend zu *Windscheids* Ausführungen, daß das Vermächtnis nicht notwendig einen vermögensrechtlichen Vorteil zum Gegenstand habe: „Nach BGB muß das Vermächtnis *stets* einen Vermögensvorteil gewähren[894].“ Damit ist anerkannt, daß das Vermächtnis des BGB insofern weitergehende Anforderungen stellt als § 241 Abs. 1 S. 1 BGB.

§ 8 ZUSAMMENFASSUNG UND KONSEQUENZ FÜR DIE AKTUELLE DOGMATIK

Das Vermächtnis sollte bezüglich seines Gegenstandes im Zuge der Entstehung des BGB eine wesentliche dogmatische Veränderung erfahren. Es sollte nach der Vorstellung der Ersten Kommission auf einen Vermögenswert verzichten. Jeder mögliche Gegenstand einer Forderung sollte auch Vermächtnisgegenstand sein können. Dieses Konzept hat sich im weiteren Gesetzgebungsverfahren allerdings nicht durchsetzen können.

Der Gesetzgeber ist durch einen in seinen Gründen nicht mehr ganz aufklärbaren, jedoch nur als bewußte Entscheidung möglichen Willensentschluß zum Vermächtnisbegriff des gemeinen Rechts zurückgekehrt. Dort bildete der Gleichlauf zum Ob-

[892] Nur *Landsberg*, 1226.

[893] *Endemann*, Einf BGB, Bd. III, 279 Fn. 2; *Buchka*, BüR u GemR, 439; Planck-*Flad*[4], § 1939, Anm. 5; *Mandorpf*, 6; *Meischeider*, 306; *Rüger*, Sächsisches Archiv f. BüR und Prozeß 9 (1899), 401 (442).

[894] *Kipp* in *Windscheid-Kipp*, Pandekten[9], Bd. III, 607. Auch *Hellwig*, Verträge auf Leistung an Dritte, 58: „Alles, was man aus dieser Bestimmung (§ 241 BGB, Anm. d. Verf.) ableiten kann, ist nur das, daß das Gesetz in ihr die Frage offen läßt, welchen Erfordernissen die Leistung inhaltlich entsprechen muß. Entschieden aber ist diese Frage bezüglich der Vererbung und bezüglich der Vermächtnisse. Letztere sind nur gültig, wenn sie auf Schaffung eines Vermögensvorteils gehen. Kann man da wirklich noch sagen, daß das BGB die Windscheidsche Theorie von der Überflüssigkeit eines Vermögensinteresses akzeptiert habe?“

ligationenrecht keinen inhaltlichen Widerspruch, denn sowohl für den Gegenstand einer Obligation als auch für den Gegenstand eines Vermächtnisses war Vermögenswert erforderlich. Der Gesetzgeber befreite das Allgemeine Schuldrecht von dieser Notwendigkeit, behielt sie jedoch für das Vermächtnis bei. Der nahezu identische Wortlaut von § 1939 BGB und der Vermächtnisdefinition von Arndts[895] belegt dies. Die Enstehungsgeschichte von § 1939 BGB steht damit der Ansicht entgegen, daß „Vermögensvorteil" nicht als Einschränkung gegenüber dem allgemeinen Leistungsbegriff aufzufassen sei. Freilich hat die vom Gesetzgeber gewählte Gesetzesformulierung und damit die Gestaltung des „äußeren Systems" der Kohärenz des „inneren Systems" geschadet. Die bereits dargestellten Auslegungsprobleme sind die Folgen. Die Untersuchung hat gezeigt, daß der historische Gesetzgeber mit „Vermögensvorteil" einen geldwerten Vorteil gemeint und verlangt hat[896]. Wenn man im Einklang mit der sog. subjektiven Auslegungstheorie[897] das Begriffsverständnis und die Regelungsabsicht des historischen Gesetzgebers als bindend zugrunde legt[898], so ist die Bedeutung des Wortlauts von § 1939 BGB zwingend auf die Vermachung eines geldwerten Gegenstandes festgelegt.

Nichtgeldwertes kann dann nicht vermacht werden, so daß dann eine Bedingung oder eine Auflage, gegebenenfalls flankiert durch Testamentsvollstreckung angeordnet werden muß. Der Rechtsanwender kann sich dann bei Beachtung der methodischen Regeln über dieses Ergebnis nicht hinwegsetzen. Wenn man mit der sog. objektiven Auslegungstheorie anerkennt, daß der Wortsinn gesetzlicher Begriffe wan-

---

[895] Teil IV § 1 A.

[896] Insofern setzt MüKo-*Leipold*[4], § 1939, Rn. 5 durchaus zu Recht „Vermögensvorteil" mit „geldwertem Vorteil" gleich. Dazu vgl. oben Teil II § 5 A. I.

[897] Dazu *Zippelius*, Methodenlehre, 21ff. mwN; *Bydlinski*, Methodenlehre[2], 429. Zu der noch ungelösten Kontroverse zwischen sog. subjektiver und objektiver Auslegungstheorie um Mittel und Ziel der Auslegung kann im Rahmen dieser Arbeit nicht in der gebührenden Ausführlichkeit Stellung bezogen werden. Hierzu *Bydlinski*, Methodenlehre[2], 428-436; *Larenz*, Methodenlehre[6], 316ff. Es kann auf die ausführliche Erörterung bei *Hassold*, ZZP 94 (1981), 192ff., 210 verwiesen werden. Richtig dürfte sein, daß beide Theorien in reiner Form nicht haltbar sind, da auch die objektive Theorie in den schwierigen Fällen den Normsinn nicht mehr allein gegenwartsbezogen ermitteln kann, sondern auf die Gesetzesmaterialien zurückgreifen muß. Ebenso sieht sich die subjektive Theorie bei Unergiebigkeit der Entstehungsgeschichte zur objektiven Ermittlung des Gesetzessinns gezwungen; vgl. *Hassold*, ZZP 94 (1981), 192 (209). *Hassold*, ZZP 94 (1981), 210 vertritt eine vermittelnde Ansicht auf der Grundlage der subjektiven Theorie, weil diese das Rechtsstaats- und Gewaltenteilungsprinzip richtig umsetze und Wissenschaftlichkeit und Transparenz der Auslegung, Offenheit der Rechtsfortbildung, Rechtssicherheit und Gesetzestreue sicherstelle.

[898] *Larenz-Canaris*, Methodenlehre[3], 149

delbar sein und sich vom Verständnis des Gesetzgebers auch zugunsten einer objektivierten Inhaltsdeutung emanzipieren kann, so kann der Wortlaut des Gesetzes neuen Inhaltsdeutungen zugänglich werden[899]. Der Begriff des Vermögensvorteils drückt sprachlogisch und rechtstechnisch eine Veränderung im Vermögen aus. Diese Begriffsvorstellung entspricht auch derjenigen des historischen Gesetzgebers. Möglich erscheint es dann, den Begriff „Vermögensvorteil" analytisch zu zerlegen, ihn in Abhängigkeit zum Vermögensbegriff zu stellen[900] und als „Besserstellung oder Mehrung des Vermögens" zu begreifen[901]. Für die Auslegung von § 1939 BGB erschließt sich dadurch neues Entwicklungspotential im unbestimmten Rechtsbegriff des Vermögens[902]. Dieser Ansatz wird gegenwärtig kaum und wenn, dann unausgeführt vertreten[903], wird aber durch den Wortlaut der Norm nahegelegt. Er soll deshalb nun näher erforscht werden.

---

[899] *Zippelius*, Methodenlehre, 51.

[900] Andeutungsweise bereits *Grunsky* JZ 1963, 250 (250).

[901] *Brox*, ErbR[20], Rn. 439.

[902] Eine Untersuchung des Begriffs der „Zuwendung" kann hier erspart bleiben. Aus ihm sind spezifische Anforderungen an das Vermächtnis nicht abzuleiten. Wird die Zuwendung, wie von *Tuhr*, AT, Bd. I, 113, Bd.II/2, 50 als Verschaffung eines Vermögensvorteils verstanden, so würde die Legaldefinition des § 1939 BGB ohnehin in einer Tautologie enden, Zuwendung also keinen zusätzlichen Bedeutungsinhalt bringen; vgl. *Müller*, Übernahmerecht, 44-46. Gegen die Ansicht *v. Tuhrs Luckow*, 61.

[903] Nur von *Brauweiler*, Vermögen, 103; *Grunsky*, JZ 1963, 250 (252); Brox, ErbR[20], 253: „Ein Vermögensvorteil i. S. d. § 1939 BGB ist jede unmittelbare Vermehrung des Vermögens des Bedachten. "

TEIL V DER VERMÄCHTNISGEGENSTAND IN ABHÄNGIGKEIT VON DEN VERMÖGENSBEGRIFFEN

§ 1 VERMÖGEN UND VORTEIL

„Vermögensvorteil" läßt sich in die Elemente „Vorteil" und „Vermögen" zerlegen. Im Wort „Vorteil" wird die Eigenschaft eines Relationsbegriffs erkenntlich, der die positive Veränderung zum Ausdruck bringt[904]. Bezugsgröße dieser Veränderung ist das „Vermögen".

§ 2 VERMÖGENSBEGRIFFE IM BÜRGERLICHEN RECHT

„Vermögen" ist im Sprachgebrauch mit einer Doppelbedeutung belegt. Der gemeine Wortsinn knüpft an den substantivierten Infinitiv „Vermögen" die Bedeutung eines persönlichen „Imstandeseins", von „Kapazität, Kraft, Macht"[905]. Dieses Wort wird zunächst nicht auf das „ökonomische" Gebiet beschränkt, doch früh schon gleichbedeutend mit Besitz, Reichtum, Geld und Gut gebraucht[906]. Vermögen sei die Habe des Menschen nicht im Umsatz, sondern in der Ruhe, was er beherrsche, was „sein" sei. In dieser Weise nach *Binder* das Vermögen von Juristen des 19. Jahrhunderts stets verstanden worden und es sei daher nicht wahrscheinlich, daß das BGB als Produkt dieser Jurisprudenz einen anderen Vermögensbegriff zugrunde gelegt haben sollte[907]. Das Bürgerliche Gesetzbuch verwendet den Begriff des Vermögens in verschiedenen Normenkomplexen[908]. Der historische Gesetzgeber setzte, an die gemein-

[904] „Vorteil" ist Ausdruck des wertenden Vergleichs zweier Zustände. Wird der Vergleich auf zwei zeitlich aufeinanderfolgende Zustände bezogen, so gewinnt „Vorteil" die Bedeutung eines „Mehr" oder eines „Besser" des jetzigen Zustandes im Vergleich zum vorigen, einer positiven Entwicklung. Vgl. *Aristoteles*, Nikomachische Ethik, Buch V, 7; *Hagen*, Drittschadensliquidation, 172 bezüglich „Vermögensnachteil".

[905] Dazu *Hagen*, Drittschadensliquidation, aaO; *Merkle*, Vermögensbegriff, 14; *Nothmann*, Vermögen, 13; *Conzelmann*, Vermögen, 20; *Grimm*, Wörterbuch, Bd. 12, Vermögen, Sp. 882ff. führen Vermögen auf das gothische „magan" (Kraft, Zeugungsstärke) zurück.

[906] *Pape*, Zeitschrift für Betriebswirtschaft 1929, 60 (61); *Binder*, Archiv f. BüR 34 (1910), 209 (236, 250f.) mwN.; *Brauweiler*, Vermögen, 36; vgl. *Friedrich Schiller*, Wallenstein, Wallensteins Lager, 7. Auftritt (Bürger): „Ich sag Euch, er hat Vermögen und Mittel, fühlt her das feine Tüchlein am Kittel".

[907] *Binder*, aaO. Zum Vermögensbegriff in der Pandektistik *Birkmeyer*, Vermögen.

[908] So vor allem in § 1922 BGB, daneben beispielsweise in §§ 88, 311b, 1085, 1605, 1363ff., 1373ff., 1638ff., 1793f., 1805f., 1625f., 1922 Abs. 1 BGB.

rechtliche Lehre anknüpfend, den Begriff als bekannt voraus und hielt eine Definition für entbehrlich[909]. Obgleich deshalb eine gewisse Vermutung dafür sprechen mag, daß der Gesetzgeber mit dem gleichen Wort auch den gleichen Bedeutungsinhalt verbindet, schließt der Begriff „Vermögen" einen je nach systematischem und teleologischem Kontext unterschiedlichen Begriffsinhalt aber nicht aus. Die Existenz eines universalen Vermögensbegriffs im Bürgerlichen Recht ist demgemäß dogmatisch nicht voraussetzbar[910].

In der Literatur wird das Vermögen als „allgemeiner Vermögensbegriff" in den Darstellungen zum Allgemeinen Teil des BGB[911], mitunter auch beim Schenkungsrecht näher behandelt[912]. Die eher kurze Behandlung des Vermögensbegriffs in Ausführungen zum Allgemeinen Teil erklärt sich daraus, daß der Vermögensbegriff dort kein systemtragender Grundbegriff wie der Sach- oder der Gegenstandsbegriff ist, auf welchen die Definitionen der Rechtsobjekte im 2. Abschnitt des ersten Buches aufbauen[913].

In bis heute kaum veränderter Diktion wird das Vermögen grundsätzlich als „der Inbegriff oder die Summe der geldwerten Rechte einer Person" definiert[914], wobei der Geldwert als Veräußerungswert, Wiederbeschaffungswert oder als in Geld ausdrückbarer wirtschaftlichen Nutzen verstanden verstanden wird[915]. Aus dem Verständnis des Vermögens als Haftungsobjekt ergebe sich, daß nur geldwerte Rechte

---

909 *Binder*, Rechtsstellung des Erben, Bd. I, 34; *ders.*, Archiv f. BüR 34 (1910), 209 (252); Motive, Bd. III, 30.

910 *Hagen*, JuS 1969, 61 (67); *Heldrich*, NJW 1967, 1737 (1739); *Schick*, 10; *Binder*, Archiv f. BüR 34 (1910), 209 (240).

911 *Tuhr*, AT, Bd. I, 313f.

912 Neuerdings *Fischer*, Unentgeltlichkeit, 23f.; *Pruskowski*, 70ff.; *Merzbach*, 16ff.; *Zimmerle*, 11ff.; *Kersten*, Zuwendung immaterieller Güter, 1ff.; *Cohn*, Schenkung, 34ff.; *Liebisch*,12f.

913 Vgl. *Wieacker*, AcP 148 (1943), 57 (59).

914 *Crome*, System, Bd. I, § 31 (170); *Tuhr*, aaO; *Froehlich*, 6; Staudinger-*Riezler*[9], § 90, Vorbem IV; gleichlautend Staudinger-*Coing*[11], § 90, Rn. 16; auch *Binder*, Archiv f. BüR 34 (1910), 209 (228); *Larenz-Wolf*, AT[9], § 21 I 1 (379-383); *Medicus*, AT[8], Rn. 1198; *Hübner*, AT[2], Rn. 177; *Dernburg*, BüR, Bd. I, § 18 III (53); *Brinz*, Pandekten[2], Bd. I, § 124 (445); *Hellwig*, Verträge auf Leistung an Dritte, 57; *Bekker*, Pandekten, Bd. I, § 41 (137); *Binder*, Rechtsstellung des Erben, Bd. I, 20; *Matthiaß*, BüR, 144; *Cohn*, Schenkung, 37; *Neuner*, Privatrechtsverhältnisse, 42, 90ff.; *Regelsberger*, Pandekten, Bd. I, § 95 (361 mwN).

915 Larenz-*Wolf*, AT[9], § 21 I 1b (380); *Froehlich*, aaO: „Geldwert ist, was im Verkehr der Menschen nach Geld geschätzt wird und für Geld anschaffbar ist. " Vgl. *Burckhardt*, 7f.; sowie oben Fn. 36.

dem Vermögen zugehörten[916]. Demgegenüber leistet der Vermögensbegriff im Schadensrecht die gesetzessystematisch gebotene Abgrenzung zwischen in Geld bezifferbaren kompensationsfähigen Vermögensschäden (§ 251 Abs.1 BGB) und nur ausnahmsweise kompensationsfähigen Schäden an „Nichtvermögensgütern" (§ 253 BGB), indem er im Merkmal „Vermögensschaden" das Objekt bzw. die Natur des erlittenen Schadens konkretisiert[917]. Im Insolvenzrecht versteht der Gesetzgeber unter einem „Vermögensanspruch" in § 38 InsO einen „Anspruch mit Vermögenswert", d. h. einen in Geld bezifferbaren Anspruch[918]. Wesentliche systematische Funktion kommt dem Vermögensbegriff auch im Erbrecht zu: Hier bestimmt er die Erbschaft als Objekt der Universalsukzession (§ 1922 BGB) und charakterisiert dadurch maßgeblich die Rechtsstellung des Erben. Inhalt und Funktion ausgewählter Vermögensbegriffe und deren Anwendbarkeit auf § 1939 BGB sollen nun näher untersucht werden.

A. Der „allgemeine" Vermögensbegriff

Der allgemeine Vermögensbegriff als „Inbegriff der geldwerten Rechte einer Person" wurde als „juristisch-ökonomischer Vermögensbegriff" von *Birkmeyer* aus den klassischen Quellen des römischen Rechts abstrahiert. Nach *Birkmeyer* können nur Rechte Bestandteile des Vermögens sein, nicht aber Gegenstände im rein faktischen Sinn. Jedoch seien nur solche Rechte Vermögensbestandteile, die zugleich auch „ökonomischen Wert" haben, d. h. im Zustand fortgeschrittener Wirtschaft einen Verkehrs- oder Tauschwert verkörpern. Als solche Rechte sieht *Birkmeyer* Eigentum, Forderungen, gutgläubigen Besitz, Nießbrauch und Grunddienstbarkeiten an[919].

---

[916] Larenz-*Wolf*, aaO.

[917] Zur Relevanz dieser Unterscheidung *Larenz*, SR I[14], 428, 484f.; *Busl*, JuS 1987, 108 (108); *Diederichsen*, FS Klingmüller, 65 (70, 73f.); *Esser-Schmidt*, SR I/2, 177; *Huber*, 8; *Lange-Schiemann*, Schadensersatz[3], § 2 I 1 (50). Anders *Deutsch*, FS Henckel (70), 79 (85) und die Vertreter des "normativen Schadensbegriffs", die eine normative Abgrenzung nach Haftungszwecken im Rahmen des Schadensbegriffs in den Vordergrund stellen. Jedoch können auch sie bei der Feststellung des "rechtlich ersatzfähigen" Vermögensschadens nicht auf einen schadensrechtlichen Vermögensbegriff verzichten. Ihr Ansatz läuft daher im wesentlichen auf eine normative Korrektur der Differenzhypothese hinaus.

[918] Auf die jeweils geschuldete Leistung kommt es insoweit nicht an. Andere als Geldforderungen müssen jedoch zwecks Bildung der Insolvenzquote mit ihrem Schätzwert angesetzt werden; vgl. §§ 38, 45, 46 InsO. Zum ganzen *Häsemeyer*, Insolvenzrecht, 340f.

[919] Zum ganzen *Birkmeyer*, Vermögen, 108, 143f., 294f., 299. *Sedatis* in: HRG, Bd. V, Vermögen. Zur Aufnahme der Lehre *Birkmeyers* in der gemeinrechtlichen Literatur *Brauweiler*, Vermögen, 6ff; *Pinoli*, 22f. Ohne Rekurs auf Geldwert in enger Anlehnung an die National-

I. Geldwert – Voraussetzung der Vermögensqualität?

Ob das Merkmal des Geldwertes allgemein prägend für den Begriff des Vermögens ist, wird heute nicht thematisiert. Gerade dies war jedoch Gegenstand einer heftigen und bis heute nicht zu Ende geführten Kontroverse[920].

1. *Die Kontroverse zwischen Binder und Sohm*

Kurz nach Inkrafttreten des BGB war die Frage, ob der Geldwert notwendiges Merkmal der Vermögensbestandteile ist, einer unter mehreren Streitpunkten zwischen *Julius Binder* und *Rudolph Sohm* um den Begriff des „Gegenstandes" im BGB[921].

a) Sohm

In Abweichung zur herrschenden Meinung konstruiert *Sohm* den Vermögensbegriff aufbauend auf dem mit dem BGB neu in die deutsche Zivilrechtsdogmatik eingeführten Rechtsobjektsbegriff „Gegenstand"[922]. Vermögen sei ein „Inbegriff von Gegenständen"[923]. „Gegenstand" sei all das, was Gegenstand eines Verfügungsgeschäfts sein könne, Sachen als körperliche Gegenstände und Rechte als unkörperliche Gegenstände, die durch Verfügungsgeschäft begründet oder übertragen, veräußert würden[924]. Vermögensrechte seien demnach die „Rechte des verfügungsge-

---

ökonomie zum „juristisch-ökonomischen" Vermögensbegriff *Berolzheimer*, Rechts- und Wirtschaftsphilosophie, 16ff. Siehe auch unten Teil VI § 2 C. V. 3.

920 Zusammenfassend *Strauss*, 70ff.; *Schick*, 32. Gegen die Identifizierung von Vermögenswert und Geldwert im Recht des BGB schon *Leonhard*, AT, 153.

921 *Sohm*, Der Gegenstand; *ders.*, Archiv f. BüR 28 (1906), 173ff.; hierauf die Rezension *Binders* in Zeitschrift für das ges HandelsR 59 (1907), 1ff.; darauf die Replik *Sohms* in JheringsJB 53 (1908), 373ff. und zuletzt wiederum *Binder*, Archiv f. BüR 34 (1910), 14ff. Soweit der Streit den Begriff des „Gegenstandes" und die auf ihn anzuwendende juristische Methodik betrifft, muß auf diese Schriften verwiesen werden.

922 *Sohm*, Archiv f. BüR 28 (1906), 173ff.; *ders.*, JheringsJB 53 (1908), 373 (373).

923 *Sohm*, Der Gegenstand, 23; dazu auch *Pinoli*, 27.

924 *Sohm*, Der Gegenstand, 7, 16, 20f.; *Sohm*, aaO. So dingliche Rechte, Forderungsrechte, Immaterialgüterrechte, veräußerliche Mitgliedschaftsrechte, nicht hingegen Personenrechte (Statusrechte) und Familienrechte; näher dazu *Pinoli*, 27. Zustimmend *Fischer*, FS Rosenthal, 3 (10).

schäftlichen Verkehrs"[925]. Der Vermögenswert der Vermögensrechte sei nur die regelmäßige praktische Folge ihrer Verfügbarkeit, ihrer Verkehrsfähigkeit[926]. Auf einen Geldwert dieser Gegenstände komme es aber nicht an[927], denn es gebe unzweifelhaft auch Vermögensrechte ohne „wirtschaftlichen Wert", weil auch über das Eigentum an wertlosen Sachen verfügt werden könne. So nennt *Sohm* als Beispiel für ein geldwertloses Vermögensrecht das Eigentum an einem „Papierfetzen" oder das Forderungsrecht auf Leistung der vermachten „Haarlocke der Geliebten". Umgekehrt gebe es geldwerte Rechte, die keine Vermögensrechte seien[928].

b) Binder

Binder verteidigt im Einklang mit der herrschenden Meinung seiner Zeit das Erfordernis des Geldwertes[929]. Ein „Papierfetzen", also eine Sache, die alleine nicht, sondern nur in der Multiplikation ihresgleichen einen Geldwert verkörpere, könne selbst nicht ohne Geldwert sein, denn sonst sei auch die Vielzahl ihrer selbst gemäß dem Axiom $n*0=0$ ohne Geldwert, was der Lebensanschauung widerspreche. Denn beispielsweise ein Sack voller Papierfetzen verkörpere Geldwert. Entsprechendes gelte für das Forderungsrecht auf Leistung einer Haarlocke.

Denn daß die Vermächtnisforderung auf eine Haarlocke des Erblassers Geldwert haben könne, liege auf der Hand, sofern es sich nur um die Haarlocke eines berühmten Sängers, Künstlers, Feldherrn oder Verbrechers handele. *Sohm* sei es also nicht gelungen, ein Beispiel eines nichtgeldwerten Vermögensrechts zu bilden[930]. Im übrigen beruhe die Übertragbarkeit als Kriterium des Vermögensrechts auf der Fungibilität und des Geldwertes eines Objekts. Die Übertragbarkeit eines Rechts sei also eine Konsequenz des Vermögenswertes und nicht umgekehrt[931].

---

[925] *Sohm*, Archiv f. BüR 28 (1906), 173 (184) in Abgrenzung zu den Personenrechten, auf die die Rechtssätze von Verfügungsgeschäften keine Anwendung fänden. Dagegen *Binder*, Zeitschrift für das ges HandelsR 59 (1907), 1 (16): „Weil die Gegenstände Vermögensbestandteile sind, sind sie Gegenstände des verfügungsgeschäftlichen Verkehrs. "

[926] *Sohm*, Der Gegenstand, 22; *Sohm*, Archiv f. BüR 28 (1906), 173 (185).

[927] Zustimmend *Liebisch*, 12.

[928] *Sohm*, Archiv f. BüR 28 (1906), 173 (180).

[929] *Binder*, Archiv f. BüR 34 (1910), 209, 232f.: „Es gibt mithin Forderungsrechte mit und ohne Vermögenswert. (...) Es gibt keine Vermögensrechte ohne Geldwert. "

[930] Insgesamt *Binder*, Zeitschrift für das ges HandelsR 59 (1907), 1 (17f.).

[931] *Binder*, Archiv f. BüR, Bd. 34 (1910), 209 (250f.).

c) Kritik an Binders Argumentation

Die Argumentation Binders ist anfechtbar. Es geht Sohm um die Frage des Geldwertes einer einzelnen Sache, nicht einer Vielzahl. Geldwert bedeutet auf dem Markt erzielbarer Veräußerungswert. Daß ein Element einer Menge an Sachen einen Geldwert haben muß, wenn der Gesamtmenge Geldwert zukommt, wird von Binder als mathematisches Axiom zugrunde gelegt[932], aber nicht auf seine Gültigkeit im rechtlichen Kontext überprüft[933].

Es gibt es Sachmehrheiten und Sachgesamtheiten, denen nur als solchen Geld- bzw. Geldwert zugemessen wird, nicht aber auch den einzelnen ihnen zugehörigen Gegenständen[934]. Ein wirtschaftlich nicht unbebedeutsames Beispiel hierfür ist der Bienenschwarm. Als Sachgesamtheit verkörpert der Bienenschwarm einen erheblichen wirtschaftlichen Wert und nach den Gesetzen des Marktes einen entsprechenden Geldwert. Der einzelnen Biene kommt ein solcher hingegen nicht zu. Ebenso verhält es sich mit dem „Papierfetzen", der einzeln wertlos ist, weil nicht an ihm ein Erwerbsinteresse besteht, sondern allenfalls an einer Vielzahl. Die herrschende Meinung muß den Geldwert einer de facto wertlosen Sache also fingieren, um ihre Definition vom Vermögen aufrecht erhalten zu können[935].

---

[932] Formallogisch betrachtet handelt es sich um den Satz von der Identität.

[933] *Binder* setzt schlicht voraus, daß der Geldwert eine direkt proportionale Funktion der Menge ist. Dies könnte jedoch nur unter der Bedingung zutreffen, daß auch jede Gütermenge marktgängig ist und nachgefragt wird. Vgl. dazu *Ott*, Preistheorie, 97ff. und 27ff. Treffend auch *Brauweiler*, Vermögen, 19: „Ob „viele zusammen" einen Wert darstellen, ist unerheblich, solange diese vielen eben nicht zusammen sind"; zu 0+0=0 *ders.*, Vermögen, 70 Fn.1: „Die Rechnung ist falsch, weil der Wert keine immanente Wesenseigentümlichkeit ist, sondern allein durch die tatsächlichen Verhältnisse des Wirtschaftslebens hergestellt werden kann."

[934] Der Bienenschwarm gibt insoweit ein ideales Beispiel dafür ab, wie der Wert der Gesamtheit, der hier seine Grundlage im „synergetischen Zusammenwirken" der einzelnen Bestandteile (Bienen) hat, die Summe der Werte der Bestandteile übertrifft. Zur Existenz von Sachgesamtheiten im römischen Recht *Daubermann*, Sachgesamtheit; rezensiert von *Baldus*, Seminarios Complutenses, Suplemento 1992-93, 55ff.

[935] Vgl. *Binder*, Zeitschrift für das ges HandelsR 59 (1907), 1 (17f., 20): alle Sachen und alle Forderungen seien – auch bei Wertlosigkeit – von vorneherein „als geldwert anzusehen; *ders.*, Archiv f. BüR 34 (1910), 209 (228). Bezeichnenderweise liefert *Binder* keine Erklärung, ob die Vermächtnisforderung auf eine Haarlocke auch dann Geldwert hat, wenn diese nicht von einer der genannten Zelebritäten stammt. Wie *Binder* neuerdings *Pruskowski*, 74.

Bereits *Thießen* hat demgegenüber herausgearbeitet, daß das Abstellen auf Vermögenswert nur dann sinnvoll ist, wenn auf den konkreten Gegenstand abgehoben wird, da ansonsten das Eigentumsrecht gemäß seinem rechtlichen Inhalt (§ 903 BGB) stets gleich viel wert sein müsse. Die Frage nach dem Geldwert der Vermögensrechte sei daher notwendig eine Frage nach dem Geldwert der Vermögensgegenstände, d. h. der Rechtsobjekte[936].

Der Auffassung Thießens ist beizutreten. Eine Fiktion, die den Mangel eines Tatbestandsmerkmals für jeden Fall dessen Nichtvorliegens überbrückt, macht dieses Tatbestandsmerkmal erst recht überflüssig. Diese Konsequenz will die herrschende Meinung in bezug auf Geldwert aber nicht ziehen. Dann muß sie aber auch folgerichtig auf den konkreten Gegenstand abstellen.

Seit Inkrafttreten des BGB befindet sich die herrschende Meinung zusätzlich in Bedrängnis, als nun auch Forderungen ohne Vermögenswert rechtlich anerkannt werden[937]. Insofern muß sie inkonsequenterweise Forderungsrechte ohne Vermögenswert als Vermögensrechte ansehen [938]. Binder läßt es genügen, daß ein Forderungsrecht seiner Art nach Geldwert haben könne[939]. Aus den gleichen von *Thießen* zum Eigentum angeführten Gründen ergibt es aber auch hier keinen Sinn, einer Forderung abstrakt Geldwert beizumessen, ohne auf den konkreten Gegenstand der Leistung abzustellen. Es ist daher in der Tat das Verdienst Sohms, auf einen inneren

---

936 *Thießen*, 67, 76; *Froehlich*, 8; *Fischer*, Schaden, 10: „Und ist der Gegenstand, an welchem das dingliche Recht besteht, wertlos, so ermangelt auch das dingliche Recht selbst des Geldwertes".

937 Zum Streit um das vermögenswerte Obligationsinteresse Teil IV § 1 D. I. 1.

938 Die Anerkennung geldwertloser Forderungsrechte als Vermögensrechte wird von *Binder* auch offen als „systematische Disharmonie" eingestanden; *Binder*, Zeitschrift für das ges HandelsR 59 (1907), 1 (19); *ders.*, Archiv f. BüR 34 (1910), 209 (228f.): eine „große Inkonsequenz", „eine Frage, die am systematischen Gewissen anderer vorübergegangen sei". Es ist wegen der Möglichkeit, daß der Schuldner in der Zukunft zu Geld gelangen kann und somit jedenfalls Sekundäransprüche tituliert und vollstreckt werden können, zwar fraglich, ob es theoretisch überhaupt Forderungen ohne Vermögenswert geben kann. Jedoch scheint der Gesetzgeber dies beim insoweit vergleichbaren Fall eines bedingten Anspruchs in Betracht zu ziehen, vgl. § 916 Abs. 2 ZPO. Als vermögenswertlose Forderung ist auch die Forderung gegen einen unauffindbaren oder insolventen Schuldner vorstellbar. Der Vermögenswert einer Forderung gegen einen insolventen Schuldner wird bereits in den römischen Quellen nach den Erfolgsaussichten der Zwangsvollstreckung bestimmt; vgl. *Paulus* (2 lib. ad leg. Iul. et Pap.) D. 35, 2, 63, 1: *Cuius debitor solvendo non est, tantum habet in bonis, quantum exigere potest.*

939 *Binder*, Zeitschrift für das ges HandelsR 59 (1907), 1 (20).

Widerspruch der herrschenden Meinung zum Vermögensbegriff aufmerksam gemacht zu haben[940], der bis heute einer befriedigenden dogmatischen Lösung harrt[941]. Insofern gibt auch *Binder* zu, daß durchaus die Frage berechtigt sei, ob nicht ein anderes Kriterium als der Vermögenswert zur Klassifikation der Privatrechte passender wäre[942].

Daß sich die Meinung Binders dennoch durchgesetzt hat, dürfte darauf beruhen, daß die Theorie Sohms vom Vermögen als Inbegriff der Gegenstände des verfügungsgeschäftlichen Verkehrs an anderer Stelle wirksam angegriffen wurde[943]. Binder vertei-

---

[940] Dies räumt auch *Binder* ein; *ders.*, Archiv f. BüR, Bd. 34 (1910), 209 (241). Drastisch *Zimmerle*, 16f.: „Dagegen ist jener Auffassung, die auch völlig wertlose Rechte mit dem Ausdruck Vermögensrecht belegt, entgegenzutreten. (...) Die Vermögensrechte sollen – wie bereits betont – zur wirtschaftlichen Macht beitragen und die materiellen Mittel zur Erreichung und Befriedigung der Lebenszwecke des Rechtssubjekts sichern. Vermögen sie diesen Zweck mangels jeglichen Werts nicht zu erreichen, so gebührt ihnen auch nicht die Bezeichnung als Vermögensrecht. Nur das, was im täglichen Leben für Geld anschaffbar ist und nach Geld geschätzt wird, was mit anderen Worten wirtschaftliche Verwertbarkeit besitzt, gehört zum Vermögen. Der Geldwert ist das äußere Zeichen des Vermögensrechts".

[941] Schon *Pinoli* schlägt vor, zwischen Vermögensstücken mit und solchen ohne Geldwert zu unterscheiden und den Begriff des Vermögens weiter zu fassen, um diesen Selbstwiderspruch zu beseitigen; *Pinoli*, 33 in Anlehnung an *Leonhard*, AT, 154; dieser Lösung iE jedoch nicht folgend.

[942] *Binder*, Zeitschrift für das ges HandelsR 59 (1907), 1 (25).

[943] So war es ein grundlegender Einwand *Binders* gegen *Sohms* auf Veräußerlichkeit bzw. Verkehrsfähigkeit basierende Vermögenstheorie, daß *Sohm* nicht ohne weiteres diejenigen dinglichen Rechte in seine Begriffskonstruktion integrieren könne, die unübertragbar bzw. unveräußerlich seien, aber unstreitig Vermögenswert besäßen, wie den Nießbrauch oder sonstige beschränkte persönliche Dienstbarkeiten; *Binder*, Zeitschrift für das ges HandelsR 59 (1907), 1 (23f.). Der Versuch *Sohms*, diesen Einwand zu widerlegen durch die Deutung des Nießbrauchs als vom Eigentum abgespaltenes „Tochterrecht", das wenigstens seiner Art nach übertragbar sei, und daher als „Tochterrecht eines Vermögensrechts" ebenfalls Vermögensrecht sei, *Sohm*, JheringsJB 53 (1908), 372 (376f., 386), erfuhr scharfe Kritik, denn eine Verfügung über das „Mutterrecht" sei keine Verfügung über das „Tochterrecht"; *Binder*, Archiv f. BüR 34 (1910), 209 (245). *Sohm* unternahm zur Verteidigung seines Konzepts noch den Versuch, „Verfügbarkeit" des Rechts über die Rechtsübertragung hinaus auch auf Aufhebung oder Rangänderung zu beziehen. Es reiche hin, daß das Recht, um Vermögensrecht zu sein, Gegenstand einer Verfügung wie Aufhebung oder Inhaltsänderung sein könne. Vermögensrechte seien demnach die veräußerlichen Rechte mit Einschluß derjenigen Rechte, welche Abspaltungen veräußerlicher Rechte darstellten; insgesamt *Sohm*, Archiv f. BüR 28 (1906), 173 (190f.). Hiergegen konterte *Binder*, Archiv f. BüR 34 (1910), 209 (243ff.) wiederum, daß dies ebenfalls keine schlüssige Abgrenzung gewährleiste, da Aufhebung oder Inhaltsänderung auch bei Personenrechten möglich sei. Zum Forderungsrecht muten die Ausführungen *Sohms* in der Tat widersprüchlich an: „Nicht der Leistungsanspruch als solcher, sondern nur der für den Verkehr veranlagte, selbständiger Veräußerung fähige Leistungsanspruch ist ein Forde-

digt die Definition der herrschenden Meinung mit der Überlegung, daß es sich bei der Aussage „Vermögensrechte seien geldwerte Rechte" um ein Urteil rein theoretischer oder systematischer Bedeutung handle, das als solches weder richtig noch falsch sein könne, sondern nur konsequent oder nicht konsequent durchgeführt werde. Es handle sich um einen „klassifikatorischen Ordnungsbegriff ohne juristische Realität"[944], der nicht konsequent durchgehalten werde. Die Wissenschaft nehme keinen Anstand daran, auch Rechte ohne Geldwert unter die Vermögensrechte zu reihen, so etwa geldwertlose Forderungen, wie es auch geldwerte Rechte gebe, die nicht als Vermögensrechte anerkannte seien, wie das subjektive Erbrecht[945].

Für die Auslegung des Merkmals Vermögensvorteil in § 1939 BGB ist der Vermögensbegriff jedoch kein Metabegriff, sondern als Bestandteil des Gesetzeswortlauts gerade „juristische Realität". Dem Bedürfnis nach einer widerspruchsfreien Auslegung und Handhabung kann daher nicht mit einer Flucht in Beliebigkeit begegnet werden.

II. Auswirkungen der Anwendung auf § 1939 BGB

Die konsequente Anwendung dieses allgemeinen Vermögensbegriffs auf § 1939 BGB würde die Auslegung auf das bereits oben festgestellte Ergebnis zurückführen, daß das Vermächtnis dem Bedachten einen geldwerten Vorteil bringen muß. Insonderheit wären nur geldwerte *Rechte* vermachbar. Diese Deutungsvariante bringt insofern für § 1939 BGB keinen Vorteil.

B. Der erbrechtliche Vermögensbegriff

Klärungsbedürftig ist, ob § 1922 BGB den bereits dargestellten allgemeinen Vermögensbegriff verwendet oder einen spezifisch „erbrechtlichen", der entsprechend der *ratio legis* von § 1922 BGB inhaltlich weiter gefaßt ist. Gibt es einen solchen „erb-

---

rungsrecht. Insoweit ist keine „Rettung" über die Abspaltung vom „Mutterrecht" möglich. Trotzdem gibt es unveräußerliche Forderungsrechte"; *Sohm*, Archiv f. BüR 28 (1906), 173 (188).

944 *Binder*, Zeitschrift für das ges HandelsR 59 (1907), 1 (36); *ders.*, Archiv f. BüR 34 (1910), 209 (241).

945 *Binder*, Archiv f. BüR 34 (1910), 209 (236, 240).

rechtlichen“ Vermögensbegriff, so stellt sich nach Klärung seines Inhalts die Frage seiner Anwendbarkeit auf § 1939 BGB.

I. Der Vermögensbegriff in § 1922 BGB

In § 1922 BGB bezeichnet der Begriff des Vermögens diejenigen Rechte und Rechtspositionen, die im Wege der Universalsukzession auf den Erben übergehen und die Erbschaft bilden. Die Universalsukzession als Rechtsfolge des Erbfalls ist umfassend konzipiert[946]. Der Gesetzeswortlaut belegt dies („als Ganzes").

Die Universalsukzession soll die gesamte Rechtsstellung des Erblassers, soweit sie übergangsfähig ist, überleiten[947]. Die Einheitlichkeit der Nachfolge in das Vermögen ist Konsequenz der Einheitlichkeit der lebzeitigen Vermögensgestaltung und -verwaltung durch den Erblasser[948]. Die Übergangsfähigkeit der Rechte des Erblassers hängt von deren Vermögenswert nicht strikt ab[949]. Dieses Kriterium gewährleistet keine scharfe Abgrenzung vererblicher und unvererblicher Rechtspositionen, wenngleich es eine Indizwirkung zugunsten der Vererblichkeit von Positionen mit Vermögenswert entfaltet[950]. Auch nichtvermögenswerte Rechte sind bisweilen vererblich[951], und umgekehrt können vermögenswerte Rechte unvererblich sein[952].

---

[946] *Lübtow*, ErbR, Bd. II, 663; MüKo-*Leipold*[4], § 1922, Rn. 16.

[947] Statt aller Lange-*Kuchinke*, ErbR[5], 86f.; zu den rechtspolitischen Zielen der Universalsukzession eingehend *Windel*, Nachfolge in das Vermögen, 10ff. Vgl. Motive, Bd. V, 2 zur Vererblichkeit von Obligationen ohne Vermögenswert; abwegig demgegenüber *Bender*, 161f., denn den Motiven kann dort klar entnommen werden, daß jedenfalls in Gestalt geldwertloser Forderungen nicht nur vermögenswerte Rechte der Universalsukzession unterliegen sollen.

[948] *Windel*, Nachfolge in das Vermögen, 23f., 493; dazu *Rauscher*, AcP 198 (1998), 248 (248).

[949] So haben die in § 2047 Abs. 2 BGB genannten Schriftstücke im alltäglichen Fall regelmäßig keinen Vermögenswert und sind dennoch vererblich. Näher auch *Dietzel*, Untergang statt Fortbestand, 18f.

[950] MüKo-*Leipold*[4], § 1922, Rn. 19; Staudinger-*Boehmer*[11], § 1922, Rn. 149; OLG Hamm, Beschluß vom 4. 10. 1978 – 15 W 425/77, OLGZ 1979, 44 (45) = Rpfleger 1979, 17 = MDR 1979, 227f. = MittBayNot 1979, 75f.; *Dietzel*, Untergang statt Fortbestand, 17f.

[951] Im einzelnen MüKo-*Leipold*[4], aaO.

[952] So der Nießbrauch und andere beschränkte persönliche Dienstbarkeiten; § 1061 S. 1, 1090 Abs. 2 BGB; vgl. aber §§ 1061 S. 2, 1059a, 1092 Abs. 2 BGB. Umgekehrt sind bestimmte vermögenswerte Ansprüche aus dem Familienrecht unvererblich, so etwa der Unterhaltsanspruch des geschiedenen Ehegatten, § 1586 Abs. 1 BGB; zusammenfassend dazu *Griwotz*, MDR 2000, 988 (989). Dagegen sind Immaterialgüterrechte regelmäßig vererblich, ohne daß

Für den Begriff „Vermögen" in § 1922 BGB bedeutet dies, daß er nicht im Sinne des „allgemeinen" juristischen Verständnisses auf die „Summe der geldwerten Rechte" reduziert werden kann, wenn er seiner gesetzlichen Funktion in § 1922 BGB gerecht werden soll[953].

Insbesondere sind nicht nur Rechte, sondern auch sog. Rechtslagen Gegenstand der Vererbung[954]. In Anbetracht mangelnder anderweitiger Textbefunde bezüglich des Inhalts des Vermögensbegriffs in § 1922 BGB bleibt nur die Möglichkeit, ihn als den Inbegriff derjenigen Rechte und Rechtspositionen, die auf den Erben im Wege der Universalsukzession übergeleitet werden sollen, zu verstehen. Die Gefahr eines Zirkelschlusses liegt hier nahe. Ein solcher kann aber vermieden werden, wenn man „Vermögen" in § 1922 BGB als einen Sammelbegriff für diejenigen Rechtspositionen ansieht, die insgesamt nach positivem Recht vererblich gestellt sind[955].

Fehlt eine explizite Textaussage über die Vererblichkeit im Gesetz, muß diese beurteilt werden im Wege der Auslegung unter Berücksichtigung der Natur und des Zwecks des betreffenden Rechtes und der Interessenlage. Zu berücksichtigen ist insbesondere das Interesse des Rechtsverkehrs an der Kontinuität bestehender Rechtsverhältnisse über den Tod einer Partei hinaus und die in § 1922 BGB enthaltene grundsätzliche Vermutung zugunsten der Vererblichkeit vermögenswerter Rechtspo-

---

es auf Vermögenswert ankommt; im einzelnen Staudinger-*Marotzke* (2000), § 1922, Rn. 267f.

953 Anders nur *Bender*, 165; gegen ihn jedoch die bereits Genannten. Einen spezifisch erbrechtlichen Vermögensbegriff läßt bereits *Schmitt*, Begründung, 33 = *Schubert*, Vorlagen Erbrecht, Bd. I, 149 erkennen:

„Die Art des hiernach gebotenen Übergangs des Nachlasses auf einen Rechtsnachfolger wird durch seinen Gegenstand bestimmt. Allen geltenden Rechten wie dem Entwurfe liegt der Begriff des Vermögens als eine alle Rechte und Verbindlichkeiten derselben Person umfassenden, aber vom rechnerischen Aggregat der Bestandteile verschiedenen höheren Einheit zugrunde. Diese Einheit gibt dem Vermögen eine Kontinuität, welche, solange dasselbe als solches besteht, eine andere Teilbarkeit als die nach Bruchteilen des Ganzen ausschließt. Da sich überdies jeder Rechtsübergang seiner Natur nach ohne Mittelglied vollzieht, so muß der Übergang des Nachlasses auf den Rechtsnachfolger das Vermögen als solches, in seiner Gesamtheit oder als Bruchteilganzes umfassen. Erbfolge als Universalsukzession."

954 So bei durch den Erbfall unterbrochenen „gestreckten" Entstehungstatbeständen; hierzu ausführlich Staudinger-*Marotzke* (2000), § 1922, Rn. 303ff.

955 Vgl. Staudinger-*Marotzke* (2000), § 1922, Rn. 113, 115 und die Zusammenstellung von Sondervorschriften außerhalb des 5. Buches des BGB bei Staudinger-*Otte* (2000), Einl zu §§ 1922ff., Rn. 9; insgesamt *Dietzel*, Untergang statt Fortbestand, 8ff.

sitionen[956]. Nur in Ermangelung jedweder anderer Anhaltspunkte kann das Kriterium des Vermögenswertes über die Vererblichkeit eines Rechts für § 1922 BGB *allein* entscheidend sein[957].

Im Ergebnis weicht daher der in § 1922 BGB verwendete Vermögensbegriff vom allgemeinen Vermögensbegriff inhaltlich ab, da er nicht den „Inbegriff der geldwerten Rechte einer Person“, sondern den „Inbegriff der vererblich gestellten Rechte und Rechtspositionen einer Person“ umfaßt[958].

Geldwert ist bei der Beurteilung der Vererblichkeit zu berücksichtigen, aber nicht notwendige Bedingung für die Zugehörigkeit eines Rechts zum vererblichen Ver-

---

[956] Hierzu bahnbrechend BGH, Urteil vom 01.12.1999 – I ZR 49/97 „Marlene“, BGHZ 143, 214 (223ff.) = NJW 2000, 2195 (2197 unter 2, 2198 mwN zum ehemaligen Streitstand) und die dortige Unterscheidung zwischen unvererblichen nichtvermögenswerten (rein ideellen, höchstpersönlichen) und vererblichen vermögenswerten (kommerziell werthaltigen) Bestandteilen des allgemeinen Persönlichkeitsrechts; zur dogmatischen Bedeutung der Entscheidung *Götting*, NJW 2001, 585 (585f.). Die Entscheidung zeigt, daß Vermögenswert einer Rechtsposition ein durchaus erhebliches Indiz für oder gegen deren Vererblichkeit ist. Die höchstpersönlichen „Teile“ des allgemeinen Persönlichkeitsrechts bleiben Rechte des Erblassers und müssen außerhalb des Erbgangs von den Angehörigen des Erblassers oder von eigens ermächtigten Personen geltend gemacht werden; *Harder-Kroppenberg*, Grundzüge des Erbrechts, Rn. 20. Zur Vererblichkeit im einzelnen Staudinger-Marotzke (2000), § 1922, Rn. 115ff.; Palandt-*Edenhofer*[63], § 1922, Rn. 40-43. Zu „Marlene“ und der Parallelentscheidung BGH, Urteil vom 01.12.1999 – I ZR 226/97 „Der Blaue Engel“, NJW 2000, 2201f: Schack, JZ 2000, 1060 (1061f.) mit Kritik an den Entscheidungen; *Staudinger-Schmidt*, Jura 2001, 241ff.; *Frommeyer*, JuS 2002, 13ff., *Ahrens*, FS Erdmann (65), 3ff. Neuerdings *Claus*: Postmortaler Persönlichkeitschutz im Zeichen allgemeiner Kommerzialisierung; *Fischer*, Entwicklung des postmortalen Persönlichkeitsschutzes von Bismarck bis Marlene Dietrich.

[957] Vgl. Staudinger-*Marotzke* (2000), § 1922, Rn. 115, der aber in jedem Fall eine großzügige Auslegung des Vermögensbegriffs („im weitesten Sinne“) verlangt. Vgl. auch Staudinger-*Boehmer*[11], § 1922, Rn. 149.

[958] In diesem Sinn schon *Strauss*, 75, 77: „Da nun auch Urheberrechte und Patentrechte an gänzlich wertlosen Geistesprodukten auf den Erben übergehen, so ist daraus zu schließen, daß Geldwertigkeit kein Merkmal des erbrechtlichen Vermögensbegriffs sein kann. Vgl. auch Staudinger-*Herzfelder*[9], § 1922, Anm. V. 2.; Staudinger-*Marotzke* (2000), § 1922, Rn. 113: Unterscheidung zwischen geldwerten und nichtgeldwerten Lebensgütern iR § 1922 BGB sei nicht von derselben großen Bedeutung wie in § 253 BGB. Einschränkend hierzu wiederum Kipp-*Coing*[14], ErbR, § 91 II 2 (502), der als Vermögen des Erblassers den Inbegriff der geldwerten Güter, d. h. die „wirtschaftlichen Rechte, aber auch begünstigende und wirtschaftlich wertvolle Rechtslagen und Anwartschaften“ umfaßt; jedoch ohne Erläuterung von „Wirtschaftlichkeit“.

mögen. Insofern handelt es sich in der Tat um einen eigenen „erbrechtlichen" Vermögensbegriff und nicht lediglich um eine Spielart des allgemeinen[959].

II. Auswirkung der Anwendung auf § 1939 BGB

Der in § 1922 BGB enthaltene spezifisch „erbrechtliche" Vermögensbegriff wäre zwar grundsätzlich geeignet, das Merkmal „Vermögensvorteil" in § 1939 BGB in systematisch stimmiger Weise zu konkretisieren. Zulässiger Vermächtnisgegenstand wäre dann jedes vererbliche Recht bzw. jede vererbliche Rechtsposition. Insbesondere die vom Kriterium des Vermögenswertes losgelöste Vermachbarkeit von Eigentum ließe sich erstmals konsequent begründen. Jedoch ist die Anwendbarkeit des erbrechtlichen Vermögensbegriffs auf § 1939 BGB zweifelhaft.

III. Anwendbarkeit des erbrechtlichen Vermögensbegriffs auf § 1939 BGB

Bedenken ergeben sich aufgrund der gemeinsamen Verortung von §§ 1922, 1939 BGB im ersten Abschnitt des 5. Buches weniger aus systematischen Gründen. Jedoch liegen teleologische Argumente gegen die Anwendung des erbrechtlichen Vermögensbegriffs nahe. Gerade wenn „Vermögen" in § 1922 BGB als Bezeichnung aller der Universalsukzession unterliegenden Rechtspositionen des Erblassers verstanden wird, so verträgt sich dieser Begriffsinhalt als „Hebelarm" der erbrechtlichen *successio bonorum* nur schwer mit dem entgegengesetzt gelagerten Zweck des

[959] Von einem „erbrechtlichen" Vermögensbegriff sprechen ebenfalls OLG Hamm, Beschluß vom 04.10. 1978 – 15 W 425/77, OLGZ 1979, 44-49 = Rpfleger 1979, 17 (17) = MDR 1979, 227f.; auch Soergel-*Stein*[13], § 1922, Rn. 14.; Staudinger-*Marotzke* (2000), § 1922, Rn. 113; Staudinger-*Marotzke* (2000), § 1922, Rn. 113; Staudinger-*Boehmer*[11], § 1922, Rn. 149. Anders noch *Binder*, Zeitschrift für das ges HandelsR 59 (1907), 1 (40); *ders.*, Rechtsstellung des Erben, Bd. I, 21, der dort von einer Identität des erbrechtlichen Vermögensbegriffs mit dem allgemeinen ausging; relativiert in *Binder*, Archiv f. BüR 34 (1910), 209 (240). Ebenfalls nicht von einem „erbrechtlichen" Vermögensbegriff ausgehend, jedoch in der Sache gleichlautend *Harder-Kroppenberg*, Grundzüge des Erbrechts, Rn. 22: „§ 1922 BGB nach dem Wortlaut zu eng gefaßt"; *Lübtow*, ErbR, Bd. II, 667 („Begriff der Erbschaft im § 1922 bedarf der Erweiterung").

Dezidiert gegen einen erbrechtlichen Vermögensbegriff *Bender*, 164f. (einheitlicher Vermögensbegriff des Bürgerlichen Rechts) unter Berufung auf *Binder*, Rechtsstellung des Erben, Bd. I, 20f., der jedoch nur die Zugehörigkeit der Schulden zum Vermögen thematisiert.

Vermächtnisses, Einzelzuwendungen von Todes wegen *neben* der Gesamtrechtsnachfolge zu ermöglichen.

Der erbrechtliche Vermögensbegriff ist zur Charakterisierung des Vermächtnisgegenstandes im übrigen auch zu eng, denn „Vermögensvorteil“ im Sinne § 1939 BGB könnte nur jeder aus dem vererbten Vermögen zugewandte Vorteil sein. Der Vermächtnisgegenstand müßte also auch Nachlaßgegenstand sein. Diese Konsequenz träfe zwar den Regelfall, widerspräche aber dem Gesetz, welches in Form der Verschaffungsvermächtnisse auch Vermächtnisse auf andere als nachlaßzugehörige Gegenstände anerkennt, § 2170, 2169 Abs.1 BGB. Würde abstrakt jede vererbliche Rechtsposition als zulässiger Vermächtnisgegenstand angesehen, stünde dies der Vermachbarkeit eines Nießbrauches entgegen, weil dieser nicht vererblich ist, § 1061 S. 1 BGB[960]. Der erbrechtliche Vermögensbegriff steht daher, obwohl er in willkommener Weise ohne das Merkmal des Geldwertes arbeitet, nicht zur Konkretisierung von § 1939 BGB zur Verfügung. Das Vermächtnis strebt inhaltlich insoweit eher zum Schuldrecht hin.

C. Der schadensrechtliche Vermögensbegriff – ein „wirtschaftlicher“ Vermögensbegriff

I. Begriff und Funktion

Zweifelhaft ist, ob der herrschende Vermögensbegriff des Schadensrechts für die Auslegung des § 1939 BGB herangezogen werden kann. In der Schadensrechtsdogmatik kommt dem Begriff des Vermögens wesentliche Funktion zu[961]. Das Vermögen bildet hier im Rahmen der auf *Friedrich Mommsen* zurückgehenden Differenztheorie[962] zur Schadensermittlung zu vergleichende Größe, soweit die betreffenden Einbuße in Geld zu kompensieren ist[963].

---

960 Das Vermächtnis eines Nießbrauchs ist wegen § 1061 S. 1 BGB nur als Verschaffungsvermächtnis denkbar, so daß der Erblasserwille der Unwirksamkeit gemäß § 2169 Abs. 1, 1. Hs BGB stets entgegenstehen wird.

961 Staudinger-*Schiemann*[13], Vorbem zu §§ 249ff., Rn. 46f.; *Paschke-Wolfram*, DZWiR 1995, 485 (487); Teil VI § 2.

962 *Mommsen*, Lehre vom Interesse, 1: „Der Ausdruck id quod interest weist auf eine Vergleichung hin, und eine solche liegt dem Begriff des Interesses zugrunde. Unter dem Interesse in seiner technischen Bedeutung verstehen wir nämlich die Differenz zwischen dem Betrage des Vermögens einer Person, wie derselbe in einem gegebenen Zeitpunkte ist, und dem Betrage,

Nach Auffassung des BGH hat das BGB für das Schadensrecht die Begriffe des Vermögens und des Vermögensschadens nicht festgelegt, sondern Wissenschaft und Praxis zur Ausbildung überlassen[964]. Sie seien „wirtschaftliche" Begriffe[965]. Da der im Schadensrecht dominierende Grundsatz der Totalreparation auch den Einbezug von „Gütern" und nicht nur von Rechten in die Vermögensbilanz erfordere, sei der schadensrechtliche Vermögensbegriff ein faktischer Begriff[966]. Zum Vermögen im schadensrechtlichen Sinn gehörten alle in Geld meßbaren Güter, d. h. all solche, die im Verkehr für Geld erworben und für Geld veräußert werden können[967]. Das Vermögen besteht dann in deren Wertssumme (sog. objektiv summatischer Vermögensbegriff[968]). Der Geldwert eines solchen Gutes, dessen Entzug den Vermögensschaden ausmache, bestimme sich ausschließlich nach dem Markt[969]. Die Beschränkung des Geldersatzes auf Vermögensschäden soll Kontrollierbarkeit nach objektiven Maßstäben gewährleisten und den Schadensrichter der Notwendigkeit entheben, die Kompensationssumme anhand der subjektiven Wertschätzung des Geschädigten festmachen müssen. „Kommerzialisierung" des Gutes ist nach dem schadensrechtlichen Vermögensbegriff *notwendige* Bedingung der Vermögensqualität. Streitig ist insoweit, ob diese zur Ersatzfähigkeit auch hinreicht[970] oder ob einschränkende An-

---

welchen dieses Vermögen ohne die Dazwischenkunft eines bestimmten schädigenden Ereignisses in dem zur Frage stehenden Zeitpunkte haben würde. "

963 *Lange-Schiemann*, Schadensersatz[3], § 1 III 4 (43); Jauernig-*Teichmann*[11], Vor §§ 249-253, Rn. 5; Freilich ist die Differenzbetrachtung stark normativ geprägt; dazu *Deutsch*, FS Henckel (70), 79 (84ff.).

964 BGH, Beschluß vom 09.06.1986 – GSZ 1/86, BGHZ 98, 212 (217) = NJW 1987, 50; rechtsvergleichend zum Vermögensschadensersatz *Honsell*, FS Lorenz (80), 483ff.;

965 Vgl. BGH, aaO; *Busl*, JuS 1987, 108 (108); *Nörr*, AcP 158 (1959/60), 1 (5). Zur ökonomischen Natur des Vermögensschadensbegriffs auch *Schäfer*, 105.

966 *Neuwald*, 9.

967 *Larenz*, SR I[14], 428, 485; *Zeuner*, AcP 163 (1963), 380 (383ff.); Oertmann, Schuldverhältnisse[3]/4, 51.

968 *Mertens*, Vermögenschaden, 125ff.

969 *Weyers*, Begriff des Vermögensschadens, 48.

970 So die ältere Rechtsprechung des BGH, Urteil vom 07.05.1956 – III ZR 243/54, NJW 1956, 1234 (1235); BGH, Urteil vom 30.09.1963 – III ZR 137/62, BGHZ 40, 346 (350); BGH, Urteil vom 15.04.1966 – VI ZR 271/64, BGHZ 45, 212 (218); BGH, Urteil vom 10.10.1974 – VII ZR 231/73, BGHZ 63, 98 (102); zustimmend MüKo-*Oetker*[4], § 249, Rn. 40; *Weyers*, Begriff des Vermögensschadens, 37ff.; *Grunsky*, Aktuelle Probleme, 36; *Köndgen*, AcP 177 (1977), 1 (17ff.); AK-BGB-*Rüßmann*, Vor § 249-253, Rn. 26ff.; ausführliche Nachweise zu älterer Literatur bei BGHZ 98, 212 (215f.); *Esser- Schmidt*, SR I/2, 177; *Lange-Schiemann*, Schadensersatz[3], § 2 I 2 (56); *Schlechtriem*, ZEuP 1997, 233 (245).

AA *Diederichsen*, FS Klingmüller, 65ff.; *Huber*, 152; *Neuner*, AcP 133 (1931), 277 (306).

forderungen zu stellen sind[971]. Die neuere Rechtssprechung sowie die überwiegende Literatur vertreten die Kommerzialisierungsthese in uneingeschränkter Form inzwischen nicht mehr. Ein Vermögensschaden liege nicht stets bei einer Beeinträchtigung eines kommerzialisierten Lebensgutes vor, sondern erfordere grundsätzlich einen nach der Differenzhypothese zu bestimmenden, d. h. meßbaren Vermögensnachteil[972]. Problemschwerpunkt ist die Behandlung[973] von Einbußen an zwar weitgehend kommerzialisierten, aber aus normativen Gründen in der Differenzrechnung nicht oder nur teilweise zu berücksichtigenden Gütern – wie namentlich entgangenen Gebrauchsmöglichkeiten[974]. Da die Differenzhypothese selbst keine Antwort auf die Frage nach der Vermögenszugehörigkeit bietet, sondern voraussetzt[975], bedeutet die vorherrschende Ansicht eine teleologisch bedingte Bejahung oder Verneinung der Vermögensqualität der betroffenen kommerzialisierten Güter nach Haftungszweck und Kontext, mithin danach, ob sie in der Vermögensschadensbilanz erscheinen und in Geld ersetzt werden *sollen*[976].

II. Anwendbarkeit des schadensrechtlichen Vermögensbegriffes

Stark lebenssachverhaltsabhängige, nicht mit definitorischer Präzision integrierbare Wertungskriterien überformen den schadensrechtlichen Vermögensbegriff und drängen diesen zugunsten des Begriffs des Schadens in den Hintergrund[977]. Die herange-

---

[971] *Larenz*, SR I, 486; *ders.*, FS Nipperdey, Bd. I, 489 (496ff.); *ders.*, VersR 1963, 312 (312).

[972] BGHZ 98, 212 (222f.); aber auch BGH, Urteil vom 12. 02. 1975 – VIII ZR 131/73, BGHZ 63, 393 (397); BGH, Urteil vom 15.12.1982 – VIII ZR 315/80, BGHZ 86, 128 (132); BGH, Urteil vom 11.01.1983 – VI ZR 222/80, BGHZ 86, 212 (216); BGH, Beschluß vom 15. 11. 1983 – VI ZR 100/83, BGHZ 89, 60 (62f.); BGH, Urteil vom 22.11.1988 – VI ZR 126/88, BGHZ 106, 28 (31f.). Für die Literatur statt aller Staudinger-*Schiemann*[13], § 253, Rn. 20; Palandt-*Heinrichs*[63], § Vorb v § 249, Rn. 12; Bamberger-Roth-*Grüneberg*, Vor § 249, Rn. 10; HK-BGB[2]-*Schulze*, Vorbem zu §§ 249-253, Rn. 4; *Stoll*, 19.

[973] Lange-*Schiemann*, Schadensersatz[3], § 6IV-XIV.

[974] Dazu Palandt-*Heinrichs*[63], § Vorb v § 249, Rn. 20, 25; *Larenz*, SR I[14], 497, 500 und dort Fn. 57; *Wohnseifer*, FS Jagenburg (65), 1069ff. mit Rechtsprechungsüberblick. Zuletzt OLG Koblenz, Urteil vom 19.01.2004 - 12 U 1356/02, NZV 2004, 258 (259).

[975] *Paschke-Wolfram*, DZWiR 1995, 485 (487); *Brinker*, 199f.; Palandt-*Heinrichs*[63], Vorb v § 249, Rn. 8, 11.

[976] Ähnlich Bamberger-Roth-*Grüneberg*, Vorbem vor § 249, Rn. 10; vgl. Staudinger-*Schiemann*[13], Vorbem zu §§ 249ff., Rn. 11; Palandt-*Heinrichs*[63], Vorb v § 249 Rn. 19ff.

[977] Sog. normativer Schadensbegriff; dazu vgl. OLG Koblenz, aaO; Palandt-*Heinrichs*[63], Vorb v § 249, Rn. 14, 19ff.; *Lange-Schiemann*, Schadensersatz[3], § 1 III 1 (38); *Steffen*, NJW 1995, 2057 (2057); *Magnus*, Schaden und Ersatz, 150; Palandt-*Heinrichs*[63], Vorb v § 249, Rn. 26;

zogenen Gesichtspunkte[978] sind ihrer Teleologie nach auf Primäranspruchsebene nicht einschlägig. Der schadensrechtliche Vermögensbegriff nach dem hier zugrundegelegten Verständnis ist deshalb zur Auslegung von § 1939 BGB nicht geeignet. Allerdings lohnt die Beschäftigung mit dem Ursprung des Vermögensbegriffs im Schadensrecht, weil er zugleich die Wurzeln eines anderen zivilrechtlichen Vermögensbegriffs offen legt[979].

III. Fischers Monographie „Der Schaden“

Die zentrale Schrift, die sich erstmals eingehend mit dem Vermögensbegriff und dessen Funktion im Schadensrecht auseinandersetzte, ist *Fischers* Monographie „Der Schaden“ (1903)[980]. *Fischer* argumentiert, daß die allgemeine Regel, daß Vermögensgegenstände Geldwert haben müßten, im geltenden Recht nicht mit Bestimmtheit festgehalten sei[981]. Eine „wirtschaftliche Betrachtung“ des Vermögens zeige zum juristischen Vermögensbegriff erhebliche Abweichungen. *Fischer* knüpft nun an den Vermögensbegriff in der Nationalökonomie und den ihr wesentlichen Begriff des „wirtschaftlichen Gutes“ an[982]:

Wohnseifer, FS Jagenburg (65), 1069 (1071); *Honsell-Harrer*, JuS 1991, 441 (442). Vgl. zur normativen Korrektur der Differenztheorie *Deutsch*, FS Henckel (70), 79 (84ff.). Zum gemeinschaftsprivatrechtlichen Rezeptionsfähigkeit des normativen Schadensbegriffs skeptisch *Schlechtriem*, ZEuP 1997, 232 (240, 253).

978 Insoweit muß auf die schadensrechtliche Kasuistik verwiesen werden; vgl. Staudinger-*Schiemann*[13], § 251, Rn. 32ff.; Lange-*Schiemann*, Schadensersatz[3], § 6IV-XIV.

979 Vgl. Teil VI § 2 D.; Teil VI § 2 C. V. 3.

980 *Fischer*, Schaden, 8ff. Dazu *Mertens*, Vermögensschaden, 24f.

981 *Fischer*, Schaden, 10.

982 *Fischer*, Schaden, 16 Fn. 18. Vgl. auch *Mertens*, Vermögensschaden, 24. *Fischer*, aaO zitiert *Roscher*, Grundlagen der Nationalökonomie, 22. Aufl., 1897, § 10. In dieser Auflage finden sich die entscheidenden Bemerkungen jedoch auf S. 2: „Güter nennen wir all dasjenige, was zur mittelbaren oder unmittelbaren Befriedigung eines *wahren* menschlichen Bedürfnisses anerkannt brauchbar ist“; Hervorhebung durch Verfasser. Zu „wahr“ dann *Roscher*, Grundlagen der Nationalökonomie, 4 Fn. 9: „Der Zusatz „wahr“ scheidet nicht allein dasjenige, was nur unvernünftige und unsittliche Bedürfnisse befriedigen könnte, vom Reiche der Güter aus (...), sondern vindiziert auch gleich den Grundbegriff der ganzen Volkswirtschaftlehre als einen Gegenstand ebenso wohl ethischer, wie psychologischer Untersuchung.“

> „Wir können Vermögen in diesem Sinn definieren als die Gesamtheit der in der Verfügungsgewalt eines leitenden Rechtssubjekts stehenden wirtschaftlich wertvollen Güter“[983].

Der juristische Vermögensbegriff sei unbrauchbar, weil er sich nur aus Rechten zusammensetze und das Moment des Wertvollen in den Vermögensbestandteilen vernachlässige, indem er jedem Recht Geldwert zuschreibe, ohne auf den konkreten Wert für den Inhaber abzustellen[984]. Die tatsächliche Genußfähigkeit mache aber allein den Wert eines Gutes aus. Der „wirtschaftliche Vermögensbegriff“, worunter *Fischer* explizit den Vermögensbegriff der Nationalökonomie versteht, werde deshalb herangezogen, weil gerade diese Disziplin von jeher an der wissenschaftlichen Ausbildung des Wertbegriffs gearbeitet habe[985]. Der Wert eines Gutes offenbare sich nicht nur im Tauschwert, sondern gerade auch und vor allem im Gebrauchswert, der selbst in der Zeit der Geldwirtschaft nicht vernachlässigt werden dürfe[986]:

> „Auch Güter und Rechte auf Güter, welche nicht der Vermögensproduktion dienen, welche nicht wieder in Geld umgesetzt werden können, sind, wenn sie nur für den Besitzer bzw. für denjenigen, welcher sich das Gut oder die Leistung ausbedingt, einen (Gebrauchs-)wert haben, vermögenswerte Güter, sie gehören zum Vermögen, ihre Beeinträchtigung bildet Vermögensbeschädigung“[987].

Fischer führt die anderslautende herrschende, „Vermögenswert“ mit „Geldwert“ gleichsetzende Ansicht auf die das geldwerte Obligationsinteresse fordernde Strömung im gemeinen Recht zurück[988]. Auch der Gesetzgeber lege diese Bedeutung zugrunde, wenn er von „Vermögenswert“ oder „Vermögensvorteil“ spreche[989]. Aber gerade die dem Gebrauchswert innewohnende Subjektivität sei dem Vermögen und entsprechend dem Schaden wesentlich[990].

Nach *Fischer* kommt es für die Vermögenszugehörigkeit also primär auf den Gebrauchswert und erst sekundär auf den Geldwert an, um anhand der Vermögensbi-

---

983 *Fischer*, Schaden, 12; ebenso *Nörr*, AcP 158 (1958), 1 (5). Parallel dazu liegend *Enneccerus-Nipperdey*, AT^{15}, 840, 455 und dazu sogleich Teil VI § 2 C. V. 2. d).

984 *Fischer*, Schaden, 14f.

985 *Fischer*, Schaden, 15; vgl. dazu *Brauweiler*, Vermögen, 23.

986 *Fischer*, Schaden, 17.

987 *Fischer*, Schaden, 18.

988 *Fischer*, Schaden, 11; vgl. dazu Teil IV § 1 D. I. 1.

989 *Fischer*, Schaden, 16 mit ausdrücklichem Verweis auf § 1939 BGB.

990 *Fischer*, Schaden, 18 mit Verweis auf *Kohler*, Archiv f. BüR 12 (1897), 1 (2).

lanz den schadensersatzrechtlich maßgeblichen Vermögensschaden feststellen zu können[991]. Allerdings macht Fischer gegenüber der nationalökonomischen Lehre[992] eine Einschränkung: Wenn die subjektive Wertschätzung des Gegenstandes von niemandem geteilt werde, jedes objektive Maß fehle, gleite der Gebrauchswert in den von der Rechtsordnung nicht als Vermögenswert anerkannten Affektionswert hinüber; nach dieser Richtung könne das Schadensersatzrecht der Nationalökonomie, welche auch den Affektionswert unter Gebrauchswert subsumiert, nicht folgen.
„Die Katzen der alten Jungfer, deren Lebenszweck darin besteht, die Suppen ihrer Herrin zu essen und ihre Teppiche zu zerreißen", seien demnach keine Vermögensobjekte[993].

IV. Verwertbarkeit des Ansatzes Fischers für das Vermächtnis.

Fischers Verständnis vom Vermögensbegriff könnte in seinen Grundzügen zur Konkretisierung von § 1939 BGB brauchbar sein. Er läßt das Merkmal des Geldwertes der Vermögensgüter zugunsten einer gewissen, noch näher zu charakterisierenden subjektiven Wertschätzung des Inhabers der „wirtschaftlichen Güter", zurücktreten, die er als „wirtschaftlichen Wert" bezeichnet. In dieser subjektiven Beziehung liegt ein möglicherweise für den Vermögensvorteil beim Vermächtnis entwicklungsfähiger Begriffsinhalt. Die Bedeutung von „wirtschaftlichem Wert" ist zentral für das Verständnis des von *Fischer* vereinnahmten „wirtschaftlichen" Vermögensbegriffs und deshalb erläuterungsbedürftig.

---

[991] *Fischer*, Schaden, 20, 27f. unterscheidet sich selbst widersprechend nicht zwischen Naturalrestitution gemäß § 249 Abs. 1 BGB und Kompensation gemäß § 251 Abs. 1 BGB, denn nur für letztere kommt es auf die Meßbarkeit des Schadens in Geld an. *Fischer* äußert zuvor, daß jedes wirtschaftliche Gut unabängig vom Geldwert Vermögensgut sei (18) und somit auch dessen Beschädigung ein Vermögensschaden sei. Dann muß aber auch unabhängig vom entzogenen Geldwert jedenfalls eine Verpflichtung zur Naturalrestitution bestehen. Vgl. Planck-*Siber*[4], § 249, Anm. 2.; *Stoll*, 8. *Fischer*, Schaden, 28f. verlangt demgegenüber auch für den Anspruch auf Naturalrestitution einen rechnerischen Vermögensschaden.

[992] Dazu eingehend Teil VI § 2 C. V. 3.

[993] Das Beispiel stammt von *Kohler*, aaO, der die gegenteilige Ansicht vertritt.

V. Exkurs: Wirtschaftlicher Wert und wirtschaftliches Gut

1. „Wirtschaftlicher Wert" in der Rechtsprechung

„Wirtschaftlichkeit" begegnet im Sprachgebrauch der Gerichte allenthalben[994]. Darüber aber, was „wirtschaftlichen Wert" hat bzw. wann ein Wert „wirtschaftlicher" Art ist, bestehen dort, wo ein solcher verlangt wird, keine präzisen Vorstellungen[995]. Der Begriff des „Wertes" wird vom Gesetzgeber im BGB, HGB und in anderen Gesetzen gebraucht und stützt sich im wesentlichen auf den am Markt gebildeten durchschnittlichen Preis eines Gegenstandes[996]. Das BGB unterscheidet wie das römische Recht nicht zwischen Wert und Preis (*pretium*)[997]. Das preußische ALR unterscheidet zwischen vier Wertbegriffen[998]. Die Rechtsprechung verwendet den Begriff des „wirtschaftlichen Wertes" bisweilen gleichbedeutend für die Wiederbeschaffungskosten eines Gutes gleicher Funktionalität oder für einen durch Geld er-

[994] Die schadensrechtliche Judikatur weist einen teilweise exzessiven Gebrauch der Vokabel „wirtschaftlich" ohne nähere Begriffserläuterung auf; stellvertretend BGH, Urteil vom 15.10.1991 – VI ZR 67/91, BGHZ 115, 375 = NJW 1992, 305; BGH, Urteil vom 15.10.1991 – VI ZR 314/90, BGHZ 115, 364 = NJW 1992, 302. Kritisch darüber bereits *Ackermann*, Vermögen, 71f.

[995] *Diehl*, FS Stammler, 105 (105). In § 27 Abs. 2 AktG verwendet der Gesetzgeber den Begriff des „Vermögensgegenstandes mit wirtschaftlichem Wert" zur Abgrenzung sacheinlagefähiger Gegenstände. Was hier genau unter „wirtschaftlichem Wert" zu verstehen ist, ist ungeklärt. Soweit ein aktivierungsfähiger Vermögensgegenstand im Sinne des Handelsbilanzrechts (§§ 240ff. HGB) in Rede stehe, solle es auf dieses Merkmal nicht ankommen; im einzelnen näher *Hüffer*, AktG[6], § 27, Rn. 23. Der „wirtschaftliche Wert" solle allerdings eine Rolle für die Einlagefähigkeit nicht aktivierungsfähiger Vermögenspositionen spielen; vgl. BGH, Urteil vom 06.11.1995 – II ZR 164/94, NJW 1996, 458 (459), allerdings ohne genauere Erklärung. Betont wird mehr oder weniger das Moment rechtlich gesicherter Verfügbarkeit für eigene Zwecke. Im Hinblick auf die Gläubigerschutzfuktion des § 27 Abs. 2 AktG scheint letztlich die Bezifferbarkeit in Geld ausschlaggebend zu sein, wobei der bezifferte Wert terminologisch offenbar aber nicht mit dem wirtschaftlichen Wert gleichgestellt wird. Dazu zuletzt BGH, Urteil vom 14.06.2004 – II ZR 121/02, DStR 2004, 1662 (1663), der einen feststellbaren wirtschaftlichen Wert „im Sinne der Einlagefähigkeit" bei obligatorischen Nutzungsrechten annimmt, wenn ihre Nutzungsdauer in Form einer festen Laufzeit oder als konkret bestimmte Mindestdauer feststehe (vgl. auch BGH, Urteil vom 15.05.2000, II ZR 359/98, BGHZ 144, 290 (294) = DStR 2000, 1615 (1616); der Zeitwert eines solchen Nutzungsrechts errechne sich aus dem für die Dauer des Rechts kapitalisierten Nutzungswert.

[996] *Maydell*, Geldschuld, 16; neuerdings zum Wertbegriff *Scholz*, Objektiver Wert.

[997] Vgl. *Wacke*, SZ 94 (1977), 184 (194) und dort Fn. 41, 42 mwN; *Oertmann*, Volkswirtschaftslehre des Corpus Iuris Civilis, 38; *Diehl*, FS Stammler, 107.

[998] ALR 2 I §§ 111-115; zu den Wertbegriffen des ALR näher *Diehl*, FS Stammler, 108ff.

kauften Gebrauchsvorteil oder für den Marktpreis[999]. Vereinzelt wird der „wirtschaftliche Wert" nicht nur im Sinn eines Geldwertpostens, sondern als Ausdruck der Brauchbarkeit eines Gegenstandes verstanden[1000] oder als Inbegriff rechtlicher und tatsächlicher Verwendungsmöglichkeiten[1001]. Weit überwiegend wird mit diesem Begriff Geld und Meßbarkeit in Geld assoziiert. Was aber speziell macht den Wert zu einem „wirtschaftlichen"? Um den Bedeutungsinhalt dieses Begriffs zu verstehen, an den *Fischer* in seiner juristischen Argumentation anknüpft, muß auf die Begriffsbestimmungen der Wirtschaftswissenschaften näher eingangen werden[1002].

2. *Die Grundbegriffe des Wirtschaftslehre*

In den Wirtschaftswissenschaften sind die Begriffe des „wirtschaftlichen Wertes" und des „wirtschaftlichen Gutes" als bedeutsame theoretische Grundbegriffe straff durchgebildet.

---

999 Vgl. BGH, Urteil vom 10.07.1984 – VI ZR 263/82 („Modellboot"), NJW 1984, 2282 (2283); LG Lüneburg, Urteil vom 09.02.1984 – 1 S 384/83, NJW 1984, 1243 (1243); OLG Frankfurt, Urteil vom 27.10.1983 – 1 U 75/83, NJW 1984, 1902 (1903); BGH, Urteil vom 04.05.1982 – VI ZR 166/80, NJW 1982, 1864 (1865); OLG Frankfurt, Urteil vom 29. 11. 1989 – 12 U 32/89, NJW 1990, 3212 (3213); LG Traunstein, Urteil vom 27.05.1999 – 2 O 1849/98, NJW 2000, 615 (615).

Aus dem Gesellschaftsrecht: OLG Koblenz, Urteil vom 16.05.2002 – 6 U 211/01, NZG 2003, 182; OLG Stuttgart, Urteil vom 13.06. 2001 – 20 U 75/00, NJOZ 2001, 1290 (1297); BayObLG, Beschluß vom 31.07.2002 – 3Z BR 362/01, NZG 2002, 1016 (1019); OLG Hamm, Beschluß vom 13.01. 2004 – 15 W 377/03, NJOZ 2004, 937 (941); BGH, Urteil vom 17.12.2001 – II ZR 348/99, NZG 2002, 176 (176); BGH, Urteil vom 30.04.2001 – II ZR 328/00, NZG 2001, 798 (799); BGH, Beschluß vom 21.02.2002 – II ZR 91/00, NZG 2002, 518 (519); OLG Frankfurt, Beschluß vom 29.10.2002 – 24 U 158/01, NJOZ 2002, 2762 (2763); OLG Köln, Urteil vom 19.12.1997 – 4 U 31/97, NZG 1998, 779 (780); OLG Zweibrücken, Beschluß vom 21.11.2002 – 3 W 179/02, NJOZ 2003, 227 (228).

1000 OLG Dresden, Urteil vom 15.07.1999 – 19 U 1480/98, NZG 2000, 248 (250); BGH, Urteil vom 09.11.2001 – LwZR 4/01, NZG 2002, 125 (126).

1001 OLG Düsseldorf, Urteil vom 31.03.1999 – 12 U 176/97, NZG 1999, 944 (946).

1002 Mit Offenlegung des Begriffsbezugs zu den Wirtschaftswissenschaften soweit ersichtlich nur *Fuchs*, JA 1991, 313 (314).

a) Wirtschaften

Wirtschaften bedeutet zweckrationale Verwendung knapper Mittel zur Befriedigung von Bedürfnissen[1003]. *Alle* subjektiv empfundenen Bedürfnisse können dabei zum Beweggrund wirtschaftlichen Handelns werden[1004]. Die Definitionshoheit über jene kommt dabei ausschließlich dem wirtschaftenden Subjekt zu. Ein abschließender Katalog anerkannter Bedürfnisse existiert nicht[1005]. So ist nicht nur das Streben nach Befriedigung materieller Bedürfnisse, wie Nahrung und Kleidung, sondern auch und vor allem die Befriedigung immaterieller Bedürfnisse etwa nach geistigem Genuß oder sozialer Anerkennung Wirtschaft[1006].

b) Gut

Den Bedürfnissen stehen die „Güter" als Mittel zu deren Befriedigung gegenüber. Ein Gegenstand ist „Gut", wenn er einem wirtschaftenden Subjekt zur Verfügung steht und nach *dessen* Urteil zur Befriedigung eines konkret empfundenen Bedürfnisses geeignet ist. Güter sind die „dienstbaren Geister" des wirtschaftenden Subjekts. Ist das Gut im Vergleich zur Summe der Bedürfnisse nur in beschränkter Menge vorhanden oder produzierbar, somit knapp, so ist es ein „wirtschaftliches Gut", unabhängig davon, ob es materieller oder ideeller Natur ist.

[1003] *Blum*, Volkswirtschaftslehre, 3; *Engelkamp-Sell*, Einführung in die Volkswirtschaftslehre, 11; *Schierenbeck*, Betriebswirtschaftslehre, 2; *Altmann*, Volkswirtschaftslehre, 38; *Domschke-Scholl*, Betriebswirtschaftslehre, 3; *Merkle*, Vermögensbegriff, 20.

[1004] Statt aller *Ackermann*, Vermögen, 38: „Es ist aus der Art der Bedürfnisse kein Kriterium für die Natur des Wirtschaftlichen zu gewinnen. "

[1005] Dennoch lassen sich die Bedürfnisse gemäß typischer Prioritätensetzungen in Fom der sog. *Maslow*schen Pyramide kategorisieren: 1. Grundbedürfnisse: fundamentale physiologische Bedürfnisse, 2. Sicherheitsbedürfnisse: Absicherung, Sparen, 3. Soziale Bedürfnisse: Soziale Kontakte, Leben in Gemeinschaft, Geselligkeit; 4. Wertschätzungsbedürfnisse: Befriedigung des Wunsches nach Anerkennung und Bestätigung durch andere; 5. Entwicklungsbedürfnisse: Bedürfnis nach Selbstentfaltung und Selbstverwirklichung. Näher *Blum*, Volkswirtschaftslehre, 3f.; *Engelkamp-Sell*, Einführung in die Volkswirtschaftslehre, 12.

[1006] *Heymann*, FS Stammler, 205 (210).

c) Wert

Das Maß der Eignung zur Bedürfnisbefriedigung (Nutzen), welches ein wirtschaftendes Subjekt einem Gut zuschreibt, heißt „wirtschaftlicher Wert". Dieser Wert[1007] ist nach nunmehr einhelliger Ansicht[1008] streng subjektiv definiert[1009]. Er ist ein nur in der Person des wirtschaftenden Subjekts existenter psychischer Sachverhalt in Form einer Nutzenschätzung. Wert und Nutzen sind weder einem Gegenstand selbst anhaftende Eigenschaften, noch monetäre oder sonst objektiv meßbare Größen, sondern Relationswerte auf der Präferenzskala des betreffenden Wirtschaftssubjekts[1010]. Für dasselbe ist somit der Wert eines Gutes bestimmend für die eigene Entschei-

[1007] Als Grundstein der Güter- und Wertlehre gelten die Ausführungen des *Aristoteles* über die Haushaltsführung, die über die Befriedigung der Lebensbedürfnisse durch den Erwerb nützlicher Dinge handelt; *Aristoteles*, Politeia, Buch I, Kapitel 4, 8 und 9; dazu *Schütrumpf*, Aristoteles Politik Buch I, 121, 234ff., 299ff. (300); *Zeller*, Philosophie, Bd. II/2, 687 (694f.) zu I, 8: „Sie [die Haushaltskunst] hat es mit dem wirklichen Reichtum zu tun, der nichts anderes ist, als ein Vorrat von Werkzeugen für den Haushalt und das Gemeinwesen, und eben deshalb hat der Besitz, den sie sucht, sein natürliches Maß an dem Bedürfnis." Klammerzusatz durch Verfasser.

Vgl. auch *Ulpianus* (59 lib. ad ed.) D. 50, 16, 49: (...) *naturaliter bona ex eo dicuntur, quod beant, hoc est beatos faciunt: beare est prodesse*; „im natürlichen Sinn werden die Güter (*bona*) so genannt, weil sie glücklich machen; Glück bringen heißt von Nutzen sein." Zu *bona* und der Stelle eingehend *Birkmeyer*, Vermögen, 15ff. *ders.*, Vermögen, 20 sieht eine volle Übereinstimmung zwischen *bona* und dem Güterbegriff der Nationalökonomie. Es erscheint durchaus möglich, daß *Ulpian* Aristotelische Philosophie in der Stelle verarbeitet hat. Hierfür spräche die betonende Verbindung von Glück und dem Nutzen äußerer Dinge; vgl. zum Glück bei Aristoteles *Zeller*, Philosophie, Bd. II/2, 616. Zum Verarbeitung philosophischer Einflüsse bei römischen Juristen vgl. *Schermaier*, Materia, 40-43; *Wacke* in: *Wacke-Baldus*, Vorlesungen, 31ff., 44 mit rechtsvergleichender Darstellung der Verarbeitung des *bona*-Begriffs in ausgewählten kontinentalen Rechtsordnungen.

Über die Entwickung des Begriffs des „Gutes" seit *Aristoteles* eingehend die Darstellung bei *Menger*, Grundsätze[2] (1923), 10 Fn. (*).

[1008] Die objektivistischen Wertkonzeptionen, namentlich die Realwertlehre der Klassischen Nationalökonomie, die den im Gut verkörperten Wert einerseits als ein dem Objekt anhaftendes Phänomen (substantielle Wertkonzeption) und als Äquivalent der Herstellungskosten begreift, gelten als überwunden; dazu *Weber-Albert-Kade* in Handwörterbuch der Sozialwissenschaften, Wert, 637 (643f., 648); *Schumann* in: *Issing*, Geschichte der Nationalökonomie, 169 (170ff.).

[1009] *Aaken*, Rational choice, 195ff.; *Altmann*, Volkswirtschaftslehre, 19: „Interpersoneller Nutzenvergleich ist nicht möglich, weder kardinal noch ordinal"; Brauweiler, Vermögen, 47: „Es gibt keine absoluten wirtschaftlichen Güter. Wenn ein bestimmtes Ding als wirtschaftliches Gut bezeichnet werden soll, so ist stets und notwendig dabei zu denken an ein bestimmtes Wirtschaftssubjekt, für das es Gut ist."

[1010] *Köndgen*, AcP 177 (1977), 1 (19).

dungslogik[1011]. In keinem Fall hat der wirtschaftliche Wert eines Gutes aber einen direkten Bezug zu „Geldwert" oder zum „Marktwert", sondern allein die Verfügbarkeit ist objektiv maßgeblich dafür, was wirtschaftliches Gut ist oder werden kann[1012].

d) Vermögen

Das Vermögen im wirtschaftlichen Sinn ist entsprechend definiert als der Vorrat an wirtschaftlichen Gütern, über den ein Wirtschaftssubjekt verfügen kann[1013]. Es handelt sich also um die Summe aller einem Wirtschaftssubjekt verfügbaren Güter, die zur Befriedigung seiner Bedürfnisse geeignet sind[1014]. Soweit der Geldwert des Vermögens zu bestimmen ist, müssen die Güter gemäß den Methoden der Rechnungslegung in Geld veranschlagt werden. Dadurch entsteht ein Abbild des Vermögens im Hinblick auf eine bestimmte Fragestellung.

[1011] Vgl. das von *Roscher*, Grundlagen der Nationalökonomie, 4 Fn. 11 gegebene Gleichnis: „Ein Araber half eine Karawane plündern und erbeutete eine Kiste mit Perlen. Er hielt diese für Reis, gab sie zum Kochen an seine Frau, und als sie gar nicht mürbe werden wollten, so warf er sie weg"; mit Verweis auf *Niebuhr*, Beschreibung von Arabien, 383. Der berühmte Orientreisende *Carsten Niebuhr* war der Vater *Barthold Georg Niebuhrs*; zu diesem Fn. 583.

Zur „Theorie des rationalen Verhaltens" als Präferenzhandeln in Form nutzenmaximierenden Verhaltens vgl. *Aaken*, Rational Choice; *Engländer*, JuS 2002, 535 (537); *Pawlowski*, FS Duden, 349 (360ff.); *Weber-Albert-Kade* in: Handwörterbuch der Sozialwissenschaften, Wert, 637 (648ff.). Das Rationalitätsprinzip darf nicht als Verabsolutierung des Eigennutzes mißverstanden werden. Ökonomische Rationalität läßt gerade auch wechselseitigen Altruismus als Grundbedingung menschlicher Gemeinschaft zu, sozusagen als „aufgeklärten Egoismus"; klarstellend *Blum*, Volkswirtschaftslehre, 10; dazu auch *Eidenmüller*, Effizienz, 32f.

[1012] Vgl. statt aller *Blum*, Volkswirtschaftslehre, 59. Anders nur *Stüdemann*, VersR 1990, 1048 (1053), der als wirtschaftliche Güter nur jene ansieht, die gegen Entgelt erworben werden können. Dagegen *Engelkamp-Sell*, Einführung in die Volkswirtschaftslehre, 13.; *Weisser* in Handbuch der Sozialwissenschaften, Bd. 11, Vermögen, 163 (163f.); *Pape*, Zeitschrift für Betriebswirtschaft 1929, 60 (64): „Wie man Vermögen – im Sinne der Gesamtheit von Vermögensmitteln – einer Person „in Geldeinheiten messen" oder „in einer Geldsumme" veranschlagen kann, dürfte nur ein Zauberkünstler lehren können. "

[1013] Insgesamt *Engelkamp-Sell*, aaO; *Merkle*, Vermögensbegriff, 21; *Stüdemann*, VersR 1990, 1048 (1053); *Pape*, Zeitschrift für Betriebswirtschaft 1929, 60 (64f.): „Wirtschaftliches Vermögen ist die menschliche Fähigkeit, so zu wirken, daß die Befriedigung seiner Bedürfnisse durch seltene (wirtschaftliche) Güter gemäß dem Güterbestande gesichert ist. "

[1014] Vor diesem Hintergrund wird auch die Vermögensdefinition von *Enneccerus-Nipperdey*, AT[15], 455, 841 besser nachvollziehbar: „Gesamtheit der Rechte, die zur Befriedigung der Bedürfnisse einer Person dienen."

e) Preis

Der Preis[1015] ist die konkrete durch Tausch eines Gutes erlangbare Gegenleistung und wird als Kategorie vom „Wert“ desselben scharf geschieden[1016]. Während der Wert eines Gutes sich nur in der Psyche eines Individuums manifestiert, konkretisiert sich der Preis einer Ware nur am Markt durch Interaktion einer Vielzahl von Individuen. Der Markt ist als ökonomischer Ort des Tausches definiert und umfaßt die Gesamtheit der Tauschbeziehungen von Anbietern und Nachfragern eines bestimmten Gutes oder einer Gütergruppe[1017].

Preisbestimmend sind zahlreiche Faktoren: gegebene Marktform, Vollkommenheitsgrad des Marktes, Wirtschaftsstufe sowie Zielsetzungen und Verhaltensweisen der Nachfrager und Anbieter, welche ihrerseits wiederum durch unzählige Bedingungen beeinflußt werden[1018]. Der Preis einer Ware ist deshalb wegen der Komplexität der einwirkenden Umstände nicht mehr allein als Funktion der subjektiven Werturteile der Nachfrager definierbar oder allein auf der Basis ihrer Nutzeneinschätzung oder ihrer Preiswilligkeit[1019] ermittelbar[1020]. *Einen* bzw. *den* Preis einer Ware kann es nur dort geben, wo die fünf Bedingungen eines sog. vollkommenen Marktes erfüllt

---

[1015] Im juristischen Sprachgebrauch im allgemeinen in der Bedeutung des „objektiven Wertes“ bzw. „Marktwertes“ verwendet; vgl. Palandt-*Putzo*[63], § 441, Rn. 14. Der „objektive Wert“ eines Gegenstandes ist mit diesem indes nicht stets identisch, denn ein objektiver Wert kann gerichtlich *in den Fällen des § 287 ZPO* auch unabhängig vom Marktpreis geschätzt werden, soweit objektive Maßstäbe vorliegen; eingehend *Scholz*, Objektiver Wert, 87ff.

[1016] Schon *Engländer*, Wertlehre, 14.

[1017] *Engelkamp-Sell*, Einführung in die Volkswirtschaftslehre, 11

[1018] Dazu eingehend *Ott*, Preistheorie, 27ff.

[1019] Als sog. „Preiswilligkeit“ bezeichnet *Engländer*, Wertlehre, 12f. das Geldgebot, das ein Nachfrager zur Anschaffung eines Gutes höchstens hinzugeben bereit ist. Die Preiswilligkeit basiert auf der Überlegung, daß ein Nachfrager nur höchstens so viel ausgeben kann, wie ihm nach Befriedigung wichtigerer Bedürfnisse verbleibt. Das Höchstgebot für ein Gut ist nach *Engländer* somit durch das verfügbare Vermögen des Käufers, durch den wirtschaftlichen Wert des zu erwerbenden Gutes und durch den Preis der dem Gut im Rang vorgehenden, wichtigeren Güter bestimmt. Direkt besagt die Preiswilligkeit jedoch nur, *wer* sich ein Gut nach seiner Präferenzskala leisten könnte.

[1020] Anders wohl *Scholz*, Objektiver Wert, 96 anlehnend an *Mertens*, Vermögesschaden, 71, welcher den objektiven Wert als „intersubjektiven Wert im Rahmen eines Wirtschaftskreises, als Durchschnittsnützlichkeitsrelation“ ansieht. Gegen diese Vereinfachung jedoch *Köndgen*, aaO. Auf die einzelnen Mechanismen der Marktpreisbildung kann hier nicht näher eingegangen werden; vgl. dazu die Darstellungen bei *Schierenbeck*, Betriebswirtschaftslehre, 273-285; *Altmann*, Volkswirtschaftslehre, 226ff.; *Ott*, Preistheorie, 27ff.

sind[1021]. Die Wirklichkeit zeigt, daß die Preise für dieselbe Ware je nach Wirtschaftsstufe, Herkunft und Anbieter erheblich variieren können[1022]. Den exakten Marktpreis bzw. Marktwert zu bestimmen, ist deshalb in vielen Fällen kaum möglich[1023]. Dem entspricht, daß die nach dem Gesetz bisweilen erforderliche Ermittlung[1024] des „objektiven Wertes" einer Sache in Geld, wenn ein Marktpreis des Gutes nicht ermittelbar ist, ohne die Zuhilfenahme von Mittelwerten, Kostenrechnungen[1025], Vergleichen zu ähnlichen Gütern[1026] oder schlicht Fiktionen in Form von Rekursen auf die „Verkehrsanschauung[1027]" nicht auskommt.

[1021] *Blum*, Volkswirtschaftslehre, 142: 1. Nur homogene und fungible (vertretbare) Güter werden gehandelt; 2. Freier Marktzugang; 3. Vollkommene Markttransparenz; 4. keine räumliche oder zeitliche Differenzierung zwischen Angebot und Nachfrage; 5. Keine persönlichen Präferenzen der Käufer für bestimmte Verkäufer und umgekehrt. Näher auch *Engelkamp-Sell*, Einführung in die Volkswirtschaftslehre, 73; Musserl, 153.

[1022] Augenfällig wird dies beim nach Art. 28 EG grundsätzlich zulässigen Handel mit parallel eingeführten Gütern (sog. „grey market goods"). Dies sind Güter gleicher Marke, die vom Hersteller oder dessen Lizenznehmer für verschiedene nationale Märkte innerhalb der EG zum dortigen Verkauf zu unterschiedlichen Preisen produziert werden. Durch Parallelimport werden diese Güter mit uU erheblichem Preisunterschied auf einen Markt geworfen. Der Importeur will so einen Teil der Preisdifferenz als Verkaufsgewinn abschöpfen. Instruktiv zur Problematik EuGH, Urteil des Gerichtshofes vom 06.01.2004 – Verbundene Rechtssachen C-2/01 P und C-3/01 P, Celex, Dok.-Nr. 62001J[00]02; EuGH, Vorabentscheidung des Gerichtshofes vom 18.05.1989, Verbundene Rechtssachen 266/87 und 267/87, Slg. 1989, 1295; Celex, Dok.-Nr. 61987J[02]66; Commission Communication on parallel imports of proprietary medicinal products for which marketing authorisations have already been granted, Celex, Dok.-Nr. 52003DC[08]39, sub Nr. 2.

[1023] *Lange-Schiemann*, Schadensersatz[3], § 1 III 2 (40): „Für viele Wirtschaftsgüter scheitert die Ermittlung eines allgemein verbindlichen Preises auch an der mangelnden Standardisierung."

[1024] Vgl. § 818 Abs. 2 BGB.

[1025] So die Zeitwertermittlung auf der Basis von Neuanschaffungskosten und Abschreibungen bei gebraucht unveräußerbaren Gütern (instruktiv OLG Koblenz, Urteil vom 12.06.1991 – 12 U 330/87, VersR 1991, 1188 (1188)) oder nach Herstellungskosten bei unveräußerbaren Einzelanfertigungen; zu den Möglichkeiten der „Näherung" des Wertes in Abhängigkeit der jeweiligen Marktrolle im einzelnen näher *Scholz*, Objektiver Wert, 93ff.; *Mertens*, Vermögensschaden, 72f. Auch rein betriebswirtschaftliche Methoden zur Bestimmung des objektiven Wertes eines Unternehmens sind anzutreffen; OLG Köln, Urteil vom 26.03.1999 – 19 U 108/96, NJW 1999, 1222 (1223).

[1026] So bei BGH, Urteil vom 10.07.1984 – VI ZR 262/82 („Modellboot"), NJW 1984, 2283 (2284).

[1027] Vgl. *Grunsky*, Aktuelle Probleme, 36. Zur Unsicherheit der „Verkehrsauffassung" bei der Findung von Maßstäben für die Erheblichkeit von Sachmängeln vgl. *Baldus*, Binnenkonkurrenz, 37-42 (zu § 459 I 2 BGB aF); übertragbar auf den kaufrechtlichen Rücktritt nach §§ 437 Nr. 2, 323 Abs. 5 S. 2 BGB.

Die Grundlagen dieser subjektivistischen Wertkonzeption legte die deutsche Nationalökonomie des 19. Jahrhunderts in Abgrenzung zu objektivistischen Werttheorien englischen Ursprungs[1028]. Aufbauend auf den Arbeiten von u.a. *Eberhard Friedländer*, *Karl Knies*, *Wilhelm Roscher*, *Albert Eberhard*, *Friedrich Schäffle* und *Hermann Rösler*[1029], deren Wertlehren die subjektive Bestimmung des Wertes noch an die Voraussetzung sittlicher und vernünftiger bzw. kollektiv gebilligter Zwecksetzung binden[1030], stellt *Carl Menger* in seiner Habilitationsschrift „Grundsätze der Volkswirtschaftslehre" (1871) die subjektive Wertlehre erstmals auf die alleinige Grundlage der autonomen Zweckbestimmung des Wirtschaftssubjekts. Dabei baute er auf dem bereits von *Roscher* geprägten Begriff des „Gutes[1031]" auf:

> „Güter im Sinne unserer Wissenschaft sind also zur Befriedigung menschlicher Bedürfnisse als tauglich erkannte und für diesen Zweck verfügbare Dinge"[1032],

und entwickelt den „Wert" als streng subjektive Kategorie[1033]:

[1028]Namentlich die sog. Arbeitswert- oder Produktionskostenlehre der durch *Adam Smith* und *David Ricardo* vertretenen englischen Klassischen Schule; näher *Schumann* in Issing, Geschichte der Nationalökonomie, 170ff.; *Rothschild*, Wiener Schule, 11 (15f.); *Weber-Albert-Kade*, in: Handbuch der Sozialwissenschaften, Wert, 637 (644); *Merkle*, Vermögensbegriff, 96. Zur Wertlehre *Mengers* unter vergleichender Betrachtung zu *Marx* und englischen Klassikern instruktiv *Kong*, Cambridge Journal of Economics 2000, 87 (88f., 92, 94f., 102f. mwN).

[1029]Vgl. den theoriengeschichtlichen Abriß bei *Menger*, Grundsätze^2 (1923), 103 Fn. (*).

[1030]Dazu eingehend *Priddat*, Gattungswert, 241 (248); *Priddat*, Wert und Bedeutung, 287 (290, 293f.). Die wohlfahrtliche Tendenz *Roschers* der in Form des Verlangens nach einem sozial anerkannten Gebrauchswert ist in *Fischers* Rückeinschränkung betreffend der gefräßigen Katzen (*Fischer*, Schaden, 20) deutlich wiederzuerkennen.

[1031]Näher *Blum*, Volkswirtschaftslehre, 59.

[1032]*Menger*, Grundsätze^2 (1923), 10f. *Menger* knüpft ein „Gut" an vier Voraussetzungen (11): „1. Erkenntnis eines menschlichen Bedürfnisses, 2. objektive Eigenschaften eines Dings, welche es tauglich machen, die Befriedigung des Bedürfnisses zu bewirken, 3. die Erkenntnis dieser Tauglichkeit, 4. die Verfügung über dieses Ding. " Trotz Nr. 2 versteht *Menger*, aaO die Güterqualität nicht als Gegenstandsmerkmal: „Der Gütercharakter solcherart ist den Dingen nichts Anhaftendes. Er hat gewisse objektive Eigenschaften der Dinge zur Voraussetzung, ist jedoch nicht selbst eine Eigenschaft, sondern eine Beziehung der Dinge zu uns, mit deren Lösung die betreffenden Dinge aufhören, Güter zu sein".

[1033]*Menger*, Grundsätze^2 (1923), 104; dazu *Priddat*, Wert und Bedeutung, 290, der allerdings zutreffend herausarbeitet (vgl. 297), daß auch Menger sich – in Widerspruch zu seinem eigenen Konzept – noch nicht vollständig von der Moralphilosophie seiner Zeit lösen konnte, wie dessen Ausschluß von der ökonomischen Betrachtung der von ihm als „freiwillige Äußerungen der Persönlichkeit" bezeichneten Güter („Liebe", „Anerkennung" etc.) zeigt.

„und es ist somit dieser letztere die Bedeutung, welche konkrete Güter oder Güterquantitäten dadurch erlangen, daß wir in der Befriedigung unserer Bedürfnisse von der Verfügung über dieselben abhängig zu sein, uns bewußt sind“[1034].

„Der Güterwert ist in der Beziehung der Güter zu unseren Bedürfnissen begründet, nicht in den Gütern selbst. (...) Der Wert ist demnach nichts den Gütern anhaftendes, keine Eigenschaft derselben, ebensowenig aber auch ein selbständiges, für sich bestehendes Ding (...) und demnach außerhalb des Bewußtseins der Menschen nicht vorhanden (*)“[1035].

Bezeichnenderweise rügt *Menger* den objektivierenden Gebrauch von „Wert“ in seiner Disziplin:

„Es ist daher keine korrekte Ausdrucksweise, wenn ein Gut, welches für die wirtschaftenden Subjekte Wert hat, ein „Wert“ genannt wird oder aber die Volkswirte gar von Werten gleichwie von selbständigen realen Dingen sprechen und der Wert solcherart objektiviert wird. Denn das, was objektiv besteht, sind doch immer nur die Güter, während ihr Wert etwas von denselben wesentlich Verschiedenes, ein Urteil ist, das sich die wirtschaftenden Individuen über die Bedeutung bilden, welche die Verfügung über die Güter für die Aufrechterhaltung ihres Lebens, beziehungsweise ihrer Wohlfahrt hat. Es hat aber die Objektivierung des seiner Natur nach durchaus subjektiven Güterwertes gleichfalls sehr viel zur Verwirrung der Grundlagen unserer Wissenschaft beigetragen.[1036]“

Er wendet sich vor allem energisch gegen die Verwechslung von „Wert“ und „Geldwert“:

„ Das Wort „Wert“ hat einen doppelten Sinn. Man versteht darunter im gemeinen Leben einerseits die oben dargelegte spezifische *Bedeutung*, welche Güter für uns haben, und andererseits die *Güterquantitäten*, welche für ein Gut im Austausch erlangt werden können. Im ersten Fall ist der Wert die zu unserem Bewußtsein gelangte *Wichtigkeit* eines Gutes für unser Leben und unsere Wohlfahrt, im anderen Fall eine *Quantität von Gütern* überhaupt oder von Geld insbesondere (Geldwert eines Dinges!), und es werden somit zwei durchaus verschiedene Begriffe mit dem nämlichen Wort bezeichnet, ein Sprachgebrauch, welcher trotz aller Verwahrungen einzelner Schriftsteller auch in unsere Wissenschaft übergegangen ist und in nicht geringem Maße zur Verwirrung der höchsten Prinzipien unserer Wissenschaft beigetragen hat.
Diese aus dem obigen Doppelsinn des Wortes „Wert“ entspringenden Übelstände können vermieden werden, wenn der in Rede stehende Ausdruck in der theoretischen

---

[1034] *Menger*, Grundsätze² (1923), 103.
[1035] *Menger*, Grundsätze² (1923), 108.
[1036] *Menger*, Grundsätze² (1923), 108 Fn. (*).

Nationalökonomie technisch nur in der ersteren der oben angeführten Bedeutungen gebraucht (...) würde"[1037].

Menger verwirft weiter auch die verbreitete Unterscheidung zwischen Gebrauchswert und Tauschwert, da beide Wertformen Ausdruck desselben Wertes bei jeweils direkter oder indirekter Verwendung des Gutes seien[1038]. Das Vermögen ist bei *Menger* die Gesamtheit der einer Person verfügbaren wirtschaftlichen Güter[1039], wobei er konsequent die von *Jean Baptiste Say* zunächst vertretene, dann auch von diesem aufgegebene Ansicht ablehnt, daß die Vermögensqualität der Güter nur auf deren Tauschwert basiere[1040].
Im weiteren Fortgang setzte sich *Mengers* Begriffsdogmatik bei den nationalökonomischen Schriftstellern durch (sog. Österreichische oder Wiener Schule)[1041] und gilt im wesentlichen bis zum heutigen Tag für die Grundbegriffe der Volkswirtschaftslehre, wenn auch deren Bedeutung im Rahmen der Preistheorie zugunsten mathematischer Entscheidungs- und Simulationsmodelle, so namentlich derjenigen der Spieltheorie (Operations Research), gewichen ist[1042].

[1037] *Menger*, Grundsätze² (1923), 109. Hervorhebungen im Original.

[1038] *Menger*, Grundsätze² (1923), 111. Zum Verhältnis zwischen „Tauschwert" und Preis *Böhm-Bawerk*, Gesammelte Schriften, 472: „Der Begriff des Tauschwertes steht in naher Beziehung zu dem des Preises, fällt aber mit diesem keineswegs zusammen. Der Tauschwert ist die Fähigkeit, im Austausch ein Quantum anderer Güter zu erlangen, der Preis ist dieses Güterquantum selbst"; dagegen vereinzelt *Conzelmann*, Vermögen, 24, der wirtschaftliche Güterqualität und Preis gleichsetzt.

[1039] *Menger*, Grundsätze² (1923), 82f.

[1040] Näher dazu *Menger*, aaO mit Bezug auf *Jean Baptiste Say*, Traité d'économie politique ou simple exposition de la manière dont se forment, se distribuent et se consomment les richesses, Paris, 1803.

[1041] Vgl. *Rothschild*, Wiener Schule, 11 (16ff.); *Böhm-Bawerk*, Gesammelte Schriften, 16, 19; *Engländer*, Wertlehre, 2, 27f.; *Roche-Agussol*, Werttheorie, 33; *Scott*, Werttheorie, 41; *Wagner*, Theoretische Sozialökonomik, 28, 30; *ders.*, Politische Ökonomie, 286 mit zahlreichen Literaturnachweisen, 288f., 309; zum Durchbruch der Lehre *Mengers* vgl. *Schumann*, in: *Issing*, Geschichte der Nationalökonomie, 175; *Kolb*, Geschichte der Volkswirtschaftslehre, 126; *Winkler*, ZNR 2004, 262 (274f. mwN); *Rothschild*, Wiener Schule, 11ff.; *Hicks-Weber*, Austrian School.

[1042] Vgl. *Weber-Albert-Kade*, in: Handbuch der Sozialwissenschaften, Wert, 637 (649ff.). Zur Entwicklung der Wiener Schule nach 1945 und Möglichkeiten theoretischer Reaktualisierung *Seidel*, Wiener Schule, 223 (230, 234ff.).

VI. Zusammenfassung

Die Nationalökonomie scheidet streng zwischen Geldwert (Marktpreis) und dem auf dem wirtschaftlichen Güterbegriff aufbauenden Vermögensbegriff. Die Abhängigkeit vom Begriff des wirtschaftlichen Gutes macht den nationalökonomischen Vermögensbegriff zu einer wertungsfreien Mittel-Zweck-Kategorie: als einem Potential materieller oder immaterieller Mittel zur Verwirklichung selbstbestimmter Zwecke. Die Merkmale dieses Vermögenskonzepts sind Subjektivität und Relativität, weil die Zwecke, in deren Abhängigkeit sich das Vermögen manifestiert, individuell verschieden gesetzt werden. Geldwert spielt funktionell nur dann eine Rolle, wenn derselbe veranschlagt werden soll, um das Vermögen *als Geldsumme* anderen Geldsummen vergleichend gegenüberzustellen, wie namentlich dem Kapital in der Bilanz. Weder handelt es sich beim Geldwert aber um ein konstitutives Merkmal der wirtschaftlichen Güter noch des Vermögens als deren Inbegriff[1043].

Die Übernahme nationalökonomischer Begrifflichkeiten der juristischen Lehre ist bei einigen zeitgenössischen Autoren feststellbar[1044]. Auch in den Beratungen zum BGB wurde über die Verwendung des Begriffs des „wirtschaftlichen Gutes“ diskutiert[1045]. Vor allem wird deutlich, daß *Fischer* von „wirtschaftlichen Gütern“ nicht in einem untechnischen Sinn sprach, sondern sich der übernommenen Begriffe in ihrer eigentlichen Bedeutung bediente. Gerade in der schadensrechtlichen Litera-

---

[1043] *Brauweiler*, Vermögen, 66; *Ackermann*, Vermögen, 63.

[1044] Sogleich in Fn. 1045, 1047. Mustergültig *Keller*, Pandekten², Bd. I, 114. Vgl. auch *Enneccerus-Nipperdey*, AT¹⁵, 455, 841; *Martin*, AcP 102 (1907), 444 (450); *Hellwig*, Verträge auf Leistung an Dritte, 56; *Liebisch*, 12: „Es gibt auch Vermögensrechte ohne Geldwert. Der Wert ist ein wirtschaftlicher Begriff und bestimmt sich danach, ob durch Tausch oder durch Nutzung ein Vorteil aus den einzelnen Vermögensgegenständen gezogen werden kann“.

[1045] *Reatz* in Gutachten aus dem Anwaltsstand, 163 (174), der im Gegensatz zur herrschenden Lehre und zum Ersten Entwurf nicht nur eine Vermögensbereicherung, sondern „jedes wirtschaftliche Gut“ als Gegenstand der Schenkung zulassen will: „Wirtschaftliches Gut ist aber nicht bloß das Ding der außermenschlichen Natur, welches unsere materiellen Bedürfnisse zu befriedigen imstande ist (Vermögensgegenstand), sondern Alles und Jedes, was unsere anerkannt wirtschaftlichen Bedürfnisse und Interessen, materielle und immaterielle, zu befriedigen geeignet ist, und was die Quelle wirtschaftlicher Mittel sein kann. Das materielle Vermögen ist nur eine Spezies des wirtschaftliche Gutes. “ Anlehnend an *Reatz* beantragte *Wilke* in den Beratungen der Zweiten Kommission, § 437 E I (§ 516 BGB) unter Aufnahme des Begriffs „wirtschaftliches Gut“ in den Gesetzeswortlaut zu fassen. Der Antrag wurde abgelehnt, da man den existierenden Schenkungsbegriff nicht durch „Liberalitäten immaterieller Natur“ ins Wanken bringen wollte; Protokolle II, Bd. II, 1, 3 (1609-1632) = *Jakobs-Schubert*, §§ 432-651, § 516, 347. Zum ganzen *Zimmerle*, 18; *Fischer*, Unentgeltlichkeit, 24.

tur[1046] wird der Begriff des „wirtschaftlichen Wertes" demgegenüber sinnentstellend benutzt, wenn er ausnahmslos auf geldwerte Güter beschränkt wird und nur diese zum Vermögen gezählt werden[1047]. Indem sich das Reichsgericht diesen Sprachge-

---

[1046] Stellvertretend *Stüdemann*, VersR 1990, 1048 (1053).

[1047] Konsequent und richtig *Ostendorf*, BB 1973, 822 („824ff.). Die Diktion, die als wirtschaftlichen Vermögensbegriff die Summe aller Rechte und Güter „von wirtschaftlichem Wert" identifiziert und dabei „wirtschaftlichem Wert" mit Geldwert gleichsetzt, dürfte ihre frühe Wurzel in den Ausführungen von *Brinz*, Pandekten², Bd. I, 445 und in denjenigen *Neuners* in „Wesen und Arten der Privatrechtsverhältnisse" (1866) über das Wesen der Vermögensverhältnisse haben. Brinz, aaO:

„So wesentlich ein Rechts- als ein Wirtschaftsbegriff ist das Vermögen, wenn man den Akzent auf seine wirtschaftliche Seite legt, der Inbegriff von Werten, man kann sagen der Wert, den jemand hat- wenn man ihn auf die Rechtsseite legt, die Gesamtheit der Habe, die aktiv oder passiv von Wert ist. (...) Die Werte, welche das Vermögen bilden, bestehen in Geld oder Geldes Wert. "

Neuner, Privatrechtsverhältnisse, 42 definiert als Vermögensverhältnis:

„die Beziehung einer Person zu einem Gute von ökonomischem, von wirtschaftlichem Wert, also – nachdem das Geld als ein allgemeiner Wertrepräsentant der wirtschaftlichen Güter unter den Menschen eingeführt ist – von pekuniärem Interesse".

Die Erklärung dieser fehlerhaften Gleichsetzung liegt darin, daß *Neuner* das Vermögen nach Rechten konstituiert und als Substrat dieser Rechte („faktische Objekte der Vermögensrechte") die „ökonomischen Güter" nur insoweit einbezieht, als sie sich einer rechtlichen Herrschaft unterordnen lassen, *Neuner*, aaO. Das Recht stelle sich zu den ökonomischen Gütern anders als die Wirtschaftslehre, denn es handle nicht von der Produktion, sondern von der Möglichkeit der Unterwerfung der Güter unter die gegenwärtige rechtliche Herrschaft einer Person. In Konsequenz erscheine dem Recht nicht alles, was nach wirtschaftlicher Ansicht unter die ökonomischen Güter falle, als mögliches Objekt einer Vermögensherrschaft, sondern nur solche ökonomischen Güter seien Vermögensobjekte, die einer wirklichen Herrschaft unterworfen werden können; *Neuner*, Privatrechtsverhältnisse, 49f. Diese existiere in Form von Eigentum und Forderungsrechten. Besteht kein Eigentum, soll das Gut also erst erworben werden, so kommt nach Neuner Vermögensherrschaft nur in Betracht, wenn das Recht ein Forderungsrecht gewährt. Hier vertritt *Neuner* im bereits behandelten Streit um das vermögenswerte Obligationsinteresse den Standpunkt der damalig herrschenden Meinung der pandektistischen Lehre, daß Forderungen eine geldwerte Leistung zum Gegenstand haben müßten, da sie sonst der effektiven Durchsetzbarkeit entbehrten; *Neuner*, Privatrechtsverhältnisse, 62. Daraus folgt, daß, soweit nicht Sacheigentum in Rede steht, sich nach *Neuner* ein Vermögensrecht nur auf wirtschaftliche Güter mit Geldwert beziehen kann, so daß also nur geldwerte ökonomische Güter „vermögenswert" sind. Verallgemeinert man diesen Befund, so gelangt man direkt zu der heute in der juristischen Literatur typischen Gleichsetzung von wirtschaftlichem Wert und Geldwert. Ähnliche Verquickungen des „wirtschaftlichen Wertes" mit Geldwert auch bei *Tuhr*, AT, Bd. I, 314; *Birkmeyer*, Vermögen, 295ff., 302ff., 325ff.; *Cohn*, Schenkung, 40; *Windscheid-Kipp*, Pandekten⁹, Bd.I, 178 Fn.1, 179; *Dernburg*, Pandekten⁷, Bd. I, 47f.; *Jahr*, AcP 183 (1983), 725 (733); Kipp-*Coing*, ErbR¹⁴, § 91 II 2 (502); *Sohm*, Archiv f. BüR 28 (1906), 173 (180). Auch Larenz-Wolf, AT⁸, § 21 I 1b (380), der für Vermöbrauch zu eigen machte, trug es vermutlich wesentlich zu dessen Verbreitung bei[1048]. Ob daraus stets konkrete juristische Folgerungen abzuleiten sind[1049], oder ob sich die jeweiligen Argumentationen durch die Verwendung des Wortes „wirtschaftlich" eher nur mit dem Nimbus unanfechtbarer praktischer Wahrheit umgeben wollen, soll auf sich beruhen. Es ist jedenfalls festzustellen, daß der im Kontext mit dem Vermögen gebrauchte Begriff des „wirtschaftlichen Wertes" ein Begriff nationalökonomischer Herkunft ist, welcher in korrekt verstandener Weise nicht auf Geldwert, sondern auf subjektive Nützlichkeit abstellt. Hierin liegt die entscheidende Grundlage, die eine Emanzipation des Vermögensbegriffs vom Merkmal des Geldwertes erlaubt.

D. Der subjektiv-funktionale Vermögensbegriff

I. Inhalt

Aufbauend auf der von *Fischer* aufgegriffenen subjektiven Wertlehre der Nationalökonomie[1050] entwickelte *Mertens* in seiner Habilitationsschrift „Der Begriff des Vermögensschadens im Bürgerlichen Recht" (1967) den sog. „subjektiv-funktionalen" Vermögensbegriff, welchen er der am Geldwert orientierten herrschenden Meinung („objektiv-summatischer Vermögensbegriff") gegenüberstellt[1051].

---

genswert einen „in Geld ausdrückbaren wirtschaftlichen Nutzen" verlangt, ohne klarzustellen, daß nicht jeder wirtschaftliche Nutzen in Geld ausdrückbar sein *muß*.

[1048] RG, Beschluß vom 14.12.1910 – II 1214/10, RG St 44, 230 (233) zu § 263 StGB: „Der Vermögensbegriff ist in erster Linie ein Begriff des wirtschaftlichen Lebens. Vermögen ist wirtschaftliche Macht, ist alles das, was für die wirtschaftlichen Verhältnisse einer Person Wert hat, somit ein Inbegriff von Werten, oder, da im Systeme der Geldwirtschaft jeder Wert in Geld ausgedrückt werden kann: die Summe der geldwerten Güter einer Person. "

[1049] Skeptisch auch *Mertens*, Vermögensschaden, 124.

[1050] *Fischer* hat sich wahrscheinlich auch in FS Rosenthal, 3 (11) nicht völlig von dieser Lehre distanziert, wo er ausschließlich die Berechenbarkeit nach objektiven Vergleichsmomenten als Merkmal des Vermögenswertes betont. Er nimmt dort spürbar nur Bezug zum Vermögensschadensproblem. Insofern werden seine früheren Aussagen nicht obsolet, soweit sie in einem anderem als dem schadensrechtlichen Kontext auf den Vermögensbegriff bezogen werden.

[1051] *Mertens*, Vermögensschaden, 135. Vorläufer in der Betonung des Gebrauchswertes als maßgeblicher Determinante eines fortschrittlich verstandenen Vermögensbegriffs hat *Mertens* in *Kohler*, Archiv f. BüR 10 (1895), 241 (258); *Ders.* Archiv f. BüR, Bd. 12 (1897), 1 (2ff.); *Ryck*, Schuldverhältnisse, 9; *Stammler*, Schuldverhältnisse, 3 und namentlich *Jhering*, Gäubahn-Gutachten, 84.

Das Vermögen sei als ein auf die Person seines Trägers bezogenes, gegenständlich gewährleistetes und in dessen Person seine Einheit findendes Handlungspotential bzw. Mittelreservoir zur Erfüllung selbstbestimmter Zwecke und Bedürfnisse[1052]. Der objektiv-summatische Vermögensbegriff sei unzureichend, weil er derart heterogene Einheiten wie Rechte, Güter und wirtschaftliche Positionen unter dem Vermögensbegriff als Summe zusammenfasse, ohne das subjektive Element, den Personenbezug adäquat zum Ausdruck zu bringen[1053]. Das Vermögen sei nicht die schlichte Anhäufung geldwerter Positionen, sondern ist nach *Mertens* eine auf die Lebensziele des Subjekts funktionell ausgerichtete Organisiertheit[1054]. Die subjektiv-funktionale Vermögenstheorie müsse dabei von vornherein auf den Begriff des Wertes und auf die subjektive Wertlehre der Nationalökonomie zurückgreifen, da die Subjektbezogenheit des Wertbegriffs allein der von *Mertens* vertretenen Vermögensauffassung entspreche. Daß das Schadensrecht nur Ersatz von in Geld schätzbaren Vermögensschäden gewährleiste, könne keine Beschränkung der Vermögensziele der Person auf Gewinnerzielung (*homo oeconomicus*) bewirken[1055].

Die vom Gesetz verlangte Abgrenzung zu nichtersatzfähigen Affektionsinteressen vollzieht *Mertens*, indem er in Anlehnung an *Fischer* als subjektive Vermögenswerte nur Güter mit „objektiv-individueller" Wertschätzung[1056] ansieht, da die Rechtsordnung es nicht dem Geschädigten überlassen könne, zu bestimmen, für welche Schäden ein Dritter Ersatz zu leisten habe[1057]. Wenn die individuelle Wertschätzung für

[1052] *Mertens*, Vermögensschaden, 125, 128; zustimmend *Ostendorf*, BB 1973, 822 (824): „gegenständliche Gewährung eines subjektiven Freiheitsraumes". *Mertens* verweist auf *Savigny*, SysRömR, Bd. I, 375f. Zum *Savigny*schen Vermögensbegriff siehe oben Teil IV § 1 B. I. 1. *Savigny* stellt jedoch in letzter Konsequenz auf den Geldwert ab. Eine jedenfalls in der starken Zweckbetonung ähnelnde Konzeption des Vermögens lieferte auch die heute nicht mehr vertretene, auf *Meszlény* und *Schwartz* zurückgehende sog. „Zweckvermögenstheorie", welche nicht die Person, sondern einen gesetzlichen Zweck als konstituierendes Merkmal des Vermögen ansieht und insoweit den subjektiven Selbstzweck der Person, die dienende Funktion des Vermögens, als wichtigsten Vermögenszweck anerkennt; vgl. *Meszlény*, Vermögen, 22-24; *Schwartz*, Archiv f. BüR 32 (1908), 12 (31f.); kritisch dazu *Fischer*, FS Rosenthal, 3 (15ff.).

[1053] *Mertens*, Vermögensschaden, 126.

[1054] Vgl. auch *Conzelmann*, Vermögen, 21.

[1055] *Mertens*, Vermögensschaden, 153.

[1056] D. h. nach Maßgabe der sozialen Anerkennung unter Berücksichtigung der „Eigenart der Lebensziele des Betroffenen"

[1057] *Mertens*, Vermögensschaden, 145. Dieser „objektiv-individuellen" Betrachtung entspricht das bei *Fischer* auffindliche Korrektiv sozial anerkannter bzw. vernünftiger Zwecksetzung, bezogen auf die Frage, was ein wirtschaftliches Gut und damit Vermögensbestandteil sein

einen Gegenstand hingegen auf einen objektiven Standard rückführbar sei, so sei das Gut Vermögensgut, egal ob es materiell oder immateriell sei[1058]. Erst dann habe sich die Unterscheidung anzuschließen, ob für dieses Gut ein kompensationsfähiger objektiver Wert in Geld bestimmbar sei[1059].

Nach *Mertens* existieren daher Vermögenswerte, die z. B. als sozial anerkannte Affektionsinteressen an Erinnerungsstücken zwar nicht in Geld schätzbar sind, und deren Beeinträchtigung somit nicht in Geld ausgeglichen werden kann, die aber dennoch zum Vermögenszweckverband um die Person gehören[1060].
Das Vermögen konstituiert sich aus dieser Sicht durchaus im herkömmlichen Sinn aus den gegenständlichen (materiellen) Gütern einer Person. Diese Güter aber werden in einer bestimmten Funktion gesehen, als Handlungs- und Entfaltungspotential des Vermögensträgers. Sie sind Grundbedingung der Entwicklung seiner Subjektivität[1061]. Kern des subjektiv-funktionalen Vermögensbegriffs ist damit eine Zweckwidmung der Bestandteile durch das Vermögenssubjekt, das diesen eine bestimmte Rolle in der Vermögensorganisation zuweist. Nicht ins Vermögen fallen können die

---

kann. Seine Parallele findet das Kriterium in der subjektivistischen Wertlehre vor *Menger*; vgl. oben Teil VI § 2 C. V. 3. Seit ihm hat sich die Abhängigkeit der Eigenschaft eines wirtschaftlichen Gutes von sozial anerkannter Nützlichkeit überholt. Auch nach der von *Mertens* aufgestellten Theorie ist nicht zwingend erforderlich, die Vermögenseigenschaft der betreffenden Position von ihrer sozialen Anerkennung abhängig zu machen, da die zusätzliche Bedingung der Schätzbarkeit der Einbuße in Geld die vom Gesetz geforderte Beschränkung der Geldkompensation auf in Geld spürbare Schäden zureichend leistet.

1058 *Mertens*, Vermögensschaden, 154f.

1059 Insoweit nicht überzeugend die Kritik bei *Keuk*, 216.

1060 Vertreten wird ein erweitertes Verständnis der Vermögens mit aufteilender Betrachtung in geldwerte und nichtgeldwerte Vermögensbestandteile bereits von *Leonhard*, AT, 153f.:

„Es gibt also Privatrechte, die keinen besonderen Wert haben, und zwar nicht nur die Familienrechte (...), sondern auch Forderungen ohne Geldwert, also Vermögensstücke, die nicht in Geld gemessen werden können. Namentlich kennt das BGB Forderungen, deren Inhalt keinen Geldwert hat, die also nicht in Geld gemessen werden können. Die Identifizierung von Vermögenswert und Geldwert ist also im BGB vermieden, während sie das Recht der römischen Pandektenjuristen mit seiner pecuniaria condemnatio beherrschte. Wir müssen also die Vermögensrechte mit und ohne Geldwert unterscheiden. Nur so ist der Widerspruch zu lösen, der dadurch entsteht, daß man vielfach den Geldwert als das Kennzeichen des Vermögensstücks ansieht, aber andererseits Forderungen ohne Geldwert zuläßt. Es kann hier nur durch die Aussscheidung des engeren Begriffs „Vermögensstück mit Geldwert aus dem weiteren Begriff des Vermögensrechtes geholfen werden. “

1061 *Köndgen*, aaO. Ähnlich dazu *Hegels* Ausführungen zum Eigentum; *Hegel*, Grundlinien, § 41 (55): „Die Person muß sich eine äußere Sphäre ihrer Freiheit geben, um als Idee zu sein“.

nicht von der Person trennbaren Persönlichkeitsgüter wie Leben, Freiheit, körperliche Unversehrtheit, Arbeitskraft, da die Person als übergeordnete zweckdefinierende Instanz nicht zugleich Mittel ihrer eigenen Zwecke sein kann.

Allerdings bleibt *Mertens* hinter seiner eigenen Konzeption zurück, wenn er die Vermögensgüter auf sozial anerkannte einschränkt. Die soziale Akzeptanz braucht nach dem von *Mertens* pointierten Zweck des Vermögens nur dann eine Rolle zu spielen, wenn und soweit die rechtliche Fragestellung eine entsprechend beschränkende Sicht auf das Vermögen wegen des Gesetzeszweckes der Schadensersatznormen erfordert, insofern es um geldersatzfähige Bestandteile geht. Dann mag die soziale Akzeptanz korrigierend wirken.

Zusammenfassend kann festgestellt werden, daß *Mertens* in Anlehnung an *Fischer* im wesentlichen den Vermögensbegriff der Nationalökonomie im Schadensersatzrecht vertritt. Gefolgschaft hat der *Mertenssche* subjektiv-funktionale Vermögensbegriff bisher nur von *Hagen* und *Ostendorf* erfahren[1062]. Ob die Umsetzung dieses Vermögensbegriffs im schadensrechtlichen Kontext jeder Anfechtung enthoben ist[1063], kann dahinstehen, da dies nicht Untersuchungsgegenstand ist. Jedenfalls steht aber damit ein Vermögensbegriff zur Verfügung, der zur Anwendung bei § 1939 BGB geeignet ist.

II. Methodische Vertretbarkeit in § 1939BGB

Die Vertretbarkeit des subjektiv-funktionalen Vermögensbegriffs in § 1939 BGB setzt voraus, daß diese Auslegung mit den hergebrachten Methoden vereinbar ist. Ein positiver Beweis ihrer alleinigen Richtigkeit ist dabei weder möglich noch bezweckt.

[1062] *Hagen*, Drittschadensliquidation, 172f., 178ff.; *Ostendorf*, BB 1973, 822 (823ff). Die Klarstellung des unauflösbaren Zusammenhangs von Person und Vermögen durch *Mertens* wird anerkennend von *Köndgen*, AcP 177 (1977), 1 (15f.) gewürdigt.

[1063] Zu hier nicht näher zu behandelnden Einzelheiten in bezug auf den Ersatz entgangener Gebrauchsvorteile kritisch *Keuk*, 215ff.

1. Methodische Bedenken gegen die Anlehnung an fremde Disziplinen

Fraglich ist, ob der Verwertbarkeit des *Mertens*schen Vermögensbegriffes entgegensteht, daß er im wesentlichen auf wirtschaftswissenschaftlicher Theorie, namentlich auf der subjektivistischen Wertlehre der Nationalökonomie gründet. Aufgeworfen ist damit die Frage nach der Rolle wirtschaftswissenschaftlicher Begriffe in Gesetzen und der Gesetzesauslegung[1064]. Dies berührt die bis heute nicht zufriedenstellend beantwortete rechtstheoretische Frage nach dem Verhältnis von Wirtschaft und Recht[1065] und in allgemeinerem Sinn die Frage nach dem Verhältnis natürlicher und normativer Begriffsbildung zueinander.

Jeder außerrechtliche Begriff wird durch Inkorporation in die Rechtsordnung zum Rechtsbegriff, für den die mittels der juristischen Methoden zu findende Bedeutung maßgeblich wird[1066]. Die Transformation zum Rechtsbegriff wird inhaltlich durch den Zweck der jeweiligen Norm bestimmt[1067]. Die Auslegung der Norm entscheidet also darüber, wie weit vorjuristische Vorstellungen und Begriffe verbindlich sind[1068].

Die Rechtsordnung ist daher nicht *a priori* an die Ergebnisse einer anderen Erkenntnistheorie gebunden. Allerdings kann sie auch bewußt auf die juristische Überformung des Erkenntnisgehalts eines adaptierten Begriffes verzichten, wenn es im Sinne der Norm liegt, die Erkenntnisse einer anderen Wissenschaft zu übernehmen. So kann die Auslegung zu dem Ergebnis führen, daß es keine andere Verständnismöglichkeit eines wirtschaftswissenschaftlichen Begriffs gibt als die wirtschaftswissen-

---

[1064]Hierzu eingehend *Rinck*, FS Carl Heymanns Verlag, 361ff.

[1065]Eingehend *Kaltenbach*, Wert, 11ff.; *Stammler*, Wirtschaft und Recht, 108ff., 116; *Brauweiler*, Vermögen, 38ff.; *Breitschmid*, FS Druey, 61ff. Auch die aufstrebende Schule der „Ökonomischen Theorie des Rechts" („Economic analysis of Law") kann die wirtschaftliche Effizienz rechtlicher Lösungen nur im Hinblick auf ein vordefiniertes Kriterium bzw. Idealbild untersuchen und muß sich die Frage nach dem Verhältnis von Wirtschaft und Recht vorlegen; dazu *Eidenmüller*, Effizienz, 21. Der Ökonomischen Theorie des Rechts geht eine Aufwertung der Zweckmäßigkeit als Teil der Rechtsidee voraus; vgl. *Bydlinski*, Methodenlehre², 330ff. Die Entscheidung über deren Stellenwert muß aber nicht zwingend im Sinne des ökonomischen Effizienzgedankens getroffen werden; vgl. *Bydlinski*, Methodenlehre², 332. Zu den philosophischen Ursprüngen des ökonomischen Effizienzgedankens mit vergleichender Abgrenzung zwischen Utilitarismus und Ökonomik eingehend *Eidenmüller*, Effizienz, 174ff., 187ff.

[1066]*Mertens*, Vermögensschaden, 111; *Brauweiler*, Vermögen, 34.

[1067]*Rinck*, FS Carl Heymanns Verlag, 361 (367).

[1068]*Rinck*, FS Carl Heymanns Verlag, 361 (366).

schaftliche, so vor allem dann, wenn mit dem Begriff keine andere Vorstellung verbunden werden kann[1069]. Auf diesem Weg soll der Gesetzgeber den Rechtsanwender an einen wirtschaftswissenschaftlichen Begriff sogar starr binden können[1070]. Im allgemeinen wird dem Rechtsanwender durch einen wirtschaftswissenschaftlichen Begriff aber nicht das Dogma einer anderen Wissenschaft diktiert, sondern ihm lediglich eine Grundaussage vorgegeben[1071]. Indem der Gesetzgeber sich der Sprache der Wirtschaftswissenschaften bedient, kann er also grundsätzlich auch auf einen Komplex von Gesetzlichkeiten verweisen, die von der Nationalökonomie entwickelt sind und dem Rechtsanwender als Leitbild dienen sollen.

Hier geht es um die juristisch maßgebliche Bedeutung des Rechtsbegriffes „Vermögen" für die Auslegung des § 1939 BGB. Obgleich der Gesetzgeber den Begriff des Vermögens als bekannt voraussetzte, so daß insoweit der nationalökonomische Vermögensbegriff nicht präkludiert wäre, da er zu dieser Zeit bereits existent war, ist es fernliegend, daß der Gesetzgeber dem Rechtsanwender das nationalökonomische Begriffsverständnis des Vermögens anbefahl. Die Gesetzesmaterialien ergeben keinen Hinweis darauf, daß im Zusammenhang mit dem Vermächtnisgegenstand nationalökonomische Theorie oder Terminologie diskutiert worden wäre[1072]. Der Gesetzgeber wählte eine in der Pandektistik geprägte Legaldefinition, um an den bisherigen Rechtszustand nahtlos anzuknüpfen, der sich ohne jeden wirtschaftswissenschaftlichen Bezug entwickelt hat.

Insofern ist hier nicht zwischen der Statthaftigkeit einer genuin juristisch oder wirtschaftswissenschaftlich determinierten Auslegung des Vermächtnisses zu entscheiden. Es steht auch nicht in Rede, die Auslegung in methodischer Hinsicht an eine fachfremde Dogmatik zu binden. Es soll entschieden werden, ob eine bestimmte Auslegung des Vermögensbegriffes auch für das Vermächtnis sinnvoll sein kann. Darüber bestimmen allein die anerkannten juristischen Auslegungsmethoden. Ist die Auslegung von § 1939 BGB nach dem subjektiv-funktionalen Vermögensbegriff mit

---

1069 *Rinck*, FS Carl Heymanns Verlag, 361 (370).

1070 *Rinck*, aaO.; vgl. *Partsch*, ORDO 9 (1957), 353 (358); *Elster* in *Elster-Stier-Somlo*, Handwörterbuch der Rechtswissenschaften, Bd. 6, Vermögen, 452, der sogar eine strikte Abhängigkeit des juristischen Vermögensbegriffs von den Begriffsbestimmungen der Nationalökonomen annimmt; aA *Zimmerle*, 14.

1071 *Kaltenbach*, Wert, 18; *Rinck*, FS Carl Heymanns Verlag, 361 (371): „Der wirtschaftliche Begriff wird zwar zum Rechtsbegriff, der vorjuristische, essentielle Kern bleibt aber doch erhalten".

1072 Dies war bei den Beratungen zur Schenkung anders; näher Fn. 1045.

den Kriterien dieser Methoden vereinbar, so ist sie auch vertretbar, selbst wenn dessen ideengeschichtliche Herkunft außerjuristisch ist.

Dieses Vorgehen, das als Begriffsanalyse mit anschließender Rekonstruktion beschrieben werden kann, könnte sich dem Vorwurf der „Begriffsjurisprudenz" ausgesetzt sehen[1073]. Der Einwand erscheint indes nicht berechtigt. Zum einen handelt es sich nicht um einen Konstruktionsversuch mit „freischwebenden" Metabegriffen. Die angebotene Deutung ist von dem Bemühen getragen, eine angemessene und möglichst präzise Definition *des Gesetzesbegriffes „Vermögensvorteil"* zu finden, die die Norm funktionell nicht sabotiert und damit der Rechtssicherheit genüge tut, aber auch geeignet ist, der materiellen Gerechtigkeit größtmöglichen Raum zu geben.

Desweiteren ist es nur durch sie möglich, der grammatikalischen Strukturvorgabe des Gesetzgebers auch eine dogmatische Chance abzugewinnen und nicht zum Ausgangsbefund systemloser Kasuistik und Beliebigkeit zurückzukehren[1074]. Im übrigen kann man sich trotz aller Skepsis gegenüber begrifflicher Deduktion nicht der Einsicht entziehen, daß „Vermögen" für sich betrachtet ein inhaltlich amorpher Gesetzesbegriff ist, der häufig entscheidungserheblich wird, aber sich selten anhand der Einzelnormen, die ihn verwenden, zufriedenstellend konkretisieren läßt. Selbst der historische Gesetzgeber faßte ihn als vorrechtlich auf. Des Gebrauchs einer in gewissem Maße abstrakten Konzeption kann daher nicht entbehrt werden.

2. Wortlaut

Der Wortlaut von § 1939 BGB steht nicht entgegen. Gerade der stärkere Subjektsbezug des subjektiv-funktionalen Vermögensbegriffs wird durch die Doppeldeutigkeit des allgemeinsprachlichen Gebrauchs von „Vermögen" abgedeckt[1075].

[1073] Dazu *Bydlinski*, Methodenlehre², 111ff.; *Larenz*, Methodenlehre⁶, 19ff.

[1074] Auch Larenz-*Canaris*, Methodenlehre³, 268 honoriert die Konstruktion, soweit sie auf Durchordnung einer gesetzlichen Regelung mittels eines widerspruchsfreien, Zusammenhang stiftenden gedanklichen Konzepts gerichtet ist.

[1075] Vgl. Teil VI § 2; *Hagen*, Drittschadensliquidation, 180.

3. *Systematik*

a) § 2169 Abs. 2 BGB

Fraglich ist, ob die Anwendung des subjektiv-funktionalen Vermögensbegriffs mit § 2169 Abs. 2 BGB vereinbar ist. Es ließe sich argumentieren, daß § 2169 Abs. 2 BGB mit „rechtlichem Vorteil" Anforderungen an den Vermächtnisgegenstand stellt, die der personal orientierte subjektiv-funktionale Vermögensbegriff nicht wiedergeben kann.

Die Norm bildet eine Ausnahme vom Grundsatz, daß die Vermachung eines nicht zur Erbschaft gehörigen Gegenstandes unwirksam ist, wenn insoweit kein Verschaffungsvermächtnis angenommen werden kann[1076], § 2169 Abs. 1 BGB. Im Zweifel gilt der schlichte Besitz als vermacht, es sei denn, daß er keinen rechtlichen Vorteil[1077] gewährt. Es spricht nach dem Wortlaut der Norm eine Vermutung dafür, daß vermachter Besitz einen rechtlichen Vorteil bringt[1078]. Die Rechtmäßigkeit des Besitzes spielt dabei keine Rolle. Ein rechtlicher Vorteil fehle aber, so wenn die Aufrechterhaltung des Besitzes „keinen praktischen Sinn" hätte, wenn etwa mit alsbaldiger Geltendmachung eines begründeten Herausgabeanspruchs durch den Eigentümer ernsthaft zu rechnen sei[1079]. Dann liege kein wirksames Besitzvermächtnis vor. Die Norm führt den Mangel eines rechtlichen Vorteils offenbar darauf zurück, daß dem Bedachten nach Erhalt des Besitzes Rechtsstreit und Besitzverlust droht.

Die herrschende Meinung kann nun nicht erklären, weshalb es abweichend von § 1939 BGB gerade hier auf einen „rechtlichen Vorteil" ankommen soll bzw. warum ein „Vermögensvorteil" im Sinne eines geldwerten Vorteils nicht genügt. Der subjektiv-funktionale Vermögensbegriff erlaubt eine Erklärung. Der Besitz der Sache vermittelt dem Bedachten in *tatsächlicher* Hinsicht dasselbe Nutzenpotential, unabhängig davon, ob er im Wege eines Eigentumsvermächtnisses oder im Wege eines Besitzvermächtnisses erworben wird. Insofern ist es schlüssig, ein nicht als Ver-

---

[1076]Die Annahme eines Verschaffungsvermächtnisses setzt zwar keine Kenntnis des Erblassers von der Nachlaßfremdheit des Zuwendungsgegenstandes voraus, jedoch einen Zuwendungswillen besonderer Intensität, für den der Bedachte beweisbelastet ist; näher Erman-*Schlüter*[10], § 2169, Rn. 4; Palandt-*Edenhofer*[63], § 2169, Rn. 4..

[1077]Dazu *Nardi*, Erblasserwillen, 63ff.

[1078]Erman-*Schmidt*[10], § 2169, Rn. 5. Einschränkend Staudinger-*Otte* (2003), § 2169, Rn. 14. Vgl. §§ 859f., 1007, 1006, 937, 987ff. BGB.

[1079]Staudinger-*Otte* (2003), § 2169, Rn. 14. Palandt-*Edenhofer*[63], § 2169, Rn. 7 nennt noch den Fall bekannter Unrechtmäßigkeit.

schaffungsvermächtnis ansehbares Eigentumsvermächtnis als Besitzvermächtnis aufrechtzuerhalten.

In den Ausnahmefällen drohender oder anhängiger Vindikation bei offenkundig unrechtmäßigem Besitz fehlt dem Bedachten wegen seiner angreifbaren Rechtsposition regelmäßig die Möglichkeit, den vermachten Gegenstand seiner Vermögensorganisation wirksam einzugliedern und ihn für seine Zwecke zu vereinnahmen; vor allem dann, wenn vorläufiger Rechtsschutz gegen den Bedachten erwirkt wird[1080]. Verfährt dieser mit dem Gegenstand dennoch nach eigenem Willen, so setzt er sich der verschärften Haftung der §§ 990 Abs.1, 987, 989 BGB aus, die ihm die aus der Sache gewonnenen wirtschaftlichen Güter in Gestalt der Nutzungen wieder entzieht.

Für den Bedachten ist die Sache dann ohne „wirtschaftlichen Wert", weil er sie nicht ungestört zur Befriedigung seiner Bedürfnisse einsetzen kann, ohne sich dabei anderweitigen Nachteil zuzufügen. Wird dem Bedachten der Besitz nicht streitig gemacht, so ist er umgekehrt hierzu in der Lage, so daß dann ein wirksames Besitzvermächtnis anzunehmen ist, und sei der Besitz auch unrechtmäßig. § 2169 Abs. 2 BGB leuchtet vor dem Hintergrund des subjektiv-funktionalen Vermögensbegriffs also unmittelbar ein: „rechtlicher Vorteil" beschreibt dann einen spezifischen Blickwinkel auf eine wahrnehmbare Gebrauchsmöglichkeit als den durch den Vermächtnisgegenstand zu vermittelnden Nutzen.

b) §§ 2174, 280ff., 249, 251 Abs.1 BGB

Über § 280ff. BGB findet für die aus Vermächtnissen erwachsenden Sekundäransprüche das Schadensrecht der §§ 249ff. BGB Anwendung. Die Frage, ob der subjektiv-funktionale Vermögensbegriff mit dem Schadensrecht harmoniert bzw. welche Konsequenzen aus ihm für die Dogmatik des Schadensersatzes folgen, kann hier nicht Gegenstand näherer Untersuchung sein[1081]. Insofern handelt es sich auch nicht um ein Problem des Vermächtnisrechts, sondern des Allgemeinen Schuldrechts. Es ist auch zu beachten, daß der subjektiv-funktionale Vermögensbegriff hier auf Primär- und nicht auf Sekundäranspruchsebene verwendet wird. Inwieweit der Vermächtnisgegenstand im Schadensfall in Geld kompensierbar ist, ist eine für

---

[1080]Der Vindikationskläger kann den Besitzer unter Umständen durch einstweilige Verfügung am Ge- oder Verbrauch der Sache hindern lassen, § 935 ZPO.

[1081]Dazu *Hagen*, Drittschadensliquidation, 180ff.

§ 1939 BGB als Primäranspruch unerhebliche Frage[1082]. Die Kompensationsfähigkeit einer Einbuße in Geld ist im übrigen von der Vermögensqualität des betroffenen Gutes trennbar. Denn auch von den Vertretern des subjektiv-funktionalen Vermögensbegriffs wird anerkannt, daß sich die Geldwertschätzung bei der Schadensbemessung nicht nach der individuellen Präferenz des Betroffenen richten kann, sondern „objektivierten" Kriterien folgen muß[1083], um der gesetzlichen Notwendigkeit der Aussonderung nicht geldersatzfähiger Affektionsinteressen Genüge zu tun[1084].

Es gibt also in Geld schätzbare und nicht in Geld schätzbare Vermögensgüter[1085]. Ob und wie hoch aber ein Schaden in Geld zu schätzen ist, ist angesichts der fallgruppenspezifischen Diversifizierung der Rechtssprechung ehrlicherweise nicht mehr allein aus einem Vermögensbegriff – welchem auch immer – ableitbar, sondern kann nur unter Heranziehung spezifisch schadensrechtlicher Wertungskriterien entschieden werden[1086].
Es wäre vor diesem Hintergrund durchaus überlegenswert, Schätzbarkeit und normative Ersatzfähigkeit aus dem Vermögensschadensbegriff auszulagern und als ungeschriebene Tatbestandsmerkmale des Kompensationsanspruchs nach § 251 BGB anzusehen. § 253 BGB könnte dann hinsichtlich des „Schadens, der nicht Vermögensschaden ist" so gelesen werden: „wegen eines Schadens, der *kein nach § 251 BGB ersatzfähiger* Vermögensschaden ist."

4. *Teleologie*

Objektiv-teleologische Gründe stehen einer Anwendung des subjektiv-funktionalen Vermögensbegriffs nicht entgegen. Der Begriff ermöglicht vielmehr, § 1939 BGB unter Beachtung des Wortlauts auf jene Fälle anzuwenden, die vom konventionellen „objektiv-summatischen" Vermögensbegriff bei konsequenter Anwendung nicht erfaßt werden können („Nichtgeldwertes"). Es wurde bereits dargelegt, daß diese Fälle aus Gründen der Gleichbehandlung des Gleichwertigen durchaus Einbezug in § 1939 BGB verdienen, dieser bei gleichzeitiger Zugrundelegung des herrschenden

---

[1082] Vgl. Teil VI § 2 C. II.

[1083] *Hagen*, Drittschadensliquidation, 181.

[1084] Zuletzt OLG Saarbrücken, Urteil vom 03.07.2002 - 1 U 110/02-23, NJW-RR 2003, 122 (122 unter 2b): Interesse an der ordnungsgemäßen Entwicklung von Amateurfilmen (neben Ersatzanspruch wegen Substanzverletzung) nichtersatzfähiges Affektionsinteresse.

[1085] *Mertens*, Vermögensschaden, 155.

[1086] Palandt-*Heinrichs*[63], Vorb v § 249, Rn. 12, 14.

Vermögensbegriffs aber zu logischen Brüchen und zu einer methodisch unzulässigen funktionellen Entwertung der Legaldefinition des § 1939 BGB führt. Diese Gefahr besteht nach dem vorgeschlagenen Vermögensverständnis nicht.

5. *Historische Auslegung*

Die rechtshistorische Untersuchung hat ergeben, daß der Wortlaut, wie ein Vergleich zu der Vermächtnisdefinition von *Arndts* zeigt, eine Anknüpfung an den Vermächtnisbegriff des gemeinen und des römischen Rechts war. Dieses Verständnis ist im Wege objektiver Auslegung als fortgesetzter und an die Gegenwart angepaßter Sinndeutung des Begriffs Vermögensvorteil überwindbar[1087], soweit dem gesetzgeberischen Willen nicht mehr als nötig Abbruch getan wird.

In gewisser Hinsicht dürfte die Auslegung des § 1939 BGB nach dem subjektiv-funktionalen Vermögensbegriff den ursprünglichen Zielen des historischen Gesetzgebers sogar entgegenkommen. Den Bedarf nach einer „Überholung" der Vermächtnisdefinition hat auch der historische Gesetzgeber gesehen. Das mit der Übernahme der *Arndts*schen Definition weiterlebende Geldwerterfordernis war für sich selbst gesehen niemals eigenständiges Merkmal des Vermächtnisses gewesen, sondern folgte im römischen Recht aus dem Erfordernis der Klagbarkeit und im gemeinen Recht aus dem Erfordernis eines tauglichen Obligationsgegenstandes. Für sich allein betrachtet ist das Erfordernis des Geldwertes in § 1939 BGB der „lange Schatten" der römischen *condemnatio pecuniaria* – eines prozessualen Prinzips, dessen Rahmenbedingungen längst anderen gewichen sind.

Vielleicht hat der Gesetzgeber einen „Vermögensvorteil" deshalb verlangt, weil er Wert darauf legte, daß das Vermächtnis stets eine besondere letztwillige „Gabe" sei, „eine Zuwendung um des Bedachten willen", er diesen Inhalt aber nicht in eine andere Definition integrieren konnte, die nur an den allgemeinen Leistungsbegriff anknüpfte. Möglicherweise hat der Gesetzgeber sich dabei lediglich damit abgefunden, daß mit „Vermögensvorteil" auch der Geldwert weiterhin gefordert wird, diesen selbst aber auch nicht als unverzichtbares Merkmal des Vermächtnisses begriffen. Ein Konzept, das es ermöglicht, sowohl den besonderen Zuwendungscharakter des Vermächtnisses zu wahren als auch grundsätzlich jeden Gegenstand zuzulassen, welcher Inhalt einer Forderung sein kann, § 241 Abs.1 S.1 BGB, würde das Ver-

---

[1087] Teil V § 8.

ständnis vom Vermögensvorteil als Vermächtnisgegenstand in sinnvoller Weise erneuern und dennoch zugleich die alte Parallelität zum Obligationenrecht wiederherstellen. Der subjektiv-funktionale Vermögensbegriff kann dies in § 1939 BGB leisten, wenn er an den erbrechtlichen Kontext angepaßt wird[1088].

6. *Dogmatische Konsequenzen der Anwendung*

Mittels der Übernahme des subjektiv-funktionalen Vermögensbegriffs in das Merkmal „Vermögensvorteil" in § 1939 BGB entsteht ein vom Geldwert emanzipierter Relationsbegriff. Wird als noch zu präzisierende Grundlage für die weitere Untersuchung der Vermögensvorteil als Vermehrung eines subjektbezogenen Nutzenpotentials[1089], d. h. als

---

[1088]Der Anwendung des subjektiv-funktionalen Vermögensbegriffs auf § 1939 BGB steht nicht entgegen, daß die Zweite Kommission in der Beratung der Schenkungsdefinition § 437 E I (§ 516), Protokolle II, Bd. II, 1, 3, „wirtschaftliche Güter" und „Vermögensvorteile" begrifflich einander gegenüberstellte und nur letztere als Gegenstand der Schenkung ansah, nicht aber alle wirtschaftlichen Güter. Diese explizite Ablehnung einer Begriffsidentität zwischen „Vermögensvorteil und „wirtschaftlichem Gut" würde zwar auch gegen eine subjektiv-funktionale Deutung des Vermächtnisses sprechen, da diese wesentlich auf der Lehre vom wirtschaftlichen Wert beruht, dazu Teil VI § 2 D. I., jedoch ist die Entscheidung der Zweiten Kommission auf dem Gebiet des Schenkungsrechts nicht auf das Vermächtnis übertragbar. Die Zweite Kommission wollte den *Savignyschen* Schenkungsbegriff (vgl. oben Fn. 249), der eine Bereicherung verlangt, beibehalten und befürchtete eine unscharfe Abgrenzung, Unsicherheiten vornehmlich auf dem Gebiet des Familienrechts, und eine Vermehrung der Prozesse. Näher zum Schenkungsbegriff der Pandektistik *Pruskowski*, 23ff.; 35f; 80f. Der auf monetäre Bereicherung abstellende Schenkungsbegriff Savignys (vgl. Pruskowski, 24 Fn. 126) hat für § 1939 BGB jedenfalls keinen Belang. *Fischer*, Unentgeltlichkeit, 210ff., 214 begründet die Verschiedenheit des Schenkungsrechts vom Recht der erbrechtlichen Verfügungen anhand des Schenkungsmerkmals der Unentgeltlichkeit: Die Verfügungen von Todes wegen hätten nicht wie die Schenkung den Zweck, eine Vermögensverschiebung im eigentlichen Sinn zu bewirken, sondern eine Vermögenszuordnung auf den Tod zu legitimieren, die, weil sie einseitig erfolge, „aus sich heraus" als sozialer Akt verständlich sein müsse. Deshalb bestehe hier nicht die Notwendigkeit des Rückgriffs auf eine besondere materielle causa oder der Überprüfung, ob dem erbrechtlichen Erwerb eine Gegenleistung gegenüber stehe. Auch das Vermächtnis sei insoweit „entgeltneutral", d. h. seine Wirksamkeit hänge nicht von Unentgeltlichkeit ab. Zur Frage möglicher Entgeltlichkeit der Vermächtnisse bejahend bereits *Schmidt*, Freigebigkeit, 49ff.

[1089]Ansatzweise auch *Fischer*, Unentgeltlichkeit, 211, der das Vermächtnis als „zweckgerichtete Zuwendung" versteht.

ein Gegenstand, mittels dessen die Gesamtheit der zur Befriedigung konkreter Bedürfnisse, d. h. konkreter Zwecke, zur Verfügung stehenden Mittel vermehrt oder vorteilhaft beeinflußt wird,

verstanden, so stellt sich unweigerlich die Frage nach der betreffenden Bezugsperson. Davon zu unterscheiden ist die weitere Frage nach dem Bewertungsmaßstab, d. h. wessen Horizont für die Prüfung maßgeblich sein soll, ob eine vermögensmäßige „Funktionssteigerung" vorliegt.

a) Die Person des Vorteilsempfängers

aa) Der Erblasser als Vorteilsempfänger

Der Erblasser bezweckt durch das Vermächtnis die letztwillige Neuzuordnung einzelner Vermögensgüter. Er befriedigt damit im Zeitpunkt der Verfügung ein aktuelles Bedürfnis nach Vorsorge für die Verwirklichung seiner Verteilungsziele nach seinem Tod. Würde dieser Nutzenzugewinn als „Vermögensvorteil" in seiner Person hinreichen, wäre die neugewonnene Erkenntnis wertlos, weil sie sich in der Beschreibung der selbstverständlichen Motivation des Testators erschöpfen würde. Eine immerhin auf den ersten Blick denkbare, auf den Erblasser bezogene „egoistische" Betrachtung des Vermögensvorteils ist somit nicht zielführend.

bb) Der Bedachte als Vorteilsempfänger

Sinnvoll kann nur ein Abstellen auf die Person des Bedachten sein. Die Perspektive wechselt damit von einer egoistischen zu einer altruistischen Vermögensbetrachtung, die darauf abstellt, welcher Nutzen durch die Verfügung in der Person des Bedachten entsteht. Dies harmoniert in teleologischer Hinsicht mit der überkommenen Funktion des Vermächtniszuwendung als einer persönlichen Begünstigung um des Bedachten willen[1090]. Dem steht nicht entgegen, daß der Erblasser mit der letztwilligen Verfügung auch eigene Zwecke verwirklicht.

[1090] Dazu oben vgl. Teil III § 1, Teil III § 2, Teil IV § 1 A.

b) Die maßgebliche Beurteilungsperspektive

Der subjektiv-funktionale verstandene Vermögensvorteil bedarf der Festlegung des maßgeblichen personalen Beurteilungshorizonts.

aa) Die Perspektive des Bedachten

Ein Abstellen auf den Bedachtenhorizont, ob die Vermächtniszuwendung für dessen Person einen Vermögensvorteil bringt, verbietet sich aus Gründen der Höchstpersönlichkeit der Erblasserentscheidung[1091]. § 2065 Abs. 1, 2 BGB verlangt grundsätzlich, daß sich in der letztwilligen Verfügung der Testierwille des Erblassers als eigener Wille vollständig und ausschließlich abbildet. Eigenes Entscheidungsermessen über die Gültigkeit der Verfügung und über ihren Gegenstandes darf einem Dritten nicht zukommen[1092].

Wäre nach den *wirklichen* Zweck- und Zielvorstellungen des Bedachten zu entscheiden, hätte aber dessen Wille unmittelbaren Einfluß darauf, ob die Verfügung als Vermächtnis als gültig angesehen werden könnte oder nicht. Es hilft insoweit auch § 2151 Abs.1 BGB nicht, da diese Ausnahme vom Prinzip der materiellen Höchstpersönlichkeit jedenfalls nicht die Übertragung des Bestimmungsrechts *auf den Bedachten* gestattet[1093] und auch kein Ermessen über das „Ob" der Vermächtniszuwendung gibt. Ebenso verhält es sich mit § 2156 BGB. Auch beim Gattungsvermächtnis, § 2155 BGB, ist, soweit die Konkretisierung des Vermächtnisgegenstandes dem Bedachten selbst übertragen ist, nicht dessen subjektives Empfinden über seine Bedürf-

---

[1091] Allgemein zur Unbeachtlichkeit des Betroffenenhorizontes und der alleinigen Maßgeblichkeit des Erblasserwillens bei der Auslegung von Testamenten Larenz-*Wolf*, AT[9], § 28 VII 2a (536); Staudinger-*Otte* (2003), Vorbem zu §§ 2064ff., Rn. 24; *Michalski*, ErbR[2], 128; Erman-*Palm*[10], § 133, Rn. 15; Palandt-*Heinrichs*[63], § 133, Rn. 13. Grund ist die Rechtsnatur des Testaments als nicht empfangsbedürftige Willenserklärung und das Fehlen eines Vertrauensschutzes wegen freier Widerruflichkeit der Verfügung bis zum Tod. Zur Höchstpersönlichkeit der Erblasserentscheidung mit einer dogmengeschichtlichen Untersuchung von § 2065 BGB *Immel*, Höchstpersönliche Willensentscheidung.

[1092] Erman-*Schmidt*[10], § 2065, Rn.1.

[1093] Vgl. für § 2156 BGB BGH, Urteil vom 24.04.1991 – IV ZR 156/90, NJW 1991, 1885 (1886), mit Hinweis auf eine nach dem Willen des historischen Gesetzgebers gebotene restriktive Auslegung (Protkolle II, Bd. V, 39-43); Palandt-*Edenhofer*[63], § 2156, Rn. 1; MüKo-*Schlichting*[4], § 2156, Rn. 4 mwN; Kipp-*Coing*, ErbR[14], § 57 II 4 (336) und hM; aA *Kanzleiter*, DNotZ 1992, 509 (511); Erman-*Schmidt*[10], § 2156, Rn. 1; Soergel-*Dieckmann*[13], § 2192, Rn. 7.

nisse der Maßstab, sondern die Einschätzung des Erblassers über die Verhältnisse des Bedachten[1094].

Würde also für die Frage des Vorliegens eines Vermächtnisses auf die konkrete Zweck- und Bedürfniswelt des Bedachten aus dessen Sicht abgehoben, würde ein Fremdkörper ins Vermächtnisrecht und in die Testamentsauslegung implantiert. Auch wird der Erblasser die konkreten Zwecke des Bedachten oftmals vermuten, aber nicht genau kennen. Auf die wirklichen Bedürfnisse abzustellen, würde bedeuten, dem Erblasser zur Errichtung eines gültigen Vermächtnisses im Zeitpunkt der Testamentserrichtung hellseherische Gaben über die Situation des Bedachten abzuverlangen.

bb) Die Perspektive des Erblassers

Da nach den anerkannten Grundsätzen der Testamentsauslegung der Erblasserwille den alleinigen Maßstab derselben bildet, ist es somit konsequent, unter Zugrundelegung seiner Sicht festzustellen, ob der Zuwendungsgegenstand für den Bedachten einen Vermögensvorteil bedeutet. Maßgebend ist demnach, wie der Erblasser die Verhältnisse des Bedachten einschätzte[1095]. Er muß sozusagen das Urteil des Bedachten über den Nutzen des Zuwendungsgegenstandes aus seiner Sicht antizipieren.

c) Konkreter Nutzen in der Vorstellung des Erblassers

Fraglich ist, wie konkret die Vorstellung des Erblassers von der Nützlichkeit des Zuwendungsgegenstandes für den Bedachten sein muß. Bei konsequenter Befolgung des hier vertretenen Ansatzes muß sich der Erblasser grundsätzlich einen wie auch immer gearteten, aber konkreten Nutzen für den Bedachten vorstellen.

[1094] Staudinger-*Otte* (2003), § 2155, Rn. 7.

[1095] Diese Perspektive findet sich auch beim Reichsgericht, RG, Urteil vom 13.11.1942 – VII 60/42, RGZ 170, 163 (171):

„Der später eingetretene wirtschaftliche Erfolg einer Maßnahme kann grundsätzlich nicht darüber entscheiden, ob nur eine Teilungsanordnung oder ein Vorausvermächtnis gewollt ist. Maßgebend ist vielmehr, welche Vorstellungen die Erblasser *im Zeitpunkt der Errichtung* der letztwilligen Verfügung vom Wert des zugeteilten Nachlaßgegenstandes *für den Begünstigten* nach der *von ihnen vorausgesetzten und gewollten* Benutzungsart gehabt haben" (Hervorhebung durch Verfasser).

Die besondere Situation der Testamentserrichtung zwingt zur Klarwerdung über den letzten Willen. Deshalb wird in den meisten Fällen eine konkrete Vorstellung des Testators über den Nutzen seiner Zuwendung für den Bedachten vorliegen. Häufig ergibt die Auslegung entsprechende Hinweise im Testament selbst. Fehlen solche, so können und müssen auch alle vor und nach dem Errichtungsakt liegenden äußeren Umstände zur Auslegung herangezogen werden. Die Andeutungstheorie der Rechtsprechung kommt der Auslegung dabei zwar entgegen, indem sie nur irgendeine, sei es auch versteckt zum Ausdruck gekommene Andeutung des letzten Willens in der Testamentsurkunde verlangt, wenn dieser anhand äußerer Umstände ermittelt wurde[1096]. Soweit man die Anwendung der Andeutungstheorie auf Testamente vorzugswürdigerweise ablehnt[1097], ist zum Zweck der Auslegung des tatsächlich Erklärten der Weg eröffnet zu einer umfassenden Erforschung der Absichten des Erblassers anhand der die Verfügung begleitenden Sachumstände. Insbesondere wenn der Erblasser Wissen um bestimmte Bedürfnisse des Bedachten offenbart, liegt nahe, daß er diese durch die letztwillige Zuwendung auch fördern will.

Die beschriebene Nutzenvorstellung wird bei Stückvermächtnissen oft dadurch in Erscheinung treten, daß der Erblasser die Zuwendung mit ihr explizit begründet. Und auch bei Verschaffungsvermächtnissen, mit denen der Erblasser dem Bedachten etwas zuwendet, was er ihm nicht aus eigenem Vermögen geben kann, wird er in besonderer Weise nachdenken, ob und wie dieser Gegenstand für den Bedachten von Wert sein kann, denn immerhin soll der Erbe ihn beschaffen.

Wenn der Erblasser für gewährte Zuneigung oder vergangene Wohltat bedenkt, so will er das Verdienst des Bedachten würdigen und ihn aus der Zahl anderer Erbfallbeteiligter hervorheben, um seine besondere Verbundenheit zu dieser Person zu Lebzeiten zum Ausdruck zu bringen. Er will dem Bedachten dadurch zum einen das jedem willkommene Gut sozialer Anerkennung verschaffen. Andererseits wird der Erblasser gerade hier sehr individuelle Überlegungen anstellen, was dem Bedachten

---

[1096]Zur Andeutungstheorie statt aller Bamberger-Roth-*Litzenburger*, § 2084, Rn. 8.

[1097]Nach MüKo-*Einsele*[4], § 125, Rn. 35 verlangt die Wahrung des Warn- und Beweiszwecks jedenfalls bei der testamentarischen Form des § 2247 BGB nicht zwingend die Andeutung des letzten Willens im Testament, wenn das tatsächlich Erklärte der Form genügt und der Wille des Erblassers aus den gesamten Umständen erkennbar wird. Ähnlich auch MüKo-*Mayer-Maly-Busche*[4], § 133, Rn. 53. Dem ist jedenfalls für § 2247 BGB beizupflichten. Vgl. zur grundsätzlichen Kritik an der Andeutungstheorie *Häsemeyer*, Gesetzliche Form der Rechtsgeschäfte, 145ff. Kritisch zur Andeutungstheorie bei § 311b Abs. 1 BGB auch *Baldus*, NotBZ 2003, 66 (67, 69 mwN).

aus seiner Sicht nutzen kann, will er ihm doch als edler Spender in Erinnerung zu bleiben.

Es wäre aber wenig sachgerecht, dem Erblasser zugunsten des Bedachten eine konkretere Zweckvorstellung abzufordern, als er sie selbst in seiner eigenen lebzeitigen Vermögensorganisation getroffen hat. So wird der Erblasser namentlich Geld oder andere fungible Wertträger wie Wertpapiere nicht stets im Hinblick auf einen konkreten Verwendungszweck angesammelt haben, sondern eher wegen eines allgemeinen Bedürfnisses nach materieller Sicherung und einem „Reservoir" an Kaufkraft. Dieser allgemeine Zweck muß in der Vorstellung des Erblassers dann auch ausreichen, wenn er entsprechende Gegenstände zuwendet. Denn er macht sich damit eine standardisierte Nutzenvorstellung der Allgemeinheit über einen „allgemein akzeptierten Wertträger" zu eigen und projiziert diese auf den Bedachten. Dem entspricht, daß Geld oder anderweitig verkörperte Kaufkraft für den Bedachten regelmäßig, wenn nicht immer, einen Wert besitzt. Wer würde auch ein Geldvermächtnis mit der Begründung ausschlagen, er könne damit nichts anfangen?

Ein ähnlicher Mechanismus dürfte zum Zuge kommen, wenn der Testator Gegenstände an diejenigen Personen im Kreis der Erbfallbeteiligten weitergeben will, die diesen die vergleichsweise größte Wertschätzung entgegenbringen, z. B. einem Haustier, oder die nach seiner Erwartung den gleichen Gebrauch fortsetzen, z. B. bei wissenschaftlichen Buchnachlässen oder Familienpapieren[1098]. Hier geht der Erblasser von einer Identität zwischen den eigenen Zweckvorstellungen und denen des Bedachten aus und projiziert diese ebenfalls auf den Bedachten.

Zusammenfassend dürfte sich ergeben, daß wohl in den meisten Fällen eine konkrete Vorstellung des Testators vom Nutzen des Zuwendungsgegenstandes für den Bedachten im Rahmen der Testamentsauslegung erkennbar wird. Kann aber auf gar keine Weise, also nicht einmal anhand äußerer Umstände dargetan werden, daß der Erblasser irgendeinen Nutzen für den Bedachten aus seiner Sicht bezweckte, sei es

[1098] Vgl. Staudinger-*Herzfelder*[9], § 1939, Anm.1. Der Vorausvermachung von persönlichen Schriftstücken des Erblassers oder Familienpapieren an einen Miterben steht dann auch nicht § 2047 Abs. 2 BGB entgegen, da die Norm nur den Auseinandersetzungsanspruch (§§ 2047 Abs. 1, 2048 Abs. 1 S. 1 BGB) über diese ausschließt, nicht aber den Vorausvermächtnisanspruch, der als Nachlaßverbindlichkeit der Teilung vorgeht; §§ 2047 Abs. 1, 1967, 2150, 1939 BGB. Dazu MüKo-*Heldrich*[4], § 2047, Rn. 7f.; Bamberger-Roth-*Lohmann*, § 2047, Rn. 3. Wohl aber verhindert § 2047 Abs. 2 BGB den Erfolg einer Teilungsanordnung.

im Hinblick auf ein bestimmtes Bedürfnis oder jedenfalls auf ein generelles nach finanzieller Besserstellung, so kann kein Vermächtnis angenommen werden[1099].

d) Der maßgebliche Zeitpunkt

Wert und Nutzen sind zeitpunktabhängig. Maßgebend für die Testamentsauslegung ist der Wille des Erblassers zum Zeitpunkt der Verfügungserrichtung[1100]. Ziel der Auslegung ist die Ermittlung des vom Erblasser erstrebten Erfolgs im Todeszeitpunkt[1101]. Spätere Umstände können eine lückenfüllende ergänzende Testamentsauslegung rechtfertigen, wobei auch hier auf den hypothetischen Willen des Erblassers im Zeitpunkt der Testamentserrichtung „zurückzurechnen" ist[1102].

Es ist sinnvoll, zunächst darauf abzustellen, ob der Zuwendungsgegenstand aus Erblassersicht im Zeitpunkt der Verfügung für den Bedachten einen Vermögensvorteil bedeuten würde, wenn er ihn hätte. Denn der Testierwille wird häufig auf der gegenwärtigen Lage aufbauen und deren Fortbestand zugrundelegen. Erfüllt der zugewandte Gegenstand zum Zeitpunkt der Testamentserrichtung die oben genannten Voraussetzungen nicht, so erscheint es aber möglich, auch solche Gegenstände als

---

[1099]Eine Verfügung, die nach dem Erblasserwillen *ausschließlich* dem Zweck dienen soll, dem Beschwerten Nachteil zuzufügen, nicht aber, gleichzeitig eine andere Person zu begünstigen, ist deshalb begrifflich keine Zuwendung in Gestalt eines Vermächtnisses, sondern allenfalls Auflage, und gehe es um Geld. Dies gilt auch für die heute grundsätzlich als wirksam anerkannten sog. Strafvermächtnisse. Diese sind als Strafe an die Zuwiderhandlung des Beschwerten gegen eine Anordnung des Erblassers geknüpfte Vermächtnisse. Nach dem hier vertretenen Ansatz kommt es darauf an, ob der Erblasser zumindest auch die Person des Begünstigten und deren Bedürfnisse und Zwecke im Auge hatte. Dies wird auch regelmäßig zutreffen, da der Erblasser einen Anreiz für den Bedachten zur Durchsetzung des Vermächtnisses setzen muß, um den Ungehorsam des Beschwerten wirksam zu sanktionieren. Freilich können der Gültigkeit des Strafvermächtnisses andere Gründe, etwa §§ 138, 226 BGB, entgegenstehen.

Im klassischen römischen und gemeinen römischen Recht waren Strafvermächtnisse (*legata poenae nomine relicta*) unzulässig. Hierfür war weniger fehlender Begünstigungswille ausschlaggebend, als vielmehr der *zweckmißbräuchliche Einsatz der Zuwendung* als Mittel zur Beschränkung der Handlungsfreiheit und Bestrafung des Erben. Für das Nähere muß auf *Kaser*, RP I, 749; *Grosso*, Legati, 44ff.; *Biondi*, Successione, 207ff.; *Steinfeld*, Benevolentia, 9ff., *Meischeider*, 311; *Hartmann*, Vermächtnisse, 25ff. verwiesen werden.

[1100]Larenz-*Wolf*, AT^{9}, § 28 VII 2a (536).

[1101]Lange-*Kuchinke*, ErbR^{5}, § 34 III 3a (782).

[1102]Näher *Michalski*, ErbR^{2}, 132; Kipp-*Coing*, ErbR^{14}, § 21 III 5 (141ff.); Bamberger-Roth-*Litzenburger*, § 2084, Rn. 17.

Vermögensvorteile anzusehen, von denen der Erblasser glaubt, daß sie im Zeitpunkt des Vermächtnisanfalls oder danach für den Bedachten Wert haben werden.

Dies legt § 2171 Abs. 2 BGB dem Rechtsgedanken nach nahe. Die Norm besagt, daß Umstände, die der Möglichkeit der Leistung des Vermächtnisses zum Zeitpunkt des Erbfalls entgegenstehen, nicht zur endgültigen Unwirksamkeit des Vermächtnisses führen, wenn sie behebbar sind und der Erblasser im Hinblick auf das Möglichwerden der Leistung die Verfügung errichtete. Nach dem Gesetzeswortlaut spielt es für die Wirksamkeit der Anordnung keine Rolle, wann nach dem Erbfall das insoweit aufschiebend bedingte Vermächtnis Rechtswirkung entfaltet, so lange die Bedingung „Möglichkeit der Leistung" noch eintreten kann[1103].

Geht der Erblasser also im Zeitpunkt der Errichtung davon aus, daß der Zuwendungsgegenstand zur Bedürfnisbefriedigung des Bedachten zwar zum Zeitpunkt der Errichtung nicht tauglich ist[1104], es aber bis zum Erbfall oder später werden kann, so soll dies ausreichen. Glaubt der Erblasser aber, daß der Gegenstand für den Bedachten weder zum Zeitpunkt des Erbfalls noch später in irgend einer Weise von Nutzen sein könne, m.a.W. gänzlich unbrauchbar bleibt, so liegt nach der hier vertretenen Ansicht keine Zuwendung eines Vermögensvorteils und damit kein Vermächtnis vor. Nicht ausreichend ist insoweit der Wille des Erblassers, dem Bedachten einen Vermächtnisanspruch (§ 2174 BGB) zuzuwenden, denn dieser ist erst Rechtsfolge eines wirksamen Vermächtnisses.

e) Der Vermächtnisgegenstand bei subjektiv-funktionaler Betrachtung

aa) Objektiver Gleichlauf zu § 241 Abs.1 S.1 BGB

Die Anwendung des subjektiv-funktionalen Vermögensbegriffs auf § 1939 BGB führt zu einer Beseitigung objektiver Erfordernisse aus dem Begriff des Vermögensvorteils. Jeder Gegenstand kann angesichts der verschiedenartigsten möglichen Zwecke grundsätzlich Wert für den Zuwendungsempfänger haben. Jeder nicht als Persönlichkeitsgut untrennbar an die Person des Bedachten gebundene Gegenstand ist also grundsätzlich vermächtnistauglich. Objektiv betrachtet läuft dies in der Tat

[1103] Zum ganzen Bamberger-Roth-*Litzenburger*, § 2172, Rn. 3.

[1104] Entweder mangels Bedürfnis oder mangels Eignung zur Bedürfnisbefriedigung.

auf die postulierte Identität von Vermächtnisgegenstand und allgemeinem Leistungsgegenstand, § 241 Abs.1 S.1 BGB, hinaus. Gegenstand der Vermächtnisforderung, § 2174 BGB, kann objektiv also jedes Tun oder Unterlassen sein. Soweit kann auch der hier vertretene Ansatz der neueren Meinung entgegenkommen und Praxisfreundlichkeit bieten. Es ist also unerheblich, ob der Vermächtnisgegenstand geldwert ist oder ob an das Vermächtnis eine Beschwerung in gleicher Höhe wie eine Auflage, Untervermächtnis oder eine Gegenleistung geknüpft wird.

bb) Erfordernis eines konkreten Begünstigungswillens

In subjektiver Hinsicht ergeben sich aber zusätzliche Anforderungen an den Vermächtnisgegenstand, welche die sich allein an § 241 Abs.1 S.1 BGB anlehnende Meinung nicht aufnehmen kann. Nach der hier vertretenen Ansicht gilt das oben Gesagte nur, solange gewisse subjektive Voraussetzungen gewahrt sind. Nur so lange kann jeder mögliche Leistungsgegenstand Vermächtnisgegenstand sein, wie gleichzeitig bezüglich dieses Gegenstandes ein spezifischer Begünstigungswille[1105] des Erblassers vorliegt[1106]. Der Erblasser muß die Person des Bedachten und deren Bedürfnisse und Zwecke im Auge haben und diese fördern wollen. Die obigen Maßgaben werden zu dadurch besonderen subjektiven Tatbestandsvoraussetzungen in bezug auf den Vermächtnisgegenstand. Fehlt der Begünstigungswille, so ist eben nicht

[1105] Man fordert einen solchen regelmäßig nicht oder vermutet ihn unwiderleglich. Er ergibt sich jedenfalls nicht aus dem Merkmal der „Zuwendung". Vgl. Müko-*Leipold*[4], § 1939, Rn. 1ff.; *Winter*, 55; *Müller*, Übernahmerecht, 45f.; demgegenüber *Lübtow*, ErbR, Bd. I, 367:

„Jedoch reicht zur Bejahung des Vermächtnisses ein bloß objektiver Vermögensvorteil nicht, vielmehr muß als *subjektives* Erfordernis ein auf den Vermögensvorteil gerichteter Wille des Erblassers hinzukommen; andernfalls liegt eine bloße Teilungsanordnung vor. "

Den Beispielsfall von *Lübtow*, aaO, wonach das Vermächtnis eines Ankaufsrechts zum wahren Preis dann ein Vermächtnis und keine Teilungsanordnung sei, wenn der Erblasser wisse, daß der Bedachte das Grundstück beispielsweise dringend für seinen Geschäftsbetrieb brauche, läßt sich mit der hier entwickelten Ansicht mühelos erklären. Die Zuwendung von objektiv geldwerten Gegenständen ist nach der hier vertretenen Ansicht ebenfalls nur dann ein Vermächtnis, wenn ein entsprechender Begünstigungswille vorliegt. Jedoch wird dieser regelmäßig gegeben sein.

[1106] Dieser Begünstigungswille ist nicht identisch mit der sog. „Freigebigkeit"(Liberalität). Jene bezeichnete die Absicht des Erblassers zu einer *unentgeltlichen* Gabe ohne Gegengabe. Vgl. noch Staudinger-*Herzfelder*[9], § 1939, Anm. 1. Näher Teil IV § 1 A.; Teil III § 2 B.; *Heinzelmann*, 4ff.; *Schmidt*, Freigebigkeit, I 3b, II 3a; Planck-*Flad*[4], § 1939, Anm. 5; BGB-RGRK-Krege[11]l, § 1939, Anm. 7; aA Staudinger-*Lehmann*[11], § 1939, Rn. 10. Hier liegt der Schwerpunkt der Betrachtung darauf, was der Bedachte erhalten soll, nicht darauf, was der Erblasser auf- oder weggibt.

„jedes Tun oder Unterlassen" im Sinne § 241 Abs.1 S.1 BGB tauglicher Vermächtnisgegenstand. Im hier betonten Begünstigungswillen liegt der maßgebliche dogmatische Unterschied des Vermächtnistatbestandes im Vergleich zur Auflage, § 1940 BGB. Dort tritt die Person des Leistungsempfängers gegenüber dem Leistungsinhalt ganz in den Hintergrund[1107].

Im Ergebnis trug das OLG Jena unlängst den hier vertretenen Ansatz[1108]. Eine Erblasserin hatte Mutter Teresa mit dem Zusatz „für ihr Hilfswerk" mit einem Vermächtnis bedacht. Das Gericht gab der Klage des Missionswerkes gegen den Testamentsvollstrecker, der die Erfüllung des Vermächtnisses mit dem Hinweis auf das Vorversterben von Mutter Teresa verweigerte (§ 2160 BGB), statt, da das Vermächtnis nicht der Person Mutter Teresa, sondern nach dem wahren Erblasserwillen dem Missionswerk selbst zugewandt war. Der wirkliche Wille sei zu erforschen (§ 133 BGB):

> „Dieser Wille ging jedenfalls nicht dahin, Mutter Teresa persönlich die vermachte Geldsumme zur freien Verfügung zu überlassen. Dies ergibt sich aus dem Zusatz „für ihr Hilfswerk" in dem Testament. Das Vermächtnis sollte nicht Mutter Teresa persönlich bereichern, sondern deren Anliegen zugute kommen, anderen zu helfen (...)".

Das Gericht entschied sich auch gegen ein Vermächtnis an Mutter Teresa unter der Auflage zweckbestimmter Verwendung, da aus „für ihr Hilfswerk" deutlich werde, daß die Erblasserin nicht das persönliche Wirken von Mutter Teresa meinte, sondern die von ihr begründete Organisation[1109]. Das vom Gericht gefundene Kriterium der Überlassung zur eigenen, freien Verfügung, zur *persönlichen* Verwendung entspricht exakt der hier vertretenen Qualifikation des Vermögensvorteils als einer auf die individuellen Zwecke des Bedachten bezogenen Zuwendung, wenngleich auch das Gericht explizit die Bedachtenfrage, nicht aber die Frage nach dem Vermächtnisgegenstand thematisierte. Nach dem hier vertretenen Ansatz fallen beide Fragen zusammen.

[1107] Vgl. Teil II § 5 A. II. 2.

[1108] OLG Jena, Urteil vom 07.01.2003 – 8 U 1420/01, OLG-NL, 2003, 89 (90).

[1109] OLG Jena, aaO.

7. Zusammenfassende Definition und Vergleich zum Ausgangsbefund

Unter Anwendung des subjektiv-funktionalen Vermögensbegriffs auf § 1939 BGB und Einsatz der soeben gewonnen Ergebnisse kann der Vermächtnisgegenstand „Vermögensvorteil“ abstrakt verstanden werden als:

„(1) Ein Gegenstand, der aus der Sicht des Erblassers zum Zeitpunkt der Verfügung für den Bedachten einen Nutzen hat oder bei oder nach Vermächtnisanfall noch erlangen wird und so die Gesamtheit der dem Bedachten zur Verfügung stehenden Mittel zur persönlichen Bedürfnisbefriedigung und Zweckverfolgung (Vermögen) mehren oder verbessern wird (Vorteil).“

„(2) Nutzen ist die Eignung zur Befriedigung von persönlichen Bedürfnissen bzw. zur Erreichung von persönlichen Zwecken.“

Diese Definition bietet entscheidende Vorteile gegenüber den gängigen Darstellungen in der Literatur[1110]. Gegenüber Umschreibungen wie „der Vermögensvorteil ist in weitestem Sinne zu verstehen“, oder „irgendwie geartete Verbesserung der Vermögenslage“ oder „ein wenigstens mittelbarer Vermögensvorteil bzw. Vermögensbezug“ bietet sie eine subsumptionsfähige Definition. Sie vermeidet den Bezug zur Geldwertigkeit, der vielfach aufrechterhalten wird, aber durch allerlei Einschränkungen in widersprüchlicher Weise wieder zurückgenommen werden muß. Die Definition wird auch besser der Tatsache gerecht, daß der Begünstigungswille des Erblassers oftmals nicht auf Zuwendung eines geldwerten Vorteil gerade im Hinblick auf dessen Geldwert gerichtet ist, sondern mit Rücksicht auf einen anderen Vorteil für den Bedachten[1111]. Die sehr assoziative Erläuterung „wirtschaftliche Besserstellung“ bzw. „wirtschaftliches Ergebnis“, die häufig verwendet wird, aber allein nichts erklärt, wird durch den Sinnbezug der subjektiv-funktionalen Vermögensbegriffs zur Wirtschaftslehre substantiiert umgesetzt und endet nicht mit einer Deduktion aus einem mißverstandenen wirtschaftlichen Vermögensbegriff wiederum bei einer „geldwerten Besserstellung“. Die im Vordringen befindliche Meinung *Leipolds* wird insoweit bestätigt, daß grundsätzlich jeder Gegenstand, der Gegenstand einer Forde-

---

[1110] Teil II § 4 B.

[1111] Vgl. die Verfügung einer Erblasserin in BGH, Urteil vom 15.10.1997 - IV ZR 327/96, NJW 1998, 682 (682): „Lieber Sohn..., ich habe ein gutes Stück Garten eingepflanzt. Das sollst Du behalten, es soll Dein sein, so lange du es behalten willst; ich schenke es Dir“. Offensichtlich hatte die Erblasserin hier nicht den Veräußerungswert vor Augen, sondern die Möglichkeit der Nutzung.

rung sein kann, auch Gegenstand eines Vermächtnisses sein kann. Allerdings erfordert das Vermächtnis bei subjektiv-funktionaler Deutung einen auf den zugewandten Gegenstand bezogenen konkreten Begünstigungswillen des Erblassers, der auf Verschaffung eines Nutzenzugewinns in der Person des Bedachten gerichtet ist.

TEIL VI DOGMATISCHE AUSBLICKE

Abschließend soll die gefundene Definition im Bereich zweier miteinander verwandter Streitfragen auf ihre Stimmigkeit kurz erprobt werden: auf die Abgrenzung des Vorausvermächtnisses von der Teilungsanordnung sowie auf die Zuwendung sog. Ankaufs- und Übernahmerechte zum Verkehrswert. Eine umfassende und abschließende Untersuchung der beiden Problemkomplexe, namentlich unter Einbezug steuerrechtlicher Aspekte, kann im Rahmen dieser Arbeit allerdings nicht geleistet werden.

§ 1 VORAUSVERMÄCHTNIS UND TEILUNGSANORDNUNG[1112]

A. Teilungsanordnung

Durch Teilungsanordnung[1113] kann der Erblasser letztwillige Maßgaben für die Art und Weise der Auseinandersetzung des Nachlasses zwischen den Miterben in Form der Zuweisung von Einzelgegenständen treffen, § 2048 S.1 BGB. Die Teilungsanordnung ist an die Gesamtheit der Miterben addressiert und verpflichtet diese im Rahmen des Auseinandersetzungsverfahrens gegeneinander zur Herstellung der vom Erblasser angeordneten Güterverteilung[1114]. Der einzelne Miterbe hat keinen individuellen Anspruch auf Übertragung des ihm zugewiesenen Gegenstandes, sondern nur den Auseinandersetzungsanspruch auf Vollzug der Teilungsanordnung *in toto*[1115].

B. Vorausvermächtnis

Durch Vorausvermächtnis wendet der Erblasser einem *Erben* einen Vermögensvorteil zu, §§ 2150, 1939 BGB[1116]. Dieser erwirbt einen gegen die Erbengemeinschaft

[1112] Zu den Rechtsfolgen beider MüKo-*Heldrich*[4], § 2048, Rn. 17 und die Übersicht bei *Erdmann*, Einzelzuwendungen, 76ff.; *Gätzner*, Vorweggenommene Erbfolge, 52ff.

[1113] Eingehend dazu *Erdmann*, Einzelzuwendungen, 79ff.; *Rudolf*, 65ff.

[1114] MüKo-*Heldrich*[4], § 2048, Rn. 8; *Edenfeld*, ZEV 2004, 141 (142).

[1115] *Müller*, Übernahmerecht, 39f.

[1116] § 2150 BGB verweist durch seinen Wortlaut auf die Legaldefinition des Vermächtnisses in § 1939 BGB. Vorausvermächtnis und „einfaches" Vermächtnis stimmen deshalb systematisch betrachtet in ihrem Gegenstand überein; *Helmke*, Vorausvermächtnis, 2; *Munder*, 40; *Engel*, 19.

gerichteten Vermächtnisanspruch. Die Aussage, der Vermächtnisanspruch konfundiere in der Person des Bedachten, soweit er dessen Erbteil belaste, ist ungenau. *Schuldner* dieses Anspruchs sind die Erben in ihrer gesamthänderischen Verbundenheit, mithin die Erbengemeinschaft als solche, nicht – auch nicht „anteilig" – der bedachte Miterbe[1117]. Dieser steht der Erbengemeinschaft insoweit als Drittgläubiger[1118] gegenüber. Davon zu unterscheiden ist die Frage nach Objekt und Umfang der *Haftung* der beklagten Miterben je nach angestrengter Klage[1119]. Der bedachte Miterbe ist im Ergebnis, soweit der Erblasser kein anderes bestimmt hat (§ 2147 S. 2 BGB), mit dem Vermächtnis insoweit belastet, als er mit seiner Erbquote nur am durch Leistung des Vorausvermächtnisses verringerten Nachlaß beteiligt ist[1120].

C. Allgemeine Unterschiede in den Rechtsfolgen[1121]

Der Vorausvermächtnisanspruch ist grundsätzlich unabhängig von der Erbenstellung. Es bleibt dem Bedachten also beim Wegfall derselben als „einfaches Ver-

[1117] Wäre die Erbengemeinschaft statt Gesamthand Bruchteilsgemeinschaft, wie im römischen und gemeinen Recht, wäre dies freilich anders; vgl. § 748 BGB; *Windscheid-Kipp*, Pandekten[9], Bd. III, 499.

[1118] MüKo-*Heldrich*[4], § 2058, Rn. 28.

[1119] Klagt der Vorausvermächtnisnehmer vor Nachlaßteilung gegen die restliche Erbengemeinschaft auf Erfüllung aus dem ungeteilten Nachlaß (Gesamthandsklage, § 2059 Abs. 2, 2032 Abs. 1 BGB), so kann er den Vorausvermächtnisanspruch ohne Anrechnung eines seiner Erbquote entsprechenden Anteils durchsetzen, da das Vorausvermächtnis auch zur vollen Höhe auf dem Nachlaß lastet; Bamberger-Roth-*Lohmann*, § 2059, Rn. 8. Strengt er eine Gesamtschuldklage (§§ 2058) gegen einzelne Miterben an, so steht dem Anspruch in Höhe des der Erbquote des Klägers entsprechenden Anteils die *dolo agit*-Einrede entgegen. Der beklagte Miterbe hätte vor wie nach der Nachlaßteilung einen Rückgriffsanspruch gegen den Kläger, weil er diesem gegenüber, der auch Gesamtschuldner ist, nur in Höhe seiner Erbquote haftet. Insgesamt: § 242 BGB iVm § 426 Abs. 2, Abs. 1, 421 BGB iVm §§ 2150, 1939, 2174, 2147 S. 2, 1967, 2058, 2059 Abs. 1 BGB. Zum ganzen Bamberger-Roth-*Lohmann*, § 2058, Rn. 4, 12; MüKo-*Heldrich*[4], aaO; *Lübtow*, ErbR, Bd. II, 1178ff.

[1120] Bamberger-Roth-*Müller-Christmann*, § 2150, Rn. 5. Plastisch Palandt-*Edenhofer*[63], § 2150, Rn.3: das Vorausvermächtnis bilde einen Abzugsposten vom zu verteilenden Nachlaß.

[1121] Vgl. hierzu Palandt-*Edenhofer*[63], § 2048, Rn. 7 mit weiteren als den hier genannten Unterschieden: Ausschlagungsmöglichkeit hinsichtlich des Vorausvermächtnisses (§ 2180 BGB), nicht aber der Teilungsanordnung; besserer Rang des Vorausvermächtnisgläubigers (§ 1991 Abs. 4 BGB, § 327 Nr. 2 InsO); Zugehörigkeit des durch Teilungsanordnung zugewiesenen Gegenstandes zum haftenden Nachlaß bei beschränkter Erbenhaftung, im Gegensatz zum Gegenstand eines vollzogenen Vorausvermächnisses.

mächtnis“ erhalten, § 1939 BGB[1122], es sei denn, der Erblasser hat es durch den Wegfall der Erbenstellung auflösend bedingt[1123]. Der Vermächtnisnehmer kann, im Gegensatz zum Begünstigten einer Teilungsanordnung, seinen Anspruch ab Vermächtnisanfall (§ 2176 BGB) als eine den Rechten der Miterben vorgehende Nachlaßverbindlichkeit[1124] schon vor der Auseinandersetzung und auch gegen einen Testamentsvollstrecker oder Nachlaßverwalter[1125] geltend machen[1126].

Der Auseinandersetzungsanspruch wird hingegen erst bei Auseinandersetzung fällig und ist vom Fortbestand der Erbenstellung in der Person des Bedachten abhängig. Die Teilungsanordnung kommt erst nach Erfüllung der Nachlaßverbindlichkeiten zum Zuge (§§ 2046 Abs.1: „zunächst“, 2047 Abs.1 BGB). Das Gemeinschaftliche Testament schützt ein wechselbezüglich errichtetes Vorausvermächtnis besonders gegen Widerruf[1127]. Erbvertraglich getroffen, wird das Vorausvermächtnis durch § 2288 BGB geschützt und kann nicht mehr einseitig aufgehoben werden[1128]. Die Teilungsanordnung bleibt ungeschützt[1129]. Durch Teilungsanordnung zugewiesene Gegenstände müssen wertmäßig auf den Erbteil angerechnet werden, da die Teilungsanordnung nur die gegenständliche Zusammensetzung des Erbteils konkretisieren, nicht aber die Erbquote wertmäßig verändern kann[1130]. Weist der Erblasser daher

[1122]§§ 2174, 2176,1967 Abs. 2, 2046 Abs. 1 BGB.

[1123]Vgl. *Loritz*, NJW 1988, 2697 (2699); *Mattern*, DNotZ 1963, 450 (455).

[1124]Vgl. §§ 1967 Abs.2, 1991 Abs. 4 BGB; § 327 Abs. 1 Nr. 2 InsO.

[1125]Der Vermächtnisgegenstand unterliegt mangels anderweitiger Anordnung (§ 2223 BGB) nach Vollzug des Vorausvermächtnisses nicht mehr der Nachlaßverwaltung oder Testamentsvollstreckung; §§ 2205, 2209, 1984, 1985 BGB.

[1126]Durch Gesamthandsklage (§ 2059 Abs. 2 BGB) bereits bei ungeteiltem Nachlaß; dazu *Loritz*, NJW 1988, 2697 (2699).

[1127]§§ 2271 Abs. 1 und 2, 2270 Abs. 3 BGB.

[1128]§§ 2289 Abs. 1 S. 2, 2278 Abs. 2, 2291 BGB. Zu weiteren Unterschieden der Rechtsfolgen Müko-*Heldrich*[4], § 2048, Rn.17.

[1129]Zur Möglichkeit einvernehmlicher Übergehung der Teilungsanordnung AnwK-BGB-*Eberl-Borges*, § 2048, Rn. 6, 19; MüKo-*Heldrich*[4], § 2048, Rn. 8; Soergel-*Wolf*[13], § 2048, Rn. 2. Nach AnwK-BGB-*Eberl-Borges*, § 2048, Rn. 9 ist dies nicht mehr möglich, wenn der Erblasser die Miterben mit der Auflage beschwert, daß seine Anordnungen strikt zu beachten seien. Jeder Miterbe sei dann verpflichtet, die Ausführung der Erblasseranordnungen von den übrigen Miterben zu verlangen. Dem ist jedoch nicht beizutreten, da unberücksichtigt bleibt, daß der nach § 2194 BGB Vollzugsberechtigte nicht zum Vollzug der Auflage verpflichtet ist. Ignorieren alle Miterben als wechselseitig Vollzugsberechtigte die Auflage, so vermag sie nicht zu helfen.

[1130]*Edenfeld*, ZEV 2004, 141 (142); *Eidenmüller*, JA 1991, 150 (152); *Natter*, JZ 1959, 151 (151); *Emmerich*, JuS 1962, 269 (271); *Siegmann*, ZEV 1996, 47 (47); *Winter*, 42.

einen Gegenstand zu, der den Erbteil des Bedachten übersteigt, steht die Durchführbarkeit der Teilungsanordnung unter der Bedingung, daß der Bedachte eine Ausgleichszahlung in den Nachlaß erbringt[1131]. Ist kein solcher Wertausgleich möglich, ist die Teilungsanordnung unwirksam. Das Vorausvermächtnis ist demgegenüber gerade wegen dessen Unabhängigkeit von der Erbenstellung nicht auf den Erbteil anzurechnen[1132]. Es führt regelmäßig zu einer wertmäßigen Begünstigung über die Erbquote hinaus. Allerdings soll eine Anrechnungspflicht ein Vorausvermächtnis auch nicht kategorisch ausschließen[1133].

D. Abgrenzung

Die wegen der unterschiedlichen Rechtsfolgen äußerst wichtige Abgrenzung der beiden sich bezüglich desselben Gegenstandes ausschließenden[1134] Verfügungen ist nach wie vor streitig. Eine Abgrenzung wird dann erforderlich, wenn der Erblasser eine Zuweisung vorgenommen hat, die über den Wert der Erbquote hinausgeht. Dann stellt sich die Frage, ob ein Vorausvermächtnis oder eine ausgleichspflichtige Teilungsanordnung vorliegt. Problematisch ist aber auch die Einordnung von Zuwendungen, deren Ausgleichung oder Anrechnung der Erblasser in voller Höhe angeordnet hat.

Im Gegensatz zu den Darstellungen zum „einfachen" Vermächtnis[1135] wird für das Vorausvermächtnis in Abgrenzung zur Teilungsanordnung aber teilweise eine Begünstigung in Form eines „objektiven" Vermögensvorteils gefordert[1136].

[1131] Staudinger-Otte (2003), § 2150, Rn. 14; Soergel-*Wolf*[13], § 2048, Rn. 8 mwN; *Dieckmann*, FS Coing, (70), Bd. II, 53 (65); *Eidenmüller*, JA 1991, 150 (155).

[1132] Zum ganzen neuerdings *Sommer-Kerschbaumer*, ZEV 2004, 13 (14).

[1133] Palandt-*Edenhofer*[63], § 2048, Rn. 6; sowie unten Teil VII § 1 D. I.

[1134] Staudinger-*Otte* (2003), § 2150, Rn. 9; *Winter*, 53-56; vgl. auch *Eidenmüller*, JA 1991, 150 (153 Fn. 26, 27 mwN); BGH, Urteil vom 21.02.1962 – V ZR 114/60, LM § 2048 Nr. 5a; *Dieckmann*, FS Coing (70), Bd. II, 53 (63); Kipp-*Coing*, ErbR[14], § 44 II 2 (267f.); *Lange-Kuchinke*, ErbR[4], 602 Fn. 180; indifferent *Mattern*, DNotZ 1963, 450 (463). AA BGH, Urteil vom 27.06.1990 – IV ZR 104/89, NJW-RR 1990, 1220 (1221) = FamRZ 1990, 1112.

[1135] Vgl. Soergel-*Stein*[13], § 1939, Rn. 3 im Vergleich zu Soergel-*Wolf*[13], § 2048, Rn. 7.

[1136] Palandt-*Edenhofer*[63], § 2048, Rn. 6; Soergel-*Wolf*[13], § 2048, Rn. 48; MüKo-*Heldrich*[4], § 2048, Rn. 16; Erman-*Schlüter*[10], § 2048, Rn. 5. AA allerdings Staudinger-*Otte* (2003), § 2150, Rn. 10: Wertfrage und Umfang der Anrechnungspflicht seien nicht entscheidend; auch nichtgeldwerte Rechtspositionen könnten vermächtnishalber vermacht werden. Entscheidend sei, ob der Zuwendungsgegenstand in irgend einer Beziehung über den Inhalt einer Teilungsanordnung hinausgehe.

I. Rechtsprechung

Die Rechtsprechung[1137] stellte zur Abgrenzung des Vorausvermächtnisses von der Teilungsanordnung anfänglich auf eine fehlende Pflicht zur Anrechnung der Zuwendung auf den Erbteil[1138], dann auf eine positive Wertdifferenz zwischen Zuweisungsgegenstand und Gegenleistung[1139] und auf eine Wertverschiebung im Vergleich zur Erbquote[1140] ab. Sie betont nun aber maßgeblich das Kriterium des Begünstigungswillens[1141], der vorrangig auf eine wertmäßige Begünstigung als wichtigstes Kriterium bezogen sein müsse.

Im Hintergrund der Abgrenzungsprobleme steht seit dem Reichsgericht das Kriterium einer beabsichtigten wertmäßigen Begünstigung[1142], welche das Vorausvermächtnis ausmache, wenn auch die Rechtsprechung mittlerweile eingeräumt hat, daß mit dem Kriterium der wertmäßigen Begünstigung nicht alle Unterschiede zwischen Vorausvermächtnis und Teilungsanordnung erfaßt sind[1143]. Unsicher ist damit aber immer noch, ob eine objektiv wertmäßige Begünstigung eines Erben notwendige oder hinreichende Bedingung eines Vorausvermächtnisses ist.

[1137] Zusammenfassend *Loritz*, NJW 1988, 2697 (2700); *Erdmann*, Einzelzuwendungen, 80ff.

[1138] Statt aller RG, Urteil vom 27.02.1908 – IV 537/07, Seuffert's Archiv 63, 404 (406) = ZBlG 8, 770 = Recht 1908, Bd. II, Sp. 236 = BayZschrRpfl. 1908, 246; KG, Beschluß vom 10.10.1904 – KGJ 28, 196 = OLGE 9, 396 (397); *Rudolf*, 66ff.; *Loritz*, NJW 1988, 2697 (2700) mit ausführlichem Überblick.

[1139] RG, Urteil vom 21.02.1924 – IV 274/23, RGZ 108, 83 (84); RFH, Urteil vom 10.07.1928 – II A 98/28, JW 1928, 3071; OLG Celle, Urteil vom 03.05.1933 – 6 U 5/33, HRR 1933 Nr. 1934; dagegen jedoch RG, Urteil vom 22.12.1941, DR 1942, 977= DNotZ 1942, 182.

[1140] BGH, Urteil vom 14.03.1984 – IVa ZR 87/82, NJW 1985, 51 (52).

[1141] Grundlegend BGH, Urteil vom 08.11.1961 – V ZR 31/60, BGHZ 36, 115 (116ff.) = NJW 1962, 343 = LM § 2048, Nr. 4; bestätigt in BGH, Urteil vom 21. 02. 1962 – V ZR 114/60, LM § 2048, Nr. 5a; BGH, Beschluß vom 25.10.1995 – IV 362/94, ZEV 1996, 70 (71) mit Anm. *Kummer*; BGH, Urteil vom 27.06.1990 – IV ZR 104/89, NJW-RR 1990, 1220 (1221) = FamRZ 1990, 1112 (1113); BGH, Urteil vom 10.10.1997 – IV ZR 327/96, NJW 1998, 682 (682); *Sommer-Kerschbaumer*, ZEV 2004, 13 (14); Loritz, NJW 1988, 2697 (2703).

[1142] Vgl. noch OLG Braunschweig, Urteil vom 11. 11. 1994 – 5 U 13/94, ZEV 1996, 69 (69): auf wertmäßige Begünstigung gerichteter Begünstigungswille erforderlich. Eingehend *Erdmann*, Einzelzuwendungen, 79ff.

[1143] BGH, Urteil vom 27.06.1990 – IV ZR 104/89, NJW-RR 1990, 1220 (1221); BGH, Urteil vom 07.12.1994 – IV ZR 281/93, NJW 1995, 721 (721).

Nach Verwerfung „wertverschiebender Teilungsanordnungen"[1144] besteht Einigkeit darin, daß durch eine nicht ausgleichungspflichtige Teilungsanordnung keine Wertverschiebung zwischen den Erbquoten herbeigeführt werden kann[1145]. Wenn kein Wertausgleich gewollt sei, mit anderen Worten wenn der Mehrbetrag zusätzlich zum Erbteil zugewendet werden solle, so komme hinsichtlich des überquotalen Teils nur ein Vorausvermächtnis in Form eines sog. Wertvermächtnisses in Betracht[1146]. Für den nichtüberquotalen Teil streitet man sich, ob er auch Vorausvermächtnis sei oder Teilungsanordnung[1147]. Regelmäßiges Merkmal des Vorausvermächtnisses sei damit eine wertmäßige Begünstigung[1148]. Jedoch ist nach dem BGH – unter Rückkehr zur einst abgelehnten Rechtsprechung des OLG Hamburg[1149] – beim Fehlen einer objektiv wertmäßigen Begünstigung ein Vermächtnis nicht ausgeschlossen, vielmehr könne der Erblasser einen von der Erbenstellung unabhängigen Geltungsgrund der Zuweisung gewollt haben[1150].

[1144]BGH, Urteil vom 29.12.1961 – V ZR 229/60, LM 2048, Nr. 5; aufgegeben durch BGH, Urteil vom 23.09.1981 – IVa ZR 185/80, BGHZ 82, 274 (279) = FamRZ 1982, 56 (57) gegen die wertverschiebende Teilungsanordnung eingehend *Dieckmann*, FS Coing (70), Bd. II, 53ff.

[1145]BGHZ 82, 274 (279); *Sommer-Kerschbaumer*, ZEV 2004, 13 (14). Allerdings kann die Auslegung ergeben, daß insoweit eine Änderung der Erbquoten gewollt ist; MüKo-*Heldrich*[4], § 2048, Rn. 16. Eine wertbegünstigende Teilungsanordung sei stets ausgleichspflichtig; BGH, Urteil vom 06. 12. 1989 – IVa ZR 59/88, FamRZ 1990, 396 (397).

[1146]BGH, Urteil vom 27.06.1990 – IV ZR 104/89, NJW-RR 1990, 1220 (1221); BGH, Urteil vom 14.03.1984 – IVa ZR 87/82, NJW 1985, 51 (52); BGH, Urteil vom 28.01.1987 – IVa ZR 191/85, FamRZ 1987, 475 (476). Zustimmend *Sommer-Kerschbaumer*, aaO; Palandt-*Edenhofer*[63], § 2048, Rn. 5; Bamberger-Roth-*Lohmann*, Bd. 3, § 2048, Rn. 4; MüKo-*Heldrich*[4], § 2048, Rn. 16. Die Figur des Wertvermächtnisses ablehnend Soergel-*Wolf*[13], § 2048, Rn. 8; *Eidenmüller*, JA 1991, 150 (154), da es dem Erblasserwillen idR widerspreche, wenn der Bedachte bei Ausschlagung der Erbschaft nicht mehr den Gegenstand als solchen, aber noch den Wertüberschuß verlangen könne; kritisch auch *Loritz*, NJW 1988, 2697 (2698, 2702).

[1147]Für Kombination aus Teilungsanordnung und Vorausvermächtnis MüKo-*Schlichting*[4], § 2150, Rn. 8; BGH, Urteil vom 27.06.1990 – IV ZR 281/93, NJW-RR 1990, 1220 (1221); aA *Eidenmüller*, JA 1991, 150 (154); Soergel-*Wolf*[13], § 2048, Rn. 8; *Erdmann*, Einzelzuwendungen, 134f.: die Zuwendung sei bei vorliegendem Begünstigungswillen in gesamter Höhe Vorausvermächtnis, nicht nur in Höhe der Begünstigung.

[1148]*Erdmann*, Einzelzuwendungen, 91.

[1149]OLG Hamburg, Urteil vom 20.04.1950 – 3 U 133/49, MDR 1950, 420 (421).

[1150]BGH, Urteil vom 07.12.1994 – IV ZR 281/93, NJW 1995, 721 (721) = ZEV 1995, 144; BGH, ZEV 1996, 70 (71); *Bürger*, MDR 1986, 445 (447). Zum ganzen *Erdmann*, Einzelzuwendungen, 113. Eine Koppelung an die Erbenstellung schließt ein Vorausvermächtnis wiederum nicht unbedingt aus, da auch ein solches an die Bedingung geknüpft werden kann, daß der Begünstigte Erbe bleibt; Staudinger-*Otte* (2003), § 2150, Rn. 12; Motive, Bd. V, 140; BGHZ 36, 115 (118); *Mattern*, DNotZ 1963, 459 (458).

Dies bedeutet im Ergebnis zum einen, daß ein „objektiver" Vermögensvorteil im Sinne einer wertmäßigen Besserstellung kein *notwendiges* Merkmal des Vorausvermächtnisses ist[1151]. Notwendiges Kriterium für die Annahme eines Vorausvermächtnisses wird dadurch der Begünstigungswille des Erblassers[1152], der als wesentliches Abgrenzungskriterium gegenüber der Teilungsanordnung fungiert. Dieser wird offenbar so lange vermutet, wie ein anrechnungsfreier Mehrwert vorhanden und nicht nur untergeordneter Natur ist. Der Begünstigungswille, der auf Verschaffung einer von der Erbenposition unabhängigen Rechtsposition gerichtet ist, muß offenbar aber konkret festgestellt werden.

II. Literatur[1153]

Die wohl herrschende Meinung fordert in bezug auf das Vorausvermächtnis einen „objektiven" Vermögensvorteil im Sinn einer wertmäßigen Begünstigung über die Erbquote hinaus *und* einen darauf gerichteten Begünstigungswillen als *korrespondierenden* subjektiven Tatbestand[1154]. Andere betonen, daß das Vorausvermächtnis keinen in Geld meßbaren Vermögensvorteil erfordere, sondern in der Zuwendung auch anderer Rechtspositionen bestehen könne[1155]. Führt die Zuwendung zu einer Wertverschiebung gegenüber der Erbquote, so scheidet jedenfalls eine Teilungsanordnung aus, wenn nicht von einer Pflicht des Erben zum Wertausgleich aus dessen Privatvermögen auszugehen ist.

Daneben gibt es Stimmen, die die Abgrenzung zwischen Vorausvermächtnis und Teilungsanordnung nicht anhand einzelner Kriterien vornehmen wollen, sondern im Rahmen einer Gesamtwürdigung prüfen wollen, welcher Geschäftstyp seinen Rechtsfolgen nach dem Erblasserwillen am ehesten entspricht[1156].

[1151] AA *Coing*, JZ 1962, 529 (533).

[1152] Zuletzt FG München, Urteil vom 03.07.2002 – 4 K 4983/00, EFG 2002, 1464.

[1153] *Rudolf*, 71ff. mit ausführlichem Überblick.

[1154] *Eidenmüller*, JA 1991, 150 (154); MüKo-*Heldrich*[4], § 2048, Rn. 16; *Lange-Kuchinke*, ErbR[5], 641; Palandt-*Edenhofer*[63], § 2048, Rn. 5; Soergel-*Wolf*[13], § 2048, Rn. 7; *Winter*, 54; *Coing*, JZ 1962, 529 (532); *Rudolf*, 75ff.; *Kuetgens*, 5, 74, der den Begünstigungswillen als alleiniges Unterscheidungskriterium ansieht. AA *Müller*, Übernahmerecht, 55f., der das Kriterium des Begünstigungswillens ablehnt, da ein solcher für das „einfache" Vermächtnis auch nicht verlangt werde. Bamberger-Roth-*Müller-Christmann*, § 2150, Rn. 6 ebenfalls zur objektiven Wertverschiebung tendierend.

[1155] Staudinger-*Otte* (2003), § 2150, Rn. 10; Soergel-*Wolf*[13], § 2048, Rn. 9.

[1156] *Coing*, JZ 1962, 529 (533); *Loritz*, NJW 1988, 2697 (2703).

Man kritisiert, daß die Rechtsprechung den Begriff des Vermögensvorteils schrankenlos erweitert habe und auch bei monetär indifferenten Zuweisungen, namentlich Fälle angeordneten vollen Wertausgleichs, als Vorausvermächtnis behandele[1157]. Die Abgrenzungskriterien der herrschenden Meinung seien unklar, weshalb darauf abzustellen sei, ob der Erblasser die Rechtsfolgen eines Vorausvermächtnisses oder einer Teilungsanordnung gewollt habe[1158].

Charakteristisch für ein Vorausvermächtnis sei die bezweckte Heraushebung des Erben aus der Miterbengemeinschaft („Sonderstellung"), die bezweckte Verschaffung einer Nachlaßgläubigerstellung und die Betonung seiner „Sonderinteressen". Insgesamt zeichne sich das Vorausvermächtnis im Kern durch einen „Sonderungswillen" des Erblassers aus[1159] und nicht durch den Willen zur vermögensmäßigen Besserstellung im Vergleich zur Erbquote, wie im Fall des Vorausvermächtnisses an einen Alleinerben[1160] deutlich werde, wo eine solche begrifflich unmöglich sei. Weiterhin spreche es für ein Vermächtnis, wenn der Bedachte den Gegenstand schon vor der Erbauseinandersetzung bekommen solle. Zwingend handele es sich um ein Vermächtnis, wenn der Bedachte den Gegenstand unabhängig von seiner Erbenstellung bekommen solle, sowie dann, wenn die Zuwendung in irgend einer Beziehung über den Inhalt einer Teilungsanordnung hinausgehe. Wenn keiner dieser Gesichtspunkte einschlägig sei, sei eine Anrechnungspflicht ausschlaggebend. Wenn bewußtermaßen auch keine Anrechnungspflicht oder ein Übernahmepreis unter dem Verkehrswert festgesetzt sei, so liege ein Vermächtnis vor.

III. Würdigung

Die Rechtsprechung stellt maßgeblich auf den Begünstigungswillen ab, der vornehmlich auf eine *wertmäßige* Begünstigung bezogen sein muß. Er kann als subjektives Element des Vorausvermächtnisses sinnvollerweise nur auf den Vermächtnis-

[1157] *Bürger*, MDR 1986, 371ff.; *ders.*, MDR 1986, 445ff.

[1158] *Bürger*, aaO; *Loritz*, NJW 1988, 2697ff; für Ausnahmefälle bejahend *Eidenmüller*, JA 1991, 150 (151); Staudinger-*Otte* (2003), § 2150, Rn. 10; Michalski, ErbR, Rn. 713.

[1159] *Bürger*, MDR 1986, 445 (447).

[1160] Dazu Bamberger-Roth-*Müller-Christmann*, § 2150, Rn. 3. Zur Zulässigkeit desselben schon *Engel*, 19; *Rosenbauer*, 30; anders noch das Preußische Landrecht, vgl. *Dernburg*, PreußPrivR, Bd. III, 415; *Kretzschmar*, Sächsisches Archiv f. Rechtspflege 2 (1922), 2 (2). Die Motive maßen dem Vorausvermächtnis zugunsten des Alleinerben keine Bedeutung bei; vgl. Motive, Bd. V, 140.

gegenstand bezogen sein. Der Nachweis einer geldwerten Begünstigung über den Erbteil hinaus fällt der herrschenden Meinung in den Grenzfällen schwer, in denen volle Anrechnungspflicht verfügt wurde oder der Vorausvermächtnisnehmer als Alleinerbe gar nicht mehr über die Erbquote hinaus begünstigt werden kann. Den notwendigen korrespondierenden Begünstigungswillen kann sie in diesen Fällen nicht mehr schlüssig nachweisen.

Die herrschende Meinung muß ihn aus anderen Gründen bejahen, namentlich der gewollten Unabhängigkeit des Geltungsgrundes der Zuweisung von der Erbeinsetzung oder der durch das Übernahmerecht vermittelten Wahlmöglichkeit wegen. Dann aber sieht sich die herrschende Meinung wieder auf die von ihr unbeantwortete Sachfrage zurückgeworfen, was „Vermögensvorteil" im Sinne § 1939 BGB ist und warum bei Zugrundelegung des herrschenden Vermögensverständnisses eine andere als geldwerte Rechtsposition („rechtlicher Vorteil") ein vermögensrechtlicher Vorteil sein soll[1161].

1. Widersprüche

Es bestehen zwei fundamentale Widersprüche im Konzept der herrschenden Lehre. Sie kann keine plausible Erklärung dafür anbieten, daß es beim Vorausvermächtnis auf einen Vermögensvorteil im Sinne einer objektiven wertmäßigen Besserstellung ankommt, beim einfachen Vermächtnis aber nicht, zumal sie betont, daß auch das Vorausvermächtnis Vermächtnis im Sinne § 1939 BGB sei. Wenn die herrschende Meinung für das einfache Vermächtnis keine wertmäßige Begünstigung verlangt, so kann unter der Prämisse, daß Vermächtnis im Sinne § 1939 BGB auch das Vorausvermächtnis ist, eine solche auch für dieses nicht erforderlich sein. Legt man im übrigen das oben ermittelte Verständnis des historischen Gesetzgebers von „Vermögensvorteil" als einen in Geld meßbaren Vorteil zugrunde, so ergibt sich selbst nach diesem, daß eine positive Wertverschiebung im Vergleich zur Erbquote nicht zwingend erforderlich ist.

Wenn das „einfache" Vermächtnis bis zur vollen Höhe beschwert werden kann, ohne seine Rechtsnatur zu verändern, so kann auch ein Vorausvermächtnis bei Anordnung voller Wertanrechnung nicht schlechthin ausgeschlossen sein. Das Vorausvermächtnis müßte dann aber auf einen geldwerten Gegenstand als Primärzuwendung

[1161] Vgl. Soergel-*Wolf*[13], § 2048, Rn. 7; Staudinger-*Otte* (2003), § 2150, Rn. 10.

(„initial benefit") des Vorausvermächtnisnehmers bezogen sein. Die herrschende Meinung müßte konsequenterweise zu dem Ergebnis kommen, daß keine objektiv wertlosen Gegenstände als Vorausvermächtnis hinterlassen werden können, nimmt demgegenüber aber an, daß dies als „einfaches" Vermächtnis zugunsten jedes Dritten möglich sei. Auch leuchtet nicht ein, warum es beim „einfachen" Vermächtnis nicht auf einen Begünstigungswillen ankommen soll, wohl aber beim Vorausvermächtnis, wo dieser zum maßgeblichen Abgrenzungskriterium geworden ist.

Des weiteren kann die herrschende Meinung ohne Selbstwiderspruch nicht das Vorausvermächtnis zugunsten eines Alleinerben erklären, wo bezogen auf denselben Erbfall eine wertmäßige Begünstigung über den Erbteil hinaus theoretisch undenkbar ist. Weitere Widersprüchlichkeiten drohen schließlich im Fall überhöhter Anrechnungs- und Ausgleichungspflichten. Hier wird zum Teil wenig interessegerecht ein Vorausvermächtnis in Höhe des überschießenden Teils zugunsten der übrigen Miterben angenommen, mit dem nur der Erbteil des Zuwendungsempfängers beschwert sein solle[1162]. Daß eine wertmäßige Begünstigung als solche für das Vorausvermächtnis nicht bestimmend sein kann, ergibt sich im übrigen schon daraus, daß sich dieses Ergebnis auch mit Hilfe einer Erbteilserhöhung in Verbindung mit einer Teilungsanordnung erreichen ließe.
Die sich abzeichnende Fallgruppenbildung läßt insgesamt ein übergeordnetes Muster vermissen und erregt den Verdacht, das in Wahrheit maßgebende Kriterium eher zu verdecken als zu Tage zu fördern. Die Abgrenzung von Vorausvermächtnis und Teilungsanordnung kann nur dann in ein widerspruchsfreies Erklärungsmodell integriert werden, wenn jede Anknüpfung an objektive Wertverhältnisse eliminiert wird. Dem entspricht § 2150 BGB insoweit, als die Vorschrift keine Aussage über das Wertverhältnis zwischen Erbteil und vorausvermachtem Gegenstand trifft, sondern lediglich klarstellt, daß ein „Vermächtnis" im Sinne § 1939 BGB auch zugunsten eines Miterben möglich ist[1163].

[1162] *Emmerich*, JuS 1962, 269 (271); MüKo-*Heldrich*[4], § 2048, Rn. 16; MüKo-*Schlichting*[4], § 2150, Rn. 7. Die Behandlung des Wertüberschusses als Vorausvermächtnis gibt den Miterben auf den Erbfall einen fälligen Anspruch gegen den Nachlaß und führt damit zu einer ungewollten Begünstigung und Vorwegbefriedigung.

[1163] *Erdmann*, Einzelzuwendungen, 122.

Erdmann will neuerdings im Grundsatz darauf abstellen, ob der Erblasser eine oder mehrere typische Rechtsfolgen des Vorausvermächtnisses anordnen wollte[1164], ohne weiter eine objektive Begünstigung zu fordern. Habe der Erblasser keine spezifischen Wirkungen eines Vorausvermächtnisses gewollt, so liege ein solches auch nicht vor, unabhängig von den Wertverhältnissen[1165]. Eine objektiv wertmäßige Begünstigung gegenüber den Miterben sei weder erforderlich noch hinreichend, so daß ein Vorausvermächtnis auch bei überhöhter Anrechnung also wirtschaftlicher Schlechterstellung des Bedachten vorliegen könne. Die Begünstigung, die das Vorausvermächtnis dem bedachten Miterben gewähre, liege gerade in den günstigeren Rechtswirkungen.

Die Meinung *Erdmanns* verdient in ihrer Zielrichtung Gefolgschaft. Eine wertmäßige Begünstigung erlaubt keine widerspruchsfreie Abgrenzung. Eine Wertverschiebung kann nur allein von Bedeutung sein, wenn die Erbquote als Grenze für die Verteilung der Nachlaßwerte zu berücksichtigen ist. Dies gilt für die Frage, ob eine konkludente Erhöhung der Erbquote in Verbindung mit einer Teilungsanordnung vorliegt oder schlicht eine (anrechnungs- bzw. ausgleichungspflichtige) Teilungsanordnung[1166]. Das Vorausvermächtnis ist an die Erbquote aber gerade nicht gebunden und

[1164] *Erdmann*, Einzelzuwendungen, 145ff.

[1165] Vgl. auch *Munder*, 87.

[1166] Die Annahme einer konkludenten Erhöhung der Erbquote durch eine Einzelzuweisung scheitert nicht an § 2087 Abs. 2 BGB. Der durch Auslegung zu ermittelnde Erblasserwille, der in Ermangelung eines vermächtnisspezifischen Begünstigungswillens auch kein Vermächtnis trägt, möglicherweise aber auf eine Erhöhung des Erbteils gerichtet sein kann, geht § 2087 Abs. 2 BGB vor; *Michalski*, ErbR^2, Rn. 353. Zu § 2087 Abs. 2 BGB BayObLG, Beschluß vom 25.11.2002 - 1Z BR 93/02, JuS 2003, 615 (615); BayObLG, Beschluß vom 30.09. 2002 - 1Z BR 33/02, NJW-RR 2003, 150 (150). Werde ein wertvoller Gegenstand zugewiesen, *müsse* die Verfügung u. U. sogar als Erbeinsetzung anstatt als Vermächtnis angesehen werden; BayObLG, Beschluß vom 04.04.2002 - 1 Z BR 19/01, FamRZ 2003, 119 (120); jedoch auch Staudinger-*Otte* (2003), § 2087, Rn. 22: „Daraus darf aber nicht gefolgert werden, es sei ausgeschlossen, daß die Zuwendung der übrigen Vermögensstücke ebenfalls Erbeinsetzung ist."

Die dieser Auslegungsregel zugrunde liegende Zweifelsvermutung des Singularcharakters der Einzelzuwendung („im Zweifel kein Erbe") ist entkräftet, wenn der Bedachte bereits Erbe ist; dazu *Bartz*, 120. Vgl. zur Nachlaßaufteilung und Erbeinsetzung im Wege von Einzelzuwendungen BayObLG, Beschluß vom 08.05.2003 - 1Z BR 124/02, DNotZ 2003, 870 (871); BayObLG, Beschluß vom 12.03. 2002 - 1Z BR 14/01, DNotZ 2003, 873 (875). Näher zur Berücksichtigung der Wertverhältnisse bei der Auslegung als Erbeinsetzung oder Vermächtnis BayObLG, Beschluß vom 04.04.2002 - 1Z BR 19/01, NJW-RR 2002, 1232 (1232); Bayerlaubt deshalb wie das „einfache" Vermächtnis eine rein subjektiv-funktionale Betrachtungsweise anhand des Begünstigungswillens[1167]. Der hier vertretene Ansatz ist in der Lage, diesen systemgerecht und zwanglos in § 1939 BGB wiedereinzufügen. Die subjektiv-funktionale Vermögenstheorie findet insoweit einen fruchtbaren Boden sowie eine gewisse Bestätigung ihrer Tragfähigkeit vor. Der oben dargestellte Ansatz braucht zur dogmatischen Bewältigung des Vorausvermächtnisses nur mit der allgemein anerkannten Prämisse verknüpft zu werden, daß dieses ein Vermächtnis im Sinne § 1939 BGB ist.

Insoweit aber der vorausvermächtnisbedachte Erbe bereits am Nachlaß berechtigt ist[1168], besteht der grundsätzliche Unterschied zwischen Vorausvermächtnis und Teilungsanordnung weniger auf der Ebene möglicher Zuwendungsgegenstände („Was?"), sondern auf der Ebene der Rechtsfolgen („Wie?"). Insbesondere, wenn ein Alleinerbe mit einem Nachlaßgegenstand bedacht wird, drängt sich die Frage nach einer bezweckten rechtlichen Begünstigung im Vergleich zur Erbenstellung in den Vordergrund. Das alleinige Abstellen auf einen Begünstigungswillen in bezug auf den Zuwendungsgegenstand bliebe ohne Aussage. Der Erblasser muß den Bedachten im Vergleich zur Erbenstellung begünstigen wollen. Deshalb muß hier zusätzlich auch auf die Rechtsfolgen der Verfügung abgestellt werden.

3. Abgrenzung nach der subjektiv-funktionalen Betrachtung

Die Abgrenzung zwischen Vorausvermächtnis und Teilungsanordnung ist dann zweckmäßigerweise im Rahmen einer zweiteiligen Prüfung des Vorausvermächtnisses vorzunehmen. In einem ersten Schritt werden die allgemeinen Voraussetzungen eines Vermächtnisses nach § 1939 BGB geprüft, wie wenn der Bedachte nicht zugleich Erbe wäre. Gebricht es schon daran, etwa weil der Erblasser „befehlend" bedenkt, ohne die Bedürfnisse und Zwecke des Bedachten aus seiner Sicht zu reflektieren, kann schon mangels Begünstigungswillens kein Vermächtnis und damit kein Vorausvermächtnis vorliegen, weil dem Bedachten der Gegenstand nicht um seinetwillen zugewandt wird.

ObLG, Beschluß vom 01.07.20031 – Z BR 116/02, FamRZ 2004, 567. Zu § 2087 BGB sei im übrigen verwiesen auf *Lange-Kuchinke*, ErbR³, 516f.; Staudinger-*Otte* (2003), § 2087, Rn. 18ff, insbesondere Rn. 22.

1167 Vgl. auch *Mattern*, DNotZ 1963, 450 (463); *Munder*, 79f.

1168 Gehört der Zuwendungsgegenstand nicht zum Nachlaß, kann nur ein Verschaffungsvorausvermächtnis, nicht aber eine Teilungsanordnung vorliegen.

Dies trifft namentlich auf die Fälle sog. „Übernahmepflichten" zu. Dort ordnet der Erblasser an, daß ein Miterbe einen Gegenstand, auch gegen Anrechnung, übernehmen *muß*, wenn er die Erbenstellung nicht verlieren will. Der Erblasser verfolgt durch eine solche Verfügung lediglich eigene Zwecke, will aber nicht die Zwecke des Erben fördern[1169]. Der hier vertretene Ansatz kommt zum Ergebnis der herrschenden Meinung, daß nur eine Teilungsanordnung verbleibt[1170]. Sind die allgemeinen Voraussetzungen des Vermächtnisses gegeben, liegt also ein Begünstigungswille hinsichtlich des „Was?" vor, so muß der Erblasserwille in einem zweiten Schritt auf einen entsprechenden Begünstigungswillen im Hinblick auf das „Wie?" untersucht werden[1171]. Konkret muß der Wille des Erblassers feststellbar sein, dem bedachten Erben zur Förderung dessen Zwecke vorausvermächtnistypische Rechtsvorteile zuzuweisen, d. h. solche, die inhaltlich ein *plus* im Vergleich zur Erbenstellung und zu einer Teilungsanordnung bedeuten[1172]. In Betracht kommen neben den beiden folgenden grundsätzlich alle den Bedachten begünstigende Gesichtspunkte.

a) Sonderung

So kann beispielsweise der von *Bürger* pointierte und von ihm sachbezogen verstandene „Sonderungswille[1173]" als konkreter Wille in Erscheinung treten, dem Miterben einen Anspruch auf den zugewiesenen Gegenstand selbst zu geben, damit er jenen aus dem Nachlaß ausgliedern und für sich „in Sicherheit bringen" kann, um ihn so aus dem Teilungsverfahren heraushalten zu können. Ist der Wille erkennbar, den Bedachten zu diesem Zweck der Erbengemeinschaft als Nachlaßgläubiger gegenüberzustellen, so will der Erblasser ein Vorausvermächtnis und keine Teilungsanordnung.

[1169]Die von *Helmke*, Vorausvermächtnis, 4, 40, 47 als Abgrenzungskriterien angebotenen erblasserischen Zwecke der Bewahrung von Nachlaßgütern vor Verschleuderung in Nachlaßteilung und der Erhaltung von Wirtschaftseinheiten sind größtenteils nicht eindeutig, weil sie grundsätzlich auch mit einer Erbquotenerhöhung und Teilungsanordnung erreichbar sind.

[1170]Vgl. auch *Gätzner*, Vorweggenommene Erbfolge, 56.

[1171]Im Gegensatz zum „einfachen" Vermächtnis, das wegen § 2174 BGB stets mit einem rechtlichen Vorteil einhergeht, sind hier bestimmte rechtliche Vorteile aussagekräftig, wenn und weil sie über die Rechtsfolgen einer Teilungsanordnung hinausgehen.

[1172]Vgl. Staudinger-*Otte* (2003), § 2150, Rn.10; *Munder*, 84;

[1173]*Bürger*, MDR 1986, 445 (447).

b) *Von der Erbenstellung unabhängiger Rechtsgrund*

Ergibt das Testament einen Anhaltspunkt, daß der Erblasser die Möglichkeit in Betracht zog, daß der Bedachte nicht Erbe wird, etwa wegen Ausschlagung oder einer Bedingung, und ist das Motiv des Erblassers erkennbar, für diesen Fall Vorsorge zu treffen, so will er dem Erben eine insoweit von der Erbenstellung unabhängige Rechtsposition verschaffen. Entscheidender Zweck ist, dem Bedachten neben dem Erwerb *iure hereditario* einen Erwerbstitel *iure legatario* zu verschaffen. Gerade bei Überschuldung des Nachlasses und eigener Leistungsunfähigkeit des Erben liegt dies nahe, da dieser sich dann durch Ausschlagung der Erbschaft jeder Haftung entziehen und selbst die Stellung eines Nachlaßgläubigers erlangen kann. Ist der Zuwendungsgegenstand einem beschränkt haftenden Erben geleistet, so gehört er auch nicht mehr zum haftenden Nachlaß[1174]. Mit der Rechtsposition eines Vorausvermächtnisnehmers eröffnet der Erblasser dem Erben somit eine neue Handlungsoption. Paradefall hierfür ist das Vorausvermächtnis an einen Alleinerben[1175]. Dessen Rechtsposition wird durch die bereits erwähnte Möglichkeit, den zugewiesenen Gegenstand vor der Nachlaßauseinandersetzung vom Nachlaßverwalter und Testamentsvollstrecker herausverlangen zu können[1176], verbessert.

Ergeben sich keine Anhaltspunkte dafür, daß der Wille des Erblassers auf eine Verbesserung der Rechtsposition des Erben gerichtet war, so scheidet ein Vorausvermächtnis insoweit aus. Führt die Zuweisung dabei wertmäßig zu keiner signifikanten Begünstigung über die Erbquote hinaus, etwa wegen Geringwertigkeit der Gegenstände, liegt eine schlichte Teilungsanordnung vor. Liegt eine signifikante Begünstigung über die Erbquote vor, so liegt auch dann eine Teilungsanordnung vor, wenn der Erblasser Ausgleichung oder Anrechnung des überschießenden Wertes verfügt hat. Scheidet Wertausgleich mangels Zahlungsfähigkeit des Erben oder Anordnung aus, ist die Verfügung unwirksam, wenn nicht gleichzeitig eine konkludente Erhöhung der Erbquote anzunehmen ist[1177].

[1174]Palandt-*Edenhofer*[63], § 2048, Rn. 7. *Helmke*, Vorausvermächtnis, 4 übersieht, daß der an den Vorausvermächtnisnehmer geleistete Zuwendungsgegenstand nur dann endgültig der Nachlaßhaftung entzogen ist, wenn die Haftung des Vorausvermächtnisnehmers auf den Nachlaß beschränkt ist; §§ 1975, 1990 BGB.

[1175]Hier wird regelmäßig ein Vorausvermächtnis zugunsten des Alleinvorerben zu dem Zweck in Betracht kommen, um bestimmte Gegenstände dem Nacherbgang zu entziehen, § 2110 Abs. 2 BGB.

[1176]Vgl. Teil VII § 1 C. Vgl. bereits Motive, Bd. V, 139f.

[1177]*Loritz*, NJW 1988, 2697 (2703).

§ 2 ANKAUFSRECHTE UND ÜBERNAHMERECHTE ZUM MARKTPREIS ODER EINEM HÖHEREN PREIS

Problematisch wird die Abgrenzung zwischen Vorausvermächtnis und Teilungsanordnung bei Ankaufs- und Übernahmerechten, an die eine mindestens geldwertgleiche Gegenleistung geknüpft wird[1178].

A. Dogmatik zum Ankaufs- und Übernahmerecht

Ein Ankaufs- bzw. Übernahmerecht ist eine erbrechtliche Zuweisung, mit der dem Bedachten die Möglichkeit gegeben wird, nach eigener, freier Wahl einen Gegenstand vom Beschwerten zu erwerben[1179]. Zum Teil werden Ankaufs- und Übernahmerechte begrifflich nicht geschieden[1180]. Dies sollte jedoch um der Klarheit willen getan werden.

I. Grundsätzliches

Bedachter eines Ankaufsrechts kann jeder, Bedachter eines Übernahmerechts nur ein Miterbe sein. Der mit einem Ankaufsrecht Bedachte hat stets eine „Gegenleistung" zu erbringen, und zwar in Geld. Der übernahmeberechtigte Miterbe hat nur im Fall der Anordnung ein eigenes Vermögensopfer als Gegenleistung zu erbringen. Diese muß nicht unbedingt in einer Geldleistung bestehen, sondern richtet sich nach der Anordnung. Häufig wird aber die Ausgleichung des Wertes des Zuwendungsgegenstandes durch Zahlung in den Nachlaß oder die Anrechnung des Wertes auf die Erbteilsquote angeordnet[1181]. Das Ankaufsrechtsvermächtnis kann auch Verschaffungsvermächtnis sein, wenn der Ankaufsgegenstand erst vom Beschwerten erworben werden soll. Das Übernahmerecht bezieht sich stets auf einen Nachlaßgegenstand. Ist ein Miterbe bedacht und wurde voller Wertausgleich angeordnet, muß zwischen

---

1178 Dazu eingehend *Erdmann*, Einzelzuwendungen, 79ff. Auf die dortige ausführliche Darstellung des Streitstandes sei verwiesen.

1179 Vgl. *Müller*, Übernahmerecht, 4f., 7f., 40; *Erdmann*, Einzelzuwendungen, 13. Bei der sog. „Übernahmepflicht" wird umgekehrt eine letztwillige Zuwendung (Erbeinsetzung) an die Bedingung der Übernahme eines Nachlaßgegenstandes geknüpft.

1180 So *Meincke*, FS Jagenburg (65), 579 (581).

1181 Die Art und Weise des angeordneten Wertausgleichs spielt für die Einordnung der Verfügung keine Rolle; Staudinger-*Otte* (2003), § 2150, Rn. 15.

Vorausvermächtnis und Teilungsanordnung abgegrenzt werden[1182]. Sind andere Personen bedacht, kommt nur ein „einfaches“ Vermächtnis oder eine Auflage in Betracht.

II. Konstruktion von Ankaufs- und Übernahmerecht

Die Konstruktion von Ankaufs- und Übernahmerecht wirft im wesentlichen identische Probleme auf. Beide sind zunächst keine letztwillig zugewandten Vorkaufsrechte oder aufschiebend bedingten Kaufverträge[1183]. Die Rechtsbeziehung zwischen Begünstigtem und Beschwertem unterliegt dem erbrechtlichen und nicht dem kaufrechtlichen Regelungsregime, soweit sich Vermächtnisnehmer und Vermächtnisbeschwerter als solche[1184] gegenüberstehen. Dies ändert sich auch nicht mit der Ausübung des Ankaufsrechts.

Streitig ist zunächst, was Gegenstand des Ankaufs- und Übernahmerechtsvermächtnisses ist. Zum Teil wird angenommen, Zuwendungsgegenstand sei nicht die zugewiesene Sache selbst, sondern das in der eingeräumten Wahlmöglichkeit bestehende „Gestaltungsrecht[1185]“. Dieses wird als „Befugnis“ verstanden, den Beschwerten durch einseitige empfangsbedürftige Erklärung zur Übereignung des Zuwendungsgegenstandes verpflichten zu können.

Der Bedachte soll nach stark vertretener Ansicht demnach wegen des Übernahmerechtes allein noch kein – auch kein bedingtes – Forderungsrecht gegen die Erbengemeinschaft haben, sondern erst nach Ausübung[1186]. Abweichend wird das An-

---

[1182] Dazu soeben Teil VII § 1 D.

[1183] So die übliche Einordnung des Ankaufsrechts andernorts, vgl. Palandt-*Heinrichs*[63], Einf v § 145, Rn. 23; zuletzt FG Köln, Urteil vom 19.03.2003 – 5 K 5873/98, DStRE 2003, 1248 (1249).

[1184] Soweit der Erblasser einen Anspruch auf Abschluß eines Kaufvertrages vermacht hat und in Vollzug des Vermächtnisses ein Kaufvertrag zwischen Begünstigtem und Beschwertem abgeschlossen wird, kommt selbstverständlich Kaufrecht zur Anwendung. Dann ist jedoch nicht mehr die vermächtnisrechtliche Beziehung zwischen den Beteiligten betroffen.

[1185] BGHZ 36, 115 (119); BGH NJW 1995, 721 und BFH, Urteil vom 21.07.1993 – II R 118/90, BStBl. 1993, 765 (766); BFH, Beschluß vom 13.04.1994 – II B 173/93, BFH/NV 1994, 794; BFH, Urteile vom 06.06.2001 – II R 76/99, II R 14/00, II R 5/00, BStBl. II 2001, 605 (606), 725 und BFH/NV 2001, 1564; *Boehmer*, MDR 1949, 288; *Grunsky*, JZ 1963, 250 (251), Kipp-*Coing*, ErbR[14], § 44 II 2 (266); *Müller*, Übernahmerecht, 19, 21ff. Zum ganzen nun ausführlich *Meincke*, FS Jagenburg (65), 579 (581ff).

[1186] *Rudolf*, 78; *Rosenbauer*, 23; *Natter*, JZ 1959, 151 (152).

kaufs- bzw. Übernahmerechtsvermächtnis als ein durch Ausübung des Wahlrechts aufschiebend potestativbedingter Vermächtnisanspruch (§ 2174 BGB) verstanden[1187]. Ob der Vermächtnisanspruch auf Abschluß eines Kaufvertrages gerichtet ist oder unmittelbar auf Übergabe und Übereignung der Sache, richte sich nach dem Erblasserwillen[1188].

Jüngst bestätigte der BGH, daß das Ankaufsrechtsvermächtnis ein unmittelbar auf den zugewandten Gegenstand gerichteter Vermächtnisanspruch sei[1189], bei dem die Leistungspflicht des Beschwerten mit einer Gegenleistung „eingeschränkt" sei. Der Ankaufberechtigte könne den vermachten Gegenstand nur verlangen, wenn er die Gegenleistung anbiete. Konstruktiv soll es sich dabei nicht um ein mit einem Untervermächtnis beschwertes Vermächtnis handeln. Anscheinend nimmt der BGH also ein durch Ausübung des Wahlrechts und Angebot der Gegenleistung bedingtes Vermächtnis der Sache selbst an[1190]. Zunächst ist festzustellen, daß sich ein „quasikaufvertragliches" Rechtsverhältnis *aus dem Vermächtnis* nur in Gestalt eines durch Ausübung des Wahlrechts potestativbedingten Vermächtnisses des Zuwendungsgegenstandes selbst konstruieren läßt.

Dieses muß dann durch ein Untervermächtnis (§ 2186 BGB) in Höhe der Gegenleistung zugunsten des Hauptvermächtnisbeschwerten beschwert werden, der damit die Einrede aus § 273 Abs.1 BGB bis zur Zahlung erwirbt, so daß mit deren Geltendma-

---

[1187]So vorzugswürdig Staudinger-*Otte* (2003), § 2174, Rn. 11a; *Emmerich*, JuS 1962, 269 (271). Zum Verhältnis von Gestaltungsrecht und Potestativbedingung eingehend *Hattenhauer*, Gestaltungsrecht, 262ff. (265f.), der auf dem Gebiet des Vertragsrechts von einer Vereinbarkeit von Potestativbedingung und Gestaltungsrecht in konstruktiver Hinsicht vertritt und nur von Begriffsstreitigkeiten ausgeht.

[1188]Zutreffend *Meincke*, FS Jagenburg (65), 579 (586f.) mit dem Hinweis, daß für den Erblasser die Zuwendung eines Anspruches auf Abschluß eines Kaufvertrags nur dann Sinn mache, wenn Rechte und Pflichten im Zuge des Ankaufs noch konkretisierungsbedürftig seien und der Erblasser wisse, daß er „Verständigungsbereitschaft und – fähigkeit" von Erbe und Vermächtnisnehmer nicht überfordere. Habe der Erblasser aber selbst abschließende Vorstellungen hinsichtlich Gegenstand und Preis gefaßt, so erscheine der dazwischengeschaltete Kaufvertrag als unnützer Formalismus; der Erblasser werde dann regelmäßig einen unmittelbaren Anspruch auf Übereignung zuwenden wollen; vgl. im einzelnen *Meincke*, FS Jagenburg (65), 579 (588f.); vgl. die Vermachung eines Anspruchs auf Abschluß eines Kauf- oder Übernahmevertrages BayObLG, Beschluß vom 11.11.2002 – 1Z BR 53/01, NJW-RR 2003, 293 (295).

[1189]Insoweit folgte der BGH dem Berufungsgericht; BGH, Urteil vom 27.06.2001 – IV ZR 120/00, NJW 2110, 2883f. = Jura 2002, 195 (196) m. Anm. *Schubert*.

[1190]So *Meincke*, aaO, 588; vgl. auch BGH, Urteil vom 30.09.1959 – V ZR 66/58, NJW 1959, 2252.

chung gegen die Vermächtnisklage des Ankäufers ein Schuldverhältnis mit synallagmatischer Verknüpfung des Vermächtnisanspruch auf die Übernahmesache und des Untervermächtnisanspruchs auf den Übernahmepreis entsteht, § 274 Abs. 1 BGB[1191]. Dagegen, ein „Gestaltungs*recht*" als Gegenstand von Ankaufs- oder Übernahmerechtsvermächtnis zu sehen, spricht im übrigen, daß der Vermächtnisnehmer dieses mit dem Erbfall originär erwürbe[1192], was mit der gesetzgeberischen Entscheidung zur Abschaffung des Vindikationslegats (vgl. § 2174 BGB) in Konflikt[1193] geriete.

Daß der Bedachte eine Gestaltungs*möglichkeit* unmittelbar aus dem Vermächtnis erhalten kann, bleibt hiervon unberührt. Zum anderen dürfte die Lehre vom Gestaltungsrecht als Gegenstand des Ankaufrechtsvermächtnisses in der Tat auf einer Fehldeutung eines Urteils des Obersten Gerichtshofs für die Britische Zone beruhen[1194]. Grundsätzlich ist Gegenstand des Ankaufs- oder Übernahmerechtsvermächtnisses also entweder ein Anspruch auf Abschluß eines Kaufvertrages oder der durch Zahlung des Ankaufpreises aufschiebend bedingt vermachte Zuwendungsgegenstand.

[1191] Vgl. *Meincke*, FS Jagenburg (65), 579 (587).

[1192] Dazu *Erdmann*, Einzelzuwendungen, 131ff.

[1193] Vgl. auch Teil VII § 2 A. II. Motive, Bd. V, 176: „Durch das Vermächtnis wird nur ein obligatorischer Anspruch des Vermächtnisnehmers (Vermächtnisanspruch) begründet (S.1). Dies entspricht dem in den Vorbemerkungen (S.133f.) erörterten Grundsatz des Entwurfs. Daß ein unmittelbarer Übergang des vermachten Gegenstandes auch dann nicht stattfindet, wenn das Recht zum Nachlaß gehört (S.2), verdeutlicht nur mit Rücksicht auf die schwerwiegende Abweichung von dem geltenden Rechte, daß das Vindikationslegat dem Entwurf fremd ist, und läßt zugleich erkennen, daß die Vorschrift eine absolute ist, also durch dieselbe dem Willen des Erblassers eine Schranke gesetzt wird."

[1194] So überzeugend *Meincke*, FS Jagenburg (65), 579 (581f., 584); vgl. OGH BrZ, Urteil vom 22.09.1948 – II ZS 3/48, NJW 1947/48, 690 = MDR 1949, 287 m. Anm. *Boehmer*. Der OGH sprach dort nur von einem bedingten Anspruch, nicht von einem Gestaltungsrecht; anders *Boehmer* im Anschluß an das Urteils. Die Theorie vom Gestaltungsrecht scheint auch maßgeblich von der Finanzgerichtsbarkeit am Leben erhalten worden zu sein. Beim Abstellen auf das Gestaltungsrecht tritt steuerpflichtiger Erwerb von Todes wegen, § 3 Abs. 1Nr. 1 ErbStG, unmittelbar mit Vermächtnisanfall und nicht erst mit Ausübung des Gestaltungsrechts ein, da der Bedachte bereits durch Erwerb des Gestaltungsrechts bereichert ist; § 10 Abs. 1 S. 1 ErbStG; vgl. die dazu oben genannten Urteile des BFH vom 06.06.2001.

B. Das Problem des verkehrswertäquivalenten oder -überschießenden Preises

Unstreitig ist, daß ein Ankaufs- oder Übernahmerecht vermacht werden kann, wenn es den Erwerb einer Sache, namentlich eines Grundstücks, unter dem Marktpreis ermöglicht[1195]. Unklar ist nun, ob ein Vermächtnis vorliegt, wenn der Übernahmepreis gleich dem oder größer als der Marktpreis ist.

1. Die herrschende Meinung

Ganz überwiegend wird bei Übernahme zum Marktpreis ein Vermächtnis bejaht, da schon die durch das Übernahmerecht als solche bestehende Möglichkeit, ein Grundstück zu erwerben – die Wahlmöglichkeit als solche – einen Vermögensvorteil darstelle[1196]. Ein Vorteil könne daher auch dann vorliegen, wenn der Bedachte zum vollen Verkehrswert übernehme[1197]. Subjektiv sei weiterhin ein Begünstigungswille erforderlich. Dieser müsse nach Ansicht des BGH ein über die willentliche Einräumung des Wahlrechts hinausgehender subjektiver Tatbestand sein, welcher bei Aufnahme eines Übernahmerechts in einen entgeltlichen Erbvertrag zu vermuten sei.

Ein Vermögensvorteil im Sinne einer „wirtschaftlichen Besserstellung" müßte nach dieser Logik auch dann vorliegen, wenn der Übernahmepreis über dem Marktwert liegt[1198]. Dies können diejenigen Auffassungen, die auf der Basis einer „wirtschaftlichen Besserstellung oder auf eine „irgendwie gearteten Verbesserung der Vermö-

[1195] *Johannsen*, WM 1972, 866 (866); RG, Urteil vom 13.11.1942 – VII 60/42, RGZ 170, 163 (170).

[1196] MüKo-*Schlichting*[4], § 2150, Rn.7; BGHZ 36, 115 (119); BGH, Beschluß vom 25.10.1995 – IV ZR 362/94, ZEV 1996, 70 (71); *Natter*, JZ 1959, 151 (152); *Johannsen*, aaO; *Erdmann*, Einzelzuwendungen, 112f.; *Winter*, 57; *Müller*, Übernahmerecht, 51, 53, 66ff.; bereits OLG, Hamburg Urteil vom 20. 04. 1950 – 3 U 133/49, MDR 1950, 420 (421); OGH BrZ, MDR 1949, 287ff.; *Coing*, JZ 1962, 529 (532); *Kipp*, ErbR[8], 299f; Soergel-*Wolf*[13], § 2048, Rn. 9.

[1197] Schon *Marcuse*, 7; *Schubert*, Jura 2002, 197 (197); *Coing*, JZ 1962, 529 (532) nimmt einen Vermögensvorteil bei Übernahme zum Verkehrswert an, wenn der Gegenstand einen „Dauerwert" habe, der über den Verkehrswert zur Zeit des Erbfalls hinausgehe. Dieser Betrachtung ist jedoch entgegenzuhalten, daß der Verkehrswert stets zeitpunktbezogen ist; schon *Hellwig*, Archiv f. BüR, 86 (1896), 223 (229f.); *ders.*, Verträge auf Leistung an Dritte, 55. Wie lange der Gegenstand diesen Wert hält, spielt für die Bemessung in der Gegenwart nur dann eine Rolle, wenn die Werthaltigkeit oder Langlebigkeit als verkehrswerterhöhend angesehen wird; vgl. *Grunsky*, JZ 1963, 250 (252).

[1198] So bereits *Grunsky*, JZ 1963, 250 (251).

genslage“ argumentieren, aber nicht mehr stichhaltig erklären[1199]. Daß das Gestaltungsrecht *per se* einen Geldwert hat, wird zumindest dann zweifelhaft, wenn dessen Ausübung zu einer wertmäßigen Vermögensminderung führt. Die Konsequenzen der Ausübung auf die Vermögensbilanz werden schlechthin übergangen, und auch das unvorteilhafteste Übernahmerecht wird pauschal als „Vermögensvorteil“ angesehen, wobei man den Widerspruch gegen das eigene Vermögensverständnis unterdrückt.

Ebenso ist kaum nachvollziehbar, worin der Begünstigungswille des Erblassers in bezug auf eine wertmäßige Begünstigung liegen soll, denn eine solche bezweckt der Erblasser mit der Anordnung einer den Zuwendungswert übersteigenden Gegenleistung augenscheinlich nicht. Weiter wird zutreffend gegen die herrschende Meinung vorgebracht, daß, wenn man ihr folge und bei Übernahmerechten bis zur Höhe des anzurechnenden bzw. auszugleichenden Wertes eine Teilungsanordnung annehme, es bei voller Ausgleichung zwar einen „Vermögensvorteil“ im Sinne § 1939 BGB in Gestalt des Wahlrechts gäbe, aber mangels Wertüberschusses keinen „*vermachten* Gegenstand“ im Sinne § 2174 BGB, weil eben nur eine Teilungsanordnung in Betracht komme.

Dieser Widerspruch beim Vorausvermächtnis könne nur durch einen Verzicht auf einen über den Erbteilswert hinausgehenden „Vermögensvorteil“ beseitigt werden, so daß dann Vermögensvorteil und vermachter Gegenstand richtigerweise schlicht die vom Miterben zu übernehmende Sache sei[1200].

2. Die subjektiv-funktionale Betrachtung

Nach der oben vorgeschlagenen Definition des Vermögensvorteils kommt es nicht auf einen geldwerten Vorteil an. Das Paradoxon der herrschenden Meinung, daß in Gestalt der Wahlmöglichkeit zwar ein „Vermögensvorteil“ vorliegt, aber ohne Wertüberschuß kein *vermachter* Gegenstand, löst sich auf, sobald die Dimension des Geldwertes verlassen wird. Maßgebend ist, ob der Vermächtnisgegenstand aus Erblassersicht geeignet ist, die Mittel des Bedachten zur persönlichen Bedürfnisbefriedigung und Zweckverfolgung zu vermehren. Es fragt sich, welche besonderen Folge-

---

[1199] Vgl. die Kritik bei *Erdmann*, Einzelzuwendungen, 128. Enstprechend weicht Soergel-*Wolf*[13], § 2048, Rn. 9 auf den in der Wahlmöglichkeit liegenden rechtlichen Vorteil als hinreichenden Vermögensvorteil aus. Damit bleibt aber unbeantwortet, wieso das Wahlrecht *Vermögens*vorteil ist

[1200] *Erdmann*, Einzelzuwendungen, 133; *Müller*, Übernahmerecht, 58.

rungen sich für das Ankaufs- und Übernahmerechtsvermächtnis ergeben, wenn dieses unter die obige Definition subsumiert wird.

Gegenstand des Ankaufrechts- und Übernahmerechtsvermächtnisses ist nach vielfacher Ansicht das „Gestaltungsrecht", die in ihm liegende Wahlmöglichkeit, als Vermögensvorteil *per se*. Die Vertreter der herrschenden Meinung sehen in der Möglichkeit des Bedachten, die negative Privatautonomie des Beschwerten durch einseitiges Rechtsgeschäft zu überwinden, einen eigenen, vom Zuwendungsgegenstand unabhängigen Nutzen. Daran ließe sich insbesondere denken, wenn der Bedachte keine verkaufswilligen Sachinhaber finden könnte, weil der Markt für die betreffenden Güter bereits geräumt wäre. Der Erblasser gäbe dem Bedachten dann die Chance, das „Unverkäufliche" zu erlangen.

Die Wahl zur Ausübung des Ankaufs- oder Übernahmerechts eröffnet allerdings nur die Möglichkeit des Erwerbs eines Gutes, ist aber nicht geeignet, das entsprechende Bedürfnis selbst zu befriedigen. Der Tauschvorgang ist lediglich Durchgangsstadium. Er hat selbst keinen Nutzen, sondern soll erst das Gut, von dem sich der Ankäufer Nutzen verspricht, verschaffen. Die Betrachtung der herrschenden Meinung beleuchtet das Ankaufs- und Übernahmerechtsvermächtnis auch nur einseitig. Denn ginge es dem Erblasser allein darum, dem Bedachten Handhabe gegen den Beschwerten zu geben, könnte er auch kurzerhand ein gewöhnliches (Voraus-)Vermächtnis anordnen, denn ob der Bedachte davon Gebrauch macht, entscheidet er auch dort allein. Das Wahlrecht soll eben nicht nur den Interessen des Bedachten dienen. Ankaufs- und Übernahmerecht sind vielmehr Ausdruck einer vom Erblasser getroffenen Abwägung des Interesses des Bedachten am Zuwendungsgegenstand mit dem Interesse der Beschwerten an der Erhaltung des Nachlaßwertes. Der Erblasser wird zwar davon ausgehen, daß der Bedachte den Gegenstand mehr als die (Mit-)Erben gebrauchen kann. Allerdings will er die (Mit-) Erben nicht dadurch benachteiligen, indem er dem Bedachten den Gegenstand ohne Anordnung einer Gegenleistung vorausvermacht, denn dadurch verbliebe jenen nur der entsprechend verminderte Nachlaß, §§ 2046 Abs.1 S.1, 2047 Abs.1, 1967 Abs.2 BGB.

Deshalb ordnet er an, daß der Bedachte für den Abgang des Gegenstandes eine Gegenleistung, regelmäßig in Form der Einzahlung in den Nachlaß, zu erbringen hat. Art und Höhe der Gegenleistung versinnbildlichen, wie weit der Erblasser die Interessen der Miterben gegenüber dem Interesse des Bedachten zur Geltung bringen wollte. Wenn in die Wahlmöglichkeit inhaltlich aber die Interessen der (Mit-)Erben einfließen, so sollte mit dieser nicht der „Vermögensvorteil" zugunsten des Bedachten begründet werden.

Es erscheint deshalb angemessener, das Ankaufs- und Übernahmerechtsvermächtnis wie ein normales Vermächtnis zu behandeln und als Vermächtnisgegenstand nicht die Wahlmöglichkeit bzw. das Gestaltungsrecht als solches anzusehen, sondern die zugewiesene Sache selbst, da das Vermächtnis und der Begünstigungswille des Erblassers nur insoweit auf die Interessen des Bedachten allein bezogen sind. Die vom Erblasser angeordnete Gegenleistung beeinträchtigt die Eignung des Gegenstandes zur Bedürfnisbefriedigung nicht, sondern beeinflußt die Entscheidung, *ob* der Bedachte von dem Ankaufs- oder Übernahmerecht Gebrauch machen wird. Diese Entscheidung kann aber dem Bedachten selbst überlassen werden. Wenn ihn das Ankaufsrecht zu unvorteilhaft dünkt, wird er es nicht wahrnehmen und hiervon geht auch der Erblasser aus. Schon deshalb steht nicht das Verhältnis von Sache und Gegenleistung im Vordergrund, sondern die Sache selbst. Dies sollte auch dann gelten, wenn der Erblasser einen Anspruch auf Abschluß eines Kaufvertrages zugewandt hat, da die rechtstechnische Ausgestaltung die substantielle Fragestellung nicht berührt. Es ergibt sich übereinstimmend mit *Erdmann* insgesamt ein Unterschied zur herrschenden Meinung insofern, als auch beim Ankaufsrechtsvermächtnis nicht pauschal von einem „Vermögensvorteil" in Gestalt des Wahlrechts auszugehen ist, sondern ein konkreter Begünstigungswille des Erblassers in bezug auf den Zuwendungsgegenstand gegeben sein muß[1201]. Es mag freilich zutreffen, daß dieser in den in Betracht kommenden Fällen nahezu immer vorliegen wird. Wie sich die Höhe der Gegenleistung zum Wert des Zuwendungsgegenstandes verhält, spielt dabei keine Rolle[1202]. Denn aus Sicht des Erblassers kann der Zuwendungsgegenstand für den Bedachten trotz Gegenleistung aus vielfältigsten anderen als monetären Gründen erstrebenswert sein. Soweit ein Miterbe bedacht ist, fällt damit die Frage um die Rechtsnatur der Zuwendung mit der allgemeinen Abgrenzung von Vorausvermächtnis und Teilungsanordnung zusammen.

[1201]Der Erblasser mag sich dann auch über die Wertverhältnisse zwischen Vermächtnisgegenstand und Gegenleistung in einem unschädlichen Irrtum befinden.

[1202]Ob in Höhe des den Wert des Zuwendungsgegenstandes überschießenden Preises wiederum ein Vorausvermächtnis zugunsten der anderen Miterben vorliegt, wie dies manche befürworten, ist eine hiermit nicht in Zusammenhang stehende, richtigerweise aber zu verneinende Frage; vgl. dazu *Natter*, JZ 1959, 151 (152); *Emmerich*, JuS 1962, 269 (271); MüKo-*Heldrich*[4], § 2048, Rn. 16. Hiergegen *Erdmann*, Einzelzuwendungen, 142, 144, der betont, daß es durch diese Konstruktion zu einer ungewollten Gläubigerstellung und Privilegierung der Miterben wegen der Möglichkeit der Vorwegbeanspruchung vor der Nachlaßteilung komme.

Gegenwärtig wird die Daseinsberechtigung des Merkmals „Vermögensvorteil" in § 1939 BGB bestritten. Die vordringende Ansicht, daß Gegenstand eines Vermächtnisses alles sein könne, was als Leistung auch Gegenstand eines Schuldverhältnisses sein kann (§ 241 Abs. 1 S. 1 BGB), und es nicht auf einen Vermögensvorteil ankomme, hat ihre dogmatischen Wurzeln im klassischen römischen und gemeinen römischen Recht. Im klassischen römischen Recht konnte jeder mögliche Obligationsgegenstand auch Gegenstand eines Damnationslegats sein. Das Damnationslegat war wegen des Prinzips der *condemnatio pecuniaria* prozessual aber nur durchsetzbar und gültig, wenn der Vermächtnisgegenstand geldwert war. Gleiches galt für alle Klagen im ordentlichen Gerichtsverfahren und somit für den Obligationsgegenstand im allgemeinen. Der Geldwert eines Gegenstandes bestimmte sich konkret nach den Gegebenheiten am Markt. Positiver Geldwert setzte voraus, daß im Tausch für den Gegenstand eine schätzbare Summe Geldes zu erlangen war oder der Gegenstand für einen schätzbaren Preis erworben werden konnte. Gegenstände ohne ermittelbaren Geldwert (reine Affektionswerte) konnten weder Vermächtnis- noch Obligationsgegenstand sein. Das gemeine Recht prägte die Definition des Vermächtnisses als „Zuwendung eines Vermögensvorteils". Dieser liegt ebenfalls zugrunde, daß Vermächtnisgegenstand (Damnationslegat) jeder mögliche Obligationsgegenstand sein konnte, welcher wiederum geldwert sein mußte. Man hielt insoweit am klassischen römischen Recht fest, obwohl das Prinzip der *condemnatio pecuniaria* prozessual längst keine Bedeutung mehr hatte. Zu Beginn der Entstehung des BGB wollte man auf das Erfordernis eines geldwerten Obligationsgegenstandes verzichten und weiterhin jeden möglichen Gegenstand einer Obligation als Vermächtnisgegenstand zulassen. Dies hätte sowohl die bisherige Parallelität zwischen Obligationsgegenstand und Vermächtnisgegenstand beibehalten als auch das Geldwerterfordernis beseitigt. Dieses Konzept hat sich im weiteren Gesetzgebungsverfahren allerdings nicht durchsetzen können. Der Gesetzgeber ist durch einen in seinen Gründen nicht mehr ganz aufklärbaren, jedoch nur als bewußte Entscheidung denkbaren Willensentschluß zum Vermächtnisbegriff des gemeinen Rechts zurückgekehrt, obwohl er für die Obligation keinen vermögenswerten Gegenstand mehr forderte (§ 241 Abs.1 S.1 BGB). Der Gesetzgeber befreite dadurch das allgemeine Schuldrecht vom Geldwerterfordernis, behielt dieses jedoch für das Vermächtnis bei. Dadurch entstand erstmalig die inhaltliche Verschiedenheit zwischen dem Obligationsgegenstand („Leistung") und dem Gegenstand des Vermächtnisses („Vermögensvorteil").

Die subjektive Auslegungstheorie muß diesen Befund als verbindlichen Willen des Gesetzgebers annehmen. Vermögensvorteil kann dann nur ein geldwerter Vorteil als

Primärzuwendungsgegenstand sein. Nichtgeldwertes kann nicht vermacht werden, sondern nur auf dem Wege einer Auflage oder Teilungsanordnung, gegebenenfalls unter Anordnung der Testamentsvollstreckung, hinterlassen werden. Nicht vermachbar sind dann alle Gegenstände rein affektiven Wertes, etwa persönliche Schriftstükke des Erblassers, Familienpapiere und -fotografien, Briefe etc. *De lege lata* verbietet der Typenzwang im Erbrecht dann eine andere Auslegung oder eine analoge Anwendung der Vermächtnisnormen auf nichtvermögenswerte Vorteile. Abhilfe kann nur der Gesetzgeber selbst schaffen. Folgt man der objektiven Auslegungstheorie, so kann sich der inhaltliche Sinn gesetzlicher Begriffe auch wandeln. Vermögensvorteil läßt sich dem Wortsinn nach als „Besserstellung oder Mehrung des Vermögens" begreifen und so vom Rechtsbegriff des Vermögens abhängig machen. Dieser ist wiederum unterschiedlichen Deutungen zugänglich. Von den in der Zivilrechtsdogmatik anzutreffenden Vermögensbegriffen eignet sich der von *Mertens* entwickelte sog. „subjektiv-funktionale" Vermögensbegriff dazu, den Vermögensvorteil mit dogmatischer Folgerichtigkeit unabhängig vom Geldwert zu verstehen. Der subjektiv-funktionale Vermögensbegriff wurzelt in der von *Carl Menger* zur Blüte gebrachten subjektivistischen Wertlehre der Nationalökonomie. Deren Vermögensbegriff baut auf dem Begriff des „wirtschaftlichen Gutes" auf. Er erscheint dadurch als Mittel-Zweck-Kategorie in Form eines Vorrats materieller oder immaterieller Mittel zur Verwirklichung selbstbestimmter Zwecke. Geldwert spielt keine tragende Rolle. Dieser Vermögensbegriff kann seinem grundsätzlichen Gedanken nach auch für das Vermächtnis verwandt werden. Eine dogmatische „Feinabstimmung" gewährleistet die Vereinbarkeit mit den erbrechtlichen Prinzipien. Unter Anwendung eines an das Erbrecht angepaßten subjektiv-funktionalen Vermögensbegriffs auf § 1939 BGB kann der Vermächtnisgegenstand („Vermögensvorteil") definiert werden als:

> „(1) Ein Gegenstand, der aus der Sicht des Erblassers zum Zeitpunkt der Verfügung für den Bedachten einen Nutzen hat oder bei oder nach Vermächtnisanfall noch erlangen wird und so die Gesamtheit der dem Bedachten zur Verfügung stehenden Mittel zur persönlichen Bedürfnisbefriedigung und Zweckverfolgung (Vermögen) mehren oder verbessern wird (Vorteil)."
> „(2) Nutzen ist die Eignung des Gegenstandes zur Befriedigung von persönlichen Bedürfnissen bzw. zur Erreichung von Zwecken."

Aus der angebotenen Definition ergeben sich weitreichende Folgerungen für das Vermächtnisrecht. Auf ihrem Boden kann, wie die neuere Literatur dies fordert, jeder Gegenstand eines Schuldverhältnisses grundsätzlich auch Vermächtnisgegenstand sein. Allerdings erfordert das Vermächtnis dann einen auf den zugewandten Gegenstand bezogenen konkreten Begünstigungswillen des Erblassers, der nicht nur allgemein darauf gerichtet ist, dem Bedachten „irgend etwas" zukommen zu lassen, sondern einen persönlichen Nutzenzugewinn beim Bedachten bezweckt. Der Begünstigungswille muß anhand der Umstände konkret feststellbar sein. Der Begünstigungswille ist für das Vermächtnis als allgemeines Tatbestandsmerkmal und nicht nur beim Vorausvermächtnis in Abgrenzung zur Teilungsanordnung zu fordern. Beim Vorausvermächtnis ist der Begünstigungswille nicht auf eine *geldwertmäßige* Begünstigung zu beziehen, um die sonst entstehenden Ungereimtheiten in Fällen verfügter voller Anrechnungspflicht, der Zuwendung an einen Alleinerben oder bei Ankaufs- oder Übernahmerechten zum vollen Wert zu vermeiden. Der Nutzen des Zuwendungsgegenstandes für den Bedachten kann, muß aber keine geldwertmäßige Begünstigung beinhalten. Zwischen Vorausvermächtnis und Teilungsanordnung ist zweckmäßigerweise im Rahmen einer zweiteiligen Prüfung des Vorausvermächtnisses abzugrenzen. In einem ersten Schritt werden die allgemeinen Voraussetzungen eines Vermächtnisses im Sinne § 1939 BGB geprüft, wie wenn der Bedachte nicht zugleich Erbe wäre. Fehlen schon diese, verbleibt nur eine Teilungsanordnung, deren Voraussetzungen dann auch vorliegen müssen. Sind die allgemeinen Voraussetzungen des Vermächtnisses gegeben, liegt also ein Begünstigungswille hinsichtlich des „Was?" vor, so muß der Erblasserwille in einem zweiten Schritt auf einen entsprechenden Begünstigungswillen im Hinblick auf das „Wie?" untersucht werden. Es muß der Wille des Erblassers feststellbar sein, dem bedachten Erben vorausvermächtnistypische Rechtsvorteile zuzuweisen, sei es in Form eines persönlichen Anspruch auf die Sache selbst oder einer von der Erbenstellung unabhängigen Rechtsposition. Bei Ankaufs- und Übernahmerechtsvermächtnissen ist nicht pauschal von einem „Vermögensvorteil" in Gestalt des Wahlrechts auszugehen, sondern ebenfalls nach einem konkreten Begünstigungswillen des Erblassers im Hinblick auf den Zuwendungsgegenstand zu fragen. Soweit ein Miterbe bedacht ist, fällt die Frage nach der Rechtsnatur der Zuwendung mit der allgemeinen Abgrenzung von Vorausvermächtnis und Teilungsanordnung zusammen.

TEIL VIII LITERATURVERZEICHNIS

AAKEN, ANNE VAN: „Rational choice“ in der Rechtswissenschaft – Zum Stellenwert der ökonomischen Theorie im Recht, 1. Aufl., Baden-Baden, 2003. Zitiert: *Aaken*, Rational choice.

ACKERMANN, EDUARD: Der Begriff des Vermögens, Diss. iur., Würzburg, Dessau, 1913. Zitiert: *Ackermann*, Vermögen.

AFFOLTER, FRIEDRICH XAVER: Das Römische Institutionensystem, Einleitender Teil, Heidelberg, 1897. Zitiert: *Affolter*, Inst.

AHRENS, HANS JÜRGEN: Vermögensrechtliche Elemente postmortaler Persönlichkeitsrechte im Internationalen Privatrecht, in: Festschrift für Willi Erdmann zum 65. Geburtstag. Herausgegeben von: Ahrens, Hans Jürgen; Bornkamm, Joachim; Gloy, Wolfgang; Starck, Joachim; Ungern-Sternberg, Joachim von. Köln, Berlin, Bonn, München, 2002. Zitiert: *Ahrens*, FS Erdmann (65).

ALTEN, HEINZ- WILHELM; NAINI, ALIREZA DJAFARI; FOLKERTS, MENSO; SCHLOSSER, HARTMUT; SCHLOTE, KARL-HEINZ; WUßING, HANS: 4000 Jahre Algebra – Geschichte, Kulturen, Menschen. Berlin, Heidelberg, New York, Hongkong, London, Mailand, Paris, Tokio, 2003. Zitiert: *Alten*, 4000 Jahre Algebra.

ALTMANN, JÖRG: Volkswirtschaftslehre, 5. Aufl., Stuttgart, 1997. Zitiert: *Altmann*, Volkswirtschaftslehre.

ANDRES, INGRID: Der Erbrechtsentwurf von Friedrich Mommsen – Ein Beitrag zur Entstehung des BGB, Berlin, 1996. Zitiert: *Andres*, Erbrechtsentwurf.

ANWALTKOMMENTAR: BGB. Gesamtherausgeber: Dauner-Lieb, Barbara; Heidel, Thomas; Ring, Gerhard. Bd. 5: Erbrecht. Herausgegeben von: Kroiß, Ludwig; Ann, Christoph; Mayer, Jörg. Bonn, 2004. Zitiert: AnwK-BGB-*Bearbeiter*.

APATHY, PETER: Inaedificatio und usucapio, Vestigia Iuris Romani – Festschrift für Gunter Wesener zum 60. Geburtstag am 03.06.1992. Herausgegeben von: Klingenberg, Georg; Rainer, Johann Michael; Stiger, Herwig; Graz, 1992; S. 35-45. Zitiert: *Apathy*, FS Wesener (60).

ARNDTS, LUDWIG RITTER VON ARNESBERG: Gesammelte Civilistische Schriften, Bd. II, Stuttgart, 1873. Zitiert: *Arndts*, Civilistische Schriften.

ARNDTS, LUDWIG RITTER VON ARNESBERG: Lehrbuch der Pandekten, 1. Aufl., München, 1852. Zitiert: *Arndts*, Pandekten[1].

ARNDTS, LUDWIG RITTER VON ARNESBERG: Lehrbuch der Pandekten, 10. Aufl., besorgt von Pfaff, L. und Hofmann, F.; Stuttgart, 1879. Zitiert: *Arndts*, Pandekten[10].

ARNDTS, LUDWIG RITTER VON ARNESBERG: Zur Lehre von der Eviktionsleistung in Betreff der *dos*, in: AcP 50 (1867), S. 149-158.

ASTOLFI, RICARDO: Rezension von: Di Salvo, Settimio, Il legato modale in diritto romano, Neapel, 1973 in: SDHI 41 (1975), S. 463-473.

ASTOLFI, RICARDO: Sabino e la vendita degli schiavi, in: SDHI 52 (1986), S. 537-542.

ASTOLFI, RICARDO: Studi sull' oggetto di legati in diritto romano, Bd. I:, Padua, 1964; Bd. II: Padua, 1969. Zitiert: *Astolfi*, Sull ogg., Bd.

ATKINSON, KATHLEEN M.T.: The purpose of the manumission laws of Augustus, in: The Irish Jurist 1 (1966), S. 356-374.

BÄHR, OTTO: Entwurf eines bürgerlichen Gesetzbuches für das Deutsche Reich, Erste Lesung, in: Kritische Vierteljahresschrift 11 (1888), S. 321-414 und 481-570.

BÄHR, OTTO: Gegenentwurf zu dem Entwurfe eines bürgerlichen Gesetzbuches für das Deutsche Reich, Kassel, 1892. Zitiert: *Bähr*, Gegenentwurf.

BÄHR, OTTO: Schriften über den Entwurf eines bürgerlichen Gesetzbuches für das Deutsche Reich, in: Kritische Vierteljahresschrift 12 (1889), S. 351-372.

BÄHR, OTTO: Zum Erbrecht des Bürgerlichen Gesetzbuches, in: Archiv f. BüR 3 (1890), S. 141-227.

BALDUS, CHRISTIAN: Binnenkonkurrenz kaufrechtlicher Sachmängelansprüche nach Europarecht, 1. Aufl., Baden-Baden, 1999. Zitiert: *Baldus*, Binnenkonkurrenz.

BALDUS, CHRISTIAN: Gewinnzusagen: Kann sich dem objektiven Empfängerhorizont etwas aufdrängen? – Anmerkung zu OLG Bremen, Urteil vom 12.11.2003 – 1 U 50/03a, in: ZGS 2004, S.297-300.

BALDUS, CHRISTIAN: Regelhafte Vertragsauslegung nach Parteirollen im klassischen römischen Recht und in der modernen Völkerrechtswissenschaft – Zur Rezeptionsfähigkeit römischen Rechtsdenkens, Bd. 1 und 2, Frankfurt/Main, Berlin, Bern, Wien, 1998. Zitiert: *Baldus*, Regelhafte Vertragsauslegung, Bd.

BALDUS, CHRISTIAN:	Rezension von: Erich A. Daubermann, Die Sachgesamtheit als Gegenstand des klassischen römischen Rechts, vornehmlich unter dem Blickwinkel von Veränderungen in ihrer Zusammensetzung, Frankfurt/Main, 1993, in: Seminarios Complutenses de Derecho Romano, Suplemento 1992-93, S.55-69. Zitiert: *Baldus*, Seminarios Complutenses, Suplemento 1992-93.
BALDUS, CHRISTIAN:	Urteilsanmerkung zu BGH, Urteil vom 03.06.2002 - II ZR 4/00, in: NotBZ 2003, S.66-70.
BALDUS, CHRISTIAN:	Privatautonomie und Sondervermögen im Spiegel der dinglichen Surrogation, in: Seminarios Complutenses de Derecho Romano, Bd. XV (2003), S. 133-138. Zitiert: *Baldus*, Seminarios Complutenses, Bd. XV (2003).
BALESTRI FUMAGALLI, MARCELLA:	Libertas id est civitas (Cic. pro Balbo, 9, 24), in: Labeo 33 (1987), 63-74.
BAMBERGER, HEINZ GEORG; ROTH, HERBERT (HERAUSGEBER):	Kommentar zum Bürgerlichen Gesetzbuch, 1. Aufl., Bd. I: §§1-610; Bd. II: §§611-1296, ErbbauVO, WEG; Bd. III: §§1297-2385, EGBGB, CISG; München, 2003. Zitiert: Bamberger-Roth-*Bearbeiter*.
BARON, JULIUS:	Das Erbrecht in dem Ersten Entwurf eines Bürgerlichen Gesetzbuches für das Deutsche Reich, in: AcP 75 (1889), S. 177-280.
BARON, JULIUS:	Pandekten, 8. Aufl., Leipzig, 1893; 9. Aufl., Leipzig, 1896. Zitiert: Baron, Pandekten^{Auflage}.
BARTHOLOMEYCZIK, HORST:	Erbrecht, 6. Aufl., München, 1964. Zitiert: *Bartholomeyczik*, ErbR^{6}.
BARTHOLOMEYCZIK, HORST; SCHLÜTER, WILFRIED:	Erbrecht, 11. Aufl., München, 1980. Zitiert: Bartholomeyczik-*Schlüter*, ErbR^{11}.
BARTZ, GERHARD:	Erbeinsetzung oder Vermächtnis, Diss. iur., Köln, 1972. Zitiert: *Bartz*.
BAUR, FRITZ (BEGR.); BAUR, JÜRGEN F.; STÜRNER, ROLF:	Sachenrecht, 17. Aufl., München, 1999. Zitiert: Baur-*Stürner*, SaR^{17}.
BECHMANN, AUGUST:	Das Römische Dotalrecht. Erste Abteilung, Erlangen, 1863; Zweite Abteilung, Erlangen 1867. Zitiert: *Bechmann*, Dotalrecht, Bd.

BECHMANN, AUGUST: Der Kauf nach gemeinem Recht. Erster Teil: Geschichte des Kaufs im Römischen Recht, Erlangen, 1876. Dritter Teil, Zweiter Halbband: System des Kaufs nach gemeinem Recht, Abteilung 2, Erlangen, 1908. Zitiert: *Bechmann*, Kaufrecht, Bd.

BECKER, CHRISTOPH: Die „res" bei Gaius – Vorstufe einer Systembildung in der Kodifikation?, Zum Begriff des Gegenstandes im Zivilrecht, Berlin, Köln, Bonn, München, 1999. Zitiert: *Becker*, Res.

BEHRENDS, OKKO: Überlegungen zum Vertrag zugunsten Dritter im Römischen Privatrecht, in: Studi in onore di Cesare Sanfilippo. Herausgegeben von: Università di Catania. Bd. V: Mailand, 1984, S. 1-58. Zitiert: *Behrends*, Studi Sanfilippo, Bd. V.

BEHRENDS, OKKO; KNÜTEL, ROLF; KUPISCH, BERTHOLD; SEILER, HANS HERMANN: Corpus Iuris Civilis – Die Institutionen, Text und Übersetzung. Bd. II: Digesten 1-10; Heidelberg, 1995; Bd. III: Digesten 11-20, Heidelberg, 1999. Zitiert: *Behrends-Knütel-Kupisch-Seiler*, Bd.

BEKKER, ERNST IMMANUEL: Die Aktionen des Römischen Privatrechts, Bd. 2, Berlin, 1873. Zitiert: *Bekker*, Aktionen.

BEKKER, ERNST IMMANUEL: Rezension zu Kuntze, Johannes Emil: Die Obligation und die Singularsukzession des römischen und heutigen Rechts, Leipzig, 1856, in: Kritische Zeitschrift für die gesamte Rechtswissenschaft 3 (1856), S. 444-467.

BEKKER, ERNST IMMANUEL: System des heutigen Pandektenrechts, Bd. I, Weimar, 1886. Zitiert: *Bekker*, Sys PandR, Bd. I.

BENDER, ALBRECHT W.: Das postmortale Einsichtsrecht in Krankenunterlagen, Berlin, 1997. Zitiert: *Bender*.

BEROLZHEIMER, FRITZ: System der Rechts- und Wirtschaftsphilosophie, Bd. IV: Philosophie des Vermögens, München, 1907. Zitiert: *Berolzheimer*, Rechts- und Wirtschaftsphilosophie.

BESELER, GEORG: System des gemeinen deutschen Privatrechts, 1. Abteilung: Allgemeiner Teil. Das Allgemeine Bürgerliche Recht, Berlin, 1885. Zitiert: *Beseler*, System des gemeinen deutschen Privatrechts.

BESELER, GERHARD: Romanistische Studien – Zur lex Aelia Sentia, in: SZ 50 (1930), S. 18-77.

BESELER, GERHARD: Romanistische Studien, in: Studi in onore di Salvatore Riccobono, Palermo, 1916, Bd. I, S. 286-314. Zitiert: *Beseler*, Studi Riccobono, Bd. I.

BESELER, GERHARD: Unklassische Wörter, in: SZ 56 (1936), S. 26-98.

BETHMANN-HOLLWEG, MORITZ AUGUST VON: Der Civilprozeß des gemeinen Rechts in geschichtlicher Entwicklung. Bd. II: Der römische Civilprozeß: Formulae, Bonn, 1865. Zitiert: *Bethmann-Hollweg*, Civilprozeß, Bd.

BETTI, EMILIO: Der Typenzwang bei den römischen Rechtsgeschäften und die sogenannte Typenfreiheit des heutigen Rechts; in: Festschrift für Leopold Wenger zum 70. Geburtstag. Herausgegeben von: Wenger, Leopold; San Nicolo, Mariano. Bd. I, S. 249-283. Zitiert: *Betti*, FS Wenger, Bd. I.

BGB-RGRK: Das Bürgerliche Gesetzbuch mit besonderer Berücksichtigung der Rechtssprechung des Reichsgerichts und des Bundesgerichtshofes – Kommentar, herausgegeben von Reichsgerichtsräten und Bundesrichtern; Bd. V: Erbrecht, 11. Aufl.; bearbeitet von Johannsen, Herbert; Kregel, Wilhelm, Berlin, 1960. Zitiert: BGB-RGRK-*Bearbeiter*.

BIANCO, LEONARDO: Il contributo di Giuliano al legatum liberationis, in: SDHI 64 (1998), S. 327-349.

BINDER, JULIUS: Der Gegenstand, in: Zeitschrift für das gesamte Handelsrecht, Bd. 59 (1907), S. 1-78.

BINDER, JULIUS: Die Rechtsstellung des Erben nach dem Bürgerlichen Gesetzbuch; Bd. I: Leipzig, 1901; Bd. II: Leipzig, 1903; Bd. III: Leipzig, 1905. Zitiert: *Binder*, Rechtsstellung des Erben, Bd.

BINDER, JULIUS: Erbrecht, Berlin, 1923. Zitiert: *Binder*, ErbR.

BINDER, JULIUS: Prozeß und Recht, Leipzig, 1927. Zitiert: *Binder*, Prozeß und Recht.

BINDER, JULIUS: Vermögensrecht und Gegenstand, in: Archiv f. BüR 34 (1910), S. 209-260.

BIONDI, BIONDO: Il concetto di donazione, in: Scritti in onore di Contardo Ferrini pubblicati in occasione della sua beatificazione, Mailand, 1947, Bd. I, S. 102-168. Zitiert: *Biondi*, Scritti Ferrini, Bd. I, 102

BIONDI, BIONDO: Successione testamentaria e donazioni, 2. Aufl., Mailand, 1955. Zitiert: *Biondi*, Successione.

BIRK, DIETER: Steuerrecht, 6. Aufl., Heidelberg, 2003. Zitiert: *Birk*, Steuerrecht.

BIRKMEYER, KARL: Über das Vermögen im juristischen Sinn, Erlangen, 1879. Zitiert: *Birkmeyer*, Vermögen.

BISCARDI, ARNALDO: La problematica romana dell' usufrutto in relatione al codice civile, sommario e testi, Mailand, 1971. Zitiert: *Biscardi*, Usufrutto.

BISCARDI, ARNALDO: La protezione interdittale nel processo Romano, Padua, 1937. Zitiert: *Biscardi*, Protezione interdittale.

BLANK, HELMUT: Condemnatio pecuniaria und Sachzugriff, in: SZ 99 (1982), S. 303-316.

BLUHME, FRIEDRICH: System des in Deutschland geltenden Privatrechts mit Einschluß des Civilprocesses, Bonn, 1852. Zitiert: *Bluhme*, System.

BLUM, ULRICH: Volkwirtschaftslehre – Studienhandbuch, 4. Aufl., München, Wien, 2004. Zitiert: *Blum*, Volkswirtschaftslehre.

BÖCKING, EDUARD: Pandekten, Grundriß eines Lehrbuchs des gemeinen auf das römische Recht gegründeten Zivilrechts, 5. Aufl., Bonn, 1861. Zitiert: *Böcking*, Pandekten^5.

BOEHMER, GUSTAV: Grundlagen der Bürgerlichen Rechtsordnung, Bd. II, Teilband 2: Praxis der richterlichen Rechtsschöpfung, Tübingen, 1952. Zitiert: *Boehmer*, Grundlagen, Bd. II/2.

BOEHMER, GUSTAV: Urteilsanmerkung zu OGH BrZ, Urteil vom 22.09.1948 – II ZS 3/48, NJW 1947/48, 690, in: MDR 1949, S. 288.

BÖHM RITTER VON BAWERK, EUGEN: Gesammelte Schriften. Herausgegeben von: Weiss, Franz X.; Leipzig, Wien, 1924. Zitiert: *Böhm-Bawerk*, Gesammelte Schriften.

BONFANTE, PIETRO: Corso di diritto romano.
Bd. I: Diritto di famiglia, Rom, 1925, Nachdruck Mailand, 1963;
Bd. II: La proprietà, Parte 1: Le cose, Rom, 1926, Nachdruck Mailand, 1966;
Bd. IV: Le obbligazioni, Rom 1920, Nachdruck Mailand 1979.
Zitiert: *Bonfante*, Corso, Bd.

BONFANTE, PIETRO: Istituzioni di diritto romano, 10. Aufl., Turin, 1946; Nachdruck Turin, 1966.

BONNER KOMMENTAR ZUM GRUNDGESETZ: Bonner Kommentar zum Grundgesetz; Gesamtherausgeber: Dolzer, Rudolf; Abraham, Hans Jürgen. Gegründet 1950. Heidelberg, 1991. Zitiert: Bonner Kommentar-*Bearbeiter* (Jahr).

BÖRNER, BODO: Zur Auslegung von Dig. 18. 7. 7, in: SZ 71 (1954), S. 359-373.

BÖRSCH, MICHAEL: Die Planwidrigkeit der Lücke, in: JA 2000, S.117-119.

BOTTA, FABIO: Legittimazione, interesse ed incapacità all' accusa nei publica iudicia, Cagliari, 1996.

BRADFORD, CHURCHILL: Churchill on Davis on Orlin – Response to 1999. 01. 11, Bryn Mawr Classical Review, 1999. 07. 02. Zitiert: *Bradford*, Bryn Mawr Classical Review 1999. 07. 02. (http://ccat.sas.upenn.edu/bmcr/1999/1999-07-02.html)

BRANDENBURG, HANS-FRIEDRICH: Die teleologische Reduktion, Göttingen, 1983. Zitiert: *Brandenburg*.

BRASSLOFF, STEPHAN: Satura critica, in: Studi in onore di Salvatore Riccobono, Bd. I, Palermo, 1936, S. 315-333. Zitiert: *Brassloff*, Studi Riccobono, Bd. I.

BRAUWEILER, HEINRICH: Der Vermögensbegriff im Privat- und Strafrecht, Diss. iur., Erlangen, 1910. Zitiert: *Brauweiler*, Vermögen.

BREITSCHMID, PETER: Über Schwierigkeiten wirtschaftlicher Betrachtungsweise im Privatrecht, in: Festschrift für Jens Nicolas Druey zum 65. Geburtstag. Herausgegeben von: Schweizer, Rainer J.; Burkert, Herbert; Gasser, Urs. Zürich, Basel, Genf, 2002; S. 61-80. Zitiert: *Breitschmid*, FS Druey.

BRETONE, MARIO: Geschichte des römischen Rechts, aus dem Italienischen übersetzt von Galsterer, Brigitte, München, 1992. Zitiert: *Bretone*, Geschichte des römischen Rechts.

BRETONE, MARIO: La nozione romana di usufrutto, Neapel, 1662. Zitiert: *Bretone*.

BRINKER, JÜRGEN: Die Dogmatik zum Vermögensschadensersatz, Berlin, 1982, zugleich Diss. iur., Münster, 1981/82. Zitiert: *Brinker*.

BRINZ, ALOIS: Lehrbuch der Pandekten.
Bd. I: 2. Aufl., Erlangen, 1873;
Bd. III: 1. Abteilung, 2. Aufl., Erlangen, 1886; 2. Abteilung, 2. Lieferung, (besorgt von Lotmar, Philipp), 2. Aufl., Erlangen, Leipzig, 1889.
Zitiert: *Brinz*, Pandekten², Bd.

BROGGINI, GERARDO: Iudex arbiterve: Prolegomena zum officium des römischen Privatrichters, Köln, Graz, 1957. Zitiert: *Broggini*, Iudex arbiterve.

BROX, HANS: Erbrecht, 20. Aufl.; Köln, Berlin, Bonn, München, 2003. Zitiert: *Brox*, ErbR²⁰.

Buchka, Gerhard von: Vergleichende Darstellung des Bürgerlichen Gesetzbuches für das Deutsche Reich und des Gemeinen Rechts, 2. Aufl., Berlin, 1898. Zitiert: *Buchka*, BüR u GemR.

Buckland, William Warwick: The Roman Law of Slavery, Cambridge, 1908. Zitiert: *Buckland*, Slavery.

Burckhardt, Christoph: Die Vermächtnisforderung, Diss. iur., Zürich, 1986. Zitiert: *Burckhardt*.

Bürge, Alfons: Geld- und Naturalwirtschaft im klassischen und nachklassischen römischen Recht, in: SZ 99 (1982), S. 128-157.

Bürge, Alfons: Rezension von Lucrezi, Francesco: La tabula picta tra creatore e fruitore, Neapel, 1984, in: SZ 103 (1986), S. 561-570.

Bürge, Alfons: Römisches Privatrecht – Rechtsdenken und gesellschaftliche Verankerung, Darmstadt, 1999. Zitiert: *Bürge*, RömPrivR.

Bürge, Alfons: Zum Edikt De edendo, in: SZ 112 (1995), S. 1-50.

Bürger, Wolfgang: Einzelzuwendungen an Erben, in: MDR 1986, S. 371-374.

Bürger, Wolfgang: Neue Abgrenzung erbrechtlicher Sonderzuwendungen, in: MDR 1986, S. 445-449.

Busche, Jan: Privatautonomie und Kontrahierungszwang, Tübingen, 1999. Zitiert: *Busche*, Privatautonomie.

Busl, Peter: Der Begriff des Vermögensschadens im BGB, 1987, in: JuS 1987, S. 108-113.

Bydlinski, Franz: Juristische Methodenlehre und Rechtsbegriff, 2. Aufl., Wien, New York, 1991. Zitiert: *Bydlinski*, Methodenlehre².

Caballé Martorell, Anna: La collatio emancipati, Madrid, 1997. Zitiert: *Caballé Martorell*, Collatio emancipati.

Canaris, Claus Wilhelm: Die Feststellung von Lücken im Gesetz, 2. Aufl., 1991. Zitiert: *Canaris*, Feststellung von Lücken im Gesetz.

Canaris, Claus-Wilhelm: Das Rangverhältnis der "klassischen" Auslegungskriterien, demonstriert an Standardproblemen aus dem Zivilrecht, 1999, in: Festschrift für Dieter Medicus zum 70. Geburtstag. Herausgegeben von: Beuthien, Volker; Fuchs, Maximilian; Köln, Berlin, Bonn, München, 1999. Zitiert: *Canaris*, FS Medicus (1999).

CLAUS, SABINE: Postmortaler Persönlichkeitsschutz im Zeichen allgemeiner Kommerzialisierung, 1. Aufl., Baden-Baden, 2004. Zitiert: Claus, Postmortaler Persönlichkeitsschutz im Zeichen allgemeiner Kommerzialisierung.

COHN, MAX: Zum Begriff der Schenkung nach dem Bürgerlichen Gesetzbuche, Diss. iur., Rostock, Reichenbach, 1907. Zitiert: *Cohn*, Schenkung.

COHNFELDT, RICHARD: Die Lehre vom Interesse nach römischem Recht, Leipzig, 1865; Nachdruck, Rom, 1971. Zitiert: *Cohnfeldt*, Interesse.

COING, HELMUT: Europäisches Privatrecht, Band I: Älteres gemeines Recht (1500-1800), München, 1985. Zitiert: *Coing*, Europäisches Privatrecht, Bd. I.

COING, HELMUT: Vorausvermächtnis und Teilungsanordnung, Frankfurt/Main, in: JZ 1962, S. 529-534.

CONZELMANN, HEINRICH: Der Begriff des Vermögens, Diss. iur., Tübingen, Düsseldorf, 1937. Zitiert *Conzelmann*, Vermögen.

CORIAT, JEAN-PHILIPPE: Le prince législateur: La téchnique legislative des Sévères et les méthodes de création du droit impérial à la fin du principat, Paris, École Française de Rome, 1997. Zitiert: *Coriat*, Le prince législateur.

CRAWFORD, MICHAEL: Geld und Austausch, in: Sozial- und Wirtschaftsgeschichte der römischen Kaiserzeit. Herausgegeben von: Schneider, Helmut; Darmstadt, 1981, S. 258-279. Zitiert: *Crawford*, Geld und Austausch.

CROME, CARL: System des Deutschen Bürgerlichen Rechts, Bd. I: Einleitung und Allgemeiner Teil, Tübingen, 1900. Zitiert: *Crome*, System, Bd. I.

CZYHLARZ, KARL RITTER VON: Das Römische Dotalrecht, Gießen, 1870. Zitiert: *Czyhlarz*, Dotalrecht.

DAHM, GEORG: Deutsches Recht – Die geschichtlichen und dogmatischen Grundlagen des geltenden Rechts, 2. Aufl., Stuttgart, 1963. Zitiert: *Dahm*, Deutsches Recht.

DAJCZAK, WOJCIECH: Erklärungen römischer Juristen zur Funktion der Wendung ex fide bona, in: RIDA 46 (1999), S. 219-242.

DALLA, DANILO: Praemium emancipationis, Seminario giuridico della Universita di Bologna, Milano, 1983. Zitiert: *Dalla, Praemium emancipationis*.

DAUBE, DAVID: Money and Justiciability, in: SZ 96 (1979), S. 1-16.

DAUBE, DAVID: Utiliter agere, in: Iura 11 (1960), S. 69-148.

DAUBE. DAVID: Certainty of price, in: Studies in the Roman Law of Sale: dedicated to the memory of Francis de Zulueta, Oxford, 1959, S. 9-45. Zitiert: *Daube*, Studies in the Roman Law of Sale.

DAUBERMANN, ERICH A.: Die Sachgesamtheit als Gegenstand des klassischen römischen Rechts, vornehmlich unter dem Blickwinkel von Veränderungen in ihrer Zusammensetzung, Frankfurt/Main, 1993. Zitiert: *Daubermann*, Sachgesamtheit.

DAVID, MARCEL: Études sur l' interdit quod vi aut clam, Paris, 1947. Zitiert: *David*, Études.

DAVIES, JASON: Review: Eric M. Orlin, Temples, Religion and Politics in the Roman Republic, Leiden, 1997, in: Bryn Mawr Classical Review, 1999.01.11. Zitiert: *Davies*, Bryn Mawr Classical Review, 1999.01.11. (http://ccat.sas.upenn.edu/bmcr/1999/1999-01-1.html)

DE BOOR, HANS OTTO: Bürgerliches Recht. Bd. II: Sachenrecht, Familienrecht, Erbrecht, Berlin, Wien, 1930. Zitiert: *De Boor.*

DE MARTINO, FRANCESCO: Wirtschaftsgeschichte des Alten Rom, Storia economica di Roma antica, Florenz, 1980, aus dem Italienischen übersetzt von Galsterer, Brigitte, München, 1985. Zitiert: *De Martino*, Wirtschaftsgeschichte.

DEDEK, HELGE: Der Besitzschutz im römischen, deutschen und französischen Recht – Gesellschaftliche Gründe dogmatische Wandels, in: ZEuP 1997, S. 342-365.

DEEG, PETER: Testierfreiheit und Typenzwang, Diss. iur., Passau, 2003. Zitiert: *Deeg*.

DERNBURG, HEINRICH: Das Bürgerliche Recht des Deutschen Reichs;
Bd. I: Die allgemeinen Lehren des bürgerlichen Rechts des Deutschen Reichs und Preußens, 3. Aufl., Halle/Saale, 1906;
Bd. V: Deutsches Erbrecht, Halle an der Saale, 1905;.
Zitiert: *Dernburg*, BüR, Bd.

DERNBURG, HEINRICH: Lehrbuch des Preußischen Privatrechts und der Privatrechtsnormen des Reiches.
Bd. II: Das Obligationenrecht Preußens und des Reichs und das Urheberrecht; 5. Aufl., Halle/Saale, 1897;
Bd. III: Familienrecht und Erbrecht des Privatrechts Preussens und des Reichs, 5. Aufl., Halle/Saale, 1896.

Zitiert: *Dernburg*, PreußPrivR[5], Bd.

DERNBURG, HEINRICH: Pandekten,
Bd. I, 7. Aufl., Berlin, 1902; 1. Aufl., Berlin, 1884; 2. Aufl., 1888.
Bd. II, 7. Aufl., Berlin, 1903;
Bd. III, 7. Aufl., Berlin, 1903.
Zitiert *Dernburg*, Pandekten[7].

DERNBURG, HEINRICH: System des Römischen Rechts; 8. Aufl. der Pandekten, Bd. I und II, Berlin,1912. Bearbeitet von Sokolowski, Paul. Zitiert *Dernburg*, Pandekten[8].

DEUTSCH, ERWIN: Der Ersatz des reinen Vermögensschadens, in: Festschrift für Wolfram Henckel zum 70. Geburtstag am 21.04.1995. Herausgegeben von: Gerhardt, Walter; Diederichsen, Uwe; Rimmelspacher, Bruno; Costede, Jürgen; Berlin, New York, 1995; S. 79-93. Zitiert: *Deutsch*, FS Henckel (70).

DI SALVO, SETTIMIO: Il legato modale in diritto romano, Camerino, 1973.

DIECKMANN, ALBRECHT: Bemerkungen zur wertverschiebenden Teilungsanordnung, in: Europäisches Rechtsdenken in Geschichte und Gegenwart, Festschrift für Helmut Coing zum 70. Geburtstag, Bd. II. Herausgegeben von: Horn, Norbert. München, 1982; S. 53-71. Zitiert: *Dieckmann*, FS Coing, (70), Bd. II.

DIEDERICHSEN, UWE: Argumentationsstrukturen in der Rechtsprechung zum Schadensersatzrecht, in: Festschrift für Ernst Klingmüller. Herausgegeben von: Hauss, Fritz; Schmidt, Reimer. Karlsruhe, 1974, S. 65-85. Zitiert: *Diederichsen*, FS Klingmüller.

DIEDERICHSEN, UWE: Die „Reductio ad absurdum" in der Jurisprudenz, in: Festschrift für Karl Larenz zum 70. Geburtstag. Herausgegeben von: Paulus, Gotthard, Diederichsen, Uwe; Canaris, Claus Wilhelm. München, 1973, S. 155-179. Zitiert: *Diederichsen*, FS Larenz (70).

DIEHL, KARL: Die Wert- und Preislehre in nationalökonomischer und juristischer Betrachtungsweise, in: Festgabe für Rudolf Stammler zum 70. Geburtstage am 19.02.1926. Herausgegeben von: Tatarin-Tarnheyden, Edgar. Berlin, Leipzig, 1926, S. 105-150. Zitiert: *Diehl*, FS Stammler.

DIETZ, ROLF: Erbrecht – Ein Grundriß, Bonn, 1949. Zitiert: *Dietz*, ErbR.

DIETZEL, ANDREAS: Untergang statt Fortbestand – Zur Abgrenzung unvererblicher Rechtsbeziehungen im Schuldrecht, Pfaffenweiler, 1991. Zitiert: *Dietzel*, Untergang statt Fortbestand.

DILKE, OSWALD ASHTON WENTWORTH: Mathematik, Maße und Gewichte in der Antike, London, 1987; Stuttgart, 1991. Zitiert: *Dilke*, Mathematik.

DOLL, ANDREAS: Von der vis maior zur höheren Gewalt, Frankfurt/Main, New York, Paris, 1989. Zitiert: *Doll.*

DOMINGO, RAFAEL (HERAUSGEBER); ORTEGA, JAVIER; RODRÍGUEZ-ANTOLÍN, BEATRIZ: Principios de derecho global – Aforismos jurídicos comentados, Cizur Menor (Navarra), 2003. Zitiert: *Domingo-Ortega-Rodriguez-Antolín*, Principios.

DOMSCHKE, WOLFGANG; SCHOLL, ARMIN: Grundlagen der Betriebswirtschaftslehre, 2. Aufl., Berlin, Heidelberg, New York, Honkong, London, Mailand, Paris, Tokio, 2003. Zitiert: *Domschke-Scholl*, Betriebswirtschaftslehre.

DREXHAGE, HANS-JOACHIM; KONEN, HEINRICH; RUFFING, KAI: Die Wirtschaft des Römischen Reiches (1. -3. Jahrhundert), Berlin, 2002. Zitiert: *Drexhage-Konen-Ruffing*.

DUFF, ARNOLD MACKAY: Freedmen in the early Roman Empire, Oxford, 1928. Zitiert: *Duff.*

DÜLL, RUDOLF: Das Zwölftafelgesetz, 7. Aufl., Zürich, 1995; 6. Aufl. München, 1989. Zitiert: *Düll*, Zwölftafelgesetz.

DÜLL, RUDOLF: Zum Recht der Bildwerke in der Antike, in: Betti, Emilio: Studi in onore di Emilio Betti, Bd. III, Mailand, 1962, S. 131-153. Zitiert: *Düll,* Studi Emilio Betti, Bd. III.

DUNCAN-JONES, RICHARD: Money and government in the Roman Empire, Cambridge, 1994. Zitiert: *Duncan-Jones*, Money.

DUNCAN-JONES, RICHARD: The economy of the Roman empire – quantitative studies, Cambridge, 1974. Zitiert: *Duncan-Jones*, Economy.

EBEL, FRIEDRICH; THIELMANN, GEORG: Rechtsgeschichte – Von der Römischen Antike bis zur Neuzeit, 3. Aufl., Heidelberg, 2003. Zitiert: *Ebel-Thielmann*, Rechtsgeschichte.

EBERT, INA: Pönale Elemente im deutschen Privatrecht – Von der Renaissance der Privatstrafe im deutschen Recht, Tübingen, 2004; zugleich Habilitationsschrift Kiel, 2003. Zitiert: *Ebert*, Pönale Elemente.

EDENFELD, STEFAN: Auslegungsprobleme bei Wünschen des Erblassers: Erbenbindung oder moralischer Appell?, in: ZEV 2004, S. 141-146.

EHRHARDT, ARNOLD: Litis aestimatio im römischen Formularprozeß, München, Berlin, 1934. Zitiert: *Ehrhardt*, Litis aestimatio.

EICHLER, HERRMANN: Institutionen des Sachenrechts. Bd. I: Allgemeiner Teil, Berlin, 1954. Zitiert: *Eichler*, Institutionen, Bd. I.

EIDENMÜLLER, HORST: Effizienz als Rechtsprinzip – Möglichkeiten und Grenzen der ökonomischen Analyse des Rechts, Tübingen, 1995. Zitiert: *Eidenmüller*, Effizienz.

EIDENMÜLLER, HORST: Vorausvermächtnis und Teilungsanordnung, in: JA 1991, S. 150-155.

EMMERICH, PAUL: Teilungsanordnung und Vorausvermächtnis – BGHZ 36, 115, in: JuS 1962, S. 269-273.

ENDEMANN, FRIEDRICH: Einführung in das Studium des Bürgerlichen Gesetzbuches – Lehrbuch des Bürgerlichen Rechts, 6. Aufl., Bd. I: Berlin, 1898; Bd. II: Berlin, 1899, Bd. III: Berlin, 1899. Zitiert: *Endemann*, Einf BGB, Bd.

ENDEMANN, FRIEDRICH: Erbrecht des Bürgerlichen Gesetzbuches, Berlin, 1923. Zitiert: *Endemann*, ErbR.

ENGEL, MARTIN: Das Vorausvermächtnis, Diss. iur., Greifswald, 1911. Zitiert: *Engel*.

ENGELKAMP, PAUL; SELL, FRIEDRICH L.: Einführung in die Volkswirtschaftslehre, 2. Aufl., Berlin, Heidelberg, New York, Barcelona, Hongkong, London, Mailand, Paris, Tokio, 2003. Zitiert: *Engelkamp-Sell*, Einführung in die Volkswirtschaftslehre.

ENGISCH, KARL: Einführung in das juristische Denken. Neubearbeitet und Herausgegeben von Würtenberger, Thomas; Otto, Dirk; 9. Aufl., Stuttgart, Berlin, Köln, 1997. Zitiert; *Engisch*, Einführung[9].

ENGLÄNDER, ARMIN: Rechtsbegründung durch aufgeklärtes Eigeninteresse, 2002, in: JuS 2002, S. 535-540.

ENGLÄNDER, OSKAR: Wertlehre, in: Mayer, Hans; Fetter, Frank, A.; Reisch, Richard: Die Wirtschaftstheorie der Gegenwart, Bd. II: Wert, Preis, Produktion, Geld, Kredit; dargestellt von Aftalion, Albert und anderen; Wien, 1932, S. 1-26. Zitiert: *Engländer*, Wertlehre.

ENNECCERUS, LUDWIG; NIPPERDEY, HANS CARL: Allgemeine Lehren, Personen, Rechtsobjekte, 15. Aufl., Tübingen, 1959. Erschienen als: 1. Halbband von: Lehrbuch des bürgerlichen Rechts. Begründet von: Enneccerus, Ludwig; Kipp, Theodor und Wolff, Martin. Bd. 1: Allgemeiner Teil des bürgerlichen Rechts von: Enneccerus, Ludwig. Halbband 1 von: Nipperdey, Hans Carl. Zitiert: *Enneccerus-Nipperdey*, AT.

ERDMANN, MARCUS: Einzelzuwendung an Miterben – Die Abgrenzung von Vorausvermächtnis und Teilungsanordnung, Diss. iur., Münster, 2001. Zitiert: *Erdmann*, Einzelzuwendungen.

ERMAN, WALTER (BEGR.): Bürgerliches Gesetzbuch. Herausgeber: Westermann, Harm Peter; Aderhold, Lutz; 10. Aufl., Köln, Münster, 2000,
Bd. I: §§1-853 BGB;
Bd. II: §§ 854-2385 BGB;
Zitiert: Erman-*Bearbeiter*[10].

ESSER, JOSEF: Vorverständnis und Methodenwahl in der Rechtsfindung, Frankfurt/Main, 1972. Zitiert: *Esser*, Vorverständnis.

ESSER, JOSEF; SCHMIDT, EIKE: Schuldrecht, Bd. I: Allgemeiner Teil, Teilband 2, 7. Aufl., Heidelberg, 1993. Zitiert: *Esser-Schmidt*, SR I/2.

EVAN-JONES, ROBIN; MACCORMACK, GEOFFREY: The Sale of res extra comercium in Roman Law, in SZ 112 (1995), S. 330-351.

FALK, ULRICH: Ein Gelehrter wie Windscheid – Erkundungen auf den Feldern der sogenannten Begriffsjurisprudenz, Studien zur Europäischen Rechtsgeschichte Bd. 38, Frankfurt/Main, 1989. Zitiert: *Falk*, Windscheid.

FARGNOLI, IOLE: Studi sulla legittimazione attiva all'interdetto quod vi aut clam, Mailand, 1998. Zitiert: *Fargnoli*.

FISCHER, ANNETTE: Die Entwicklung des postmortalen Persönlichkeitsschutzes von Bismarck bis Marlene Dietrich, Frankfurt/Main, Berlin, Bern, Wien, 2004. Zitiert Fischer, Entwicklung des postmortalen Persönlichkeitsschutzes von Bismarck bis Marlene Dietrich.

FISCHER, HANS ALBRECHT: Der Schaden nach dem Bürgerlichen Gesetzbuche, Jena, 1903. Abgedruckt in: Abhandlungen zum Privatrecht und Civilprozess, Bd. 11, Jena, 1904. Zitiert: *Fischer*, Schaden.

FISCHER, HANS ALBRECHT: Subjekt und Vermögen, Jena, 1923, in: Festschrift für Eduard Rosenthal, Jena, 1923, S. 1-68. Zitiert: *Fischer*, FS Rosenthal.

FISCHER, MICHAEL: Die Unentgeltlichkeit im Zivilrecht, Köln, Berlin, Bonn, München, 2002; zugleich: Habilitationsschrift, Erlangen, Nürnberg, 2001. Zitiert: *Fischer*, Unentgeltlichkeit.

FOERSTER, FRANZ ALEXANDER (BEGR.); ECCIUS, MAX ERNST: Preußisches Privatrecht, Bd. I, 7. Aufl., Berlin, 1896. Zitiert: *Foerster-Eccius*, PreußPrivR[7], Bd. I.

FRANK, RAINER: Erbrecht, 2. Aufl., München, 2003. Zitiert: *Frank*, ErbR[2].

FRENSDORFF, FERDINAND: Gottlieb Planck, Deutscher Jurist und Politiker, Berlin 1914.
Zitiert: *Frensdorff*, *Planck*.

FROEHLICH, ERWIN: Der Gegenstand des Kaufes und der Schenkung, Diss. iur., Breslau, Gleiwitz, 1904. Zitiert: *Froehlich*.

FROMMEYER, INGO: Persönlichkeitsschutz nach dem Tode und Schadensersatz, in: JuS 2002, S. 13-18.

FUCHS, MAXIMILIAN: Das gesamte Vermögen als Gegenstand von Rechtsgeschäften, in: JA 1991, S. 313 – 319.

GAIUS: Institutiones – Die Institutionen des Gaius. Herausgegeben, übersetzt und kommentiert von: Manthe, Ulrich; Darmstadt, 2004. Zitiert: *Manthe*, Gaius Institutiones.

GANDOLFI, GIUSEPPE: Contributo allo studio del processo interdittale Romano, Mailand, 1955. Zitiert: *Gandolfi*, Processo interdittale.

GÄTZNER, CORNELIA: Vorweggenommene Erbfolge, Erbauseinandersetzung, Teilungsanordnung, Vermächtnis und Sondererbfolgen im Zivil- und Einkommenssteuerrecht, Diss. iur., Regensburg, 1994. Zitiert: *Gätzner*, Vorweggenommene Erbfolge.

GEBHART, VORNAME UNBEKANNT: Das Recht der Schuldverhältnisse im Allgemeinen, verglichen mit den treffenden Bestimmungen des code civil, in: Gutachten aus dem Anwaltsstande über die erste Lesung des Entwurfs eines Bürgerlichen Gesetzbuches. Herausgegeben im Auftrage des Deutschen Anwalt-Vereins von: Rechtsanwälte Adams; Wilke; Mecke; Hartmann, R. A.; Erithropel, Hermann; Berlin, 1890, S. 250-294. Zitiert: *Gebhart* in: Gutachten aus dem Anwaltsstand.

GEIB, OTTO: Zur Dogmatik des Römischen Bürgschaftsrechts, Tübingen, 1894. Zitiert: *Geib*, Bürgschaft.

GENGLER, HEINRICH GOTTFRIED: Das Deutsche Privatrecht in seinen Grundzügen für Studierende, 4. Aufl., Erlangen, Leipzig, 1892. Zitiert: *Gengler*, Das Deutsche Privatrecht.

GEORGES, KARL ERNST: Ausführliches Lateinisch-Deutsches Handwörterbuch, 14. Aufl., Bd. I und II, Hannover, 1976. Zitiert: *Georges*, Handlexikon, Bd.

GERBER, CARL FRIEDRICH VON; COSACK, KONRAD: System des Deutschen Privatrechts, 17. Aufl., Jena, 1895. Zitiert: *Gerber-Cosack*, System des Deutschen Privatrechts.

GIMÉNEZ-CANDELA, TERESA: Mandatum und Bürgenregreß, in: Nörr, Dieter; Shigeo Nishimura (Herausgeber): Mandatum und Verwandtes – Beiträge zum Römischen Recht, Berlin, Heidelberg, New York, London, Paris, Tokyo, Hongkong, Barcelona, Budapest, 1993, S. 169-177. Zitiert: Giménez-Candela in *Nörr-Nishimura*, Mandatum.

GLOSSE: Digestum Novum seu Pandectarum iuris civilis Tomus tertius ex Pandectis Florentinis in lucem emissis, quod eius fieri potuit repraesentatus, 2. Aufl., Lyon, 1604.

GLÜCK, FRIEDRICH CHRISTIAN (BEGR.): Ausführliche Erläuterung der Pandecten nach [Johann August] Hellfeld, Erlangen; fortgesetzt von Mühlenbruch, Christian Friedrich; Fein, Eduard; Arndts, Karl Ludwig Ritter von Arnesberg und nach deren Tode von Burckhard, Hugo; Czyhlarz, Karl Ritter von; Leist, Burckhard Wilhelm; Ubbelohde, August; Salkowski,, Karl;
Bd. 4: Erlangen, 1796. Zitiert: *Glück.*
Bd. 20: Erlangen, 1819. Zitiert: *Glück.*
Bd. 25: Erlangen, 1824. Zitiert: *Glück.*
Bd. 40: Erlangen, 1838. Zitiert: *Glück-Mühlenbruch.*
Bd. 46: Erlangen, 1868. Zitiert: Glück-*Arndts.*
Bd. 49: Erlangen, 1889. Zitiert: Glück-*Salkowski.*

GNOLI, FRANCO: Di una recente ipotesi sui rapporti tra „pecus“, „pecunia“, „peculium“ in: SDHI 44 (1978), S. 204-218.

GOLDSCHMIDT, LUDWIG: Kritische Erörterungen zum Entwurf eines Bürgerlichen Gesetzbuches für das Deutsche Reich, Leipzig, 1889. Zitiert: *Goldschmidt*, Kritische Erörterungen.

GÖSCHEN, JOHANN FRIEDRICH LUDWIG: Vorlesungen über das gemeine Civilrecht.
Bd. I: Einleitung und Allgemeiner Teil, Göttingen, 1838;
Bd. II, 1. Abteilung: Sachenrecht; Göttingen, 1839;
Bd. II, 2. Abteilung: Obligationenrecht, Göttingen, 1839;
Bd. III, 1. Abteilung: Familienrecht, Göttingen, 1839;
Bd. III, 2. Abteilung: Erbrecht; Göttingen, 1839.

Zitiert: *Göschen*, Vorlesungen, Bd.

GOTTBEHÜT, ARNO: Die erbrechtliche Auflage, Diss. iur., Jena, 1903. Zitiert: *Gottbehüt*, Auflage.

GÖTTING, HORST-PETER: Die Vererblichkeit der vermögenswerten Bestandteile des Persönlichkeitsrechts – ein Meilenstein in der Rechtsprechung des BGH, in: NJW 2001, S. 585-587.

GRIMM, JACOB; GRIMM, WILHELM: Deutsches Rechtswörterbuch, Bd. 12, 1. Abteilung: V-Verzwunzen, Erstausgabe Leipzig, 1854, Nachdruck Leipzig, 1956. Bearbeitet von Wülcker, E.; Meiszner, R.; Leopold, M.; Wesle, C. Zitiert: *Grimm*, Wörterbuch, Bd. 12, Stichwort, Sp.

GRIWOTZ, HERBERT: Aktuelle Entwicklungen im Erbrecht, in: MDR 2000, S. 988-998.

GROSSO, GIUSEPPE: Obbligazioni: contenuto e requisiti della prestatione. Obbligazioni alternative e generiche, 3. Aufl., Turin, 1966. Zitiert: *Grosso*, Obbligazioni.

GROSSO, GUISEPPE: I legati nel diritto romano – parte generale, 2. Aufl., Turin, 1962. Zitiert: *Grosso*, Legati.

GROSSO, GUISEPPE: Usufrutto e figure affini nel diritto romano, 2. Aufl., Mailand, 1958. Zitiert: *Grosso*, Usufrutto.

GRUNSKY, WOLFGANG: Aktuelle Probleme zum Begriff des Vermögensschadens, Bad Homburg vor der Höhe, Berlin, Zürich, 1968. Zitiert: *Grunsky*, Aktuelle Probleme.

GRUNSKY, WOLFGANG: Zur Abgrenzung der Teilungsanordnung gegenüber dem Vorausvermächtnis, in: JZ 1963, S. 250-252.

GRZIMEK, PHILIPP: Studien zur Taxatio, München 2001. Zitiert: *Grzimek*, Taxatio.

GUARINO, ANTONIO: Diritto privado romano, 12. Aufl., Neapel, 2001. Zitiert: *Guarino*, DirPrivR.

HACKL, KARL: Vom „quasi“ im römischen Recht zum „als ob“ im modernen Recht, in: Rechtsgeschichte und Privatrechtsdogmatik. Hans Hermann Seiler zum 24.12.1999. Herausgegeben von: Zimmermann, Reinhard; Knütel, Rolf; Meincke, Jens Peter; S. 117-127. Zitiert: *Hackl* in: Rechtsgeschichte und Privatrechtsdogmatik.

HAGEN, HORST: Die Drittschadensliquidation im Wandel der Rechtsdogmatik, Frankfurt/Main, 1971; zugleich: Habilitationsschrift Kiel, 1970. Zitiert: *Hagen*, Drittschadensliquidation.

HAGEN, HORST: Fort- oder Fehlentwicklung des Schadensbegriffs, in: JuS 1969, S. 61-69.

HANDBUCH DER LATEINISCHEN LITERATUR (HLL): Handbuch der Altertumswissenschaften. Begründet von Müller, Iwan von; erweitert von Otto, Walter; fortgeführt von Bengtson, Hermann. Abt. 8: Handbuch der lateinischen Literatur der Antike. Herausgegeben von: Herzog, Reinhart; Schmidt, Peter Lebrecht. Bd. IV: Die Literatur des Umbruchs: Von der römischen zur christlichen Zeit, 117 bis 284 n. Chr. Herausgegeben von: von Sallmann, Klaus, Müchen, 1997. Zitiert: *Bearbeiter* in HLL 4 (1997).

HANDKOMMENTAR (HK-BGB): Bürgerliches Gesetzbuch, Handkommentar. Herausgegeben von: Schulze, Reiner, 2. Aufl., Baden-Baden, 2002. Zitiert: HK-BGB-*Bearbeiter*.

HANDWÖRTERBUCH ZUR DEUTSCHEN RECHTSGESCHICHTE (HRG): Handwörterbuch zur Deutschen Rechtsgeschichte, HRG. Herausgegeben von: Erler, Adalbert; Kaufmann, Ekkehard; Werkmüller, Dieter. Unter philologischer Mitarbeit von: Schmidt-Wiegand, Ruth. Mitbegründet von: Stammler, Wolfgang. Bd. V: Straftheorie – Zycha, Register, Berlin, 1998.

HARDER, MANFRED; KROPPENBERG, INGE: Grundzüge des Erbrechts, 5. Aufl., Neuwied, Kriftel, 2002. Zitiert: *Harder-Kroppenberg*, Grundzüge des Erbrechts.

HARKE, JAN DIRK: Argumenta Iuventiana – Entscheidungsbegründungen eines hochklassischen Juristen, Berlin, 1999. Zitiert: *Harke*, Argumenta.

HARKE, JAN DIRK: Unmöglichkeit und Pflichtverletzung: Römisches Recht, BGB und Schuldrechtsmodernisierung, in: Jahrbuch Junger Zivilrechtswissenschaftler 2001 (12. Tagung der Gesellschaft Junger Zivilrechtswissenschaftler vom 05.09.-08.09.2001, Freiburg), S. 29-59. Zitiert: *Harke*, Jahrbuch Junger Zivilrechtswissenschaftler 2001.

HARTMANN, GUSTAV: Das Schuldvermächtnis nach Römischem und modernem Recht, in: AcP 70 (1886), S. 169-211.

HARTMANN, GUSTAV: Die Obligation – Untersuchungen über ihren Zweck und Aufbau, Erlangen, 1875. Zitiert: *Hartmann*, Obligation.

HARTMANN, GUSTAV: Grundprinzipien des Englisch-Amerikanischen Vertragsrechts gegenüber der Deutschen gemeinrechtlichen Vertragsdoktrin, in: AcP 77 (1891), S. 161-242.

HARTMANN, GUSTAV: Über Begriff und Natur der Vermächtnisse im Römischen Recht, Akademische Antrittsschrift, Braunschweig, 1872. Zitiert: *Hartmann*, Vermächtnisse.

HARTMANN, GUSTAV: Über das Äquitätsprinzip und die Richterstellung, in: AcP 73 (1888), S. 309-407.

HARTMANN, GUSTAV: Über den rechtlichen Begriff des Geldes und den Inhalt von Geldschulden, Braunschweig, 1868. Zitiert: *Hartmann*, Begriff des Geldes.

HÄSEMEYER, LUDWIG: Die gesetzliche Form der Rechtsgeschäfte – Objektive Ordnung und privatautonome Selbstbestimmung im formgebundenen Geschäft, Göttingen, 1971.

HÄSEMEYER, LUDWIG: Insolvenzrecht, 3. Aufl., Köln, Berlin, Bonn, München, 2003. Zitiert: *Häsemeyer*, Insolvenzrecht.

HASENÖHRL, VIKTOR: Das Österreichische Obligationenrecht, Bd. I, Erste Abteilung, Wien, 1878. Zitiert: *Hasenöhrl*, Obligationenrecht, Bd. I.

HASSE, JOHANN CHRISTIAN: Das Güterrecht der Ehegatten nach Römischem Recht, Erster Band, Berlin, 1824. Zitiert: *Hasse*, Güterrecht, Bd. I.

HASSOLD, GERHARD: Strukturen der Gesetzesauslegung, in: Festschrift für Karl Larenz zum 80. Geburtstag am 23.04.1983. Herausgegeben von: Canaris, Wilhelm; Diederichsen, Uwe. München, 1983; S. 211-240. Zitiert: *Hassold*, FS Larenz (80).

HASSOLD, GERHARD: Wille des Gesetzgebers oder objektiver Sinn des Gesetzes – Subjektive oder objektive Theorie der Gesetzesauslegung, in: ZZP 94 (1981), S.192-210.

HATTENHAUER, CHISTIAN: Zur einseitigen privaten Rechtsgestaltung im Privatrecht – Begrifflich Befangenheit in der Lehre vom Gestaltungsrecht. Habilitationsschrift, Münster, 2003. Im Druck befindlich. Zitiert: *Hattenhauer*, Gestaltungsrecht.

HAUSMANINGER, HERBERT; SELB, WALTER: Römisches Privatrecht, 8. Aufl., Wien, Köln, Weimar, 1997. Zitiert: *Hausmaninger-Selb*, RömPrivR.

HAYMANN, FRANZ: Die Schenkung unter einer Auflage nach römischem und bürgerlichem Recht, Berlin, 1905. Zitiert: *Haymann*, Schenkung unter Auflage.

HEGEL, GEORG WILHELM FRIEDRICH: Grundlinien der Philosophie des Rechts: mit eigenhändigen Randbemerkungen in seinem Handexemplar der Rechtsphilosophie; Berlin, 1820. Herausgegeben von Hoffmeister, Johannes. Hamburg, 1995. Zitiert: *Hegel*, Grundlinien.

HEINZELMANN, LOTHAR: Entgeltliche Verfügungen von Todes wegen, Diss. iur., Köln, 1939. Zitiert: *Heinzelmann*.

HELDRICH, ANDREAS: Vergeudung von Freizeit als Vermögensschaden, in: NJW 1967, S. 1737-1740.

HELLWIG, KONRAD: Über die Grenzen der Vertragsmöglichkeit, in: AcP 86 (1896), S. 223-248.

HELLWIG, KONRAD: Verträge auf Leistung an Dritte nach deutschem Reichsrecht unter besonderer Berücksichtigung des Handelsgesetzbuchs, Leipzig, 1899. Zitiert: *Hellwig*, Verträge auf Leistung an Dritte.

HELMHOLZ, RICHARD H.; ZIMMERMANN, REINHARD (HERAUSGEBER): Itinera Fiduciae – Trust and Treuhand in historical perspective, Berlin, 1998. Zitiert: *Hemholz-Zimmermann*, Itinera Fiduciae.

HELMKE, HORST GÜNTER: Das Vorausvermächtnis als wirtschaftlich bedeutsame Zuwendung, Diss. iur., Kiel, 1954. Zitiert: *Helmke*, Vorausvermächtnis.

HEUMANN, HERMANN GOTTLIEB; SECKEL, EMIL: Handlexikon zu den Quellen des römischen Rechts, 10. Aufl., Graz 1958. Zitiert: *Heumann-Seckel*, Handlexikon, *Stichwort*, (sub).

HEUSLER, ANDREAS: Institutionen des Deutschen Privatrechts, Bd. II, Leipzig, 1886. Zitiert: *Heusler*, Institutionen, Bd. II.

HEYMANN, ERNST: Recht und Wirtschaft in ihrer Bedeutung für die Ausbildung der Juristen, Nationalökonomen und Techniker, in: Festgabe für Rudolf Stammler zum 70. Geburtstage am 19.02.1926. Herausgegeben von: Tatarin-Tarnheyden, Edgar; Berlin, Leipzig, 1926, S. 205-230. Zitiert: *Heymann*, FS Stammler.

HICKS, JOHN R. ; WEBER, WILHELM (HERAUSGEBER): Carl Menger and the Austrian School of Economics, Oxford, 1973. Zitiert: *Hicks-Weber*, Austrian School.

HOLTHÖFER, ERNST: Ein Beitrag zur Auslegung und Interpretationsgeschichte von des Fragments D. 18. 7. 7, in: Ius Commune 1 (1967), S. 150-180.

HONORÉ, TONY (ANTHONY MAURICE): The Severan Lawyers: A preliminary survey, in: SDHI 28 (1962), S. 162-232.

HONORÉ, TONY (ANTHONY MAURICE): Ulpian – Pioneer of Human Rights, 2. Aufl., Oxford, New York, 2002. Zitiert: *Honoré*, Ulpian.

HONSELL, HEINRICH: Der Ersatz reiner Vermögensschäden in der Rechtsgeschichte und Rechtsvergleichung, in: Festschrift für Werner Lorenz zum 80. Geburtstag. Herausgegeben von: Rauscher, Thomas von; Mansel, Heinz-Peter. München, 2001; S. 483-508. Zitiert: *Honsell*, FS Lorenz (80).

HONSELL, HEINRICH: Quod interest im bona-fidei-iudicium, Studien zum Schadensersatzrecht, München, 1969. Zitiert: *Honsell*, Quod interest.

HONSELL, HEINRICH: Römisches Recht, 5. Aufl., Berlin, Heidelberg, New York, Barcelona, Honkong, London, Mailand, Paris, Tokio, 2002. Zitiert: *Honsell*, RömR.

HONSELL, HEINRICH: Teleologische Reduktion versus Rechtsmißbrauch, in: Der Gerechtigkeitsanspruch des Rechts, Festschrift für Theo Mayer-Maly zum 65. Geburtstag. Herausgegeben von: Beck-Mannagetta, M.; Böhm, H.; Graf, G. Wien, New York, 1996, 369-387. Zitiert: *Honsell*, FS Mayer-Maly (65).

HONSELL, HEINRICH; HARRER, FRIEDRICH: Schaden und Schadensberechnung, Zürich, Salzburg, 1991, in: JuS 1991, S. 441-448.

HONSELL, HEINRICH; MAYER-MALY, THEO; SELB, WALTER: Römisches Recht. Aufgrund des Werkes von Jörs, Paul; Kunkel, Wolfgang; Wenger, Leopold; 4. Aufl., Berlin, Heidelberg, New York, London, Paris, Tokyo, 1987. Zitiert: *Honsell-Mayer-Maly-Selb*, RömPrivR.

HUBER, CHRISTIAN: Fragen der Schadensberechnung, Wien, New York, 1993; zugleich Habilitationsschrift, Wien, 1992. Zitiert: *Huber*.

HUBER, ULRICH: Savignys Lehre von der Auslegung der Gesetze in heutiger Sicht, JZ 2003, S. 1-17.

HÜBNER, HEINZ: Allgemeiner Teil des Bürgerlichen Gesetzbuches, 2. Aufl., Berlin, New York, 1996. Zitiert: *Hübner*, AT².

HÜFFER, UWE: Aktiengesetz, 6. Aufl., München, 2004. Zitiert: *Hüffer*, AktG⁶.

HUMBERT, MICHEL: Le remariage à Rome – Étude d'histoire juridique et sociale, Mailand, 1972. Zitiert: *Humbert*, Remariage.

HUMBERT, MICHEL: Municipium et civitas sine suffragio, 2. Aufl., Rom, 1993. Zitiert: *Humbert*, Municipium.

ILIFFE, JOHN: The Usufructuary as Plaintiff under the Lex Aquilia according to the Classical Jurists, in: RIDA 12 (1965), S. 325-346.

IMMEL, GERHARD: Die höchstpersönliche Willensentscheidung des Erblassers, Köln, Graz, 1965. Zitiert: *Immel*, Höchstpersönliche Willensentscheidung.

JAHR, GÜNTHER: Schadensersatz wegen deliktischer Nutzungsentziehung – zu Grundlagen des Rechtsgüterschutzes und des Schadensrechts; in: AcP 183 (1983), S. 725-779.

JAKAB, ÉVA: Praedicere und cavere beim Marktkauf – Sachmängel im Griechischen und Römischen Recht, München, 1997. Zitiert: *Jakab*.

JAKOBS, HORST HEINRICH; SCHUBERT, WERNER (HERAUSGEGEBER): Die Beratung des BGB.

Materialien zur Entstehungsgeschichte des BGB, Berlin, New York, 1978. Zitiert: *Jakobs-Schubert*, Materialien.

Allgemeiner Teil §§1-240, Teilband 1: §1-144. Bearbeitet von Schubert, Werner, Berlin, New York, 1985.

Recht der Schuldverhältnisse, Teilband I, §§241-432. Bearbeitet von Schubert, Werner; Jakobs, Horst; Berlin, New York, 1978. Zitiert: *Jakobs-Schubert*, §§ 241-432, Paragraph, Seite.

	Recht der Schuldverhältnisse, Teilband II, §§ 432-651. Bearbeitet von Schubert, Werner; Jakobs, Horst; Berlin, New York, 1980. Zitiert: *Jakobs-Schubert*, §§432-651, Paragraph, Seite.
	Erbrecht §§1922-2385, Teilband 1: §§1922-2104 BGB. Bearbeitet von Jakobs, Horst Heinrich; Krämer, Gerd; Mues, Meike; Berlin, New York, 2002. Zitiert: *Jakobs-Schubert*, §§1922-2104, Paragraph, Seite.
	Erbrecht §§1922-2385, Teilband 2: §§2105-2385 BGB. Bearbeitet von Jakobs, Horst Heinrich; Krämer, Gerd; Mues, Meike; Berlin, New York, 2002. Zitiert: *Jakobs-Schubert*, §§ 2105-2385, Paragraph, Seite.
JANIKOWSKI, LEO:	Juristische Lehrgänge – Erbrecht anhand von Fällen, Bd. VI, München, ohne Jahr. Zitiert.: *Janikowski*, Bd. VI.
JAUERNIG, OTHMAR (HERAUSGEBER):	Bürgerliches Gesetzbuch, 11. Aufl., München, 2004. Zitiert: Jauernig-*Bearbeiter*[11].
JHERING, RUDOLPH VON:	Der Zweck im Recht, Bd. I, 4. Auflage, Leipzig, 1904, Nachdruck Hildesheim, New York, 1970. Zitiert: *Jhering*, Zweck im Recht, Bd. I.
JHERING, RUDOLPH VON:	Rechtsgutachten in Sachen des Interkantonalen Vorbereitungs-Comité's der Gäubahn gegen die Gesellschaft der Schweizerischen Zentralbahn betreffend die Vollendung und den Betrieb der Wasserfallenbahn und ihrer Fortsetzung von Solothurn nach Schönbühl erstattet auf Ansuchen des klägerischen Comité's; Olten, 1878. Zitiert: *Jhering*, Gäubahn-Gutachten.
JOHANNSEN, HERBERT:	Die Rechtsprechung des BGH auf dem Gebiete des Erbrechts, 8. Teil: Das Vermächtnis, in: WM 1972, S. 866-881.
JOHNSTON, DAVID:	The Roman Law of Trusts, Oxford, 1998.
JOHNSTON, DAVID:	Trusts and Trust-like devices in Roman Law, in: Helmholz, Richard H.; Zimmermann, Reinhard (Herausgeber): Itinera Fiduciae – Trust and Treuhand in historical perspective, Berlin, 1998. Zitiert: *Hemholz-Zimmermann*, Itinera Fiduciae, S.45-56.
JÖRS, PAUL (BEGR.); KUNKEL, WOLFGANG:	Römisches Privatrecht, 3. Aufl., Berlin, Göttingen, Heidelberg; 1978. Zitiert: *Jörs-Kunkel*, RömPrivR[3].
KALTENBACH, FRANZ:	Über den Wert im Recht, Diss. phil., Heidelberg, Berlin, 1912. Zitiert: *Kaltenbach*, Wert.
KASER, MAX:	Das Römische Privatrecht, Erster Abschnitt, 2. Aufl., München, 1971. Zitiert: *Kaser*, RP I.

KASER, MAX: Das Römische Privatrecht, Zweiter Abschnitt, 2. Aufl., München, 1975. Zitiert: *Kaser*, RP II.

KASER, MAX: Der Inhalt der patria potestas, in: SZ 58 (1938), S. 62-87.

KASER, MAX: Die actio furti des Verkäufers, in: SZ 96 (1979), S. 89-128.

KASER, MAX: Geteiltes Eigentum im älteren Römischen Recht, in: Festschrift für Paul Koschaker, mit Unterstützung der Rechts- und Staatswissenschaftlichen Fakultät der Friedrich-Wilhelm Universität Berlin und der Leipziger Juristenfakultät zum 60. Geburtstag, überreicht von seinen Fachgenossen; Bd. I, Weimar, 1939, S. 445-478.

KASER, MAX: Quanti ea res est; Studien zur Methode der Litisaestimation im klassischen römischen Recht, München, 1935. Zitiert: *Kaser*, Quanti ea res est.

KASER, MAX: Restituere als Prozeßgegenstand – Die Wirkungen der litis contestatio auf den Leistungsgegenstand im Römischen Recht, 2. Aufl., München, 1968.

KASER, MAX: Rezension von: Di Salvo, Settimio: Il legato modale in diritto romano, Camerino, 1973) in: Labeo 22 (1976), S. 381-393.

KASER, MAX: Rezension zu Franciosi, Gennaro: Il processo di libertà in diritto romano, Neapel, 1961, in: SZ 79 (1962), S. 391-398.

KASER, MAX: Vollstreckbarkeit und Bürgenregreß, in: SZ 100 (1983), S. 80-135.

KASER, MAX: Zwei Exegesen aus dem Dotalrecht, in: Festschrift für Hans Lewald bei Vollendung des vierzigsten Amtsjahres als ordentlicher Professor im Oktober 1953. Herausgegeben von: Gerwig, M.; Simonius, A.; Spiro, K.; Süss, Theodor; Wolff, Ernst. Basel, 1953, S. 69-79. Zitiert: *Kaser*, FS Lewald (1953).

KASER, MAX; HACKL, KARL: Das Römische Zivilprozeßrecht, 2. Aufl, München, 1996. Zitiert: *Kaser-Hackl*, RömZP.

KASER, MAX; KNÜTEL, ROLF: Römisches Privatrecht, 17. Auflage, München, 2003. Zitiert: *Kaser-Knütel*, RömPrivR^{17}.

KAUFMANN, HORST: Zur Geschichte des aktionenrechtlichen Denkens, in: JZ 1964, 482-489.

KELLER, FRIEDRICH LUDWIG: Pandekten: Vorlesungen; aus dem Nachlasse des Verfassers, besorgt von William Lewis, 2. Aufl. Bd. I: Leipzig, 1867; Bd. II: Leipzig, 1866. Zitiert: *Keller*, Pandekten^2, Bd.

Kelly, John Maurice: Roman Litigation. Oxford, 1966. Zitiert: *Kelly*, Roman Litigation.

KERSTEN, GÜNTHER: Zuwendung immaterieller Güter und Schenkung. Auszug aus einer Schrift zur Erlangung der juristischen Doktorwürde bei der Rechts- und Staatswissenschaftlichen Fakultät der Schlesischen Friedrich-Wilhelms- Universität zu Breslau, 1925. Zitiert: *Kersten*, Zuwendung immaterieller Güter.

KEUK, BRIGITTE: Vermögensschaden und Interesse, Bonn, 1972, zugleich: Habilitationsschrift, Bonn, 1972. Zitiert: *Keuk*.

KIENAST, DIETMAR: Römische Kaisertabelle: Grundzüge einer römischen Kaiserchronologie, 2. Aufl., Darmstadt, 1996. Zitiert: *Kienast*, Tabelle.

KIPP, THEODOR; COING, HELMUT: Erbrecht; 14. Aufl.: Tübingen, 1990; 13. Aufl.: Tübingen, 1978; 11. Aufl.: Tübingen, 1960; 10. Aufl.: Tübingen, 1955. Zitiert: Kipp-*Coing*, ErbR^{Auflage}.

KLATT, MATTHIAS: Theorie der Wortlautgrenze – Semantische Normativität in der juristischen Argumentation, 1. Aufl., Baden-Baden, 2004. Zitiert: *Klatt*, Wortlautgrenze.

KLOEPPEL, PAUL: Der Entwurf des Bürgerlichen Gesetzbuches vor dem Juristentage, in: Gruchot 32 (1888), S. 852-870.

KLUG, ULRICH: Juristische Logik, 3. Aufl., Berlin, Heidelberg, New York, 1966. Zitiert: *Klug*, Logik.

KNÜTEL, ROLF: Contrarius Consensus, Köln, Graz, 1968. Zitiert: *Knütel*, Contrarius consensus.

KNÜTEL, ROLF: Das Mandat zum Freikauf, in: Nörr, Dieter; Shigeo Nishimura (Herausgeber): Mandatum und Verwandtes – Beiträge zum Römischen Recht, Berlin, Heidelberg, New York, London, Paris, Tokyo, Hongkong, Barcelona, Budapest, 1993, S. 353-374. Zitiert: *Knütel* in *Nörr-Nishimura*, Mandatum.

KNÜTEL, ROLF: Die Haftung für Hilfspersonen im Römischen Recht, in: SZ 100 (1983), S. 340-443.

KOEPPEN, CARL FRIEDRICH ALBERT: System des heutigen römischen Erbrechts, Jena, 1862. Zitiert: *Koeppen*, ErbR.

KOHLER, JOSEPH: Die Ideale im Recht, in: Archiv f. BüR 5 (1891), S. 161-265.

KOHLER, JOSEPH: Zur Konstruktion des Urheberrechts, in: Archiv f. BüR 10 (1895), S. 241-286.

KOHLER, JOSEPH: Zwölf Studien zum bürgerlichen Gesetzbuch: Ansprüche zugunsten eines Dritten, 1902, in: Archiv f. BüR 21 (1902), S. 259-269.

KOHLER, JOSEPH: Zwölf Studien zum Bürgerlichen Gesetzbuch: Das Obligationsinteresse, in: Archiv f. BüR 12 (1897), S. 1-88.

KOLB, GERHARD: Geschichte der Volkswirtschaftslehre – Dogmenhistorische Positionen des ökonomischen Denkens, 2. Aufl., München, 2004. Zitiert: *Kolb*, Geschichte der Volkswirtschaftslehre.

KÖNDGEN, JOHANNES: Ökonomische Aspekte des Schadensproblems – Bemerkungen zur Kommerzialisierungsmethode des Bundesgerichtshofes; in: AcP 177 (1977), S. 1-34.

KONG, HOON: Marx and Menger on value: as many similarities as differences, in: Cambridge Journal of Economics 2000, S.87-105.

KOSCHAKER, PAUL: Zwei Digestenstellen, in: SZ 49 (1929), S. 463-472.

KRAMER, ERNST, A.: Juristische Methodenlehre, 2. Aufl., München, Wien, 2005. Zitiert: *Kramer*, Methodenlehre.

KRETZSCHMAR, VORNAME UNBEKANNT: Das Vorausvermächtnis, in: Sächsisches Archiv f. Rechtspflege 2 (1922), S. 2-9.

KRÜGER, PAUL: Geschichte der Quellen und Literatur des Römischen Rechts, 2. Aufl., München, Leipzig, 1912. Zitiert: *Krüger*, Geschichte.

KÜBEL, FRANZ PHILIPP FERDINAND VON: Entwurf eines bürgerlichen Gesetzbuches für das Deutsche Reich, Recht der Schuldverhältnisse, I. Allgemeiner Teil mit Begründung – Vorlage des Redaktors Franz Philipp Ferdinand v. Kübel, Berlin 1882. Zitiert: *Kübel*, Recht der Schuldverhältnisse.

KÜBLER, BERNHARD: Exegetische und kritische Bemerkungen zu einigen Digestenstellen, in: SZ 59 (1939), S. 569-581.

KUETGENS, WILHELM: Das Vorausvermächtnis nach dem Bürgerlichen Gesetzbuch, Diss. iur., Jena, 1913. Zitiert: *Kuetgens*.

KÜHNAST, LUDWIG: Das Erbrecht des Entwurfs eines Bürgerlichen Gesetzbuches für das Deutsche Reich, Berlin, 1888. Zitiert: *Kühnast*, Erbrecht des Entwurfs.

KUNKEL, WOLFGANG: Herkunft und soziale Stellung der römischen Juristen, 2. Aufl., 1967, Graz, Wien, Köln. Zitiert: *Kunkel*, Herkunft.

KUNTZE, JOHANNES EMIL: Die Obligationen im römischen und deutschen Recht und das Ius extraordinarium der Kaiserzeit, Leipzig, 1886. Zitiert: *Kuntze*.

LABAND, PAUL: Zum zweiten Entwurf eines Bürgerlichen Gesetzbuches für das Deutsche Reich I. Abschnitt Titel 1-3, in: AcP 73 (1888), S. 161-209.

LANDSBERG, ERNST: Das Recht des Bürgerlichen Gesetzbuches vom 18. 8. 1896, 2. Hälfte, Berlin, 1904. Zitiert: *Landsberg*.

LANGE, HEINRICH: Lehrbuch des Erbrechts, 1. Aufl., München, Berlin, 1962. Zitiert: *Lange*, ErbR[1].

LANGE, HEINRICH; KUCHINKE, KURT: Erbrecht, 4. Aufl., München, 1995; 5. Aufl., München, 2001. Zitiert: Lange-*Kuchinke*, ErbR[Auflage].

LANGE, HERMANN: Die Verarbeitung klassischer und nachklassischer Lehren in der mittelalterlichen Rechtswissenschaft, in: SZ 72 (1955), S. 209-244.

LANGE, HERRMANN: Schadensersatz und Privatstrafe in der mittelalterlichen Rechtstheorie, Münster, Köln, 1955. Zitiert: *Lange*, Schadensersatz und Privatstrafe.

LANGE, HERRMANN; SCHIEMANN, GOTTFRIED: Schadensersatz, 3. Aufl., Tübingen, 2003. Herausgegeben von: Gernhuber, Joachim; Handbuch des Schuldrechts, Tübingen, 2003. Zitiert: *Lange-Schiemann*, Schadensersatz[3].

LANWER, ANTON: Vermächtnis und Auflage im BGB, Diss. iur., Erlangen, 1930. Zitiert: *Lanwer*.

LARENZ, KARL: Der Vermögensbegriff im Schadensrecht, in: Festschrift für Hans Carl Nipperdey zum 70. Geburtstag, Bd. I. Herausgegeben von: Dietz, Rolf; Hübner, Heinz; München, Berlin, 1995. S. 489-507.

LARENZ, KARL: Lehrbuch des Schuldrechts, Bd. I Allgemeiner Teil, 14. Aufl., München, 1987. Zitiert: *Larenz*, SR I[14].

LARENZ, KARL: Methodenlehre der Rechtswissenschaft, 6. Aufl., Berlin, Heidelberg, New York, Tokyo, 1991. Zitiert: *Larenz*, Methodenlehre[6].

LARENZ, KARL: Zur Abgrenzung des ideellen Schadens vom Vermögensschaden, in: VersR 1963, S. 312-313.

LARENZ, KARL; CANARIS, CLAUS-WILHELM: Methodenlehre der Rechtswissenschaft, 3. Aufl., Berlin, Heidelberg, 1995. Zitiert: Larenz-*Canaris*, Methodenlehre[3].

LARENZ, KARL; WOLF, MANFRED: Allgemeiner Teil des Bürgerlichen Rechts, 8. Aufl., München, 1997; 9. Aufl., München, 2004. Zitiert: Larenz-*Wolf*, AT[Auflage].

LEIPOLD, DIETER: Erbrecht, 15. Aufl., Tübingen, 2004. Zitiert: *Leipold*, ErbR[15].

LEIPOLD, DIETER: Wandlungen in den Grundlagen des Erbrechts?, in: AcP 180 (1980), S. 161-211.

LEMKE, WILHELM: Der Begriff der Leistung in §1940 des Bürgerlichen Gesetzbuches, Diss. iur., Münster, 1904. Zitiert: *Lemke*.

LENEL, OTTO: Das Edictum Perpetuum – Ein Versuch seiner Wiederherstellung, 3. Aufl., Leipzig, 1927, 3. Neudruck, Aalen, 1985. Zitiert: *Lenel*, Edictum.

LENEL, OTTO: Palingenesia Iuris Civilis – Iuris consultorum reliquiae quae Iustiniani Digestis continentur, fragmenta minora secundum auctores et libros, Leipzig, 1889, Nachdruck mit Supplementum von Sierl, Lorenz E., Bd. I und II, Graz, 1960. Zitiert: *Lenel*, Palingenesia.

LEONHARD, RUDOLPH: Der Allgemeine Teil des Bürgerlichen Gesetzbuches in seinem Einflusse auf die Fortentwicklung der Rechtswissenschaft, Berlin, 1900. Zitiert: *Leonhard*, AT.

LEONHARD, RUDOLPH: Der Entwurf eines bürgerlichen Gesetzbuches für das Deutsche Reich und seine Beurteilung, Marburg, 1891. Zitiert: *Leonhard*, Entwurf.

LIEBISCH, ARNOLD: Das Wesen der unentgeltlichen Zuwendung, unter Lebenden, Leipzig, 1927. Abgedruckt in: Leipziger rechtswissenschaftliche Studien, Heft 27.

LIEBS, DETLEF: Damnum, damnare, damnas, in: SZ 85 (1968), S. 173-252.

LINDE, JUSTUS TIMOTHEUS BALTHASAR VON: Lehrbuch des deutschen gemeinen Civilprocesses, 6. Aufl., Bonn, 1843. Zitiert: *Linde*, Civilprozeß[6].

LORITZ, KARL-GEORG: Teilungsanordnung und Vorausvermächtnis, in: NJW 1988, S. 2697-2706.

LÖWER, WOLFGANG: Cessante ratione legis cessat ipsa lex – Wandlung einer gemeinrechtlichen Auslegungsregel zum Verfassungsgebot; Vortrag gehalten vor der Juristischen Gesellschaft zu Berlin am 23.11.1988; Berlin, New York, 1989. Zitiert: *Löwer*, Cessante ratione legis cessat ipsa lex.

LÜBTOW, ULRICH VON: Erbrecht: Eine systematische Darstellung; Bd. I und II, Berlin, 1971. Zitiert: *Lübtow*, ErbR, Bd.

LÜBTOW, ULRICH VON: Ursprung und Entwicklung der condemnatio pecuniaria, in: SZ 68 (1951), S. 320-359.

LUCKOW, WALDEMAR: Unmittelbare Vermögensverschiebungen durch mittelbare Zuwendungen bei der ungerechtfertigten Bereicherung und bei der Schenkung, Diss. iur., Frankfurt/Main, 1957.

LUCREZI, FRANCESCO: „Ius imaginum", „Nova nobilitas", in: Labeo 32 (1986), S. 131-179.

LUCREZI, FRANCESCO: Pictura alios nobilitans, in: Index 13 (1985), S. 561-572.

MACKELDEY, FERDINAND: Lehrbuch des heutigen Römischen Rechts, 2. Aufl., Gießen, 1818. Zitiert: *Mackeldey*, RömR^2.

MAGNUS, ULRICH: Schaden und Ersatz – Eine rechtsvergleichende Untersuchung zur Ersatzfähigkeit von Einbußen, Tübingen, 1987, zugleich Habilitationsschrift Hamburg, 1983. Zitiert: *Magnus*, Schaden und Ersatz.

MANDORPF, PAUL: Vermächtnis und Auflage nach BGB, Diss. iur., Rostock, 1905. Zitiert: *Mandorpf.*

MANTOVANI, DARIO: Il problema d'origine dell' accusa popolare, Padua, 1989. Zitiert: *Mantovani*, Accusa popolare.

MANTOVANI, DARIO: Le formule del processo privato romano, 2. Aufl., Mailand, 1999. Zitiert: *Mantovani,* Formule.

MARCHI, ANTONIO: Il risarcimento del danno morale secondo, in: BIDR 16 (1904), S. 206-289.

MARCUSE, ERICH: Die Zuwendung eines Nachlaßgrundstücks unter Festsetzung eines Übernahmepreises durch Vorausvermächtnis und Teilungsanordnung, Diss. iur., Würzburg, 1919. Zitiert: *Marcuse.*

MAREZOLL, THEODOR: Zur Lehre von den Vermächtnissen, in: Zeitschrift f. Civilrecht und Prozeß 9 (1836), S. 61-134, S. 247-310.

MARRONE, MATTEO: Sulle formule die giudizi di libertà, in: Sodalitas, Scritti in onore di Antonio Guarino, herausgegeben von: von: Jovene, Eugenio, Bd. VI, Neapel, 1984. Zitiert: *Marrone*, Scritti Guarino.

MARTIN, RUDOLPH: Kritische Betrachtungen zur Lehre vom Sondervermögen, in: AcP 102 (1907), S. 444-459.

MARTINI, REMO: Il problema della causae cognitio pretoria, Mailand, 1960. Zitiert: *Martini*, Problema.

MATTERN, FRIEDRICH: Einzelzuweisungen von Todes wegen, in: DNotZ 1963, S. 450-465.

MATTHIAß, BERNHARD: Lehrbuch des Bürgerlichen Rechts, 5. Aufl., Berlin, 1910. Zitiert: *Matthiaß*, BüR.

MAUNZ-DÜRIG: Grundgesetz: Kommentar. Von Maunz, Theodor; Dürig, Günter; Herzog, Roman; München. Zitiert: *Bearbeiter* in Maunz-Dürig (Jahr), Art., Rn.

MAYDELL, BERND VON: Geldschuld und Geldwert, München, 1974, zugleich: Habilitationsschrift, Bonn, 1974. Zitiert: *Maydell*, Geldschuld.

MAYER, MARUM SAMUEL: Die Lehre von den Legaten und Fideikommissen, Tübingen, 1854. Zitiert: *Mayer*, Legate.

MAYER-MALY, THEO: Locatio conductio – Eine Untersuchung zum klassischen Römischen Recht, Wien, München, 1956. Zitiert: *Mayer-Maly*, Locatio conductio.

MAYER-MALY, THEO: Über die der Rechtswissenschaft und der richterlichen Rechtsfortbildung gezogenen Grenzen, in: JZ 1986, 556-563.

MEDICUS, DIETER: Allgemeiner Teil des BGB, 8. Aufl., Heidelberg, 2002. Zitiert: *Medicus*, AT^8.

MEDICUS, DIETER: Id quod interest – Studien zum Römischen Recht des Schadensersatzes, Köln, 1962.

MEDICUS, DIETER: Restituere – quanti ea res est – id quod interest, in: SZ 115 (1998), S. 66-79.

MEDICUS, DIETER: Zur Funktion der Leistungsunmöglichkeit im römischen Recht, in: SZ 86 (1969), S. 60-104.

MEINCKE, JENS PETER: Das Kaufrechtsvermächtnis, in: Festschrift für Walter Jagenburg zum 65. Geburtstag. Herausgegeben von: Brügmann, Klaus; Oppler, Peter Michael; Wenner, Christian, München, 2002, S. 579-596. Zitiert: *Meincke*, FS Jagenburg (65).

MEISCHEIDER, EMIL: Die letztwilligen Verfügungen nach dem Bürgerlichen Gesetzbuche für das Deutsche Reich, Leipzig, 1900. Zitiert: *Meischeider*.

MENGER, CARL: Gesammelte Werke. Herausgegeben von: Hayek, F. A.; Bd. I: Grundsätze der Volkswirtschaftslehre, 2. Aufl., Wien, Leipzig, 1923, Neudruck Tübingen, 1968. Zitiert: *Menger*, $Grundsätze^2$ (1923).

MERKLE, DEGENHARD: Der Begriff des Vermögens und seine Stellung in der Nationalökonomie, Diss. iur., München, 1968. Zitiert: *Merkle*, Vermögen.

MERTENS, BERND: Gesetzgebungskunst im Zeitalter der Kodifikationen – Theorie und Praxis der Gesetzgebungstechnik aus historisch-vergleichender Sicht, Tübingen, 2004; zugleich Habil.-schrift Tübingen 2003. Zitiert: *Mertens*: Gesetzgebungskunst.

MERTENS, HANS GEORG: Die Entstehung der Vorschriften über die gesetzliche Erbfolge und das Pflichtteilsrecht, Berlin, 1970. Zitiert: *Mertens*, Gesetzliche Erbfolge.

MERTENS, HANS-JOACHIM: Der Begriff des Vermögensschadens im Bürgerlichen Recht, Stuttgart, Berlin, Köln, Mainz, 1967. Zitiert: *Mertens*, Vermögenschaden.

MERZBACH, ALFRED: Begriff und rechtliche Natur der Schenkung, Diss. iur., Greifswald, 1904. Zitiert: *Merzbach*.

MESZLÉNY, ARTHUR: Das Vermögen im Bürgerlichen Gesetzbuch für das Deutsche Reich und im Schweizerischen Zivilgesetzbuch, Bern, 1908. Zitiert: *Meszlény*, Vermögen.

METRO, ANTONINO: L'obbligazione di custodire nel diritto romano, Mailand, 1966. Zitiert: *Metro*.

METZGER, ERNEST (HERAUSGEBER): A companion to Justinian's Institutes, London, 1998. Zitiert: *Metzger-Bearbeiter*, Companion.

MEYER, PAUL: Das Erbrecht des Bürgerlichen Gesetzbuches für das Deutsche Reich, Lieferung 1-4: Marburg, 1904; 5. Lieferung: Marburg, 1905; 6. Lieferung: Marburg, 1910; 7. Lieferung: Marburg, 1921. Zitiert: *Meyer*, ErbR.

MICHALSKI, LUTZ: BGB-Erbrecht, Heidelberg, 2. Aufl., 2001. Zitiert: *Michalski*, ErbR2.

MISERA, KARL HEINZ: Der Bereicherungsgedanke bei der Schenkung unter Ehegatten, Köln, Wien, 1974. Zitiert: *Misera*.

MITTEIS, LUDWIG; Römisches Privatrecht bis auf die Zeit Diokletians, Bd. I: Grundbegriffe und Lehre von den Juristischen Personen, Leipzig, 1908. Zitiert: *Mitteis*, RömPrivR.

MITTERMAIER, CARL JOSEPH ANTON: Grundsätze des gemeinen deutschen Privatrechts mit Einschluß des Handels-, Wechsel- und Seerechts, Bd. II, 7. Aufl., Regensburg, 1847. Zitiert: *Mittermaier*, Grundsätze, Bd. II.

MOMMSEN, FRIEDRICH: Entwurf eines Deutschen Reichsgesetzes über das Erbrecht, Braunschweig, 1876. Zitiert: *Mommsen*, Entwurf.

MOMMSEN, FRIEDRICH: Zur Lehre vom Interesse, in: Beiträge zum Obligationenrecht, Bd. II, Braunschweig, 1855. Zitiert: *Mommsen*, Interesse.

MOTIVE: Motive zum Entwurf eines Bürgerlichen Gesetzbuches für das Deutsche Reich, Amtliche Ausgabe,
Bd. II: Schuldrecht, Berlin, Leipzig, 1888.
Bd. III: Sachenrecht, Berlin, Leipzig, 1888.
Bd. V: Erbrecht, Berlin, Leipzig, 1888.
Zitiert: Motive, Bd.

MUGDAN, BENNO: Die gesamten Materialien zum Bürgerlichen Gesetzbuch für das Deutsche Reich, Bd. II und Bd. V, Berlin, 1899; Neudruck Aalen 1979. Zitiert: *Mugdan*, Bd.

MÜHLENBRUCH, CHRISTIAN FRIEDRICH SIMON: Lehrbuch des Pandecten-Rechts, Dritter Teil, 4. Aufl., Halle/Saale, 1844. Zitiert: *Mühlenbruch*, Pandecten^4.

MÜLLER, FRIEDRICH: Juristische Methodik, 6. Aufl., Berlin, 1995; (7. Aufl., Berlin, 1995).

MÜLLER, PAUL: Erbrechtliches Übernahmerecht, Teilungsanordnung oder Vorausvermächtnis?, Diss. iur., Freiburg/Breisgau, 1970. Zitiert: *Müller*, Übernahmerecht.

MÜNCH, CHRISTOF: Rechtssicherheit als Standortfaktor, in: NJW 1996, S. 3320-3323.

MÜNCHENER KOMMENTAR: Münchener Kommentar zum Bürgerlichen Gesetzbuch; Herausgegeben von: Rebmann, Kurt von;
Bd. 1: Allgemeiner Teil §§1-240, 4. Aufl., München, 2003; Redaktion: Säcker, Franz Jürgen;
Bd. 2: Schuldrecht Allgemeiner Teil §§241-432, 4. Aufl., München, 2001; Redaktion: Heinrichs, Helmut;
Bd. 6: Sachenrecht, §§854-1296 BGB, 4. Aufl., Redaktion: Rinne, Manfred Eberhard, München, 2004.
Bd. 9: Erbrecht §§31922-2385 BGB, 4. Aufl., München, 2004; Redaktion: Schlichting, Gerhard.
Bd. 7: Familienrecht I §§ 1297-1588, 3. Aufl., Redaktion: Rebmann, Kurt.
Zitiert: MüKo-*Bearbeiter*^{Auflage}

MUNDER, FRITZ: Vorausvermächtnis und Teilungsanordnung, Diss. iur., Tübingen, 1932. Zitiert: *Munder*.

MUSSERL, GERHARD: Volkswirtschaftslehre – Eine Einführung, Frankfurt/Main, New York, 1997. Zitiert: *Musserl*.

MUSUMECI, FRANCESCO: "Statuas in publico positae, in: SDHI 44 (1978), S. 191-203.

MUSUMECI, FRANCESCO: Inaedificatio, Mailand, 1988. Zitiert: *Musumeci*, Inaedificatio.

MUSUMECI, FRANCESCO: L'interdictum quod vi aut clam nella tutela delle servitu' e dell' usufrutto, in: Università di Catania, pubblicazioni della Facoltà di Giurisprudenza Nr. 96, Studi in onore di Cesare Sanfilippo, Bd. VII, Mailand, 1987, S. 487-528. Zitiert: *Musumeci*, Studi Sanfilippo, Bd. VII.

NARDI, CLAUDIO: Die Berücksichtigung des Erblasserwillens beim Vermächtnis nicht zum Nachlaß gehörender Gegenstände, Diss. iur., Mainz, 1999. Zitiert: *Nardi*, Erblasserwillen.

NATTER, EDMUND: Teilungsanordnung und Vermächtnis, JZ 1959, S. 151-153.

NEUNER, CARL: Wesen und Arten der Privatrechtsverhältnisse, Kiel, 1866. Zitiert: *Neuner*, Privatrechtsverhältnisse.

NEUNER, ROBERT: Interesse und Vermögensschaden, in: AcP 133 (1931), S. 277-314.

NEUWALD, JOST: Der zivilrechtliche Schadensbegriff und seine Weiterentwicklung in der Rechtsprechung, Diss. iur., München, 1968. Zitiert: *Neuwald.*

NIEBUHR, CARSTEN: Reisebeschreibung nach Arabien und andern umliegenden Ländern, Kopenhagen und andere, Ausgaben von 1774-78 und 1837. Zitiert: *Niebuhr*, Beschreibung von Arabien.

NÖRR, DIETER: Zum Ersatz des immateriellen Schadens nach geltendem Recht, in: AcP 158 (1959/60), S. 1-15.

NÖRR, DIETER: Zur condemnatio cum taxatione im römischen Zivilprozeß, in: SZ 112 (1995), S. 51-90.

OBER, JÜRGEN: Bernhard Windscheid und die Reinigung des Römischen Rechts, Diss. iur., Köln, 1989. Zitiert: *Ober.*

OERTMANN, PAUL: Die Volkswirtschaftslehre des Corpus Iuris Civilis, Berlin, 1891. Zitiert: *Oertmann*, Volkswirtschaftslehre des Corpus Iuris Civilis.

OERTMANN, PAUL: Kommentar zum Bürgerlichen Gesetzbuch und seinen Nebengesetzen: Bürgerliches Gesetzbuch, 2. Buch, Recht der Schuldverhältnisse, 3. und 4. Auflage, Berlin, 1910. Zitiert: *Oertmann*, Schuldverhältnisse$^{3/4}$, 51.

OGRIS, WERNER: Handwörterbuch zur Deutschen Rechtsgeschichte, HRG. Herausgegeben von: Erler, Adalbert; Kaufmann, Ekkehard; Werkmüller, Dieter. Unter philologischer Mitarbeit von: Schmidt-Wiegand, Ruth. Mitbegründet von: Stammler, Wolfgang. Bd. V: Straftheorie – Zycha, Register, Berlin, 1998. Stichwort: Testament. Bearbeitet von: Ogris, Werner. Zitiert: *Ogris* in: HRG, Bd. V, Testament, Sp.

OLSHAUSEN, EBERHARD VON: Die legislatorisch lizenzierte Analogie – eine Delikatesse moderner Gesetzgebungstechnik, in: Festschrift für Dimitris Th. Tsatsos zum 70. Geburtstag am 05.05.2003, herausgegeben von: Häberle, Peter; Morlok, Martin; Skouris, Vassilios; Baden-Baden, 2003; S. 448-467. Zitiert: *Olshausen*, FS Tsatsos (70).

ORLIN, ERIC M.: Temples, Religion and Politics in the Roman Republic, Leiden, 1997. Zitiert: *Orlin*, Temples.

OSTENDORF, HERIBERT: Der Vermögensbegriff im Bereicherungs- und Schadensrecht, Itzehoe, 1973, in: BB 1973, S. 822 – 826.

OTT, ALFRED E.: Preistheorie – Eine Einführung, Darmstadt, 1978. Zitiert: *Ott*, Preistheorie.

OTTE, GERHARD: Erbrecht, Berlin, New York, 1974. Zitiert: *Otte*, ErbR.

OTTO, KARL EDUARD.; SCHILLING, BRUNO; SINTENIS, KARL FRIEDRICH FERDINAND (HERAUSGEBER): Das Corpus Iuris Civilis (Romani) – Ins Deutsche übersetzt von einem Verein Rechtsgelehrter,
Bd. 1: Institutionen und Pandektenen Buch 1-11, Leipzig, 1830.
Bd. 2: Pandekten Buch 12-27, Leipzig, 1831, Neudruck Aalen, 1984.
Bd. 3: Pandekten Buch 28-38, Leipzig, 1831, Neudruck Aalen, 1984.
Bd. 3: Pandekten Buch 39-50, Leipzig, 1832, Neudruck Aalen, 1984.
Zitiert: *Bearbeiter* in Otto-Schilling-Sintenis, Bd.

PAGENSTECHER, ERNST: Pandekten-Praktikum zu Puchta's Pandekten, Heidelberg, 1860. Zitiert: *Pagenstecher*, Pandekten-Praktikum.

PALANDT, OTTO (BEGR.): Bürgerliches Gesetzbuch, 62. Aufl., München, 2003, 64. Auflage, München, 2004. Zitiert: Palandt-*Bearbeiter*^{Auflage}.

PAPE, ERNST: Zur Begriffsbildung von Vermögen und Kapital, in: Zeitschrift für Betriebswirtschaft 1929, S. 60-67.

PARIS, JEAN: La responsabilité de la custodia en droit romain, Paris, 1926. Zitiert: *Paris*.

PARTSCH, KARL JOSEF: Methodik des öffentlichen Wirtschaftsrechts, in: ORDO – Jahrbuch für die Ordnung von Wirtschaft und Gesellschaft 9 (1957), S. 353-361.

PASCHKE, MARIAN; WOLFRAM, FRANK: Vermögensschaden, Beeinträchtigungen von vermögensrechtlicher Relevanz, Vermögensgefährdung; in: DZWiR 1995, S. 485-494.

PASTORI, FRANCO: Concetto e struttura della obbligazione nel diritto romano, Mailand, 1985. Zitiert: *Pastori*, Concetto.

PAULY, AUGUST FRIEDRICH (BEGR.): Real-Enzyklopädie der Classischen Altertumswissenschaften,
Bd. 1: Aal – Apollokrates, Neue Bearbeitung, herausgegeben von Wissowa, Georg, Stuttgart, 1894.
Bd. 5: Demogenes – Ephoroi, Neue Bearbeitung, herausgegeben von Wissowa, Georg, Stuttgart, 1905.
Bd. 6: Ephoros –Fornaces, Neue Bearbeitung, herausgegeben von Wissowa, Georg, Stuttgart, 1909.
Bd. 9: Hyaia – Iugum, Neue Bearbeitung begonnen von Wissowa, Georg, herausgegeben von Kroll, Wilhelm, Stuttgart, 1916.
Bd. 12: Kynesioi – Libanon, Neue Bearbeitung begonnen von Wissowa, Georg, herausgegeben von Kroll, Wilhelm, Stuttgart, 1925; darin: 23. Bd.: Kynesioi – Legio, Stuttgart, 1924.
Bd. 17: Nereiden – Olympia, Neue Bearbeitung, begonnen von Wissowa, Georg, herausgegeben von Kroll, Wilhelm, Stuttgart, 1937; darin 34. Bd.: Numen-Olympia, Stuttgart, 1937.
Bd. 22: Pontarches – Priscianus, Neue Bearbeitung begonnen von Wissowa, Georg, fortgeführt von Kroll, Wilhelm, und Mittelhaus, Karl, herausgegeben von Ziegler, Konrad, Stuttgart, 1954.

Zitiert: *Bearbeiter* in Pauly, RE, Bd., *Stichwort*, Sp.

PAWLOWSKI, HANS-MARTIN: Wert, Erkenntnis und Entscheidung, Mannheim, 1977, in: Festschrift für Konrad Duden zum 70. Geburtstag. Herausgegeben von: Pawlowski, Hans-Martin, Wiese, Günther, Wüst, Günther; München, 1977. Zitiert: *Pawlowski*, FS Duden.

PENNITZ, MARTIN: Der Enteignungsfall im Römischen Recht der Republik und des Prinzipats – Eine funktional rechtsvergleichende Problemstellung, Böhlau, Wien, Köln, Weimar, 1991. Zitiert: *Pennitz*, Enteignungsfall.

PERNICE, ALFRED: Labeo, Römisches Privatrecht im ersten Jahrhundert der Kaiserzeit; Teil A, Bd. 1 in 1. Aufl., 1. Buch: Allgemeine Lehren, Kapitel 1-3: Rechtssubjekt, Vermögen, Rechtsgeschäfte; Halle, 1873, Neudruck Aalen, 1963;
Teil E Band 3 Abteilung 1 in 1. Aufl., 9. Buch: Auflage und Zweckbestimmung, Halle, 1892, Neudruck Aalen, 1963. Zitiert: *Pernice*, Labeo, E III 1.

PERNICE, ALFRED: Vorrechtliches und amtsrechtliches Verfahren in der römischen Kaiserzeit, in: Juristische Abhandlungen – Festgabe für Georg Beseler zum 06.01.1885, von Brunner, Heinrich; Hinschius, Paul; Pernice, Alfred; Bernstein, Carl; Cosack, Konrad; Ryck, Richard; Eck, Ernst; Goldschmidt, Levin; Gneist, Rudolf; Mommsen, Theodor. Berlin, 1885, Neudruck Aalen, 1979; S. 49-93. Zitiert: *Pernice*, FS Beseler.

PFAFF, INGO: Zur Lehre von der condemnatio pecuniaria im römischen Formularprozeß, Wien, 1902. Zitiert: *Pfaff*, Condemnatio pecuniaria.

PFERSCHE, EMIL: Die Interdicte des Römischen Civilprocesses, Graz, 1888. Zitiert: *Pfersche*.

PINOLI, RUDOLF: Der Vermögensbegriff, Diss. iur., Breslau, 1913. Zitiert: *Pinoli*.

PLANCK, GOTTLIEB (BEGR.): Planck's Kommentar zum Bürgerlichen Gesetzbuch nebst Einführungsgesetzen, bisher herausgegeben von: Strohal, Emil;
Bd. II, 1. Hälfte: Recht der Schuldverhältnisse (Allgemeiner Teil) §§241-432, bearbeitet von Siber, H.; Berlin, 1914.
Bd. V: Erbrecht, 4. Aufl., bearbeitet von: Flad, F.; Ebbeke, J., Strecker, O.; Greiff, M.; Berlin, Leipzig, 1930;

Zitiert: Planck-*Bearbeiter*4.

PLANCK, GOTTLIEB: Zur Kritik des Entwurfes eines bürgerlichen Gesetzbuches für das Deutsche Reich, AcP 75 (1889), 327-429.

PRIDDAT, BIRGER: Der „Gattungswerth" oder die Moral der subjektiven Wertlehre in der deutschen Nationalökonomie, in: Priddat, Birger (Herausgeber): Wert, Meinung, Bedeutung – Die Tradition der subjektiven Wertlehre in der deutschen Nationalökonomie vor Menger, Marburg, 1997, S. 241-285. Zitiert: *Priddat*, Gattungswert.

PRIDDAT, BIRGER: Wert und Bedeutung, in: Priddat, Birger (Herausgeber): Wert, Meinung, Bedeutung – Die Tradition der subjektiven Wertlehre in der deutschen Nationalökonomie vor Menger, Marburg, 1997, S. 287-302. Zitiert: *Priddat*, Wert und Bedeutung.

PRINGSHEIM, FRITZ: Liberalitas, in: Studi in memoria die Emilio Albertario, Bd. I, Mailand, 1953, S. 661-683. Zitiert: *Pringsheim*, Studi Albertario, Bd. I.

PRINGSHEIM, FRITZ: Natura conractus und natura actionis, in: SDHI 1 (1935), S. 73-82.

PRINGSHEIM, FRITZ: Rezension zu: Archi, Gian Gualberto, La donazione, Mailand, 1960, in: SZ 78 (1961), S. 474-484

PRINGSHEIM, FRITZ: Rezension zu: Archi, Gian Gualberto, La donazione, Mailand, 1960, in: SZ 78 (1961), S. 474-484.

PROKISCH, RAINER: Von der Sach- und Systemgerechtigkeit zum Gebot der Folgerichtigkeit, in: Festschrift für Klaus Vogel zum 70. Geburtstag. Herausgegeben von: Kirchhof, Paul; Lehner, Moris; Raupach, Arndt; Rodi, Michael; Heidelberg, 2000. Zitiert: *Prokisch*, FS Vogel (70).

PROTOKOLLE I: Protokolle der Kommission zur Ausarbeitung des Entwurfs eines Bürgerlichen Gesetzbuches, Berlin, 1881-1889. Unveröffentlicht. Berlin, Staatsbibliothek zu Berlin, Preußischer Kulturbesitz.

PROTOKOLLE II: Protokolle der Kommission für die zweite Lesung des Entwurfs des Bürgerlichen Gesetzbuches. Im Auftrag des Reichsjustizamtes bearbeitet von Achilles, Alexander; Gebhard, Albert; Spahn, Peter; Bd. 1-7, Berlin, 1897-1899. Zitiert: Protokolle II, Bd.

PRUSKOWSKI, WOLFGANG: Das Merkmal der Zuwendung im Tatbestand der Schenkung, Diss. iur., Köln, 1987. Zitiert: *Pruskowski*.

PUCHTA, GEORG FRIEDRICH: Cursus der Institutionen,
Bd. I, 5. Aufl., Leipzig, 1866;
Bd. II, 6. Aufl., Leipzig, 1866;
Bd. III, 5. Auflage Leipzig, 1866.
Zitiert *Puchta*, Cursus Inst., Bd.

PUCHTA, GEORG FRIEDRICH: Pandekten, 12. Aufl.; redigiert von Th. Schirmer, Leipzig, 1877; Nachdruck Goldbach, 1999. Zitiert: *Puchta*, Pandekten^{12}.

PUCHTA, GEORG FRIEDRICH: System und Geschichte des Römischen Privatrechts, 8. Aufl., nach dem Tod des Verfassers besorgt von Paul Krüger, Leipzig, 1875.

QUERZOLI, SERENA: Il sapere di Fiorentino – etica, natura e logica nelle Institutiones, Neapel, 1996. Zitiert: *Querzoli*, Il sapere di Fiorentino.

RABER, FRITZ: Zum „pretium affectionis“, in: Festgabe für Arnold Herdlitczka zu seinem 75. Geburtstag. Herausgegeben von: Horak, Franz, Waldstein, Wolfgang; München, Salzburg, 1972; S. 197-213. Zitiert: *Raber*, FS Herdlitczka (75).

RADBRUCH, GUSTAV: Rechtsphilosophie, 8. Aufl. Herausgegeben von: Wolf, Erik; Schneider, Hans-Peter; Stuttgart, 1973. Zitiert: *Radbruch*, Rechtsphilosophie^{8}.

RADKE, WOLFRAM W.: Bedingungsrecht und Typenzwang – Eine Untersuchung zu Grundlagen und Grenzen privatautonomer Rechtsgestaltung, Berlin, 2001. Zitiert: *Radke*.

RAINER, JOHANNES MICHAEL: Bau- und nachbarrechtliche Bestimmungen im klassischen Römischen Recht, Graz, 1987. Zitiert: *Rainer*.

RATTI, UMBERTO: Il risarcimento del danno nel diritto giustinianeo, in: BIDR 40 (1932), S. 169-199.

RAUSCHER, THOMAS: Rezension von: Windel, Peter, Über die modi der Nachfolge in das Vermögen einer natürlichen Person beim Todesfall, Heidelberg, 1998; in: AcP 198 (1998), S. 248-254.

REATZ, CARL FERDINAND: Die Schenkung, in: Gutachten aus dem Anwaltsstande über die erste Lesung des Entwurfs eines Bürgerlichen Gesetzbuches. Herausgegeben im Auftrage des Deutschen Anwalt-Vereins. Herausgegeben von: Rechtsanwälte Adams; Wilke; Mecke; Hartmann, R. A.; Erithropel, Hermann; Berlin, 1890, S. 163-230. Zitiert: *Reatz* in Gutachten aus dem Anwaltsstand.

RECHTSANWÄLTE ADAMS; WILKE; MECKE; HARTMANN, R. A.; ERITHROPEL, HERMANN (HERAUSGEBER): Gutachten aus dem Anwaltsstande über die erste Lesung des Entwurfs eines Bürgerlichen Gesetzbuches. Herausgegeben im Auftrage des Deutschen Anwalt-Vereins, Berlin, 1890.

REGELSBERGER, FERDINAND: Pandekten, 1. Bd., Leipzig, 1893. Zitiert: *Regelsberger*, Pandekten, Bd. I.

REICHARD, INGO: Die Frage des Drittschadensersatzes im klassischen Römischen Recht, Köln, Weimar, Wien, 1993. Zitiert: *Reichard*, Drittschadensersatz.

REICHARD, INGO: Stipulation und Custodiahaftung, in: SZ 107 (1990), S. 46-79.

REISCHL, KLAUS: Schuldverhältnis des „geschäftlichen Kontakts" durch Gefälligkeitshandlungen, in Festschrift für Jans-Joachim Musielak zum 70. Geburtstag, herausgegeben von Heinrich, Christian, München, 2004. S. 411-434. Zitiert: *Reischl*, FS Musielak (70).

RENAUD, ACHILLES: Lehrbuch des gemeinen deutschen Civilproceßrechts mit Rücksicht auf die neuern Civilproceßgesetzgebungen, 2. Aufl., Leipzig (u.a.) 1873. Zitiert: *Renaud*, Civilproceß[2].

RENNERT, KLAUS: Die Verfassungswidrigkeit falscher Gerichtsentscheidungen, in: NJW 1991, S. 12-19.

RICCOBONO, SALVATORE: Stipulation and the theory of contract, aus dem Italienischen ins Englische übersetzt von Kerr, Wylie, J., mit einer Einleitung und weiteren Anmerkungen von Beinart, B., Amsterdam, Kapstadt, 1957. Zitiert: *Riccobono*, Stipulation.

RINCK, GERD: Wirtschaftswissenschaftliche Begriffe in Rechtsnormen, in: Ule, Carl Hermann; Schwab, Karl Heinz; Nipperdey, Hans Carl; Ulmer, Eugen; Seidl-Hohenveldern, Ignaz: Recht im Wandel, Beiträge zu Strömungen und Fragen im heutigen Recht – Festschrift Hundertfünfzig Jahre Carl Heymanns Verlag KG, Köln, Berlin, Bonn, München, 1965; S. 361-375. Zitiert: *Rinck*, FS Carl Heymanns Verlag.

ROBBE, UBALDO: L'autonomia dell' actio certae creditae pecuniae e la sua distinzione dalla condictio, in: SDHI 7 (1941), S. 35-111.

ROBBE, UBALDO: La „hereditas iacet" e il significato della „hereditas" in Diritto Romano, Mailand, 1975. Zitiert: *Robbe*, Hereditas.

ROCHE-AGUSSOL, M.: Die Werttheorie, in: Mayer, Hans Fetter, Frank, A.; Reisch, Richard (Gesamtherausgeber): Die Wirtschaftstheorie der Gegenwart, Bd. II: Wert, Preis, Produktion, Geld, Kredit; dargestellt von Aftalion, Albert und anderen;Wien, 1932, S. 27-38.

ROMANO, ANGELA: Condanna „in ipsam rem" e condanna pecuniaria nella storia del processo Romano, in: Labeo 28 (1983), S.131-149.

ROMANO, ANGELA: Economia naturale ed economia monetaria nella storia della condanna arcaica, Mailand, 1986. Zitiert: *Romano*, Economia.

ROSCHER, WILHELM: Grundlagen der Nationalökonomie, 22. Aufl., bearbeitet von Pöhlmann, Robert. Stuttgart, 1897. Zitiert: *Roscher*, Grundlagen der Nationalökonomie.

ROSENBAUER, HERMANN: Das Vorausvermächtnis, Diss. iur., Erlangen, 1926. Zitiert: *Rosenbauer*.

ROßHIRT, CONRAD FRANZ: Die Lehre von den Vermächtnissen nach römischem Rechte, Bd. I und II, Heidelberg, 1835. Zitiert: *Roßhirt*, Vermächtnisse, Bd.

ROTH, PAUL: Rezension von: Mommsen, Friedrich: Entwurf eines Deutschen Reichsgesetzes für das Erbrecht nebst Motiven, Braunschweig, 1876, in: Jenaer Literaturzeitung 3 (1876), S. 639-643.

ROTHSCHILD, KURT WILHELM: Die Wiener Schule im Verhältnis zur klassischen Nationalökonomie, unter besonderer Berücksichtigung von Carl Menger, in: Leser, Norbert (Herausgeber): Die Wiener Schule der Nationalökonomie, Beitrag des gleichnamigen Symposions in Wien, 21.02.-22.02.1985, Wien, 1986, S.11-27. Zitiert: *Rothschild*, Wiener Schule.

RUDOLF, INGE: Teilungsanordnung und Vorausvermächtnis, Diss. iur., Tübingen, 1966. Zitiert: *Rudolf.*

RÜGER, GEHEIMRAT, VORNAME UNBEKANNT: Aus dem Erbrechte des Deutschen Bürgerlichen Gesetzbuches, in: Sächsisches Archiv f. BüR und Prozeß,9 (1899), 401-503.

RÜTHERS, BERND: Anleitung zum fortgesetzten methodischen Blindflug?, in: NJW 1996, S. 1249-1253.

SAMTER, RICHARD: Nichtförmliches Gerichtsverfahren, Weimar, 1911. Zitiert: *Samter.*

SANTOS, FRANCISCO JAVIER ANDRÉS: Subrogación real y patrimonios especiales en el derecho romano clásico, Valladolid, 1997. Zitiert: *Santos*, Patrimonios especiales.

SAUCKE, AUGUST: Die Vollziehung der Auflage bei Schenkungen und Verfügungen von Todes wegen, Diss. iur., Rostock, 1903. Zitiert: *Saucke.*

SAVIGNY, FRIEDRICH CARL VON: Das Obligationenrecht als Teil des heutigen römischen Rechts, Bd. 1: Berlin, 1851, Neudruck Aalen 1973; Bd. 2: Berlin, 1853, Neudruck Aalen 1973. Zitiert: *Savigny*, Obligationenrecht, Bd.

SAVIGNY, FRIEDRICH CARL VON: System des heutigen römischen Rechts,
Bd. I: Berlin 1840;
Bd. IV:Berlin, 1841;
Bd. V: Berlin, 1841.
Zitiert: *Savigny*, Sys RömR, Bd.

SCAPINI, NEVIO: I limiti della proprietà nell' evoluzione storica del diritto romano, Parma, 1998. Zitiert: *Scapini*, Limiti della proprietà.

SCHACK, HAIMO: Urteilsanmerkung zu BGH, Urteil vom 01.12.1999 – I ZR 49/97, JZ 2000, S. 1060-1062.

SCHÄFER, DIETER: Soziale Schäden, soziale Kosten, soziale Sicherung, Frankfurt/Main, 1972. Zitiert: *Schäfer.*

SCHANBACHER, DIETMAR: Ratio Legis Falcidiae – Die falcidische Rechnung beim Zusammentreffen mehrerer Erbschaften in einer Hand, Berlin, 1995. Zitiert: *Schanbacher.*

SCHEEL, HANS VON: Volkswirtschaftliche Bemerkungen zur Reform des Erbrechts, in: Hirths Annalen 1877, S. 97-108.

SCHERMAIER, MARTIN JOSEF: Materia – Beiträge zur Frage der Naturalphilosophie im klassischen römischen Recht, Wien, Köln, Weimar, 1992. Zitiert: *Schermaier*, Materia.

SCHICK, LEO: Über die Mehrdeutigkeit des juristischen Vermögensbegriffs, Diss. iur. Heidelberg, Bonn, 1917. Zitiert: *Schick.*

SCHIERENBECK, HENNER: Grundzüge der Betriebswirtschaftslehre, 15. Aufl., München, 2000. Zitiert: *Schierenbeck*, Betriebswirtschaftslehre.

SCHLECHTRIEM, PETER: Schadensersatz und Schadensbegriff, in: ZEuP 1997, S.232-254.

SCHMIDT, ADOLF: Das Interdiktenverfahren der Römer, Leipzig, 1853. Zitiert: *Schmidt*, Interdiktenverfahren.

SCHMIDT, HEINRICH: Enthält das Vermächtnis begriffsnotwendig eine Freigebigkeit, Diss. iur., Kiel, 1930. Zitiert: *Schmidt*, Freigebigkeit.

SCHMIDT, RUDOLF: Bürgerliches Recht, Stuttgart, 1927. Zitiert: *Schmidt*, BüR.

SCHMIDT-BLEIBTREU, BRUNO; KLEIN, FRANZ (BEGR.): Kommentar zum Grundgesetz, 10. Aufl., München, 2004. Zitiert: Schmidt-Bleibtreu-Klein-*Bearbeiter*[10], Art., Rn.

SCHMIDT-OTT, JUSTUS: Pauli Quaestiones: Eigenart und Textgeschichte einer spätklassischen Juristenschrift, Berlin, 1993. Zitiert: *Schmidt-Ott.*

SCHMITT, GOTTFRIED VON: Begründung des Entwurfes eines Rechtes der Erbfolge für das Deutsche Reich und des Entwurfes eines Einführungsgesetzes – Vorlage des Redaktors Dr. v. Schmitt, Berlin, 1879. Zitiert: *Schmitt*, Begründung.

SCHMITT, GOTTFRIED VON: Entwurf eines Rechtes der Erbfolge für das Deutsche Reich nebst dem Entwurfe eines Einführungsgesetzes – Vorlage des Redaktors Dr. v. Schmitt, Königl. Bayrischer Ministerialrath, Berlin, 1879. Zitiert: Schmitt, Entwurf.

SCHMITT, GOTTFRIED VON: Recht der Erbfolge, Änderungsvorschläge des Referenten zum Entwurf von 1879, Berlin (1886). Zitiert: *Schmitt*, Entwurf, Änderungsvorschläge des Referenten zum Entwurf von 1879, Berlin (1886).

SCHÖNBAUER, ERNST: Munizipien und Doppelbürgerschaft im Römerreiche, in: Iura 1 (1950), S. 124-149.

SCHREUER, HANS: Deutsches Privatrecht – Einführung in das geltende bürgerliche Recht, Stuttgart, 1921. Zitiert: *Schreuer*, BüR.

SCHRÖDER, JAN: Recht als Wissenschaft – Geschichte der juristichen Methode vom Humanismus bis zur historischen Schule (1500-1850), München, 2001. Zitiert: *Schröder*, Recht als Wissenschaft.

SCHUBERT, WERNER (HERAUSGEBER): Die Vorlagen der Redaktoren für die erste Kommission zur Ausarbeitung des Entwurfs eines Bürgerlichen Gesetzbuches, Recht der Schuldverhältnisse, Teil I: Allgemeiner Teil, Berlin, New York, 1980. Zitiert: *Schubert*, Vorlagen Schuldrecht, Bd. I.

SCHUBERT, WERNER (HERAUSGEBER): Die Vorlagen der Redaktoren für die erste Kommission zur Ausarbeitung des Entwurfs eines Bürgerlichen Gesetzbuches, Erbrecht, Teil I, Berlin, New York, 1984; Teil II, Berlin, New York, 1984. Zitiert: *Schubert*, Vorlagen Erbrecht, Bd.

SCHULTZE, ALFRED: Treuhänder im geltenden Recht, Jena, 1901; auch veröffentlicht in: JheringsJB 43 (1901), S. 1-104.

SCHULZ, FRITZ: Classical Roman Law, 1. Aufl., Oxford University Press, 1951, Nachdruck, Oxford, 1954. Zitiert: *Schulz*, Classical Roman Law.

SCHULZ, FRITZ: Geschichte der Römischen Rechtswissenschaft, Weimar, 1961. Zitiert: *Schulz*, Geschichte.

SCHUMANN, JOCHEN: Die Wegbereiter der modernen Preis- und Kostentheorie, in: Issing, Otmar (Herausgeber): Geschichte der Nationalökonomie, 4. Aufl., München, 2002, S. 169-203. Zitiert: *Schumann* in: *Issing*, Geschichte der Nationalökonomie.

SCHÜTRUMPF, ECKART: Aristoteles Politik Buch I – Über die Hausverwaltung und die Herrschaft des Herrn über Sklaven, Berlin, Aalen, 1991. Zitiert: *Schütrumpf*, Aristoteles Politik Buch I.

SCHWARTZ, GUSTAV: Rechtssubjekt und Rechtszweck, in: Archiv f. BüR, Bd. 32 (1908), S. 12-139.

SCOTT, WILLIAM R.OBERT: Werttheorie, in: Mayer, Hans; Fetter, Frank, A.; Reisch, Richard (Gesamtherausgeber): Die Wirtschaftstheorie der Gegenwart, Bd. II: Wert, Preis, Produktion, Geld, Kredit; dargestellt von Aftalion, Albert und anderen; Wien, 1932, S. 39-51. Zitiert: *Scott*, Werttheorie.

SEDATIS, LUTZ: Handwörterbuch zur Deutschen Rechtsgeschichte, HRG. Herausgegeben von: Erler, Adalbert; Kaufmann, Ekkehard; Werkmüller, Dieter. Unter philologischer Mitarbeit von: Schmidt-Wiegand, Ruth. Mitbegründet von: Stammler, Wolfgang. Bd. V: Straftheorie – Zycha, Register, Berlin, 1998. Stichwort: Vermögen; bearbeitet von: Sedatis, Lutz. Zitiert: *Sedatis* in: HRG, Bd. V, Vermögen, Sp.

SEIDEL, HANS: Ausstrahlungen und Fortwirkungen der Wiener Schule, in: Leser, Norbert (Herausgeber): Die Wiener Schule der Nationalökonomie, Beitrag des gleichnamigen Symposions in Wien, 21.02.-22.02.1985, Wien, 1986, S.223-240. Zitiert: *Seidel*, Wiener Schule.

SELB, WALTER: Zur Aufgabe des iudex in der legis actio, in: Gedächtnisschrift für Wolfgang Kunkel. Herausgegeben von: Nörr, Dieter und Simon, Dieter; Frankfurt/Main, 1984, S. 391-447.

SEUFFERT, JOHANN ADAM: Praktisches Pandektenrecht, Bd. III, 3. Aufl., Würzburg, 1852. Zitiert: *Seuffert*, Pandektenrecht, Bd. III.

SEUFFERT, LOTHAR: Die allgemeinen Grundsätze des Obligationenrechts in dem Entwurfe eines Bürgerlichen Gesetzbuches für das Deutsche Reich, Berlin 1889, in: Beiträge zur Erläuterung und Beurteilung des Entwurfes eines Bürgerlichen Gesetzbuches für das Deutsche Reich, Heft 11. Herausgegeben von: Bekker, E. J., Fischer, O.; Berlin, Leipzig, 1888, Neudruck, Bd. II, Glashütten, 1974. Zitiert: *Seuffert*, Beiträge.

SHERWIN-WHITE, ADRIAN NICHOLAS: The Roman Citizenship, 2. Aufl., Oxford, 1973. Zitiert: *Sherwin-White*, Roman Citizenship.

SICARI, AMALIA: Leges venditionis – uno studio sul pensiero giuridico di Papiniano, Bari, 1996. Zitiert: *Sicari*, Leges venditionis.

SICARI, AMALIA: Pena convenzionale e responsibilità, Bari, 2001. Zitiert: *Sicari*, Pena convenzionale.

SIEBERT, WOLFGANG: Das treuhänderische Rechtsverhältnis, Marburg, 1933, in: Heymann, Ernst (Herausgeber): Arbeiten zum Handels-, Gewerbe- und Landwirtschaftsrecht, Bd. 68 (1933), 1-439. Zitiert: *Siebert*, Das treuhänderische Rechtsverhältnis.

SIEGMANN, MATTHIAS: „Überquotale Teilungsanordnungen und Teilungsversteigerungen, Freiburg, 1996, in: ZEV 1996, S. 47-50.

SIMÉON, PAUL: Lehrbuch des Bürgerlichen Rechts, Zweite Hälfte, 6. Auf., Berlin, 1913. Zitiert: *Siméon*, BüR.

SIMSHÄUSER, WILHELM: Zur Entwicklung des Verhältnisses von materiellem Recht und Prozeßrecht seit Savigny – Eine Untersuchung am Beispiel rechtsfremder Klagen, Bielefeld, 1965. Zitiert: *Simshäuser*, Entwicklung.

SINTENIS, CARL FRIEDRICH FERDINAND: Das Practische Gemeine Civilrecht, Bd. I-III, 3. Aufl., Leipzig, 1868. Zitiert: *Sintenis*, PractGemCivR³, Bd.

SOERGEL, HANS THEODOR (BEGR.): Bürgerliches Gesetzbuch mit Einführungsgesetz und Nebengesetzen. Neu herausgegeben von Siebert, Wolfgang; Baur, Jürgen F.; Bd. 1: Allgemeiner Teil 1 §§1-103, 13. Aufl., Stuttgart, 2000; Bd. 2: Schuldrecht 1 §§241-304, 12. Aufl., Stuttgart, 1990; Bd. 21: Erbrecht 1 §§1922-2063, 13. Aufl., Stuttgart, 2002. Zitiert: Soergel-*Bearbeiter*[13].

SOHM, RUDOLPH: Der Begriff des Forderungsrechts, in: GrünhutsZ 4 (1877), S. 457-474.

SOHM, RUDOLPH: Der Gegenstand – Ein Grundbegriff des Bürgerlichen Gesetzbuches, Leipzig, 1905; Sonderdruck aus: Drei Beiträge zum Bürgerlichen Recht. Herausgegeben von: Sohm, Rudolph; Hölder, Eduard; Strohal, Emil. Leipzig, 1905. Zitiert: *Sohm*, Der Gegenstand.

SOHM, RUDOLPH: Noch einmal der Gegenstand, in: JheringsJB 53 (1908), S. 373-394.

SOHM, RUDOLPH: Vermögensrecht. Gegenstand. Verfügung, in: Archiv f. BüR 28 (1906), S. 173-206.

SOKOLOWSKI, PAUL: Die Philosophie im Privatrecht, Bd. 2: Der Besitz im klassischen Recht und dem deutschen Bürgerlichen Gesetzbuch, Halle, 1907; Nachdruck Aalen, 1959. Zitiert: *Sokolowski*, Philosophie, Bd. II.

SOLAZZI, SIRO: Sulla condicio emancipationis, in: Archivo Giuridico 86 (1921), S. 168-222.

SÖLLNER, ALFRED: Zur Vorgeschichte und Funktion der actio rei uxoriae, Köln, 1969. Zitiert: *Söllner*, Actio rei uxoriae.

SOMMER, MICHAEL; KERSCHBAUMER, KATRIN: „Echte" und „überquotale" Teilungsanordnungen – Zivilrechtliche und steuerrechtliche Probleme, in: ZEV 2004, S. 13-18.

SONNTAG, ANSGAR: Zur Rechtsnatur des Vorausvermächtnisses an denVorerben, Jena, 1996, in: ZEV 1996, S. 450-452.

STAFFHORST, ANDREAS: Die Teilnichtigkeit im Römischen Recht, Diss. iur., Heidelberg, 2004. Zitiert: *Staffhorst*, Teilnichtigkeit.

STAMMLER, RUDOLF: Das Recht der Schuldverhältnisse in seinen allgemeinen Lehren, (Das Recht des Bürgerlichen Gesetzbuches in Einzeldarstellungen, Bd. V), Berlin, 1897. Zitiert: *Stammler*, Schuldverhältnisse.

STAMMLER, RUDOLF: Wirtschaft und Recht nach der materialistischen Geschichtsauffassung – eine sozialphilosophische Studie, 5. Aufl., Berlin, Leipzig, 1924. Zitiert: *Stammler*, Wirtschaft und Recht.

STAUDINGER, ANSGAR; SCHMIDT, RÜDIGER: Marlene Dietrich und der (postmortale) Schutz vermögenswerter Persönlichkeitsrechte, in: Jura 2001, S. 241-249.

STAUDINGER, JULIUS VON (BEGR.): Kommentar zum Bürgerlichen Gesetzbuch mit Einführungsgesetz und Nebengesetzen, zit.: jeweilige Auflage nebst Bearbeiter.

Einleitung zum BGB, Erstes Buch Allgemeiner Teil §§1-12; VerschG, Bearbeitung, von Coing, Helmut; Habermann, Norbert; Weick, Günter; 13. Aufl., Berlin, 1995.
§§21-103, 13. Aufl., bearbeitet von Dilcher, Herrmann; Habermann, Norbert; Rawert, Peter; Weick, Günter; Redaktor: Roth, Herbert; Berlin, 1995;

Einleitung, §§1922-1966, Neubearbeitung, von Marotzke, Wolfgang; Otte, Gerhard; Werner, Olaf; Berlin, 2000;

§§249-254, 13. Aufl., bearbeitet von Schiemann, Gottfried; Berlin, 1998.

§§2064-2196, Neubearbeitung von Avenarius, Martin und Otte, Gerhard, Berlin 2003. Zitiert: Staudinger-*Bearbeiter* (2003)

§§854-882, Neubearbeitung von Bund, Elmar; Gursky, Karl-Heinz; Albrecht, Karl Dieter; Berlin, 2000.

Bd. I: Allgemeiner Teil, 9. Aufl., bearbeitet von Loewenfeld, Theodor; Riezler, Erwin; Berlin, München, Leipzig, 1925.

Bd. I: Allgemeiner Teil, 11. Aufl., bearbeitet von Brändl, Franz; Coing, Helmut; Berlin, 1957.

Bd. V: Erbrecht, 9. Aufl., bearbeitet von Herzfelder, Felix; Berlin, München, Leipzig, 1928;

Bd. V: Erbrecht, 11. Aufl., bearbeitet von Boehmer, Gustav; Lehmann, Heinrich; Seybold, Karl; Berlin, 1954.

Auflagen zitiert: Staudinger-*Bearbeiter*^{Auflage}
Neubearbeitungen zitiert: Staudinger-*Bearbeiter* (Jahr).

STEFFEN, ERICH: Der normative Verkehrsunfallschaden, in: NJW 1995, S. 2057-2063.

STEINFELD, HARTWIG: Über den Grundsatz der benevolentia und die Gültigkeit letztwilliger Zuwendungen, Celle, 1884. Zitiert: *Steinfeld*, Benevolentia.

STENOGRAPHISCHE BERICHTE: Erste, zweite und dritte Berathung des Entwurfs eines Bürgerlichen Gesetzbuches im Reichstage – Stenographische Berichte, Berlin, 1896. Zitiert: Stenographische Berichte.

STOBBE, OTTO: Handbuch des Deutschen Privatrechts, Bd. V, 1. und 2. Aufl., Berlin, 1885. Zitiert: *Stobbe*, Handbuch des Deutschen Privatrechts, Bd. V.

STOLL, HANS: Begriff und Grenzen des Vermögensschadens, Karlsruhe, 1973; zugleich: Juristische Studiengesellschaft Karlsruhe Heft 112. Zitiert: *Stoll*.

STÖLZEL, ADOLF: Die Lehre von der operis novi nunciatio und dem interdictum quod vi aut clam, Kassel, Göttingen, 1865. Zitiert: *Stölzel*.

STRAßBURG, OTTO-WOLFGANG: Analogieverbot – Formalgrenze oder Wertungsgrenze, Diss. iur., Tübingen, 1974. Zitiert: *Straßburg*.

STRAUSS, EGON: Der Vermögensbegriff, Diss. iur., Tübingen, 1921. Zitiert: *Strauss*.

STREICHER, KARL LUDWIG: Periculum dotis, Berlin, 1973. Zitiert: *Streicher*, Periculum dotis.

STROHAL, EMIL: Das deutsche Erbrecht auf Grundlage des Bürgerlichen Gesetzbuches, 1. Band, 3. Aufl., Berlin 1903. Zitiert: *Strohal*, ErbR, Bd. I.

STÜDEMANN, KLAUS: Der bürgerlich-rechtliche Vermögensschaden in wirtschaftswissenschaftlicher Hinsicht; in: VersR 1990, S. 1048-1066.

STURM, FRITZ: „Der Kampf um die Rechtseinheit in Deutschland – Die Entstehung des BGB und der erste Staudinger“, Festvortrag in: Staudinger, Julius v. (Begr.): Kommentar zum Bürgerlichen Gesetzbuch (etc.) – 100 Jahre BGB – 100 Jahre Staudinger, Beiträge zum Symposion vom 18.06.-20.06.1998 in München, Berlin, 1999, S.13-38. Zitiert: *Sturm*, 100 Jahre BGB.

TAFARO, SEBASTIANO: L‘ avversa fortuna di Ulpiano, in: Labeo 33 (1987), S. 104-112.

TAFARO, SEBASTIANO: La interpretatio ai verba „quanti ea res est“ nella giurisprudenza romana. L'analisi di Ulpiano, Napoli, 1980. Zitiert: *Tafaro*, Quanti ea res est.

THIBAUT, ANTON FRIEDRICH JUSTUS: System des Pandektenrechts, Bd. II, 8. Auflage, Stuttgart, 1834; Nachdruck Frankfurt/Main, 1982. Zitiert: *Thibaut*, System[8], Bd. II.

THIESSEN, JOHANNES: Person und Vermögen, Diss. iur. Jena, Borna-Leipzig, 1910. Zitiert: *Thießen*.

THON, AUGUST: Rechtsnorm und subjektives Recht – Untersuchungen zur Allgemeinen Rechtslehre, Weimar, 1878. Zitiert: *Thon*, Rechtsnorm.

THUDICHUM, FRIEDRICH VON: Geschichte des Deutschen Privatrechts, Stuttgart, 1894. Zitiert: *Thudichum*, Geschichte des Deutschen Privatrecht.

TIGERSTRÖM, FRIEDRICH WILHELM: Das Römische Dotalrecht, Bd. I: Berlin 1831, Bd. II: Berlin 1832; jeweils Neudruck Aalen 1983. Zitiert: *Tigerström*, Dotalrecht, Bd.

TRESKOW, WALDEMAR VON: Über das Erfordernis eines geldwerten Obligationsinteresses, Diss. iur. Erlangen, 1898.

TUHR, ANDREAS VON: BGB Allgemeiner Teil, Bd. I, Leipzig, 1910. Zitiert: *Tuhr*, AT, Bd. I.

TUHR, ANDREAS VON: BGB Allgemeiner Teil, Bd. II, 2. Hälfte, Leipzig, 1918. Zitiert: *Tuhr*, AT, Bd. II/2.

UNGER, JOSEPH: Das Österreichische Erbrecht, systematisch dargestellt, 2. Aufl., Leipzig, 1871. zitiert: *Unger*, Österreichisches Erbrecht2.

VANGEROW, KARL ADOLPH VON: Leitfaden für Pandektenvorlesungen, Erster Band, Neueste Auflage, Marburg, Leipzig, 1848. Zitiert: *Vangerow*, Pandekten-Vorlesungen, Bd. I.

VENTURINI, CARLO: Condanna „in ipsam rem" e condanna pecuniaria, in: Labeo 34 (1988), S.73-79.

VERHANDLUNGEN DES 19. DEUTSCHEN JURISTENTAGES: Verhandlungen des 19. Deutschen Juristentages. Herausgegeben von: Schriftführer-Amt der ständigen Deputation, Bd. III, Berlin, Leipzig, 1888. Zitiert: Verhandlungen, Bd. III.

VERING, FRIEDRICH H.: Römisches Erbrecht in historischer und dogmatischer Entwicklung, Heidelberg, 1861. Zitiert: *Vering*, RömErbR.

VIERHAUS, FELIX: Die Entstehungsgeschichte des Entwurfs eines Bürgerlichen Gesetzbuches für das Deutsche Reich, Berlin, Leipzig, 1888; in: Beiträge zur Erläuterung und Beurteilung des Entwurfes eines Bürgerlichen Gesetzbuches für das Deutsche Reich, Heft 1. Herausgegeben von: Bekker, E. J.; Fischer, O. Berlin, Leipzig, 1888, Neudruck, Bd. I, Glashütten, 1974. Zitiert: *Vierhaus*, Entstehunggeschichte.

VOCI, PASQUALE: Diritto Ereditario Romano, Bd. II: Parte Speciale, Successione ab intestato Successione testamentaria, 2. Aufl., Mailand, 1963. Zitiert: *Voci*, DER, Bd. II.

VOCI, PASQUALE: Le obbligazioni romane, Bd. I: Il contenuto dell'obligatio, Mailand, 1969. Zitiert: *Voci*, Obbligazioni, Bd. I.

VOCI, PASQUALE: Rezension von Tafaro, Sebastiano: La interpretatio ai verba „quanti ea res est" nella giurisprudenza romana. L'analisi di Ulpiano, in: Iura 32 (1981), S. 182-184.

WÄCHTER, CARL GEORG VON: Pandekten, Bd. II: Besonderer Teil, Leipzig, 1881. Zitiert: *Wächter*, Pandekten, Bd. II.

WACKE, ANDREAS: Circumscribere, gerechter Preis und die Arten der List, in: SZ 94 (1977), S. 184-246.

WACKE, ANDREAS: Umweltschutz im römischen Recht?, in: OIR 7 (2001), Manuskript, 39 Seiten. Im Druck befindlich.

WACKE, ANDREAS; BALDUS, CHRISTIAN (HERAUSGEBER): Juristische Vorlesungen und Prüfungen in Europa; Stuttgart, München, Hannover, Berlin, Weimar, Dresden, 2002. Zitiert: *Bearbeiter* in: *Wacke-Baldus*, Vorlesungen.

WAGNER, ADOLPH: Lehr- und Handbuch der politischen Ökonomie, Erste Hauptabteilung: Grundlegungen der politischen Ökonomie, 3. Aufl., Erster Teil: Grundlagen der Volkswirtschaft, Leipzig, 1892. Zitiert: *Wagner*, Politische Ökonomie.

WAGNER, ADOLPH: Theoretische Sozialökonomik oder Allgemeine und Theoretische Volkswirtschaftslehre, Erste Abteilung, Leipzig, 1907. Zitiert: *Wagner*, Theoretische Sozialökonomik.

WALDE, ALOIS; HOFMANN, JOHANN BAPTIST: Lateinisches etymologisches Wörterbuch, Bd. 1: A-L, 4. Aufl., Heidelberg, 1965. Zitiert: *Walde-Hofmann*, Lat.-Etym. Wörterbuch.

WALDSTEIN, WOLFGANG: Konsequenz als Argument klassischer Juristen, in: SZ 92 (1975), S. 26-68.

WATSON, ALAN: Contract of mandate in Roman law, Oxford, 1961. Zitiert: *Watson*, Contract of Mandate.

WATSON, ALAN: The Law of Property in the later Roman Republic, Oxford, Clarendon Press, 1968. Zitiert: *Watson*, Law of property.

WATSON, ALAN: The Law of Successions in the later Roman Republic, Oxford, 1971. Zitiert: *Watson*, Law of Successions.

WEBER, WILHELM; ALBERT, HANS; KADE, GERHARD: Stichwort: Wert, in: Handwörterbuch der Sozialwissenschaften; herausgegeben von: Beckerath, Bente, Brinkmann, Gutenberg, Haberler, Jecht, Jöhr, Lütge, Predöhl, Schaeder, Schmidt-Rimpler, Weber, Wiese. Stuttgart, Tübingen, Göttingen, 1960, Bd. 11, S. 637-658. Zitiert: *Weber-Albert-Kade* in Handwörterbuch der Sozialwissenschaften, Wert.

WEISSER, GERHARD: Stichwort: Vermögen und Vermögenspolitik, 1960; in: Handwörterbuch der Sozialwissenschaften, Herausgegeben von: Beckerath, Bente, Brinkmann, Gutenberg, Haberler, Jecht, Jöhr, Lütge, Predöhl, Schaeder, Schmidt-Rimpler, Weber, Wiese; Stuttgart, Tübingen, Göttingen, 1960, Bd. 11, S. 163-187. Zitiert: *Weisser* in Handbuch der Sozialwissenschaften, Vermögen.

WENDT, OTTO: Lehrbuch der Pandekten, Jena, 1888. Zitiert: *Wendt*, Pandekten.

WERKMÜLLER, DIETER: Handwörterbuch zur Deutschen Rechtsgeschichte, HRG. Herausgegeben von: Erler, Adalbert; Kaufmann, Ekkehard; Werkmüller, Dieter. Unter philologischer Mitarbeit von: Schmidt-Wiegand, Ruth. Mitbegründet von: Stammler, Wolfgang. Bd. V: Straftheorie – Zycha, Register, Berlin, 1998. Stichwort: Vermächtnis; bearbeitet von: Werkmüller, Dieter. Zitiert: *Werkmüller* in: HRG, Bd. V, Vermächtnis, Sp.

WETZELL, GEORG WILHELM: System des ordentlichen Civilprocesses, 3. Aufl., Leipzig, 1878. Zitiert: *Wetzell*, Civilproceß[3].

WEYERS, HANS-LEO: Der Begriff des Vermögensschadens im deutschen Recht, in: Hefte der Vereinigung für Gedankenaustausch zwischen Deutschen und Italienischen Juristen, Heft 8/9, Karlsruhe, 1973, S. 37-59. Zitiert: *Weyers*, Begriff des Vermögensschadens.

WIEACKER, FRANZ: Römische Rechtsgeschichte – Quellenkunde, Rechtsbildung, Jurisprudenz und Rechtsliteratur, Erster Abschnitt: Einleitung, Quellenkunde, Frühzeit und Republik, München, 1988.

WIEACKER, FRANZ: Sachbegriff, Sacheinheit, Sachzuordnung, in: AcP 148 (1943), S. 57-104.

WIEACKER, FRANZ: Textstufen klassischer Juristen, Göttingen, 1975.

WIEDEMANN, HERBERT: Rechtssicherheit – ein absoluter Wert, in: Festschrift für Karl Larenz zum 70. Geburtstag. Herausgegeben von: Paulus, Gotthard; Diederichsen, Uwe; Canaris, Claus-Wilhelm. München, 1973. Zitiert: *Wiedemann*, FS Larenz (70).

WIELING, HANS JOSEPH: Rezension von: Festgabe für Arnold Herdlitczka zu seinem 75. Geburtstag, dargebracht von seinen Schülern und Freunden. Herausgegeben von: Horak, Franz; Waldstein, Wolfgang, München, Salzburg, 1972; in SZ 89 (1972), S. 464-471.

WIELING, HANS-JOSEPH: Testamentsauslegung im römischen Recht, München, 1972.

WILINSKI, ADAM: Zur „litis aestimatio" in den „bonae fidei iudicia", in: Index 3 (1972), S. 443-450.

WIMMER, MARKUS: Das Prälegat, Wien, Köln, Weimar, 2004; zugleich Habilitationsschrift Linz 2002. Zitiert *Wimmer*, Prälegat, passim.

WINDSCHEID, BERNHARD: Die Actio des römischen Civilrechts vom Standpunkte des heutigen Rechts, Düsseldorf, 1856. Zitiert: *Windscheid*, Actio.

WINDSCHEID, BERNHARD; Lehrbuch des Pandektenrechts 3. Aufl. Zitiert: *Windscheid, Pandekten*[3], Bd.

WINDSCHEID, BERNHARD; KIPP, THEODOR: Lehrbuch des Pandektenrechts, Bd. I-III, 9. Aufl., Frankfurt/Main, 1906; Neudruck Aalen 1963. Zitiert: *Windscheid-Kipp*, Pandekten[9], Bd.

WINKLER, VIKTOR: Ökonomische Analyse des Rechts im 19. Jahrhundert: Viktor Matayas „Recht des Schadensersatzes" revisited, in: Zeitschrift für neuere Rechtsgeschichte, 2004, S. 262-281. Zitiert: *Winkler*, ZNR 2004.

WINTER, HANS: Teilungsanordnung und Vorausvermächtnis, Diss. iur., Köln., 1957. Zitiert: *Winter*.

WIRSZUBSKI, CHAIM: Libertas as a political idea at Rome during the late republic and early principate, Cambridge, 1950; ins Deutsche übersetzt von Raabe, Gerhard; Darmstadt, 1963, 1967. Zitiert: *Wirszubski*.

WOHNSEIFER, KARL-HEINZ: Entgangener Gebrauchsvorteil als Vermögensschaden, eine Standortbestimmung für die Rechtspraxis, in: Festschrift fürWalter Jagenburg zum 65. Geburtstag. Herausgegeben von: Brügmann, Klaus; Oppler, Peter Michael; Wenner, Christian; München, 2002. Zitiert: *Wohnseifer*, FS Jagenburg (65).

ZELLER, EDUARD: Die Philosophie der Griechen in ihrer geschichtlichen Entwicklung, Zweiter Teil, Zweite Abteilung: Aristoteles und die alten Peripatetiker, 4. Aufl., Leipzig, 1921; Nachdruck Hildesheim, 1963. Zitiert: *Zeller*, Philosophie, Bd. II/2.

ZEUNER, ALBRECHT: Schadensbegriff und Ersatz von Vermögensschäden, in: AcP 163 (1963), S. 380-400.

ZIEBARTH, KARL: Die Realexekution und die Obligation – Mit besonderer Rücksicht auf die Miete, Halle, 1866. Zitiert: *Ziebarth*, Realexekution.

ZIMMERLE, LUDWIG: Der Begriff der Schenkung nach dem Bürgerlichen Gesetzbuch, Diss. iur. Tübingen, Plieningen, 1928. Zitiert: *Zimmerle*.

ZIMMERMANN, FRIEDRICH: Über das interdictum und die exceptio quod vi aut clam, in AcP 41 (1858), S. 182-192.

ZIMMERMANN, FRIEDRICH: Über den Beweis des Kläges bei dem interdictum quod vi aut clam, in AcP 52 (1869), S. 464-499.

ZIMMERMANN, FRIEDRICH: Über die operis novi nunciatio und das interdictum quod vi aut clam, in AcP 37 (1854), S. 218-244.

ZIMMERMANN, REINHARD: The Law of Obligations – Roman Foundations of the Civilian Tradition, Oxford, München, 1996. Zitiert: *Zimmermann*, Law of Obligations.

ZIPPELIUS, REINHOLD: Auslegung als Legitimationsproblem, in: Festschrift für Karl Larenz zum 80. Geburtstag am 23. 04. 1983. Herausgegeben von: Canaris, Claus-Wilhelm; Diederichsen, Uwe; München, 1983, S. 739-749. Zitiert: *Zippelius*, FS Larenz (80).

ZIPPELIUS, REINHOLD: Juristische Methodenlehre, 8. Aufl., München, 2003. Zitiert: *Zippelius*, Methodenlehre.

ZOZ, MARIA GABRIELLA: Riflessioni in tema di res publicae, Turin, 1999. Zitiert: *Zoz*.

ZUSAMMENSTELLUNG DER GUTACHTLICHEN ÄUßERUNGEN ZU DEM ENTWURF EINES BÜRGERLICHEN GESETZBUCHES: Reichsjustizamt: Zusammenstellung der gutachtlichen Äußerungen zu dem Entwurf eines Bürgerlichen Gesetzbuches. Bd. V: Erbrecht; Berlin, 1890. Zitiert: Zusammenstellung gutachterl. Äußerungen zum Entwurf BGB, Bd.

TEIL IX STICHWORTVERZEICHNIS

E

F

G

H

I

Q

R

S

T

U

TEIL X QUELLENINDEX

Institutionen des Gaius

Institutionen

TEIL XI ZUSAMMENFASSUNGEN

§ 1 ABSTRACT – ADVANTAGE OF ASSET AND MONETARY VALUE IN THE LEGACY OF GERMAN CIVIL LAW

The thesis discusses the legal definition of the legacy or bequest in German Civil Law, contained in Art. 1939 German Civil Code (BGB). Art. 1939 defines the legacy as an assignment of an advantage of asset by will („Zuwendung eines Vermögensvorteils“). The matter of analysis is the feature „Vermögensvorteil“ (advantage of asset). It embodies the material object of the legacy/bequest and gives rise to the question whether the law thereby requires a monetary advantage. The issue gets crucial when valueless single items (fotographies, papers e.g.) come to the testator's mind as objects of legacy.

If such an assignment could not be upheld as a legacy, the only handling available would be the interpretation as an imposition („Auflage“). The legal consequence under German Law would then be that the beneficiary would have no personal title to performance. In present scholarly view, the „Vermögensvorteil“'s role as a legal requirement of a valid legacy/bequest is in dispute. The opinion gains ground that it should be neglected at all and any legal object of a personal claim should also suit a legacy/bequest. The thesis analyses and rejects this arguing due to general reasons of methodology and particular reasons of mandatory typecast („Typenzwang“), as are inherent to the system of dispositions *mortis causa* under German Law of successions.

To find the lawmakers' understanding of „Vermögensvorteil“ in the first step, the thesis examines the historic development and unfolds why the legacy required a monetary advantage in Classical Roman Law and in the *ius commune* of the 19th century. Following, it displays how the handed-down Law found entry in the consultations of the lawmakers and finally in the legal definition of Art. 1939. The analysis affirms that the lawmakers consciously voted for a monetary advantage when drafting Art. 1939. On that basis, the thesis proposes a new reading of „Vermögensvorteil“ tying to the respective understanding of „Vermögen“ (asset). The choice of a more advanced definition of „Vermögen“ emancipates „Vermögensvorteil“ from monetary value and yields favourable results without violating dogmatic principles.

On the other hand, the suggested reading of „Vermögensvorteil“ enforces dogmatic restricions in other respects. A summarizing legal definition of „Vermögensvorteil“

is forwarded. The thesis concludes with testing the workability of the new definition, first, on problems relating to the differentiation between preferential legacies („Vorausvermächtnis") and instructions to apportion the estate („Teilungsanordnung"), and second, on problems how to treat assigned rights to purchase goods from the heir equal to or over the market price („Ankaufs- und Übernahmerechte").

§ 2 RIASSUNTO – VANTAGGIO PATRIMONIALE E VALORE IN DENARO NEL LEGATO

Il presente lavoro si occupa della definizione legale del legato nel diritto civile tedesco (§ 1939 BGB), che lo definisce come "attribuzione di un vantaggio patrimoniale". Oggetto della ricerca è l'elemento costitutivo della fattispecie "vantaggio patrimoniale", valido a porre la questione del se oggetto di legato debba essere un vantaggio pecuniario. La questione del vantaggio patrimoniale acquista importanza laddove vengano attribuiti con legato oggetti senza valore, quali, ad esempio, documenti familiari o fotografie senza rilievo monetario. Se una simile disposizione non potesse costituire valido legato, infatti, potrebbe essere fatta solamente valere come onere, con la conseguenza che il beneficiario non avrebbe alcuna azione personale per ottenere l'adempimento. Attualmente, la ragion d'essere della espressione "vantaggio patrimoniale" del § 1939 BGB è controversa e viene rigettata dalla diffusa opinione secondo la quale oggetto del legato deve poter essere tutto ciò che anche oggetto di un rapporto d'obbligazione (§ 241 Abs.1 S. 1 BGB).

Il lavoro esamina e confuta la sostenibilità di argomentazione di tale opinione sulla base delle sue stesse premesse argomentative muovendo da generali basi metodologiche e da specifiche motivazioni della tipicità del diritto delle successioni. Alla individuazione di cosa abbia presupposto il legislatore con "vantaggio patrimoniale" segue una ricerca storica approfondita, volta all'analisi del perché e in che senso nel diritto romano classico e nel diritto comune fosse richiesto valore in denaro per l'oggetto del legato Quindi segue una dettagliata ricerca di come la tradizione di diritto comune abbia trovato espressione nelle discussioni precedenti il BGB ed infine nella definizione legale del § 1939. Si darà conferma che il legislatore dell'epoca con "vantaggio patrimoniale" abbia consapevolmente voluto richiedere un vantaggio pecuniario. Su queste base si mostrerà la possibilità di una interpretazione in relazione alle diverse definizioni di patrimonio. La scelta di una precisa definizione di patrimonio rende possibile emancipare l'oggetto di legato "vantaggio patrimoniale" dal valore monetario. Ciò permette altresì di giungere a risultati interpretativi che sulla base delle premesse della suesposta opinione non sono metodologicamente raggiungibili, tuttavia richiede anche la considerazione di altre esigenze dogmatiche del legato. Segue una proposta di definizione per l'oggetto del legato. Il lavoro si chiude con una verifica della definizione proposta con problemi tratti dal settore della delimitazione concettuale del prelegato dalla divisione ereditaria e dalla considerazione di diritti di acquisto ed assunzione ad un prezzo pari o superiore a quello di mercato.

Schriften zur Entwicklung des Privatrechtssystems

Herausgegeben von Christian Baldus und Christian Pohl

Band 1 Susanne Kaiser: Rückwirkender Vermögensübergang? Partage de l'indivision successorale und Erbteilung. 2005.

Band 2 Magnus Dorweiler: Vermögensvorteil und Geldwert beim Vermächtnis. 2005.

www.peterlang.de

FSC
www.fsc.org
MIX
Papier | Fördert gute Waldnutzung
FSC® C083411

Kolibri 360 GmbH
Ferdinand-Jühlke-Straße 7
99095 Erfurt, Deutschland
produktsicherheit@kolibri360.de

Druck:
CPI Druckdienstleistungen GmbH
im Auftrag der
Kolibri 360 GmbH
Ferdinand-Jühlke-Str. 7
99095 Erfurt